*Emmins on
Criminal Procedure
(Ninth Edition)*

当 代 世 界 学 术 名 著

英国刑事诉讼程序
（第九版）

[英] 约翰·斯普莱克（John Sprack）/著
徐美君　杨立涛/译

中国人民大学出版社
· 北京 ·

"当代世界学术名著"
出版说明

中华民族历来有海纳百川的宽阔胸怀，她在创造灿烂文明的同时，不断吸纳整个人类文明的精华，滋养、壮大和发展自己。当前，全球化使得人类文明之间的相互交流和影响进一步加强，互动效应更为明显。以世界眼光和开放的视野，引介世界各国的优秀哲学社会科学的前沿成果，服务于我国的社会主义现代化建设，服务于我国的科教兴国战略，是新中国出版工作的优良传统，也是中国当代出版工作者的重要使命。

中国人民大学出版社历来注重对国外哲学社会科学成果的译介工作，所出版的"经济科学译丛"、"工商管理经典译丛"等系列译丛受到社会广泛欢迎。这些译丛侧重于西方经典性教材；同时，我们又推出了这套"当代世界学术名著"系列，旨在迻译国外当代学术名著。所谓"当代"，一般指近几十年发表的著作；所谓"名著"，是指这些著作在该领域产生巨大影响并被各类文献反复引用，成为研究者的必读著作。我们希望经过不断的筛选和积累，使这套丛书成为当代的"汉译世界学术名著丛书"，成为读书人的精神殿堂。

由于本套丛书所选著作距今时日较短，未经历史的充分淘洗，加之判断标准见仁见智，以及选择视野的局限，这项工作肯定难以尽如人意。我们期待着海内外学界积极参与推荐，并对我们的工作提出宝贵的意见和建议。我们深信，经过学界同仁和出版者的共同努力，这套丛书必将日臻完善。

中国人民大学出版社

译者前言

记得2002年的10月,我随陈卫东教授带队的代表团前往英国短期考察访问,期间英国的同行向我们推荐了这本书,介绍说这本书在英国很受好评,刚刚出版了这本书的第九版,于是陈老师就建议我来翻译这本书。师命难违,而且我本人对英美国家的刑事诉讼制度也颇感兴趣,因此就接下了这一任务。但是这本书的翻译并不如我想的那么顺利。高校的考评制度总是使我忙着应付写文章、上课,挤占了本应留给翻译的那点时间。另外,在本书翻译过程中,我个人的生活发生了很大的变化,随着两个宝宝的到来,我整天忙着顾她们,而不得不将这本书的翻译搁置起来。直到来到德国,我才有比较完整的时间来专心地继续翻译,终于才使我可以舒心地完成这一任务。

本书尽量按照通用的译法译出,案件名和作为注释部分的书名并未译出,以方便读者查阅检索。为便于对照核查,本书翻口处的数字(即页边码)是原书对应的页码,正文及索引中出现的页码均是原书的页码。英文版书附有8个附录,我并没有全部译出,只译出我认为对我们更有用的附录7。

在本书即将付梓之际,首先感谢我的导师陈卫东教授,感谢他多年来对我的扶持和关心。同时,我要感谢我的爱人何方礼先生对我工作的极大支持,感谢我的妈妈帮我抚育年幼的孩子。本书的完成,见证了我怀孕、生产的整个过程,一直到今天,宝宝十八个月大了。我们总是感叹时间的流逝,但是这些文字能够成为永恒。感谢向向和上上俩姐妹给我带来的无尽欢乐,她们健康快乐地成长是我最大的心愿!当电话里听到万里之外"妈妈"的呼喊声,我便深深地领悟努力工作着的意义……

徐美君

前　言

新版《艾明思刑事诉讼法》收录了过去几年在立法和司法方面作出的相当数量的变化，其中最重要的变化源于，用不正规的说法，《欧洲人权公约》与国内法的合并。这一发展对整个刑事诉讼法领域产生重大的影响。尤其是它的法理已经明显地影响了上诉法院履行其职责的方式——既注重下级法院审判的公正性，又维护定罪的可靠性。它也使我们重新审视一审法院对于偏见作出决定的方式——重申偏见这一概念不仅指实际上的偏见，而且指呈现出来影响公正的偏见。另外，与披露和公众利益豁免有关的法律已受到斯特拉斯堡的审查。Rowe and Davis v UK 一案（见第26章）在欧洲和国内的不同表现，在展示欧洲人权法院和上诉法院的相互影响以及显示我们有关披露的现行法律孳生的不公正可能性方面，尤具指导意义。

在本书新版准备期间，罗宾·奥德爵士发表了对刑事司法体系具有全面影响的评论。其提议既具争议，又意义重大，因此招来了赞赏，也带来了同样程度的忧虑。对未来几年有关刑事诉讼变化的辩论已经设置了议程，辩论的结果也许会极大地影响下一版的内容。

同时，两个新近设立的机构——刑事案件审查委员会和量刑建议小组——在促进刑事司法体系的透明度和合理性方面，已经发挥了重要的作用。

在此重要领域的另外一端，是量刑术语的一些改革。它们反映出的是阐释而非实质性的变化，但也大大加重了作者的负担。

着手准备本书此版本的之前不久，我从法律协会法学院（Inns of Court School of Law）的教学岗位上退休，在晚年又开始了一项新的事业。我要感谢法律协会法学院（现已荣幸地并入城市大学）的所有同事，是他们在本书此版及以前各版的创作中提供了观点，鼓励并激励着我。最后，我要感谢一届届的学生们，是他们使我和我的同仁们多年来不敢稍有懈怠，无疑他们今天在各级法院恪尽职守，通力服务。

约翰·斯普莱克
于肯特郡，阿希福特

第一版前言

在创作本书时,我尽力避免许多关于程序法的较为传统的著作中存在的两个主要缺陷。一方面一些书里充满细节,读者几乎不可能得出有关这一学科的大概框架。另一方面,为简明起见,一些书又只是讨论法院程序的主要要素,但这样却删掉了许多对认真学习这一学科的学生来说必要的细节。

我相信本书在这两个极端之间选择了一种折中,也非常感谢出版商采用了可以突出本书主要内容的方式出版此书。有关细节或个人兴趣的部分,对宏观了解主旨无碍的部分以小字体印刷,并较其余部分采缩进格式。因此读者可以在两个层次上利用本书:他可以只读大字体部分以观本学科的全景,亦可通过另外阅读小字体段落以获取更具体的知识。我还在书中使用了文件样本,这些文件最常被用在与讨论的相关点,或是与虚构的约翰·史密斯案件律师辩护相关的刑事程序问题。这进一步确保了本书可无愧于刑事诉讼实务这一名称。

我要感谢我在法律协会法学院的同事,文学学士、法学硕士琳·斯莱特小姐。她不仅准备了案例和法律索引,而且在本书写作过程中就阅读了本书并提出很多宝贵的改进建议。我还要感谢出版商的关心和帮助。最重要的是，我要感谢我的父母，他们在本书写作过程中给予了无限慷慨的支持。

于沃山姆斯图

目　　录

第 1 部分　简　介

第 1 章　搭台布景 ……………………………………………… 3
　1.1　起诉书审判 ………………………………………………… 3
　1.2　简易审判 …………………………………………………… 4
　1.3　罪行等级 …………………………………………………… 5

第 2 章　法院出庭前的预备 …………………………………… 7
　2.1　《警察与刑事证据法》及其《执行守则》 ………………… 7
　2.2　提起控诉：两种基本方式 ………………………………… 12
　2.3　无令状逮捕和指控 ………………………………………… 13
　2.4　程序的签发 ………………………………………………… 25
　2.5　警方对犯罪嫌疑人的讯问 ………………………………… 38
　2.6　搜查权 ……………………………………………………… 53
　2.7　身份证据 …………………………………………………… 64
　2.8　特殊群体 …………………………………………………… 71

第 3 章　检察官 ………………………………………………… 76
　3.1　警察 ………………………………………………………… 76

   3.2 皇家检控署 …………………………………………… 78
   3.3 其他检察官 …………………………………………… 84
   3.4 皇家法律官员 ………………………………………… 85

第4章　决定起诉 ……………………………………………… 87
   4.1 启动起诉的方式 ……………………………………… 87
   4.2 起诉的替代方式 ……………………………………… 88
   4.3 决定是否指控时考虑的因素 ………………………… 92
   4.4 与起诉决定相关的特殊因素 ………………………… 96

第2部分　治安法院

第5章　治安法官及其法院 …………………………………… 105
   5.1 非职业治安法官 ……………………………………… 107
   5.2 地区法官（治安法院） ……………………………… 109
   5.3 法院的组织 …………………………………………… 110
   5.4 治安法官助理 ………………………………………… 112

第6章　保释和还押 …………………………………………… 113
   6.1 还押与休庭 …………………………………………… 113
   6.2 一个人可能被准许保释的情形 ……………………… 116
   6.3 作出批准或拒绝保释的决定所依据的原则 ………… 118
   6.4 批准保释时科处的条件 ……………………………… 124
   6.5 在治安法院申请保释的程序 ………………………… 127
   6.6 向皇室法院和高等法院提出关于保释的申请 ……… 134
   6.7 被告人逃跑的后果 …………………………………… 138
   6.8 保释被拒绝时对被告人的拘押 ……………………… 143

第7章　审判方式 ……………………………………………… 145
   7.1 罪行分类 ……………………………………………… 145
   7.2 先期信息 ……………………………………………… 148
   7.3 决定审判方式 ………………………………………… 151
   7.4 刑事损害指控的专门程序 …………………………… 163

7.5　简易和可控诉相连的指控 ································ 166
　　7.6　起诉书审判还是简易审判? ································ 166
第 8 章　披露 ·· 168
　　8.1　侦查人员的义务 ·· 170
　　8.2　控方初步披露 ·· 172
　　8.3　辩方披露 ·· 173
　　8.4　控方二次披露 ·· 178
　　8.5　向法院申请 ··· 178
　　8.6　连续审查 ·· 179
　　8.7　公共利益豁免 ·· 180
　　8.8　与辩方披露相关的惩罚 ···································· 184
　　8.9　简易审判 ·· 187
　　8.10　第三方披露 ·· 188
第 9 章　简易审判的过程 ··· 190
　　9.1　治安法院管辖权 ·· 191
　　9.2　合议庭 ·· 193
　　9.3　控告书 ·· 197
　　9.4　不审判控告书的自由裁量权 ···························· 204
　　9.5　被指控者出庭 ·· 206
　　9.6　法律代理 ·· 212
　　9.7　审判的过程 ··· 214
　　9.8　治安法官定罪后的量刑权 ································ 220
　　9.9　助理的角色 ··· 223
第 10 章　对未成年人的审判 ·· 226
　　10.1　起诉书审判未成年人 ····································· 227
　　10.2　在成人治安法院审判未成年人 ······················· 232
　　10.3　在少年法院对未成年人的审判 ······················· 233
　　10.4　父母出席 ··· 235
　　10.5　处理未成年人的法院的量刑权力 ··················· 235

10.6　年龄限制和审判方式 ··· 238

第 11 章　移交量刑 ··· 241
　11.1　治安法官的权力 ··· 241
　11.2　《2000 年刑事法院（量刑）权力法》第 3 条规定的移交量刑 ·· 242
　11.3　移交量刑的其他权力 ·· 248

第 12 章　移交审判，和替代 ··· 251
　12.1　两种类型的移交程序 ·· 252
　12.2　考虑证据的移交 ··· 258
　12.3　不考虑证据的移交 ··· 263
　12.4　移交程序中作出的其他命令和申请 ···························· 266
　12.5　反对移交程序中的行为 ··· 269
　12.6　强制起诉状 ·· 270
　12.7　移送通知 ··· 272
　12.8　仅可控诉的罪行 ··· 275
　12.9　简易和可控诉相连的罪行 ··· 279

第 3 部分　起诉书审判

第 13 章　皇室法院 ··· 285
　13.1　皇室法院法官 ··· 286
　13.2　皇室法院的组织 ··· 288
　13.3　治安法官作为皇室法院法官 ······································ 291
　13.4　在皇室法院的出庭权 ·· 292
　13.5　皇室法院的布局 ··· 293

第 14 章　起诉书 ··· 295
　14.1　提出起诉书议案 ··· 297
　14.2　可以包括在起诉书中的罪状 ······································ 299
　14.3　罪状的内容 ·· 300
　14.4　反对双重性的规则 ··· 302

14.5	一份起诉书中罪状的合并	306
14.6	起诉书中被告人的合并	314
14.7	有关起诉书的申请	319
14.8	基于有缺陷的起诉书的上诉	322
14.9	同谋罪状	324

第 15 章 审前程序 331

15.1	答辩和指令听审	332
15.2	审前裁决	333
15.3	预备听审	335
15.4	对特定证人的特殊措施	337

第 16 章 答辩 338

16.1	时限	338
16.2	"无罪"的答辩	340
16.3	"有罪"的答辩	344
16.4	对一项较轻的罪行答辩"有罪"	348
16.5	改变答辩	351
16.6	答辩交易	352
16.7	不愿或无法答辩的被指控者	353
16.8	"先前宣告无罪"或"先前定罪"的答辩	356
16.9	其他可能的答辩	364

第 17 章 陪审团 366

17.1	陪审团服务的适格性	366
17.2	召集陪审员	368
17.3	选任陪审团	371
17.4	反对陪审员	373
17.5	陪审团组成作为上诉的根据	383
17.6	解散陪审员或陪审团	385

第 18 章 审判过程 391

18.1	律师和法官	391

- 18.2 控方开场白 …… 400
- 18.3 控方案件 …… 401
- 18.4 无案可答的提议 …… 413
- 18.5 辩方案件 …… 416
- 18.6 律师的总结发言 …… 425
- 18.7 陪审团停止案件 …… 426
- 18.8 法官的总结 …… 427
- 18.9 非正常顺序给出证据 …… 432
- 18.10 法官传唤证人的权力 …… 433
- 18.11 在公开法院听审和公开 …… 434

第19章 裁决 …… 440
- 19.1 陪审团退庭 …… 440
- 19.2 达成裁决 …… 447
- 19.3 对可替代的罪状的裁决 …… 448
- 19.4 对可替代的罪行的有罪裁决 …… 448
- 19.5 多数裁决 …… 457
- 19.6 解除陪审团作出裁决的职责 …… 460
- 19.7 接受裁决 …… 463

第4部分 量 刑

第20章 量刑前的程序 …… 467
- 20.1 犯罪事实 …… 468
- 20.2 先行文件 …… 478
- 20.3 对罪犯的报告 …… 483
- 20.4 减免请求 …… 487
- 20.5 考虑其他犯罪 …… 489
- 20.6 刑罚的变更 …… 491
- 20.7 延期判决 …… 492
- 20.8 在治安法院量刑 …… 494

第21章　决定刑罚 ⋯⋯⋯⋯⋯⋯⋯⋯⋯⋯⋯⋯⋯⋯⋯⋯ 496
　　21.1　羁押和社区刑罚的阈限 ⋯⋯⋯⋯⋯⋯⋯⋯⋯⋯⋯⋯ 498
　　21.2　罪行的严重性 ⋯⋯⋯⋯⋯⋯⋯⋯⋯⋯⋯⋯⋯⋯⋯⋯ 500
　　21.3　保护公众 ⋯⋯⋯⋯⋯⋯⋯⋯⋯⋯⋯⋯⋯⋯⋯⋯⋯⋯ 502
　　21.4　罪行结合 ⋯⋯⋯⋯⋯⋯⋯⋯⋯⋯⋯⋯⋯⋯⋯⋯⋯⋯ 504
　　21.5　减免的重要性 ⋯⋯⋯⋯⋯⋯⋯⋯⋯⋯⋯⋯⋯⋯⋯⋯ 506

第22章　羁押刑罚 ⋯⋯⋯⋯⋯⋯⋯⋯⋯⋯⋯⋯⋯⋯⋯⋯⋯⋯ 514
　　22.1　监狱 ⋯⋯⋯⋯⋯⋯⋯⋯⋯⋯⋯⋯⋯⋯⋯⋯⋯⋯⋯⋯ 515
　　22.2　监禁的最低年龄 ⋯⋯⋯⋯⋯⋯⋯⋯⋯⋯⋯⋯⋯⋯⋯ 516
　　22.3　羁押刑罚的要求 ⋯⋯⋯⋯⋯⋯⋯⋯⋯⋯⋯⋯⋯⋯⋯ 517
　　22.4　监禁的最长期限 ⋯⋯⋯⋯⋯⋯⋯⋯⋯⋯⋯⋯⋯⋯⋯ 519
　　22.5　同时和连续的刑罚 ⋯⋯⋯⋯⋯⋯⋯⋯⋯⋯⋯⋯⋯⋯ 521
　　22.6　羁押刑罚的期限 ⋯⋯⋯⋯⋯⋯⋯⋯⋯⋯⋯⋯⋯⋯⋯ 523
　　22.7　终身监禁 ⋯⋯⋯⋯⋯⋯⋯⋯⋯⋯⋯⋯⋯⋯⋯⋯⋯⋯ 532
　　22.8　强制性最低刑罚 ⋯⋯⋯⋯⋯⋯⋯⋯⋯⋯⋯⋯⋯⋯⋯ 534
　　22.9　缓期刑罚 ⋯⋯⋯⋯⋯⋯⋯⋯⋯⋯⋯⋯⋯⋯⋯⋯⋯⋯ 535
　　22.10　对不满21岁的罪犯的羁押 ⋯⋯⋯⋯⋯⋯⋯⋯⋯⋯ 541
　　22.11　从羁押中释放 ⋯⋯⋯⋯⋯⋯⋯⋯⋯⋯⋯⋯⋯⋯⋯ 544

第23章　非羁押刑罚 ⋯⋯⋯⋯⋯⋯⋯⋯⋯⋯⋯⋯⋯⋯⋯⋯⋯ 547
　　23.1　社区刑罚 ⋯⋯⋯⋯⋯⋯⋯⋯⋯⋯⋯⋯⋯⋯⋯⋯⋯⋯ 547
　　23.2　社区改造令 ⋯⋯⋯⋯⋯⋯⋯⋯⋯⋯⋯⋯⋯⋯⋯⋯⋯ 549
　　23.3　社区惩罚令 ⋯⋯⋯⋯⋯⋯⋯⋯⋯⋯⋯⋯⋯⋯⋯⋯⋯ 551
　　23.4　社区惩罚和改造令 ⋯⋯⋯⋯⋯⋯⋯⋯⋯⋯⋯⋯⋯⋯ 552
　　23.5　宵禁令 ⋯⋯⋯⋯⋯⋯⋯⋯⋯⋯⋯⋯⋯⋯⋯⋯⋯⋯⋯ 553
　　23.6　社区刑罚的违反、撤销和修改 ⋯⋯⋯⋯⋯⋯⋯⋯⋯ 554
　　23.7　监督令 ⋯⋯⋯⋯⋯⋯⋯⋯⋯⋯⋯⋯⋯⋯⋯⋯⋯⋯⋯ 555
　　23.8　出席中心令 ⋯⋯⋯⋯⋯⋯⋯⋯⋯⋯⋯⋯⋯⋯⋯⋯⋯ 558
　　23.9　毒品治疗和测试令及戒毒令 ⋯⋯⋯⋯⋯⋯⋯⋯⋯⋯ 560
　　23.10　活动计划令 ⋯⋯⋯⋯⋯⋯⋯⋯⋯⋯⋯⋯⋯⋯⋯⋯⋯ 560

23.11	补偿令	561
23.12	抚育令	561
23.13	罚金	561
23.14	有条件的和绝对的释放	567
23.15	具结悔过	568
23.16	背书和取消驾驶资格	569
23.17	没收令	577
23.18	赔偿令	579
23.19	归还令	583
23.20	罚没令	584
23.21	建议驱逐出境	584
23.22	医院令	585
23.23	父母具结悔过	589

第5部分 上诉及辅助事项

第24章 来自皇室法院的上诉 …… 593

24.1	上诉法院刑事庭	594
24.2	对定罪上诉的权利	596
24.3	对刑罚的上诉	600
24.4	对定罪提起上诉的决定	602
24.5	对刑罚提起上诉的决定	611
24.6	上诉的程序	614
24.7	事项提交给上诉法院的其他方式	628
24.8	刑事案件审查委员会	633
24.9	量刑建议小组	634
24.10	向上议院上诉：《1968年刑事上诉法》第33条	634
24.11	自由赦免	635
24.12	上诉的范例	636

第 25 章　来自治安法院的上诉 …………………………………………… 641
25.1　向皇室法院提起上诉 ……………………………………………… 642
25.2　通过案件陈述向高等法院提起上诉 ………………………………… 648
25.3　申请司法审查 ………………………………………………………… 659
25.4　从高等法院向上议院提起上诉 ……………………………………… 671
25.5　刑事案件审查委员会 ………………………………………………… 673

第 26 章　欧洲视角 ………………………………………………………… 674
26.1　提交给欧洲司法法院 ………………………………………………… 674
26.2　《欧洲人权公约》 …………………………………………………… 676

第 27 章　辅助性财务事项 ………………………………………………… 690
27.1　公共基金 ……………………………………………………………… 690
27.2　费用 …………………………………………………………………… 693

附录 7　因特网址 …………………………………………………………… 698
索引 …………………………………………………………………………… 701

第 1 部分
简　　介

第1章 搭台布景

英格兰和威尔士的刑事审判采用以下两种形式之一,起诉书审判或者简易审判。少年法院的审判虽然乍看上去是迥异的第三种审判方式,实际上却是简易审判的一种形式。本书第二和第三部分将分别具体讨论简易审判和起诉书审判。接下来的两节将指出这两种审判方式的显著特征。

1.1 起诉书审判

起诉书审判是用于审判较为严重的犯罪行为的审判方式。审判在皇室法院内法官和陪审团面前进行。"起诉书审判"这一名称最初起源于对指控的正式书面陈述,并且直指说明被指控者在审判之初答辩"有罪"或"无罪"的起诉状所包含的"罪状"。

审判由一位现为或曾为高级或初级执业律师的带薪职业法官主持。法官掌握审判的进程,裁决所有有关证据可采性事项,并且是案件中所有法律问题的唯一裁决者。

事实问题由陪审团决定。陪审团由外行男性或女性组成，他（她）们是从社区的各个阶层中任意抽出的，通常会被召集两星期。如果这是他们对司法体系的唯一一次体验，也绝非鲜见。他们必须一如法官在案件审判结束时的总结中向他们解释的那样接受并应用法律，但他们独立决定事实问题。如果法官在总结时对证据力量进行了评价或对他认为哪些事实已被证实作出暗示，陪审团可以——而且实际上应该——完全忽略法官的观点，除非它们碰巧和自己的观点吻合。听完所有证据、律师发言以及法官总结后，然后就是陪审团行使职责作出裁决的时候了。因此，在起诉书审判中，基本原则可以说是："法律归于法官，事实归于陪审团"。

1.2 简易审判

简易审判在治安法院进行。审判开始时，被指控者对包含在被称为控告书的文件中指控的罪行答辩有罪或无罪。案件由地方司法官（又称治安法官）听审并决定，他同时决定事实和法律。绝大多数地方司法官是外行男性或女性，但由于他们中的大部分都担任了此种职务很多年，且正常情况下每月至少开庭两次，所以对简易程序已很熟悉，不像普通陪审员那样是"完全业余的"。实践中，相对于陪审员，更倾向于从更小的社会和年龄范围中选任地方司法官（关于地方司法官任命的细节，见第5章）。少数的地方司法官是地区法官，也就是说是全职的、带薪的、从至少从业七年的出庭律师和事务律师中被委任的。地区法官和非职业的地方司法官之间的主要区别是前者可以而且通常确实独自审判案件，而地方司法官则至少两人一起来审判案件，普通情况下是三人一起审判案件。地方司法官在法律问题、证据可采性以及程序等问题上有权从他们的助理处寻求建议，但必须对这些问题独立作出裁决。助理是合乎资格的律师（任命细节见第5章），除了给法官提供建议这一职责外，他们在法院正常发挥职能中起着重要的作用——无论是在法院上（如将控告书交给被告人），还是在幕后（如处理传票事宜）。起诉书审判相对于简易审判的优缺点备受争议，第 7 章会提到其中的一些争论。

1.3 罪行等级

为确定审判方式，犯罪被划分为三个主要等级，即：仅能以起诉书审判的、仅能简易审判的和可以任选方式审判的。第 7 章将详细解释如何判断某一具体犯罪应划入哪一等级，但宽泛的原则是最严重的犯罪（如谋杀、杀人、抢劫、强奸、乱伦及蓄意致人身体严重伤害的行为等等）只能适用起诉书审判。中等严重程度的犯罪，尤其是那些严重性随个案具体事实有重大变化的犯罪（如偷窃、处理赃物、欺骗以获取财物、大多数形式的入室盗窃、非恶意刑事损害、攻击导致实际身体伤害、非法伤害及猥亵攻击等）可以适用两种审判方式中的任意一种审判。最轻的犯罪只能适用简易程序审判，其中的绝大多数非常轻微，甚至无须判处监禁。然而，这其中的确包括一些相对严重的问题，比如袭击正在执行职务的警官、干扰机动车辆、酒后驾驶犯罪、使用威胁语言或行动、非经物主同意擅取机动车辆和无证驾驶。最后，应当注意调整未成年人（18 岁以下）审判的特殊规则。这些规则的效果是，对于许多如果成年人实施只适用起诉书审判或以任选方式审判的罪行，在被指控者年龄不满 18 岁时则只能在少年法院适用简易程序审判。

与上述三层罪行划分法相联系的是一种较简单的划分，即分为"可控诉罪行"和"简易罪行"两种。《1978 年解释法》附则 1 对其作了如下定义：

（1）"可控诉罪行"是指如由成年人实施，则可以起诉书审判，无论是排他地只能以起诉书审判还是可任意方式审判的罪行；

（2）"简易罪行"是指如由成年人实施，则只能适用简易方式审判的罪行。

而且，《解释法》毫不意外地将"可任选方式审判的罪行"定义为一种如由成年人实施,则既可适用起诉书审判也可适用简易审判的罪行。《1988年刑事司法法》第40条创设了一种次等级犯罪。这类犯罪虽然通常只可适用简易审判,但如果和另一将要以起诉书审判的犯罪相联系则可以适用起诉书审判(见第7.5节)。结果1988年法案增加了一个对此定义的附加条款,阐明此种范畴的犯罪仍属简易罪行。

以上定义中需要注意的要点是,当在一部法典中使用"可控诉罪行"这一术语而没有进一步限定时,则它不仅包含必须以起诉书审判的犯罪,而且包括大量依情况可适用起诉书审判亦可适用简易审判的犯罪。除非《1988年刑事司法法》第40条(见上)适用,简易罪行绝不能以起诉书审判。与此形成鲜明对比的是,大量的可控诉罪行则适用了简易审判。

第 2 章　法院出庭前的预备

本章意在讨论从犯罪嫌疑人一开始被警察讯问有关犯罪行为到他第一次出庭之间发生的事情。这是一个涵盖范围很广的话题，涉及证据、宪法性法律以及程序的正当性。此处的目的在于给出发生在犯罪嫌疑人身上的总体概貌，尤其集中在警方程序和实践方面。对那些更适合归入宪法和证据范畴的问题（例如逮捕和搜查的权力或者排除不可采纳的供认），读者可参阅 Blackstone's Criminal Practice 一书，尤其是 D1 和 F17 两部分。

2.1　《警察与刑事证据法》及其《执行守则》

本章所涉及的大多数领域的法律，权威性主要来源于《1984 年警察与刑事证据法》以及依据此法第 67 条颁行的《执行守则》。

2.1.1 《警察与刑事证据法》

《1984年警察与刑事证据法》,一般称为PACE,是在皇家刑事程序委员会(菲利普斯委员会)所做的一个涵盖广泛的报告的基础上通过的。该法在很大程度上反映了委员会的建议,虽然政府在一些细节上不可避免地背离了委员会的初衷。它给警察程序中的几个重要方面带来了巨大的变化。立法中的一些部分是全新的(如涉及犯罪嫌疑人在不被指控时可被关押在警察局的时间的部分);其余部分则建立在既存的法典和普通法的基础上(比如关于逮捕权力的条款)。因此要理解这部法律,有时必须了解在它之前已存在的规定和做法。这部法律为《执行守则》所补充,下一部分将会谈到《执行守则》的重要性。

2.1.2 《执行守则》

PACE的条款主要涉及警察权力——比如,拍身和搜查公众的一员、搜查房屋以发现犯罪证据、逮捕犯罪嫌疑人并将他关押在警察局里及在逮捕前和逮捕后讯问他。然而,如果一部法律并不满足以确立行使此种权力的框架,那么它就会变得不实用。涉及警察在侦查过程中遇到的大量的不同问题而提供一个代表性范例的具体建议和规则,不能被立法规定。另一方面,这种具体的规则又是需要的,这样警察和公众才能合理而确定地知道应当如何开展侦查以及他们各自的权利和义务。PACE采用的解决方法是授权内政大臣颁布涵盖警察权力和侦查程序特定方面的《执行守则》。守则在合宪法性方面有点牵强,因为它们并非制定法文件(就是说,它们没有立法的效果),但是它们却是被作为制定法文件被适用的,而制定法文件是指内务大臣颁布的命令必须要得到议会上下两院决议的批准(见PACE第67(1~7)条)。在该命令被批准前,守则草案已提交给议会。现在被实施的守则共有五部,分别为:守则A(《警察行使法定拍身和搜查权的执行守则》);守则B(《警察搜查住所和警察扣押自人身或住所内发现的财物执行守则》);守则C(《警察拘留、待遇和讯问执行守则》);守则D(《警察验明个人身份执行守

第 2 章 法院出庭前的预备

则》）和守则 E（《录音执行守则》）。以下它们将被分别称为《拍身和搜查守则》、《住所搜查守则》、《拘留、待遇和讯问守则》、《验明身份守则》及《录音守则》。这些守则由皇家文书局出版印刷并可从那里获取。警察局里都存有复本，被拘留的犯罪嫌疑人只要提出就可以获得。守则 C 是最重要的一部，如只提及"这一法规"或"本法规"，就应理解为守则 C。

守则被内政部视为正确实施刑事侦查的一个简明指引。每一部守则的开始一段都载明本守则必须在"警察、被拘留人及公众咨询时随时可从所有警察局获得"。守则中的一些内容只是用不那么正式的语言对 PACE 本身的内容进行重复，另外一些部分是对 PACE 的扩充和解释，还有的部分内容则涉及主要立法没能直接涵盖的领域（如对犯罪嫌疑人的警告和进行列队辨认）。虽然无论在刑事和民事程序中，法院都有义务考虑某一守则中的条款是否和程序中出现的问题具有相关性，但任何违反了某一守则中的条款的行为本身并不构成刑事犯罪或民事违法行为（见第 67（10）、（11）条）。因此，如果对被告人不利的证据是通过违反守则的方式获取的，那么这是辩护方在反对证据的可采性时可以援引的事项。

在 1986 年之前，并没有与《执行守则》完全对应的法律。然而，它们和《法官规则》有一定的联系。《法官规则》是由法官制定的用以指导警察实践的规则，它们涉及警告犯罪嫌疑人（规则 II），对犯罪嫌疑人的指控（规则 III），警告后记录书面陈述（规则 IV），以及向已被指控的人出示由他人所做的陈述（规则 V）。另外，在导言中确认了与讯问犯罪嫌疑人有关的一般原则，同时附加在规则后的是由内务部发布的、未经司法部门直接批准的行政指令（如关于向被关押在警察局的犯罪嫌疑人提供点心的指示）。通过违反《法官规则》的方式获取的证据，尤其是口供，可能会被审判法官通过自由裁量权排除。实践中，这种事情极少发生，尽管当辩护方的基本论点是被指控者的口供是因受到警察压迫而不自愿地作出，因此不可被采纳时，背离这些规则会给辩方提供一个有用的额外根据。

5

2.1.3 实施《警察与刑事证据法》和《执行守则》

刑事侦查的适当开展不仅仅是靠精细界定警察权力和为如何行使这些权力提供明智的指引来得到保证的，关键的是警察必须在 PACE 提供的权力范围内活动，还必须遵守《执行守则》中的条款。菲利普斯委员会显然没有忽略这一明显事实。他们考虑了两种基本方式确保他们提出的为立法机构赞成的提议能为警察遵守，分别是：（1）通过规定对违反《警察与刑事证据法》及《执行守则》的警察给予纪律处分的方式，依赖警察自我约束；和（2）授权法院排除通过不公平或非法方式取得的证据。委员会坚定地支持采取第一种方式，几乎是完全排除了第二种方式。他们认为刑事审判中证据可采性规则不应当用做控制警察取证方式的间接手段，一个例外是对于通过实际的暴力或暴力威胁而获取的口供，委员会希望将其自动排除，以显示社会对犯罪嫌疑人使用暴力的坚决反对。除此之外，他们认为对警察何时何地运用权力加以记录以及在明显越权的情况下有受纪律处罚的危险是控制警察行为的最佳方式。最初的《警察与刑事证据议案》采纳了委员会的建议，但是晚些时候第二稿议案在议会通过时，斯卡曼勋爵提出了一个修正案，认为排除非法获得的证据的职责在于法院。政府对此的反应是提出了一个他们自己的修正案，并作为 PACE 的第 78 条被颁行。结果，现在有五种主要惩戒措施以阻止违反法案和《执行守则》的行为发生。

（1）如果警察的行为已构成刑事犯罪，那么警察将以普通方式被起诉。比如，实施违法搜查房屋的行为可能导致房产的损坏而以刑事损害被指控；侵犯囚犯人身的控告既可源自实施非法逮捕，也可源自使用暴力获取口供。换句话说，成为警察中的一员并不能在刑事法的实施中享有豁免权。如果皇家检控署不愿起诉，则受害者可以私人发动起诉程序。刑事程序的缺点在于要排除合理怀疑地证明警察犯罪很难，尤其是没有独立证据证明所发生的事情的时候。而且就算控诉成功，受害者无论如何也不能从中直接受益。

（2）如果违反法案和《执行守则》构成民事侵权（如人身伤害、错

第 2 章 法院出庭前的预备

误监禁或恶意控诉），受害者可起诉有责任的警官。他也可以将警察总长列为共同被告人，后者要对他手下的警官在执行或声称执行职务时的侵权行为负责。任何针对警长作出的损害赔偿判决都将在警察基金中支付。如果有必要的证据，这将给被害人予以有效的救济，虽然被害人可能会担心官司失败时要付出巨大代价而不愿起诉。

（3）无论是否违反刑法或民法，任何对《执行守则》的违反都可能是违纪行为，由警察纪律规则调整。所受的处罚可以是从警察队伍中开除。

（4）违反《警察与刑事证据法》及《执行守则》的行为（或任何其他的违法或不公正行为）可能导致由此获得的证据被裁定为不可采纳。这是 PACE 第 78 条的效力，该条款规定法院可以排除控方提出的证据，如果"考虑到所有情形，包括证据获得的情形，采纳证据将产生对程序公平不利的后果时，法院不应当采纳该证据"。在 PACE 获得通过之前，上诉法院在法官是否有权因取证阶段的不规范行为而排除因此获取的证据这一问题上采取了摇摆不定的态度。通常认为法官的确拥有这一自由裁量权，虽然他只能在特殊情形下行使这种权力（参阅，比如 Kuruma v R ［1995］AC 197 和 Jeffrey v Black ［1978］1 QB 490）。但有些出乎意料的是，随后上议院在 Sang ［1980］AC 402 案中裁定此种自由裁量权只在口供或类似证据出自被指控者本人的案件中存在。这样，举例来说，法官无权排除通过非法搜查得来的控诉证据。第 78 条明确给予法官自由裁量权，以排除任何非法或不公平获得的证据，无论其性质或来源如何，包括违反《执行守则》而收集的证据。上诉法院已经确认了这种裁量权的存在。比如，在 Quinn ［1990］Crim LR 581 案中，大法官莱纳勋爵说：

> 法官的职能是……保护程序的公平，而且通常如果陪审团听取了双方意欲呈现给它的所有相关证据后，程序是公平的；但如果一方当事人被允许举出相关证据而另一方却由于种种原因不能适当地质证或查阅时，或有滥用程序的情形，例如证据是通过故意违反官方的《执行守则》中规定的程序取得时，程序就会变得不公平。

(5)如果一项违反《警察与刑事证据法》及《执行守则》的行为导致被告人作出供述，那么依据具体性质，这一行为本身就可能足以使口供不被采纳，或作为一种辅助因素而与其他情形相结合时导致同样后果。这样，在第（4）点中讨论的一般原则就被加强并被扩展到运用不规范行为获取口供的具体案件中（细节见2.5.1节）。

鉴于上述（4）、（5）两点，一审和上诉法院法官在《警察与刑事证据法》颁行以后，已显示出在行使自由裁量权时对被告人一方有利的倾向（具体见2.5.3及2.5.5节）。这与《法官规则》（见上文）施行时普遍的态度形成鲜明对比。

2.2 提起控诉：两种基本方式

提起控诉有两种基本方式：一种是警察无须逮捕令状将犯罪嫌疑人逮捕，将他带至警察局，然后（可能是经过一段时间的讯问后）正式指控他。另一种是由检察官将一份控告书送至治安法官或其助手处，宣称被告人犯了控告书中所列的罪行。基于控告书，治安法官将签发传票并送达给被指控者。传票要求被指控者于指定时间出席治安法院并对指控作出答辩。对于有关谋杀的控诉，被指控者没有任何理由不被传唤，但一般认为在较严重的案件中逮捕和指控是更合适的方式，而控告书和传票则适用于相对较轻的案件。

以指控提起控诉是只有警察才能适用的一种方式。警察、其他起诉机构和个人均可以采取传票的方式提起控诉。在警方使用传票起诉时，他们几乎肯定已经同犯罪嫌疑人就罪行交谈过并已警告他可能会被起诉。这两种基本程序都有一些变化形式。比如，公民个人如果认为警方更愿意以指控起诉犯罪嫌疑人，那么他就可以在没有逮捕令状的情况下将其抓获并移交给警方。再比如，警察有时逮捕一个人并将他带到警察局，然后决定此案用传票的方式解决更方便，随后将犯罪嫌疑人释放而不加以指控，并通知他仍在考虑是否起诉他。还有一种可能是，收到宣誓的控告书的治安法官签发逮捕令状，逮捕控告书中列明的人。但这种可能性比签发传票的可能性要小得多，因为如果某一项罪行已严重到足以让治安法官签发逮捕令状，那么很可能是在无令状的情况下就实施逮捕的权力了。这样，对逮捕令状的申请就属多余。然而，当所嫌疑的罪行并不足以实施逮捕，而对被指控者送达传票不切合实际的话（如指控者没有固定居所时），那么逮捕令状还是具有价值的。① 签发传票和逮捕令状又被称为"程序的签发"。

2.3 无令状逮捕和指控

警察以逮捕和指控的方式起诉的审判前阶段将在以下章节中加以描述。

2.3.1 逮捕

无令状逮捕的主要权力见《警察与刑事证据法》第 24 条，该条款规定一名警官可以逮捕任何人，只要他有合理理由怀疑其已实施、正在实施或将要实施一项可逮捕罪行（第 24（6）、（7）条）。此条款并没有给公民个人如此广泛的权力，公民个人只能在有合理理由怀疑某人正在实施可逮捕的罪行时才能实施逮捕，但是却没有权力基于将要实施的罪行而实施逮捕；而且，如果他们基于合理的怀疑被逮捕者已实施某一可逮捕罪行时而实施逮捕，那么为证明其行为的正当性，他们必须能证明某人（不一定为被逮捕人）确已实施被嫌疑的罪行（第 24（4）、（5）条，另见 Walters v W. H. Smith and Son Ltd [1914] 1 KB 595 案，此案在普通法中确立了对前述公民私人逮捕权的限制）。可逮捕罪行指可判处五年或以上监禁的罪行（第 24（1）条），加上一些第 24（2）条所指的虽然不需判罚五年但依然被列为可逮捕罪行的犯罪（如未经主人许

---

① 根据《警察与刑事证据法》第 25 条（见 2.3.1 节）的规定，在这种情形下警察的确有权在无令状情况下实施逮捕，但其他起诉机构或私人检察官则不享有此权力。

可擅取机动车辆、某些性犯罪和某些海关犯罪等）。《警察与刑事证据法》也保留了一些由其他立法授予警察的逮捕权——比如逮捕那些已经或可能会不遵守保释条件的人（1976年《保释法》第7条），或正在使用暴力侵入任何房产的人（《1977年刑法》第6条）。《警察与刑事证据法》第46A条赋予警察逮捕未能回应警方保释的被指控者的权力。对于一般的非可逮捕罪行，《警察与刑事证据法》第25条引入了一项新权力，授权警察（但非个人）在有合理怀疑被逮捕人已经或正在实施此类犯罪时对其实施逮捕，前提是必须满足一般逮捕条件中的一项。这些条件包括：（1）被逮捕者拒绝给出姓名、地址或在警察合理怀疑其正确性时拒绝给出细节，及（2）警官合理地相信必须实施逮捕以防止被逮捕者伤害自己或他人、毁坏财产、实施违反公序良俗的犯罪或阻碍公路交通的犯罪。

有关逮捕权力的立法反复提及逮捕人合理地怀疑被逮捕者正在或已经实施某一犯罪。大法官戴夫林勋爵在 Hussien v Chong Fook Kam [1970] AC 942案第948页中将怀疑描述为"在侦查刚一开始或邻近开始时缺乏证据的一种推测或猜测的状态"。它与没有理由的，能被第三方合理评价的纯粹的直觉预感不同。在决定是否有根据逮捕时，警官可以将在以后的控诉程序中无法使用的信息资料考虑在内（如被逮捕人曾经因大致类似犯罪被定罪，或警察从黑社会处得到的"告密"说他犯了此罪）。因此，在还没有充分证据指控犯罪嫌疑人时，经常也会逮捕犯罪嫌疑人，因为只有警方持有法院可采纳的证据且在此基础上有较大定罪盖然性时指控才是适当的。当然，警察有权逮捕某人这一事实并不意味着他一定得如此行事或继续诉讼进程。作为一项自由裁量权的行使，他应当考虑逮捕是否真的必要或需要，或者事情是否可以通过同犯罪嫌疑人谈话并告知他任何随后的程序将通过传唤的方式进行而得到更好的解决。然而，警察有权考虑这一事实，即通过逮捕犯罪嫌疑人，他可以在警署里实施讯问，而嫌犯在警署里供认的可能性比在他自己的家中更大（见 Holgate-Mohammed v Duke [1983] AC 437）。假若一名警官出于善意行事，则以他虽然有权逮捕原告但在自由裁量时应克制自己勿行此权为由，对警察提起错误逮捕的民事诉讼的成功可能性极少。

严重可逮捕罪行

在定义可逮捕和不可逮捕罪行时，《警察与刑事证据法》还对严重的可逮捕罪行和不严重的可逮捕罪行作了区分。这种区分与逮捕权没有直接联系，但对被逮捕人可以被拘留在警署的期限和被拘留时的权利却很重要（尤见 2.3.5 节及 2.5.3 节）。根据第 116 条和附件 5 中对"严重"的准定义，有些犯罪，严重的犯罪而不管其个案事实及情形如何，主要包括谋杀、杀人、强奸、与 13 岁以下少女发生性行为、鸡奸 16 岁以下的人、某些军火及毒品交易以及危险驾驶致人死亡。一项并非硬性规定为严重的可逮捕罪行（包括最普通的暴力及欺诈犯罪），只有它已经或意欲或可能造成以下后果中的任意一项时方会被认为是严重的：对国家或公共秩序的严重损害；或对司法的严重干扰；或致任何人的严重伤害或死亡；或造成任何人获得重大经济利益；或使任何人遭受重大经济损失。这最后要从对主张损失的人造成的损失后果来进行判断，因此一系列对低收入被害人实施的小偷小摸也可能进入此定义的范围之内。

McIvor [1987] Crim LR 409 案反映了法院将哪些案件认定为严重的可逮捕罪行的一些态度。该案中，一审法院法官弗莱德里克·劳顿认为，共谋从一猎狐人的狗舍中偷狗并造成价值 880 英镑的 28 条狗丢失不算是严重罪行，因为对比较富裕的猎狐人来说，这并没有带来严重经济损失。

2.3.2 逮捕时和逮捕后的行动

逮捕生效，要么通过一定的话语向被逮捕人说明他不再可以自由选择去留，要么通过亲自抓住或接触他的身体并在随后一俟可能时便告知他已经被捕：Alderson v Booth [1969] 2 QB 216 和《警察与刑事证据法》第 28（1）条。被逮捕者同时必须被告知逮捕的理由，即使理由非常明显：第 28（3）、（4）条，但所给的理由不一定要使用精确的技术性语言（Abbassy v Metropolitan Police Commissioner [1990] 1 WLR 385）。如果所给理由在法律上并不充分（例如，因为所提及的犯罪不能实施逮捕权），即使逮捕者有其他怀疑能说明他有理由逮捕嫌犯，这一事实也不能使逮捕有效：Christie v Leachinsky［1947］AC 573。

通常逮捕发生在警官同嫌犯进行一些交谈之后，在交谈中警官提出问题以发现逮捕是否真的必要。在这种情况下，警官应当在他一有根据怀疑犯罪嫌疑人实施了某罪后立即警告他（见《执行守则》第 10（1）条和本书 2.5.2 节）。以前，警告产生的结果是除非犯罪嫌疑人愿意，否则他可以保持沉默，但他所说的任何话将成为呈堂证供。《1994 年刑事司法及公共秩序法》第 34 条规定在某些情况下法院可以从被告人的沉默中作出推断，从而使警告的性质发生了巨大的变化。目前警告内容如下：

> 你可以什么都不必说。但在问到你以后要在法院上依赖的事项而你不说的话，将可能对你的辩护不利。你所说的一切可能被作为证据出示。

如果逮捕前没有给予警告的话，则逮捕时必须给出（除非因被逮捕人的行为而使之不可行）（《执行守则》第 10（3）条）。

逮捕一旦实施，被逮捕者应立即被带往警署，除非要马上当着他的面在警署外的某处开展合理侦查：第 30（1）、（10）条。坚持警官和犯罪嫌疑人一般必须直接去警署的原因在于，《警察与刑事证据法》和《执行守则》规定的保护犯罪嫌疑人的诸多程序只有在警署里才能有效施行。因此"走观光路线"到警署就有可能给犯罪嫌疑人带来不适当的压力，但依据《警察与刑事证据法》第 78 条，如今在此种情况下获取的证据可能会遭排除。规则的例外体现了普通法的要求（见 Dallison v Caffery［1975］1 QB 348，犯罪嫌疑人首先被带回家中，他的家在他的允许下已经被搜查，然后被带到其工作地点场所告退，不在犯罪现场被认为是去警署路上的合理迂回）。

2.3.3 在警署的初步行动

到达警察局后，实施逮捕的警官和被逮捕人向羁押官（通常被称为羁押警佐）报告。他（羁押官）必须是有警佐以上警衔且与侦查无关的

第 2 章　法院出庭前的预备

警官（羁押官的任命等细节，见《警察与刑事证据法》第 36 条）。他的职责是确保被逮捕人（下称被拘押人）在被拘留在警署中时，得到按照《执行守则》及《警察与刑事证据法》规定的适当待遇：第 39（1）条。由于羁押官个人并不涉入讯问，因此他也就比担任侦查的警官对程序持更加超然的态度，而且也不会像后者那样倾向于变通规则。如果羁押官与另一更资深的侦查警官在关于如何对待被拘押人的问题上（比如，应当释放他还是继续拘留作进一步讯问？）存有分歧，这种冲突必须上报给警长：《警察与刑事证据法》第 36（9）条。否则羁押官在此类问题上总是享有决定权。

被拘押人一进入警署，羁押官就必须告知他有自由的权利，获得独立和秘密的法律帮助的权利，通知他指定的某人关于他被捕的消息的权利，以及阅读《执行守则》（《执行守则》3.1 部分）的权利。另外，他还应当收到一份重复上述权利并列明警告语的书面通知。接着羁押官应该制作一份羁押记录。就像其名称所显示的，这是一份标准格式文件，用以记录被拘押人在警署里所发生事情的关键细节。被拘押人在提出索要时有权得到一份复印件，而且这样一份复印件对律师来说可能会很有帮助，比如在试图排除在警署里所作的供述时。记录中应包含的条目有：被逮捕人被拘禁的理由，由他签署的确认书，证明他已收到关于他的权利的书面陈述，关于他是否希望得到法律建议的说明（亦须签署），他的财物清单及从他身上取走的所有物品的清单，所有的来访记录，为他提供膳食的时间，任何警告的时间和地点，他被移交给侦查警官讯问的时间，他被指控及他对此作出任何言词回应的时间，和他对受到的任何不当待遇的申诉。其他需要记载事项将会在以下章节中提及。《执行守则》第 2 条对羁押记录作了规定。

记入羁押记录的首要事项之一是被拘押人带入警署的财物清单：第 54（1）条。为确定他带了哪些物品，羁押官可以命令对他进行搜查：第 54（6）条。另外，羁押官还有没收并保留搜查中发现的任何物品的自由裁量权，但衣物和个人用品除外，只有羁押官认为被拘押人可能利用它们伤害自己或他人、毁坏财物、干扰证据或利用其逃跑，或者有合理根据相信它们可能是犯罪证据时,才能被没收:第 54(3)、(4)条。搜查不应当被认为是逮捕后带到警署的当然结果,但羁押官通常至少会命令象征性地翻开口袋。然而如果情况似乎能够证明存在搜查的正当理由,他也可以命令实施直至脱光衣服的搜查,但不能进行私密的身体搜查(见 2.6.3 节)。从被拘押人处拿走的物品要在他被警署释放时归还他,除非需要用做证据。

2.3.4 考虑证据

初始手续一旦完成,羁押官必须考虑不利于被拘押人的证据:《警察与刑事证据法》第 37(1)条。如果证据显示被拘押人起初就根本不应被逮捕,羁押官会作出即时释放的命令。否则,问题就是是否已有足够证据对被拘押人加以指控,即据以定罪的证据是否具有较大盖然性。如果有,羁押官应当要求侦查警察选择的是愿意提起指控(这是通常采取的方式)还是不指控就释放被拘押人。当警方因第四章所讨论的可自由裁量的理由而认为,即使有充足证据保证,但提起控诉也无益于公共利益时,也可能采取后一种方式。一个折中的办法是利用《警察与刑事证据法》第 47(3)(b)条赋予警方的权力,在被拘押人保证于指定日期返回警署的条件下将其保释。在这期间,警察可以作出关于指控是否必要的决定,如需要的话,可在被拘押人回应保释时将其指控。另一种可选择的方式是,可从警署无条件地释放被拘押人,同时警告他仍将考虑是否对他提起控诉。这样的话,可用控告书和传票而发起程序(见 4.1 节)。一旦犯罪嫌疑人被指控,一般情况下就不能再对他就犯罪事实进行讯问(见 2.5.2 节)。由此羁押官所做的有关是否有足够证据指控被拘押人的决定,有效地阻止了侦查警官在警署对被拘押人的讯问,因为决定之后被拘押人要么被指控(由于上述刚提到的讯问的效果),要么被释放。

然而,如果有充分材料说明逮捕是正当的,却没有提起指控的足够证据,羁押官可能会批准不指控拘留,只要他有以下合理根据相信这种拘留是必要的:

(1) 为获取或保全与被拘押人被逮捕的罪行有关的证据，或者

(2) 通过讯问他而获得此类证据。

因此，第37（2）条不指控拘留讯问犯罪嫌疑人是羁押官一项自由裁量的权力。羁押官的理由必须记入羁押记录并口头告知被拘押人：第37（4）、（5）条。

2.3.5 不指控拘留

《警察与刑事证据法》第40至44条对不指控拘留制订了复杂的时间表，这里只试述一个大概。这一时间表反映出在两种观点之间达成的一个妥协：原则性的论点认为犯罪嫌疑人所作的任何不利于自己的陈述都应当是完全自愿的；而实用的观点则认为，除非在警署里的敌意环境中通过有技巧的讯问而带来一定的压力，几乎没人会作出供认，而这将给刑事司法体系带来可怕的后果。不指控拘留的主要阶段如下：

（1）六小时内。羁押官决定准许不指控拘留后六小时内，须有一名审查官考虑继续拘留被拘押人是否适当。从根本上说，他也要经历和羁押警佐同样的程序，询问迄今为止是否已有足够证据指控被拘押人；如果没有，基于第37（2）条上述的两个根据之一而继续不指控拘留是否正当（第37（2）条，见2.3.4节）。审查官必须具有督察以上警衔，而且和羁押官一样，不能直接地涉入侦查。他必须给被拘押人和/或他的法律代表人就继续拘留的有效性作出陈述的机会。如果作出的决定对被拘押人不利，则必须将原因口头告知被拘押人并且也必须记入羁押记录。

（2）十五小时内。第一次审查进行后的九小时之内，必须进行第二次审查。在此之后的审查间隔时间不得超过九小时。即使不指控拘留是由警长和/或治安法官根据下述（3）～（5）点的要求而准许，这一点也适用。如果被拘押人已被指控但未被释放，同样也应适用，虽然此时羁押官本人可以担任审查官。

（3）二十四小时内。二十四小时内，被拘押人必须被释放或者被指控，除非警长批准对他继续进行不指控拘留。此处的二十四小时从"相

应时间"开始计算——即被拘押人到达警署的时间，或者（如果他起初是主动参与但在警署被捕的话——见 2.3.9 节）他被告知不能自由离开的时间。① 要批准继续拘留，警长必须确信被拘押人被怀疑实施的犯罪中至少有一项是严重的可逮捕罪行。换句话说，对于被怀疑仅犯有非严重罪行的被拘押人绝不能在不指控的情况下拘留超过一天。假设存在严重的可逮捕罪行的怀疑，警长必须有合理理由相信：1) 第 37 (2) 条所指的不指控拘留的理由之一仍旧适用，并且 2) 侦查正在被努力而迅速地进行。同样，还有准许被拘押人或其律师作出陈述以及将继续拘留的理由载入羁押记录的条款规定。如果被拘押人还没有行使与他的律师协商和/或通知某人他已被捕之事的权利，警长必须向他提醒他的权利，并决定是否应当准许他行使这些权利。除一种例外情况外，警长不能准许不指控拘留期间自相应时间起超过三十六小时。

（4）三十六小时内。自相应时间起三十六小时之内，被拘押人必须被释放或者被指控，除非治安法院已签发一份进一步拘留令状。这一令状的申请必须由警官宣誓后提出，并且还必须有一些辅助材料：一份载明被拘押人之所以被逮捕的罪行的性质的书面控告书及证明逮捕正当性的证据，已进行或将进行的讯问，以及需要继续拘留被拘押人进行讯问的理由。听审须在至少两位治安法官面前在场进行并被录像。被拘押人有得到免费法律代表的权利。为批准令状，治安法官必须确信：

（i）被拘押人是因严重的可逮捕罪行而被拘留；

（ii）为获取或保全犯罪证据或者通过讯问获得此类证据，对他继续拘留是必要的；及

（iii）侦查正在被努力而迅速地进行。

13　实际上，这些都是警长在准许拘留超过二十四小时时所必须确信的事项。如果令状被批准，其有效期间不能超过三十六小时。治安法官协会指出，在合理范围内，其成员随时准备在任意一天及正常开庭时间外的时间里听取继续拘留令状的申请。然而，如果法院在三十六小时期满

---

①　还有更复杂的规则，比如当一个人在一个警察区内被缉拿而到达另一警察区的某警署时；见 Blackstone's Criminal Practice，D1.29。

不可能开庭时，警方可以再拘留被拘押人六个小时，尽管随后警方因为不合理地更早时间申请令状而冒令状不被批准的风险。虽然法院不能在三十六小时失效的那一刻准时开庭，而在第三十五小时开庭，普遍认为将被拘押人拘留超过四十二小时而不指控是不合理的。

（5）七十二小时后。虽然继续拘留令状列明继续拘留期间只有三十六小时，但治安法官还是可能随后延长这一期间。对延长期限的申请与最初的令状申请适用完全相同的规则。虽然可以不止一次地延长，但延长的期间自相应时间起不能超过九十六小时。

（6）九十六小时后。根据上述第（5）点，被拘押人可以被不指控拘留的最长期间为自相应时间起九十六小时。在这一期间结束后，他必须要么被释放，要么被指控。

如第 2.3.3 节中所提到，羁押官对确保被拘留在警署的人根据《警察与刑事证据法》和《执行守则》受到适当待遇负有主要责任。《执行守则》8.1 条至 8.12 条被冠名为"拘留的条件"，规定了以下一些事宜：监禁囚房的状况；在不超过一小时的间隔时间内对被拘押人进行查看；食物的供应（每日两顿便餐和一顿正餐）；如果可行的话提供锻炼的机会以及使用厕所和洗浴设施。如果侦查警察要讯问被拘押人，他必须要说服羁押官将被拘押人交由他们监管（见《执行守则》第 12（1）条）。如果羁押官同意，侦查警察就要对被拘押人的待遇负责，并且在将其交还羁押官监管时，向后者汇报他们是如何履行这一责任的：PACE 第 39（2）、（3）条。调整如何讯问被羁押嫌犯的规则将在 2.5.2 节讨论。

2.3.6 指控被拘押人

一旦侦查警察认为已有充足证据进行成功控诉，而且被拘押人已说出了所有他愿意说出的有关犯罪的内容，他们就必须将他带至羁押官面前，此时由羁押官决定是否指控。如果羁押官决定指控他，则要经过《执行守则》中 16.1 至 16.3 条中所规定的程序。被拘押人将以与 2.3.2 节中所列的相同的语句被警告，接着指控内容会被写在指控单上并读给他听。他所作的任何回答都将被记录下来,同时还将提供给他一份书面通知,重复指控和警告的内容,并载明负责案件的警官名字和案件的警方编号。一旦被拘押人或其他犯罪嫌疑人被指控,则称其为"被指控者"更合适。指控的措辞与控告书(见9.3节)的措辞相同或接近。事实上,指控单的复印件会被送至被指控者将要出庭的治安法院处,而且如果采取简易审判的话,传统上这被视为控告书,被告人会被要求对此答辩有罪或无罪。

2.3.7 非警察人员可以通过指控提起控诉吗?

在《1984年警察与刑事证据法》之前,对一公民实施逮捕的非警方人员要将犯罪嫌疑人带至警察署,并要求对其提出指控,然后该人会被要求签署指控单。这暗示着自此以后,他(而非警察)将对这次(私人)起诉负责。这种程序的合法性在 Ealing Justices ex p Dixon [1990] 2 QB 91 案中受到了质疑。该案中,私人检察官的身份在治安法院上被成功地反对,程序被撤销。私人检察官申请司法审查,但地区法院支持治安法官,起诉由警方提起。因为,只有皇家检控署能实施此行为:《1985年犯罪起诉法》第3(2)条。皇家检控署可以授权某一机构提起诉讼,但它没有这样做。

然而,在 Stafford Justices ex parte Customs and Excise Commissioners [1991] 2 QB 339 案中,Ex p Dixon 案的做法被明确否认。在这一案件中,L 在无令状的情况下被逮捕,接着根据《1986年贩毒犯罪法》第24(1)(a)条她被提起指控。指控状由一位税务官员起草,并将她带至警察署,在那里羁押官正式地指控了她。在随后的旧式移交程序中,法官被认为对案件的移交没有管辖权,因为海关和国产税务局没有资格起诉(依据 Ex p Dixon 案)。法官驳回了案件。他们的决定是基于《1985年犯罪起诉法》第3(2)(a)条,该条款规定接管所有"以警方利益而提起"的刑事诉讼程序行为(除检察总长命令的程序之外)是检察长的职责。法官们裁定,此控诉是基于警方的利益而提起的,因此只有皇家检控署(代表检察长)才能够处理此案。海关和国产税务局专员申请司法审查并宣称他们可以根据《1986年贩毒犯罪法》提起控诉，尽管是由一名警官对被指控者提出了指控。地区法院批准了该项申请，裁定 Ex p Dixon 案被错判。Stafford Justices 案的推理论证被 Croydon Justices ex p Holmberg 案所继承，在该案中，法官认为，寻求警方帮助，并不使由地方机构提起的程序转变为代表警方利益而提起的程序。

2.3.8 释放或指控后拘留

一旦被拘押人被指控，羁押官必须下令将他从警署释放，除非
（1）被拘押人拒绝给出其姓名和地址，或
（2）羁押官有合理理由相信以下任何一点：
（i）所给姓名和地址不真实，或
（ii）被拘押人不会对保释负责，或
（iii）（如果指控的罪行为可监禁刑）为阻止他实施其他犯罪，对其进行拘留是必要的，或
（iv）（如果指控的罪行为非监禁刑）为阻止他对他人造成人身伤害，或财产损害或损失，对其拘留是必要的，或
（v）为阻止其妨碍司法或侦查犯罪，而拘留是必要的，或
（vi）为保护其本人，而对其拘留是必要的（《警察与刑事证据法》第38（1）条，由1994年CJPOA第28条修正）。

如果羁押官决定继续拘留被指控的被拘押人，而且打算在当地治安法院进行起诉程序时，被拘押人必须"一侯可能"就被带到法院，而无论如何不可迟于指控后的第一次拟定开庭的时间：《警察与刑事证据法》第46（2）条。如果指控后第二天没有安排开庭，则必须告知法院助理警方有一名出庭受审的被拘押人，然后助理安排一次专门开庭：第46（3）条和（6）～（8）款。如果指控后的第二天是星期天，这就不适用。由于大多数法院在每一工作日都安排有开庭，因此第46条的广义结果是，除了星期六被诉的被拘押人可以被拘留至下周一之外，被拘押人被指控后第二天就必须被带到法院（星期五被指控的被拘押人，星期

六安排有专门的开庭)。如果警方想在非当地的治安法院进行开庭,那么被拘押人要被移送至另一离该法院较近的警署,第46条规定的时间限制则从到达第二个警署的那一刻开始计算。

绝大多数被拘押人一旦被指控就会被保释,只是因为警署无处容纳他们。保释的条件之一是被拘押人于指定期日到适当的治安法院对他们提起的指控进行应答。通常指定的日期是保释后很短的一段时间后,但现在的实践正越来越多地准许"延长保释"——就是说,允许从警署保释和初次法院出庭之间有两周的间隔时间,在此期间被指控者可以咨询律师或申请法律援助。

2.3.9 "帮助警察讯问"

迄今为止,对无令状和不指控逮捕程序的阐述都建立在只有两类人符合此目的的假设上:那些已被逮捕并可能因此会被按照PACE规定的期间拘留在警署的人和那些没有被逮捕的人。就纯粹的法律来说,这种假设完全正确。普通法中一直就是如此,《警察与刑事证据法》第29条也已确认这一点。但在现实生活中,还有第三类犯罪嫌疑人,就是那些"帮助警察讯问"的人。这类人并未被正式逮捕,警方只是请他到警署以使对他的讯问更方便,而他也同意了这项要求。无论是对是错,犯罪嫌疑人都可能认为,如果他不自愿地与警察同去警署的话,警察就会逮捕他。在警署里他会像被逮捕人一样感受到同样的压力,感觉需要保护。因此,为保护此类犯罪嫌疑人,《执行守则》10.2条中规定,当他在警署(或其他场所,可能包括他的家)开始被警告时,必须被告知他没有被逮捕,并且没有义务与警官待在一起。而且,如果他确实选择留下,他可以获得法律帮助。如果警察认为自愿来到警署的人应当被逮捕,他们只需告知他不再可以自由地离开。接着不指控拘留的时间表就将从告知他那时开始计算。

2.3.10 不合作的被拘押人

逮捕和指控程序的某些部分有赖于被逮捕人/被拘押人为警方提供

至少最低程度的合作。如果警方不遵守《警察与刑事证据法》和《执行守则》而受谴责的唯一理由是因为他们的关注对象的不合作，这显然很荒唐。据此，第28条（规定了应当传达给被逮捕人的信息）只规定了逮捕者负有"一俟可能"时应当告知被逮捕人逮捕理由的职责，这意味着如果被逮捕人的行为方式使得与其交流成为不可能的，他随后就不能以没有被立即告知逮捕的根据为由主张逮捕不合法。相似地，羁押官应当向被逮捕人解释为何要准许对他拘留（见2.3.4节），如果被逮捕人无能力理解对他所说的话、行为狂暴或可能变得狂暴，或需要紧急医护（见《警察与刑事证据法》第37（6）条和第38（5）条），羁押官的这一职责无须履行。制作羁押记录的正当程序要求被拘押人签署某些文件（比如，他在警署已收到告知其权利的通知的确认书）而他拒绝签署，羁押官应当将其拒绝的事实径直记录下来（见《执行守则》2.7条）。最后，如果羁押官认为有足够证据提起指控，但被拘押人的状况不适合时（比如他醉酒），他将被拘留至改造适合为止：第37（9）条。调整未成年人及其他易受伤害群体待遇的特殊规定将在2.8节中论述。

2.4　程序的签发

起诉并非由被指控者无令状逮捕和指控而开始，而是通过提交控告书和程序的签发——传票或逮捕令状的签发而开始。2.4.1节将勾勒出典型的警方使用传票方式提起控诉的主要阶段的梗概，程序的不同方面将在2.4.2至2.4.6节中更详细地讨论。

2.4.1　主要阶段

对控告书和传票程序的描述，如果与疏忽驾驶的假想起诉联系在一起，会比较方便。当然，不能认为传票只适用于道路交通事故案件。如前面所解释的，一项犯罪，无论其性质及严重程度如何，都可以用传票方式起诉。尽管如此，典型的使用传票一般还是在轻微犯罪，尤其是道路交通犯罪中。

（1）与犯罪嫌疑人谈话。史密斯警官在卡斯特桥大街步行巡逻时看见一辆小汽车以估计高于每小时50英里的速度驶过。开出很短一段距离后，小汽车为躲开泊在自己一侧路面上的车辆而急刹车并错误地部分行驶在道路的另一侧。如此擦破了从对面驶来的一辆货车的一侧。警官急忙赶到现场，并从车辆的位置和现场痕迹看出货车显然行驶道路正确。在确定两名司机都不需医务检查后，该警官记下了小汽车司机的姓名和地址，并要求查看他的驾照和保险证明。警官自己所观察到的事实足以使他有理由怀疑，小汽车司机（一位称为斯比迪的先生）已犯一项或数项驾驶罪行。因此警官必须警告他——与严重案件一样，在轻微案件中同样必须警告犯罪嫌疑人。听完警告后，斯比迪说："我以为货车会靠边停下等我。"警官接着同货车司机交谈，而货车司机声称自己根本不应对事故负责，并愿意看到"那个疯子"（指斯比迪）被起诉。

（2）起诉的警告。史密斯警官认为有足够证据可以对斯比迪启动刑事程序。因为他所怀疑的罪行都不附有逮捕的权力，所以无法逮捕斯比迪。一般逮捕条件（允许对非可逮捕罪行实施逮捕——见2.3.1节）中的任何一项也都不适用于他。如果他拒绝给出姓名或所给地址不可信，他就可能被捕，但警官没有根据怀疑他就这些内容所提供的信息。因此，代之以逮捕斯比迪，警官只是警告他将被上报而且会将考虑以危险驾驶、疏忽驾驶及超速驾驶罪名起诉他。如果警察正在考虑用传票方式起诉，警告犯罪嫌疑人对警察来说总是一项很好的做法，但特定的道路交通犯罪中，在所宣称的罪行发生之时以口头方式或在14日内以书面方式给予被指控者意欲起诉的通知，是定罪的前提条件（见《1988年道路交通法》第1、2条）。随后斯比迪被允许重新上路，警察返回警署。

（3）起诉的决定。史密斯警官将事故向警察程序部门作了报告。除报告之外，他们还从货车司机处获得了一份书面陈述，该货车司机称他愿意作证反对斯比迪。根据证据和第四章讨论的因素，他们决定是起诉还是用其他方式解决问题（比如，发给斯比迪一份书面警告）。他们的观点是有疏忽的明显证据，但危险驾驶难以成立，而且以超速罪名起诉也会失败，因为唯一证明斯比迪超过速度限制的证据是史密斯警官未经佐证的观点。他们也感觉斯比迪的驾驶行为太恶劣，只给一个警告不足以惩治。因此，最终决定是起诉他疏忽驾驶。[①]

（4）准备控告书。下一步是准备控告书。较忙的警署一年中要处理差不多数以千计的通过传票方式而提起的控诉。如果每一案件都要提出口头控告书（即到当地治安法院宣誓后告知治安法官被告人所作所为），法院和警署的工作都要被搁置下来。因此，标准程序是使用书面控告书。控告书可能会以《1981年治安法院（格式文件）规则》所给控告书格式为基础（SI 1981 553号—见23页例），其中必须包括的关键事项有：被指控者的姓名和地址，汇报警官的姓名、警号和所属警署以及被宣称罪行的细节摘要（控告书措辞见9.3节）。控告书应当由起诉人签署。略去正式部分，对斯比迪的起诉书可能如下：

日期：2002年8月1日。

被指控者：詹姆士·亚瑟·斯比迪

地址：哈迪郡，桑迪顿，埃斯普拉那德街10号

被控罪行：于2002年7月28日在卡斯特桥大街上驾驶一辆牌号为F999 XYZ的福克斯豪·卡佛里尔小汽车时，没有尽到应有的小心和注意，违反了《1988年道路交通法》第3条。

起诉人：约翰·史密斯警官50B

地址：卡斯特桥郡，劳尔街，卡斯特桥警察局

至于谁的签名出现在控告书上，警方实践有所不同——有时是汇报犯罪的警官，有时是资深警官或是警长的橡皮图章印鉴签名。在严格的理论上，签署控告书的人就是检察官。但法院采取了较务实的观点，认为只要控诉是由警方提起，哪一个具体警官签署都没关系。因此，在

---

① 在特别重要或复杂的案件中，他们可能会寻求皇家检控署的建议。但在这样一个简单案件中，皇家检控署只会在较晚阶段介入。

Hawkins v Bepey［1980］1 WLR 419 案中，在控告书被驳回和案件开始上诉期间，名义上的起诉人的死亡并不影响他所在的警察局将案件诉至地区法院的权利。

在由警察提起控诉的案件中，控告书应由一名警官个人签署。在 Rubin v DPP［1990］2 QB 80 案中，一份以超速罪名指控 R 的控告书由"泰晤士谷警察"签名。地区法院认为，泰晤士谷警察部队不能作为检察官。但是，这一缺陷并不使程序无效。由于 R 可以通过询问警方是哪个警察提交了控告书而轻易确定谁是真正的检察官，这样并无不公正之处。

另一方面，如果制定法授权只能由特定的人签署控告书，那么必须由享有签名权的人签署，否则控告书将为无效。在 Norwich Justices ex p Texas Homecare Ltd［1991］Crim LR 555 案中，针对 TH 提出的控告书指控其星期天非法营业。这些控告书由资深的环境健康官员签署，但是该官员根据《1950 年零售商店法》无权发动程序。发现了这一点后，控告书被修改，将行政代理主任作为控告人。法官准许这些控告书有效，TH 被判有罪。地区法院撤销了他们的决定，认为控告书是管辖权的基础。控告书无效，并且不能通过修正加以挽救，因为有制定法对程序启动的要求。

（5）提交控告书。书面的控告书被递交到合适的治安法院，很可能是犯罪发生地的即决审判法院。针对斯比迪的控告书就是由卡斯特桥警察局起诉部递交给卡斯特桥治安法院的其中一份文件。警方还会连同控告书一起送交几份相应的传票，以期某个治安法官或治安法官助理能基于控告书加以签发。控告书一旦由治安法院助理办公室接收即视为已提交：Manchester Stipendiary Magistrate ex p Hill［1983］1 AC 328。这一点很重要，因为有法规规定，针对简单案件的控告，控告书必须在犯罪发生后的六个月内提交（《1980 年治安法院法》第 127 条，另见 9.3 节）。如果控告书在六个月内已由办公室接收，即使六个月内没有人考虑该案件，也不违法。

（6）签发传票。控告书被提交至治安法官或治安法官助理面前，而更可能是后者的面前。他要检查表面看来该控告书是否有效。如果有效，他会在警方随控告书一起递交的草拟传票上签名签发传票，或者他只是用橡皮图章进行签名，或者如果他实际上已经考虑过控告书，甚至授权助理办公室的助手使用他的橡皮图章加以签名（见 Brentford Justices ex p Catlin [1975] QB 455）。法院保留控告书和传票的一份复印件，其余的退回警署。理论上，签发传票的治安法官或助理要从司法角度考虑每一份控告书，以确保程序的正当签发。实践中，至少在涉及警方起诉时，对控告书的审查极端例行公事。传票中阐明针对被告人的起诉，并列明被告人出庭应答的日期。

（7）送达传票。法院和/或警方将传票送达被指控者。在斯比迪的案件中，法院可能首先通过普通邮寄将传票送达给他。如果没有回应的话，他们会使用挂号信。如果这样还被退回的话，就要要求警方实施专人送达了。在收到传票的同时，对于像疏忽驾驶这样的犯罪，斯比迪可能被送达一份对事实的简要说明以及一份向他解释如何通过邮件方式答辩有罪的通知书。但无论如何，如果他意欲答辩无罪，他会被要求说明，并被建议他不必在传票中载明的日期出庭，而是等到通知他在进行抗辩听审的那天再出庭。如果他没有通过邮件方式答辩有罪，并且也没有在传票中指定的日期（或通知他的更晚日期）出庭，案件就可能在他缺席的情况下进行判决（见 9.5.1 节）。这基于控方能证明传票及任何延期通知已进行了适当送达。在对其进行了缺席判决定罪之后，治安法官然后必须在量刑前休庭延期，以让斯比迪出庭并交出其驾照。在这一阶段，尽管不是之前，他们可以签发对斯比迪的逮捕令状（见 9.5.3 节）。如果斯比迪确实按照传票的要求出庭应诉，控告书就会交给他，审判开始。

2.4.2 签发传票的管辖权

除某些管辖方面的地域限制外（见下文），治安法官及其助理在控告书提交给他们时有权签发传票：《1980 年治安法院法》第 1 条及《1970 年法官助理规则》（SI 1970 No 231）。在助理办公室工作的助手不享有此项权力，即使他们已经有资格作为助理出庭：Gateshead Justices ex p Tesco Stores Ltd [1981] QB 470。但法官助理的助手可以通过某种方式，比如在助理或法官已决定签发传票后，使用其橡皮图章在传票上进行"图章签名"，提供事务性的帮助。

《治安法院法》第1条对治安法官签发传票的管辖权进行了地域限制，此限制对法官助理同样适用。此条款的一般效果如下：

（1）如果指控书中宣称的犯罪是简易罪行，则治安法官只有在所宣称的犯罪发生在他就职的郡内时方可签发传票。此条还应服从以下（3）、（4）两条。

（2）如果被宣称的犯罪是可控诉罪行，在犯罪发生在本郡、或被指控者被认为是或居住在本郡，或下述第（3）条适用时，治安法官可以签发传票。

（3）无论被宣称的罪行是可控诉罪行还是简易罪行，且无论其发生地何处，只要将被指控者与已在本郡进行审判的其他人合并审判或同地审判是需要的话，就可签发传票（例如，如果一窃贼将在一郡治安法院出庭受审，则可向销赃者签发传票，即使该销赃者居住在郡外，并在郡外接收赃物）。

（4）如果控告书中所指的是一项简易罪行，而被指控者已因一犯罪（可控诉的或是简易罪行）正在被本郡的治安法院审判，则即使控告书中所宣称的犯罪发生在郡外，也能签发传票。上述的第（1）点并不能适用。

传票必须要求被指控者在签发传票的治安法官任职的郡内的治安法院中出庭。该法院在所涉犯罪为简易罪行时，有权行使审判权；或如果罪行是可控诉的，有权进行移交程序（见9.2节）。《治安法院法》第1条（签发程序的管辖权）和第2条（对某一犯罪进行审判或作为审查法官进行调查的管辖权）因此可以互补。

虽然治安法官对于发生在他郡内的犯罪总是有权签发传票，即使该罪行发生在他被指定的即决审判区之外，但将控告书提交给犯罪发生地的区内的治安法官或其助理处是普通的做法，传票也将要求被指控者出席该区的法院。

2.4.3 提交控告书

传票的签发有赖于首先将控告书提交给治安法官或其助理。控告书可用口头或书面方式提交。书面控告书的提交已经在2.4.1节（4）、（5）小点中加以充分地描述。如其所述，警察及其他起诉机构几乎毫无例外地运用书面控告书，给法院和他们自己节省了大量时间。而且，如果被指控者已被指控，通常用指控单作为控告书（见2.3.6节）。但是，私人起诉人可能会选择以口头方式提交控告书。大体上，他要将指控的性质、被指控者的姓名和地址告知治安法官或其助理，或主持"申请法院"开庭的治安法官小组。他的控告书中的主旨会以适当的术语记录下来。他会被要求对此加以签署，同时法官或助理也会签字证实控告书是当着他的面记录的。控告书可以但不必经宣誓证实。这样做的好处在于，收到控告书的治安法官能对被指控者签发逮捕令状，而如果起诉人只是提起未宣誓的控诉，治安法官就无权签发令状。只有治安法官（不包括助理）可以接受宣誓的控告书。第23页是治安法官接收宣誓的控告书的例子，它基于《1981年治安法院（格式）规则》（SI 1981 No 553）提供的一份格式。

2.4.4 签发传票的决定

签发传票的决定是司法性的而非行政性的，这就是此项决定为什么不可委托给助理办公室的官员办理的原因，而无论该官员的资格如何。治安法官或助理必须审查提交给他的每一份控告书，并自问签发传票是否具有正当性：Gateshead Justices ex p Tesco Stores Ltd ［1981］QB 470。有下述情况之一，不能签发传票：

（1）控告书中宣称的罪行，法律无明文规定；或

（2）控告书未按时提交；或

（3）提起控诉必需的同意没有获得；或

（4）他因犯罪发生在郡外等原因而对该事项无管辖权。

当然，在大多数案件中，这些阻碍传票签发的规定都不适用。然而，如果起诉显得琐碎或缠讼的话（见 Bros（1901）66 JP 54 对一名犹太人星期日营业提出的起诉），或证据明显不足时（Mead（1916）80 JP 392），或甚至是起诉人因无法说明的原因提交控告书过慢时（Clerk to the Medway Justices ex p DHSS［1986］Crim LR686），仍然存在不签发传票的自由裁量权。但是，一般来说，对证据进行初步调查并非治安法官/助理的职责，并且在警方起诉的案件中，他可能认为案件既不琐碎，也并非没有证据支持。确实，更像地区法院所指出的那样，有理由认为传票的签发经常多多少少是自动的行为。如《菲利普斯报告》中所说——"当传票由警方或其他认可的起诉机构申请时，对是否应签发传票的问题根本就不予考虑"。然而，委员会确实发现了另一种针对私人起诉人的盛行的不同态度。在这类案件中，治安法官或助理试图"确保起诉的正当性和控告书的技术正确性"。这可能涉及要求起诉人列出他所得到的证据的梗概，或甚至给被告人一个出庭并答辩不签发传票的机会（这种事例的发生，见 West London Metropolitan Stipendiary Magistrate ex p Klahn［1979］1 WLR 933）。

控告书（《1980 年治安法院法》第 1 条；《1981 年治安法院规则》第 41 则）
卡斯特桥治安法院（法院代码 1234）
日期：2002 年 2 月 12 日
被指控者：约翰·大卫·多伊
地址：海德郡，卡斯特桥，波特布莱迪路 1 号
指控的罪行：2002 年 2 月 11 日，约翰·大卫·多伊袭击并殴打理查德·罗斯，违反普通法
起诉人：理查德·罗杰·罗伊
地址：海德郡，
   卡斯特桥，
   波特布莱迪路 3 号
电话号码：

该人宣誓陈述被指控者实施了以上所述的罪行。
在我的面前记录并宣誓
            约翰法官
            治安法官

第 2 章 法院出庭前的预备

签发传票决定的重要性——之后对每一次申请进行司法审查的重要性——唐纳德森法官阁下在 Gateshead Justices ex p Tesco Stores Ltd [1981] QB 470 案中作了如下解释：

> 并非所有的起诉都由有经验的且负责任的起诉机构提起。而且即使是由这些机构提起的，要求治安法官或法官助理……对要求公民在刑事法院出庭这样严重的行为的适当性承担个人责任，具有宪法保障的基本重要性。

尽管如此，上议院在 Manchester Stipendiary Magistrate ex p Hill [1983] 1 AC 328 案中所作的决定却揭示了唐纳德森法官阁下所称的"宪法保障"实际上是多么的薄弱。H 为应答一份盖有法官助理印鉴的传票而出庭。后来发现助理根本从未看过文件，签发传票的决定完全是由一名助理的助手作出的，完全违反了 Gateshead Justices ex p Tesco Stores Ltd 案所说的一切。尽管如此，对 H 的定罪还是被支持。控告书是按时提交的，因为是在犯罪发生的六个月内被送交至法院办公室——因此没有任何违反《1980 年治安法院法》第 127 条的情形。传票基于控告书无效而签发的事实不具有相关性，因为传票的目的不是确认管辖权，而只是确保被指控者到庭。如果他出庭了，且案件又的确是法院有权处理的，则无论传票中有何缺陷，法院都可以进行听审。如果辩护方当时发现了这一缺陷并提出反对，那么情形可能会有不同，即便如此，结果如何也令人怀疑。无论如何，被告人对明显由治安法官或法官助理签署的法院文件的有效性提出质疑，是最不可能的。同样的推理也适用于导致被告人出庭的程序中无论何时存在不合法行为（例如，在无逮捕权的情况下他被无令状逮捕）。他实际上的法院出庭和沉默被认为是放弃了所有他针对如何被诉至法院而可能提出的异议。在 Horseferry Road Magistrates' Court ex p Bennett [1993] 3 WLR 90 案中，上议院指出，治安法院可以忽视的被指控者如何被带到法院的历史，是有范围限度的。在没有遵守适当的引渡程序的情况下，B 被强制带回英国。上议院议员们裁定，在本国警方、检察官或其他行政机构对这种不合法行为知情的情况下，法院应当认定起诉是对程序的滥用（关于滥用程序见

9.4节)。

2.4.5 传票的内容和送达

一份传票应包含以下细节：

(1) 被指控者的姓名和地址；

(2) 他将出庭的法院地址；

(3) 出庭日期及时间；

(4) 他应当应答的一份或数份控告书的内容；以及

(5) 起诉人的姓名和地址（如果警方起诉，列明警署地址）。

传票必须由签发的治安法官或助理签署，或者如果是由治安法官签发，传票中可以载明他的姓名并由助理签署生效：《1981年治安法院规则》第98条。为使治安法官和助理免于签署数以百计的传票之累，实践已发展为用橡皮图章在传票上盖章替代签名。只要治安法官或助理已亲自批准传票的签发，盖章的具体工作则可交由助理办公室的助手完成：Brentford Justices ex p Catlin [1975] QB 455。传票的样本如下。

传票（《1980年治安法院法》第1条；《1981年治安法院规则》第98条）

卡斯特桥治安法院（法院代码1234）

致被指控者：约翰·大卫·多伊先生 参考号码 MN0220（P）

地址：海德郡，

卡斯特桥，

波特布莱迪路1号

现你被传

于2002年3月26日

上午10点

在位于卡斯特桥艾革顿街50号

治安法院出庭

应答于今日提交的如下控告书

第2章　法院出庭前的预备

> 称你
>
> 指控的犯罪：在2002年2月1日在卡斯特桥布里奇巷故意妨碍海德郡警察理查德·罗伊执行公务。
>
> 违反了《1996警察法》第89（2）条。
>
> 起诉人：布朗警监 号码30（B）
>
> 地址：卡斯特桥警署
>
> 日期：2002年2月28日
>
> 约翰助理
法官助理
>
> **请阅读背面的重要通知**
>
> 完成并签署下面的回执贴条并立即将其交还法院助理。必须支付正确邮资。

传票一旦签发并签署就必须送达被指控者。可以通过专人送交或邮寄至被指控者最后为人知的或通常的地址来送达：《1981年治安法院规则》第99条。但是，治安法院可能不会将邮递送达视为已送达，除非他们确信传票已为被指控者所知悉，或者传票是针对简易罪行签发的且通过挂号信或有记录的递送服务而送交。如2.4.1节所示，通常的顺序是通过普通邮件送达传票，然后（如果被指控者无回音）通过有记录递送，最终如果邮局无法找到人签署，要求警方通过专人到被告人应居住地址实施送达。

如果被指控者未能出庭应答针对建议简易罪行签发的传票，治安法官可以进行的选择在9.5.1节中会有论述。他们可以休庭并通知被指控者新的听审日期，或者签发逮捕令状，或者在他缺席的情况下进行审判。后两种选择有赖于传票送达已得到证实；中间一种情形还需控告书经宣誓且罪行可判监禁刑。如果传票是为可控诉罪行而签发，则治安法官不能继续进行移交程序或决定审判方式的程序，除非被指控者本人在场或（在有限的情形下）本人缺席但有顾问律师或事务律师在场（见《治安法院法》第4（3）、（4）条和第18（2）条，这些条款规定了被指控者在移交程序和审判方式程序中都需要出庭,无论在以传票起诉还是通过逮捕和指控开始起诉。因此,治安法官对被告人对可控诉罪行签发的传票未能出庭应答唯一的选择是签发逮捕令状休庭或不签发逮捕令状而休庭。①

2.4.6 签发逮捕令状

当治安法官对提交给他的控告书中宣称的犯罪有签发传票的管辖权时,他可以不签发传票而签发令状逮捕被指控者,只要:

(1)控告书是以书面形式并经宣誓,并且

(2)被指控者为未成年人,或其地址不能充分确定而使传票无法送达,或控告书中指控的犯罪可判监禁刑:《治安法院法》第1(3)、(4)条。

上述限制条款(1)在起诉人签署一份书面控告书,并将它递交给治安法官,然后在治安法官面前宣誓确认控告书中的指控在他看来是真实的即可成立。由于治安法官助理不能接受宣誓的控告书,因此他没有签发逮捕令状的管辖权。

28页是一份逮捕令状的样本。这是一份命令签发令状的区内警察逮捕被指控者并将其带至令状所列明的治安法院的文件。它必须包含控告书中所指控的、据以发布令状的犯罪的具体情况,且必须由签发的治安法官签署。令状中提到的警方的任何一名警员都可在英格兰及威尔士的任何地方执行此令状(即逮捕被指控者)。此外,另一个警察编队的警察可以在他所辖的区域内执行令状:《治安法院法》第125(2)条。实施逮捕时可以使用合理的暴力(《1967年刑法法》第3条),并且在进入被指控者所在的房屋时也可使用武力:Launock v Brown (1819) 2 B & Ald 592。虽然实施逮捕的警官在逮捕时不一定要持有逮捕令状,但在被指控者提出要求时必须一俟可能即向他出示:《治安法院法》第

---

① 但要注意,如果被指控者在决定审判方式的程序中出庭并同意用简易程序解决问题,则如果他在决定审判方式后休庭延期的某一日仍未能出庭,那么审判可在他缺席的情况下继续进行。

125（3）条。除非逮捕令状因保释而被撤回，被指控者在逮捕后应立即被带到令状中所指的治安法院。然后治安法官以保释将他释放或还押羁押。

作为签发传票和签发无条件逮捕令状的一种折中做法，治安法官可能签发逮捕令状但背书指令被告人在被捕后应被保释释放，条件是他有责任于背书中指定的日期到治安法院出庭：《治安法院法》第117条。这被称为"令状的背面保释"。保释可能基于一定的条件而作出——比如，提供担保，或定期向警署报道，或在特定地址居住。如果被指控者不能满足这些条件（比如，无法找到担保人），他会被带到治安法官面前，治安法官要么改变保释的条件，要么将其还押羁押。只要治安法官或治安法院有权发布逮捕令状，就可以因保释撤销逮捕令状。当被指控者没有出庭应答传票或保释回应，但治安法官认为这是由于疏忽而非预谋时，这项权力就非常实用。尽管保释背书可使被指控者免于一段不必要的羁押，但被逮捕的震惊应当能确保他参加后来的听审。

实践中鲜有用提交控告书和签发逮捕令状的方式开始程序的情况。除了对签发逮捕令状存在制定法方面的限制外，一般的原则是，当传票可以起到同样作用时，就不应当发布逮捕令状：O'Brien v Brabner（1885）49 JPN 227。只要被告人的地址足够确定而传票可以送达，他显然没有什么理由不出庭应诉性质较轻的指控。如果指控的性质比较严重的话，几乎肯定可以有无证逮捕的权力，因此获取逮捕令状也就显得多余了。

> 一审逮捕令状（《1976年保释法》第3条，
> 《1980年治安法院法》第1、3、14、117条；
> 《1981年治安法院规则》第95、96条）
>
> 法院代码 1234
>
> 卡斯特桥治安法院
>
> 日期：2002年2月28日
>
> 被指控者：约翰·大卫·多伊
>
> 地址：卡斯特桥，
> 　　　波特布莱迪路1号

> 指控的罪行：2002 年 2 月 1 日在卡斯特桥布里奇地段故意妨碍海德郡警方警员理查德·罗伊执行公务，违反了《1996 年警察法》第 89（2）条。
>
> 控告书由理查德·罗伊于 2002 年 2 月 28 日（宣誓）提交于我面前
> 指控被指控者实施了上述犯罪。
>
> 指示：兹要求你，海德郡警方警员，逮捕被指控者并将其立即带至卡斯特桥艾革顿街 50 号的治安法院（除非被指控者被按以下指示被保释释放）。
>
> 保释：逮捕时，在遵守此附录 1 载明的条件的情况下，被指控者可在保释后被释放，要求服从于此附录 2 中所列条件，并有义务于 2002 年 3 月 26 日上午 10 点在上述治安法院归还羁押。
>
> 约翰法官
治安法官
>
> 附录 1
>
> 保释释放前应服从之条件
>
> 1. 提供两份（名）保证（人），每份（每人）200 英镑，以确保被告人之于指定的时间地点主动归还羁押。
>
> 2.
>
> 附录 2
>
> 保释释放后应服从之条件
>
> 1. 每日下午 6 至 7 点之间向卡斯特桥警署汇报。

2.5　警方对犯罪嫌疑人的讯问

大部分刑事审判中的绝大多数证据都与被指控者在同警方交谈时的回答和他在被警告后签署的书面陈述有关。

2.5.1　总体框架

1986 年以前，警方讯问犯罪嫌疑人都在普通法关于非自愿供述和

《法官规则》中所定的警察实践规则（对规则的简要描述见 2.1.2 节）的框架内进行。大体上，侦查犯罪的警官被要求在侦查的较早阶段就告知犯罪嫌疑人他无须说什么；有足够证据将案件提交给法院时就立即指控他；此后除极其有限的情况不再进一步讯问他。《法官规则》已被《拘留、待遇和讯问守则》替代。该守则虽从《法官规则》中发展而来，却远比它细致具体得多。以下对讯问犯罪嫌疑人的描述以守则为基础。但必须记住，警察不仅要服从专门针对他们的《执行守则》，而且要遵守有关非自愿供述的一般证据法。这一点现在包含在 PACE 第 76（2）条中。该条款规定一条所谓的供述（虽然看起来是真实的），如果是通过压迫获取的，或者是作为言词或行为的结果，鉴于获得的情形，犯罪嫌疑人随后作出的口供可能不可靠的，就必须排除。制定法规定了压迫包括任何实际的或威胁的暴力（第 76（8）条），但实际被局限于当权者确实严重和故意地滥用权力（见大法官莱纳勋爵在 Fulling [1987] QB 426 所做的判决）。如 Fulling 案中所释，法院认定警察因压迫行为而定罪的情况很罕见。但是，警方在反复否认或拒绝之后进行的讯问就可能变为压迫性的（Paris（1992）97 Cr App R 99），其结果是使供述无效。至于第 76（2）（b）条，法院在考虑到诱导出此供述的言词或行为后，必须审查由特定犯罪嫌疑人作出的供述是否可能是不可靠的；并且对一般犯罪嫌疑人可能是完全合适的讯问，对一个精神极其紧张且又毫无经验的被讯问者来说，其作出的供认的可靠性就会有疑问。有关不可采纳的供认的具体介绍，读者可参考 Blackstone's Criminal Practice，尤其是 F17 部分。如 2.1.3 节所解释的，违反《执行守则》可能导致供述被排除，因为与其他因素结合在一起，可以推导出被指控者所作的任何供述可能是不可靠的；或者因为法官行使 PACE 第 78 条授予他的自由裁量权，排除不公平获得的证据。

2.5.2 警察讯问的实施

《拘留、待遇和讯问守则》支配着警察讯问的进行。守则的主要目的之一是尽可能地确保讯问是在这样一种方式下进行的，即随后辩护方不能有任何理由声称被指控者的供述是通过压迫或违反可靠性原则获得的。另一个目的是准确地记录被讯问者所说的话。在考虑守则的主要条款时,将讯问过程划分为几个阶段不无裨益:

(1) 收集信息。守则规定,"所有公民有义务帮助警察预防犯罪和发现罪犯"(见注 1B)。因此,警官有权讯问任何他认为可以获取有用信息的人。即使被涉及的人声称他不愿回答,也不妨碍警察有权提出问题。但是帮助警察的义务只是一种公民的和道义的义务,没有回答警察提问的法律上的强制义务 (见 Rice v Connelly [1996] 2 QB 414)。当然,错误的回答可能会导致以浪费警察时间或甚至帮助罪犯被起诉。而且,如果最终被指控的某人在收集信息阶段未能或拒绝回答警官向他提出的问题,他的沉默可能会成为对他不利的证据。在普通法中,A 未能对 B 向他提出的主张进行否认可被理解为 A 承认了这项主张是真实的,因为一般认为知道该主张为不真实的有理性的人会对此予以否认(见 Bessela v Stern (1877) 2 CPD 265)。这项一般原则适用于警察讯问还未被警告的公众的情形 (警告的效力见下文)。但是,对警察提出的不真实主张予以否认,只有在警察和公众成员处于平等的状态下才是一种合理的期待。普通情况下并非如此(见 Chandler [1976] 1 WLR 585,该案指出,被讯问者的律师在场可以补救不在场可能存在的不平等,并引用了一位资深警员对一位宣称贪污的当地要员进行讯问的例子,证明尽管律师不在场,仍处于平等状态)。即使警察和被讯问人处于平等状态,但后者的沉默不能被视为对涉入与讯问相关的犯罪的直接承认。沉默最多可作为对讯问提出的事实的承认,这些事实反过来又成为表明被讯问人有罪的证据。1) 被讯问人的沉默是否构成他对警察讯问提出的事实的承认;以及 2) 如果是,这些事实是否能确立或倾向于确立被指控者对指控罪行有罪,询问的这一智力活动不能被压缩成沉默即意味有罪这一单个活动。

(2) 警告阶段。如有根据怀疑某人犯有某罪,在为获取将在起诉时提交给法院的证据为目的对他进行讯问而之前必须对他提出警告(见守则 10.1 条)。如果是因为他对以前讯问的不满意回答为怀疑提供了根据，则在对他进行进一步讯问之前必须予以警告。守则 10.4 中规定了警告的用语：

> 你可以什么都不必说。但在问到你以后要在法院上依赖的事项而你不说的话，可能对你的辩护不利。你所说的一切可能被作为证据出示。

如果警告语的一般含义被保留，与这一格式有细微出入并没有关系。这一形式的警告由《1994 年刑事司法及公共秩序法》第 34 条引进，该条款规定，被指控者在被警告后未能提到他在辩护时所依赖的事实，在审判中可以从中作出一定的推断（对此分析，见 Criminal Evidence and Procedure: the Statutory Framework by Seabrooke and Sprack (Blackstone Press 1999, p.83)，又见 Argent [1997] 2 Cr App R 27)。另外，守则 10.5A 条和 10.5B 条规定的特殊警告在 1994 年法案第 36 和/或 37 条适用时（犯罪嫌疑人拒绝回答有关在他身上发现的物品、标记或物体的问题，或有关他在被捕现场出现的问题）必须执行。从犯罪嫌疑人令人不满意地未能或拒绝回答与这些事项有关的问题得出一定的推断，讯问警官必须首先告知犯罪嫌疑人正在被侦查的犯罪，犯罪嫌疑人正在被要求说明的事实，警察认为这个事实与犯罪嫌疑人参与犯罪有关，法院在未能或拒绝说明这一事实时有权作出推断，以及讯问的记录会在以后审判时作为证据呈交（见 Seabrooke and Sprack，第 87 页）。

警告的义务在有根据怀疑被讯问者犯有某罪之时才存在（见上文）。怀疑被描述为"证据缺乏时的推测或猜测之状态"。推测的根据并不必是警察能够或希望作为证据呈给法院的事项（例如，可能是他对犯罪嫌疑人刑事记录的了解或从黑社会线人处得到的信息）。因此，10.1 条要求在侦查程序的较早阶段就必须给出警告——实际上，比在 1986 年之前的《法官规则》要求的阶段更早。但是，如果警察讯问的目的并非获取可用于控诉被讯问人的证据时——比如，如果他正试图确定被讯问者的身份或一辆车的主人，就不必予以警告。

守则 10.3 条规定在逮捕时必须警告被逮捕人，除非此前已立即按照10.1条警告过或他的举动使得给出警告成为不可能,由此对10.1条作出了补充。在讯问被警告的犯罪嫌疑人时如有中断,警察必须在重新开始时确保犯罪嫌疑人知道他仍处在警告之下。如果有任何怀疑的话,必须再次全文给出警告(10.5条)。这是因为警察必须使法院确信,讯问重新开始时犯罪嫌疑人了解他仍在警告之下(注释10A)。自愿到警署的犯罪嫌疑人在被警告的同时(或者如果他在到警署前已被警告,则在被提醒警告时),也必须被告知他没有被逮捕,无须同警察一起逗留,并且有获得免费法律帮助的权利(守则10.2和3.15条)。

(3)在警署外讯问。守则的目标之一是减少那些宣称犯罪嫌疑人在到达警署之前,比如在警车里途经"观光路线"至警署的路上已被"问供"的主张出现的频率。守则第11.1条规定,一旦犯罪嫌疑人被逮捕,通常在他到达警署前不能对他进行讯问(此后在那里则处于羁押制度的保护之下)。对在警署外进行讯问的禁止只有在因此的拖延可能导致证据受到干扰、其他人受到伤害、惊动其他犯罪嫌疑人或妨碍收缴非法取得的财物时才有所松动。

这些限制只适用于讯问,守则11.1A条对"讯问"下的定义是:

讯问是指对涉入或涉嫌一项或几项刑事犯罪,而根据守则C 10.1条必须予以警告的人的讯问。根据《1988年道路交通法》第7条进行的程序并不构成以本守则为目的的讯问。

(1988年法案第7条是有关涉嫌酒后驾驶罪的人提供呼吸标本、血样、尿样的规定。)

(4)在警署讯问。守则11.3条规定,所有警察都不能使用压迫手段获取答案。它接着更具体地规定了警察对主动问及警方对他有何计划的犯罪嫌疑人应当告知的内容(见下文)。警署内的讯问由12.1至12.13条加以规定。这种讯问既可能发生在某人主动参加"帮助警察讯问"(见2.3.9节),也可能发生在犯罪嫌疑人被逮捕后带至警署,并由羁押官下令不指控拘留(见2.3.4节和2.3.5节)。在后一种情况下,讯问不可避免地要在警告后进行,因为有规则规定,如果逮捕前没有警告的话,逮捕时必须给予警告。在前一种情况,可能出现的情形是警察已经怀疑被讯问人犯有某罪,因此应当警告他,但这并非尽然。第11和第12条的大部分内容与被拘押人,而非那些只是帮助讯问的人有直接联系。然而,"对那些主动协助调查者给予的关照不应该少于"给予被拘押人的关照(注释1A)。

当侦查警官想要会见被拘押人时,必须首先获得羁押官的准许,以使被拘押人必须被从羁押官的羁押"移交"到侦查警官手中(12.1条)。在24小时期间内,讯问之余被拘押人必须有至少8小时的连续休息时间,通常是在夜间(12.2条)。但是,如果有很好的理由的话,休息的期间可以被打断(如为了阻止对他人的伤害或对财产的严重损害,需要得到及时的回答)。如果可行,讯问应在取暖、照明、通风良好的会见室里进行(12.4条)。必须准许被拘押人坐下(12.5条)。在讯问开始时,讯问警官必须报出他们自己的姓名和警衔(12.6条)。讯问每隔大约两个小时及在正常的就餐时间应当休息,除非基于合理理由作出延迟的自由裁量(比如,有危害他人或对财产有严重损害的危险)(12.7条)。被拘押人提出的任何申诉都必须记录并报告羁押官(12.8条)。如果被拘押人问及如果他保持沉默,或回答问题,或签署书面陈述时会有何后果,警察要告诉他在每种情况下他们将要采取的行动(11.3条)。但除非警察首先被直接问及这个问题,他们可以不告诉被拘押人这种信息。无论如何,警察必须注意不要修饰被拘押人所作的回答,以免辩方提出警察所说的使得此后的供认不可靠而使供认的可靠性受到置疑。但是,11.3条似乎是准许警察在回答问题时,告诉被拘押人相应的后果,比如一旦他(被拘押人)作出陈述,他会被指控,并且接着很可能就会被保释释放。(这与1986年以前由 Zaveckas [1970] 1 WLR 516 案确立的态度不同,该案指出,任何保释的承诺,即使是对犯罪嫌疑人提出问题时作出的回答,都会使供述变得不可采纳。)第2.3.5节中已讨论了犯罪嫌疑人被不指控拘留讯问的最长期间。

(5)指控阶段。一俟讯问犯罪嫌疑人的警官认为应该起诉犯罪嫌疑人,而且已有充分证据能使起诉成功,他(警察)就必须问他(犯罪嫌疑人)是否还有进一步要说的,(如果他没有要说的)就停止讯问

(11.4条)。接着羁押官审查针对犯罪嫌疑人的证据,羁押官同时监督指控的提出,或者在警察自由裁量决定最好不起诉的案件中,释放犯罪嫌疑人而不指控。① 第11.4条的规定(见上文)以及《皇家检察官准则》规定的'定罪的现实可能性"标准表明,指控的适当时间是在警方一俟拥有证明起诉有较大成功的盖然性的证据时。但是,如果僵硬地适用这一指控要求,会带来不便的结果,要知道被指控者被指控后一般不能再被进行有关犯罪的进一步讯问了。例如,如果一个强行入室者在爬出窗户同时口袋里装满房主的珠宝被逮捕,他实施犯罪时当场被捕的证据足以支持入室行窃的成功起诉。因此可以主张不应再对他提出有关罪行的问题,而应在他抵达警署后立即提出指控。但这对强行入室者来说不公平,因为他应该有机会作陈述,问他是否能坦诚地承认罪行、表示悔意并且希望受到较轻的判决。这对警察来说也不公平,因为可以理解,不管其余的证据是多么充分,警察希望能以犯罪嫌疑人对罪行的承认来结案。因此,守则应被理解为要求一旦警方1)获得定罪的盖然性较大的证据,以及2)有合理的机会对犯罪嫌疑人进行讯问以获得他有关犯罪的陈述时,应当立即指控(或释放)犯罪嫌疑人。第2)点可见于守则第16.1条的规定。当已有证据支持指控并且犯罪嫌疑人明确表示已尽言其所欲言时还延迟指控,这是不允许的。在这种情况下,延迟指控的唯一目的只能是通过持续的不指控拘留拖垮犯罪嫌疑人,希望他最终供认不讳,从而使宣告有罪不仅是一种可能性,而几乎是起诉的确定结果,这是不恰当的。指控的程序已在2.3.6节中论述过。必须提醒,指控时必须再次给予警告。

(6)后指控阶段。作为一般原则,一旦某人被指控,就不应再被进一步讯问有关犯罪的问题。例外情况是,当1)问题是为阻止或最小化对其他人的伤害或损失而必需时;或2)问题对消除前面的陈述或回答

---

① 如在逮捕和指控程序的描述中所解释的,羁押官在决定是否有指控的足够证据时起着决定性的作用。如果侦查警官在警署外实施逮捕,羁押官在被逮捕人到达警署后必须一俟可行就决定对被逮捕人因之被捕的犯罪来说,证据是否足以指控:《警察与刑事证据法》第37(1)、(10)条。如果被拘押人在警署被讯问时,侦查警官得出有足够证据起诉的结论,他们必须立即无延迟地将其提交给羁押官(守则16.1条)。

中的含糊成分而必需时；或3）为了司法的利益，他应该被给予自被指控后出现的信息进行评论的机会（16.5条）。如果警察想要他查看其他人（比如，将他牵连出来的另一犯罪嫌疑人）所作的陈述，则该份陈述的复印件应该交给他，但不能要求他对此作答或加以评论（16.4条）。在指控后提问和给被指控人出示另一人陈述的复印件之前，警察都必须警告他。

以上规定是建立在被侦查的犯罪是比较严重的犯罪，警察会选择以逮捕和指控的方式提起控诉的假设上的。如果是细微的事项，用传票方式起诉更适当的话，则警告的规则依然适用，一旦警察有起诉的证据之后不应当再提更多问题。但是，在警署里不可能有讯问，代之以指控，犯罪嫌疑人会被告知他可能会被起诉。一旦他被如此告知，指控后适用的进一步讯问规则在此同样适用。

2.5.3 咨询律师的权利

被警察讯问的犯罪嫌疑人经常处于劣势，因为他们对法律或警察权力知之甚少或一无所知。因此，虽然被警告，他们还是不了解保持沉默的优劣，或者意识不到由于回答了问题他们已为警察提供了至关重要的供认，而如果没有这些供认，甚至不存在需要回答的案件或起诉的可能性。同样，警署里的被拘押人自然而然地希望能尽早被释放。如果他不知道警察能合法地拘留他多长时间，绝望之下他可能向侦查警官给出他认为他们需要的答案以期能获得保释，却不知道无论如何警察在24小时或最多96小时后就必须释放他（或指控他）。为调整犯罪嫌疑人和警察之间的不平等并确保前者了解其权利，《警察与刑事证据法》规定，除了极有限并明确规定的情形外，犯罪嫌疑人必须被允许向律师咨询。而且，咨询以后，律师就处于检查所有讯问是否公平地并按照《执行守则》的规定进行的地位了。这是法案作出的最重大变化之一，因为旧《法官规则》的前言中虽然规定在侦查的任何阶段，犯罪嫌疑人都应被允许会见律师，但这一"权利"受到诸多行使权利时不能"不合理地延迟或妨碍侦查的进程或正义的实施的例外情况制约。这一例外的模糊性使警察在实践中实际上拥有使犯罪嫌疑人与世隔绝的绝对权威。而在《警察与刑事证据法》之下则情形迥异。

《警察与刑事证据法》第 58（1）条规定，被逮捕并羁押在警署中的人（被拘押人）在提出要求时，应当有权在任何时候免费私下咨询一名独立的律师。当他到达警署时，羁押官必须告知他这一权利（守则 3.1 条），并请他在羁押报告上签名以表明他在这一阶段是否需要法律帮助（3.5 条）。实际上，无论何时提出会见律师的要求，都应当在羁押记录上注明：第 58（2）条。只要被拘押人提出了要求，必须一俟可行就允许他咨询律师，除非（1）他被怀疑犯有严重可逮捕罪行（见 2.3.1 节），并且（2）由具有警督以上警衔的警官批准予以延迟：第 58（6）条。另外，在并且只有在资深警官有合理理由认为立即咨询律师会带来以下之一的后果时，资深警官可以批准延迟：

（1）干扰或妨害与严重可逮捕罪行相关的证据，或造成对他人的干扰或身体伤害；或者

（2）惊动其他被怀疑犯有严重可逮捕罪行的犯罪嫌疑人；或者

（3）妨碍因实施严重的可逮捕罪行而获取的财产进行追索（第 58（8）条）。

很显然，犯罪嫌疑人被阻止会见律师，只是因为警察担心律师会建议犯罪嫌疑人不再回答问题（Alladice（1988）87 Cr App R 380，及守则 C 附件 B，第 3 条）。在 Samuel [1988] 1 WLR 920 一案中，上诉法院对在何种情况下可以批准延迟给出了指导。该案的基本事实是 S 在 1986 年 8 月 6 日因被怀疑携带武器抢劫一建筑协会被捕，并于下午 2 时抵达警署。他首次要求会见律师是在次日上午 8 点第二次和侦查警官会见时，当时讯问已转到在他家搜查出来的面具和其他物品上。那次和以后的几次请求却被拒绝。S 接着又被讯问了三次而未能得到法律建议，最后一次讯问是在 1986 年 8 月 7 日下午 5：30 左右，这一次他最终承认了抢劫事实。在此之前他已经供认了另外两起不相关联的入室行窃并已被指控。W 先生，一位当地备受尊重的事务律师，在 7 日整个下午都在徒劳地努力尝试会见 S。审判法官被请求行使法案第 78 条下的自

第2章 法院出庭前的预备

由裁量权,基于违反第58条(和守则)排除供认。在上诉法院,霍杰逊法官称,批准延迟会见律师的资深警官必须主观上认为,如果立即咨询律师,第58(8)条提到的三种有害后果之一"很可能会发生"。这反过来又隐含着这样的想法,即律师要么会有意地干扰证据、警告其他犯罪嫌疑人等,要么是非故意地这样做。对于第一种可能性(即法律建议者故意行为不当),怀疑它真正发生的场合很罕见,而且只能和被拘押人希望会见的律师相联系,而不能与作为一个普遍群体的律师相联系。至于疏忽的泄露(例如,通过律师传送密码信息),那意味着律师方面的天真和被拘押人方面的老于世故,这在实践中不大可能发生。要说服法院确信资深警官在批准延迟时真正且合理地相信可能发生这样的泄露是一项"难以完成的任务"。在S的案件中,当S首次要求见律师时,警监还算是有权批准延迟(因为在这阶段他尚不知律师为何人)。但是一旦得知律师将是位备受尊重的W先生,他作出此决定的任何可能的正当理由都被撤除。据此,这明显违反了第58条。

当警察合理地认为,会见律师权利的行使会妨碍追索犯罪嫌疑人从毒品交易犯罪中,或《1988年刑事司法法》第五部分(《守则》C附件B,第2条)规定的没收令涉及的犯罪中所获的利益份额时,这种权利也可能被延迟。

被拘押人必须被告知被拒绝会见律师的理由,并且这一理由还必须记入羁押记录:第58(9)条。只要理由不再存在,就应允许会见:第58(11)条。无论如何,一旦被拘押人已被拘留达36小时,此时已是警察想继续拘留并对被拘押人进行进一步讯问而必须前去治安法院获取继续拘留令状的阶段,被拘押人必须被允许会见律师:第58(5)条。

第58条并没有规定警察只有在被拘押人已咨询律师后才能对他进行讯问——它只是说除非资深警官正当地批准延迟,警察不能主动地阻止咨询的进行。这提出了一般的被拘押人实际能得到一位律师到警署给他提供建议具有多大可能性的问题。从1986年开始实施值班律师计划,其目的是确保每一位需要法律建议的被拘押人都能迅速地得到建议。简言之,计划就是当地律师将自己列入轮值表,一旦有电话就赶到警署。

— 47

如果被拘押人提出他需要法律建议（并且他没有愿意来警署的自己的律师），警察就会拨打一个专门号码与代理机构取得联系，这一机构再联系合适的值班律师。律师的费用从法律援助基金中支付，并且该计划24小时运作。

第58条包含的制定法权利通过守则中的条款得到加强。第6条具体规定了获得法律建议的权利。简言之，守则确定的特定规则涉及几乎所有的情形，除了上述（1）至（3）例外适用的情形，或者被拘押人是基于《1989年防止恐怖主义（临时条款）法》被拘留的情形。概言之，这些普遍适用的规则是：

（1）被拘押人必须被告知其享有与律师私下交流的权利，且这一独立的法律建议可从值班律师处免费获得（6.1条）。

（2）宣传此权利的海报必须在监管室的显要处张贴（6.3条）。

（3）所有警察都不能说任何话或做任何事，以劝阻被拘押人获取法律建议（6.4条）。

（4）当律师到警署来见犯罪嫌疑人时（假设是受朋友或亲属之邀请），犯罪嫌疑人必须被告知律师已到达并询问他是否愿意见他。即使较早前他拒绝了法律建议，亦应如此（6.15条）。

（5）如果犯罪嫌疑人被允许获得法律建议，他必须在被允许讯问时有律师在场，只要律师在警署，或在往警署的路上，或可以用电话方便地联系到他（6.8条）。

（6）如果被求见的律师正在来警署的路上或即将出发来警署，则正常情况下讯问应在他到达后开始（注释6A）。

（7）当律师是应其他人聘请来警署时，必须通知被拘押人律师已到达并要求他在羁押记录上签字，以明确他是否希望见到律师（附件B，第3条）。

（8）只有在律师的行为阻止了警官对犯罪嫌疑人的适当讯问，比如他代替他的当事人回答问题，方可命令他离开讯问现场。但是他可以对不适当的问题提出反对或建议他的当事人对某些问题不予回答（6.9条及注释6D）。

第2章 法院出庭前的预备

除了上述（1）至（3）的后果适用的情形外，另外在两种有限的情形下，即使犯罪嫌疑人要求法律帮助，也可以在没有律师时加以讯问。第一种情形是如果律师无法联系或拒绝参与，而犯罪嫌疑人又拒绝利用值班律师计划。第二种情形是如果犯罪嫌疑人改变了他需要法律帮助的想法，并且以书面或录音方式同意在无律师时进行讯问。在每一种情况下，都要由具有巡官或以上警衔的警官批准方可进行讯问（6.6条）。

守则中的规则适用于"事务律师"，但是这个术语被界定为包括实习事务律师、值班律师代表及由法律援助委员会管理注册的认可的代表。当事务律师委派一名没有被认可的代表为犯罪嫌疑人提供建议时，警察有更大的权力拒绝其会见。除非具有巡官或以上警衔的警官认为准许会见"会妨碍对犯罪的侦查并作出不利指导"外，仍应准许此代表会见（6.12条）。警察被建议考虑代表的身份和地位是否已得到满意的确认，他是否具有提供法律建议的合适资格（如最近的和/或实质性的犯罪记录可能足以将他拒之门外）。如果此代表被允许会见，那么他就与律师的地位基本相同（6.12条）。如果会见被拒绝，则须告知律师及犯罪嫌疑人并记入羁押记录（6.14条）。（守则中有关未认可的代表的修正条款部分是基于 Chief Constable of Avon & Somerset ex p Robinson [1989] 1 WLR 793。）

犯罪嫌疑人在抵达警署时应被通知有权获得免费法律帮助（3.1条）。另外，在每次讯问之前，包括讯问重新开始时，他都必须被提醒享有这一权利（11.2条）。而且，审查官在审查犯罪嫌疑人在警察羁押下的拘留时，也必须向他提醒他的权利（15.3条）。在 Beycan [1990] Crim LR 185 案中，审判法官认为，当 B 在被带往警署时，并未被适当地告知他的权利，但在受质疑的讯问开始时为他提供了一名律师，这补救了上述的违法行为。上诉法院认为，应当注意 B 是一名土耳其塞浦路斯人且没有与警察打交道的经验，为其提供律师并不能补救之前的违法行为。

该项权利是私下咨询并与律师交流的权利（第58条及《执行守则C》6.1条）。会谈必须在第三人听力所及范围之外的地方进行，特别是必须不被警官听到（Brennan v United Kingdom（2001）案，《泰晤士报》，2001年10月22日，适用了《欧洲人权公约》第6（3）条）。

虽然58条本身并没有规定对该项权利的违反所致的后果，但法院对拒绝此条款赋予的权利却态度异常强烈。主要的案例是 Samuel 案，其中的事实见上文。一旦上诉法院认定有明显违反第58条的行为，控方提出的对该条款的违反只有在警方有"不正当行为"的情况下方能导致口供被排除的论点被毫不犹豫地驳回。但是，法院并没有裁定审判法官绝对应该排除口供——只是在这种情况下，他有根据 PACE 第78条排除口供的自由裁量权，并且没能考虑到与行使该项自由裁量权相关的主要因素，也就是警长并没有很好的理由阻止 S 咨询 W 先生。所以案件并不符合违反第58条一定会或甚至可能会剥夺控方由此获得的证据的说法。但是，如果警察确已准许犯罪嫌疑人咨询律师却有意诱使律师相信他们掌握了比事实上更多的对他的当事人不利的证据时，这种对法院官员的欺骗应该致使此后的任何供述被排除（见 Mason [1987] 1 WLR 139）。

Walsh（1989）91 Cr App R 161 一案提出了三条主张，阐明了上诉法院在处理与获得法律建议有关的实质违反《执行守则》情况时的可能方式。第一，如果是守则第58条重大而实质的违反，表面上即没有达到公平的必需标准。第二，尽管如此，法院必须考虑（根据《警察与刑事证据法》第78条）其后果是否如此严重，以至为了公正，必须排除证据的地步。第三，内在严重的违法并不能因警察的诚实而变为非实质的违法。

2.5.4 在警署的其他权利

《警察与刑事证据法》和守则赋予在警署内的被拘押人咨询律师的权利之外，还赋予他们另外两项权利。第一是由他们自己查阅守则的权利。五部《执行守则》的开始都有一节，载明守则必须能在"所有警署随时获得，以供警察、被拘押人和社会公众查询"。第二项权利由法案第56条规定如下权利：让一名亲属、朋友或其他可能关心其利益的人得知他被捕的事实及被拘留的警署。有时这也被不严格地称为打电话的权利,虽然实际上被拘押人本人并无权利打这个电话——应该是警察有职责把信息传递给被拘押人指定的人。在与行使咨询律师的权利被延迟的同样情况下,这一权利的行使也可能被延迟。在某种程度上,这两种权利相互吻合,因为被通知有关被拘押人被捕这一消息的人可能以他的利益选择一个律师联系,而不管被拘押人本人是否已要求值班律师来警署。除56条包含的基本权利之外,被拘押人还被允许打电话和/或写信,但这种联系(除与律师联系外)应受警察监听或由警察审阅(见守则5.6及5.7条)。同样地,这会因与咨询律师的权利被延迟一样的原因而被延迟(见2.5.3节)。

2.5.5 录制犯罪嫌疑人所说的话

目前为止讨论的关于警告犯罪嫌疑人,关于他可以被讯问的期间和条件,以及关于获取法律建议的规则都是用来确保犯罪嫌疑人告诉警方的一切是可靠的,而不管是否已构成自认。但确保对他所说的一切记录也是可信的,同样重要。以前,警察习惯于在会见结束后仅仅把被讯问人的回答记录在他们的小笔记本上,不要求他在记录上签字,结果审判被无穷无尽的有关讯问中说了什么、没说什么的争论弄得扭曲变形,指控者抱怨他们曾被警察"逼供"。《拘留、待遇和讯问守则》引入了试图解决这些问题的规则(见11.5至11.13、12.8至12.13条)。

如今的体系是,所有对犯罪嫌疑人的讯问,不管是不是在警署内进行,必须由警察精确记录。而且,如果讯问是在警署里进行,必须在为此目的特制的表格或警察的笔记本上同步把讯问内容记录下来(11.5条)。除了有录音记录的可能(见下文),同步记录的唯一例外是如果侦查警官认为记录不可行或这样会干扰讯问的进行。讯问结束时,应请犯罪嫌疑人通篇阅读记录(或让人为他阅读),并请他签字以证实记录是确切的。如果他拒绝签字,应将这一情况告知资深警官并在记录上注明。记录应由犯罪嫌疑人签名,以后可能被用来在法院上出示,作为包含有供认,或作为与其辩护相一致并因此对他有帮助的证据。当讯问记录不是同步制作时，其原因必须记录在警察随身携带的笔记本上（11.9条），而且必须一俟讯问结束即加以记录（11.7条）。

不遵守以上规则可能导致犯罪嫌疑人回答中的证据在审判时被排除。在 Delaney (1988) Cr App R 338 案中，上诉法院认为，未能对长达 90 分钟的对 D 的讯问制作同步记录是对守则的一次"可耻的违反"。虽然违反不能自动地使 D 最终作出的供认证据不可采纳，但在特定的案件中对该证据的采信是不公平的，因为如果整个讯问过程被适当记录的话，事实也可能显示根据第 76 条规定，其供认在法律上是不可采信的。在 Canale (1990) 91 Cr App R 1 案中，上诉法院撤销了对 C 的有罪判决，因为审判法官本来应该按照第 78 条规定排除没有被同步记录的供认。通过这种做法，法官大人宣称"与同步记录讯问有关的规则无论怎么强调也不过分"。它们的目的是确保对犯罪嫌疑人的叙述进行精确记录并保护警察。在 Keenan [1990] 2 QB 54 案中，上诉法院称守则中有关"逼供"的条款应该被"严格遵守"，并且法院在排除通过"实质违反"守则的方式获取的证据时，应毫不犹豫。

对讯问书面记录的明显替代方式是录音记录。现在有一部详尽的《执行守则》规定讯问录音的程序（《守则 E》），另外《执行指示（犯罪：录音记录警察讯问)》[1989] 1 WLR 631 规定了录音在法院上的使用以及摘要或提誊本的提供。根据《守则 E》3.1 条，录音记录在警署中应用于：

（1）因可控诉罪行（包括可以任选方式审判的罪行）被警告的犯罪嫌疑人；

（2）对指控后的犯罪嫌疑人进行进一步的讯问（注意，只能在例外情况下才能做——见 2.5.2 节）；或

（3）对犯罪嫌疑人出示了另一个人（比如，被控的同谋）所作的陈述或对此人讯问后进行的讯问。

通常的做法是讯问要在一个双卡录音机上同时使用两盘磁带录制，还要使用一个时间编码器以防止以后的篡改。讯问后，其中一盘磁带会被封存并作为将来可能的证据被保存。另外一盘则作为工作备份。据此

警察准备一份讯问摘要,并将复印件一份交给被告人。如提出请求,被告人还有权得到一盘拷贝的磁带以便检查摘要的准确性。若有争议,可能会命令制作一份录音的手写本,然后作为管理上的便利品在审判时使用。如果讯问警官被传唤识别磁带里说话的人的身份以及处理称磁带后来被篡改的意见,磁带要向法院出示并在必要的情况下播放给陪审团听。录音打字员的誊写本是否也要读给陪审团听并/或在他们退庭时交给他们是法官自由裁量的一个事项——因为真正的证据是磁带本身而非录音的誊写本(详见19.1.1节)。

最后一种可能性是由犯罪嫌疑人在被警告后写下或口述一份陈述,由于同步讯问记录和录音的使用,这几乎不再使用。陈述有固定的题头,由犯罪嫌疑人签字——"我自愿做如下陈述。我明白除非我愿意,我可以什么都不必说,我说的可能成为证据。"接下来是陈述的正文,末尾仍需犯罪嫌疑人签字。守则附件D对警告后的陈述作了规定。

2.6　搜查权

警察搜查获取证据的权力分为三种主要类型,即搜查仅仅是被怀疑的公众成员的人身的权力、搜查住所的权力以及搜查被逮捕人的人身和/或住处的权力。

2.6.1　拍身和搜查权

《警察与刑事证据法》第1至3条规定了警察有为搜查人身的目的而在不逮捕的情况下拘留公众成员的一般权力。虽然《拍身和搜查守则》,即《守则A》指出该规定调整的是先不逮捕而搜查人的权力,但警察使用类似权力的过去实践却是当对意欲的对象的怀疑太模糊而不足以有逮捕的合理理由时,实施拍身和搜查。搜查的目标是消除或证实这些模糊的怀疑。而在后一种情况下,无疑会实施逮捕。

如果警官有合理的理由怀疑他会发现被盗的或违禁的物品，他就可以搜查人或车辆：《警察与刑事证据法》第 1（2）、（3）条。"违禁物品"包括：（1）攻击性武器，和（2）由携带人制作或意欲用于有关入室行窃、偷窃、偷盗车辆或骗取财物的物品：第 1（7）～（9）条。《拍身和搜查守则》第 1.6、1.7、1.7A、1.7AA 条对构成拍身和搜查正当理由的合理怀疑，予以了相当全面的指导。要点是事实上必须有怀疑的具体根据，而非仅仅是"预感"或直觉。这种根据可以通过公众成员被看到或被认为携带的物品的性质，加上诸如时间、地点和他的一般行为等事实得以建立。但是 1.7 条规定：

除了以下 1.7AA 条的规定，合理怀疑绝不能仅仅基于个人因素，而没有情报或信息的支持而建立。例如，一个人的肤色、年龄、发型或衣着方式，或已知他以前曾因持有非法物品而被判有罪的事实，不能单独或相互结合作为搜查此人的唯一基础。同样，也不能把合理怀疑建立在某些人或某类人更倾向于犯罪的僵化形象的基础上。

（1.7AA 条是有关穿着特殊衣服以显示团伙成员身份的规定。）

拍身和搜查的权力只能在公众有权出入的地方实施：第 1（1）条。泛言之，这意味着任何公共场所，任何公众（或其一部分）付费或免费被许可出入的地方，以及任何公众即使没有权利去但实际上有"经常出入权"的地方。最后提到的这一类包括停车场、前院、数排公寓的公用部分，甚至是与马路相连的私人院子或花园。但是，不能在一个人自己的院子或花园里阻止并搜查他，对经他允许而在那里的人亦不可以。不过，如果一个陌生人跃过花园篱笆躲在树篱后面，警察有权在那里对他进行搜查。根据第 1 条的权力可以拘留一个人的期间是在他被阻止的当场或附近进行搜查所必需的时间：第 2（8）条。执行搜查的警官能让搜查目标在公众场合能做的最多是脱掉外套、夹克或手套：第 2（9）(a) 条。但是，没有什么可以阻止警官把被搜查人带到附近的警车上或警署里，以在公众视线之外进行更彻底的检查（3.5 条）。为拘留被搜查人，并为随后对他进行实际的搜查，可以对他使用合理的武力，但这只有在搜查目标不愿合作时才能作为最后一种手段使用（3.2 条）。应当竭尽全力使搜查目标避免尴尬,并且不应把搜查扩大到必需的范围之外(例如,如果警官认为他看到了目标人将一把小刀滑入口袋,假设目标人没有任何机会把警察看到的无论是什么的物品转移到他身上的其他地方,搜查就应该限定在那个口袋)。搜查之前,警察必须告知被搜查人他的姓名及所属警署,意欲搜查的目的;进行搜查的理由以及被搜查人有权得到一份搜查记录的副本:第 2(2)、(3)条。如果警官没穿制服,则他必须出示搜查证(守则 2.5 条)。警官也可以问一些初步问题。被搜查人没有义务回答,并且警察也无权为了提问而拘留他——这是拍身和搜查权,而不是阻止和提问权。然而,如果有了回答,答案也许会消除导致起初决定阻止的怀疑,因而避免搜查的需要(见第 2(1)条)。虽然可以对车辆拦截以行搜查,但只有着制服的警员才能这么做:第 2(9)(b)条。当对无人车辆进行了搜查,必须留下一张通知,写明发生了何事并提供警察的姓名等信息,如果驾驶员在的话要亲自交到警察手中:第 2(6)条。

《警察与刑事证据法》第 1 至 3 条规定的阻止和搜查权力是它所有条款中最具争议性的。显而易见这有滥用权力的空间,因为个人或群体可能会因警察过分热心地行使此项权力而受骚扰。《阻止和搜查守则》所给的指导中承认了这一点。守则指出要"负责任地"使用权力,并且权力的滥用会"导致社会对警方的不信任"(《指南注释》1AA)。菲力普斯委员会对这种担忧的回答是要求警察对何时、因何原因使用阻止和搜查权力进行适当的记录。这由《警察与刑事证据法》第 3 条加以规定。记录必须当场制作或在搜查后一俟可能即行制作。记录必须给出相关警官的姓名,并且在知道的情况下给出被搜查人的姓名,否则要对他进行描述。搜查的目的、根据、日期、时间、地点连同搜查发现的结果和明显导致的对人身的伤害或对财产的损害的具体细节都必须明确列明。如在 12 个月内提出请求,被搜查人有权获得记录的副本:第 3(7)、(9)条。比如,这可以帮助他起诉警察,如果搜查看起来并不具有正当性或对他们的行为进行申诉。

《1994 年刑事司法及公共秩序法》第 60 条赋予警察一项阻拦车辆

或行人以搜查攻击性武器或危险工具的新的权力。这项权力只有在得到警督或以上警衔的警官书面签署批准后在特定的地点实施。如果没有更资深的警官，巡官也可以签署授权。无论如何，只有发生了严重暴力行为时才能签发授权。其24小时内有效，但可以延长6小时。一旦根据60条规定签署了授权，警员有权实施他认为合适的搜查，而"无论他是否有根据怀疑此人或车辆携带了武器或此种物品"：第60（5）条。这与《警察与刑事证据法》第1条警察只有有"合理理由怀疑他能发现被盗的或违禁物品"的情况下才能行使权力的规定形成鲜明对比。

其他权力还有：

（1）阻止并搜查能在恐怖活动中被使用的车辆（《1989年防止恐怖主义（临时条款）法》第13A条）；

（2）阻止并搜查行人为发现能在恐怖活动中被使用的物品（《1989年防止恐怖主义（临时条款）法》第13B条）；

（3）搜查根据《1971年滥用毒品法》第23条规定受控制的毒品；

（4）搜查根据《1968年武器法》第47条规定的武器。

2.6.2 搜查住所的权力

在《警察与刑事证据法》之前，有一大批制定法条款赋予警察进入住所和搜查与刑事犯罪行为有关的证据的权力。通常情况下，必须从治安法官处获得准许搜查的令状。其他情况下，可以由资深警官进行批准。但法律中却有一些怪异的缺陷，其中最著名的是没有任何权力可以进入住所搜查谋杀证据的规定（见 Ghani v Jones [1970] 1 QB 693）。《警察与刑事证据法》的第8至14条就是设计来弥补这些缺陷的。大多数以前存在的批准搜查的权力都被保留了下来，因此法案是对更早前法律的补充，而不是改变。第15至22条包括了《警察与刑事证据法》和其他立法下与获取和实施搜查令状有关的一般条款。

《警察与刑事证据法》第8条规定，治安法官可以签发搜查令状批准警察进入并搜查房屋，如果有合理的理由相信：

（1）已发生严重的可逮捕罪行；并且

第 2 章　法院出庭前的预备

（2）被怀疑的房屋有材料可能既对侦查犯罪有实质性价值，如果进行起诉的话又会最终被采纳为证据；且

（3）上述材料属于不受法律特权的保护事项、被排除的材料或特别程序材料或不是由这几种材料组成；且

（4）获得无令状进入住所的允许不现实（例如，由于有权批准者会拒绝批准或无法联系），或者如果执行搜查的警察不坚持立即进入的话，搜查的目的可能会受到阻却（比如，证据的毁灭）。

简言之，所嫌疑的罪行必须严重，可能发现的证据必须有力，并且有令状进入的替代方式必须无法令人满意。上述第（3）点中所列的三类材料以及与其相关的特别条款将在以下论述。

1986 年以前有关签发搜查令状的仍然有效而迄今最重要的立法，是 1968 年《盗窃法》第 26（1）条。该条款规定治安法官如果有合理理由相信"有被盗物品在某人控制或占有下或在其房屋中"，可以"给（警察）签发搜查和扣押这些物品的令状"。"被盗物品"被界定为包括通过欺骗或勒索所得的物品。《警察与刑事证据法》第 8 条和《盗窃法》第 26 条有重叠之处，因为被盗物品可能是严重可逮捕罪行的证据，但与第 8 条不同，即使物品所涉及的罪行并不是严重罪行，第 26 条亦可适用。而且，根据第 26 条，没有明确规定要求治安法官必须确定没有令状进入以外的其他方式都不现实或不令人满意。因此，在表面看来根据两条规定都会被授予搜查令状的情形下，根据《盗窃法》第 26 条提出的申请将更简单。其他授予治安法官签发搜查令状权力的条款包括《1971 年刑事损害法》第 6（1）条（搜查任何意欲用于或已用于损害财产的物品），《1981 年伪造假冒法》第 7 条和第 24 条（搜查伪造票据或假币或假硬币及任何用于制造此类物品的材料），《1968 年武器法》第 46 条（搜查武器及军火），《1971 年滥用毒品法》第 23（3）条（搜查受控毒品）以及《1959 年淫秽出版物法》第 3 条（搜查准备出版用于盈利的淫秽物品）。也有一些情况可能是为搜查人而不是物而签发搜查住所的令状（例如，见《1971 年移民法》第 2 条，规定了对很可能被驱逐出境的嫌疑人的搜查）。1986 年以前，资深警官通过向其下属警官

发出进入搜查的书面许可而绕过获取令状的条款中,其中最重要的(《盗窃法》第 26(2)条,有关警督批准搜查被盗物品的规定)已被《警察与刑事证据法》废除。但根据《警察与刑事证据法》第 9(2)条,资深警官除其他事情之外,仍然有权在紧急情况下批准搜查住所以发现证据。

《警察及刑事证据议案》中关于应当有签发令状以搜查严重可逮捕罪行证据的一般权力的提议,在职业及商业群体中引起了极大关注,他们认为如果可以强制他们向警察交出秘密委托给他们的文件或其他材料的话,他们与当事人的关系将受到威胁。为平息这些担忧,法案以对下列三种材料的保护提供复杂的保障而得以最终通过:

(1)受法律特权保护的事项(第 10 条)。这主要是法律建议者和他的当事人之间的任何沟通,法律建议者或当事人与第三方之间在考虑法律程序时所做的沟通,以及附于此类沟通中的任何事项(只要这些东西是在占有它们的人的合法持有之下,而不是,比如说,偷来的)。当然,受法律职业特权保护的文件的概念与证据程序和民事程序中的概念相似,并且第 10 条应当被看作是制定法对普通法定义的继受(见 Central Criminal Court ex p Francis and Francis [1989] AC 346 案中的法官意见)。同样根据普通法,第 10(2)条规定为了继续犯罪的目的而持有的物品不能享受法律特权的保护。即使实际持有此物的人(例如,被警方调查的某人的律师)完全没有意识到有任何不妥,也同样适用(Ex p Francis and Francis,此案被告人律师持有的当事人商业交易文件不能享受法律特权的保护,因为据称这些交易是当事人用以"洗钱"和分配贩毒收益的方式)。当警察所寻求的材料表面上看来是受法律特权保护时,法官很少会签发批准搜查令状的一揽子命令,以搜查由一个事务所的律师持有的大范围的材料。但在一定情况下,这种命令也可能是合适的。因此,在 Leeds Crown Court ex p Switalski [1991] Crim LR 559 案中,地区法院支持了巡回法官批准的一揽子命令,其中所涉及的事务所是诈骗法律援助基金和合谋干扰司法进程的调查对象。

(2)被排除的材料(第 11、12 条)。这包括由制作人秘密持有的

第 2 章 法院出庭前的预备

"个人记录"。个人记录被定义为医疗记录、精神咨询记录,以及由社会工作者及缓刑官等人保存的文件。因此被排除的材料的范畴较窄。

(3) 特别程序材料(第 14 条)。与被排除的材料相比,这个范畴要宽得多,包括了在贸易、商业和雇佣过程中获得的任何材料,以及因明示或默示保证保守秘密而持有的所有东西。它还包括了"新闻材料"(除非是秘密获得并一直秘密持有,那样就属于被排除的材料范畴)。

法案的初衷是享有法律特权的事项完全免于搜查令下的扣押。如果存在获取被排除的材料和特别程序材料的机会的话,只有通过向巡回法官提出申请,而不是通过由治安法官签发令状或由资深法官授权的方式获得:第 9(1)条。《警察与刑事证据法》之前任何授权搜查享有法律特权的项目、被排除的材料或特别程序材料的立法都在此范围内停止效力:第 9(2)条。《警察与刑事证据法》附录 1 规定了获取被排除的或特别程序材料的程序。大致地,警察须向巡回法官申请发布命令,命令材料的拥有人(被告人)在法官指定的一个星期或更长的时间内将材料递交给警方或允许他们复制。申请的通知必须交与被告人,并需指明欲搜寻的文件或其他材料(见 Central Criminal Court ex p Adegbesan and others [1986] 1 WLR 1293)。另一方面,被告人无权成为申请一方,也不会被通知提出申请。申请人必须告知法官任何已知的对作出命令不利的事项 ewes Crown Court ex p Hill (1990) 93 Cr App R 60)。如果是被排除的材料,在《警察与刑事证据法》第 9(2)条生效之前,只有在根据诸如《盗窃法》第 26(1)条等规定可以签发搜查令状的情况下才能发出呈交令。如果是特别程序材料,如果法官认为正在搜寻的东西将会对严重可逮捕罪行的侦查具有实质价值,其他获取材料的方式明显不可能成功,并且作出命令有利于公共利益,法官可以发出命令。决定是否存在"公共利益",要牵涉到严重犯罪的成功侦查所获得的利益与破坏秘密关系而造成的害处之间的平衡。在申请呈交令的意向通知送达之后,被告人有义务不藏匿、毁灭、损害欲签发令状中所指的对象。当警察认为被告人不能被信任不去做这些事情时,他们也可以不通知而申请搜查令状,如果法官认为 1)他有权制作呈交令,但是 2)以通知申请该令状确实会给证据的保全带来不必要的危险时,他会批准这一申请。对呈交令的不遵守构成藐视法院,并且有时会导致搜查令的签发。

立法的安排意味着治安法官绝不能根据第 8 条签发令状搜查表面上受法律特权保护的文件。如果这些文件结果是受法律特权保护的,适用第 10 条的规定。如果它们由于犯罪目的而被排除出法律特权保护之外,它们即被推入特别程序材料的范围之内。这时第 14 条将发生效力,申请只能向法官,而不能向治安法官提出。

如果一方当事人对法官的决定感到不服,向法官申请撤销他的决定是不恰当的。合适的做法是向地区法院申请司法审查(Liverpool Crown Court ex p Wimpey plc [1991] Crim LR 635)。

《警察与刑事证据法》第 15、16 条和《住所搜查守则》包含了许多与获取和执行搜查令状有关的具体的保障措施。例如,申请令状应当是单方面作出而无须通知,原因很明显:如果给出通知,要搜查的项目可能会消失。申请必须有书面控告书支持,尤其要指明欲搜查的住所、希望发现的事项,以及这些项目是如何同警方正在进行的调查联系在一起的。警官应当出庭并准备好宣誓回答问题——例如,导致他意欲搜查住所的控告书的一般性质,尽管他不应泄露告发者的姓名。

执行令状时,警察应将令状随身携带并出示给房屋的居住人。通常他们应征得其同意后方可进入,但如果那样会阻却搜查目的或给警官带来危险时则无须如此。令状不应被用做彻底搜查整个住处的借口——也就是说,警察应当只检查令状批准搜查的事项最有可能存在的地方。但是,如果他们不期碰到看起来是犯罪收益或证据的物品时,他们可以将之扣押,即使令状中没有提及这些物品(第 19 条)。实施搜查的警官必须在令状上背书陈述令状所提到的物品和/或其他任何物品是否被发现。警方获取的任何东西都可被保留,"只要根据各种情形这样做是必要的"(第 22 条)——例如,在此物品被用做证据时保留至审判结束。扣押的记录必须交给房屋的居住人,那时他就享有一定的有限的观看、拍摄及复制相关物品的权利。

2.6.3 因逮捕而引起的搜查

以下是与行使逮捕权力有关的搜查的主要权力：

(1) 逮捕时人身的搜查。警官在警署外逮捕犯罪嫌疑人时，如果有合理的理由怀疑他持有任何可能用于逃跑之目的或者可能是犯罪（不必为据以实施逮捕的犯罪）证据的物品时，可以对其实施搜查：《警察与刑事证据法》第 32（2）（a）条。这只是普通法的反映（见 Dillon v O'Brien and Davis (1887) 16 Cox CC 245）。任何所发现的属于上述两类范畴的物品皆可被警官扣押和保留。搜查不能超出为发现被逮捕人是否携带有任何可能被扣押的物品所合理需要的范围：第 32（3）条。无论如何都不能要求他在公共场合脱去衣服，除了外套、夹克或手套：第 32（4）条。

(2) 在警署搜查被逮捕人。羁押官对于被带到警署的被逮捕人的初步职责之一是记录他随身携带的物品。为此目的，他可以而且通常也会批准搜查。搜查的范围由羁押官自由裁量。可能会是脱衣搜查，这种情况下必须由同性别警官实施搜查，任何异性（除了医生或护士）不得在场，不是必须在场的任何人也不得在场（见《拘留、待遇和讯问守则》附件 A，该附件将脱衣搜查定义为比脱掉外衣更多的一种）。在警署的搜查由《警察与刑事证据法》第 54 条加以规定。更多细节见 2.3.3 节。

(3) 私密搜查。脱衣搜查不一定是《警察与刑事证据法》中规定的私密搜查。后者是一种"对除口腔以外的人体其他有孔部位的身体检查组成的搜查"：第 65 条及守则 C 附件 A 第 1 条。很明显，这种搜查应受到严格控制，因为它们可能会被用来羞辱或威胁搜查对象。如果不是由专业人士执行，还可能导致身体伤害。因此，虽然羁押官根据第 54 条规定，有权命令进行脱衣搜查以确定被逮捕人携带有哪些物品，但他不可以批准私密搜查：第 54（7）条。第 55 条对私密搜查作了规定。秘密搜查必须由具有警督以上警衔的警官批准，并且只有在他合理地相信拘留在警署中的被逮捕人身上藏匿有任何在被警方拘留时或在法院上可以并可能用于伤害他自己或其他人的物品,或者是在被捕之前,以提供或非法出口为目的而持有一级毒品时,方可批准。一级毒品是指"硬毒品"(可卡因、海洛因等,但不是大麻)。如果警督认为,被拘押人的可能藏有比如说海洛因,但他只是毒品使用者(而非供应者或出口者),就不能批准私密搜查。如果搜查目标物可以通过其他方式(例如通过等待它由身体的自然功能排泄出来)发现,则也不能批准搜查。搜查毒品必须由医生或护士在医院或手术室进行,而不能在警署实施。如果可能,搜查可以导致人身伤害的物品也应由医生或护士实施,虽然可能会要求他(她)们到警署来实施搜查而不必一定将被拘押人带到医院。然而在紧急情况下,资深警官也可以批准另一警官进行搜查(例如,如果被叫到警署的医生没有被拘押人的同意拒绝实施搜查而被拘押人又迟迟不同意,或者如果医生要经过很长一段时间才会到达时)。

(4)搜查被逮捕处的住所。《警察与刑事证据法》第17条基本上是普通法的法典化,除其他内容之外还规定警官可以进入并搜查房屋,以执行逮捕令状或对可逮捕罪行实施无令状逮捕,他必须有合理的理由相信他所寻求的人在住所内。为进入住所可使用合理的暴力。第17条赋予的搜查权力在某种意义上是有限的,警察只能实施为确定他的目标是否在房屋内而合理要求的一切行为但无权搜查证据。但是,通过授予警察搜查逮捕当时或就在逮捕之前被逮捕人所在的房屋的权力,以发现与据以实施逮捕的犯罪有关的证据,第32(2)(b)条对第17条进行了补充。即使是对非可逮捕罪行进行的逮捕,这一项亦适用。警官在根据第17条或第32(2)(b)条实施搜查时发现了其他犯罪的证据,他亦可将之扣押(见《警察与刑事证据法》第19条)。

(5)搜查被逮捕人的家等处。第17条或32(2)(b)条下搜查的房屋可能就是被逮捕人自己的家,但并非一定如此。许多年来,警方都认为,如果他们将一人在其家之外逮捕,他们也有权搜查他的家,就像他在家被逮捕一样。Jeffrey v Black [1978] 1 QB 490案对此加以了确认,但必须符合一个重要条件,即警察希望在搜查中发现的物品必须与被逮捕人被据以拘留的事项有一些联系。Jeffrey v Black案的推理在

McLorie v Oxford［1982］QB 1290 案中受到了大法官的质疑。该案指出，除非逮捕刚好发生在被逮捕人的家中，不存在任何可以在无令状的情况下违背被逮捕人意志对他家进行搜查的权力。在宽泛的意义上，《警察与刑事证据法》第 18 条使立场改造到了 McLorie v Oxford 案以前的情形，但是增加了对被逮捕人的一些额外保障。此条款使具有巡官以上警衔的警官能通过书面授权"任何因犯有可逮捕罪行而被捕的人所控制或占有的房屋"，均可以被侦查警官搜查。除对被逮捕人的家进行搜查之外，对其商店或经商场所也可以批准进行搜查。只有在巡官合理地怀疑房屋里有与据以实施逮捕的犯罪相关的证据或与另一相关的或类似的可逮捕罪行有关的证据时，方可批准搜查。Jeffrey v Black 一案中的事实对何时批准搜查并不具有正当性提供了一个很好的例子。B 因从酒吧中偷窃一份三明治而被逮捕后，警察在未经其同意的情况下对他家进行搜查时发现了大麻。地区法院认为搜查不合法，因为警察原本没有理由假设，能够搜出与 B 据以被逮捕的偷窃有关的证据，或者与其他"偷窃三明治"行为有关的证据，甚至不能提供与其他欺诈犯罪有关的证据。正好第 18 条相同的推理可以适用。巡官在批准了搜查之后，必须在被逮捕人的羁押记录中注明他的原因和欲搜查的证据的性质。进行第 18 条规定的搜查，可以没有事前批准的唯一例外的情形是，执行逮捕的警官认为迟些将被逮捕人带到警署更合适，这样他们才能一起到所涉及的房屋处，所以当着被逮捕人的面执行搜查（见第 30（10）条）。然后警官应当一俟可能就向巡官报告所发生的事情。

　　最后，有关警察的搜查还有三点需要说明。第一，在警察无权违背房屋占有者的意志实施对所涉房屋的搜查时，他们当然可以征求他（房屋占有者）的同意。《住所搜查守则》第 4.1 至 4.3 条规定了在征得占有者搜查同意时他应当被告知些什么，同时规定只要可能，任何同意都应当通过书面形式给出。第二，只要《警察与刑事证据法》的条款中规定警察有权采取某项行动而无须征得行动所涉及的人的同意时，在行使权力时均可使用一定的暴力：《警察与刑事证据法》第 117 条。因此，可以在其他方式之外使用合理的武力实施第 24 条或第 25 条下的逮捕，进入住所实施第17条规定的逮捕，根据第32和54条对逮捕当时和在警署中的被逮捕人进行搜查，实施第55条下的私密搜查，以及根据第18条规定进入并搜查被逮捕人的住所。最后，通过不合法搜查所获的证据也很可能在对被指控者的审判中被采信，而不管他或第三方是否为非法行为的受害者。如本章开始所解释的，只是在非法获取的证据对程序公平的影响是如此明显以至于不应该被采信时，才存在将其排除的自由裁量权（见第78条）。很显然，《警察与刑事证据法》第78条存在排除非法搜查成果的自由裁量权（例见 Wright [1994] Crim LR 55）。但传统上法院在此基础上不采信证据的行动一向迟缓，并且上诉法院也不情愿干涉审判法官的自由裁量权（Christou [1992] QB 979）。

2.7　身份证据

警方收集证据以确认犯罪嫌疑人确实是实施了正在讨论的罪行的方法众多，无法逐一进行全面考察。但是，其中的两种方法需要加以评述，因为《警察与刑事证据法》和《执行守则》对此作了规定。它们是列队辨认证据和指纹证据。

2.7.1　列队辨认等

辨认被告人是否就是亲自实施或与他人一起实施了被指控罪行的人，最简单的方法是传唤犯罪的目击证人，并询问他看到的实施犯罪的人是否就是出现在法院上的这个人。目击证人几乎肯定会说："是的，就在那儿，被告人席上。"但是，这样的证据远不能使人满意。证人清楚地知道站在被告人席上的任何人都是警察认为他犯了罪的人。因而他就可能不是因为此人与他所看到的犯了罪的人之间有相似性而对他进行辨认，而仅仅是因为此人就在此地——被告人席上。所以，除非证人已经对被指控者事先进行了某种辨认（比如，列队辨认），法院通常不会允许"被告人席辨认"。如果被指控者拒绝加入辨认队列，或由于证人

第 2 章 法院出庭前的预备

在被控罪行中受伤直到开庭审判前不久才恢复而使列队辨认不可行，或者由于被指控者长相过分异于常人以至根本找不到足够数目跟他大致相似的人加入辨认队列（见 John [1973] Crim LR 113，Caird（1970）54 Cr App R 499，及 Hunter [1969] Crim LR 262），这一基本原则也可能有所背离。但是，基本规则是，如果在以后对犯罪嫌疑人的审判中对于他是否在某地被看到或在实施某犯罪行为时被看到有任何争议的可能，警方都应给他进行列队辨认的机会，以让证人（们）可以把他辨认出来。如果他没有被赋予这个选择，任何的证人辨认证据都将可能被裁定为不可采纳。（在从 2002 年 4 月 1 日起的两年期间内，与视力辨认程序相关的规则已做了更改（见本节末）。但基本原则仍然是要求进行一次规定的审前辨认程序）。

与辨认有关的程序，包括列队辨认的举行，都包含在守则 D 中，本节中的其余部分将之称为《守则》。其 2.0 条规定，在由潜在的证人初次给出对犯罪嫌疑人的描述时，应当制作书面记录。此举的目的是确保证人的描述是否与犯罪嫌疑人的实际长相刚好"吻合"很明确。这份记录可能成为证人陈述的一部分，也可能以即时记录的形式出现，比如警察控制室记录（日志）。（注释 2A 条清楚地表明，作为一项基本原则，作为证人的警官也要受同平民证人一样的原则和程序的制约。）犯罪嫌疑人或其律师必须一俟可能就可以获得这份书面笔录，而且，如果可以获得的话，要在进行任何列队辨认之前（2.0 条和附件 A）。当向潜在的证人出示可能的犯罪嫌疑人照片时，负责监督出示照片的警官必须保证在出示照片之前已对初步描述加以了记录（附件 D）。

守则 D2.3 条要求，在任何牵涉到辨认证据的争议时，如果犯罪嫌疑人要求进行列队辨认或负责案件的警官认为列队辨认有效并且犯罪嫌疑人同意，都必须举行列队辨认。犯罪嫌疑人要求举行列队辨认的权利受到进行辨认的可行性的制约以及侦查警官可能命令进行比列队辨认更令人满意的集体辨认或录像辨认（见下文）的可能性的制约（见 2.4、2.7 和 2.10 条）。安排由穿着制服、巡官以上警衔并且与犯罪的侦查无关的警官负责（2.2 条）。这名警官被称为"辨认警官"。任何负责调查的警官均不得参与列队辨认的安排和实施。在列队辨认开始前，辨认官必须向犯罪嫌疑人解释它的目的、举行的程序（包括他有让朋友或律师在场的权利）、他可以拒绝参加这一安排以及他拒绝的后果（2.15条）。然后包含此信息的书面通知要交给犯罪嫌疑人，之后犯罪嫌疑人要在通知的副本上签字，以说明他是否愿意参与列队辨认（2.16条）。

列队辨认的实际实施由《守则》附件A加以规定。要点有：

（1）列队辨认可以在普通的房间内举行，也可以在装有单向屏风的房间举行，以便让证人在自己不被看到的情况下看到队列。设置单向屏风是《守则》的一项创新。由于犯罪嫌疑人自己无法得知他是否已经被证人挑出，因此只有他的朋友或律师在场时或被录像时方可使用单向屏风。如果列队辨认涉及监狱的室友，而且没有安全问题的话，这一室友可被带到警署进行辨认。不然的话，就只有在监狱中进行，并在可行的范围内适用普通的列队辨认规则。

（2）除犯罪嫌疑人外，列队辨认至少还应包括八人，这些人应在"年龄、身高、大致外表和生活地位"与犯罪嫌疑人尽可能相似。通常情况下，每个队列中只能有一个犯罪嫌疑人，但如果有两名相貌大致相似的犯罪嫌疑人，也可将他们置于同一队列中，并至少要有其他十二名非犯罪嫌疑人与他们一起列队。队列中每人所站的位置都要被编号，这是《守则》的另一项创新。

（3）列队辨认即将开始之前，辨认官要提醒犯罪嫌疑人所要发生的事情并警告他，然后问犯罪嫌疑人他对安排是否有反对意见——比如，犯罪嫌疑人可能会说他的相貌和队列中其他人的相貌差别太大，不可能做到公平。如果他有朋友或律师在场，犯罪嫌疑人也可以向他们咨询。如果对安排有任何反对，所有合理措施都应采取以消除反对意见。犯罪嫌疑人有权选择他在队列中的位置。

（4）检阅队列之前，证人不应相互讨论案情，或见到犯罪嫌疑人及队列成员中的任何其他人。他们不应见到或被提醒任何犯罪嫌疑人的照片或描述，或任何有关他身份的暗示。他们也不应被允许偷听已经做过检阅的证人所说的任何东西。确保没有任何上述事情发生是辨认官的责

第2章 法院出庭前的预备

任。即将进入房间之前,辨认官应当告知证人他看到的人可能在也可能不在队列中,如果他不能作出肯定的辨认就应如实以告。接着证人会被要求对队列中的每一成员至少看两次,想看多久就看多久。之后,辨认官问他"他在较早前相关场合看到的人"是否在这里。证人应通过指出他挑出的人的号码的方式作出辨认(以前是由证人把他指出来,或触摸其肩膀,但很多胆小的证人发现这种经历对神经是一种摧残)。证人可以让队列中的任何成员说话或摆出一个特定的姿势,但他应当首先仅在相貌的基础上进行辨认。

(5) 如果有两个或以上的目击证人,他们必须单独观看队列,并且应当允许犯罪嫌疑人在每一个证人看过之后变换他在行列中的位置。

(6) 如果目击证人在列队辨认结束后作出辨认,应当通知犯罪嫌疑人并应考虑允许证人有对犯罪嫌疑人进行辨认的第二次机会。

(7) 列队辨认结束时,辨认官必须询问犯罪嫌疑人对此是否有任何评价。辨认如何进行的书面记录要在适当的表格内填写好。要给队列拍一张彩色照片或进行录像,并在犯罪嫌疑人或其律师要求时必须为他们提供副本。

作为列队辨认的一种替代,可以作出让证人在一群人中看到犯罪嫌疑人的安排。这种群体辨认应该在犯罪嫌疑人拒绝或未能参加辨认列队时进行,或者如果侦查警官认为这样比常规的列队辨认更好的情况下(2.7条)。作出这种必要的安排有赖于其可行性(例如,如果群体辨认在警署外进行而犯罪嫌疑人在警方羁押之下,就要有预防其逃跑的充分措施)。进行群体辨认亦应征求犯罪嫌疑人的同意,但被拒绝时辨认官有继续进行的自由裁量权。在犯罪嫌疑人拒绝合作或未能参与的情形下,群体辨认可以安排暗中进行。群体辨认应当尽可能地遵循列队辨认的程序和原则(见上文)。如果辨认官认为这是最满意的行动方式,他也可以向证人放映犯罪嫌疑人的录像带(2.10条)。同群体辨认一样,这也要征得犯罪嫌疑人的同意,但是辨认官有权自由裁量继续进行。录像带辨认的原则和程序在守则D附件B中加以规定。如果犯罪嫌疑人拒绝参加列队辨认、群体辨认或是录像带辨认,可以在他和证人之间安排当面辨认（2.13条）。这一做法无须征得同意，虽然基于犯罪嫌疑人利益的律师或朋友必须在场，除非这会导致不合理的延误。每一个目击证人依次面对犯罪嫌疑人，并由辨认官问道："是这个人吗？"

从策略的角度，对于同意列队辨认既有支持意见也有反对意见。如果一个人被挑出来，这对陪审团来说，比目击证人仅仅是在当面辨认时作出辨认似乎要令人信服得多。另一方面，即使某人是有罪的，在进行列队辨认时，证人也有很大可能因为太过紧张或者对自己太不确信而无法作出辨认。而且，对拒绝参加列队辨认者的惩罚是，对陪审团来说似乎此人有某些东西需要隐藏。即使是已经成功进行了列队辨认的案件中，法官在总结中也必须提醒陪审团在接触所有辨认证据时都必须有必要的谨慎（见 Turnbull [1997] QB 224）。列队辨认中的任何不规则行为也都必须指出。实际上，这甚至可能导致法官因为辨认证据太弱并且没有辅助证据而将案件从陪审团处撤回。

众所周知，警察拥有一个被定罪的罪犯照片的"恶棍画廊"。如果侦查犯罪的警官没有说明他们逮捕某一个人具有正当性的情报，但是有目击证人看到所发生之事，他们可能向这些目击证人出示来自恶棍画廊的照片（守则D附件D）。对看照片的目击证人应给予尽可能多的隐私权，并不能允许他与其他目击证人交流。应该至少一次向他出示十二张照片，并告知他要找的人可能在也可能不在这些照片中。不允许有任何提示或引导。如果警察对某一特定的人已有怀疑（但是没有证据证明逮捕具有正当性），警察应当确保他的照片和其他与他尽可能相似的人的照片一同被出示。一旦从照片中作出了肯定的辨认，除非辨认有明显错误，接着就不应再向作出辨认的证人或其他任何证人出示更多的照片，而是应当要求他们参加列队辨认。如果参加列队辨认的证人事先曾被出示过犯罪嫌疑人的照片（或相似的人像拼图），应告知辩护方。然后辩护律师可以辩称，列队辨认时所作的辨认应打折扣，因为证人是在挑出他已经看过了照片的人，而不是挑出他看到了实施犯罪的那个人。不幸的是，这将不可避免地向陪审团显示被指控者曾有定罪的记录，不然警方不会有他的照片。

从2002年4月1日起的两年期间内,上述视力辨认程序的等级被修改变。《警察与刑事证据法》第2条(《执行守则》)(《守则D之临时修正》)SI2002 615号令对守则D做了修改。负责案件的警官在录像辨认和列队辨认之间可以自由地选择。如果警官认为效果更令人满意而且具有可行性,可以首先进行群体辨认,否则就只有在录像辨认或列队辨认被拒绝或不具有可行性时方可进行。如果上述均不可行,辨认官有自由裁量权安排实施隐蔽的录像或群体辨认,当面辨认仍是最后的选择。

2.7.2 指纹

位于苏格兰场的国家辨认局保存着定罪记录和这些被定罪的人的指纹。广义地说,只有可被处以监禁的罪行才是"可记录罪行",对这些罪行的定罪会导致罪犯的指纹被加入全国收集库里,如果它们之前不在那里的话。《警察与刑事证据法》第61条和守则D第3.1至3.8条规定了指纹的提取。警察在经过同意后总是可以自由提取指纹(例如,遭受入室行窃的房屋的屋主可能会被要求提取指纹,以将其与盗贼留下的指纹相区别)。在警署表示的同意应当以书面形式给出:《警察与刑事证据法》第61(2)条。如果具有警督以上警衔的警官基于指纹将倾向于证实被拘押人参与或没有参与他所涉嫌的犯罪的理由而批准收集指纹,那可以允许不经被拘押人同意而在警署内提取其指纹:第61(3)(b)和(4)条。批准应使用书面形式或一俟可能即以书面形式确认:第61(5)条。应当向被拘押人解释理由并在羁押记录中注明:第61(7)、(8)条。即使所怀疑的罪行为不可记录罪行,警督也可作出批准。一旦被拘押人被指控,就可以不经其同意或不经批准而提取他的指纹,只要所涉犯罪是可记录犯罪:第61(3)(c)条。而且,如果罪犯被判定犯有可记录罪行,将再次被提取指纹,同样无须资深警官的批准:第61(6)条。所以,如果罪犯被以可记录罪行加以指控似乎没有必要提取其指纹,那么在被认定有罪后马上在法院上提取他的指纹。在不经相对人同意而有权提取指纹的场合,如果他不配合,就可以使用合理的暴力以完成这项任务。从非犯罪嫌疑人处或从被证明清白的犯罪嫌疑人处提取的指纹,在程序结束后一旦可能应尽快销毁,销毁时他有权在场(见PACE 第 64 条)。

第 61 条反映了与 1986 年以前的法律相比的一个重大变化。该条款规定,只有警察自治安法官处得到了准许如此行事的命令后才能违背犯罪嫌疑人意志提取其指纹。《警察与刑事证据法》还规定了从犯罪嫌疑人处提取对法院目的具有潜在用处的其他标本的事宜。体内标本(如血液、尿液、精液、唾液)只能在下列情况下自处于警方羁押的人处提取,即如果(1)提取已经由一名警衔至少为警督的警官批准(《2001年刑事司法及警察法令》生效后即为巡警);而且(2)被拘押人给出书面同意。资深警官的批准有赖于他有理由相信标本会证实或反证被拘押人涉嫌参与一项可记录犯罪(这包括所有应监禁犯罪及一些非可监禁犯罪)。如果被拘押人拒绝同意,就可以从拒绝中得出推论进入以后的相应程序:第 62(10)条。当征求其同意时,必须警告被拘押人拒绝同意可能带来的证据上的后果。非体内标本(如非外露的毛发、指甲下的刮屑、足印、唾液)可以在取得相关人的书面同意后提取,无论所涉犯罪属何性质并且无须资深警官的同意。由于没有制定法条文准许控方举出拒绝提供非体内标本的证据,这时被牵涉到的人在提供标本时就不会受到像要求提供体内标本时那么大的压力。然而,在要求非体内标本的情形下,如果被怀疑的是可记录犯罪,警官又有理由相信此标本会帮助证明或反证案件牵涉到犯罪嫌疑人,也可以由一名资深警官授权违背犯罪嫌疑人的意愿提取。体内标本,除尿液外,必须由医生(或注册护士,一旦《2001 年刑事司法及警察法令》生效)提取。没有有关非体内标本提取的明确要求。第 62 及 63 条分别规定了体内和非体内标本的事宜。第 62 条包括了一个分款,说明本条规定不影响酒后驾驶的法律中有关血液和尿液的条款的效力。

另外,《警察与刑事证据法》第 63(3A)条规定,当某人已因可记录犯罪被诉或已被告知他将因此类犯罪而被上报而他尚未提供可供化验的非体内标本时,也可以不经其同意提取非体内标本。当罪犯已因可记录犯罪而被定罪(第 63(3B)条)或因精神失常而被宣告无罪或被发现不宜辩护（第 63（3C）条）时，也存在类似权力。

2.8 特殊群体

迄今为止对警方权力和程序的讨论都是基于犯罪嫌疑人是智力正常且所有官能均正常的假设上进行的。但如果犯罪嫌疑人是未成年人或是弱势群体（易受伤害群体）的一员，则有必要给他们提供额外的保护。另一极端，因恐怖犯罪而被逮捕的那些人则被剥夺了一些其他犯罪嫌疑人享有的权利。

2.8.1 未成年人

2.3.1 节中所述的许多无令状逮捕的权力可以对未成年人就像对成年人一样实施——相关立法，尤其是《警察与刑事证据法》第 24 及 25 条，没有提及被逮捕人的年龄。相似地，治安法官签发逮捕令状的权力（比如，根据《治安法院法》的第 1 及 13 条的规定）也没有因为被指控者的年轻而受到限制。当然，在实践中，警官和治安法官在分别考虑实施无令状逮捕和签发令状时都会记得把一个年轻人带到警署的不可取之处，也会控制自己不运用的这种权力，而在涉及成年人的同样案件中，他们会毫不犹豫地依权行事。任何逮捕了未成年人的人都需采取所有合理的步骤以通知其父母所发生之事：《1933 年儿童和年轻人法》第 34 条。

被捕并抵达警署后，对未成年人继续拘留就像对成年人一样，有赖于羁押官认为已有充分证据指控他，并且如果没有的话，不指控拘留对取得或保全与所怀疑犯罪有关的证据或通过讯问而获取这些证据是否必要。但是在未成年人和成年人之间的一个主要区别是，如果一名未成年人被指控而没有被释放，羁押官必须安排将他置于当地当局的保护之下并由他们将他拘留，直至他被带至未成年人法院：《警察与刑事证据法》第 38（6）条。如果羁押官证明与地方当局作出必要的安排不可行，这一条规定就不适用,也就是说,未成年人可被羁押在警署。如果未成年人已达12岁或以上、没有安全的住处并且警官证明将他置于地方当局的住处并不足以保护公众免受他的严重伤害,这一条也不适用。无论指控前后,均不应将未成年人置于警方囚室内,除非这是唯一可得的安全的住处,并且他不能安全地被留在一个不保险的房间里(《拘留、待遇和讯问守则》8.8条)。

守则第11.14至11.16条规定了对未成年人的讯问。除了在例外情形下(见下文),除非有一名"合适的成年人"同时在场,不应对一名未成年人进行讯问或要求他提供口供。不管未成年人本人是否被怀疑犯罪,这一条均适用。合适的成年人被定义为他的父母/监护人或社会工作者或(在上述两者均无时)其他与警方无联系的有责任感的成年人。注释1C指出,如果父母或监护人是受害者、目击证人或嫌疑同谋,或已经收到了未成年人的供认时,就不是合适的成年人。相似地,当受照管的孩子向一名社会工作者承认了罪行时,那么另外一名社会工作者应为合适的成年人。而且,如果未成年人和父母"不和"并且未成年人反对的话,那么其父母就不应被称为合适的成年人(自DPP v Black [1989] 1 WLR 432案后)。根据守则11.16条,合适的成年人的角色并不仅仅是作为一名观察者,同时还要向未成年人提供建议,如果必要的话"使与他沟通更容易"。合适的成年人可以基于未成年人的利益决定行使58条规定的咨询律师的权利。讯问未成年人时要额外照顾的原因显而易见,但守则中还是提醒侦查的警官注意,未成年人会出于无心而倾向于提供"不可信的、误导的或(错误地)自证其罪的"信息。尽管如此,在紧急情况下,还是可能有必要在没有合适的成年人在场这一保障措施时讯问未成年人。这只有在警衔至少在警督以上的警官认为拖延会导致对其他人的身体伤害或对与犯罪有关的证据有害,或引起其他未被逮捕的犯罪嫌疑人警惕(见《拘留、待遇和讯问守则》11.1条和附件C)时才能这么做。如果警方无法找到属于以上范畴的合适的成年人,并且讯问基于这些紧急理由并不具有正当性,会发生什么?那样未成年人就不能被讯问,并且必须被指控或释放(11.14条)。

对未成年人的指控已经提及，但是通常更合适的方式是不指控将他从警署释放，这样警方及其他有关机构就可以从容地考虑该案是否适合起诉，或是否以警告的方式处理更好（给出正式警告的做法见 4.2.1 节）。如果最终的决定是起诉，取得一张传票可能比让未成年人回到警署被指控要容易些。

除非父母同意，未成年犯罪嫌疑人不可以被置于辨认队列中。如果他是个年轻人（就是说已经到了 14 岁），同时还要他本人同意。在进行列队辨认时，父母或者其他合适的成年人必须在场（见《辨认守则》1.11 至 1.14 条）。

2.8.2 智力残障者

在守则中，智力残障者被广泛地定义为不仅包括患有特定精神疾病的人，而且包括那些因智力低下等而使其不能理解警官向他们提出的问题的重要性和/或他们自己回答的重要性的人。而且，如果警官怀疑或被善意告知某人有智力残障，他即应如同对待智力残障者一般对待此人。从广义上说，智力残障者是一个易受伤害的群体，并且等同于未成年人。所以，与未成年人一样，当他们被讯问时，通常有一名合适的成年人在场。而且，如果对一名被指控的智力残障者的起诉主要是基于没有合适的成年人在场的情况下作出的口供，那么法官必须警告陪审团在定罪之前要有特殊的谨慎：《警察与刑事证据法》第 77 条。也许令人吃惊的是，议会认为要达到这一效果必须有一特别条款——任何一个法官，即使没有制定法告诉他们该这样，但在第 77 条所称的情形下，都应当强调控方证据不令人满意的性质。然而，在 Lamont [1989] Crim LR 813 案中，L 被指控企图谋杀其婴儿。他智力低于正常水平，智商 73，阅读能力相当于 8 岁。他在警署度过 18 小时后作出供认。在讯问中他情绪非常激动并大哭。没有任何其他成年人在场。法官准许这份供认作为证据。他忽略了第 77 条规定的任何指示，并称讯问时没有合适成年人在场没什么重要性。上诉法院撤销了有罪判决，并对法官没能根据 77 条给出指示及关于没有合适的成年人在场的说法作出了相反的评价。对于智力残障者来说,"合适成年人"要么是他的一名亲属、监护人或其他应对他的福祉负责的人,要么是一个应对精神问题有经验的人(比如,专家社会工作者),要么(在没有以上两者的情况下)是任何其他与警方没有联系的有责任心的人。与未成年人相比,这里对合适成年人的定义有细微的不同。关于列队辨认,虽然当智力残障者表示同意参加时及举行辨认时都必须有一名合适的成年人在场,但是并没有要求合适成年人本人应当同意举行列队辨认。

对看起来是聋哑的人不可以在没有译员(即可以用手语同他交流的人)在场的情形下讯问,除非他表示同意或者资深警官认为,等待译员会使第三人有受到伤害或财产严重损害的危险。当一名译员在场时,他应该对讯问做笔记以备将来对被讯问人的审判中他被传唤作为证人时的不时之需。如果被讯问人说英语有困难,也需要译员的服务。译员同样要对讯问做笔记。他还应当用相关的外语记下任何犯罪嫌疑人想要作出的书面陈述,然后由犯罪嫌疑人签署此陈述。应及时做成官方英文译文。译员的费用由公共费用承担。

2.8.3 恐怖嫌疑分子

《1989年防止恐怖主义(临时条款)法》第14条赋予无令状逮捕被怀疑有恐怖主义行为的人或某规定的组织的成员(即爱尔兰共和军和INLA)的权力。恐怖主义被定义为"为政治目的使用暴力"。根据第14条被逮捕的人可以依逮捕的权力被拘留最长达48小时。然后经内政大臣批准可以将他再拘留5天。《警察与刑事证据法》中关于警察拘禁的批准和最长期限的条款在这里并不适用(见51(2)条)。但是《警察与刑事证据法》第56和58条(通知他人关于逮捕的消息的权利和咨询律师的权利)虽然有重大的修正,但对这一类犯罪嫌疑人仍然适用。权利的行使可以被延迟至48小时(而不是36小时),批准延迟的理由也广泛得多,其中包括害怕犯罪嫌疑人行使权利会干扰收集有关恐怖主义的信息,或因惊动其他人而更难以将他们逮捕或阻止他们进行更多的恐怖主义行动。另外,如果犯罪嫌疑人想行使第58条规定的权利,一名非常资深的警官（警司或助理总警官）可以给出指示，要求跟律师的咨询必须在警察的视听范围以内。监察的警官警衔必须在巡官以上，与侦查无关并身着制服。很明显，如果有警官在听着他的说话内容，犯罪嫌疑人在谈论案件时就不会觉得毫无顾忌。另一方面，从涉嫌的恐怖分子的角度来说，第58条反映了一种进步，因为与1986年以前的情形相比，那时在被指控之前，犯罪嫌疑人没有任何咨询律师的权利。

如果犯罪嫌疑人的恐怖主义行为只与除北爱尔兰以外的联合王国事务有联系，就不存在根据《1989年防止恐怖主义（临时条款）法》第14条将他逮捕的权力，虽然几乎肯定根据《警察与刑事证据法》第24条可以将他逮捕。根据后者而不是前条逮捕恐怖主义者的意义在于，他在警署时的权利将与其他任何因为严重可逮捕罪行而被拘禁的人的权利相同——比如，除非资深警官批准继续拘留，他必须在24小时内被释放；36小时后他必须被带到治安法官面前而且在最多96小时后，他必须被释放或被指控。

55

第 3 章 检察官

英国宪法体系传统上避免大陆模式的中央集权的司法管理模式。侦查犯罪、提起控诉和在法院出示案件的职责被数量众多的不同机构分担。但是在1986年10月，通过引入皇家检控署（CPS），这一体系发生了重大变化。虽然这一部门远没有司法部的权力大，但它在对犯罪的起诉（而非侦查）中扮演了支配性的角色。本章将简要介绍警察、皇家检控署、其他起诉机构以及个人在起诉过程中的职责。这一主题很复杂，但为理解法院里刑事诉讼程序这一目的，只要对它进行概览就可以了。

3.1 警察

英格兰和威尔士的绝大多数控诉都是由警方提起的，因为被指控者要么在警署被指控，要么由警官在执行职责过程中提交针对他的控告书（对指控和提交控告书的解释，见4.1节）。当然，在提起控诉之前，警察会负责对所宣称的犯罪进行调查并获取证据。在皇家检控署之前的体系下,他还负责在法院出示案件,在他们雇佣在治安法院代表控方出庭的律师并对皇室法院顾问发出指示的情况下。大多数警察机关都有带薪的"室内"律师部门,少数则仅仅向私人从业律师事务所发出指令。无论何种方式,警方对比如是否继续进行指控都有最终发言权,因为他们与律师之间的关系归根结底是当事人与律师间的关系。从1986年10月起,警察被卸除了实际起诉犯罪的责任。一旦被指控者已被指控或控告书已被送交,文件就被送往皇家检控署的地方分支机构,由它们接管起诉(见3.2节)。很明显警察与皇家检控署必须紧密合作,因为这对警官作为证人出庭、当需要私人证人时对他们加以警告以及收集皇家检控署需要的进一步证据是必要的。但是,皇家检控署是独立于警方的,而不是他们控诉犯罪的代理机构。

在日常话语中,人们提到"警察",好像他们是一个统一的武装力量。但实际上有许多分立的警察机关,每一个都在自己的地理区域内行事。每一个机关都有一个总警官,在伦敦市和其他大城市的警察机关中被称为"警长",在另外的机关中被称为"警察厅长"。这位总警官就他领导下的机构的普遍效率向来自辖区内的地方当局成员和治安法官组成的警察当局负责,除了内政部是伦敦两个机构的警察当局之外。一般认为警察当局不应干涉具体操作事务——也就是机构的日常运行,尤其是它们不应当干涉警察是否开始起诉的自由裁量权,无论是通过试图影响关于哪些类型的案件起诉是适当的一般政策,还是通过对具体案件命令起诉。这种决定由总警官和他的手下作出,而不是警察当局作出。即使是法院也没有干涉的权力,除了在一些极端的情况下总警官采取的政策对维护法律来说已构成玩忽职守。正如丹宁勋爵在 Metropolitan Police Commissioner ex p Blackburn (No 1) [1968] 2 QB 118 案中所言:

> 我认为实施这块土地上的法律是各大城市警察局局长和每一位警察厅长的职责……他必须决定涉嫌的人是否应被起诉……但是[在做此事时]他不是任何人的仆人,除了法律本身。没有哪个皇家部长能告诉他,他必须或必须不能起诉这个人或那个人。也没有任何警察当局能够告诉他这样做。实施法律的职责在他的身上。他

对法律负责并仅对法律负责。

因此,起诉犯罪嫌疑人的警察政策只有在总警官制定了一项明显不合理的政策这种不太可能的情形下才能受到反对,例如偷窃的数额在100英镑以下就绝不能开始起诉。如果真发生这样的事,任何有足够地位的人均可申请书面训令,迫使该总警官履行他实施法律的职责。在决定是否起诉时要考虑的因素将在第4章中讨论。

3.2 皇家检控署

皇家检控署是根据《1985年犯罪起诉法》第1条设立的。它包括检察长,为这个机构的首脑;皇家首席检察官,每人就监督特定地区的事务运行向检察长负责,另有其他员工大概6 000人(包括皇家检察官和无法律资格的辅助职员),他们由检察长任命并经财政部批准(见1985年法案第1(1)条)。

3.2.1 检察长

检察长办公室设立于1879年。在一个多世纪的时间里,尽管检察长这一头衔本质上无所不包,但他在起诉体系中的角色却相对有限。但是1985年《犯罪起诉法》通过要求检察长接管所有由警察开始的刑事诉讼程序活动而改变了他的地位(第3(2)(a)条)。第3(2)条列举了检察长的职责,主要如下:

(1) 接管所有由警方发起的刑事诉讼程序活动①;

(2) 在任何看起来适当的案件中亲自启动诉讼程序(例如,因其重要性或难度);

(3) 接管《1959年淫秽出版物法》第3条规定下没收淫秽物品的

---

① 这点上有一个小小的例外,因为检察总长可以指定某些范畴的警察起诉无须检察长接管。一些轻微的道路交通犯罪已被指定入此范畴。

所有诉讼活动；

（4）为警察就所有有关刑事犯罪的事项提供建议；

（5）从皇室法院到上诉法院、从上诉法院到上议院，以及从高等法院到上议院的上诉，如果接到法院的指令，作为控诉方出庭；

（6）履行任何其他由检察总长分配给他的职责。

另外，第6（2）条规定检察长接管任何非警方的个人和机构提起的控诉，同时除1985年法案之外，各种立法对他科以其他更多的职责（例如，同意发起特定类型的指控）。

检察长由检察总长任命并在其全面"监督"下行使职责（检察总长的角色见第2条和第3（1）条，并见本书3.4节）。由于检察长对检察总长负责而检察总长又对议会负责，在间接的意义上，检察长可以被议会传唤就他行使职责的方式向议会报告。在1985年法案之前，检察长有一个很小的由律师和其他人员组成的部门。然而，在接管所有警方起诉职责所承担的巨大的职责扩张，意味着旧的检察长部门已经远远不够，所以，皇家检控署就应运而生。

3.2.2 皇家检控署的结构

在皇家检控署首脑，检察长之下的是皇家首席检察官，他们每个人对皇家检控署在特定地理区域的运行负责（见《1985年犯罪起诉法》第1（1）（b）条）。所有42个区域中的每一个都有一个或以上的地方分支机构，每一机构负责处理发生在治安法院里成群的起诉。分支机构的人员包括皇家检控署律师，又称皇家检察官，还有无法律资格的行政官员及一般辅助职员。每一分支机构由一名分支皇家检察官领导，每一地区由一名皇室大检察官领导。所有皇家检察官都必须由检察长如是委任，而且必须为出庭律师或事务律师（第1（3）条）。他们拥有"检察长拥有的关于发起和进行诉讼的所有权力"（第1（6）条）。具体来说，他们在需要检察长同意才能起诉的案件中，可以授权开始诉讼（第1（7）条）。虽然皇家检察官必须在检察长的指示下行使权力，但他没有必要对基于检察长的利益而采取的每一行动获得专门的批准。这一点在

Liverpool Crown Court ex p Bray [1987] Crim LR 51 案中得到了很好的例证。该案认为，皇家检察官对强制起诉状[①]的申请是"由或代表"检察长提出的，因此根据法院的相关规则，不需要宣誓书支持，即使皇家检察官是完全依自己的主动性而行事的。沃特金斯法官阁下把辩方认为只有当皇家检察官接受检察长的明示指示行事时，《犯罪起诉法》第1(6)条才赋予他们权力的论点斥为"荒谬"。由此可以得出结论，当诸如《犯罪起诉法》这样的立法向检察长赋予权力或科加职责时，把法律的颁行理解为授权或加责于皇家检控署则更现实。[②]

皇家检察官，无论他们是出庭律师还是事务律师，都和执业律师一样有出庭听证的权利，但没有在更高等的法院听证的权利（第 4 条）。换句话说，他们可以在治安法院出庭，但除有限的场合外，不能在皇室法院出庭。起初计划设立皇家检控署时的意图是在治安法院基于其利益而进行的大量的辩护应当由内部职员来承担，也就是皇家检察官。实践中，招募职员的难度加上巨大的工作量使得一些辩护还是被委派给了私人执业的事务律师或出庭律师，由他们作为皇家检控署的代理人（见3.2.3 节）。至于在皇室法院代表皇家检控署（比如，基于起诉书的审判），必须由听取了皇家检控署提供的案情摘要的出庭律师承担，因为如前所述，即使是身为出庭律师的皇家检察官也没有在较高等的法院出庭听证的权利。

皇家检控署职能运行方式的细节是一个内部管理问题，而不在本书范围之内。但是概括来说，体系是这样的：一旦某人被警方指控或提交

---

① 向高等法院法官申请以求得他同意对被指控者优先使用起诉书，偶尔会被控方作为通常程序的替代而被使用（具体见 12.6 节）。

② 然而，很重要的一点是要注意到，检察长委派诉讼行为的权力是一项委派给皇家检察官的权力，而不是委派给没受过法律训练的行政辅助人员的权力。因此，在 DPP ex p Association of First Division Civil Servants（1988）138 NLJ 158 案中，地区法院认为，而不是委派给没受过法律训练的行政然而，很重要的一点是要注意到，检察长委派诉讼行为的权力是一项委派给皇家检察官的权力辅助人员的权力。因此，在 DPP ex p Association of First Division Civil Servants（1988）138 NLJ 158 案中，地区法院认为，让皇家检控署内的非律师职员对与轻微犯罪有关的文件进行筛选以判断起诉是否在表面上合理，而且只有在他们认为诉讼程序应当被中断时才将案件提交给皇家检察官的方案是无效的，因为这有效地将诉讼程序的终止和/或进行的决定权委派给了不属于皇家检察官的人员。

了针对他的控告书，案件的文件就会被送到皇家检控署适当的分支机构办公室。在那里，证据由一名皇家检控署的律师加以审查，由他来决定指控是否合理。如果他认为不应该提起任何控诉，那么他有权终止诉讼程序（见 3.2.5 节）。如果他认为需要额外的或替代的指控，他可以在出庭时向被指控者提出。绝大多数案件，甚至是严重的和/或复杂的案件，会在分支机构办公室的层次上处理完毕。但是，案件越困难，分支机构的皇家检察官就越可能同地区办公室的律师联络并寻求建议，并且/或者将案件提交给皇家检控署总部人员。少数犯罪总是必须被提交给总部（比如，那些需要检察总长同意才能起诉的案件，大规模贩毒和合谋移民案件以及大部分对警官的指控）。另一方面，即使是谋杀和强奸案也在分支机构层面上被处理，除非存在例外的因素需要将案卷送交更高级别的机构人员。除对上述一小部分起诉负有直接责任之外，皇家检控署总部人员还制订一般的起诉政策，进行相关研究，并对地区和分支办公室进行广泛支持。然而，各分支机构被准许有相当程度的自治，这样，虽然皇家检控署是一个全国性机构并且制订了在全国范围内一定的运行指南，但每一个分支机构都发展了能反映本地情况、自己独特的起诉方式。

也许皇家检控署的一个最重要的特色需要注意，它不侦查犯罪，并且一般也不发动起诉。一旦警方已经指控或提交了针对犯罪的控告书，它的职责就开始了。接着就是由皇家检控署的律师来决定案件是否应当继续。如果答案是"是"，由他在治安法院通过代表控方进行诉讼（或雇佣代理人进行）并向出席皇室法院的顾问律师提供案情摘要。在对案件作出决定时，皇家检控署律师显然会和警方紧密联系，但是他应当独立于警方而且最终应当按自己，而不是警方的观点来决定如何行动。

3.2.3 代理人

皇家检控署（即代表它行动的皇家检察官）可以把案件的诉讼任务分派给私人执业的出庭律师或事务律师（1985 年《犯罪起诉法》第 5 条）。这样为皇家检控署服务的任何代理人都享有皇家检察官的权力，但行使这些权力必须依照真正的皇家检察官给他的指令。通常情况是一名皇家检控署的代理人在某一特定治安法院中出庭一天（或可能一个上午或一个下午）。然后他处理出现在当天清单中的所有皇家检控署的案件，案卷（希望）已经在前一天被送给他了。代理人在治安法院的地位与听取案情摘要后代表控方出现在皇室法院的顾问律师的地位有些微的不同。后者对案件应如何进行有最终决定权，而前者，至少在理论上必须服从皇家检控署的意愿。因此，除非有皇家检控署律师的授权，通常禁止代理人撤回案件。相反，皇室法院的顾问律师则可以——而且确实应该——基于自己的判断决定是否有充分的证据继续进行诉讼，以及/或者接受已提出的一组答辩是否为解决案件的可接受方式。

3.2.4 接管控诉

发起控诉当然不是警方的独占性特权。实际上，从严格宪法理论上来说，警方只是被付给了薪水来做任何公民个人或组织都会将其作为公民责任而做的事。3.3节提到了除警察和皇家检控署之外的一些组织，通常也参与对犯罪的起诉。然而，在一些场合下，由私人个体或非警察组织启动控诉可能被认为是违反公共利益。换种方式说，起诉被认为如此事关公共利益以至于它应该由国家而不是由私人处理。为应对这种形势，第6（2）条赋予了检察长（实践中，当然是指皇家检控署）不受约束地接管任何非警方起诉的自由裁量权。一旦接管了起诉，皇家检控署就可以在它认为合适时将其进行至诉讼结束或将其终止。

3.2.5 终止起诉

创立皇家检控署的一个主要原因是对警方控诉是否正当设置独立的制约，如果不正当就在早期将其停止。为帮助皇家检控署完成这一功能，《犯罪起诉法》第23条规定，在皇家检控署对犯罪进行诉讼时，他们可以给治安法院的助理发出通知说他们不想再继续控诉的通知（第23（3）条）。通知必须在控方为了进行简易审判而开始要求证据，或如果是起诉书审判，则在被指控者实际上被移交审判前给出（第23（2）条）。

在仅可被起诉的罪行被"送到"皇室法院审判的情况下，控方可以在提出起诉书之前的任何时间送达通知。皇家检控署必须在通知中写明终止的原因（第23（5）条）。通知的效果是使程序自动停止，虽然被指控者在技术上并没有被宣告有罪，因而如果，比如说，有新的证据出现，日后有可能开始全新的程序（第23（9）条）。但是，必须向被指控者送达一份终止通知的副本（尽管不是终止的原因），并且他可以坚持控方继续诉讼（第23（7）条）。绝大多数被指控者接到终止通知时都会喜不自胜，但极偶尔地也有人会想要出庭，以向公众宣称对他的指控是完全无端的，或者通过获得一份正式的无罪判决来排除任何新的起诉的可能性（一旦某人被宣告无罪，他就不能因同一罪名而再次被起诉）。

在治安法院被皇家检控署终止的案件数目相当大：在1998/9年度占所有结案数的百分之十二。

除送达终止通知外，皇家检控署总是可以在实际上通过不在法院上提出任何证据确保诉讼不再进行下去。如果没有任何控诉证据，法院除量刑无罪外别无选择。皇家检控署在治安法院似乎有不提供证据的无限制的自由裁量权（见Canterbury and St Augustine Justices ex p Klisiak [1982] QB 398案的法官意见）。在皇室法院的情形见16.6节。

3.2.6 与皇家检控署相关的检察长的其他权力

《犯罪起诉法》赋予检察长（以及检察总长）除上述以外的一些与皇家检控署有关的许多权力和职责：

（1）根据第8条，检察总长可以制定规章，要求警察无论何时在一有犯罪行为表面上可归入特定范畴，并在他们的警区内发生的，必须通知检察长。这是对较早前犯罪起诉法案的条款的重新颁行。可报告的罪行的名单以前相当长，但在1985年时被大大削减，现在只包括一些非常重要的或高度政治敏感类型的犯罪（如大规模毒品犯罪、大规模同谋违反移民法犯罪、刑事诽谤罪及猥亵案件）。大体上，检察长和皇家检控署并不需要知道存在犯罪的证据，除非且直到警察依据证据采取行动并指控某人。如果倾向于指控，则如上所述，有关文件无论如何必须送往皇家检控署。然而，在仍然由这些规章调整的几个类别的犯罪中，可以推定不应留给警察自己决定是否指控的权力。因此，一旦存在表面上可能证明控诉正当性的证据就应立即通知检察长，然后他能建议如何继续。

（2）根据第 9 条，检察长必须向检察总长做年度汇报，说明他在此前的 12 个月中是如何完成其职责的。检察总长被要求将此报告提呈议会。并且，这一报告要公开印刷并可在皇家文书局处获取。另外，检察总长可以要求检察长就任何其他事项向他汇报。

（3）根据第 10 条，检察长被要求签发《皇家检察官准则》，就以下事项给出指引：1）何时起诉该被终止；2）一般指控政策；以及 3）造成可任选方式审判的罪行适合简易审判或以起诉书审判的因素。现行的守则在 4.3 节中论述。

3.3 其他检察官

起诉总数的 25％左右并非由警方提起，而是由形形色色的其他检察官提起。例如，税务局起诉税务犯罪，海关和国产税务局起诉增值税犯罪及非法进出口毒品犯罪，社会保障部起诉欺诈性救济金申请，地方当局起诉违反食品卫生条例犯罪，等等。大商店以前负责起诉店内盗窃犯罪，但现在几乎一成不变的做法是将此类犯罪移交给警方和皇家检控署。1987《刑事司法法》创设了一个新的侦查和起诉机构，即严重欺诈办公室。这一举措是为了应付大宗欺诈增加的忧惧。该办公室由一小批反欺诈专家组成。除律师之外，还有会计和侦查人员。严重欺诈办公室的职能是承担对少量极其严重的涉嫌欺诈（可能每年少于 100 起）的案件进行侦查和起诉。办公室与警方反欺诈组协力工作，并引导他们讯问。它还有广泛的权力，以强迫那些可能持有正被侦查的诈骗案的信息的人回答问题并/或提供文件证据。与皇家检控署不同，严重欺诈办公室既调查涉嫌的主要诈骗罪，而且，如果可获得证据，还能提起并进行控诉。

很显然，大多数非警方提起的控诉都是由政府或准政府机构发起的。但是，还是有一小部分是由完全以私人能力行事的个体提起的。因此，邻里纠纷导致各方相互以殴打罪名传唤对方的也不鲜见。偶尔也会有个人对警方行使自由裁量权而不指控的决定感到忍无可忍而主动由他本人提起控诉。一个著名的例子是 Whitehouse v Lemon［1979］AC 617 案，该案中，玛丽·怀特豪斯夫人成功地控诉了被告人犯有亵渎神明的诽谤，这也是自 1922 年以来第一起对此种犯罪有记录的控诉。更近一些的例子是，一名死于注射了某种毒品的年轻人的父母收集证据，然后对帮助他们的儿子进行注射的人启动了杀人罪的诉讼程序。检察长最初建议警方不要采取任何行动，而他也只是在交付审判后才接管起诉。最终的结果是杀人罪成立。

1985 年《犯罪起诉法》第 6 条赋予检察长接管任何非警察起诉行为的自由裁量权。接着，还是在他的自由裁量之下，要么以通常方式继续起诉，要么根据第 23 条终止起诉，或者就干脆不提供证据。只要他不是完全无理地行事，他接管控诉然后将其终止的行为不会受到高等法院的司法审查。在 DPP ex p Duckenfield［2000］1 WLR 55 案中，地区法院考虑了检察长应当接管私人控诉以便将其结束的基础，并认为检察长在停止控诉时没有采取与提起控诉同样标准的做法是非常恰当的。检察长的政策是，只有在明显没有案件可应诉的证据基础上，他才干涉进来以停止私人控诉。地区法院明确指出这一政策符合 1985 年法案第 6（1）条。因此可以断定，只要有证据支持私人控诉，即使检察长自己不会提起控诉，他也不会干涉来终止它。

62

3.4 皇家法律官员

讨论起诉机构而不提及皇家法律官员——即检察总长和副检察总

长——是不完整的。检察总长是政府的出庭律师成员。除其他职能外，他还就法律问题向他在政府中的同事提出建议，对藐视法院行为进行诉讼（例如，对报纸违反审判规则而提起的诉讼），并对非法行事的公共机关申请禁止令。如前所述，在刑事诉讼领域内，他监督皇家检控署的工作，并因此就皇家检控署的运行向议会负责解释。还有特定范畴的起诉只有经检察总长的同意才能提起（见4.4.4节）。检察总长的另一项更进一步的权力是递呈撤诉宣告，其效力是终止基于起诉书的审判。这一权力完全是自由裁量的，但通常只有在人道和慈悲的基础上，当被指控者在审判过程中已病入膏肓时，才会行使。替代性地，检察总长可以接管起诉并且不提供任何证据，尽管鉴于检察长相似的权力，检察总长的这一权力现在显得有些多余。

第二位皇家法律官员是副检察总长。他是一名代理检察总长，在受到授权及当检察总长缺席或生病时可以行使后者的权力（《1994年法律官员法》第1条）。

第4章 决定起诉

本章主要关注警察和皇家检控署分别在决定他们是否应当开始起诉和是否应当终止已经开始的起诉时应该考虑的事项。但是首先,有必要对启动刑事诉讼程序的方式进行简要描述。第二章中有更详细地阐述。

4.1 启动起诉的方式

开始起诉主要有两种方式。一是对警察、其他起诉机构及私人等都适用的方式,即向治安法官提交控告书。如果控告书表面看起来是正确的,然后治安法官就会签发要求被指控者在治安法院出庭以应诉控告书中所宣称的罪行的传票。

第二种开始起诉的方式只能由警方适用,它是在警署里指控犯罪嫌疑人犯某一罪行。提交控告书、指控犯罪嫌疑人以及逮捕并在警署讯问犯罪嫌疑人的程序将在第二章详述。

虽然对何时通过指控而不是用控告书和传票方式开始诉讼进行更合适并没有硬性和固定的规定,警察一般对不太严重的犯罪,尤其是简易罪行适用传票，而对大多数可控诉罪行则通过在警署里指控的方式而开始起诉。是否指控的决定通常由负责逮捕和侦查的警官作出，也可能是在咨询了他们的上级和/或皇家检控署之后才作出决定。在通过传票进行诉讼时，通常犯罪嫌疑人在警署外由警方同他交谈（比如在其家中，或在道路交通犯罪案的现场），并告知他将考虑起诉而上报他，然后警官的报告将递交到警方起诉部，由起诉部决定是否继续程序。然而是否起诉成年人的决定基本上由警方单独作出，而其他机构，如社会服务和地方教育机构则可能会介入任何对未成年人进行起诉的决定的作出。

4.2　起诉的替代方式

除绝对不作为这一明显的替代方式外，警方还可能根据所嫌疑的罪行的性质考虑其他两种起诉的替代方式。一是进行正式警告；二是发出定罚通知。

4.2.1　警告

警察有发布正式警告的自由裁量权。这一实践最初是作为一种将未成年人排除出刑事司法体系之外的方式而发展起来的。鉴于《1998年犯罪和骚乱法》为未成年人创设了训诫和警告体系，所以如今警告只被用于成年人。警告通常在警署由警衔至少为巡官的警官发出。虽然警告不能归于定罪之列，但对此所做的记录将至少保存五年，而且可以在法院上被引用，如果他其后被定罪的话，可以作为罪犯品质的证据。警告的实践由关于这一主题的《内务部通知》(18/1994)加以规范，其中合并了经修正的《国家警告标准》。

《1998年犯罪和骚乱法》对未成年人案件的起诉替代体系进行了修改，废除了正式警告，并以训诫和警告方案取而代之。这一新方案的细节将在4.2.2节中讨论。

发布警告的主要条件，首先是证据必须足以证明起诉是正当的（见

第 4 章　决定起诉

4.3.1 节)。警告不能被作为当警察实际上没有能在法院站得住脚的案件时挽回脸面的方法。其次,罪犯必须承认犯罪事实。如果他不承认,警察又被抛回到起诉和对案件不采取任何措施的境地。警告体系的这一方面或许易致批评,因为它可能不公平地迫使犯罪嫌疑人承认一些他从未做过的事情以免面临起诉的所有风险。

当这些条件得到满足时,接着就必须考虑警告是否有利于公众利益。18/1994 号《内务部通知》及《国家警告标准》对作出这一决定时应考虑的因素阐明了以下观点:

(1) 警察必须考虑《皇家检察官准则》中的公共利益原则(见 4.3.2 节)。

(2) 除非在极端例外的情形下,警告不能用于只能以起诉书审判的犯罪中。

(3) 其他犯罪也可能太严重而不适用警告。在决定这一点时,应考虑的因素包括,例如,犯罪导致的危害、是否有种族动机、是否涉及违反托拉斯以及是否有组织地实施的。

(4) 被害人对犯罪的观点,以及警告是否适当的观点应当征求并予以考虑,但这些观点并非决定性的。

(5) 只有在以下情形,罪犯可被第二次警告:

(i) 当后继的罪行很轻微;或

(ii) 当第一次警告已经过了相当长的时间,表明它已经有了一定的效果。

(6) 对特定范畴的罪犯应当推定倾向于适用警告而不是起诉,如老人、身患精神疾病或受到精神伤害之人,或有严重疾病之人。当然,身为这些群体的成员并不能处于可以完全不受起诉的保护。

(7) 罪犯对犯罪的态度必须要考虑——尤其是犯罪的故意以及他随后的态度。道歉和/或主动提出纠正错误会支持对警告的适用。

(8) 每一个罪犯必须被单独考虑,即使在集体犯罪的场合亦应如此。根据涉入程度的不同和个人情形可以适用不同的处理方式。

在某些场合下警察可以发出口头警告(有时被误称为"非正式警

告")。这种警告没有官方地位,也不能在随后的庭审程序中被引用,而正式警告则可以。

警方有关警告与否的决定与皇家检控署是否控诉的决定密切相关(见 4.3 节)。在 Chief Constable of Kent ex p L；R v DPP ex p B [1993] 1 All ER 756 案中,地区法院考虑了对关于未成年人是否应当被警告或起诉这一问题的司法审查的可获得性。法院认为,任何司法审查只能针对"有最终决定权的机关,皇家检控署"(沃特金斯法官,第 767 页),而不能针对警方。沃特金斯法官接着说:

> 我得出结论,在关于未成年人的案件中,皇家检控署继续或终止刑事诉讼程序的自由裁量权可以由这个法院加以审查,但只有在能够证明这一决定的作出无视或明显与因公众利益而发展起来的检察长的既定政策相反,比如警告未成年人的政策,方可进行……但是我可以预见,被告人很少能成功表明一项决定在这方面有致命缺陷。

4.2.2 训诫和警示

作为起诉的替代方式,警告的政策,就未成年人而言,已经被《1988 年犯罪和骚乱法》做了大幅度的修改。《犯罪和骚乱法》第 65 和 66 条用一项新的训诫和警示计划替代了原来对未成年人的警告。其目标是确立一系列的阶段,以使未成年人可以因初犯而被训诫,因第二次犯罪而被警示,第三次犯罪时才被起诉。

一名之前尚未被训诫或警示过的未成年犯罪嫌疑人,如果能满足一定的条件可以被训诫。这些条件规定于《犯罪和骚乱法》第 65（1）条中,可概述如下:

(1) 警官必须有证据证明未成年人犯有一罪行；
(2) 警官必须认为有被定罪的实际可能；
(3) 未成年人必须向警官承认罪行；
(4) 未成年人必须此前没有因任何其他罪行而被定罪；以及
(5) 警官必须认为犯罪嫌疑人被指控不能代表公众利益。

可以看出，犯罪嫌疑人此前必须没有被训诫或警示过意味着排除了第二次训诫的可能性。另外，之前任何的被宣告有罪，无论如何轻微或与本案无关，都将警示和训诫拒之门外。

如果犯罪嫌疑人要被起诉，警官必须决定是否有充分的证据以及定罪的实际可能。警官还必须决定起诉犯罪嫌疑人对公众利益无益。皇家检控署在决定是否应当进行起诉时也要考虑这些问题（见4.3.1和4.3.2节）。

4.2.3 定罚通知

定罚通知只需简单提及，因为它们仅与某些道路交通犯罪有关，而且就整个刑事司法体系来说也并不具有重要性。停车罚单可能是公众最为熟悉的定罚通知了。然而，《1982年运输法》第三部分将定罚体系从违法停车（当然，绝大多数的执行工作是由交警完成的）延伸到了一些最普通的非停车犯罪，包括一些在驾驶执照上背书作为惩罚的一部分（现见《1988年道路交通罪犯法》第3段）。因此，如今可以因为但不限于下列行为而给出罚单，如超速、闯红灯、在警察要求时未能停车、违反建设及使用条例中关于交通工具状况的部分、违犯行人穿越规则、未系安全带及未戴防撞头盔。关于这些非停车犯罪，只有身着制服的警官才能开出罚单。基本上，警察拦截机动车驾驶员并指出所犯过错。如果他决定给予驾驶员支付固定罚款这一选择，他就签发一张罚单，罚单上注明罪行的简要细节，并指明罚款应当交至的治安法院助理的姓名和地址。如果是可以背书的罪行，驾驶员要么必须当场交出驾驶执照，要么在七日内将其交至由他本人选择的警署。一旦签出罚单，有一个21天的"中止执行期"，在这期间驾驶员要么上交罚款，要么本人给出通知要求听证。如果他交了罚款，事情就此结束，除非如果罪行是可背书的，他的驾驶执照要被送到定罚助理处（该地区的治安法官助理）以背书刑罚点数（有关刑罚点数等，见23.16节）。如果要求听证，警察要被通知然后必须决定他们是否要以正常方式通过传票继续程序。如果驾驶员既不交罚款又不给出要求听证的通知，他就应当支付固定罚款外加罚款数额一倍半的金额的罚款,然后这一罚款如同罚金一样可以被执行。如果定罚的罪行不是移动中的交通罪行,通知单不必交到驾驶员手中而是可以贴在交通工具上。这当然通常是在有关停车罪行中才发生。

对警察和法院来说,定罚体系的优点是驾驶员的后果与正常方式下经历起诉程序的后果基本相同,但因为没有听证程序而节省了法院的时间,仅仅是收纳固定罚款并将驾驶执照送往斯旺西以背书的行政工作。为使驾驶员配合这一程序,固定罚款有意制定得很低。但是,是否签发定罚通知单或采取其他替代方式(或不采取任何行动)是一项警察自由裁量的事项。以在公路上超速为例,只超过限速一点点(比如80英里/小时)的司机基本上肯定都会被给出一张罚单。如果速度更高了点但还不是那么恶劣(比如90英里/小时)的话,警察可能会选择使用传票程序,同时给予司机以邮件答辩有罪的选择(见第9章)。这意味着将有起诉并且罚金由治安法官确定,但驾驶员无须出庭,并且可以通过来信解释他的从轻事由。然而,在恶劣的案件中(比如100英里/小时甚至以上),当法院可以考虑吊销执照时,驾驶员就会被传唤并被要求出庭解释他的举动。关于警察在哪些场合会满足于发布定罚通知单而不是用正常方式起诉,警方实践有相当大的变异。

4.3 决定是否指控时考虑的因素

如第3章中所释,就警察起诉而言,作出是否起诉的决定是一个包含两阶段的过程。首先,警察自己决定是否以指控犯罪嫌疑人或提交控告书中的一种合适的方式启动程序。其次,如果警方的决定是起诉,文件将被送至皇家检控署的分支办公室,在那里将由律师审查案件。如果他认为警方启动程序是错误的,他可以终止程序。

关于皇家检控署律师在持终止观点审查文件时所采取的方法,检察长在《1985年犯罪起诉法》(见3.2.6节)第10条规定下签发的《皇家检察官准则》中包含有对他们的引导。就警方而言,他们被鼓励遵从

第 4 章　决定起诉

守则制定的标准，例如在决定是否对一名罪犯采取警告或起诉时（见《内务部通知》18/1994，《全国警告标准》，第 3 段）。

4.3.1　证据的充分性

开始起诉的第一个主要的前提条件是充分证据的可获得性。《皇家检察官准则》第 5.1 至 5.3 条中规定了皇家检察官应当采取的方法。他们必须确信在对每一个被告人提起的每一个指控都有"定罪的现实可能性"的充分证据。在考虑时，他们必须将可能的抗辩事由都考虑在内。"定罪的现实可能性"的标准是客观的。问题是：陪审团或治安法官庭，在依法进行了适当的引导后，是否更有可能不宣告被告人被宣称的指控有罪？在试图回答这一问题时，皇家检察官要考虑是否有充足的证据，证据能否被使用以及证据是否可靠。因此，皇家检察官应当考虑：

（1）证据被法院排除的可能性，例如，因为在收集证据时的方式不合适，或者因为反对传闻规则。如果一项证据可能被排除，是否有足够的其他证据？

（2）证据的可靠性，例如，辨认证据是否可能因为 Trunbull [1977] QB 224 案中的指导方针而被排除。

在用这一方式进行考虑时，受过法律培训且相对超然的皇家检察官很可能就案件的力量来说，与启动程序的侦查警官采取不同的观点。这一方式被认为是与正义和效率的利益相一致的。如果某人是清白的却受到了惩罚是错误的，而起诉对被指控者来说通常涉及严重的后果。至少它是不便之根，忧虑之源，而且很可能伴有巨大的花费。在一些案件中，被指控者被起诉可能导致名誉受损是个事实，因为总会有"无火不生烟"的怀疑。除这些道德上的考虑外，还有资源的问题。让刑事司法体系中的很多部门处理一个会判无罪的案件是时间和金钱的浪费。事实上，皇家检控署的成立很大程度上是要将较弱的案件剔除出去。（关于对刑事司法体系中这一问题及其他道德问题的观点分析，见 A. Ashworth, The Criminal Process, Oxford University Press, 1998,

尤见第6章。)

4.3.2 公共利益因素

前检察总长肖克劳斯勋爵在1951年的一次下议院辩论中说道:

被嫌疑的刑事犯罪必须自动地成为起诉的对象,历来不是这个国家的规则——我也希望它永远不要是。实际上,检察长据以开展工作的最初的条例就规定,他应当起诉"看起来犯罪或者实施犯罪的情形具有对其起诉是公众利益要求的特点"。

换句话说,充足证据的可获得性不应当自动导致起诉。在将案件提交到法院之前,首先警察,然后皇家检控署必须考虑,作为一项自由裁量的事项,起诉是否真的代表公共利益。如果不能,就应当对犯罪嫌疑人不采取任何行动或警告后将其"宽恕"。《皇家检察官准则》采取的计算公共利益的方法是先列出倾向于起诉的因素,然后列出对提起控诉有负面影响的因素。目的是一旦每一栏中的因素都已被考虑到,就能决定起诉是对公共利益有利还是不利。准则6.4条列举了支持开始起诉的因素:

(1) 定罪可能导致严重的量刑;

(2) 在实施犯罪的过程中,使用了武器或威胁使用暴力;

(3) 犯罪是对一名为公众服务的人实施的(比如,对警察或监狱警官,或护士);

(4) 被告人处于权威或受信任的地位;

(5) 证据表明被告人是犯罪的头目或组织者;

(6) 有证据证明犯罪是有预谋的;

(7) 有证据证明犯罪是由一个团伙实施的;

(8) 犯罪的被害人是易受伤害的,受到了相当的惊吓,或遭受了人身攻击、损害或惊扰;

(9) 犯罪的动机是任何形式对被害人的民族或种族根源、性别、宗教信仰、政治观点或性取向的歧视;

(10) 被告人和被害人的实际或心理年龄有明显的差别,或有任何堕化的因素；

（11）被告人以前的有罪判决或警告与现行犯罪有关；

（12）被告人被宣称在法院令下实施了犯罪；

（13）有根据相信犯罪可能会继续或再犯，比如，有重复行为的历史；或

（14）犯罪行为本身虽然并不严重，但在犯罪实施地却被蔓延普及。

第6.5条中规定了反对起诉的如下因素：

（1）法院可能处以极轻或名义上的刑罚；

（2）被告人已经因这一罪行被定罪和量刑，而不可能加重其刑罚；

（3）犯罪是因为真正的错误或误解而实施的（这些因素必须同犯罪的严重程度均衡考虑）；

（4）损失或损害可以被认为是轻微的，并且是单个事件的结果，尤其是由于错误判断而造成的；

（5）犯罪发生和审判日期之间有很长的延误，除非：

（i）是严重的犯罪；

（ii）延误部分是由被告人造成的；

（iii）犯罪最近刚刚被发现；或

（iv）犯罪的复杂程度意味着长时间的侦查；

（6）起诉可能对被害人的身体或精神健康有很坏的影响，总是记得犯罪的严重性；

（7）被告人年龄较长或者正在，或者在犯罪时患有严重的精神或身体疾病，除非罪行严重具有再犯的真实可能性（皇家检控署在必要时适用内务部关于如何处理精神失常罪犯的指南，而且皇家检察官必须在转化遭受严重身体或心理不健康的被告人的可行度与保护一般公众的需要之间加以平衡）；

（8）被告人已对损失或损害已经作出了赔偿（但被告人不能仅因为可以支付补偿金而逃避起诉）；或

（9）细节被公之于众能造成信息来源、国际关系或国家安全的损害。

准则接着在第 6.6 条清楚地表明，对公众利益的决定并不是简单地将每一项因素数目合计的事项。皇家检察官必须决定每一项因素在正在考虑的案件中的重要性，并作出一个总体评估。在这个过程中，必须非常仔细地考虑被害人的利益，尽管皇家检控署是在总体上代表公共利益而非代表任何特定的个人利益行事（6.7 条和 6.8 条）。

在决定是否对未成年人进行审判时有一些特别的考虑，因为"定罪的污名能对年轻罪犯或年轻的成年人的前途造成非常严重的损害"。尽管年轻罪犯有时可以在法院体系之外被处理，但皇家检察官被告知他们不能仅因为被告人的年龄而拒绝起诉。犯罪的严重程度以及先前行为可能使起诉成为必需（6.9 条）。

显而易见，在成年人的案件中，起诉的最普通的替代方式是正式警告。准则规定皇家检察官在决定警告是否适当时要适用与警察相同的指南（见上 4.2.1 节）。然而，警告要由警察，而不是皇家检控署来实施。因此，当皇家检察官决定警告比起诉更合适时，应当通知警察（6.12 条）。

除决定是否起诉之外，还有以合适的罪名指控的问题。如今已有一系列的《指控标准》由警察和皇家检控署同意接受。它们的目的"是确保最合适的指控在最早的时机被挑选出来"。人们希望这些已经由警察和皇家检控署之间达成一致的标准能使修改指控的需要减少。迄今为止，已出版的标准是关于：

（1）对人的犯罪（附录 1 中有重印）；

（2）驾驶犯罪；

（3）公共秩序犯罪。

一般来说，每一套指控标准在被适用于被讨论的罪行时，都试图反映《皇家检察官准则》的基本原则。

4.4　与起诉决定相关的特殊因素

是否有足够的证据，以及如果有的话，是否有不起诉的自由裁量的理由，是无论何时刑事诉讼程序被提起而应当考虑的问题。然而，在一小部分案件中，潜在的检察官还必须回答以下问题：

4.4.1 英国法院有管辖权吗？

英国法院的管辖权基本上是地域性的。换句话说，他们对在英格兰或威尔士所犯的罪行有管辖权，而无论被指控者的国籍如何。但是，一般来说，他们拒绝管辖在国外实施的犯罪，即使被指控者是大不列颠的子民。然而，还是有一些"外国"案件在英国审判，如果被指控者是不列颠子民；另有极偶然的例子是罪行在这里审判而不管被指控者的国籍。在这里，"国外"应当理解为处于英格兰和威尔士之外，"不列颠子民"不仅包括联合王国的公民，也包括，例如，英联邦国家的公民：《1981年大不列颠国籍法》第51条。

英国法院只审判发生在英格兰和威尔士的犯罪这一一般规则的例外主要有：

（1）谋杀、杀人、重婚或伪证罪无论在何处发生均可在英国审判，只要被指控者是不列颠子民：《1861年对人犯罪法》第9条和第57条，《1911年伪证法》第8条。这同样适用在《官方秘密法》调整下的犯罪（见1911年法案第10条）。

根据《1991年战争犯罪法》第1条，谋杀程序可以在联合王国法院向任何在1990年3月8日或以后是英国公民或在联合王国有住所的人提起，如果罪行是于第二次世界大战期间在德国或德国占领的地方实施并且罪行违反了战争法律或习惯。

（2）任何由不列颠子民在国外实施的犯罪都可以在这里审判，如果在犯罪时他是王室的服务人员，而且是（或声称是）在其受雇用期间行事：《1948年刑事司法法》第31条。

（3）任何在国外实施的犯罪均可在这里审判，如果在犯罪之时或此前的三个月内，被指控者是英国商船的一名船员：《1995年商业船运法》第282条。关于第282条是仅适用于英国船员还是也适用于加入英国船只的外国人并不清楚。

(4) 根据《1978 年镇压恐怖主义法》第 4 条，英国法院可以审判不列颠子民和外国人在任何《1977 年欧洲镇压恐怖主义公约》成员国国家实施的恐怖主义犯罪。然而，除非法院除第 4 条外还有管辖权，起诉只有在检察总长同意后才能提起，并且在绝大多数情况下，将被指控者引渡至犯罪发生地国比在这里开始诉讼程序更可取。

(5) 发生在位于公海的英国船只上的犯罪，无论被指控者是否为不列颠子民，均可在这里审判：《1995 年商业船运法》第 281 条。这同样适用于发生在英国领海内的任何船只（英国或外国的）上的犯罪：《1878 年领水管辖法》第 2 条。实际上，位于公海和英国领海的英国船只被视为英格兰和威尔士的领土延伸。另外，不列颠子民在他并不隶属的外国船只上所犯的罪行也可在英国审判：《1995 年商业船运法》第 281 条。因此，在丹麦船只上犯有刑事损害罪的英国乘客可以合法地在英国被审判，因为他们不能说是"属于"丹麦船只的：Kelly［1982］AC 665。

(6) 在正在飞行中的英国控制的航空器上实施的犯罪可以在此审判，即使在相应时间飞机处于联合王国领空之外：《1982 年民用航空法》第 92 条。

(7) 海盗和劫持航空器犯罪可在此审判，无论它们在何处发生，也不论船只、航空器及所涉被指控者的国籍。海盗是违反国际公法的古老范例，劫持由《1982 年航空安全法》第 1 条规定。

(8)《1996 年性犯罪（同谋和煽动）法》赋予英国法院对特定的同谋或煽动对未成年人（16 岁以下）进行性犯罪的国外犯罪享有管辖权，当这些行为在相关的外国也构成犯罪时。关于所列的犯罪的具体情况，以及负有管辖权之前必须满足的条件，见 Blackstone's Criminal Practice，D1.81。

(9)《1997 年性罪犯法》赋予英国法院管辖发生在国外的对未成年人（16 岁以下）实施的特定的性犯罪，条件是该行为在行为地国构成犯罪并且在英国同样构成犯罪。这一制定法，连同《1996 年性犯罪（同谋及煽动）法》的目标是瞄准"性旅游主义"并试图惩罚以性为目的对儿童的剥削，而不论其发生在何地。此处牵涉到的犯罪的细节及程序性条件在 Blackstone's Criminal PracticeD1.81 和 D1.82 中有论述。

(10)《1998 年刑事司法（恐怖主义及同谋）法》赋予英国法院有权审判在国外实施犯罪的同谋，但要满足一定的条件。同谋必须是实施了一项行为，该行为不仅在英国是犯罪，而且在相关外国也是。另外，还要满足一些适格性条件。这些条款并不仅适用于恐怖主义，同时也适用于所有刑事犯罪。细节可见 Blackstone's Criminal Practice，D1.74。

一些欺诈和不诚实的犯罪现在由《1993 年刑事司法法》第 1 条至第 4 条和第 6 条中的规则调整。这些犯罪中最重要的有偷窃、以欺诈方式获取财产、错误记账、勒索、处理被盗物品以及伪造。如果任何作为或不作为发生在英格兰或威尔士，这一犯罪就可以在英国的法院审判，对作为或不作为的证明是宣告所涉罪行有罪所必需的。（《1993 年刑事司法法》第 2（1）条）（见 Blackstone's Criminal Practice，D1.76 至 D1.79）。

4.4.2 罪犯有豁免权吗？

检察官要考虑的第二个特殊问题是被指控者是否享有豁免权。女皇免受刑事管辖，这同样适用于外国主权者或国家元首，以及他们的家庭成员和私人雇员：《1978 年国家豁免法》第 20 条。外交机构、外交使团的管理和技术人员及这些机构或人员的家属也有相似的豁免权：《1964 年外交特权法》第 2（1）条。外交使团的服务人员对在行使职责的过程中的行为享有豁免权，一些领事也享受有限豁免权：《1968 年领事关系法》。豁免权总是可以由派出外交官的国家等放弃，但是除非有明示的弃权，对享有豁免权的人的定罪将会被撤销。当主张豁免权者系为联合王国公民或联合王国的永久居民，上述规则要受到一定的限制。

十岁以下的儿童也享有起诉的豁免权，虽然在上下文中不太经常使用这一措辞。这一说法是根据这一年龄以下的儿童不应对任何犯罪负有罪责任的结论性假设而提出的：《1933 年儿童和年轻人法》第 50 条，经修订。

4.4.3 起诉能及时开始吗?

犯罪已超过时效这一事实,如 4.3.2 节中所释,是决定不起诉的一个自由裁量的因素。另外,作为一项法律事项,一些制定法条款在一定的时间限内必须开始程序。表 4.1 中列举了一些例子。

表 4.1

法律	罪行	时限
《1980 年治安法院法》第 127 条	所有简单罪行	罪行发生之日起 6 个月
《1956 年性犯罪法》附件 2 第 10 条	非法与 16 岁以下女童性交,违反 1956 年法第 6 条	犯罪发生之日起 12 个月
《性犯罪法》第 7 条	男人间的公然猥亵和不涉及殴打的鸡奸且"被害人"不低于 16 岁	犯罪发生之日起 12 个月
《1968 年贸易描述法》第 19(1)条	1968 年法下所有可控诉罪行	犯罪发生起 3 年或发现之日起 1 年,以较早者为准
《1979 海关及国内税管理法》第 146A 条	《海关及国内税法》下所有可控诉罪行	犯罪发生之日起 20 年

以上条款中,具有普遍性重要意义的只有《1980 年治安法院法》第 127 条,该条款确立了对轻微犯罪的控告书必须在犯罪发生起 6 个月内提交这一空白规则。此规则的明显目的是为了确保轻微事项能在所发生事情的记忆尚未在证人的头脑中模糊时快速地被审判。一般来说,对可控诉罪行的起诉可以在任何时间开始,尽管表中提到了这一规则的例外。可控诉罪行的时间限制(或者说缺乏时间限制)并不受犯罪可以用任意方式审判且被指控者已选择简易审判这一事实的影响。

最后,与时限相联系,应当注意法院确实拥有非常有限的自由裁量权以停止程序,如果他们认为虽然没有违反制定法限制的时限规定,但延迟将案件提交给法院将构成对正当程序的滥用。细节见 9.4 节、12.1.4 节和 18.1.4 节。

4.4.4　需要征得同意吗？

一些案件中检察总长的同意和另外一些案件中检察长的同意是对某些犯罪进行控诉的前提条件。虽然没有明确界定的实践，但当对犯罪的起诉可能引起对公共政策、国家安全和与其他国家关系的考虑时，议会倾向于要求检察总长的同意（或批准）。在严格适用法律条文可能对个人产生压迫或对公众观点有所冒犯的领域，需要检察长的同意。至于检察长的同意，可以由皇家检察官代表他给出（见《1985年犯罪起诉法》第1（7）条和本书第3.2.2节）。因此，现在实际上需要的是皇家检控署的而不是检察长个人的同意。皇家检控署接管诉讼中的行为可以终止程序，如果他们希望这样。在这个意义上，所有的警察起诉都要求皇家检控署追溯性的同意，所以可以说事先的同意应仅限于私人控诉。然而，在通过创设皇家检控署的立法时，议会选择了不去干涉现存的调整关于同意的制定法条款，假设认为在某些敏感的领域，除非已经由有权机关同意，甚至不被允许开始程序。对一项欲提起的控诉需要在哪个级别征得同意是皇家检控署内部的管理问题。关于一些需要同意的罪行，文件总是要递交至皇家检控署总部，在那里它们被检察长本人或非常资深的皇家检控署律师审查。另外的案件中，同意这一问题可以在地方这一级别被处理。需要检察总长同意的案件文件会被自动送交皇家检控署总部再转交给检察总长。

必须经检察总长同意的起诉有：

（1）《1889年公共机关腐败实践法》和《1906年防止腐败法》（1889年法的第4条和1906年法第2条）调整下的受贿罪；

（2）《1911年官员秘密法》（该法第8条）规定下的犯罪；

（3）挑起种族仇恨的犯罪、拥有种族煽动性材料等，违反《1986年公共秩序法》第3部分（该法第27条）；

（4）隶属法律禁止的组织的犯罪和《1989年防止恐怖主义（临时条款）法》下（该法第19条）的其他犯罪；和

（5）《1883年爆炸性物质法》规定的犯罪（该法第7条）。

必须经检察长同意的起诉有:

(1) 偷窃或刑事损害罪,所涉的财产属于被指控者的配偶时(《1968年盗窃法》第30(4)条);

(2) 协助罪犯和浪费警察时间的犯罪,违反《1967年刑法法》的第4(4)及5(3)条;

(3) 同性恋犯罪,当一方或双方为不满21岁时(《1967年性犯罪法》第8条);

(4) 乱伦犯罪(《1956年性犯罪法》附件2);

(5) 帮助及教唆自杀罪(《1961年自杀法》第2条);及

(6) 违反《1986年公共秩序法》第1条的暴乱(该法第7条)。

  起诉征得检察总长或检察长的同意的必要性不能阻止在获得同意之前犯罪嫌疑人被逮捕、在警署被指控并随后以(羁押或保释)在法院被还押(《1985年犯罪起诉法》第25条)。然而,程序中任何实质性阶段(比如审判模式的决定或移交)都不能开始,直到即将获得同意,并且检察官应当无论如何尽最大努力尽快从检察总长处,或按照案件情况自检察长处获得这项决定。在 Whale [1991] Crim LR 692 案中,法院认为,按照《1883年爆炸性物质法》的规定,检察总长的同意可以直到在被告人以移交为目的而出庭时被有效获得。然而,应当注意,治安法官不会对一项需要同意才能起诉的罪行签发传票,除非他认为已获得同意(见 Gateshead Justices ex p Tesco Stores Ltd [1981] QB 470)。由此得出结论,非警察检察官(当然,其无权选择使用指控的方式进行诉讼,而只能被迫使用传票)在对他们的犯罪嫌疑人采取任何步骤之前必须申请同意。

第 2 部分
治安法院

第 5 章　治安法官及其法院

　　和平法官，或曰治安法官，是一个古老的官职，在1264年首次被提及。早在1361年，《治安法官法》就规定在每一个郡任命"一名贵族和三到四名在这个郡里最受尊敬并有一定法律知识的人"，其职责将是"追捕、逮捕……并严惩"罪犯和暴乱者，并从那些"名声不好"的人那里收取保证金以保证他们对"国王和他的子民"有良好举止。治安法官保留了他们协助保持和平的原始职能，而且为推进这一目标，还能勒令某人守法或维持良好举止，即使该人并没有被证实犯有任何罪行。

　　几个世纪以来，治安法官的工作范围扩大了。到18世纪，他们已经有了广泛的司法和行政权力。行政上，他们负责的事项包括但不限于给啤酒屋颁发执照、任命贫民监督员和高速公路检查员、在所在郡内征收地方税和从事重要的郡内商业交易。司法上，他们不仅简易地审判轻微案件，而且在季度开庭期由2至9名治安法官主持陪审团审判。只有最严重的可控诉罪行才被排除出季度开庭期的管辖之外而专由巡回审判庭审判。然而，在19世纪末20世纪早期，治安法官的权力被削减。他们的行政职能被转移给了民选的地方政府，虽然旧体系的痕迹还可以从，比如控制着售酒执照的颁发的执照法官的工作中看到。他们的司法职能并没有被明示地削减，但是在季度开庭期合议庭必须有一名法律上合乎资格的主席（通常是今天要被任命为巡回法官或记录员的那类人）。这一规则的引入意味着非专业法官的影响力比从前大大减小。治安法官在季度开庭期时的身份在如今需要有两名治安法官出现在皇室法院的上诉庭上得到反应：《1981年最高法院法》第74条，并见第13.3节。

虽然治安法官的权力不比从前，但他们依然在刑事法律的执行中扮演着重要角色。简言之，他们的工作如下：

（1）他们可以签发令状逮捕被控有一项犯罪的某人，或签发传票要求他在治安法院出庭应答所宣称的罪行（见第2章）。实践中，这并不构成他们工作的主要部分，因为对犯有严重罪行的人的诉讼通常由警官无令状逮捕而开始；同时签发传票，作为在较不严重的案件中开始程序的适当方式，可以而且通常是由治安法官助理而不是治安法官本人完成。

（2）他们作为审查法官听审移交程序（见第12章）。

（3）他们在成人治安法院简易审判案件（见第9章）。

（4）他们在少年法院审判针对18岁以下的人提起的案件。只有已被同事指定担任少年法院合议庭成员的治安法官才有资格在少年法院审判案件（见第10章）。

（5）他们在皇室法院的工作中扮演次要的角色（见13.3节）。

此外，治安法官有大范围的民事管辖权。例如，他们向婚姻当事人颁发赡养令，并鉴于家庭的儿童颁发监护令；他们在附带程序中认定儿童的父亲血缘；他们基于对儿童的忽视或不良待遇的理由上将儿童纳入保护之中；执照法官，如前所提及，颁发卖烈性酒的执照；赌博执照委员会行使类似的职能，授权准许登记赌注者登记赌注并颁发房屋用以赌博的执照——简言之，在英格兰和威尔士，司法的执行在比很多人意识到的更大的范围内依靠治安法官的工作。

第 5 章　治安法官及其法院

5.1　非职业治安法官

在英格兰和威尔士活跃着大约 30 000 名非职业治安法官。之所以如此称谓非职业治安法官，是因为他们的工作是没有报酬的，虽然他们可以申请旅行补贴、生活费用及收入损失：《1997 年治安法官法》第 10 条。大多数非职业治安法官，由于没有法律资格，在这个意义上，也是"非专业的"，但是对律师，或确实是高级司法职位拥有者成为治安法官并没有限制。学术性律师可能会认为非专业治安法官这一工作是服务社会的合适方式。

5.1.1　非专业治安法官的任命

非专业治安法官由上议院议长"代表女王并以女王的名义"任命：《1997 年治安法官法》第 5 条。每年都提出任命以替代去世的或被列入补充名单的治安法官（见 5.1.3 节），或以应付工作量的增长。据说任命的合适候选人数目大大超过了需要填充的空缺。在决定任命何人时，上议院议长主要关心的是被任命者的品行和能力适合治安法官的工作，而且他的同事也会认为同样适合。对任命合格性的主要制定法限制是居住限制（见 5.3 节），但是特定范畴的人在实践中是不会被考虑的（如 60 岁或以上者、军队成员或警察，及那些因重罪被定罪的人）。虽然在决定一个人是否适合担任治安法官时政治派别因素会被忽略，但很多治安法官现在或曾经涉入地方政治。某一特定地区的治安法官不能严重倾向支持某一党派。为尽力维护政治平衡的同时，上议院议长还努力维持性别间的平衡（实际上，大约每三个男性治安法官就有两个女性治安法官），并尽量将三十多岁或四十岁刚出头的年轻人引入治安法官队伍。对这种任命治安法官的方法的批评通常是基于治安法官不能代表当地社区中足够宽的阶层跨度这一主张。据说他们经常是从，由于缺乏一个更好的词汇，被描述为上层的社会阶层中选出来的。另外，经常作出的负面评价是治安法官不能代表少数民族。治安法官中占较高比例是从全职工作中退休的人员，此外属于这一范畴的人比那些正在工作的人能更频繁地出庭。治安法官根据性别加以平衡，与职业法官中压倒多数的男性职位成对比，但还存在着少数民族成员在多大程度上被充分代表的担心。据显示，2000年有大约2%的治安法官是黑人，大约2%的是亚裔——这一数据开始接近普遍人群中的比例（见《奥德报告》第119页）。

5.1.2　非专业治安法官的培训和法院出庭

在任命之前，治安法官要着手并在任命的一年之内完成一门指导他们将要履行的职责基本培训课程。在负责的地区内实施培训计划是治安法院委员会（见5.3节）的责任。培训的目的是向新任治安法官强调必须依司法行事，并教授给他法律和证据的基础知识以使他能灵活地应对他通常遇到的案件类型；告知他以后将作出的刑罚的性质，以及帮助他了解其他在法院工作的人（如助理、法院工作人员和法律代表）的角色。培训除正式的讲座以外，还包括参观法院和刑罚机构，以及集体讨论治安法官经常遇到的问题。

治安法官一年应当至少开庭26次。毫无疑问，他们实际开庭的频率有很大的变动，但平均的开庭次数是每年约四十次。这一点的重要性在于通过他们的初步培训和经常的开庭，经过多年历练，使治安法官对他们的法院工作熟知。虽然用"非专业"这一形容词来描述他们，但他们对法律的运作方式远非无知。这在哈维奇的布里奇勋爵就 Re McC (A Minor) [1985] AC 528 案的判决向上议院报告时给予治安法官的赞扬中得到认可。他当时在法官判决的附带意见中讨论有记录的法院的法官对他在行使管辖权时可能造成的错误不负民事责任，即使他依恶意行事；而在之前的几个世纪，在职权内行事的治安法官要对他恶意且没有合理或可能原因的行为负责。勋爵大人怀疑这是否仍然适用，因为这一规则：

> 根源于社会对法官的观点，像在莎士比亚的戏剧里反映的那

样，认为他们是可忽视的小丑。这种观点坚持了多久，又有多少正当的理由，我不是一个好的法律和社会历史学家，因此不足以评判。但是显然在今天的世界上它不再适用，无论是对带薪的还是对业余的治安法官。前者是有资格的职业法官，后者是因其智慧和正直从社会各阶层遴选出来的，在出庭前被要求接受一些培训而且有法律上合格的助理为其提供建议。他们为社会提供了慷慨的自愿服务，并完成法院的大部分刑事事务。没有他们，这个国家的刑事司法体系将陷入停顿。

毫无疑问，很多律师，更不用说被告人，会认为布里奇勋爵的恭维太过夸张。但是——如勋爵大人所说——现代的治安法官已非莎士比亚时代的小丑，这仍是真实的。

5.1.3 治安法官的免职和"退休"

非专业治安法官可以由上议院议长将其从职位上免职：《1997年治安法官法》第5条。这只有在极端的情况下才适当，例如当治安法官被宣告犯有严重罪行。如果治安法官年老体弱，或他有其他更好的理由应当停止行使司法职能，或者如果他没能在应该出庭的时候出庭，上议院议长可以命令将他的名字放入补充名单中：《1997年治安法官法》第7条。在补充名单上的治安法官保有其治安法官的身份，但是他能行使的仅有权力都是与阅读文件有关的琐碎权力——他不能开庭或甚至签发传票或令状。70岁时（处于或曾处于高级司法职位上的人是75岁）治安法官会被自动列入补充名单。因此，实际上治安法官在70岁时退休。

5.2 地区法官（治安法院）

地区法官（治安法院）是司法系统中职业的带薪成员，直到最近才被称为带薪治安法官。他们由女王在上议院议长的推荐下从执业至少已达7年的出庭律师和事务律师中任命：《1997年治安法官法》。他们大约有105人，并由约150名代理地区法官辅助，后者先是半职再到被全职任命。虽然地区法官被安排至一个特定的中心或治安法院委员会地区，但他们还是会根据工作需要而被要求在任何地方开庭。大约一半的全职被任命者在伦敦开庭，一半在各省。地区法官可能因为无能或品行不端而被上议院议长免去职位，否则他就可以继续履行职责直至退休年龄，也就是70岁（根据上议院议长的权力可以延长有限的期间）。

地区法官可以独任审判案件，而要进行简易审判必须至少有两名治安法官同时开庭（少年法院的情形见第10章）。这一事实，加上地区法官的法律知识和经验，使得他比非专业法官的速度明显快很多，后者需要互相商讨并听取他们的助理的建议。地区法官比非专业治安法官更具有干涉主义者的特色，并且有证据显示典型的地区法官判刑更重，比非专业治安法官更可能判处羁押还押（《奥德报告》第95页）。对于专业地区法官和非专业治安法官各自的角色有一些争议。非专业治安法官的支持者相信他们给法院带来的丰富的生活经验，以及由数人达成的决定有更大的几率被仔细考虑过，而且因为法院成员之间的相互作用，所以决定会更公平。那些支持地区法官应发挥更大作用的人则关注他们在处理每日工作时更快的速度和更高的效率，以及他们处理更长和更复杂案件的能力。

除地区法官独任审判这一权力外，目前他们的权力和非专业治安法官的权力没有严格的区别。然而地区法官倾向于被分配给涉及复杂的法律或证据点案件，更长和/或相互联系的案件以及那些涉及公共安全考虑、公共利益豁免适用和引渡案件。

5.3 法院的组织

根据《1361年治安法官法》（见本章开始），对治安法官的任命是基于每一个郡任命一名贵族加上三到四名受尊敬人士。今天治安法官被任命在一个委员会地区行事而不是郡内，但这只是命名上的变化，因为

第 5 章 治安法官及其法院

伦敦以外，无论是都市区还是非都市区，每个郡都有一个委员会地区。在伦敦有六个委员会地区，即伦敦市、内伦敦区、东北、东南和西南伦敦区及米德尔塞克斯区：《1997 年治安法官法》第 1、2 条。今后，委员会地区将会被称为郡。除非上议院议长有相反指示，治安法官必须居住在他工作的郡内或 15 英里之内：《1997 年治安法官法》第 6 条。一般来说，治安法官只对被宣称发生在他们工作的郡内的简易罪行有审判管辖权（见第 9 章）。

郡又被分为更小的简易审判分区，每一分区内有一个治安法院。虽然治安法官可以在他的郡内的任何法院开庭，但他是被分配到他生活或工作的那个分区的法院工作，通常也只在这一分区的法院开庭。当在治安法官自己的简易审判分区对该治安法官开始诉讼时，可以很方便地让来自另一个地区的治安法官来审判案件，以避免被指控的治安法官被与他在法院的同事审判的尴尬。上议院议长决定地区法官应在哪个法院开庭。

每年，简易审判分区一个小开庭区的治安法官必须以秘密投票的方式选出一名主席和一名或一名以上副主席：《1997 年治安法官法》第 22 条。如果这样选出的主席或副主席在治安法院开庭时在场，则他有权主持诉讼程序。他的权力并不比和他一起开庭的同事更大，但他代表法官们讲话，比如他宣布法院的决定。如果没有选出的主席在场，则依照任何已确立的规则或法官习惯，由服务时间最长的治安法官担任主席。选举出来的主席在和地区法官一起开庭时，或在少年法院开庭时无权主持开庭。选举主席的程序《1990 年法官（法官规模和主席）规则》（SI 1990 No 1554）的规定。

1997 年法案第 27 和 29 条规定在每一个郡内、伦敦市区和伦敦以外的城区，包括伦敦内城区、伦敦市各设立一个治安法院委员会。每一个委员会由来自各涉及地区的治安法官组成，且必须任命一个法官首席执行人，由他管理地区内的治安法院。法官首席执行人行使行政职能，也不必要有被任命为法官助理的资格（《1999 年接近司法法》第 87、88 条）。

5.4 治安法官助理

每一个简易审判分区可能任命一名或一名以上的治安法官助理：《1997年治安法官法》第42条。任命由相关的治安法院委员会从至少从业5年的或至少作为治安法官助理的助手工作了5年的出庭律师和事务律师中指任（第26条）。治安法官助理的职责是如此繁忙，以至于在一个较忙的法院他不可能单独完成工作。因此，治安法院委员会在咨询助理后可以雇用人员协助他。治安法官助理的助手可以不是，但通常是有法律资格的。

治安法官助理及其助手所做的工作性质在以后的章节中有所描述。简单地说，他们在法院行政管理的幕后起到主要作用（例如，签发传票和处理法律援助申请），并且在法院上对治安法官提出法律建议。对法官或法官们来说，治安法官助理的首要职责是作为一名法律建议者，而在完成这一职责时他并不对法官首席执行人负责：《1997年治安法官法》第48条。然而，他还可能代表法官首席执行人行使一定的行政职能，这时后者是他的"直线经理"。

第 6 章　保释和还押

本章的主题是保释,它可以被定义为一个人有义务在指定的时间和地点自动归押的释放。被保释人自动归押的时间可以在批准保释的时候确定,或者在被送交皇室法院审判或量刑时,随后通知他。他归案的地点是法院或者是警察局,通常是前者。刑事诉讼程序中保释的批准由《1976 年保释法》调整。

6.1　还押与休庭

法院(尤其是治安法院)还押被指控者的权力与其批准保释的权力密切相连。当法院休庭延期审判案件,将被告人在休庭期间保释,或将他羁押并在重新开庭时将他带至法院,这是就发生了还押。如上述所暗指,还押保释,或是羁押,与简单的休庭形成对比,后者并会引致类似的限制。治安法院在移交程序或简易审判期间或之前的任何阶段休庭,都有休庭的一般自由裁量权(见《1980 年治安法院法》第 5、10 条)。它还有权在简易审判宣告有罪后为准备报告而休庭。

事实上，一个具有重要性或复杂性的案件在被指控者第一次出庭时就完全被解决的情况是极其罕见的。要么是控诉方需要时间准备移交的陈述，或送达事先控告书，或确保他们的证人能够在简易审判时在场；要么是被指控者想要休庭以申请法律援助，会见律师并将案件理出个大概头绪来。唯一一类可能只需要一次出庭的案件是被指控者对相对较轻微的罪行答辩有罪而且法院认为在通过量刑前不需要报告。

假设治安法官确实必须休庭，他们总是有权还押被指控者。然而，如果是轻微的犯罪，并且在审判前休庭，他们有权自由裁量休庭而不还押。类似的，如果罪行是可以任选方式审判的，被指控者之前没有被还押并且出庭应答传票（与已经被指控并在警署被保释相反）治安法官也享有休庭不还押的自由裁量权。在所有其他情形下（例如，只能以起诉书审判的案件、控方以指控方式提起可以任选方式审判的案件，以及所有定罪后为报告而进行的休庭），治安法官必须还押——就是说，批准被指控者保释或送回羁押。仅仅休庭和休庭并准许保释之间的区别在于，在前一种情况下被指控者在休庭期满时不出庭不会带来消极的后果，除非当他不在场时犯罪极有可能被证实；而在后一种情况下他有义务出庭，而如不出庭则构成犯罪。正常情况下，治安法官只在琐碎的案件中休庭而不还押，尤其是在道路交通案件中。下一节将专门讨论治安法官可以还押被指控者的期间，本章的其余部分将讨论保释。

6.1.1 还押的期间

根据随后的情况，治安法官在移交程序或简易审判前将被指控者还押予以羁押时，还押的期间不能超过八天：《治安法院法》第 128（6）条。通常休庭并还押一个星期，而不是用完所准许的全部期间是更简单的做法。在移交程序或简易审判开始前要经过几个星期甚至数月。这时还押予以羁押的限制就很不方便。同样地，根据随后的情况，被指控者也必须每个星期被带到法院，即使是实际上事先就能得出结论他出庭的结果就是他将被再还押羁押一个星期。自从地区法院在 Nottingham Justices ex p Davies〔1981〕QB 38 案中作出决定以后，辩方基本上只

第 6 章 保释和还押

被允许一次、至多两次,充分争论保释的申请,这一事实更强调了被指控者出现在被告人席上仅仅是被告知他的案件被进一步休庭直至某某日期的无意义性。一旦他们用尽了这些申请,那就只有在出现了新的考虑因素而且它们还没有被置于原来拒绝了保释的法官面前时才能重新提出保释的问题。很明显,如果辩方被阻止争取保释,那么还押听审就变成了猜字哑谜。Ex p Davies 案中的决定已经在 1988 年对《1976 年保释法》附件 1 第 2A 插入的部分以制定法的形式被确认(见 6.5.1 节)。

在对连续的还押羁押以及被指控者在每次还押时都必须在场的必要性的不足之处有了认识之后,《1982 年刑事司法法》对《治安法院法》第 128 条加入了几条新条款,其基本效果是允许被指控者在不出庭的情况下同意被还押羁押最多达 28 天。这一体系是当治安法官在第一次或随后提出在移交或简易审判前休庭并将被指控者还押羁押时,如果被指控者在法院上有合法的代表,他们必须通知他有可能在他不在场时决定对他继续还押。如果,而且只有如果他同意,他们才能接着无须将他带到法院而对他进行三次还押。在第四次时,无论他愿意与否都要出庭。如果被指控者没有代表或是未成年人,则不存在在他缺席时予以还押羁押的可能性。还有关于他起初同意缺席还押后来又不同意和在还押期间停止合法代表的详细条款。然而,主要有两点需要注意的是(在现在讨论的条款下)被指控者可以坚持出席每次还押听审,不管法院和律师如何暗示他这只是浪费时间,以及——即使同意了不出席——案件也必须每周被列出并提及,只是这样让治安法官可以再次正式地还押羁押。

虽然大部分必须要被还押羁押相当长时间的被告人实际上或早或迟都同意缺席还押,政府显然还是开始认为,在当前监狱服务所受的压力之下,不应当在没有任何有用的目的可实现时,将还押者带到法院给这一服务增加负担。据此,《1988 年刑事司法法》给《治安法院法》安插了一个新条款(第 128A 条),准许治安法院将被指控者还押羁押至多达 28 天,不管他是否同意。从 1991 年以来,所有的简易审判区都可以适用这一条,它使得治安法院一旦确定下程序的下一阶段开始日期,就能将被羁押的被指控者还押至那一日,或还押 28 天,以期间较短者为准。重要的是，这在第一次还押羁押的场合并不适用，而只有在第二次或任何随后的还押中法院才能再次决定拒绝保释。这样，第128A条与有关受争论的保释申请的制定法条款相吻合，因为辩方有权在被指控者就第一次与指控有关的出庭时以及（如果那时保释被拒绝的话），在下一次听审时提出受争论的保释申请。所以，只有当受争论的申请已被用尽时法院才可以还押羁押至28天。如果治安法官考虑在128A条规定下延长还押的期限，他们应当考虑到如果他们这样还押被指控者的话，他要被羁押的总期限（见《1976年保释法》，附加于附件1第1节9B条）。

当治安法官为准备对被指控者的报告而在定罪后还押被指控者时，如果是羁押的话，还押的期间不能超过三个星期，保释的话，则不能超过四个星期：《治安法院法》第10（3）条及30（1）条。在简易审判或移交程序之前的保释还押可以是任何方便的期间。如果被指控者已经因其他犯罪而服监禁刑，在新的128A条之外，还有羁押还押28天的权力（见《治安法院法》第131（1）条）。

6.2　一个人可能被准许保释的情形

法院或治安法官或警察要在所准予保释或拒绝保释的决定时面对如下情况：

（1）在警署的逮捕和指控程序期间，保释的问题可以因警察指控被逮捕人或因为他们决定被逮捕人应当不被指控而从警署中被释放时出现。作为最终的手段，关于被逮捕人是否应被保释的决定有赖于羁押官作出，虽然他毫无疑问地受到侦查警官的观点的巨大影响。细节见2.3.8节及《1984年警察与刑事证据法》第37、38条。

（2）治安法官签发令状逮捕姓名出现在呈交给他并经宣誓证实的书面控告书中的人时应当考虑是否要背书保释令状：《治安法院法》第117条——见2.4.6节。相似的，治安法院或皇室法院在签发令状时可

第6章 保释和还押

以在令状背面背书保释：第117条及《1981年最高法院法》第81(4)条。

(3) 治安法院有准予保释的管辖权，当：

(i) 在移交程序或简易审判之前将被指控者在休庭的整个期间还押：《治安法院法》第5条、第10(4)条和第18(4)条见前一节；或

(ii) 在定罪后为报告之目的根据《治安法院法》第10(3)条或30条将罪犯在休庭的期间还押——见9.8节；或

(iii) 它将被指控者移送至皇室法院以起诉书方式审判或量刑（《治安法院法》第6(3)条和38条，两条款分别规定了移送审判和量刑可以被羁押或保释）；或

(iv) 被羁押的被指控者就它（治安法院）的其中一项决定向皇室法院或地区法院上诉时：《治安法院法》第113条——见25.1.2及25.2.2节。

在移交程序或简易审判之前还押羁押的最长期限已在6.1.1节中加以讨论。在简易审判定罪之后为准备报告的还押可以根据罪犯是否处于羁押中而最长至三或四个星期（见《治安法院法》第10(3)条和30条）。在羁押时移交审判或量刑可以还押任意的期间，直至案件能在皇室法院被听审。因为这一期间肯定是几个星期甚至可能延长到几个月，所以批准或拒绝移交程序中的保释的决定尤为重要。

(4) 皇室法院有准许保释的管辖权，当：

(i) 治安法院已经将被指控者还押羁押并已发布证书说明它在作出拒绝保释的决定前已充分听取了辩论（细节见6.5.3节）；或

(ii) 在羁押中的一个人已经被移交给它审判或量刑，或正就治安法官的有罪判决或量刑向它提起上诉；或

(iii) 一个人正通过从它这里就所指的案件向地区法院上诉或正就它的决定寻求司法审查；或

(iv) 适当的皇室法院法官已证实对案件的有罪判决或量刑可以向上诉法院上诉（也见24.2.1节）。

上述准许保释的权力由经修订的《1981年最高法院法》第81(1)

条加以规定。皇室法院在起诉书审判的过程中及定罪后为准备报告的休庭期间内享有准予保释的内在管辖权。如果被指控者在审判开始前被保释并在指定的时间归还羁押，对任何隔夜的休庭予以保释的更新是普遍的做法。然而，在他可能潜逃（例如因为案件向不利于他的方向发展），或干扰证人或陪审员的真实危险时，可以被撤回保释。定罪后的可能结果是监禁刑罚并且似乎控方力量较强时，通常在法官开始总结时保释就被撤回。《实践指示（犯罪：审判期间的保释）》[1974] 1 WLR 770 规定了在审判过程中支配保释的原则。

（5）高等法院对保释具有管辖权，当：

(i) 治安法院拒绝保释时：《1967 年刑事司法法》第 22 条；或

(ii) 一个人正向它申请调卷令以取消治安法院的决定：《1948 年刑事司法法》第 37 条；或

(iii) 一个人正通过将案件由皇室法院向它提起上诉，或者正在向它申请调卷令以取消皇室法院的决定：1948 年法案第 37 条。

另外还有对由治安法院科处的保释条件进行变更的管辖权。高等法院准许或变更保释条件的管辖权由内庭法官行使。

（6）上诉法院的刑事庭对就皇室法院的有罪判决或量刑向它提起上诉的人，以及在向它上诉不成功后又向上议院上诉的人享有准予保释的管辖权：《1968 年刑事上诉法》第 19 和 36 条——见 24.6.7 节及 24.9 节。上诉法院批准保释的权力是可以由单个法官行使的权力之一。

6.3 作出批准或拒绝保释的决定所依据的原则

《1976 年保释法》第 4 条给予了被指控者一项有用的，可能有些不太准切地被描述为保释的权利。这一条款并不适用于刑事诉讼程序的所有阶段，而且，即使适用，如果被指控者的案件情形属于法案附件 1 中定义的数种情形之一的话，被指控者也可能被拒绝保释。当被指控者因可判监禁刑的罪行而被指控时，附件 1 提到的可以据以拒绝保释的情形正是在法案通过之前，法官和治安法官在实践中倾向于还押或以羁押移交的情形。不过，保释的权利对被指控者来说是有价值的，因为它强调控方应当对为什么被拒绝保释提出好的理由，而不是要求辩方将保释作为被指控者表面上没有权利的恩惠来恳求。

有一个群体的被告人只有在准予保释具有正当性的"完全例外的情形"下才能被批准保释。这是一个由《1994年刑事司法及公共秩序法》第25条涵盖的范畴。这一条款包括了任何被以谋杀、蓄意谋杀、杀人、强奸、蓄意强奸而被指控的人，如果他此前已经在联合王国内因上述罪行中的一种或因过失杀人而被定罪的话。然而，当以前的定罪是杀人或过失杀人的话，这一条款只有在对前述犯罪科处的刑罚是监禁或长期羁押时才适用。被指控者现在被指控的罪行不一定要与以前被定罪的罪行是同一罪行。对这一类被指控者保释的限制同样适用于对定罪而提起的上诉。

因此可以得出结论，根据1994年法案第25条被禁止保释的被告人也被排除了《1976年保释法》第4条授予的保释的推定权利。

6.3.1 享有"保释权利"的情形

第4条规定它所适用的人"应被准许保释，除非第1条另有规定"。只要被控有某罪行的人在对犯罪提起的程序或与之有联系的程序中出庭或被带到治安法院或皇室法院，这一条款就被适用。因此，在被指控者第一次出现在治安法官面前以及随后在治安法官面前或皇室法院出庭直到他被定罪或宣告无罪，他都有保释的权利。甚至是在定罪后，如果他的案件在量刑前因报告而休庭，他仍然享有保释的权利。他在治安法官拒绝了保释后，如果在程序的这些阶段之间，他仍然可以基于保释的权利向高等法院或皇室法院申请保释。当出现以下情况时，没有保释的权利：

（1）羁押官在被逮捕人被指控后正在考虑从警署中将被逮捕人保释出来；或

（2）治安法官在对罪犯简易定罪后将他移送给皇室法院量刑；或

(3) 无论是被治安法官或在皇室法院被定罪和量刑的人正在就定罪或量刑提起上诉。

当然，在以上所有三种情况下警官或法院都有权批准保释，但根据第 4 条没有支持保释的制定法上的推断。在第（1）种情况下，《警察与刑事证据法》第 38（1）条赋予被指控者与《保释法》中的"保释权利"极其类似的权利。该分款规定，已经被指控的人应该从警署被释放（要么保释，要么无条件地），除非羁押官合理地担心释放会有一项或一项以上不良的后果（例如，被逮捕人潜逃或干扰证人——2.3.8 节）。

6.3.2 对被指控可监禁罪行的被告人拒绝保释

《1976 年保释法》附件 1 规定了适用第 4 条的人可能被拒绝保释的情形。附件 1 将有保释权利的人称为"被告人"。

当被告人因至少一项可判监禁的罪行被指控或宣告有罪时，附件 1 的第一部分适用。他不必被批准保释，如果：

(1) 法院认为有足够的理由相信，如果被告人被保释释放，他将：

(i) 不能主动归押；或

(ii) 在保释期间犯罪；或

(iii) 干扰证人，或阻碍与他本人或其他人有关的司法进程；或

(2) 他被指控的犯罪是仅能以起诉书审判的或可以任选方式审判的罪行，并且在他被指控时已被保释；或

(3) 法院认为为保护他本人或，如果他是未成年人的话，为他自己的福祉，他应当被羁押；或

(4) 他已经在服监禁刑；或

(5) 法院认为，自程序开始以来，时间的缺乏已经使得为收集正确决定上述（1）至（3）项提出的问题而必需的信息已经变得不可行；或

(6) 在程序进行过程中他已经被保释，并因法案第 7 条而被逮捕（逮捕潜逃者等——见 6.7.1 节）。

上述拒绝保释的理由列举在附件 1 第 1 节第 2 至 6 条中。最经常使用的是（1）列出的理由。要注意理由的用词是非常精确的。法院必须

"认为有足够的理由相信"。如果批准了保释，所列的一个或几个不良后果将尾随而至。如果是基于站不住脚的或不合理性的理由认为这将发生的主观信念，是不充分的。另一方面，控方并没有被要求必须排除合理怀疑地证明被告人会在保释中逃跑等，或甚至不需要提供正式的证据证明这一点。对法院来说，这本质上是一个猜测性的问题，而非根据法院正常解决纠纷的规则而依据证据。因此，反对保释的检察官可以指出，保释将导致被指控者潜逃，或者，为显示存在干涉证人的危险，他甚至向法院详述潜在的证人告知警察他所受到的威胁以表达他的观点（Re Moles [1981] Crim LR 170）。这在 Mansfield Justices ex p Sharkey [1985] QB 613 案中得到了确认，地区法院接受了律师关于"保释申请是一项非正式的质询，无须适用严格的证据规则"的主张。然而，附件1第1部分第9条确实通过列举一些必须要考虑的因素，给法院一些如何进行这一非正式质询的指引。第9条只有当对保释的反对是基于刚刚讨论的情形，比如，被告人会逃跑，会犯其他罪或干涉证人，才适用。

首先，存在"罪行的性质和严重程度，以及因此而处理被告人的可能方式"。指控越严重，他就越有可能逃跑，因为他意识到有罪判决将导致长期的监禁处罚。其次，被告人的"性格、前科、人际交往和社会纽带"是相关的因素。在"社会纽带"这一栏，法院会评估被告人若逃跑会有多大损失。如果他已婚有家庭又住在自己的房子里，与住在旅店里的少年相比，逃跑的可能性就更小。但是，不能仅因为某人住在旅店就拒绝将他保释——这只是显示他在当地社会中缺乏根基，因而更可能在保释中逃跑的一个因素而已（见《内务部通知》1975 年 155 号）。被告人的性格和以前的有罪判决在两个方面有其重要性。它们可以显示他不值得信赖，还可以显示出即使被控的犯罪本身并不具有第一等的严重性，如果被定罪他可能被处以监禁刑，因为，比如，他将违反缓刑的规定。再次，法院可以查看被告人过去在保释期间应答保释和/或犯罪的记录。如果他以前曾被保释而且没有滥用对他的信任，这是说明他在这次可以被信任保释的一些理由。最后，法院应当考虑控方案件的力量——证据越微弱，支持保释的理由就越充分。不幸的是，案件力量的强或弱可能只有到移交程序时才能显现出来,此时被告人可能被羁押了相当长的时间。第 9 条所列的相关因素并非穷尽,其中明显的一个重要因素是辩方能否提供保证金。

拒绝保释的第(2)点理由是通过《1994 年刑事司法及公共秩序法》第 26 条而被增加的。它包括了被宣称在保释期间又犯罪的罪犯的情况。因进一步犯罪而不久后被认定有罪的被指控者会因此面临更严厉的惩罚(见 CJA 1991,第 29 条和 21.2 条),他保释的前景也会受到影响。法院仍然享有准予保释或拒绝保释的自由裁量权,但是在行使这一自由裁量权时,他们无须把他当作享有保释权利的人(如果他已被保释的罪行是仅能以起诉书起诉的或可以任选方式起诉的)。结果,拒绝保释就更简单,因为在有保释权利的案件中,必须有充分的理由相信在保释之前存在保释的例外。而在这种情况下,"充分"即意味着比主观的感觉多一点(Ex p Sharkey,625 页)。

附件 1 中对享有保释权利的被告人拒绝保释的其他理由不需要更多的评论。当被指控的罪行在当地引起极大的民愤,比如被告人被宣称性侵犯了数名年幼儿童时,出于自我保护而将某人羁押是必需的。如果被告人是未成年人,为了他的最大利益可能被拒绝保释,即使将他释放不会使他受到身体的危险(比如,如果他离家出走,将他还押到地方当局看护所可能比让他自己照料自己更可取)。如果被告人已经在服监禁刑,而且刑期将持续至他就目前的指控而下次法院出庭的日期很久之后,检查有关考虑保释申请的动议就没什么意义。当被告人被无令状逮捕、在警署被指控并随后被警察羁押而第一次在治安法官面前出庭时,缺乏作出保释的适当决定所依据的信息是个问题。他可能没能咨询律师,或者不能聘请律师在法院上为他提出保释申请。尽管毫无疑问值班律师会被要求提供帮助,但他没有提供适当指示的时间(例如,关于谁可作为保证人)。在警方看来,他们可能不能查看比如被告人地址、身份和前科等事项。因此,治安法官被允许通过羁押还押一个星期左右以"求稳",在这一期间结束时保释双方关于赞成和反对保释的论点能适当地展示出来。最后,如果被告人在目前对他提起的诉讼程序中已被保释并且因逃跑而被逮捕，或未能遵守保释的条件，法院有权说出"一次被咬，下次胆小"的法律对应语，并拒绝让他再次回归自由。

在对被告人宣告有罪后为准备报告而休庭的阶段，还有一个额外的拒绝保释的可能原因，那就是法院认为如果不把被告人羁押就无法完成报告。比如，法院可能命令作出医疗报告，但是被告人的精神状况明白地显示他将不会主动到医院接受检查。法院因此应当将他羁押还押（或目前它有另一项选择，把他还押到精神病院——见9.8节）。

6.3.3 拒绝对被指控非监禁罪行的被告人予以保释

当被指控或定罪的被告人的罪行并非可判监禁刑时，附件1第二部分适用。如果对被指控犯有可监禁罪行的被告人拒绝予以保释的第（2）、（3）或（5）条理由适用的话，他不必被批准保释（也就是说，出于保护他本人，他已经在服监禁刑，或者他已经在程序进行过程中被保释并又根据第7条被逮捕，他应当继续被羁押）。不存在基于他可能逃跑的理由而拒绝保释的一般权力，但是，如果在以前的刑事诉讼程序中被保释后未能主动归押，从而法院认为如果现在准予保释，他会再次不能归押，那么保释可能被拒绝。法院对非监禁罪行拒绝保释的情形很少见。

6.3.4 羁押期限

根据《1985年犯罪起诉法》第22条，有关于羁押期限的规定（也就是被指控者可以被羁押的最长期间）。这些规定最初只在一定地区生效，但现在已经延伸到了全国各地。它们确定了被指控者可以被监禁的最长期间：

（1）治安法院首次出庭和移交程序之间70日；

（2）可任选方式审判的罪行首次出庭和简易审判之间70日（如果简易审判的决定在56日内作出，则减至56日）；

（3）简易罪行的首次出庭和审判之间56日；

（4）在传讯和移交审判之间112日；

(5) 根据《1998 年犯罪和骚乱法》第 51 条（仅仅是可控诉罪行）申请审判的日期与审判开始之间 182 日。

如果控方未能遵守羁押期限，被指控者享有的保释权利适用特殊的规则。当期限届满时，《1976 年保释法》附件 1 列举的保释权利的例外则不再适用（《1987 年犯罪起诉（羁押期限）条例》第 8 条：SI 1987 No 299）。其实际效果是给予被指控者绝对的保释权利。并且，当保释因羁押期限届满而有权保释的被指控者时，法院被禁止提出要求保证人或提交保证金以及其他任何保释释放之前必须遵守的条件。它可以科加诸如宵禁、住所或汇报等在释放之后必须遵守的条件。当然，控方可以通过保证案件会被快速处理而避免这些后果，以避免羁押期限届满。如果未能做到，可以申请期限延长。

延期申请必须在羁押期限届满前提出。在考虑是否准许延期时，《1985 年犯罪起诉法》第 22（3）条确定的标准适用。法院必须相信：

（1）需要延期是因为：

（i）被指控者、必要的证人、法官或治安法官生病或缺席；

（ii）在有两名或两名以上被指控者或两个或两个以上罪行的情况下，法院命令分别审判；或

（iii）其他一些良好或充分的理由；以及

（2）皇室法院已尽全速地办案。

（对羁押期限的案例法的具体分析，见 Blackstone's Criminal Practice，D10.4。）

6.4 批准保释时科处的条件

被告人可能被无条件批准保释，在这种情况下，他被释放之前无须提供保证人，而释放后他要遵守的唯一义务是在指定的时间和地点归还羁押。作为一种替代方式，《保释法》第 3 条允许警方或法院在批准保释时附加条件。

保释附加的最常见的条件是提供一名或一名以上的保证人。从警署将被逮捕人保释的警察和法院都可以要求提供保证人，但是他们只有在确保被告人归还羁押是必要的情况下方可如此（见第3（4）条）。如果被告人在他应该归还羁押而没有，他的保证人要向法院支付一笔确定数额的钱。保证人保证的钱称为具结保证金。如果被告人逃跑，保证人可能会被要求支付他保证的全部或部分金钱。这被称为没收或征收保证金。保证金被没收的保证人就像他被罚款一样，因此如果他未能支付没收的金额，就会举行一次收入的质询，而最终他可能被送入监狱。作为保证人的可能的严重后果意味着，除非有明显的收入能承担保证金下可能的义务，否则提出作为保证人的人不能被接受为保证人。在批准保释时，警察或法院确定需要的保证人数目和保证金额，被告人必须被继续羁押，直至所述金额下的合适的保证人缴纳了具结保证金。如果没有现成的保证人，在下一次法院出庭时或向内庭高等法院法官申请时，被告人可以要求对保证人的条件加以改变或全部取消。

注意成年被指控者的保证人只负责保证被指控者出庭，他没有义务确保保释的其他条件（例如不进一步犯罪）被遵守。一些治安法院在实践中要求"保证良好的行为"。根据《1976年保释法》，（治安法院）并没有这样的权力，因此他们试图通过《1361年治安法官法》和《1968年治安法官法》所享有的具结守法的一般权力来弥补这一不足。这一实践有两个问题：

（1）具结守法只有在法院担心诸如暴力犯罪重复发生时才具有相关性。它几乎不可能在诸如不诚实罪行中被适当地援引。

（2）要求保证良好行为的法院违反了《1976年保释法》，该法第3（3）（C）条规定："除非本条规定……*不应对（被指控者）科加其他条件作为保释的条件"（着重号后加）。

有关未成年人的保证人，情况则有所不同。根据《1976年保释法》第3（7）条，当被指控者是未成年人，而他的父母或监护人作为他的保证人时，法院可以要求保证人确保未成年人遵守根据第6条科处的任何条件。因此，法院可以适当地要求父母或监护人作为良好举止的保证人。但是第3(7)条下的保证金限制在50英镑以内。

对保证人的要求并不涉及保证人或被告人自己向法院缴纳金钱,作为保释释放的前提条件。然而,当法院要求被告人提供保证他返回羁押的保证金时,情况则不同(第3(5)条)。提交保证金意味着被告人或代表他的人在法院存放钱或其他财产,如果他逃跑则将被没收。

代之以或除了科加提供保证人,或适当时缴纳保证金的要求之外,法院可以要求被告人服从其他一些条件,比如必要的出现以确保他在保释时没逃跑、没犯罪或干扰证人(第3(6)(a)至(c)条)。也可以科加一个条件以确保被告人参与他的法律代表人的会见(第3(6)(e)条)。根据第3(6)条,被告人可能被要求,比如,每星期一次,或甚至每天一次向警署汇报、上交护照或居住在固定地址(比如他的家庭住址或如果他没有固定居所的话,缓刑服务所经营的保释旅馆)、报告住址的变化,或每天晚上一定的时间避门不出。消极的方面,他可能被命令不准联系可能的控方证人或不能到被控罪行的被害人居住的一定范围中去。更具争议的是,在Mansfield Justices ex p Sharkey [1985] QB 613案中,作为保释的条件,一些涉入1984至1985年度罢工的来自约克郡的矿工被要求不能在他们自己的矿井以外进行罢工纠察,而这些矿井却一致地要求罢工。他们在等候威胁行为指控的审判,被宣称的罪行发生在他们参加东米德兰矿井大规模罢工纠察时。地区法院基于被告人否则会返回到罢工纠察线,而如果纠察是"通过恐吓和威胁"(大法官,第627页),可能会导致进一步的犯罪的理由,批准了这些条件。Ex p Sharkey案引起关注不仅因为牵涉到政治和对煤矿工人罢工进程的影响,而且还因为大法官关于如果这被用做科处保释条件的正当理由,则进一步犯罪有多大可能的评价。法院必须认为如果予以无条件保释,存在真实的,而并非假想的在保释期间进一步犯罪的危险,但是它的这种感觉不需要因同样理由而完全拒绝保释应具有的"足够根据"。因此,法官也有权对以前具有良好品行的被告人科加条件,唯一的理由是根据法官了解的纠察一般如何开展的地方性知识,认为允许再次纠察将会犯罪。莱纳勋爵的判决意指这些理由并不足以完全拒绝保释。

Ex p Sharkey 案是一个被告人被指控监禁罪的案件。在 Bournemouth Magistrates' Court ex p Cross（1989）89 Cr App R 90 案中，争论点是非监禁罪的保释是否可科加条件。C 是一个因为犯有《1986 年公共秩序法》第 5 条规定的罪行（非监禁的）被逮捕的狩猎反对者。他被保释的条件是在他下次法院出庭之前不参加另外的狩猎集会。他因被宣称违反此条件而被逮捕，并被治安法官还押羁押。在申请司法审查时，地区法院认为该条件科加有效。法官们的观点是为防止进一步地犯罪，这是必要的，并且他们有权根据《1976 年保释法》第 3（6）条科加这一条件。

如果一名被宣告有罪的被告人在量刑前为准备他的身体或精神状况报告而被保释还押时，皇室法院和治安法院必须要求他参加必要的身体检查（见《1976 年保释法》第 3（6）条，和《1980 年治安法院法》第 30（2）条）。当未成年人保释有附加条件时，他的父母（如果他们同意）可以被要求保证他遵守条件，否则被没收不超过 50 英镑的具结保证金（《1976 年保释法》第 3（7）条）。除了在适当的时候归还羁押这一基本条件之外，保证人没有确保被告人遵守其他保释条件的义务。

6.5　在治安法院申请保释的程序

大多数保释申请在治安法院提出。基本上，这一程序是法院询问辩方事务律师或出庭律师是否提出保释申请，并询问皇家检察官（或皇家检控署的代理人）是否有任何反对意见。严格来说，保释的批准或拒绝总是法院的事项，而并非双方当事人默示的协议，但很显然，如果保释申请没有遭到反对，法院不可能提出反对，但如果没有提出申请，那也无须使法院确信存在还押羁押的充分理由。然而，假设有一项遭到反对的保释申请，皇家检控署的代表应概述他的反对意见。案件中的警察实际很少出庭，但他应当填写包含在皇家检控署文件中的一份表格，陈述为什么（以他的观点）保释是不应当的。通常给出的理由是指控的罪行的严重性和/或被指控者先前的记录使得他如果被定罪可能被处以监禁刑；他目前正因为其他事项而在其他法院出庭而且当前的犯罪是在保释期间犯下的；他曾因被准予保释后未能出庭而被定罪；以及他认识控方的主要证人，如果他获得自由，将影响他们。以前被宣告有罪的清单可能被递交给法院并用一般的术语加以评论，但通常不会全文宣读（见 Dyson (1943) 29 Cr App R 104）。在控方对保释提出异议之后，辩方代表接着发表意见竭力对这些异议作出回应。例如，他可以强调被指控者有长期居住地址和较强的社会联系，因此不可能会逃跑，即使指控严重。如果能够提供保证人，有时候传召他们会有所帮助，以使得法官可以了解这些愿意为了被指控者而准备冒着钱被没收危险的人的品质。保证人给人的印象越深刻，保释就越可能被准许。另一方面，虽然控方通常不会一开始就传唤警官，法院偶尔也会要求负责侦查的警官参加，以阐明针对被指控者的案件的性质和力度，并且——如果对保释的异议之一是询问仍在进行，且这有可能导致针对被指控者或其他人更严重的指控时——用一般的术语来解释这些询问的性质。在听取了赞成和反对保释的论点，并考虑了被传唤的证人证据之后，治安法官宣布他们的决定。

　　保释听审因为仓促的特点而受到了很多批评。一项对伦敦的两个繁忙的治安法院的研究指出，保释程序的平均持续时间是六分钟，这导致大法官奥德勋爵建议"治安法官和所有法院的法官都应当多花点时间考虑保释问题"（《奥德报告》，第 428~430 页）。

　　此外，鉴于《1998 年人权法》和《欧洲人权公约》第 6 条包含的保障措施，与保释有关的听审采取的形式也受到了质疑。提出的问题是这样的：在审查第 5 条保障的审前羁押时，第 6 条的保障措施应当在多大程度上被适用（条文的表述见 26.2.5 节）。这一问题在 DPP v Havering [2001] 1 WLR 805 案中得到审查。在这个案件中，需要正式证据和程序的要求被拒绝，而提出将焦点集中在材料的品质上，同时赋予被指控者在口头证据被提交时，享有交叉询问的权利。

每当治安法院（或任何法院）对表面上享有保释权利的被指控者拒绝保释时，他们必须陈述这么做的理由（细节见 6.5.3 节）。另外，第 9A 条通过《1988 年刑事司法法》被插入到《保释法》附件 1 第 1 部分，要求准许犯有某种罪行的被指控者保释的法院给出理由，并将这些理由载入法院程序的记录之中。第 9A 条适用的罪行是谋杀罪、过失杀人罪、强奸罪和这些犯罪未遂。对被宣称犯有这些严重罪行之一而必须陈述理由的义务，与对被指控犯有这些罪行并且以前因为相似的罪行而被定罪的人予以保释限制存在区别（见 6.3 节）。

6.5.1　连续的保释申请

移交程序或简易审判之前的还押羁押不能超过整八天这一规则，在过去使得被告人利用每星期在治安法官面前出庭以更新保释申请。可能在很多次以前的听审中提出过的有关保释的相同论争又要被重新提起，治安法官要尽可能地耐心听取，而结果几乎不可避免地是又一次被还押羁押。最终法院设计出了一种防止这种耗时的游戏的方法。在 Nottingham Justices ex p Davies［1981］QB 38 案中，地区法院裁定，治安法官作出的拒绝保释的决定是一项具有既判力或适用于与此相类似的案件的裁定，所以除非辩护方有一些新的、没有提交给最初决定还押羁押的治安法官的论点，他们不能重提保释的问题。大多数法院对这一决定予以了相当开明的解释，允许被指控者提起两次保释申请，一次是在被无令状逮捕和指控后的初次出庭，另一次是在大概一个星期之后，此时辩方律师有更多时间考虑案件，找到可能的保证人和大概整理好保释理由。少数法院采取了比较严格的观点，限制辩护方只能一次对申请进行辩论，即使这一申请是值班律师在指控后一天仓促地提交的。《1988 年刑事司法法》通过向《保释法》附件 1 加入了一个新的部分（ⅡA 部分），确认并明确了 Ex parte Davies 案的决定。

首先，ⅡA 部分载明，被拒绝保释后，在被指控者羁押期间的每次听审中，决定是否应被撤销，是法院的职责（第 1 条）。但是这一原则的表述具有不现实的因素，因为第 2 和第 3 条紧接着规定，尽管被指控者在法院决定不准予保释后的首次听审中享有"用事实或法律，无论此前他是否提出过，支持保释的申请"的权利，但在随后的听审中，"法院无须……听取它以前已听取过的论点"。当然，这并没有被附件 1 IIA 部分明示地规定，但被指控者可以在他的首次出庭时用相关的论点来支持保释申请。所以，新的制定法条文有效地确认了对 Ex p Davies 案的较开明解释。辩方（可能通过值班律师）可以在被指控者被警方羁押而第一次被带到治安法官面前时要求保释，因为知道——如果他们的争取失败——第二次要求保释的申请可以在一周后提出。但是，如果第二次申请也失败了，任何进一步的要求保释的申请将由法院自由裁量，除非辩方能提出以前从未提出过的新论据（无论是法律的还是事实的）。（相似地，如果自较早前被拒绝后有新的"情形或考虑"出现，Ex p Davies 给了被指控者一次额外的申请保释辩论的权利。）在 Blyth Juvenile Court ex p G [1991] Crim LR 693 案中，地区法院考虑了如何才构成能引起再次提出保释申请的权利的新论点这一问题。案件情况是 11 岁的 G 被指控谋杀了她照看的 18 个月大的婴儿。为保护她自己的利益，她被还押在当地政府照看所，并命令她必须被关押在安全的住处。代表她所提出的许多次保释申请都被拒绝，但是对安全住处令的上诉却成功了。法官被要求听审代表她利益的再一次保释申请，然而基于情况没有发生改变而被拒绝了。代表 G 利益提出的新论点包括随着时间的推移对她的反对不那么激烈了，住处从安全转换到不安全，把她移至离家 46 英里意味着她的母亲探望她很困难，以及 G 遭到其他三名同室者攻击。地区法院允许这项申请，并指令法官再进行一次保释申请的听审。情形的必要变化不必是主要变化，在此案中已足够了。

一旦辩方用尽了双方辩论的申请，进一步的还押听审就成了无意义的演练。虽然在理论上治安法官要考虑还押羁押是否必要，但实际上这一决定是一个预料之中的事，法院的"听审"成了 Z 的案子休庭到某某日期，他再被还押羁押而已。意识到被指控者出庭去听上述的老生常谈的无意义，议会修改了《1980 年治安法院法》，首先允许被指控者同意时，在他缺席的情况下可以进行连续三次的还押羁押，然后无论他同意

第 6 章　保释和还押

与否，只要他已经被还押羁押过一次，允许还押羁押长达 28 天（见 6.1.1 节）。

如果在被指控者缺席时同意被还押是什么情况？在 Dover & East Kent Justices ex p Dean [1992] Crim LR 33 案中，D 在第一次出庭时没有提出保释申请，并在他缺席时同意被还押羁押三个星期。在三个星期的期间结束时他出现在治安法官面前并希望提出保释申请。法官决定他只是在第一次被缺席还押羁押那一天的听审时有权这么做。不必惊讶，地区法院认定 D 在经同意的还押期间结束后出现在法官面前时有提出保释申请的权利。

6.5.2　接受保证人

如果治安法官在有保证人的条件下批准了保释，而必要的保证人又出庭的话，他们就可以在治安法官面前缔结保证。《1976 年保释法》的第 8（2）条规定，在决定提出的保证人是否合适时，要注意到他的经济来源、性格和前科，以及与被告人的关系（如他是亲属、朋友、邻居等等）。在他正式同意成为保证人之前，通常的实践是向他解释他的义务的性质以及被告人逃跑给他带来的可能后果。他还会被问到在偿付所有债务后他是否还有相当于所涉金额的财产。如果保证人在批准保释时不在庭，他可以随后在治安法官、治安法官助理、警衔不低于巡警的警官或（如果被告人已经被带到监狱或还押中心）机构主管面前具结保证。在他们做这些之前，被告人必须仍被羁押。如果保证人试图在上述提到的人员之一的面前具结保证，但他却因为考虑到保证不适当而拒绝具结保证，保证人可以向法院申请具结保证。

为避免在被告人的案件每次休庭时保证人都必须具结保证而导致的不方便，治安法官可以作出保证持续有效的决定。这意味着在保释第一次被批准后，如果被告人在他的案件被休庭的任何时候未能出现，保证人必须支付一定金额的钱。如果所指控的犯罪是可控诉的，保证可以进一步被扩展至保证被告人如果被移送审判必须在皇室法院出庭：《治安法院法》第128（4）条。

当皇室法院、地区法院或上诉法院批准有保证人的保释时，也适用与上述类似的条款。当被告人以起诉书审判的第一天被还押，后又因一日休庭而被准予保释，此时连续的保释尤其适用。如果保释是连续性的，保证人只需在第一次休庭时出现以具结保证：《1914年刑事司法管理法》第19条。

6.5.3 记录及对保释决定给出理由

《1976年保释法》第5条规定了保释决定作出时必须遵循的一些事务性的程序。它们是：

（1）无论何时准许保释（由法院或是警察），以及无论何时法院拒绝被告人第4条下享有保释的权利，必须对决定作出记录。在被告人要求时必须给他提供一份记录的复印件。

（2）当治安法院或皇室法院拒绝给一名有保释权利的被告人保释时（或批准但附有条件时），它必须给出决定的理由。给出的理由必须能帮助被告人决定是否值得再向其他法院申请保释（见6.6节）。必须对理由作出笔记并交给被告人一份复印件（除非决定是由皇室法院作出，并且被告人由出庭律师或事务律师代表，他们并没有要求得到复印件）。根据《1988年刑事司法法》，现在法院也必须对被以特定犯罪指控的被告人准许保释时给出原因（见6.5节）。

（3）如果治安法院拒绝对没有律师的被告人准予保释，他们必须告诉被告人有向高等法院和/或皇室法院提出保释申请的权利。

（4）如果在充分辩论的保释申请后治安法院将被告人还押羁押，他们必须签发一份证书以确认他们的确听取了辩论。如果不是第一次或第二次经辩论的保释申请，证书还必须载明说服法院听取新的辩论的情形的变化。必须交给被告人一份证书的复印件。其重要性将在6.6节显现。然而，如果被告人在羁押时被移送审判或被量刑，或者在等待对治安法官拒绝保释的决定提出上诉的保释申请时，则不需要证书。

6.5.4 保释条件的变化等

法院批准保释后,控方或辩方都可以向它申请保释条件的变更,或者如果保释是无条件的,控方可以申请科加条件:《1976年保释法》第3(8)条。如果被告人在保释中被移送皇室法院审判或量刑,变更申请可以向皇室法院或治安法院提出。法院如果决定变更或科处条件,必须对这一决定做记录。如果被告人有保释的权利,需要给出决定的理由,并且被告人也有权得到一份理由记录的复印件:第5条。

被告人被保释还押在一定日期出庭的治安法院,如果方便的话,可以指定被告人在较晚的日期出庭并据此修改保证人的保证金:《治安法院法》第129(3)条。这种"扩大"保释的权力是有用的,比如,如果法院在原定的日期没有时间处理被告人的案件。当已被还押羁押或保释的被告人因疾病或事故不能在指定的日期被带到或出现在治安法官面前,治安法官可以在他缺席的情况下对他继续还押,还押羁押也可能超过八整天:《治安法院法》第129(1)条。

6.5.5 在新信息的基础上审查保释

如果法院批准了保释,而后来显示的信息要求对这一决定的正确性再加考虑,怎么办?根据《1976年保释法》第5B条(由《1994年刑事司法及公共秩序法》加入),法院可以依控方申请重新考虑保释的全部问题。只有在仅能以起诉书起诉的犯罪或可任选方式起诉的犯罪时才有这项权力。申请必须建立在尚未被批准保释而目前审查保释决定的法院(或警官)掌握的信息的基础上。如果这些信息被援引,促使法院变更保释条件、增加保释条件或还押羁押。如果通知了被告人有关控方提出审查的申请,申请可以在被告人缺席时被听取。在写作本文时,还不知道法院将怎样适用这些新的且可能影响深远的条款。在什么情况下控方能够声称有据以审查的新信息?如果控方在较早的场合删掉(不管什么原因)向法院提供的信息怎么办?内务部部长麦克林先生在常委会中解释这一条款时提供了一些议会意图的线索,"……可能有其他的情形,其中控方因疏忽而犯了错误,这时因为体系中的另一个错误而撤销对某人的保释可能并不合适"(Hansard,HC,常委会B,1994年1月27日,第336行)。根据这一观点,有人认为,即使控方在较早的场合没能将信息提出,"对法院来说也是可获得的"。如果控方(所有的资源都在他们的掌控之下)还能通过疏忽大意而不把信息展示给治安法官这样的方式在羁押的樱桃上咬上第二口的话,这无疑会带来合理的不公平的感觉。

6.6 向皇室法院和高等法院提出关于保释的申请

一旦治安法院拒绝保释或有条件批准保释,被告人可以向高等法院提出申请,高等法院根据案件情形对批准保释或变更保释条件享有管辖权:《1967年刑事司法法》第22条。皇室法院对被治安法官拒绝的被告人批准保释,如果:

(1)治安法官将被告人还押羁押(无论是在移交程序或简易审判之前,还是在简易定罪之后和量刑之前),并且在决定还押羁押之前听取了充分辩论的保释申请;或

(2)他们将羁押的被告人移送给皇室法院审判或量刑;或

(3)他们将被告人简易定罪,处以监禁刑并在被告人向皇室法院提起的上诉尚未作出决定时拒绝保释:《1981年最高法院法》第81条,经《1982年刑事司法法》修订。

因此,在大多数情况下,向治安法官提出保释申请失败的被告人将有向皇室法院或高等法院提出再次申请的选择——实际上并没有什么能阻止他向两者申请。这样,如果对是否存在经辩论的申请没有争议的话,治安法官必须签发一份证明书,说明他们在听取了辩论之后拒绝保释,如果情况当真如此(见6.5.3节)。从被告人方来看,向皇室法院申请保释比向高等法院提出申请具有更大的优势。但是应当注意,皇室法院干涉治安法官决定的权力限于保释已被拒绝的案件。相比较而言,

第6章 保释和还押

对治安法官决定的有条件的保释,高等法院法官可以变更保释的条件。

6.6.1 向高等法院提出保释申请

向高等法院提出的保释申请是向内庭法官提出的。该项程序由《1965年最高法院规则》79号令第9条规定。在治安法官拒绝保释后根据1967年法案第22条提出保释的申请,以及在高等法院根据《1948年刑事司法法》第37条有权对已经向皇室法院申请陈述案件或正在申请调卷令以撤销皇室法院或治安法院决定(见6.2节)的人批准保释时,都应当遵从这一程序。

申请用传票的方式提出。传票必须在听审前至少24小时前送达检察官,并必须有一份说明申请理由的宣誓书的支持。传票要求申请相对人(即控方)展示被告人不应被保释的原因。或者,如果被告人已经被保释,展示为什么保释的条件不能被变更的原因。如果申请不被批准,被告人不能向另一高等法院法官或地区法院再次提出申请(79号令,第9(12)条),也不存在任何条款允许其向上议院上诉。如果保释被批准并附以提供保证人,保证人可以在治安法院批准保释后收取保证金的任何人面前缴纳保证金(见6.5.2节)。

没有律师代理的被告人在宣誓和将传票送达检察官时会有很大的困难。由于刑事辩护服务条款下的律师代理并不适用于向内庭法官提出的保释申请,已经设计出了一种使一文不名的被告人的申请能够得到听审的方式。他们必须采用的程序由第79号令第9条第4、5节规定。第4节规定,在羁押中的希望申请保释但是因为缺钱而无法指示律师的被告人,可以给内庭法官出具一份书面的说明,以说明他希望官方的辩护律师为其提供保释申请的帮助。如果法官根据他的自由裁量权同意被告人的请求,那么官方律师就作出适当的代理申请而必需的安排。在给被告人安排了官方律师之后,如果认为合适的话,法官可以不考虑向检察官送达传票和制作支持的宣誓书的要求。这使得表面上看起来,有价值的申请以最低限度的延迟被递交给法官。尽管官方的律师会准备文件，但他并不参加听审。最终这一特别的程序可能并不太被被告人使用。

6.6.2 向皇室法院提出保释的申请

被治安法官拒绝保释的被告人通常可以向皇室法院再次提出申请（见上）。向皇室法院申请而不是向高等法院内庭法官提出申请的优点是，如通常的情形，如果被告人已经因为整个诉讼程序（或即使只是因为向治安法官申请保释）而被赋予律师的帮助，它也覆盖皇室法院的保释申请。可能在内庭听审的申请，通常被列出由巡回法官或记录员听审。如果已经向高等法院内庭法官提起了一次不成功的保释申请，必须将这一情况通知皇室法院（《1982年皇室法院规则》（SI 1982 No 1109），第20条），但皇室法院仍然有权听审：Reading Crown Court ex p Malik [1981] QB 451。相反地，尽管之前曾向皇室法院提出申请，而内庭法官还是可以批准保释。换句话说，高等法院和皇室法院在与保释有关的管辖权上有区别，并且相互独立。

向皇室法院申请保释的程序是向检察官送达有关申请意向的书面通知。通知必须在申请提出之前最晚24小时前送达。检察官接着必须择以下三者之一而为之。他可以通知皇室法院的适当官员及被告人，表明他希望在听审申请时在场，或者他可以给出通知说他不反对申请，或者他可以向适当的官员提交一份载明他反对申请理由的书面陈述，供皇室法院考虑。这份书面陈述的复印件必须送交被告人一份。虽然被告人可以被许可参加申请的听审，但他并没有在场的权利。如果在提供保证人的条件下被准许保释，保证人可以在适当的皇室法院官员面前或在治安法官批准保释后接受保证金的任何人面前缴纳保证金（见6.5.2节）。

如果保释申请是在皇室法院程序进行的过程中提出的，那么上述的程序不适用（如隔夜休庭期间的保释）。这种申请的提出无须通知直接审判案件的法官。实践中，辩护律师等陪审团退庭后再开始提出申请。

6.6.3 控方上诉保释

《1993年保释（修订）法》授予控方对治安法官作出的准许保释的决定向皇室法院提起上诉的权利。此权利被限于以下案件：

（1）被告人以被处以五年或五年以上监禁刑（或在成年人的情况下是如此）的罪行或未经授权擅取交通工具或加重情节的获取交通工具被指控或定罪；和

（2）皇家检控署进行的控诉，或由制定法预先规定的那类人进行的控诉；和

（3）在保释批准之前控方表明拒绝保释。

1993年法案确定了控方为行使其权利而必须遵守的程序性要求。他们必须在保释被批准的程序结束时给出口头的上诉通知，并且要在被告人被羁押释放之前。这一通知必须在程序结束后两小时之内以书面形式确认，否则上诉被认为放弃。在等待上诉决定时，治安法官必须将被告人还押羁押。就皇室法院来说，它必须在48小时内听取上诉（周末和法定假日除外）。上诉通常是再次的听审，法官接着将被告人还押羁押，或有条件或无条件地准予保释。

对批准保释的上诉权利区别于应控方申请而进行的保释审查（见6.5.5节）。它在治安法官准许保释后立即产生（而审查的权力可能在之后的相当长时间后才具有）。行使上诉权利的条件也有一些不同。另外，关键的是当适用《1993年保释（修订）法》时，在上诉被听审之前，被指控者要一直被羁押（而在审查程序中，被指控者通常是不受控制）。

鉴于《1993年保释（修订）法》规定的检察官权力比较严厉的性质，皇家检控署就如何行使这项权力向皇家检察官作出指导。皇家检控署指出上诉的数目应当少量。只要可能，应当从至少有四年经验的皇家检察官处获得提起上诉的许可。决定是否上诉的相关因素包括对被害人的危险（尤其涉及武器时）、缺乏固定身份和社会联系（尤其是被指控恐怖主义或毒品走私的案件），以及被告人可能会逃跑的强烈迹象。在

法案运行前三个月,在整个英格兰和威尔士有 50 例皇家检控署提起的上诉,其中 30 例获得了成功。

6.7 被告人逃跑的后果

如果被批准保释的被告人没能在指定的时间和地点归还羁押,三个问题需要法院考虑。首先是如何确保被告人在法院出庭,然后是对他违反保释如何处理,以及对他违反保证条件如何处理保证人和保证金。

在讨论这些问题之前,有必要考虑"未能归还羁押"究竟意味着什么。根据 DPP v Richards〔1988〕QB 701 案,它是指遵守法院为那些回应保释的人预定的任何程序。如果法院设定的程序是被保释的人应当向门房报告,然后被允许在法院内等候至他们的案件被轮上处理,那么如此报告了的人就是归还了羁押。如果他接着在法院轮到处理他案件之前就离开了,他并不构成《1976 年保释法》第 6 条意义上的逃跑。(但是要注意,在这种情况下,法院有权根据法案第 7(2)条签发令状——见 6.7.1 节。)

6.7.1 关于逃跑者的权力

《1976 年保释法》第 7(1)条规定,如果被告人被保释出庭而未能出庭的话,他应当出庭的法院可以签发逮捕他的令状。这被称为法官令状。虽然它可以被背书保释,但法院不太可能愿意冒让被告人再次逃跑的风险。

在 DPP v Richards〔1988〕QB 701 一案出现的情况下,第 7(2)条可以被援引。此条规定,如果被保释者在归还羁押后但在法院准备听审他案件之前的任何时候不能现身,那么法院可以签发对他的逮捕令。如果该人是被无令状逮捕并被警方保释回至警察署,第 7 条不能适用,但是如果此人不能回应保释,警察有权将他无令状逮捕。

为防止对保释可能的违反,警察可以无令状逮捕一名他合理地相信不可能归还羁押的被告人：第 7（3）条。此权力只有在被告人被保释后要向法院归还羁押时才适用。警察还有权力逮捕他合理地怀疑已经违反了，或合理地相信他将要违反保释条件的被告人。因此，如果保释的条件是被告人向警察署汇报而他未能汇报，则被告人可能会立刻被无令状逮捕。类似地，如果保证人以书面方式通知警察被告人可能不会归还羁押而他（保证人）因此希望解除他的保证义务，被告人可能被逮捕。因被怀疑或预测将违反保释的被告人必须一俟可能就要被带到治安法官面前，而且无论如何必须在逮捕后 24 小时之内带到（除非他将在 24 小时之内归还羁押，在这种情况下他会被带到合适的法院）。如果治安法官的观点是被告人已经违反或将可能违反保释的条件，或者不可能归还羁押，他可以将被告人还押于或移送羁押，或科处更严厉的保释条件。否则，他必须以与原来科处的相同条件，如果有的话，将他保释释放。

另外，《警察与刑事证据法》第 46A 条（由《1994 年刑事司法及公共秩序法》第 29 条加入）赋予了警察逮捕任何被保释返回警署而未能返回的人的权力（《保释法》第 7 条并不适用这种情况）。

6.7.2 逃跑罪

1976 年之前，通常的实践是要求被指控者交纳保证金，以确保他本人在保释的日期在法院出庭。如果他未能出现，与要求他提供的任何保证一样，他可以并且会被命令没收保证金。然而，《保释法》第 3（2）条规定，被指控者再也不可以"以他自己的保证金"被保释，虽然，当然他仍旧可以被要求提供保证人。同时，为确保"逃离保释"给被指控者本人和任何保证人带来的不利后果，《保释法》设立了一个新的逃跑罪。第 6（1）条规定：

如果在刑事诉讼中被保释释放的人没有合理理由而未能归还羁押，他构成犯罪。

类似地，如果被指控者有合理原因未能在他本应归还的时间归还，接着又没能在随后一俟可能的时候主动回归，他也构成犯罪（第 6（2）条）。即使被指控者在诉讼的主题事项中被判无罪，而保释是根据此程序作出的，他也可能犯第 6 条规定下的罪行。而且，在一切的可能性中，总是由被指控者来证明他有合理的理由未能在应该的时候主动回归。

第 6 条规定了三种被指控者可以因逃跑罪而被控诉和判刑的方式。第一，他可能因此罪行被简易审判，并由治安法官判最高监禁三个月和/或 5 000 英镑的罚款。虽然法案看起来计划将简易审判作为一种可能性，甚至包括被告人在后来未能向皇室法院主动归还羁押，但随后对第 6 条的司法解释则规定，治安法官只能处理未能在他自己法院出庭的案件（见以下小字体段落）。

第二，在对第 6 条罪行简易定罪之后，治安法官可以将罪犯移交皇室法院量刑，如果：

（1）他们认为他们自己的惩罚权力不足；或者

（2）罪犯是因为可控诉罪行被移送审判，而他们认为由皇室法院对他的逃跑罪和其他罪行同时审判更合适。

皇室法院对此类移送案件的量刑权力是监禁刑 12 个月和/或无限制的罚款。

第三，未能向皇室法院回应保释可以也应当由皇室法院处理，就如是刑事藐视法院。这意味着皇室法院法官"审判"被指控者而无须组成陪审团。询问是准非正式的，法官采用任何对他来说合适的程序或证据规则，以给被指控者公正的听审。如果被定罪，被指控者将受到如被简易定罪之后移送量刑一样，受到与此同样的惩罚（见上）。

不管被宣称的逃跑罪是被简易地审判，还是如刑事藐视法院一样被处理，唯一可能引起争议的事项是被指控者是否有未能归还的正当理由。实际的未能出现可以从几无争议的法院记录中被确认。

沃特金斯法官在 Schiavo v Anderton [1987] QB 20 案中对逃跑罪的本质和处理的正确程序进行了一定深度的分析。判决的一些细微解释可见于《实践指示（保释：未能归还）》[1987] 1 WLR 79。判决和指示的效果在以下的提议中有总结，适用于法院批准的保释，而不能适用于警察保释。

（1）既非简易罪行，也非可任意选择方式审判的罪行，并且通过提交控告书而启动控诉的常用规则也不适用,在这个意义上,逃跑罪是自成一格的。这样,它可能在诉讼开始后无论多长时间后被简易审判。通常要求简易罪行的控告书应在六个月内提交的《治安法院法》第 127 条与此无关。

(2) 罪行应不可变更地在批准保释的实质程序已经或将要被听审的法院审判。因此,如果被指控者在移交程序或简易审判之前被还押保释,任何未能应答保释的宣称都应按治安法院的实质程序(如移送或审判)由治安法官听审。另一方面,如果对保释移交审判,皇室法院有义务如处理刑事藐视法院那般处理未出庭。与劳斯基尔法官较早前在 Harbax Singh [1979] QB 319 案中的建议不同,皇室法院不能将此类案件移送给治安法官简易审判。当然,治安法官简易地审判未能在他们法院出庭的指控的规则并不是对他们在前述的情形下量刑有罪和移送量刑的权力存在偏见。

(3) 由于逃跑"相当于藐视法院命令",因此通常法院依自己的动议启动程序而无须等待任何正式的控告书或指控则更为合适。但是,法院必须应检察官的邀请才能如此做,检察官应当考虑鉴于一些因素,比如未能出庭的严重性以及被指控者提出的任何解释,启动程序是否必要或需要。在治安法院,控方通常指出他们希望将未能出庭的宣称加入法院的记录而进行程序,这一指控由法官助理首次向被指控者提出。

(4) 根据《实践指示》,逃跑的指控应当在被指控者被保释的实质程序结束之后立即审判。然而,这一指示可能应当被理解为主要与被指控者否认犯罪的案件有关。如果他承认了犯罪,通常是马上对他量刑,而将实质程序休庭至另一天更方便。法院还必须考虑是否再次准予保释。虽然承认第 6 条罪行是撤回保释的有力理由,但被指控者经常有不出庭的理由,尽管不足以形成对指控的辩护,但至少能显示他不是有意逃跑(例如他可能说他忘记了应当到法院的日期,并在迟些时候会主动归还)。在这种情况下,法院经常被说服继续保释,但可能被附加更严厉的条件。

(5) 如果被指控者否认逃跑，控方应当以正常方式进行程序并出示证据，尽管程序在一定意义上是由法院发起的（见上述第（3）点）。但是，由于实际未能归还羁押的证据来自法院自己的记录，控方代表的角色可能仅限于交叉询问被指控者有关他提出的任何不出庭的理由。

关于警察保释，未能归还不能被认为是藐视法院命令。因此没有促使法院在自己动议的基础上启动程序的理由，而任何未能主动归还应当通过指控被指控者或提交控告书来处理。因而，六个月内未能发起程序将使其无效（Murphy v DPP [1990] 1 WLR 601）。

6.7.3 没收保证人的保证金

保释在提供保证人后被批准且被告人逃跑了，则被告人应当出庭的法院必须：

（1）命令没收保证人的保证金（即他作为保证人必须支付的数额）；和

（2）向保证人签发传票，要求他出庭说明为什么不应当被命令支付其所许诺的金额的理由。

（《治安法院法》第 120 条，经《犯罪与骚乱法》第 55 条修订）。法院接着应当考虑保证人的收入，以及他应在多大程度上对被告人的逃跑负责——例如，在起初有理由怀疑被告人将要逃跑时，他（保证人）是否给警方书面通知并要求解除他作为保证人的义务？未能对这些事项加以考虑，可能导致治安法官没收保释金的决定被取消：Southampton Justices ex p Green [1976] QB 11。然而，一个假设是被告人逃跑将导致保证人必须支付他作为保证人的所有金额。正如 Horseferry Road Magistrates' Court ex p Pearson [1976] 2 All ER 案中所述：

> 保证人受严格义务的严格约束，应当支付他或她许诺的金额，除非案件中有与收入或可责性相关的情形，使得支付较少数额成为公平。

上述原则在最近许多案件中得到了确认，包括 Uxbridge Justices ex

p Heward-Mills〔1983〕1 WLR 56 和 Warwick Crown Court ex p Smalley〔1987〕1 WLR 237 案。York Crown Court ex p Coleman and How〔1987〕Crim LR 761 案提供了一个例外类型的范例,此处如果没收全部保证金将不公平。C 和 H 作为已经被移送至约克皇室法院审判的 C 之子的保证人。他们每隔一定时间就打电话提醒他审判之事;他们安排了其他亲属在当天陪同他到法院;而且他们收到信息说他已经到达。不幸的是,案件直到下午才开始,而在等待期间,被指控者精神崩溃并逃走。地区法院认为,C 和 H 已经做了他们实际能做的一切,以确保适当地归还羁押,因此不应当损失他们全部数额的保证金。但是,上诉法院法官麦伊同时强调了麦克克拉乌法官在 Ex p Heward-Mills(见上文)案中所说的话,即"说服法院不应当没收全部金额的责任在于保证人,并且这是一个严肃的责任"。

这一观点在 1994 年 11 月 7 日《泰晤士报》,Maidstone Crown Court ex p Lever(1994)案中被强调,其中大法官韦德格利勋爵在 Southampton Justices ex p Corker(1976)120 SJ 214 案中的话被认可后引用:

> 保释的真正吸引力……是使罪犯参加审判,而并非使为他担当保证人的最亲和最近的人陷入痛苦和不适。

一旦被告人归回法院,保证人的义务就被取消。在归回后,保证人再也没有被没收保释金的危险(当然,除非保证被继续)。在 Central Criminal Court ex p Guney〔1996〕AC 616 案中,上议院认为,在被告人被正式传讯后,传讯就构成了向法院回归,这样就可以消除保证人的义务。无论各方当事人之间的协议还是法官的命令,都不能取消传讯的法律效果。

6.8 保释被拒绝时对被告人的拘押

对被拒绝保释的被告人进行拘押的安排如下:

(1) 如果他已达到 21 岁,他将被移送至监狱。

(2) 如果他在 17 岁至 20 岁之间,含 17 岁和 20 岁,如果能找到一个接收"他所属的阶层或类型的"还押中心的话,他将被移送至还押中心:《1948 年刑事司法法》第 27 条。如果没有还押中心,他将被移送至监狱。

(3) 如果他不满 17 岁,他会被移交给地方当局照顾:《1969 年儿童和年轻人法》第 23 条。然而,当未成年人为 15 岁或以上的男性时,为保护公众,也可将他还押至还押中心或监狱,如果他:

(i) 被指控如果是成年人将被判处 14 年以上监禁刑的罪行;

(ii) 被指控暴力或性犯罪;或

(iii) 有在保释期间逃跑或犯罪的历史记录。

(4) 根据《1998 年犯罪和骚乱法》第 97、98 条,法院有额外权力将 12 至 14 岁的儿童和 15 至 16 岁的女孩还押至地方当局的安全住所。对于符合资格的未成年人,在作出有关还押机构的决定时,有明显的优先顺序。首先应当是移交给地方当局的安全住所,如果不能交至,则移交给还押中心,还押至监狱则是作为最后的选择。

当治安法院有权将被告人还押羁押时,它也可以将他移送给警察拘押,但时间最长不超过三天(如果是未成年人,则 24 小时:《1969 年儿童和年轻人法》第 23(14)条),只要这样是为询问罪行所必需的,而并非是为指控:《1980 年治安法院法》第 128(7)条。一旦询问结束,被告人必须马上被带回治安法官面前,他们要么将他保释,要么更可能的是,将他还押至还押中心或监狱羁押。在处于警方拘押下时,他与普通的被逮捕人享有同样的保护性措施(例如,必须有对他继续羁押正当性的周期性审查)。如果询问的有关罪行并不是严重的可逮捕的罪行,他应当在 24 小时内被指控或被带回到治安法官面前,因为涉嫌非严重罪行的普通被逮捕人在这一期间内必须被释放或被指控(见 2.3 节)。但是,第 128 条并没有清楚地指出这一点。

第 7 章　审判方式

7.1　罪行分类

一项罪行要么是简易的，要么是可控诉的（见 1.3 节）。可控诉罪行是必须或者可以被以起诉书审判的针对成年人的罪行，简易罪行则是必须简易审判的罪行：《1978 年解释法》附件 1.1。如可控诉罪行的定义所暗示，一些只能以起诉书方式被审判，另一些则可以以起诉书或简易方式被审判。后者被称为可任意选择审判方式的罪行。

7.1.1　简易罪行

所有的简易罪行都是法定的。规定了简易罪行的制定法通过对简易定罪后可能科处的最严厉刑罚的明确，而对以起诉书定罪的罪犯并不明确更严重的刑罚，从而说明这一罪行是简易罪行。例如，经修订的《1996 年警察法》第 89（1）条规定：

> 任何攻击正在执行任务的警察的人……应被认为实施了犯罪，并经简易定罪后应受刑期不超过六个月的监禁，或金额不超过标准

水平第5档的罚金,或同时接受两种处罚。

由于第89(1)条没有提及经起诉书定罪后可能判处的刑罚,所以攻击正在执行职务的警察是简易罪行。

大量的轻微或不那么轻微的罪行都是简易的,包括乱扔垃圾、不付电视执照费、《1955年食品和药品法》规定的罪行(例如销售不适合人类消费的食品)、《1961年工厂法》规定的犯罪(如没有将机器保养在安全状态)、无票搭乘火车和几乎所有的道路交通犯罪(例如疏忽驾驶、超速、闯红灯、有缺陷的刹车和轮胎等、未能报告事故、无保险及其他很多)。最严重的简易罪行包括违反《1986年公共秩序法》第4条使用威胁的言词或行为、违反《1988年道路交通法》第4至第7条饮酒/驾驶犯罪、违反《1981年犯罪未遂法》第9条干涉机动车辆以及袭击正在执行职务的警察。另外,《1988年刑事司法法》第37及39条将以前是可以任意审判的三种犯罪变成了简易罪行,即未经主人同意擅取机动车辆、无执照驾驶和普通攻击。上两句中提及的所有犯罪都能导致六个月监禁的刑罚,除了干涉机动车只有三个月。

7.1.2 可控诉罪行

所有的普通法犯罪(例如凶杀、谋杀和共谋诈骗或败坏公共道德)都是可控诉罪行。如果规定罪行的制定法明确了起诉书定罪后科处的刑罚,那么就是可控诉的罪行。比如,《1968年盗窃法》通过在第8(2)条规定"犯抢劫罪的人……经起诉书定罪后应受终身监禁处罚"的规定,说明抢劫罪是一项可控诉罪行。当规定罪行的制定法规定了两种不同的刑罚,一种是简易定罪后科处的刑罚,而另一种则是经起诉书定罪后的刑罚,那么所规定的罪行则是可控诉罪行,但是可以任选方式审判。一个例子是危险驾驶,以简易定罪后可被处以六个月监禁和5 000英镑罚金,在经起诉书定罪后可被判罚两年监禁和无上限罚金。然而,应当注意很多犯罪是可以任选方式审判的,尽管创设它们的法律本身并没有对经简易定罪后的刑罚加以规定(见下文)。例如,盗窃罪可以被简易审判,但是《盗窃法》第7条并没有这样的暗示。

7.1.3 可以任选方式审判的罪行

可以任选方式审判的罪行分为两种。一种是像危险驾驶一样，由创设它们的制定法规定为可任选方式审判的罪行，另一种由《1980 年治安法院法》附件 1 规定，其中第 17 条规定了"附件 1 列举的罪行……为可以任选方式审判"。

如人们所预料的，大多数严重的罪行只能以起诉书审判。可任选方式审判的罪行倾向于那些虽然严重得足以起诉，但即使最坏时也绝非重大（如危险驾驶或违反《1978 年盗窃法》第 3 条不付款逃走）的犯罪，以及那些依特定案件的具体事实而严重性变化很大的犯罪（例如刑事损害或盗窃）。下面的表格根据只能以起诉书审判还是可以任选方式审判，列举了一些最常见的可控诉罪行。

罪行性质	只能以起诉书审判	可以任选方式审判
对人的犯罪	谋杀、杀人、摧残儿童、介绍流产未遂、蓄意造成严重的身体伤害	造成严重身体伤害、非法伤害、造成实际身体伤害的攻击、以拒捕为目的的攻击
性犯罪	强奸、与 13 岁以下女童发生性关系、鸡奸、乱伦	与 16 岁以下女童非法性交、男人间的猥亵、强暴猥亵、靠卖淫收入生活
《1968 和 1978 年盗窃法》下的犯罪	抢劫、加重入室行窃、勒索、抢劫目的的攻击、入室行窃构成了进行或有蓄意进行只能以起诉书审判的犯罪（例如作为入侵者进入并有强奸意图）、在住处行窃，如果其中的任何人受到暴力或威胁使用暴力	除那些只能以起诉书审判之外的法案规定的所有犯罪以及简单的擅取机动车辆或人力车的犯罪。包括盗窃、处理被盗物品、以欺骗方式取得财产、绝大多数形式的入室行窃、武装出行、以欺骗方式获取服务、以欺骗方式逃避债务、不付款逃走
刑事损害	根据《1971 年刑事损害法》第 1（2）条规定指控的损害或纵火（犯罪时蓄意危及生命或对危及生命疏忽大意）	刑事损害罪，没有危及生命等的故意
道路交通犯罪	危险驾驶致人死亡	危险驾驶

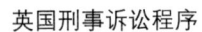

续前表

罪行性质	只能以起诉书审判	可以任选方式审判
其他犯罪	违反《1911年伪证法》第1条在司法程序中作伪证；滥用司法进程未遂；违反《1911年官员秘密法》收集、传递等意图对敌人有用的信息；意图危及生命而拥有武器、使用武器拒捕和携带武器实施可控诉罪行；违反《1986年公共秩序法》骚乱；违反《1967年刑法法》协助罪犯，如果被协助者实施的是只能以起诉书审判的犯罪	在非司法程序中宣誓作虚假陈述以及违反《1911年伪证法》第2~6条作其他虚假陈述或声明；违反《1911年官员秘密法》第2条对有王室职位的人吐露秘密，交流、使用等信息；在公共场所携带上膛的武器、改短霰弹枪、在公共场所拥有攻击性武器；违反《1986年公共秩序法》第2、3、18条暴力骚乱、闹事、激起种族仇恨；所有根据《1981年伪造假冒法》的犯罪（如伪造、使用伪造票据、假冒、流通货币或硬币、有造假装备）；所有违反《1971年滥用毒品法》的拥有、提供、开发等受控制毒品的犯罪（除一些轻微的简易罪行外）；违反《1967年刑法法》协助罪犯，如果被协助者实施的是可以任选方式审判的犯罪

107　　教唆实施可任选方式审判的罪行和未遂本身就是可被任选方式审判，但同谋只能以起诉书方式审判。

撇开不会造成社会实质破坏的道路交通犯罪和轻微的简易罪行不谈，最常发生的罪行都是可以任选方式审判的。因此，怎样决定对这些犯罪的审判方式是一个具有重要意义的问题。

7.2　先期信息

被指控者在决定审判方式的过程中起到重要的作用，因为被指控者享有对任选方式审判的罪行选择皇室法院审判的权利。为了在信息充分的基础上行使选择权，被指控者必须了解控方依赖的证据。这种了解所以重要的其中一个理由是控方有义务在将案件移送给皇室法院之前披露

第 7 章 审判方式

有关案件证据的信息。如果被指控者不了解控方案件的分量，为了能够了解，被指控者就会受到选择皇室法院审判的诱惑。结果，1985年引入了新的规则，允许辩方享有掌握有关控方案情的先期信息的权利。分清这种享有先期信息的权利（将在本节的其余部分论述）与控方披露无用信息的相关规则（第8章有详述），这很重要。这里我们要讨论的是有关控方意欲提出的证据的信息。控方的披露职责与他们不欲提出的证据相关。

《1985年治安法院（先期信息）规则》（SI 1985 No 601）规定，如果被指控者以可任选方式审判的罪行被指控，起诉方必须应要求提供给辩护方，要么是控方证人书面陈述的复印件，要么是控方证据要说明的事实和事项的摘要（规则4）。对先期信息的请求必须在决定审判方式的程序开始之前提出（见7.3节），而且应当一俟可能即应满足。对控方案情的掌握意在帮助辩方决定案件应在哪里处理，并消除以起诉书审判作为了解控方证据的战术性策略而选择审判的诱惑（以前的确存在），之后法院被请求允许被告人撤回先前的选择。为使被指控者知道自己的权利，在被告人被以任选方式的事件指控/传票后，必须尽快给他一份解释先期信息规则的通知（规则3）。此外，治安法官必须使自己确信被指控者清楚地知道，在他们接着考虑审判方式之前可以要求先期信息（规则6）。控方可以合理地拒绝这样一个请求的唯一情形是，如果他们害怕担心请求的同意可能导致证人受恐吓或其他企图干涉司法进程（规则5）。除规则5适用外，请求的不同意会使休庭成为必要（除非法院确信辩方不会因为不同意而被歧视）。

先期信息正在以惊人的速度成为治安法院程序中一个常见的部分。被指控犯有任选方式审判罪行的被指控者初次出庭的惯常实践是休庭两星期，以使"AI"能被送达并由辩方加以考虑。然后在下一次听审时处理审判方式的问题。然而，这种惯常的实践有很多的变化。比如，有时控方在初次出庭时就准备好要送达的信息；在另一些案件中，辩方放弃了这项权利，因为被指控者已决定以起诉书审判，因而更迅速地直接移送审判，或者相反地，因为案件非常简单（如小额商店盗窃），因此他想通过有罪答辩而使案件尽可能快地被处理。

控方提供先期信息的方式在皇家检控署分支办公室之间具有很大的差异。一些检察官提供控方证人陈述的打印复印件,这与根据《1980年治安法院法》第 6(2)条为移交程序而要求提供的完全一样;另一些则提供手写陈述和警察笔记的影印件;还有的提供由警方送交皇家检控署的案件摘要的复印件以及被指控者在警署会见笔记的复印件。如果辩方认为先期信息不充分,他们可以向法官申请加以纠正。根据《1985年治安法院(先期信息)规则》,法官没有权力要求控方提供进一步的信息,但是如果他们同样认为信息不充分,他们可以根据《1980年治安法院法》第 10 条有权休庭(Dunmow Justices ex p Nash (1993),《泰晤士报》,1993 年 5 月 17 日)。

《先期信息规则》只适用于任选方式审判的罪行。关于简易罪行,虽然辩护律师经常请求,但辩方仍然没有在审判之前知晓控方案件的权利。当然,一些简易罪行能被判监禁刑,而且在实践中也很可能被处以监禁刑(例如攻击警察,未经主人同意擅取机动车辆和无证驾驶)。因此 2000 年 11 月由检察总长发布的指南现在要求在"充足的时间里"向辩方提供所有被要求的控方证据,以便在证据出示之前能进行适当的考虑(《检察总长指南:刑事诉讼中的信息披露》,第 43 节)。这可能会确保听审集中在问题上,法院的时间不浪费在辩护律师从被指控者处获取指示。这看起来也符合检察官的一般职责,不是"试图以他所掌握的所有方法获取有罪判决",也不是"将他自己作为出庭的一方"这一精神(见《律师行为准则》附件 F,可适用于刑事案件的标准,第 11.1 节)。

在 Stratford Justices ex p Imbert [1992] 2 Cr App R 276 案中,地区法院考虑了控方缺少法律义务是否违反了《欧洲人权公约》第 6(3)(a)条规定的"被迅速……而且具体地通知对他指控的性质和理由……"。地区法院认为没有违反,虽然法官大人们认识到他们的决定显然是附带的。

有人提出在一定情形下缺少先期信息可能违反了第 6(3)(b)条,该条规定了"有足够的时间和材料进行辩护"的权利,同时也违反了第

6(3)(a)条。为了使审判公正,辩护方必须能考虑控方的证据,并在信息而不是猜测的基础上进行准备。有时证据的性质是可预测的,辩方律师能够以必要的敏捷思维来应对。但在另一些情况下,辩护方可能被出乎意料的一系列证据偷袭。总的来说,可能被普遍认为好的实践(在简易审判中控方提供证人陈述)也应当被作为《欧洲人权公约》中规定的权利的一部分。

7.3 决定审判方式

决定被指控可任选方式审判罪行的成年人应当以起诉书审判还是以简易审判的程序,由《1980年治安法院法》第18~21条和23条加以规定。它必须在为移交程序或简易审判而出示所有证据之前完成:第18(2)条。它可以在一名单独的治安法官面前进行(第18(5)条),但更普遍的做法是法院组成至少两名非专业治安法官(当然,或者一名带薪治安法官)。根据程序的结果,在程序结束时,法院可能为移送皇室法院而准备控方陈述,或为简易审判而准备证人出庭而不得不休庭。然而,如果被指控者答辩有罪,治安法官能径直予以量刑。以下是决定审判方式的程序的主要步骤:

(1)法官助理宣读针对被指控者的指控。

(2)助理接着解释,如果案件继续进行至审判,被指控者可以指出他是否答辩有罪。助理应继续说明,如果被指控者答辩有罪,诉讼将以简易审判方式被处理,而在审判中会提出有罪的答辩。助理同时必须解释,如果治安法官认为他们处罚的权力不充分,被指控者将被移送至皇室法院量刑。

(3)助理询问被指控者答辩有罪还是无罪。

步骤(1)至(3)一起构成"审判前答辩"程序。如果被指控者指明答辩有罪,接着法院就如他在简易审判中答辩有罪那样继续进行。另一方面,如果被指控者指出他答辩无罪,那么法院将接着决定审判方

式,如下:

(i) 先是控方,然后是辩方有机会就以起诉书审判还是简易审判更合适进行陈述:第19(2)(b)条。控方或辩方在他们的陈述中将提到的与这一问题有关的因素,在下面第(2)点中说明。

(ii) 治安法官考虑这两种审判方式哪一种更合适。他们必须记住控方和辩方所做的陈述,而且必须注意到案件的性质,是否具有使罪行严重的情形,治安法院有权科处的刑罚是否适当,以及是否具有使案件适用一种而非另一种审判方式的其他情形:第19(3)条。

(iii) 如果治安法官认为罪行更适合于简易审判,法官助理告诉被指控者治安法官已经持这种观点。然后通知他(被指控者),如果他同意,可以被治安法官审判,但是如果他希望也可以选择由陪审团审判。然而,如果由治安法官审判并认定有罪,并且如果治安法官认为应当科处比他们有权科处的刑罚更重的刑罚,他们可以将他移送给皇室法院量刑。助理然后让被指控者选择——他会问"你希望被这个法院审判还是希望被陪审团审判?"如果,且只有如果被指控者同意,治安法官继续对答辩有罪或无罪的被指控者进行简易审判。如果被指控者不同意简易审判,那么则必须进行移交程序:第20条。

(iv) 如果治安法官认为起诉书审判更合适,他们的决定会被告知被指控者,并且案件会被移交皇室法院:第21条。

第18~21条规定的程序的实质是,对可任选方式审判的犯罪,只有治安法官和被指控者同时同意才能进行简易审判。第19(3)条提及的治安法官在考虑更适合的审判方式时必须注意的事项中,迄今为止最重要的是在定罪的情况下,他们是否能够科处适当的刑罚。简单说来,他们能科处的最重的刑罚是:对任何一项可任选方式审判的罪处6个月监禁和/或5 000英镑罚款;对两项或以上此类犯罪,总计监禁刑期12个月和/或每一罪行5 000英镑罚款。在决定如果被指控者被宣告有罪这些权力是否足够时,治安法官首先要审查指控的措辞本身所反映的罪行的严重程度。例如,对盗窃的指控会列出被盗的物品,这就给出了大致的涉案价值,依次这又给出了适当的刑罚幅度的粗略指引。另有一些指控的用词可能不会提供那么多信息。因此，非法伤害的指控不会指明被害人遭受的只是轻微擦伤还是严重的刀伤。在这种情况下，治安法官应当从当事人（尤其是控方）处获取有关宣称罪行的性质的额外信息。当然，双方也可能在他们所做的关于更适合的审判方式的陈述中主动提供此类信息。治安法官还应当注意表面上看起来相当轻微的指控可能因围绕罪行的情节而变得严重得多（例如，盗窃100英镑的指控表面看起来完全在治安法官适当的管辖权之内，但如果罪行是一名雇员在受雇用过程中的偷窃而犯下的，那么违反信任的加重情节就可能使得案件由皇室法院审判更合适）。控方可以自由地向治安法官提及任何此类加重情节——事实上，他们可以被适当地批评没有做到这一点。然而，治安法官必须不能知道的加重情节是被指控者的恶劣品质。如果他有前科，那绝不能在决定审判方式的阶段向法院披露：Colchester Justices ex p North East Essex Building Co Ltd ［1997］1 WLR 1109。因此，治安法官必须回答的问题可能局限于：假设被指控者品行良好，而且记住我们从（1）指控的措辞和（2）任何在双方陈述过程中向我们给出的有关控方案件和犯罪情节的额外信息中得知的关于犯罪的严重性，如果我们同意简易审判并宣告有罪，6个月的监禁和5 000英镑的刑罚是否足够严厉？如果答案为不，则不管一方或双方如何强烈地要求简易审判，治安法官都应选择皇室法院审判。如果答案为是，那么简易审判通常是更适合的方式，但是偶尔会有其他因素（如牵涉的法律问题的潜在复杂性，或被指控者是知名的公众人士，会从宣告有罪，即使是轻微的犯罪中遭受重大影响）也还是可能使天平偏向以起诉书审判。

  治安法官作出的决定对司法执行的效率有重要影响。如果他们接受了实际上应当到皇室法院审判的案件的管辖，那么因为他们权力的有限，就有量刑不适当的危险。另一方面，如果他们过度谨慎而将过多的案件移交皇室法院，又将会导致移交的案件和皇室法院必须审判的其他案件的延误。这个问题的潜在范围是相当大的。在1998至1999年度，在移交皇室法院审判的案件中，49%是由治安法官指令移交的，30%是仅可控诉的，21%是由被指控者选择的；（皇家文书局，《皇家检控署年度报告》)。由治安法官指示移交的比例近年来一直在增长。另外,一个有影响力的内务部研究报告表明,在分析的范例中,由治安法官移交给皇室法院审判的案件中,60%的案件,皇室法院最终科处的刑罚在治安法官的权力范围之内。

《实践笔记(审判方式:指南)》[1990] 1 WLR 1439 向治安法官发布了指南。

1995 年 1 月刑事司法咨询委员会以小册子的形式颁发了一个修订本,大法官写了推荐序言。指南提出了如下的一些原则要点:

(1) 法院绝不能以方便或快捷为理由作出决定;

(2) 为决定审判方式之目的,法院应当假设控方事实的版本是正确的;

(3) 被宣称为样本的罪行是相关的一个考虑因素。被告人会被要求考虑其他的罪行,如果被定罪,则非相关;

(4) 如果案件涉及事实的复杂问题或法律的困难问题,法院应当考虑皇室法院审判;

(5) 如果两个或两个以上的被告人被指控犯同一罪行时,每个被告人都有权选择他的审判方式;

(6) 一般来说,除非另有规定,任意选择审判方式的罪行应当被简易审判,除非法院认为特定案件具有指南列明的具体罪行的一个或一个以上的特征,而且它的量刑权力不足;

(7) 如果在听审过程中出现了使法官认为罪行非常严重,或罪犯对公众是如此危险,以至认为他们的量刑权力不充分的信息,法院也应当考虑行使根据《1980 年治安法院法》第 38 条的权力将罪犯移送审判。

指南接着列举了一些普通的任选方式审判的罪行,并接着指出了使这些案件更适合在皇室法院审判的因素。鉴于指南的重要性,它们被全文复制作为附录 2。但是作为一个范例,看一下对进入有人居住的房屋行窃("家庭入室行窃")的处理方式是有指导意义的。一般来说,如指南所述,案件应当被简易审判,除非法院认为出现了以下的一个或一个以上的特征,而且它量刑的权力不充分:

(1) 当居住者（或另一人）在场时白天进入。

(2) 夜间进入通常有人居住的房屋，无论居住者（或其他人）在不在场。

(3) 罪行被宣称为一系列相似罪行的其中一起。

(4) 在寻找、劫掠时发生了损害或恶意破坏。

(5) 罪行带有职业特征。

(6) 未能追回的财产具有很高的价值（指南定义是指 10 000 英镑或以上）。

这个建议与一些治安法院移交所有的"家庭入室行窃"给皇室法院的长期实践形成了鲜明的对比（至少在最初的指南发布之前）。

上述第（5）点针对两个或两个以上的被指控者被共同指控，且其中一个（或以上）想简易审判，而其他人想起诉书审判而出现的问题。共同被告人在这一问题上常常有不同的意图，一人希望简易审判（通常是在答辩有罪之前），而其他人则寻求陪审团审判以期对案件进行全面抗争。在这种情况下，在决定是否接受管辖时，治安法官是否有权考虑就至少一名被指控者来说，案件必须移交给皇室法院？在 Brentwood Justices ex p Nicholls [1992] 1 AC 1 案中，上议院实际上认为，在这种情况下，法院不应当受其中一个被指控者选择皇室法院审判这一事实的影响。因此，他们应当继续简易地审判选择了简易审判的被指控者，并对选择了起诉书审判的被指控者进行移交程序。原因是第 20（3）条将有关审判方式的选择权赋予了每个被指控者个人，而不是集体地赋予所有被指控者。上述第（5）点反映了这一决定。

除了以下提到的原因，控方不能坚持以起诉书审判。但是他们有关审判的合适方法的观点，由治安法官给予很大的支持，他们可能觉得，警察是知道被宣称的罪行有多严重的最佳人士。所以，如果控方满足于简易审判，并且辩方指出被指控者希望选择简易审判，实践中治安法官不会再花一分钟去考虑他们量刑的权力是否充分。相反，如果控方希望以起诉书审判，辩方就很难说服治安法官案件适合由他们来处理。另外，如果控诉将由检察总长、副检察总长或检察长来进行，并且他申请了起诉书审判,那么治安法官必须服从他的愿望并进行移交程序:第19(4)条。这是由于检察长只有在得到检察总长的同意后才能提出这样申请的限制性条款:第19(5)条。使得检察长认为可以惊动检察总长以允许他(检察长)作出一个有约束力的起诉书审判的申请,案件必定有非同寻常之处。

如果控方对治安法官简易审判被告人的决定感到不满,他们可以在地区法院寻求对这一决定的司法审查。他们要坚苦奋争,因为地区法院会拒绝调卷令的申请,除非治安法官的决定错误得非常明显,以至任何一个合理的法官都不会作出这样的决定(McLean ex p Metropolitan Police Commissioner〔1975〕Crim LR 289)。但是,地区法院偶尔也会否决治安法官,就像 Northampton Magistrates' Court ex p Commissioners of Customs and Excise〔1994〕Crim LR 589 案。在该案中,被告人被指控增值税欺诈,导致 193 000 英镑的损失。地区法院认为,简易审判他的决定达到他们在决定是否要推翻它时必须要适用的标准,因为这"实在令人震惊"。未能追回的财产价值很高,犯罪性质严重,而且在缺少减轻情节的情况下,可以预料将有超过六个月的刑罚。地区法院批准了申请,并将案件发回治安法官,作为审查司法的方式处理。

在大多数案件中,决定审判方式的程序都几乎不用描述它们所用的这么长时间。控方代表——不管他是皇家检察官、皇家检控署的代理人还是受私人检察官指示的律师——会被询问控方是否希望简易审判。如果他说他们希望如此,辩方顾问或事务律师会被要求作出评价。他可能指出被指控者也希望案件被简易处理。如果这样,治安法官可能会同意简易审判而不再费周折。如果指控看起来比通常简易审判的案件更严重,在接受管辖之前治安法官可能会进一步询问案件到底有多严重(比如,他们可能询问所有被宣称盗窃的财物是否都已追回,或者遭攻击的被害人是否受到永久性的伤害,或者被指控者为犯罪是否滥用了信任)。治安法官表明简易审判是适合的之后,助理马上通知被指控者他有被陪审团审判的权利等等(见程序的第(4)部分),接着被指控者选择简易审判。

第7章 审判方式

如果控方请求简易审判，但辩方希望案件以起诉书审判时，辩方顾问或事务律师做连篇累牍的陈述以显示案件适合皇室法院审判就几无意义，因为除非被指控者同意，案件无论如何不会由治安法官审判。据此，辩方顾问或事务律师可能不做陈述，治安法官说他们认为简易审判适合，助理接着让被指控者选择。已经请求了简易审判，那么控方也就不能被批评给公众增加法官和陪审团审判的额外费用。在决定审判方式时可能导致真正辩论的唯一情形是，控方认为起诉书审判是合适的方式，而辩方则急切地希望案件留在治安法官处，以及当控辩双方都同意简易审判但治安法官对他们量刑权力的正当性存在怀疑。

7.3.1 未能遵守程序

治安法官处理任选方式审判的罪行的管辖权完全来自《1980年治安法院法》第18~20条。因此，如果这些条款中规定的程序没有被严格遵守，而法官继续因一项任选方式审判的罪行审判被指控者，治安法官就是超越管辖权行事，他们宣告的任何有罪都可能通过调卷令命令的方式被取消：Kent Justices ex p Machin [1952] 2 QB 355。在Machin案中，法官——声称根据当时有效的实际上类似于现行的18~20条的立法行事——宣告M犯有盗窃罪和以欺诈方式取得贷款，并将他移送至季度庭量刑。M的辩护律师问曾对治安法官说："我的当事人希望您处理此案"，因此毫无疑问M希望简易审判。然而，助理却未能警告他有将他移送审判的可能性，高等法院因为这个原因认为定罪和随后的移送都是必须取消的无效行为。几乎可以肯定，M曾被他的辩护律师告知有移送量刑的危险，但是这并不能解除法院严格按字句遵守制定法程序的职责。正如大法官高达德勋爵所说：

> 尽管取得囚犯的同意，但法官自己承担严格地遵守法案规定的条款审判罪行的责任，法案只允许可控诉罪行可被简易处理。对治安法官来说这是轻微的犯罪，但囚犯有权利用它，因此移送和宣告有罪都是无效的。

_157

有趣的是，没有人对是由 M 的辩护律师而并非 M 本人作出的同意简易审判这一事实提出反对。但是通常情况下，被指控者被要求个人陈述他希望在哪个法院被审判。

高达德勋爵对遵从制定法程序的坚决坚持被诉法院法官唐纳尔森在 Horseferry Road Justices ex p Constable [1981] Crim LR 504 案中作出了回应。该案中未能要求 C 就更适合的审判方式加以陈述意味着他起初对简易审判的选择对他没有约束力，即使人们会想——由于他当时希望简易审判——他可能作出的任何陈述都将只会加强治安法官案件适合他们处理的观点。还有一个因为没有遵守程序而导致简易宣告无罪无效的例子（见 Cardiff Magistrates' Court ex p Cardiff City Council（1987），《泰晤士报》，1987 年 2 月 24 日）。

7.3.2　被指控者在场

根据第 18~21 条决定审判方式时被指控者一般应当在场。然而，一定情况下也可以无须他在场。如果他的妨害行为使他在场时继续进行程序不可行，法院可以在他不在场时继续程序：18（3）条。如果存在被指控者不在场继续诉讼的好的理由，而且他的顾问或事务律师说他同意他不在场时继续诉讼程序，也可以在他不在场时进行：23（1）条。被指控者不在场继续诉讼的"好的原因"不限于健康原因，但可能包括被指控者在当天有重要的事先约定。如果治安法官认为简易审判更合适，被指控者同意由治安法官处理的意见可以由他的事务律师或顾问以他的名义表示。治安法官接着就可以马上处理案件（例如，如果辩方律师被进一步授权答辩有罪）或者休庭以给被指控者参加庭审的机会。

7.3.3　改变原决定

赞同简易审判或根据情况以起诉书审判的决定并不是不可逆转的。如果原来的决定是赞成简易审判，法院可以在控方证据出示完毕之前的任何阶段中止审判并进行移交程序：《治安法院法》第 25（2）条。这一条款的显然目的是允许治安法官根据控方在陈述案件过程中出现的有

第 7 章　审判方式

关罪行的额外信息，修改最初关于他们的量刑权力充分性的肯定观点。一旦控方结束了案件，被指控者被指控的行为的全部严重性都已被揭露，从此时起治安法官就要不可逆转地进行简易审判。虽然第 25（2）条对此并没有作出明示，但它只有在被指控者答辩无罪时才适用。这隐含在通过控方证据得出结论，因为只有当被指控者否认犯罪时才可能有此类证据：Dudley Justices ex p Gillard［1986］AC 442。因此，如果被指控者同意简易审判并答辩有罪，就预先排除了治安法官转向移交程序的可能，即使后来进一步的发展使他们希望自己能够这么做。第 25（2）条措辞的一个进一步的后果是，即使在被指控者已经对可任意审判的犯罪答辩无罪，治安法官通常也必须等，直至他们已经实际听到了一些证据后才能撤回管辖权。这一点在 St Helens Magistrates' Court ex p Critchley［1988］Crim LR 311 案中得到了例证。该案中，在 C 对两项指控选择了简易审判并答辩无罪后，又被同一系列事件进一步指控五项罪行，治安法官在改造听审后立即决定他应当因所有的七个罪行被移送皇室法院。高等法院认为，他们关于原来的两项指控的决定是越权的，因为只是 25（2）条赋予他们决定将案件送交皇室法院的权力，而分条款则要求他们开始简易审判。但在一定情况下，转至移交程序的权力可以在法院开始听审证据之前行使（比如，法院听取了对决定被指控者有罪或清白有直接和即刻影响的法律观点，比如，在治安法院有关辩方精神错乱的辩护：Horseferry Road Magistrates' Court ex p K［1996］WLR 68）。

如果原来的决定是以起诉书审判，治安法官可以决定指控并非像他们一开始认为的那样严重，而给被指控者简易审判的机会：第25（3）条。他们首先必须询问控辩双方对提出的改变的看法，而如果他们没有这么做，则助理必须向被指控者解释他有被移送量刑的可能。当然，任何向简易审判的转换都有赖于被指控者的同意。在控方一开始就坚持起诉书审判的有限案件中，还有赖于控方的同意。治安法院只有在它开始移交程序之后才能改变决定，将起诉书审判转换至简易审判。在 Liverpool Justices ex p Crown Prosecution Service, Liverpool（1989）90 Cr

_159

App R 261 案中，D 被指控鲁莽驾车和其他一些罪行。法官决定以起诉书审判。在后来的听审中，由不同法官组成的合议庭听取了 D 的辩护律师提出的简易审判的申请。法官们同意了该项请求并接受了被告人对所有事项的有罪答辩。控方基于他们无权改变审判方式的理由申请对他们的决定进行司法审查。地区法院裁定，除了《1980 年治安法院法》第 25 条的规定之外，并不存在改变起诉书审判的决定权力。由于 D 的申请是在法官开始移交程序之前提出的，故没有遵守第 25（3）条的规定。因此转换至简易审判的决定是无效的。案件被发回给治安法官以继续进行移交程序，记住 D 在公开法院上的承认是转换为简易审判的有力理由。

第 25（3）条措辞的一个可能无意的后果是，如果对被指控者的唯一指控是只能以起诉书审判的罪行（如违反《1861 年对人犯罪法》第 18 条蓄意造成严重身体伤害），但是治安法官根据提议决定可以应诉的案件只有一个可任选方式审判的罪行（如违反 1861 年法案第 20 条非法伤害）。不管治安法官和控辩双方多么希望能进行简易审判，治安法官对后一罪行都不可以进行简易审判：Cambridgeshire Justices ex p Fraser [1984] 1 WLR 1391。

治安法官有允许已经选择了简易审判的被指控者撤回其决定的自由裁量权。经常出现的问题是，被指控者开始没有律师且当时同意了简易审判，然后在案件听审前的休庭期间获得了法律建议。治安法官决定的中心因素应当是被指控者在作出选择时的精神状态。"他正确地理解了提供给他选择的性质和重要性了吗？"（见麦克库劳法官在 Birmingham Justices ex p Hodgson [1985] QB 1131 案中的判决）。一个人意欲答辩有罪或无罪总是对他愿意在哪里被审判有重大影响（见 7.6 节）。因此，如果被指控者在对指控无可辩护的误解下选择了简易审判并答辩有罪，但随后他被建议他可以提出辩护，治安法官随后允许他撤回有罪答辩，接着他们几乎也应当是自动地允许撤回简易审判的选择（见 Ex p Hodgson，尤其是上诉法院法官沃特金斯在 West London Metropolitan Stipendiary Magistrate ex p Keane（1985）的判决，《泰晤士报》，1985

第 7 章　审判方式

年 3 月 9 日)。被指控者一直意欲答辩无罪,但是宣称他起初愿意被简易审判是由于从被告人的观点,他没有意识到指控的严重性和/或起诉书审判的优势,这时治安法官基于诸如被指控者的年龄、智力和对法院程序的明确理解等事项行使自由裁量权。这些标准在 Highbury Corner Metropolitan Stipendiary Magistrate ex p Weekes [1985] QB 1147 案中被适用。W（17 岁）在一个星期六晚上因非法伤害指控被捕。他被保释在星期一上午在治安法院出庭,而且只在他母亲的陪同下出庭。他没有任何获取法律建议的机会,此前也从没有到过治安法院。在他同意简易审判并答辩无罪后,案件被休庭。在随后撤回选择的申请不成功后,认识到 W 甚至不知道皇室法院是什么,因此显然他不能理解他所做的审判方式选择的"性质和重要性"。高等法院因此裁定治安法官拒绝辩方申请是错误的。治安法官的错误可能源自他认为"这个法院能够处理这一案件中的困难"的观点。毫无疑问它本来是可以的,但是这个考虑与他正在处理的申请不相关。即使是在一个明显适合简易审判的案件中,如果指控的罪行是可控诉的,被指控者也有被以起诉书审判的权利,而且也不应当在他不知道自己真正在做什么的时候作出的选择而被剥夺这一权利。麦克库劳法官在 Weekes 中的判决显示,他对处理一个年轻且没有律师的被指控者初次出庭时的审判方式这一问题感到不快。然而,法官阁下并没有准备确立任何的一般原则,以让法院一直等待,直到被指控者作出选择之前有机会申请法律帮助并获得法律建议。

　　治安法官拥有的转换简易审判或允许被指控者撤回同意简易审判的权力不应当同第 11 章中所述的移送量刑的权力混淆。当被指控者答辩有罪或被治安法官认定有罪,然后治安法官考虑他们判处惩罚的权力不充分时,才发生移送量刑。皇室法院接着的唯一职能是对罪犯进行量刑。另一方面,如果案件被提交皇室法院审判,就没有已结束的简易审判,有罪或清白的问题将由皇室法院决定。另外,如上所释,25(2)条只有在被指控者答辩无罪时才适用,但移送量刑的权力则绝不取决于答辩。

7.3.4 调整指控

如7.3节所述，控方实际上对可任意审判的罪行以简易审判没有直接的否决权。反之，他们不能阻止被指控者坚持以起诉书审判。但是，他们可以通过自己享有的与指控犯罪嫌疑人有关的几乎无限制的自由裁量权来间接地控制审判方式。因此，如果他们认为宣称的行为只是简易罪行，被指控者不能要求以可任意审判的罪行被指控。由于可任选方式审判的罪行一般比简易罪行更严重，所以如果有人宁愿以前者而不是后者被起诉可能会被认为匪夷所思。但在实践中，最严重的简易罪行和最轻微的任选审判方式罪行之间是有重叠的，因此在宣称的事实同时符合这两者时，无论罪犯是以简易罪行还是以可任选方式罪行被定罪，他实际受到的刑罚（与理论上可能科处的最重刑罚不同）可能是一样的。这时控方就能通过只指控简单快捷的前一种罪行来确保被告人在治安法院被审判（关于控方为什么希望避免陪审团审判的原因，见7.6节。）

接着出现的是控方是否可以通过先指控可任选方式的罪行，然后如果被指控者选择起诉书审判，再将指控缩减为只能简易审判的罪行这两面占尽便宜的问题。基本的答案是"是的，从严格的法律来说，他们可以这么做"。在 Canterbury & St Augustine Justices ex p Klisiak [1982] QB 398 案中，四名被告人被指控袭击造成实际身体伤害加上许多轻微的公共秩序犯罪，均发生于滨海的海岸假日骚乱中。他们对袭击选择了起诉书审判，而剩余的指控（均为简易的）则被无限期休庭。在移交程序前的一次休庭中，控方提出了袭击正在执行职务的警官（简易罪行）的进一步指控。随后，在本应是"袭击造成身体伤害"的移交程序中没有提出任何的证据，但却确定了对公共秩序指控和袭击警察指控的简易审判的日期。地区法院认为，控方有权选择指控何种罪行。法院无法阻止他们如此行事，除非这样做将造成显著的不公正。

如果控方对治安法官接受任选审判方式的指控的管辖感到不妥，Ex p Klisiak 案中的原则并不适用相反的情形。因此，在 Brooks [1985] Crim LR 385 案中，B 因为用铁锤砸在他情人的丈夫的头上而

第 7 章　审判方式

导致严重身体伤害被定罪，上诉法院严厉批评了控方在治安法官裁定最初的非法伤害的可任选方式的指控适于简易审判后，又添加严重的身体伤害指控（仅能以起诉书审判）的行为。附加指控的时间选择，看起来就像是拒绝接受法官的裁定。很大程度上是因为程序的不规范，法官大人们把 B 的刑期从 15 个月减至 9 个月。

无论调整指控处于怎样的严格法律地位，如今皇家检控署的检察官已被《皇家检察官法典》置于职业道德的限制之下。法典第 7.3 节规定了上述讨论的案件引起的基本问题："皇家检察官不能因为法院或被告人作出的关于案件应在何处被听审的决定而轻易改变指控。"起诉标准的引入则进一步限制了检察官的自由裁量权在实践中的行使（见 4.3.2 节）。

7.4　刑事损害指控的专门程序

《1977 年刑法法》包括很多被《1980 年治安法院法》废止和重新制订的条款，以期简化关于犯罪审判方式的法律，也为了重新分配刑事法院的工作，以便能有比此前更大比例的案件在治安法院听审。以前曾经是任选方式的犯罪，比如驾驶时血液中酒精含量过高和袭击正在执行职务的警察，现在都成了简易罪行；而以前只能以起诉书审判的犯罪，如重婚罪和未能给学徒提供足够食物，现在变成了可任选方式审判的犯罪。然而，将工作转移给治安法官这一最受争议的提议，只是以被削弱的形式被载入制定法。《刑法议案》本来规定将盗窃、以欺骗方式获取财产和刑事损害等轻微罪行作为只能简易审判的罪行，但对陪审团审判权利的限制呼声如此之高，以至只有关于刑事损害罪的条款变成了法律。现行立法由《1980 年治安法院法》第 22 条加以规定。

如果被指控者以违反《1971 年刑事损害法》第 1(1) 条被指控刑事损害罪，或者企图实施这一罪行，那么，除非犯罪牵涉到纵火损害或企图纵火，治安法院必须进行如下行为：

_163

(1) 在考虑了控方或辩方所做的任何陈述之后，他们考虑罪行涉及的价值——即在诉称财产被摧毁或损害至无法修理的案件中重置财产的费用，或在其他案件中修理的费用。"陈述"通常只限定律师提出的有关事实的论点和主张，可能同时附有诸如对被损害财产进行修理的账单的文件。没有必要在此时提供证据（见 Canterbury & St Augustine Justices ex p Klisiak ［1982］ QB 398 案）。

(2) 在 R （on the application of Abbott） v Colchester Magistrates' Court ［2001］ Crim LR 564 案中，地区法院明确了治安法官必须集中注意力于财产本身损害的价值。他们不应当关注任何作为损害的结果而可能造成的后续性损失。

(3) 如果涉及的价值明显是 5 000 英镑或以下，治安法官要以只能简易审判的罪行那样处理。他们不应遵从《治安法院法》第 19～21 条中规定的程序，并且被指控者无权以起诉书审判。

(4) 如果所涉价值显然超过 5 000 英镑，要像其他任何的可任选方式审判的罪行处理。治安法官听取所有关于更适合的审判方式的陈述，如果他们认为简易审判合适，助理要询问被指控者他是否同意由治安法官处理此案。

(5) 在案件根据上述第（2）点被简易审判时，治安法官能科处的最高刑罚是三个月监禁或 2 500 英镑的罚款：《1980 年治安法院法》第 33 条。他们不能根据 1980 年法案第 38 条将案件提交皇室法院量刑，虽然在适当的情况下，他们可以行使 11.3 节中提及的其他主要的移送权力。

(6) 在案件依上述第（3）点被简易审判时，最高刑罚是 1980 年法案附件 1 列举的任何任选方式审判的罪行所能科处的刑罚——即六个月监禁和 5 000 英镑罚款。另外，治安法官可以根据第 38 条移送量刑。

(7) 如果治安法官不能确定所涉价值高于还是低于 5 000 英镑，助理要询问被指控者是否同意简易审判。如果他同意并被定罪，最高刑罚同上述（4）中所述，而且他不能因第 38 条被移送量刑。在征求被指控者同意简易审判之前，助理要向他说明最高刑罚。如果他不同意简易审

第 7 章 审判方式

判,决定审判方式的第 19~21 条规定的普通程序就开始运行。

当被指控者一次被以两个或以上的对法院来说似乎形成了一系列性质相同或相似的刑事损害犯罪指控时,决定审判方式的相关因素是所有犯罪牵涉到的总计价值——即如果总计价值超过 5 000 英镑,被指控者仍然有权得到陪审团的审判,即使每一单独犯罪的价值少于这一数字(见《1980 年治安法院法》第 22(11)条,由《1988 年刑事司法法》第 38 条加入)。

在《1988 年刑事司法法》作出修订之前,有一条专断的规则,即如果被指控者面临一系列刑事损害指控,他有权选择皇室法院审判,而无论价值多少(参见,例如,St Helens Justices ex p McClorie [1983] 1 WLR 1332 案,其中治安法官被迫就(1)强行进入庭院时破坏挂锁和(2)损害试图逮捕在庭院里的被指控者的警察的手表,涉案的全部总价值只有 20 英镑)而启动移交程序。专门程序适用的数额近年来实际上已大幅增长。1977 年开始引入时是 200 英镑。接着在 1984 年增加到 400 英镑,在 1988 年增至 2 000 英镑,1994 年至 5 000 英镑。被指控者造成 5 000 英镑以上的损害是很罕见的(除非是纵火,而纵火无论如何已经被排除出这一程序)。因此绝大多数刑事损害指控已经被排除出陪审团审判的范围之外。

应当注意,即使适用特别程序,而且犯罪所涉价值是 5 000 英镑或以下,第 22(2)条也仅仅是要求治安法官像被指控的罪行只能是简易审判那般进行程序——它没有规定无论如何罪行审判都必须是简易的。(Considine(1980)70 Cr App R 239。)

应当确认,在诸如 Considine 案中(其中的指控是价值 34 英镑的刑事损害)的被指控者,有权从控方获得先期信息(先期信息的细节见 7.2 节)。之所以如此,是因为犯罪的性质使得有权获得先期信息。罪行是刑事损害,并且是可任选方式审判,虽然治安法官在特定情况下必须以简易的方式处理。

7.5 简易和可控诉相连的指控

本节所要讨论的问题是，罪行分类的一个基本原则是简易罪行必须在治安法院审判。皇室法院被牵涉到处理简易案件（不是上诉）的唯一情形是被指控者在低级法院答辩或被认定有罪，然后根据《1967年刑事司法法》第56条被移交量刑。《1988年刑事司法法》通过之前，上述原则没有例外。然而，法案第40和41条引进了两项新程序，其中一项是授权有限范围的简易罪行实际以起诉书审判，另一项是允许被指控者以可任选方式罪行被起诉书审判定罪之后，同时因他答辩有罪的简易罪行被量刑。但是，这两项程序只有在被指控者被指控可控诉罪行和相连的简易罪行时才适用。简易指控本身必须总是并且毫无例外地被简易审判。

由于对第40和/或41条的使用取决于被指控者因可控诉指控被提交至皇室法院审判，因此在以后详细地讨论这一话题更适当。

7.6 起诉书审判还是简易审判？

当被指控者可以选择由法官和陪审团进行起诉书审判，或是由治安法官进行简易审判时，以下关于每一种方式的优劣要点应当了然于胸。

与起诉书审判相比，简易审判比较廉价，也不那么耗时。如果被指控者选择由治安法官简易审判并被定罪，任何支付控方费用或他自己的法律帮助费用的命令都几乎能肯定地反映他选择了比较便宜的审判方式。另外，判决本身也很可能比如果他被在皇室法院审判更宽宥。如果他不被移交量刑（见第11章），惩罚当然不会超过6个月监禁和5000英镑的罚款（如果因两项或以上可任选方式罪行被定罪的话，是12个月）。即使治安法官有权移交量刑，他们也完全可以在一些案件中亲自处理罪犯。这些案件，如果被告人以起诉书被宣告有罪，皇室法院法官会判处比治安法官判处的更重的刑罚。当然，作为审判前请求程序的一项结果，意欲答辩有罪的被告人无论如何会被治安法院处理（但有移交量刑的可能性——见第 11 章）。但是，了解被告人会答辩无罪的精明的律师会对治安法院量刑权力的限制牢记于胸，不过知道他还是有可能被宣告有罪。

但是，普遍的观点认为陪审团审判提供了宣告无罪的更好前景。有三个理由支持这一观点。首先，在起诉书审判中，被告人确切地知道控方意欲举出的证据，因为这会在移交程序中和任何额外的证据通知中被披露。虽然《1985 年治安法院（先期信息）规则》（见 7.2 节）现在规定，只要被控罪行是可任选方式的，控方就应当提供先期信息，但规则没有明确要求控方给出控方证人陈述的复印件——只要提供有关"控方准备提出的证据的事实和事项的摘要"即已足够。因此，从辩方来看，简易审判前对证据的掌握还是不能像在起诉书审判之前得到的信息那样令人满意。其次，如 9.7.2 节所释，简易审判时很难对证据的不可采纳提出有效的反对意见，因为治安法官在裁定证据的不可采纳时了解了证据，因此甚至不可避免地会被他们最终决定排除的材料所影响。在起诉书审判中，法官在陪审团不在场时决定证据是否可被采纳。最后，有人提出陪审员比治安法官更可能相信被指控者，尤其当警方证据和辩方证据存有冲突。有人会认为这是因为治安法官比陪审团更不易受骗，另有人说，通过经常开庭，治安法官变得"对案件冷酷"，对警方的证据不再盲信。不管什么原因，统计数据似乎在这点上支持专业观点。在 1998/9 年度，43％的皇室法院审判以宣告无罪被终结，57％被宣告有罪。相反，治安法院只有 26％的被告人被宣告无罪，而 74％的被告人在审判后被宣告有罪。

第8章 披 露

英格兰和威尔士的刑事审判的一大重要特色，历来就是控方有将在他控制之下的证据向辩方披露的义务。这一义务的合理性在于王权一方（能够获得警察的侦查设施和诸如法医科学家的专家服务）和作为被指控犯罪的个人的另一方之间资源上的悬殊。为努力确保被指控者接受公平的审判，也为了尽可能地在王权和被指控者之间达到"平等的武装"，设立了一项由控方向辩方承担的普通法义务。此项义务有两个方面：

（1）通知辩方控方准备依赖的证据的义务。这可以被方便地称为"提供先期信息的义务"。就起诉书审判而言，这部分地通过案件移交皇室法院之前，或根据仅可指控的程序被移交到皇室法院之后送达给被告人的文书被履行（见第12章）。控方后来决定作为案件的一部分而提出的任何证据都必须通过一份额外证据的通知（见 18.3.3 节）引起辩方的注意。在简易审判时这一义务并不那么宽泛，在 7.2 节已有论述。

（2）使辩方获得任何与案件相关的控方不准备依赖的材料——"无用信息"——的义务。本章其余部分将集中讨论控方的这一义务（又称"披露责任"），但也将讨论辩方负有的披露在审判时依赖的案情的义务。

虽然控方的披露义务是从普通法的法官们发展起来的，但为确保被

第8章 披 露

指控者受到公平的审判，它现在已经被《1996年刑事程序和侦查法》（CPIA）以制定法的形式加以规定，由这一法案的《执行守则》补充。CPIA中的披露条款于1997年4月1日生效。它们的适用由第1（3）条规定，该条载明第一部分（包含披露条款）适用于指定日（1997年4月1日）之前没有开始刑事侦查的被宣称罪行。第1（4）条将"刑事侦查"定义为"警察或其他人为确定（1）一个人是否应当以罪行被指控，或（2）被指控的人是否有罪而进行的侦查"。法案由同时生效的《执行守则》和一系列规则和条例加以补充（关于和披露有关的规则，见 Sprack, The Criminal Procedure and Investigations Act 1996；（1）The Duty of Disclosure [1997] Crim LR 308；和 Leng and Taylor, Blackstone's Guide to the Criminal Procedure and Investigations Act 1996，第1、2章）。

立法的框架如下：

（1）侦查犯罪的警察负有记录和保留在侦查过程中收集或产生的信息和材料的制定法上的义务（见8.1节）。

（2）检察官在用CPIA的术语说是"控方初步披露"中，应当通知辩方他们在审判时不欲使用的某些范畴的材料——如上所说，还有通知辩方他们意欲使用的证据的单独责任（见8.2节）。

（3）辩方接着有责任通知控方他们意欲在审判时展示的案情（见8.3节）。

（4）辩方的披露引发了控方向辩方披露进一步材料的责任——"控方二次披露"（8.4节）。

立法确立了在对控方是否应当披露特定材料有争议的特定情形下向法院提出申请的条款（见8.5节）；还规定了对辩方未能披露或作出虚假或前后矛盾的披露的惩罚措施（8.8节）。

这一立法应当被适用的案件由第1条加以规定。简单地说，对被提交至皇室法院以起诉书审判的案件是强制性的被适用。它还可以在自愿的基础上适用于任何简易审判，包括那些在未成年人法院审判的案件，无论所涉及的指控是简易的、任选方式的，或甚至是（在未成年人法院的案件）仅可控诉的（见 8.9 节适用简易审判的制定法条款）。

8.1 侦查人员的义务

《1996 年刑事程序和侦查法》第 23 条要求内务大臣制定规范警察侦查的《执行守则》。根据第 26 条，除警察之外，负有刑事侦查义务的人员（如海关官员和贸易标准官员）必须遵守守则的条款。

《执行守则》（被重制成《附录 3》）要求侦查人员负责确保任何与侦查有关的信息必须被记录和保存，无论是在侦查过程中收集的（如，在搜查住所时没收的文件）或是在侦查过程中产生的材料（如会谈记录）。如果对材料的相关性有任何质疑，侦查人员应当将其保存。保留材料的责任具体包括以下范畴：

（1）犯罪报告，包括犯罪报告表、事故报告书的相关部分和警察笔记本；

（2）最终版本的证人陈述；

（3）当内容与最终版本不同时，证人陈述的草稿版本；

（4）会谈记录（书面或录音）；

（5）专家报告及附录；

（6）任何使人对供述的可靠性产生怀疑的材料；

（7）任何使人对证人的可靠性产生怀疑的材料。

但是保留材料的义务并不扩展至纯粹是上述材料范畴的辅助且不具备独立重要性的材料，例如文件的复印件。材料必须至少保留到刑事诉讼程序结束。当被指控者被定罪时，材料必须至少保留至宣告有罪后的六个月，或直至他从监禁中被释放（无论多晚）。

如果侦查人员认为被指控者可能在简易审判中答辩无罪，或者罪行将由皇室法院审判时，他或她必须准备一份表格，列明已保留的材料和不能构成针对被指控者指控的材料。如果侦查人员获得了任何敏感材料，这应当在单独的表中被列出来。所谓敏感材料，是指侦查人员以公

第 8 章 披 露

共利益认为不能披露的材料。守则举出了一些例子，涵盖了与国家安全有关的材料及机密提供的材料，并包括有关线人、便衣警察、用于警察监视的房屋、在侦破犯罪时使用的技术，以及诸如由当地当局社会服务部提供的有关儿童证人的材料（见 8.7 节）。

侦查人员应当使检察官注意到任何可能削弱控方案件的材料。披露官员（负责检查侦查和刑事诉讼中制作的记录，并将材料按要求向检察官或被指控者披露的人）必须证明，尽他所知和理解，守则规定的义务都已履行。

在辩方履行了他们的披露义务后（见 8.3 节），侦查人员必须再次检查所保留的材料，并使检察官注意到任何可能合理地期待对已披露的辩方会有帮助的材料。披露官员必须再次证明守则规定的义务已经被履行。如果检察官在履行了上述义务后又获得了任何新的材料，那么这些材料必须以同样的方式再被处理。

如果检察官有这样的要求，侦查人员还必须向被指控者披露：

（1）可能削弱控方案件的材料；

（2）如果被指控者向检察官提交了辩护陈述（见 8.3 节），合理期待的可能对已披露的被指控者的辩护有帮助的材料；

（3）法院命令披露的任何材料。

因此，法律将警方披露官员置于披露控方占有的材料这一义务的中心。这个角色备受争议，而其实现的方法更招致了法律行业的激烈批评。正像内务部进行的一项重大研究提到的，大部分警方人员认为他们接受的有关披露的训练不足——平均长度不到一天。警官经常向检察官提供迟到的、不确切的和不完整的文件。检察官经常不同意披露官员关于材料是否应当披露的评估（《奥德报告》，部分参照 Plotnikoff and Woolfson，A Fair Baliance? Evaluation of the Operation of Disclosure Law，Home Office 2001）。

124

8.2　控方初步披露

　　《刑事程序和侦查法》第 3 条要求检察官向被指控者披露以前没有披露的材料，如果在检察官看来"它可能削弱控方对被指控者的案件"。由于它建立在检察官意见的基础上，所以这个检验是主观的（与第 7 (2) 条规定的控方二次披露的客观检验标准相比较：被合理地期待能帮助通过辩护陈述而披露的被指控者辩护……的材料，在第 8.4 节中讨论）。如果没有这样的材料，则必须向被指控者提供一份书面的说明。控方材料包括检察官拥有的或根据守则被允许调查的材料（见 8.1 节）。这些材料通过将其交给辩方或允许辩方在合理的时间和地点调查的方式被披露。这一步骤被称为"控方初步披露"，并且应当在一旦合理可行的时候进行（第 13 条）。在适当的时候，这一义务则必须在法定条款规定的时限内完成（第 12 条）。但是如果法院认为披露将不利于公共利益时，该条规定下的材料则不得被披露（第 3 (6) 条），在第 8.7 节中讨论）。根据第 4 条，如果检察官得到一份显示为非敏感材料，且尚未被交给被指控者的文件，那么这份文件必须在控方初步披露的同时交给被指控者。

　　那就应该是检察官判断材料是否应当披露给辩方。这种判断应该在什么基础上作出？《刑事程序和侦查法》之前的普通法做法被压缩在 Keane [1994] 1 WLR 746 案确立的标准中，该标准认为，材料应当被披露（除非享受豁免），如果这些材料：

　　控方在理智的评价后认为：（1）与案件中的事项有关或可能有关；（2）引起或可能引起新的事项，而这事项并不能从控方提议使用的证据中明示出来；（3）提供能将证据导向（1）或（2）的真实的（而不是想象的）前景。

　　当政府引入《刑事程序与侦查法》规定的新的法定披露计划时，他们意欲限制，用"削弱"一词，Keane 案阐释的相关性的标准（Hansard, Lords, 1995年12月18日, 第1436~1447行; 又见 Leng and Taylor, Blackstone's Criminal Procedure and Investigations Act 1996, 第13~14页)。议会试图通过法律修订将这一案件中确定的相关性标准固定下来的努力遭到了抵制。不过, 在法案颁行过程中也清楚了削弱控方案件的材料不仅是对控方案件致命的材料。例如, 内务大臣大卫·麦克林先生对这一标准作了如下的描述:

初步披露的标准旨在确保检察官在第一阶段披露一般来说对控方案件力量具有反作用的材料。它并不局限于对控诉提出基本问题的材料……披露计划是针对可能帮助被指控者的尚未披露的材料, 尽管已经有足够的证据能表明具有定罪的实际可能。(Hansard, 下议院常务委员会B, 1996年5月14日, 第34行)。

"可能削弱"控方案件的一种类别的材料是控方证人前科的通知。在 Vasiliou [2000] Crim LR 845 案中, 上诉法院裁定, 因为控方未能揭示有关他们证人的前科, 因此对上诉人的定罪是不安全的。这意味着上诉人被剥夺了质疑那些证人的品行的机会。缺乏信息导致上诉人在审判时没能采取他们本应该采取的不同的策略。该有罪宣告被撤销并被命令重审。

8.3 辩方披露

根据第5条, 一旦控方初步披露完成而且案件被提交到皇室法院, 被指控者必须向法院和检察官提交一份辩护陈述。辩护陈述是用一般的术语阐述辩护的性质和被指控者对起诉的反对及理由的一份书面陈述。

如果辩护陈述披露被告人不在犯罪现场, 必须给出不在现场的详情, 包括证明罪犯不在现场的证人姓名和地址, 或者如果证人的姓名地址不详, 而可能对发现证人有用的信息。这个条款替代了《1967年刑事司法法》第11条, 由《刑事程序与侦查法》第74条予以废止, 尽管采用了与此相似的不在犯罪现场证据的定义——"倾向于显示由于被指控者在特定的时间出现在特定的地点或地区,而他没有或不可能出现在被宣称的罪行被诉称发生的地点的证据"(此定义被适用的例子,见18.5.3节)。

《刑事程序和侦查法》施加给辩护方的义务是一项新的义务,因为历史上,除了特定的有限例外,比如上一节讨论的对被告人不在犯罪现场的披露之外,没有让辩方在审判前披露他们案件的义务。传统的反对将辩方置于这样一项义务之下的论点认为它腐蚀了两条基本原则:控方有证明的责任,被指控者有权受不自证其罪的保护。如这种观点所说,一旦对辩方披露辩护意见施加任何的压力,那么实际上他就被迫填充了控方针对他的案件的不足。尽管有这些争论,《刑事程序和侦查法》还是确立了辩方披露的义务。这的确将辩方律师置于战术上的两难境地。他们必须衡量一份细致的辩护陈述的利弊。适当程度的具体可以促使控方进一步披露材料(见8.4节),而不披露则会得出对辩方潜在不利的推断(见8.8节)。另一方面,如果辩方被一份后来证明是不确切的辩护陈述所束缚,那么也存在因此而被得出不利推断的危险。

与法定条款同时生效的条例对辩方披露予以了严格的时间限制(见《1996年刑事程序和侦查法(辩方披露时限)1997年条例》;SI 1997 No684)。辩护陈述必须在控方履行(或声称履行)了初步披露义务的14日内提交(条例2)。虽然辩护方可以申请延期,以合理的理由说明他们不能在期限届满前提交,但申请必须在最后期限届满前提出(条例3)。法院可以"完全根据(它的)自由裁量权"批准延期,而且可以在同样的基础上命令进一步延期。法院的规则(《1997年皇室法院(1996年刑事程序和侦查法)(披露)规则》(SI 1997 No 698),规则8;以及《1997年治安法院(1996年刑事程序和侦查法)(披露)规则》(SI 1997 No 703),规则8),也与法定条款同时生效。规定必须在收到申请的14天内举行听审,以给检察官就是否应当被批准延期作出陈述的机会。因此,这也说明了辩方必须在最后期限届满前提出申请,但直到时限届满后才能知道申请的命运。

必须强调,科加在辩方身上的披露义务不同于通常意义上所说的

第 8 章 披 露

"控方披露义务"。控方义务是披露无用的信息,即他们在审判时不欲使用的材料。就辩方披露而言,是披露将要在审判时出示的证据。无论是在普通法还是新的立法规定下,辩方都没有披露在审判时不使用的材料的义务。

尽管这已清楚,但辩护陈述应当具体的程度还不是很明确。它是否必须向控方提供一份将要在审判时提出的证据的说明?是否应当包括意欲交叉询问控方证人的提纲?这个问题很重要,因为如果辩护陈述与辩方在审判时的陈述不一致的话,法院将据此得出推断。

为解答这个问题,应当考虑辩方在要提交辩护陈述时,他们已经收到了哪些材料以及他们没有收到的材料。控方肯定已经送达了移交审判的文件,或在仅可控诉程序中相应的文件,或移送通知,或自愿的起诉状(对移送审判程序和替代程序的详述,见第 12 章)。控方还必须遵守,或声称遵守其初步披露的责任(第 5(1)(b)条)。控方还没有做的是送达有关他们准备以什么方式提出案件的陈述。就后者来说,控方案件包括了从控方依赖的证据中得出的推定和结论。虽然在一些案件中控方依赖的证据是不言自明的,但在另一些案件中,让辩方就案件与控方进行论辩或者说出原因是不可能的(见阿克纳勋爵在就法案进行的辩论中的发言:Hansard,上议院议员,1995 年 12 月 18 日,1458~9 行)。

在解释辩护陈述的预期范围时,副检察总长在解释现今的第 5(6)条时的讲话是得当的。他说:"对(为什么与控方论辩)的理由没有建议,而对支持这个理由的证据细节可以建议。"他具体说道:"对可能要求辩方陈述其口头交叉询问的内容的担心并没有良好的根据。根本就没有过这种打算"(Hansard,下议院委员会,1996 年 5 月 16 日,66~69 行)。如果仔细地考虑这句话,并与当辩方还不清楚控方如何处理案件的方式时对辩方提出的合理要求的情境结合在一起,那么法院就辩护陈述应当包括的范围采取相对宽松的态度,似乎是合理的。

如果被指控者的确根据第 5 条提交了辩护陈述,另一个重要问题又出现了:控方是否应当被允许将这作为证据,作为他们案件的一部分?

当控方案件较弱时，这样可能是有诱惑力的。比如说，被指控者被指控袭击。辩护陈述载明被指控者是在自卫。在陪审团审判过程中，控方无法证明被指控者进行了击打。很清楚地这将成功地提起无案可答的建议（无案可答建议的细节，见18.4节）。控方能否提出辩护陈述，以阻止这样一个建议？

允许这样的行为将对反对自证其罪的特权构成严重的破坏，证明责任应当自始至终在检察官一方。曾提议辩方披露的刑事司法皇家委员会（由郎西曼勋爵担任主席）建议，不应当允许控方将由辩方披露的事项援引为其案件的一部分。他们意味深长地说，这样一个限制"与证明责任应当在于控方的原则更吻合"（《刑事司法皇家委员会报告》第2263行，第26段）。

制定法中对这种行为并没有具体的授权，控方要想能使用辩护陈述，必须清除两个障碍：

(1) 他们必须表明陈述是被告人作出的；以及

(2) 他们必须为其采纳建立一条证据路径。

按照案件的普通进展，在辩护陈述准备好并由被告人辩护律师宣布之后，控方需要表明它是在被告人的授权之下宣布的，以实际上成为他本人的陈述。然而，普通法的立场是，在刑事案件中，当事人在没有具体的证据指导下，不受由他或她的辩护律师撰写的陈述的约束（Downer (1880) 43 LT 445）。从情形中可以推断出代理，比如在 Turner (1975) 61 Cr App R 67 案中，辩护律师在法院上以当事人的利益并在当事人在场时做了一项承认。当然，情形也可能是不能推断出代理。在 Evans [1981] Crim LR 699 案中，法院裁定，不能从被指控者辩护律师的助理所做的承认中推定存在代理。另外，任何代理的推定都可以被可采纳的证据推翻。例如，在 Turner 案中，声称作出承认的辩护律师给出证据说明他这么做超越了代理权，被指控者的陈述被裁定为不可采纳。用来支持或反驳承认是在被指控者授权之下作出的证据本身必须是可采纳的。在 Evans 案中，按照被指控者授权行事的辩护律师助理的证据被裁定为不可采纳的传闻证据。

第8章 披 露

那么，在没有法定授权的情况下，需要有证据证实第5条下的辩方陈述是经被指控者授权宣布的，然后才能合适地说这是被告人的陈述。法案没有规定这样的授权。这个问题在被《刑事程序和侦查法》废止的1967年《刑事司法法》有关犯罪时不在现场的证据的条款中作了不同的规定。1967年《刑事司法法》第11（5）条，是一个判断性的条款："任何由被告人辩护律师声称根据此条代表被告人作出的通知，除非能证明相反，应当被认为是在被告人的授权下给出的"。在 Rossborough (1985) 81 Cr App R 141 案中，法院裁定，不在犯罪现场的证据的通知可以由控方证实作为其案件的一部分。但是，因为1967年法案规定的判断性条款并没有在《刑事程序和侦查法》的披露条文中有对应的条款，因此这个案件有所不同。

假设控方能够清除第5条陈述的被指控者授权的障碍，这样它就是被告人陈述，仍然是一份庭外陈述，他们必须接着确立其可采纳性而不管其传闻证据的性质。这么做是为了显示它是供认。根据《警察与刑事证据法》第82（1）条，供认是"全部或部分对作出它的人不利的任何陈述"。在 Sat-Bhamabra (1998) 88 Cr App R 55 案中，上诉法院裁定，这一定义被局限在作出当时不利的陈述。因此，在作出时开脱罪行的陈述，而后来被证明不利（比如，虚假的不在犯罪现场的陈述）就不是供认。这似乎将很多在新的披露计划下作出的辩护陈述排除在供认范围之外，因此阻止了它们通过这一途径被采纳。如果辩方就有关控方必须证明的案件情况作了承认，这似乎（在技术上）是供认，即对作出陈述者部分不利的陈述。另外，它并非是《警察与刑事证据法》第76（2）条规定的供认。

即使适用 Sat-Bhambra 案的标准，并且辩护陈述在作出当时也并非不利，但是决定将此作为证据的检察官有时可以辩称它是有关被告人精神状态（比如说谎）的原始证据。

一旦第5条规定的陈述被确立为被告人的陈述，显然存在几条关于可采纳的证据途径。这是否是辩方披露的一个计划的（或预期的）后果，令人怀疑。如果检察官试图将辩方陈述引入证据作为控方案件的一

— 177 —

部分，那么它们将面临被法官在"这将会对程序公正产生负面的影响，以至于法院不应当采纳"这一基础上，行使其《警察与刑事证据法》第78条规定的自由裁量权而遭排除的境遇。

8.4 控方二次披露

一旦辩方提交了陈述，检察官必须向被指控者披露任何此前尚未披露的控方材料，这些材料"根据辩护陈述表明，可能对被指控者的辩护有帮助"（第7条）。如果没有这种材料，检察官必须向被指控者给出一份能达到此效果的陈述。检察官这一方面的义务由守则（8.2节）科予侦查人员的义务所补充，即要求侦查人员再次检查保留的材料，并使检察官注意任何通过辩护陈述揭示的可能对辩方有帮助的材料。这一程序被称为"控方二次披露"，并且必须在法定文件中确定的时限内或（在确立时限之前）尽可能快地履行（第13（7）条）。披露的方式与控方初步披露的方式相同，并且有也同样的例外，即法院命令如果对于公共利益不利则不能披露材料（第7（5）条）或根据《1985年通讯截取法》被截取的材料（第7（6）条）不能被披露。二次披露的检验标准是一项客观的标准（任何被合理地预期……的控方材料）并可能受到被指控者的反对和法院的审查（见8.5节）。

8.5 向法院申请

检察官可以向法院申请一些材料无论是在初步还是二次阶段都不应当被披露，因为披露对公共利益不利。就此，辩方可以根据第8条向法院申请命令检察官应当披露材料。这适用于检察官掌握或审查的材料（第8（3）条），也适用于披露官员必须向检察官提供，或者在检察官要求时允许检察官审查的任何材料（第8（4）条）。但这样的申请只有在辩方已经送达辩护陈述后才可提出（第 8（1）条）。实践中，辩方可能会发现很难对控方披露提出成功的质疑。首先，任何此类质疑的范围被限制在辩护陈述中提及的事项。当然，辩护陈述未能包括某些事项并不意味着讨论中的辩护无效，更不能说被指控者是不可避免地有罪。在被告人有精神病、酩酊大醉而无法清楚地记起或者有意承认自己没有犯的罪时怎么办？（朱迪斯·沃德可能是属于后一范畴司法不公的被害人最值得提起的例子：见 Ward [1993] 1 WLR 619。）因此，二次披露的受局限的范围必定限制声称它有缺陷的能力。其次，存在指出没有被披露的材料这方面的问题。为指出没有被披露的材料，辩方依赖于侦查人员的善意和效率，侦查人员负有使检察官注意到作为二次披露基础的材料的责任。在大多数情况下，侦查早已结束，并且案件被移交到皇家检控署手中，因此任何发现相关材料的动机都几乎可以被忽略。侦查人员几乎不可避免地已经形成被指控者有罪的坚定信念，而且会怀疑（至少在潜意识上）能真正帮助辩护方的材料。侦查人员也不太可能有识别能使律师在审判时转为优势的材料的法律技巧（更不用说辩方的观点）。第三，辩护方将必须使法院确信有"合理的理由相信"：

（1）存在"合理地预期帮助"所提的辩护方的控方材料；且

（2）材料尚未披露给被指控者。

第 8 条的运行对整个披露计划来说很关键，因为它提供了法院据以监督其运行的手段。如果对控辩双方资源的不对称真的可以矫正的话，那么法院认识到辩方对被怀疑为不适当的披露提出成功的反对所面临的实际困难，以及在决定审查的申请时反映这一认识就因此很重要。如果存在可能帮助辩方的合理机会，法院应当命令披露。

8.6　连续审查

检察官处于审查披露问题的连续责任之下（第 9 条）。如果在被指控者被宣告无罪和有罪之前的任何时候，检察官形成了存在可能削弱控方案件（第 9（2）条），或被合理地预期对被指控者的辩护有帮助（第 9（5）条）的材料的观点时，那么这些材料必须在一旦合理可能的时候尽快披露给被指控者（如果法院还没有对这些材料作出不披露的决定）。这种连续审查的责任会在，比如，当控方证人给出的证据与此前向警方作出的陈述有本质的不同时发挥作用。如果辩方没有意识到这一陈述，控方律师应当向他的相对方披露，以便他能在交叉询问时使证人证词丧失可信性（Clarke（1931）22 Cr App R 58——虽然案件发生在《刑事程序和侦查法》之前多年，但被认为该原则仍然有效）。

就法院来说，它必须继续审查受它命令而披露证据是否仍然合乎公共利益（第 15 条）。

8.7 公共利益豁免

控方的披露义务，无论是在初步还是在第二阶段，在公共利益如此要求时都要受到豁免。在一些情况下控方将采取材料应当被保留的观点，例如，因为材料很敏感，以至于它要受到公共利益豁免。如果材料披露了线人的身份时就是这种情况（Marks v Beyfus（1890）25 QBD 494）。这项规则的一个明显的理由是防止对线人进行报复，以及担心他们身份的泄漏会使警方信息资源枯竭。然而，Marks v Beyfus6 案阐明了如果法官的观点是为了显示被告人的清白线人的姓名应当披露，那么也可以偏离规则。有关警方线人的规则已被延伸到警方使用的观察点（Rankine [1986] QB 861）。理由是那些给警方提供住所以观察犯罪嫌疑人的公众成员可能会受到与线人相同方式的报复。

即使皇室法院认为未使用的材料应当受到披露豁免，但普通法并非如此。Ward [1993] 1 WLR 61 案说明了是法院，而不是控方对是否批准披露豁免作出最终的决定。朱迪斯·沃德以多起谋杀和爆炸犯罪被定罪。控方未能披露与她的有罪供认和某些科学证据相关的材料。上诉法院认定，如果控方声称他们有权基于公共利益豁免而保留实质性的材料，必须请求法院对他们声称的合法性进行裁定。如果控方并没有准备由法院决定这个问题，他们必须放弃这个案件。

虽然《刑事程序和侦查法》一般不适用普通法在有关控方披露责任的规则（第21（1）条），但它保留了"普通法关于披露是否合乎公共利益的规则"（第21（2）条）。

公共利益豁免是贯穿于《刑事程序和侦查法》条文始终的一条线。第3（6）条使初步披露服从于公共利益豁免。第7（5）条在关于二次披露上行使着类似的功能。第8（5）条禁止法院在违反公共利益时命令披露。第9（8）条对控方持续审查的义务进行了类似的限制。

另外，《执行守则》对公共利益豁免这一问题也有考虑，因为它要求披露官员"在一个敏感问题表上列出他认为披露对公共利益不利的材料及理由"（6.12节）。守则列举了这些敏感材料，包括：

(1) 与国家安全有关的；
(2) 被机密托付的；
(3) 与线人或便衣警察的身份或活动有关的；
(4) 泄露用于警方监视的住所的位置的；
(5) 泄露监视技术和其他侦查犯罪的方法的；
(6) 与儿童和年轻人有关并由如地方当局社会服务部制成的材料。

关键是，列举"敏感"表无论如何不能解决披露是否符合公共利益这一问题。这个问题很显然应当由法院根据上述法定条款和制定法保留的普通法规则来解决。因此 Ward ［1993］1 WLR 619 案的原则保持完整无缺：法院，而不是检察官（更不用说侦查人员），是关于披露是否可以基于公共利益豁免而被避免的最终仲裁人。另外，显然，守则列举的"敏感材料"的范畴要比法院准备在公共利益豁免名下隐蔽的材料类型多。守则给出了敏感材料的一个例子，"机密托付的材料"。但是材料被机密托付的事实本身并不足以确保它能招致公共利益豁免，进而使控方能免于披露。法院会对诸如这样的范畴危险保持警惕。如果"敏感性"足以招致公共利益豁免，那么警官为了确保不披露所必须做的将只是称材料被机密地处理，并且即使线人不要求也可以给出这样一个保证。

会有这样的情形，如果检察官想提出不披露的申请，但认为披露支持公共利益豁免的争论（或甚至他们提出申请的事实）会"泄露机密"，例如披露线人的存在并从而让被告人猜到这个线人是谁。《1997年皇室法院（1996年刑事程序和侦查法）（披露）规则》和《1997年治安法院（1996年刑事程序和侦查法）（披露）规则》遵从了Davis［1993］WLR 613案确立的程序，在提出不披露的申请之前，辩护方必须被通知。听审可以是双方的，也可以是单方的，可以通知辩方，也可以不通知，取决于检察官提出的申请的类型。当然，单方听审的问题是辩方没有机会做有利于披露的辩论。法院将只听取控方的辩论。结果，单方程序在Rowe and Davis v UK（2000）30 EHRR 1案中遭到了欧洲人权法院的反对。

在1990年2月以谋杀、攻击造成严重身体伤害和三项抢劫罪中，上诉人洛维和戴维斯（和约翰逊一起）被审判。1992年10月他们上诉至上诉法院。在第一次听审时，控方律师递交给法院一份没有展示给被告人律师的文件，寻求裁定不披露。他通知法院文件内容敏感，他应当被单方听审，或者如果是双方听审，只有在辩方顾问不向他们的事务律师或当事人披露发生的事情的基础上才能进行。在听审中，辩方律师指出他们凭良心不能这样做，而事实上控方要求不披露的单方听审。上诉法院在判决中：

（1）指出控方拥有的而检察官寻求避免披露的材料的相关程序已经为Ward［1993］1 WLR 619案所改变——现在应当是法院，而不是控方，决定是否应当进行披露；

（2）阐明了此类案件应当遵守的程序指南，如上述；

（3）拒绝命令披露。

在实质性上诉听审中，对洛维和戴维斯以及他们的共同被告人约翰逊的定罪被支持。

案件被及时地提交到刑事案件审查委员会（见24.8节），它在1997年至1999年期间调查案件。调查显示控方主要证人之一是警方的一个长期线人,他找到警方并告知他们上诉人洛维和戴维斯应对被怀疑的犯罪负责。他收到了10 300英镑的回报并被免于所承认的参与犯罪的起诉。这些事实基于公共利益豁免此前没有向辩方披露。刑事案件审查委员会评价道,"如果陪审团意识到这一点,那么(控方证人的)可信性将会以更严格的态度被评估"。上诉人和约翰逊的案件被发回给最终决定支持上诉决定的上诉法院。

同时,上诉人寻求欧洲人权法院裁定对他们的审判违反了《欧洲人权公约》第6(1)条和第3(a)和(b)条(这些条款的内容,见26.2.5节)。

在欧洲人权法院进行的听审中,上诉人辩称在他们的审判程序中,控方未经咨询法院将证据截留而未展示给辩方,这违反了第6条。这一瑕疵没有被上诉法院的单方听审程序所补救,这使得辩方没有任何机会陈述有关披露的观点。上诉人辩称,将被指控者排除出这一程序应当通过介入一名特别的独立律师来达到均衡,特别独立律师可以对未披露证据的相关性提出辩解,检查控方声称公共利益豁免的强度,以及防止司法错误或偏见的危险。特别律师程序现在已经在有关北爱尔兰的公平雇佣案件、特定的移民上诉、有关电子通信截取的申诉,以及审判法官禁止被指控者亲自交叉询问性犯罪中的告发者的案件中被引入到联合王国。

欧洲人权法院的决定包含以下要点:

(1)公正审判的权利意味着控诉机关应当向辩护方披露所有处于他们控制之下的、对被指控者有利或不利的材料证据。

(2)披露的义务不是绝对的,而且"在任何刑事诉讼程序中都会有冲突的利益,比如国家安全,或需要保护辩护证人不受报复,或使警方侦查手段保密,与被指控者的权利不利"。

(3)限制辩护方披露权利的措施,只能是根据第6(1)条允许的且有必要严格的;

(4)任何通过对辩护方权利的限制而对辩护方造成的困难,必须由法院遵从的程序进行充分的平衡。

(5) 控方不通知法官而自行决定保留相关证据的 Ward 案之前的程序，违反第 6（1）条。

(6) 上诉法院采取的有关披露的程序不能弥补在审判中适用的不公平程序。它是单方的，因而上诉法院依赖于控方律师和审判笔录来理解未披露材料的可能的相关性。无论如何，如果审判法官收到了这些材料，他会在影响审判进程的阶段掌握未披露证据的重要性。另外，上诉法院在事后考虑证据时可能已经无意识地被陪审团有罪的裁决影响，以至于低估了未披露证据的重要性。

因此，上诉人没有得到公正的审判。此案应当与 Edwards v UK (1992) 15 EHRR 417 案进行比较。在 Edwards 案中，上诉程序能够弥补审判中的瑕疵，因为到上诉时辩方已经收到绝大多数缺少的信息，而且由于审判发生在（Ward 案之前）普通法规则还有效的时候，因此辩方能够具体地辩论新材料对 1996 年《刑事程序和侦查法》规定的披露标准的影响。但值得注意的是，上述（1）和（3）两点的推理意味着对 Keane [1994] 1 WLR 747 案确立的实质性标准的扩大，而并非对 1996 年法案规定的义务的限制。另外，就 1996 年法案规定的二次披露的要求而言，它限于"根据辩护陈述表明，合理地预期对被指控者的辩护有帮助的"之前未披露的控方材料（《1996 年刑事程序和侦查法》第 7 (2)(a) 条不能与第（3）点协调一致）。

欧洲法院的决定对上诉法院弥补审判中有缺陷的披露的能力提出了怀疑。但是它没有对单方程序的公平性给出清晰的指示，因为这一程序在第一审时被使用（现已由《1997 年皇室法院（1996 年刑事程序和侦查法）（披露）规则》规定）。鉴于独立律师程序在一些其他领域被采用，以及欧洲法院在上述第（4）点中的推理，看起来支持上诉人主张的特别独立律师程序在这样的情境下可能被再次详细检查。

8.8 与辩方披露相关的惩罚

如果辩方未能进行披露，控方进行二次披露（有关由辩护陈述表明

第8章 披 露

的可能合理地期待帮助辩护）的义务就不会被引发。这一概念是披露条款方案中不可分割的一部分。

第11条规定了如果辩方在他们的披露义务中有缺陷时应当承担的额外的惩罚。如果辩护方有以下行为时，它们（惩罚措施）就适用：

（1）未能作出披露；

（2）在法定文件确定的期限后进行披露；

（3）在陈述中阐述了不一致的辩护；

（4）在审判时提出与辩护陈述中不同的辩护；

（5）在陈述中没有给出具体的情节，而在审判时举出犯罪时不在现场的证据；

（6）在陈述中没有给出证人的细节，而在审判时传唤犯罪时不在现场的证人。

如果符合任一种情况，则辩方披露中的缺陷会被法院（或在法院准许下由当事人）评论，并且法院或陪审团可以从被指控者未能适当地披露的情形中得出推论。然而，在被指控者提出不同的辩护的情况下决定该如何处理时，法院应该考虑到辩护不同的范围以及对此是否存在正当的理由。另外，不可以仅基于第11条得出的推断而宣告被指控者有罪。

在起诉书审判中，如果法官决定允许陪审团得出推断，这可能需要 Lucas [1981] QB 720 案给出的指示（关于应当给出 Lucas 指令的情形，见 Burge [1996] 1 Cr App R 163）。法官需要指示陪审团考虑辩护陈述是否在实质问题上构成谎言，因为对有罪的意识和对事实真相的恐惧。就最后一点来说，Lucas 案中关于谎言并不等于有罪，而可能出于一系列的原因，包括希望支持一个公正理由的告诫，可能特别适合于辩护陈述作出夸大声称的情况。在被指控者为了取得战术性优势而撒谎时，很难预测会得出怎样的推断，更不用说被指控者宣称错误源自错误的法律建议或是他的律师方面的事务性错误。

在 Wheeler [2000] All ER (D) 914 案中，上诉法院就存在不一致的辩方披露的后果，给出了重要的指导。被告人被控有意从牙买加进口可卡因。他在盖特威克被捕，当时在他的公文包里了发现了"吞咽

134

者"4 包装的毒品。在他被拘禁的房间里又发现了四包,后来又从他的身体里排泄出了 17 包。在他被询问时,他说不知道自己究竟吞了多少包。他出于绝望而将它们带进来,因为他欠了毒品供应者的钱而受到了他们的威胁。

庭审时的问题是他是否知道他在携带毒品。他给出证据说他在牙买加机场得到了毒品并吞咽下去,但后来呕吐他以为已经吐出了所有毒品。他说在盖特威克被截留时,他并不知道自己胃里还留有毒品,而且没有意识到自己带有毒品,直到海关官员在他的行李中发现毒品。事件的版本和他的律师在审前送交的辩护陈述中的不一致,陈述中称他知道他携带了毒品,但是在受到胁迫之下才这么做的。当在交叉询问时向被告人出示这份陈述时,他说那份陈述是错误的。控方律师于是提出他有意地对他的辩护撒谎。在总结中,法官提到被告人说他的辩护陈述是错误的,但没有就陈述和被告人证据之间的不一致向陪审团给出具体的指示。被告人被宣告有罪并上诉。上诉人提出并被辩护律师接受,辩护陈述没有反映上诉人的指示,并且也未经上诉人的同意。

上诉被准许。在辩护陈述和庭审时被告人证据有冲突时,法官应当向陪审团给出如何处理这种不一致的具体指示。被告人的可信度对他的案件来说是至关紧要的,而定罪在任何情况下都是不安全的。结果是命令重审。

法院澄清,对律师来说,未得到被告人的签名作为对其准确性的确认就送交辩护陈述是不可取的。

在辩护陈述和审判时辩方提出的案情明显不一致时,上诉法院坚持应当对陪审团给出明确的指示,看起来是正确的。法官首先应当就陪审团是否被准许根据 1996 年《刑事程序和侦查法》第 11(3)(b)条从不一致中得出推论作出决定。即使可能是被告人在辩护陈述或他的证据中撒了谎,也应当依照 Lucas [1981] QB 720 案给出指示。在眼前的案件中,看起来无论如何确实是律师犯了错。上诉法院指出了这一点,如果辩护方在审判时的行为和在询问时给出的事情版本一致,法官接受它是明智的。

第8章 披　露

8.9　简易审判

前面章节中的叙述与起诉书审判有关。就简易审判而言，《刑事程序和侦查法》依据第1（1）条部分地将这种程序合并进法定的披露计划中。只要被指控者答辩无罪而且法院进行简易审判，控方初步披露的义务就开始适用。一旦检察官履行（或声称履行）了这一义务，被指控者可以向检察官和法院提交一份辩护陈述（第6条）。如果他这样做了，就会引发二次披露。这还意味着法院允许对迟到的、有缺陷的或前后不一致的披露进行评价或从中得出推论，就像在陪审团审判时大致相同的情形（第11（2）条）。对辩方的惩罚也适用于犯罪时不在现场证据的通知（在《刑事程序和侦查法》之前，该项通知在简易审判中没有正式的身份）。自愿披露适用于简易审判，无论是简易罪行还是可任选方式的罪行，或甚至是（在未成年人案件中）仅可控诉的罪行（第1（1）条）。

有几点需要加以评论。第一，在普通法下，控方在简易审判中有披露的义务。因此，例如，控方未能揭示潜在证人的存在（Leyland Justices ex p Hawthorn ［1979］QB 283）和未能披露控方证人此前的不一致的陈述（Liverpool Crown Court ex p Roberts ［1986］Crim LR 622）能成功地申请司法审查。因为这一义务建立的基础是法院根据自然正义是必需的，没有理由认为它不能延伸到能帮助辩方的事项或可以削弱控方的事项，如果在这两种范畴的材料之间可以作出清楚区分的话（就像法案在初步和二次披露中试图做的一样）。但是，《侦查程序和侦查法》试图不适用"与检察官披露的材料相关的普通法规则"（第21（1）条）。这是否意味着不愿主动加入适用于简易审判的披露计划的被告人因此就被排除普通法的权利，结果是在普通法还是在制定法之下他都没有进一步披露的权利？莱恩和泰勒（前引书，第12页）认为不是，并辩称虽然普通法规则可以被废止，但引起它们发生的原则则保持完整不变，并将填充制定法规定的与被废止的规则非常相似的规则产生的空缺。如果是这样，那么辩方在简易审判中有二次披露的权利，而无须接受选择有缺陷的披露而产生的不利后果，以及从错误披露中得出的不利推论。

无论如何，很少有被告人自愿进入这个计划。必须衡量在二次披露时可能得到控方在初步披露时未能披露的一些材料的机会，与辩方如果在辩护陈述中跌跤而科加的一系列惩罚。可能大多数辩护律师认为优势的平衡在于坚决地处于法定计划之外，那样会有可利用的选择。

简易审判中的公共利益豁免的问题规定于第 14 条中。

> 在法院作出命令因为对公共利益不利而不披露材料的场合，被指控者在任何时间可以申请对这一裁定进行审查。然而，第 14 条并没有科加于法院有义务对简易审判中基于公共利益豁免而不披露的任何决定进行持续审查，尽管第 15 条确实对皇室法院在起诉书审判中施加了这样的义务。这种区别看起来是源自治安法官在 South Worcester Magistrates' Court ex p Lilley [1995] 1 WLR 1595 案中遇到的同时作为事实和法律的审判者的双重身份（又见 [1995] Crim LR 954 中的评述）。问题是，当治安法官（以其法律审判者的身份）对声称公共利益豁免的文件进行审查时，看起来会使他们在作为事实审判者时有先入之见；当审查是单方面地在被告人和辩护律师不在场时进行时，问题更加复杂化。结果，在原来的合议庭裁定不披露后，可能就需要新的合议庭来审判案件。如果新的合议庭负有连续审查的义务，就意味着永远不可能召集一组能防止因查看材料而被偏见污染的法官。因此申请的责任被置于假定被禁止得知披露后果的被告人一方。

8.10 第三方披露

有时候被指控者为其辩护而需要的信息会处于不是控方的另外的人

第8章 披　露

手中——就刑事案件而言是一个"第三方"。例如，如果在虐待儿童案中所称的被害人拥有本是地方当局占有的材料，而这材料被指控者认为是相关的，就是这种情况。在这种情况下，地方当局无论如何会以公共利益豁免反对披露。但被指控者如何申请披露呢？

在一些案件中，文件会在侦查的过程中被警方，也可能被控方占有。如果是这样，所说的文件必须由警方保留，也就被归入《刑事程序和侦查法》的披露计划（守则第5.1节）。

如果材料保留在第三方手中，那么被指控者显然有权提出要求。如果第三方不准备交出材料，就皇室法院审判而言（治安法院的情形，见9.7.2节），被指控者（或向第三方寻求披露的任何人，但处于这一位置的通常是被指控者）可以选择的程序规定于《1965年刑事程序（证人出席）法》第2(1)条。程序涉及获取证人传票以强迫第三方携带文件出庭并给出证据，和/或提前提供文件。寻求证人传票的人必须使法院确信第三方：

(1) 可能能够给出或制作案件中的实质性证据；以及

(2) 不会主动地出庭或制作证据。

申请通常会在通知了被传票传唤了的人（第三方）后进行听审，第三方在听审时可能出庭或被代表。申请应当辅以宣誓证词，说明指控，指出寻求的证据或文件，说出相信第三方能够给出或提供证据或文件的根据，以及相信文件或证据具有实质性的理由。听审时，第三方可以争论，比如，没有持有证据，或证据不具有实质性，或者应当基于公共利益豁免而不应披露。

在Brushett [2001] Crim LR 471案中，上诉法院考虑了这样一种情况，宣称性虐待儿童的案件，被指控者要求披露社会服务部持有的报告。法官大人们将规范第三方披露的原则定位为比控方持有此类材料时适用的原则"狭窄"。但他们指出仍然应当准许披露，即使报告的主体在过去曾有错误的指控或曾与另一成年人有性行为。

137

第 9 章　简易审判的过程

除了由《1988年刑事司法法》引入的有限例外以外（见7.5节），所有的简易罪行都在治安法院审判。可控诉但可以任选方式审判的犯罪（见1.3节），如果治安法官和被指控者基本上都同意的话，也在治安法院审判。因为绝大多数的常见犯罪（例如《1988年道路交通法》规定下的）都是简易的，也因为很多被以可任意审判事项指控的被指控者在有选择的情况下选择留在较低级的法院，所以95％以上的刑事案件由治安法官处理。无论被指控的罪行是简易的还是可任意审判的，简易审判的过程都是一样的。但在后一种情况下，在听审之前，必须首先遵守由《1980年治安法院法》第19～22条规定的决定审判方式的程序（见第7章）。

简易审判的进行主要由《1980年治安法院法》调整。1981年以前的案件，因为与1980年法案的条文解释或适用有关而被引用时，是基于相应的较早的立法。同时注意，"简易审判"、"以控告书审判"和"由治安法官审判"这几个说法互换地被使用。

第9章 简易审判的过程

9.1 治安法院管辖权

无论可任选方式审判的罪行被宣称发生在哪里,治安法院对它都有审判的管辖权:《治安法院法》,第 2（3）、（4）条。这要服从于（1）它是英国法院主张管辖权的犯罪（见 4.4.1 节),和（2）在进行了第 7 章描述的决定审判方式的程序之后被指控者同意简易审判。假设这两个条件都得到了满足,治安法官的管辖权仅取决于被指控者在治安法院的出庭或被带至治安法院。被指控者会因回应传票,或回应保释,或因被警方或监狱机构羁押（细节见第 6 章）而来到法院。即使被指控者是通过非法手段（例如通过错误地签发的逮捕令）而出庭的,治安法官的管辖权也不受影响,至少如果当时没有对非法性提出反对时如此: Hughes (1879) 4 QBD 614。在大多数情况下,检察官——他实际上作出关于应当在哪个法院进行程序的初步决定——会选择让被指控者在罪行被宣称发生的小开庭区的治安法院出庭。

一般来说,治安法院只有在简易罪行被宣称发生在其运作的郡内时才有管辖权:《治安法院法》第 2（1）条。郡又被分成小开庭区,每个区有一个法院（见 5.3 节),但是为管辖的目的,犯罪是否发生在分区内并不关键——只要它发生在郡内就足够了。因此,为了避免几个法院都必须在周末开庭,在一个郡内相邻的几个法院可以相互之间安排在星期五被捕的必须在星期六由警察带到法院的犯罪嫌疑人全部在某一特定的法院出庭,然后这个法院将他们还押,至工作日在犯罪发生的区内的法院出庭:Avon Magistrates' Court's Committee ex p Bath Law Society [1988] QB 409。另外,治安法官可以审判发生在他们郡外的简易罪行,如果（1）他们的法院已经因一些其他的罪行正在审判被指控者（《治安法院法》第 2（6）条),或者（2）为了正义之目的,被指控者应当被与正在被他们法院审判的另一人共同或在同一地点审判（《治安法院法》第 1（2）(b) 条和第 2（2）条)。

将治安法官的管辖权限制在基本上发生在它们行使职责的范围内的简易罪行,优点是对当地的了解可能会对决定案件有所帮助(比如,对被宣称发生了道路交通罪行,而对道路情况的了解)。从被指控者的观点来看,缺点是要对抗对他的指控可能要长途跋涉到法院。比如,如果被指控者居住在纽卡斯尔,而在他在德文的一年一度的假期期间,被宣称实施了没有以相当的谨慎和注意驾驶的罪行,案件必须在德文的某个治安法院听审。假设被指控者在听审日之前回家了,他将面临几个心烦的选择:通过邮件答辩有罪、在缺席的情况下被认定有罪、或长途跋涉以犯罪指控。

有关治安法院审判简易罪行的管辖权相当复杂的条款,可以用一个事例来更清楚地说明。约翰·史密斯在洛姆郡驾驶他的车辆,保罗·布朗是他的乘客。史密斯闯了红灯,被警察看到并驾驶警车追踪他,以等待机会截留他。史密斯越过郡的边界并进入了克莱郡。这时他意识到他被追踪,就很快加速并超过了速度限制。然后他意识到逃跑只会让事情变得更糟糕,于是停到了路边。在警察与史密斯谈话时,布朗变得烦躁不安。尽管警察要求他安静,他还是不断地打断对话并在警官在笔记本上写字的时候推他的胳膊。所有三项可能的罪行(对史密斯的未能遵守交通指令和超速,对布朗的阻碍警察执行职务)都是简单的。虽然只有一项发生在洛姆郡,但洛姆郡治安法官对三项犯罪都有管辖权。闯红灯的犯罪发生在洛姆郡,因此第2(1)条适用。既然洛姆郡治安法官因为这一项犯罪正审判史密斯,他们也就有管辖权审判他在克莱郡的超速犯罪:第2(6)条。由于布朗的妨碍警察的罪行与史密斯的罪行相联系,因此洛姆郡的治安法官就可以签发命令布朗在洛姆郡的治安法院出庭的传票,第1(2)(b)条,且在他出庭时,此法院有权审判案件:第2(2)条。

为避免就罪行是发生在这个郡内,还是发生在另一个郡的无谓的争论,第(3)条规定发生在郡边界500码内的罪行,并在这个郡内开始而在另一个郡结束的罪行可以就像在涉案的任一郡内发生的罪行一样被处理。同样地,针对人或物的罪行,在实施犯罪时,涉及的车穿过了两个或两个以上的郡,也在涉案的任何一个郡内的法院被处理。

9.2 合议庭

"治安法院不应简易地审判控告书……除非由两名以上的法官组成……":《治安法院法》,第121(1)条。可以开庭坐在审判席上的最多人数是三人(《1995年治安法官(合议庭规模和主席)规则》第3条;SI1995 No971)。通常为避免裁决的均等分割,由三人组成合议庭。除非是在未成年人法院,地区法官可以而且通常是独任审判:《1997年治安法官法》第14条。特殊情况下,当地区法官与治安法官一起开庭时,地区法官要作为主席。全部由业余法官组成的合议庭的主席应是在合议庭举行的年度选举中选出来的主席之一(见5.3节),如果没有被选出来的主席,则由最资深的治安法官担任主席。

在审判过程中,合议庭有在内庭听审陈述的自由裁量权,即秘密听取:Nottingham Magistrates' Court ex p K (1996) 160 JP 201。然而,这一自由裁量权的行使,必须要比在起诉书审判中会见法官时适用的相应程序更为谨慎(细节见18.1.3节)。各方当事人都必须知道在内庭听审并被代表(除非有公共利益豁免事项在单方的基础上被听审,见8.7节)。必须对程序进行同步记录,通常由助理进行,以便在将来万一有分歧时留有记录。

如果治安法官对案件结果有任何直接的金钱上的利益(无论多少)或者有足以导致有偏见的真实危险的非金钱利益时,他应当被取消在特定案件中的裁决资格(Gough [1993] AC 646)。这是"无人应当为自己事务的法官"的自然正义法则的一个方面。这一规则平等地适用于民事和刑事案件,皇室法院和上诉法院以及治安法院。然而,在简易程序这一情境中这一点尤其重要,因为治安法官由于其管辖的地域性本质,比如说在皇室法院开庭的高等法院的法官更可能在案件中存有利益。反对法官或者治安法官在提交到法院的事务中存有金钱的利益的规则的严格性可以通过一个古老的案例，即 Dimes v Grand Junction Canal (1852) 3 HL Cas 759 案，显示出来。案中由当时的上议院议长作出的对一个运河公司有利的判决在发现他在其中有股份时被取消。没有人会认真地怀疑，上议院议长因为他作出对公司有利的判决，从而他的股份会少量升值的想法而改变立场，但即使是这少量的金钱上的利益已使他丧失了听审此案的资格。关于非金钱利益，规则有些微的宽松，因为如果利益小到没有造成偏见的"真实危险"，那么这一利益不会使法官丧失资格。之前一直有理由认为，对治安法院适用与在皇室法院生效的（那里"真正危险"标准是由上议院权威地背书的）不同的标准。在治安法院，一段时间人们认为检验标准是，坐在法院里具有公正理念并知道相关事实的人是否会对治安法官审判不可能有公平的审判产生合理的怀疑（Liverpool City Justices ex p Topping [1983] 1 WLR 119）。在 Gough 案中，这一问题被上议院解决。标准是：有没有偏见的真实危险？由此得出结论，Ex p Topping 案不再能代表法律。同样的标准适用于所有有关偏见的情形，无论是关于法官，还是其他的法庭内部成员，或是陪审员，或者仲裁员（适用于陪审团审判的标准，见 17.6.2 节）。

在 Altrincham Justices ex p Pennington [1975] 1 QB 549 案中，高等法院撤销了对给两所国立学校运送少于合同规定重量的胡萝卜的有罪判决，因为宣告有罪的治安法官的主席是郡参议会教育委员会选举的成员，所以对当地学校的良好运行具有广泛的兴趣。相反，在 Camborne Justices ex p Pearce [1995] 1 QB 41 案中，一名治安法官助理被裁定在一个贸易商被地方当局根据食品和药物立法提起诉讼的案件中不负有回避的义务，因为虽然助理是地方议员，但他并不是建议起诉的健康委员会的成员。①

---

① 《1997 年治安法官法》第 66 条规定，身为地方当局成员的治安法官不应裁决由他们的机构提起或针对他们机构提出的程序。然而，这一条并不适用于地方当局委员会合作选举

第 9 章 简易审判的过程

治安法官意识到（可能在案件开始以后）他认识一个证人或其中一方当事人，或知道不利于被指控者的信息，这种情况时有发生。在这种情况下，治安法官是否应当审判或继续审判的标准还是 Gough 案所要求的。在通知治安法官当日事务的指控单表明被指控者是因为数项无关的事件而出庭的，但他（被指控者）接着对第一项指控答辩无罪，对其他指控的了解足以使合议庭失去其听审无罪答辩的资格，但这要取决于单个案件的事实。因此，在 Ex p Topping 案中，指控单显示 T 出庭是因一罪行被量刑，并同时被指控犯有第二项罪行。高等法院认定，治安法官不应审判 T 对第二个事件的无罪答辩。另一方面，在 Weston-super-Mare Justices ex p Shaw [1987] QB 640 案中，S 被列因七项指控出庭，其中一项是浪费警察时间，其他六项都起因于完全独立的对摩托车的"越轨行为"，合议庭被授权审判第一项指控（S 对它答辩无罪），即使他们知道另外的六项指控（在第一项被定罪后，最终他都答辩有罪）。可能两个案件中的关键区别在于，在 Ex p Topping 案中，治安法官知道 T 已经因其他事项被他们的法院定罪，而在 Ex p Shaw 案中，他们只知道 S 面临数项指控。作为一项管理事项，治安法院助理办公室通常试图在审判指控者一项罪行的治安法官面前隐藏起其他不相关的罪行的指控单，以避免出现 Ex p Topping 和 Ex p Shaw 案的类似问题。在对无罪答辩进行审判之后，合议庭将被交以其他的指控单。如果被指控者向他们答辩有罪，他可以因这些罪行（如果他被判有罪）和他否认的罪行一并被量刑。如果他答辩无罪，治安法官可能被良好地建议避免任何不公正的怀疑，因此休庭并由其他治安法官进行听审。但是最终，适用 Gough 案的标准是法官自由裁量的一个事项。

已判决的案件还确立了治安法官碰巧知道被指控者有前科（比如，

的成员或者治安法官助理，因此这一制定法的限制性条款与 Ex p Pennington 和 Ex p Pearce 案的决定不具有相关性。

因为他是以前宣告他（被指控者）有罪并量刑的法院成员之一）所应持有的立场。治安法官回避被认为是最好的选择，但并没有法律规则如此规定：McElligott ex p Gallagher [1972] Crim LR 332。的确，在一个来自小社区的惯犯的案件中，可能很难找到一个不认识被指控者这样一个可谓是常客的治安法官。在 Downham Market Magistrates' Court ex p Nudd [1989] RTR 169 案中，N 被判犯有多项机动车犯罪，包括未能提供呼吸样本。一个月之前，定罪的治安法官主席对他威胁杀死其妻子已科处了缓刑，并看到了他的记录，包括因一项酒后驾驶而被定罪。被告人申请撤销对他的有罪判决。地区法院同意法官有时要被召来处理他们以前处理过的被告人。当法官席位人数较少的时候（唐哈姆市场当时有 11 人），这是不可避免的。但是，考虑到 N 的律师在听审开始之前很早就写信给助理，他应当考虑到让主席来审判是否符合正义的要求。定罪被撤销。当对以前定罪的了解是基于在同一程序中对被指控者保释申请的裁决而得知的时候，有一绝对的法定规则规定治安法官不能再进行简易审判：《治安法院法》第 42 条。

如果治安法官未能从存在使其丧失资格的利益的案件中回避，通过申请司法审查，法院作出的任何决定将被取消。

治安法官在有使其丧失资格的利益存在时不能审判的规则带来的必然后果是他们的名字不必要保持秘密——否则当事人、新闻界或一般公众就不可能发现不应当坐在但实际坐在法官席上的人。因为这个，也由于对公开公正的需求的一般考虑，Felixstowe Justices ex p Leigh [1978] QB 582 案裁定，被告的法官拒绝将他们的名字交给新闻界甚至是当事人的做法是非法的。虽然将审判法官的姓名打印在当天的法院清单上可能不切实际，但任何真诚的询问者都应当能够从法院助理那里确定他们是谁或曾是谁。如果助理合理地认为是为了不适当的目的而想得到这些信息（如为威胁或骚扰治安法官），他有拒绝的自由裁量权。

第9章　简易审判的过程

9.3　控告书

控告书在刑事程序中扮演着双重身份。在简易审判开始时它是对答辩有罪或无罪的被指控者的控告,并且,在程序的更早阶段,在以传票作为确保被指控者初次出庭手段的案件中,它是签发传票的正当理由。本节有关控告书的第一项功能,但为了使讨论有上下文的衔接,有必要对控告书是如何形成的作一重述(又见第2.4.3节和4.1节)。

控告书来源于以下三种方式之一。无论检察官将他对被指控者的宣称写成文字,签名并提交给治安法院;还是他到治安法官或治安法官助理处口头提出宣称,由治安法官或助理用正确的格式将其记录下来;或者如果是警察起诉,宣称在警察署里写在指控单上并向被指控者宣读。在第一种情况下,起诉通过书面的控告书而启动;在第二种情况下,起诉通过口头的控告书而发起;而在第三种情况下,起诉则通过控告而发起,控告单作为控告书并被送交给治安法院。因此,无论控告书是通过哪种方式产生,检察官都要对其内容负责,除了它是以口头方式提交的,而被提交的治安法官或助理在记录的时候无疑会确保它适当的具体(见下述(2))。控告书的内容也在程序的很早阶段就让被指控者得知。如果被指控者在警察署被指控,这将涉及对他宣读指控(即控告),并交给他一份复印件。如果是在治安法院前提交书面或口头的控告书,并签发了要求被指控者在治安法院出庭的传票,那么必须向被指控者送达,并在传票中载明指控。

下列关于控告书的规则与简易审判的进行具有特殊的关联性:

(1)控告书可能与起诉状的罪状相似。与罪状一样,它不能指控一项以上的罪行,尽管被指控者的行为如果构成单一的一项行为,在一份控告书中可以宣称两项或两项以上独立的刑事行为(见 Jemmison v Priddle [1972] 1 QB 489 和 Horrix v Malam [1984] RTR 112,在这两个案件中,高等法院认可了分别载明连续射杀两只鹿和在三条不同道路上疏忽驾驶的一份控告书，被控告的驾驶行为被分为两个独立的在时间上相隔约十分钟，距离相隔两英里，并由两个警官观察到的事件）。一份控告内容是二者择一的控告书是有效的，如果它是控告不同方式实施的根据相关法定条款的真正结构是一个罪行的话。如果它是用二者择一的方法控告两个不同的罪行，那就无效，即使这两个罪行是由同一条款设立的（见 Thompson v Knights [1947] KB 336 案，案中对一份因为违反如今是《1988 年道路交通法》第 4 条的在醉酒或药物影响下驾驶的控告书的定罪予以支持，因为该条款设立了一个可以通过醉酒或服用麻醉药而不适合驾驶的罪行。与 Surrey Justices ex p Witherick [1932] 1 KB 450 案不同，在该案中，一份控告违反如今《1988 年道路交通法》第 3 条未适当谨慎和注意的驾驶或没有合理考虑的驾驶罪的控告书被裁定无效，因为根据第 3 条这是两个独立的罪行，一个是疏忽驾驶，另一个是没有合理考虑的驾驶）。虽然上述原则陈述起来相对容易，但将它们适用到控告书中似乎要比将它们适用于起诉状中的罪状更难。高等法院被以出人意料的频率要求基于控告书的双重性而取消简易定罪，而在这种情况下法官大人们则倾向于作出细致到几乎不可辨认的区分。因此，在 Bristol Crown Court ex p Willets [1985] Crim LR 219 案中，法院认定一份对因违反《1959 年淫秽出版物法》第 2（1）条以营利为目的出版而拥有五盘淫秽录像带的指控书是有效的，因为它控告了一个单个的行为——没有必要对每一盘录像带都制作一份控告书。另一方面，在 Ward [1988] Crim LR 57 案中，对违反《1956 年版权法》第 24（1）条以交易方式拥有 15 盘录制的电影的一份控告书则被裁定为二重的。在这两个案件中，被指控者违法拥有的物品都是在一次单独的对其住所的搜查中被发现的，因此很难看出为什么在一个案件中这个行为是单个的行为，而在另一案件中则不是。试图折中在这个领域的程序的所有决定都是徒劳之举。

然而，因双重性而无效的控告书即使在审判开始后也可以被补救。《1981 年治安法院规则》（经 1993 年修订）第 12 条规定，如果控告书控告了不止一个犯罪的事实在审判的任何阶段被指出，法院应当呼吁检察官选择他希望对哪个犯罪继续进行程序。而另一犯罪就会被删去，法院重新开始审判控告书。如果控方未能作出选择，控告书将被驳回。如果被指控者要求休庭以处理被修订的控告书，如果显示被指控者受到了不公平的歧视，法院必须准许他的要求。

（2）控告书的内容与罪状的内容相似。用尽可能非技术性的语言说，控告书必须给出控告性质的合理细节，但是不需要陈述被宣称的罪行的每一个要素。当罪行是法定的，它必须提出所违反的法律和条款。然而，没有必要具体地指出被指控者超越了确立罪行的制定法规定的辩护范围（与起诉书中的罪状有关的相似规则，见《1971年起诉规则》第6条）。控告书和罪状之间的主要区别在于前者没有被划分成"罪行陈述"和"犯罪细节"，而后者则不是。下面是三个控告书的例子：

约翰·史密斯于2002年1月1日袭击了一位正在执行职务的巴赛特郡警官理查德·布朗，违反了《1996年警察法》第89（1）条。

约翰·史密斯于2002年1月1日干扰了一辆牌号为H123 ABC的福特希埃拉的机动车辆，蓄意偷窃所称的机动车，或未经合法授权据为己有，或在所称的车辆内偷窃财物，违反《1981年刑事未遂法》第9（1）条。

约翰·史密斯于2002年1月1日在公路，即伦敦W30阿喀西亚大道上，驾驶机动车辆，牌号为H100 CJE的劳斯莱斯，未履行相当的谨慎和注意，违反《1988年道路交通法》第3条。

《1981年治安法院规则》（SI1981 No552）第100条规范控告书的制作。先例可见于Oke's Magisterial Formulist and Stone's Justic' Manual（均为Butterworths出版）。

（3）可以在一份控告书中指控两个或以上的被指控者共同实施了一项犯罪。如果是这样，他们几乎总是被共同审判，无论他们的意愿如何。

（4）当对一名被指控者有两份或以上的控告书，或者两个或以上的被指控者在分别的控告书中被控告，如果无人反对，治安法官可以将控告书合并审判。如果有人反对（即使数个被指控者中只有一个），则必须进行单独的审判,除非治安法官认为这些起诉书在时间或其他因素上如此关联,以至于单一的一个听审才能最好地满足正义的要求。正义的要求包括控方方便地展示案件,以及将任何对被指控者的不公正的危险最小化(见 Re Clayton〔1983〕AC 473,该案废除了以前不方便的规则,认为对分立的起诉书进行合并审判总是取决于各方的同意,无论反对看起来是多么的不合理)。在治安法官听取了关于对一名被指控者的几份控告书是否该合并审判的提议后,他们决定反对这种形式,但他们要进一步考虑根据在 Gough〔1993〕AC 646 案确立的原则(见 9.2 节),由他们处理案件的任一部分是否合适。在知道被指控者还面临其他指控的同时,他们完全可以决定如果他们即使就其中的一个事项接受管辖都存在偏见的实际危险。因此他们将不得不休庭,以使所有的控告书由不同组成的合议庭依次听审。

(5)除非控告书在犯罪发生后六个月之内被提交,法院不能审判简易罪行的控告书:《治安法院法》第 127 条。这一规则不适用于对可任选方式罪行的简易审判,那可以在任何时间进行,除了少数例外的情形,设立可控诉罪行的立法规定了提起控诉的时限(见 4.4.3 节)。无论提议的审判方式是简易的还是以起诉书审判的,这些时限都适用。法官麦伊在 Newcastle upon Tyne Justices ex p Bryce (Contractors) Ltd〔1976〕1 WLR 517 案中对 127 条的目的作了简洁地说明,在该案中他指出此条存在的目的是:

为确保简易罪行在被宣称实施了之后在一旦合理可能的时候尽快被指控和审判,这样证人的回忆还可能合理的清晰,而且治安法院在对带到他们面前审判的简易罪行的处置也不会有不必要的延误。

可以辩称这些考虑也平等地适用于对任选方式的罪行的简易审判中,但议会无疑考虑到了任选方式罪行较严重的性质以及证人对这样的犯罪可能比对琐碎的简单片段有更清晰的记忆这一事实,使得将它延伸到第 127 条简易罪行之外的犯罪并不可取。当该条的目的被提交控告书和将案件带至法院前之间的拖沓受到间接地阻碍时,治安法官有阻止控方传唤证据的自由裁量权(见 9.4 节)。甚至曾经有裁定认为,如果控告书虽然在技术上被及时递交,但在递交时速度缓慢且没有对延迟作出解释,存在不签发传票的自由裁量权(见 Clerk to the Medway Justices ex p DHSS [1986] Crim LR 686,该案的高等法院拒绝命令助理就对卫生和社会服务部的诈骗向 X 签发传票,因为相关事实是,虽然控告书是在《1973 年社会安全法》第 147(3)条规定的 12 个月内提交,但该部的官员在移动大驾请求传票之前,硬是把与 X 有关的文件搁置了四个月)。

由于控告书必须在犯罪发生后六个月之内送交,因此有必要确认:

1) 犯罪发生的日期;和

2) 控告书送交的日期。

就第 1)点而言,Lawrence v Ministry of Agriculture Fisheries an Food(1992)案,《泰晤士报》,1992 年 2 月 26 日,说明了可能偶尔发生的问题。L 被指控做虚假陈述以获取农场资金赠与。他于 1989 年 12 月 6 日完成表格,由适当的官员于 12 月 15 日收到,控告书于 1990 年 6 月 12 日送交。法官认定控告书及时送达。在上诉中,地区法院支持了他们的决定:犯罪于陈述作出时实施,当被作出人收到陈述时,就作出了陈述。

关于第 2)点,起诉书何时送交的问题出现在 Kennet Justices ex p Humphrey [1993] Crim LR 787 案中。H 和 W 被指控打架闹事,W 还面临鲁莽驾驶的指控。皇家检控署决定将控告削减为违反社会秩序和无相当谨慎驾驶,并写信给法官助理表明了这个意思,且将削减后的指控复印件附于信后。信在被控犯罪发生之后六个月内到达了治安法院。H 和 W 直到六个月过后才出庭。接着原来的指控被驳回,又提出了新的指控。H 和 W 反对控告书没有在六个月内送达。地区法院不同意并驳回了他们的上诉。《治安法院法》第 127 条仅仅是对送交控告书——而不是给应诉的被告人的初次出庭——施加了时间限制。当控方用信件通知助理在后来指控 H 和 W 的意向时控告书就被送交。

(6)治安法官在听审的任何阶段都有允许对控告书进行修订的自由裁量权。此外,《治安法院法》第 123 条规定,控告书在形式或实质上的缺陷以及其中的控告和审判时控方提出的证据之间的不同不是反对控告书的理由。但是，在被指控者被控告书和控方证据之间的不同误导时，经申请必须准予休庭。

第 123 条的用词如此宽泛，以至于如果按字面来理解，它将促使控方支持定罪，而无论控告书多么的不适当或具有误导性。实际上，无数的案件已经给了此条款限制性的含义。这些案件认为，如果控告书的缺陷或控告书与证据之间的偏差很少，以致被指控者没有被歧视或误导时，任何基于控告书的有罪判决都将得到支持，即使控告书不做修改。被指控者姓名或地名的拼写错误被认为是这种细小错误的例子。在 Sandwell Justices ex p West Midland Passenger Transport Board [1979] Crim LR 56 案中，证据（委员会让一辆后远侧轮胎有缺陷的公共汽车上路）和控告书（宣称有缺陷的轮胎是后近侧的）之间的偏差被高等法院称为如此细微，以至于即使不做修改，事实上已做了修改，有罪判决也应当成立。委员会一直知道哪只轮胎是控告的对象，确实也把它带到法院供检查。轮胎在公共汽车上的位置是无关紧要的事项。

如果控告书与证据之间的偏差为实质性的，那么控方应当申请修改。如果治安法官允许修改，那么他们应当考虑被指控者是否被最初的控告书误导，而且，如果被误导了，他们应当批准他休庭。未能获得修改，或治安法官未能在被指控者有权得到休庭时而允许休庭，都会导致任何的有罪判决被撤销。例如，在 Wright v Nicholson [1970] 1 WLR 142 案中，高等法院取消了对 W 的因违反《1960年猥亵儿童法》第 2 条唆使儿童进行粗俗的猥亵行为的定罪。未修改的控告书宣称罪行发生于 1967 年 8 月 17 日。儿童的证据对事件发生的时间证明得不清楚——可能是 8 月的任何时间。W 在出示了有关 8 月 17 日犯罪时不在现场的证据后，被基于他在 8 月的某个时间实施了犯罪而被宣告有罪。控告书误导了 W，它没有被修改，而且它可能已经对他造成了严重的不公正，因为在没有休庭的情况下他无法搜集 8 月份其他时间他犯罪时不在现场的证据。

对控告书的修改和在合适时批准休庭可以弥补控告书中的几乎任何缺陷。在 Wyllie v CPS [1989] Crim LR 753 案中，地区法院支持合议庭允许对控告书未能提供尿样作修改，改为未能提供血样的决定。这一案件无论是以何种罪行诉讼，证据都应当是一样的。地区法院进一步发现，面临修改，辩方并没有请求休庭，这很重要，暗示他们没有被歧视。然而，在控告书针对的是错误的人（如针对公司秘书，而非公司）时，那么缺陷就是根本性的缺陷，即使修改也无法帮助控方：City of Oxford Tramway Co. v Sankey (1890) 54 JP 564。有时候很难区分，究竟是控方指错了被指控者的名字以致他们唯一可能的弥补方式是针对正确的人提出新的控告书（假设还可以及时完成的话），还是他们只是说错了正确的人的姓名这种可以通过修改，或者如果必要的话休庭而予以弥补。因此，在 Allen v Wiseman [1975] RTR 217 案中，高等法院判定，治安法官有权修改一份超速的控告书，将被指控者的名字"杰弗里·托马斯·洛奇"改为"杰弗里·托马斯·艾伦"。前一个姓名因为助理的错误而被放入控告书，但根据控告书而签发的传票已被送达给艾伦，而且他从未对自己是警方要控诉的人表示过怀疑。另一方面，在 Marco（Croydon）Ltd, trading as A & J Bull Containers v Metropolitan Police [1984] RTR 24 案中，宣告将没有照明的料车留在夜晚的马路上的有罪判决被撤销，案情是控告书起初将"A & J Bull Ltd"，一家与 Marco 不同的公司，尽管两者都属于同一集团，作为被告人。治安法官则以"Marco"名作了替换，仅仅是更正对被指控者描述中的一个错误。但高等法院认为它超越了范围。鉴于传票实际上被送达给 A & J Bull Ltd，而且当律师初次出庭时，他认为他的公司当事人是 Bull 而不是 Marco，这样的修改实际上已经将控告书最先控告的被指控者替换成了另一被指控者，所以超出了治安法官的权限范围。

在控告书于时限之内提交，治安法官可以允许在时限到期之后修改控告书，如果：

(1) 建议的修改与产生最初罪行的事实实质相同；而且

(2) 正义的利益支持修改（Scunthorpe Justices ex p M (1998)，《泰晤士报》，1998 年 3 月 10 日）。

如果相关制定法授权某人签署针对特定人的控告书，那他必须要签署，否则控告书将无效（见 2.4.1 节及 Norwich Justices ex p Texas Homecare Ltd [1991] Crim LR 555 案）。

9.4 不审判控告书的自由裁量权

治安法官负有《治安法院法》第 9（2）条科加的首先听审可获得的证据，然后决定有罪或无罪的一般制定法义务。因此在 Birmingham Justices ex p Lamb [1983] 1 WLR 339 案中，高等法院批评了治安法官（实际上）拒绝控方因诸如指控的琐碎性这样的原因举行听审；因为控方没有错误，在案件基于双方对抗而进行听审前会流逝大量的时间，并且至此控方证据的明显脆弱能从法院在审前还押听审所了解的案情中推断出来。麦克尼尔法官说：

到了最后，法律不允许案件在假设不公正的基础上被驳回而没有听审任何证据。在治安法院，不存在让法官仅仅以"程序继续是不公正的"（或）"程序的继续对被告人来说是歧视"这样的理由驳回（控告书）的权力。

但是很显然，在建议治安法官未经听审绝不能驳回控告书中，这个说法就太宽泛了。一系列案例说明，一般原则有一定的例外。第一个与制定法规则相关的例外是，简易罪行的控告书必须在案件发生后六个月内提交（见《治安法院法》第 127 条和第 9.3（e）部分）。显然，这一条款的目的是确保简易罪行的审判能在记忆还没有完全消退时快速地进行，因为简易罪行基本上都是关于不可能在证人的头脑中保留很长时间的琐碎事项。但是，并没有对控方刚好在时限内提交控告书，然后无论

第 9 章 简易审判的过程

是因为事故还是设计,在送达传票和将案件提交到法院都非常缓慢作出制定法上的禁止。为避免议会的意图因此被间接地阻碍,高等法院已经认识到,治安法官的确存在不听取证据即宣告无罪的自由裁量权,如果控方通过有意的延误已经滥用了正确的法院程序,或者他们的非效率已经导致了极度的延误,如果允许审判继续进行将使被指控者受歧视。首先提到的这类案件可以通过 Brentford Justices ex p Wong [1981] QB 445 案来说明。在警方正好在六个月之内提交控告书之后,警方检察官接着又用了四个月的时间将传票送达 W。很显然,他(警方检察官)在提交控告书时并没有决定是否要起诉,而只是在另外的四个月过后他才作出决定。这构成滥用刑事诉讼程序,因为控告书应当在有将作为结果的传票在一旦合理可能时送达被指控者的意向时才能被提交。因此,法官有权不听审就驳回控告书。第二类的案件——即效率低下却非有意滥用——的一个例子是 Oxford City Justices ex p Smith (1982) 75 Cr App R 200 案。S 被宣称在上大学的最后一个学期实施血液中酒精含量过高时驾驶的罪行,但是控告书被送交时,他已经离开了大学。然而,他理智地将他的学生公寓的地址和家庭地址都留给了警察。不幸的是,起诉部门直到两年之后才意识到他们有他的家庭地址,而直到那时他们才设法将传票送达。由于 S 对相关事件的记忆可能已经因为不归责于他的原因而受影响,高等法院判定治安法官不应当允许程序继续。警方"效率低下、无观察力或兼而有之",延误时间太长以致"不合理"。

而且,即使是在没有任何显著延误的情况下,控方的行为也可能构成程序的滥用(见 12.1.4 节和 18.1.4 节分别在移交程序和陪审团审判的情境中对这一问题的考虑)。

在 Grays Justices ex p Low [1990] 1 QB 54 案中,地区法院判定,即使撤回此前的传票作为 L 同意具结悔过的交换,当对同样的罪行提起新的诉讼时,也不能使辩方依据先前的撤销宣告无罪,治安法官应当拒绝签发第二次传票,因为(1)第一次撤回传票的情形并没有引起签发第二次传票的治安法官的注意,和(2)传票的撤回,与具结悔过,并不仅涉及皇家检控署的同意,同时也得到第一个法院(它必须决定具结悔过的条件是否达到）以及 L 本人的（他自愿地承担了如果在相关期间犯罪保证金被没收的危险）共同同意。检察官一方的明显恶意也足以使不听审的驳回具有正当理由。Sherwood v Ross［1989］Crim LR 576 案判定，由检察官工作场所的事件而引起的偷窃、攻击和使用威胁的语言和行为的私人控诉应当被适当地中止，因为在警方拒绝起诉后，在双方律师就民事诉讼的唯一可能性进行商讨的过程中，六个月的时间已过去了。无论如何，这看起来检察官仅仅是把决定提起刑事程序作为在民事解决的谈判中讨价还价的筹码。

另一方面，在 Dorchester Justices ex p DPP［1990］RTR 369 案中，形势不足以让合议庭适当地拒绝审判控告书。在这一案件中，一名救护车驾驶员作为辩方证人出庭。有人看到他与作为控方证人的警官交谈。辩方律师提出，警官的证据可能被污染。合议庭在没有听审任何证据的情况下，驳回了控告书。检察官申请司法审查。地区法院允许了申请，将案件发回由另一合议庭听审。在没有适当地听审证据之前，不能作出证人证言是否被污染的决定。

也参阅 DPP v. Gane［1991］Crim LR 711；Milton Keynes Justices ex p DPP［1991］Crim LR 712。Crawley Justices ex p DPP（1991）案，《泰晤士报》，1991 年 4 月 5 日，清楚地表明，在以程序滥用驳回控告书之前，法官应当听审控辩双方。

9.5　被指控者出庭

简易审判和起诉书审判的主要区别是在后一种情况下，被指控者必须出庭以对起诉书进行答辩，并且通常在审判时必须都在场（见18.5.7 部分）。另一方面，简易审判可能而且经常在被指控者缺席时进行。《治安法院法》第 12 条允许被指控者通过邮件答辩有罪，第 11 和13 条规定了如果被指控者未根据第 12 条提出他希望答辩有罪，并且在指定的审判时间未能出庭，则治安法官可作的选择。

被指控者在法院出庭时，他不应当被戴上手铐，除非有合理理由担心暴力或企图逃跑（Cambridge Justices ex p Peacock［1993］Crim LR 219）。

9.5.1 根据第 11 条被指控者缺席时的程序

如果被指控者在确定好的简易审判的时间和地点未能出现的话，治安法官有在他缺席时进行程序的自由裁量权：第 11（1）条。如果他们这么做，基于被指控者利益的对控告书答辩无罪就成立，并且控方继续收集他们的证据。在这种情形下，控方在证明案件时不太可能遇到太多困难，但如果任何理由的证据证明不充分（比如，关键证人未能给出所期待的证据），治安法官有义务认定被指控者无罪。这与被指控者根据第 12 条通过邮件答辩有罪的情况不同（见下一节）。如果对一名缺席的被指控者有几份控告书，或如果数名缺席被指控者被单独的控告书指控，治安法官可以将控告书合并处理，如果这样符合正义的要求（见 Re Clayton［1983］1 AC 473 案和 9.3（d）条）。

如果被指控者不知道针对他提起的诉讼，那么在他缺席时进行诉讼显然是不公正的。据此，如果程序以提交控告书和签发要求被指控者出庭的传票而开始，那么治安法官不能在他缺席时开始审判，除非能证实传票在听审前的合理时间内已经送达给他，或者他之前为回应传票已经出庭，而当时案件被休庭：第 11（2）条。传票可以通过用邮件送到被指控者最后为人所知的地址而被送达。如果采取了这种送达方式，且被指控的罪行是可控诉的，为证明送达，控方必须证明传票实际上已为被指控者所知。如果所控罪行是简易的，能证明传票由挂号信或保价邮寄的方式送到被指控者最后为人所知的地址就足以证明传票被送达：《1981 年治安法院规则》第 99 条。这会有这样的可能，即当被指控者实际上完全对传票不知情时，控方能够证明传票被送达（比如，因为含有传票的保价邮寄信件被留给了同一地址的其他人，而此人未能将其交给被指控者）。据此第 14 条规定，如果诉讼以签发传票开始，且被指控者缺席审判，被指控者可以向治安法官助理递交一份法定声明，说明他直到审判开始后才知道传票或诉讼。声明通常应当在声明人知道诉讼之日起 21 日内递交。及时递交的声明使传票和所有随后的程序无效，但控告书仍然有效，这样控方可以重新开始起诉程序。

在程序不是以签发传票开始，而是以被指控者无论是有证还是无证逮捕开始时，逮捕的事实本身就向他提醒针对他的指控。据此，如果他被从警署保释至治安法院出庭，但他未能出庭，治安法官可以在没有任何能正式证明他知晓听审的证据时对他进行缺席审判。事实上，如果被控罪行严重到可以逮捕的话，治安法官不太可能在被指控者缺席时处理。

Bolton Justices ex p Merna（1991）155 JP 612 案考虑了被指控者缺席但寻求休庭的情况。M 的案件在经过几次休庭后确定了审判日期，法官指出如果他未能出席，他们将在他缺席的情况下进行审判。他没有出庭，但提供了一份医疗证明和医生的信，称他遭遇了剧烈的焦虑和沮丧，不适宜出庭。法官拒绝休庭，继续审判并判他有罪。M 寻求司法审查被批准，定罪被取消。地区法院认为，治安法官应当公正地行使他们的自由裁量权。如果被指控者声称生病并提供明显负责任的专业证据支持他主张的话，法院不应当在没有确信这么做合适的情况下拒绝这样的主张。

关于在被指控者缺席时的程序，还有最后两点应当注意。第一，虽然他可以因可任选方式的罪行在缺席时被简易审判，但在决定简易地处理案件的听审程序中，通常他必须在场（见第 7 章）。第二，如果治安法官像经常发生的那样不在案件第一次进入审判清单时审判案件，而是将其推迟到另一天，除非各方均得到了案件被推迟至的日期的适当通知，被推迟的听审不得进行：第 10（2）条。

即使治安法官有权力在被指控者缺席时审判控告书，他们还是可以选择不这么做，如果，例如说，被控犯罪看起来相当严重。对年轻、没有被保释和/或没有在此前场合未能出庭的记录的罪犯，法院一般应当更不情愿在其缺席时审判（Dewsbury Magistrates' Court ex p K（1994），《泰晤士报》，1994 年 3 月 16 日）。如果对

第 9 章 简易审判的过程

被指控者不出庭明显有很好的理由时（比如案件中的警官说他在医院），治安法官可以直接休庭，并相信在听审重新开始的日期被指控者将会出席。如果对他的缺席没有令人满意的解释，治安法官将会希望签发逮捕令。在被指控者被保释而未能回应保释归还羁押时，法院可以签发合议庭令状：《1976 年保释法》第 7 条。如果他不是被保释而只是未能出庭应答传票，第 13 条规定，只有在有证据证明传票已送达，或案件是从前一次被指控者出庭的场合休庭的，才能签发逮捕令。在被指控者年龄为 18 岁或以上时，还有控告书必须被宣誓证实以及被控犯罪必须是可判刑的，或者法院提议对被指控者处以剥夺资格的额外要求。在未成年人案件中，有一个条件是控告书必须被宣誓证实，或者法院提议对被指控者处以剥夺资格。关于控告书必须被宣誓证实，那只涉及传唤一名警官正式地证明控告书就他所知是真实的。

9.5.2 通过邮件答辩有罪

根据《治安法院法》第 11 条在被指控者缺席时进行诉讼至少有三个缺点。法院的时间被浪费在听审没有人会提出质疑的证据上；给控方证人带来不便；被指控者没有机会告诉治安法官任何应当能减少对他科处的刑罚的减轻情形。这些缺点通过第 12 条中通过邮件答辩有罪的程序被克服。程序只能适用于被指控者被传唤在治安法院出庭，以应诉宣称最高刑期不超过三个月监禁的简易罪行的控告书。程序如下：

（1）检察官连同传票一起向被指控者送达解释他如何通过邮件答辩有罪以及如果他这样做的结果的通知。《1981 年治安法院（格式）规则》（SI1981 No553）给出了通知的格式。另外，检察官还要送达一份对宣称罪行的事实的简单陈述，这可以是在一个独立的表格上或打印在传票的底部。对事实的陈述是必需的，因为被指控者可能承认他实施了传票中载明的控告书所宣称的罪行，但除非他知道控方对他犯罪方式的说法，否则他不愿意放弃出庭。控方可以提供证人证言来替代事实陈述。

(2) 检察官通知治安法官助理第（1）条提到的文件已经送达。

(3) 如果被指控者希望的话，他书面通知助理他想不出庭答辩有罪。随通知，他可以提交他想要引起法院注意的任何减轻情节的陈述。

(4) 在"听审"日，辩方和控方证人都不出庭。只是助理说明收到了通过邮件进行的有罪答辩；控方代表（或助理）宣读事实的简单陈述；助理宣读载明减轻情节的信件。治安法官接着就量刑。为使通过邮件答辩有罪的被指控者能够确定地知道针对他说了些什么，有严格的规则要求，在法庭上公开的有关罪行的所有事实就是在送达传票时简要陈述中载明的那些事实。

(5) 被指控者在给出了他希望答辩有罪的通知后改变了主意，他可以书面通知助理说他希望撤回最初的通知。案件就不会根据第12条审判，被指控者有权出庭并按照通常的方式答辩无罪。

(6) 治安法官始终具有不接受通过邮件的答辩有罪的自由裁量权。如果被指控者对减轻情节的陈述宣称了如果接受就等同于对控告书辩护的事实，这些事实清楚地表明继续以有罪答辩诉讼将是明显的错误。这样，法院应当对案件休庭。接着要通知被指控者休庭并说明休庭的理由，并且案件要像从来没有给出过有罪答辩那般继续进行。

在《1991年刑事司法法》颁布之前，通过邮件答辩有罪的程序被局限于成年人治安法院。根据法案第69条，法案将这一程序延伸到了16岁的人可以通过邮寄答辩有罪，如果是向他们签发传票命令他们在少年法院出庭。成年人治安法院适用的限制在这里也同样适用，即，限于刑罚不超过三个月监禁的简易罪行。这个程序对17岁的人继续适用，目前归于少年法院体系。

由于第12A条，即使被告人的确在法院出庭，仍然可以适用第12条。如果被告人指明他希望通过邮件答辩有罪但接着他出庭了，法院可以经他同意根据第12条进行诉讼，就像他缺席一样。甚至在被告人从来没有通知法院通过邮件承认有罪的意图时，法院也被赋予了类似的权力。在任一种情况下，如果使用的是第12条程序但被告人在场，法院必须给他作出关于减轻情节陈述的选择。

第9章 简易审判的过程

大量的轻微简易罪行通过邮件答辩有罪的方式被解决。可从以下列的例子中看出，这一程序尤其适合道路交通犯罪。针对约翰·史密斯提交的控告书是"2000年1月1日，他在巴切斯特一条称为斯比迪街道的限速道路上驾驶机动车辆，速度超过每小时30英里，违反了《1984年道路交通条例法》第89条"。控告书在送达给史密斯的传票中被说明，但如果这就是告知他的所有有关罪行的情况，那么他就是因此被错误地建议通过邮件答辩有罪，因为他驾驶时的速度与可能判处的刑罚密切相关。与传票一起送达的对事实的简要陈述解决了这个问题。陈述说史密斯在斯比迪街道上以每小时38至40英里的速度行驶了半英里的距离；没有对行人或其他道路使用者造成危险；当被阻止时，他说"你干吗不去逮几个盗贼？"史密斯可能会觉得，虽然不完全精确，但事实陈述基本上是正确的。他因此寄给治安法院一封包含他答辩有罪的信，并对减轻情节作了描述（如，他的速度不像控告书所说的那样，而只有每小时33英里左右，他着急赶回家是去看他的妻子因为他收到信息说她生病了）。他还必须将他的驾驶执照寄给法院，因为超速是一项可背书的犯罪（即有罪的具体情形将被背书于驾驶执照上——《1988年道路交通罪犯法》第96条）。在案件听审时，信件被读给治安法官听，他们在决定他应当缴纳的罚款时将对他提出的减轻情节予以考虑。

对像超速和闯红灯之类的犯罪实行的固定罚款体系（见4.2.3节）一定程度上已经替代了用邮件答辩有罪。然而，是否用固定的罚款通知这种方式处理道路交通事件属于警察的自由裁量权范畴，而且如果警察认为，鉴于车辆行驶的速度使用固定罚款通知不合适，他们仍然经常选择使用传票的程序（但给出通过邮件答辩的选择）。

9.5.3 罪犯缺席时量刑

治安法官不可以在罪犯缺席时通过监禁的量刑（《治安法院法》第

11（3）条）。除非罪犯在场或者案件之前已经为了让他出庭展示他为什么不应被取消驾驶资格的原因而休庭，他们不应当被取消驾驶的资格，含有这个意思的通知要送达给被告人（第11（4）条）。在根据第11（1）条对被指控者定罪后，治安法官可以签发对他的逮捕令，如果（1）罪行是可判监禁刑的，或者他们考虑对他剥夺资格，和（2）他们认为考虑到犯罪的严重性，在他缺席时继续诉讼不可取（第13（3）、（4）条）。签发令状的明显理由是他们在考虑给予监禁刑。如果他们考虑只是剥夺资格，他们可能会再休庭一次，接着，如果罪犯没有对休庭通知作出回应而出庭，则签发令状。在第12条的通过邮件答辩有罪的程序被适用后，治安法官可以休庭以使罪犯能在量刑前出庭，但他们可能不会在第一次休庭时就签发令状（第13（4）条）。这是因为对开始被引导认为罪行将在他缺席时处理的人，如果不给他出庭主动应答休庭通知的机会就将他逮捕未免太苛刻。

9.5.4 控方不出庭

如果控方未能在确定的简易审判的时间和地点出庭，治安法官享有要么驳回控告书，或者将案件休庭的自由裁量权：《治安法院法》第15条。如果案件是从之前进行了部分听审的情况下被休庭的，而控方在休庭后的听审中未能出庭，治安法官具有在控方缺席的情况下进行诉讼的额外选择。上一次控方提出的证据这次会被用来针对被指控者，而要达到控方的要求，被指控者具有明显的优势，因为他可以不用面对控方针对他的证据或论点提出的任何质疑。

9.6　法律代理

事务律师和出庭律师都有在治安法院出庭的权利。控方不需要被合法地代表，所以，例如说宣称被他的邻居袭击的私人检察官可以自己展示案件。在皇家检控署成立之前，市区警察的实践是案件中的警官"代

第 9 章 简易审判的过程

表"控方,因此警察就具有律师和证人的双重身份。但是现在,警察起诉的行为已经被皇家检控署接管,警官已经失去了他们的律师身份。当然,如果被指控者希望自己辩护,他可以这样做。如果他没有法定的法律援助并且有罪的后果不可能严重的话,他很可能被建议这么做以便省钱。助理可以协助他展示案件(例如,通过指示他在交叉询问时应该问哪一类问题),而且有时,没有律师的被指控者似乎比有律师的被指控者更能获得合议庭的同情。

实践中不是治安法官赋予除当事人或他们的顾问或事务律师之外的其他人出庭的权利。但是,极偶尔地,当事人可能希望让朋友坐在身边并给他建议。传统上这样的一个人被称为"麦肯齐朋友"(依照 McKenzie v McKenzie [1971] P 33 案,虽然,如我们将看到,这个说法激起司法上的恼怒。这个"朋友"的地位由上诉法院在 Leicester City Justices ex p Barrow [1991] 2 QB 260 案中进行了审查。法官们拒绝允许申请人在社区指控或人头税的赔偿诉讼中由他们的建议人在法院为他们提供帮助。法官对申请人作出了义务命令,他接着又寻求司法审查。他们的申请被地区法院拒绝后又向上诉法院上诉。上诉法院强调,讨论的问题是当事人获得合理帮助的权利。申请人希望他们的朋友在法院通过记笔记、安静地提出暗示和给出建议的方式帮助他们。民事当事人有权展示自己的案件,并在这么做时用他认为必需的方式武装自己,但要受到法院干涉权利的限制。因此,在这个情境下参考"麦肯齐朋友"是有误导性的,因为这暗示了一种特殊的地位和与出庭权类似的权利。这里讨论的权利是案件的当事人用帮助武装自己。要行使这个权利,他不必寻求法院的许可。尽管如此,应当通知法院想要让他的建议人跟随他这一事实。另外,如果帮助在方式或程度上不合理,或者为不适当的目的或以对正义的实施不利的方式行使,法院可以在他使用这一帮助时加以限制。法官在这里犯了错误。他们的错误产生了明显的不公平和潜在的实际不公平。他们的命令被取消。

当被指控者(或实际上,任何一方当事人)没有亲自在治安法院出庭,但是为听审被合法地代表了,从大多数目的来说他应被认为出庭了：《治安法院法》第 122（2）条。因此，未出庭的被指控者的事务律师或顾问可以交叉询问控方证人、传唤辩方证人，并且在定罪的情况下代表他的当事人展示减轻情节，就像被指控者在场一样。另外，法定代理人的在场能阻止法院根据《治安法院法》第 13 条（在被指控者没有出席控告书的审判的令状——见 9.5.1 和 9.5.3 节）签发逮捕令。然而，如果制定法或保释条款要求被指控者出庭，这些条款就不适用：第 122（3）条。因此，被指控者在移交程序和对任选方式的罪行决定审判方式的程序中通常都必须出庭（《治安法院法》第 4（3）条和第 18（2）条）。而且，如果被指控者是被保释出庭而没有出庭，合议庭必须签发逮捕令，随后被指控者因逃跑而被指控（见第 6 章），而无论他是否在法院有律师。至少在理论上，治安法官是否能对仅认为应当出庭的罪犯科处监禁刑并不清楚——实践中，他们是否愿意这样做也值得怀疑。

9.7 审判的过程

简易审判的程序在很大程度上与起诉书审判的过程（在第 16 至 18 章中具体叙述）相似。以下段落将着重介绍它们之间存在的区别。要记住有一个一般的区别，即治安法官既是法律问题又是事实问题的法官，但在皇室法院中职业法官裁决法律而陪审团决定事实。然而，就法律而言，治安法官要由他们的助理给出建议（见 9.9 节），并且在实践中，通常按照助理告诉他们的去做。

9.7.1 答辩

简易审判随着助理将控告书交给被指控者而开始。他（被指控者）必须答辩有罪或无罪。直接答辩有罪或无罪的许多替代方式，在起诉书审判中辩方都可以采用，但在简易审判中并不适用。特别是，被指控者不能对指控答辩无罪而对其他一些（较轻微的）罪行答辩有罪。然而，控方可以被请求对较轻的犯罪提出单独的指控，这样被指控者就被允许对较轻罪行答辩有罪而对最初的指控答辩无罪。在简易审判中并没有有条件宣告无罪或有条件定罪的专门程序，但在普通的无罪答辩中，可以提出被指控的犯罪先前被宣告无罪或定罪的事实。没有一个人可以通过宣称自己不适宜答辩而被免除答辩，虽然如果有医疗报告显示被指控者患有特定形式的精神失常，治安法官有可能不对他定罪而是根据《1983年精神健康法》第37（3）条作出医院令。

当起诉书被交给被指控者时，他保持沉默，那必须基于他的利益而认定无罪答辩。在答辩含糊不清时，治安法官应当尽力解决这种含糊性，但如果不能，也应当认定无罪答辩。简易审判时的含糊不清的答辩通常被称为"模棱两可的答辩"。有关"模棱两可的答辩"这一术语的扩展含义以及治安法官对量刑时仍然模棱两可的答辩的处理结果，见25.1.1节。

如果被指控者毫不含糊地答辩有罪，第20章中描述的量刑前的程序可以立即开始。作为选择，治安法官可能会倾向于休庭以准备报告。与皇室法院的法官一样，治安法官享有允许被指控者在量刑前的任何阶段撤回其有罪答辩的自由裁量权（S (an infant) v Recorder of Manchester [1971] AC 481；Bristol Justices ex p Sawyers [1988] Crim LR 754，并见16.5节）。

9.7.2 控方案情

如果被指控者答辩无罪，控方有权进行开场发言。除非案件特别复杂，他们的代表人倾向于将讲话控制得很短，因为即使是非专业治安法官，在审判案件时都比陪审员的经验要丰富得多，不需要那种用于帮助陪审员的长篇大论的预备性解释。例如，在一个简单的道路交通事件中，顾问或事务律师可能完全放弃开场白。

在开场白（如果有的话）之后，控方证人被传唤。从主询问、交叉询问、再询问到法官席提问的顺序与起诉书审判中的一模一样。控方还可以利用《1967年刑事司法法》第9条宣读书面陈述作为证据。该条规定，在刑事诉讼中，如果（1）陈述包含作出者就他所知和理解是真实的，而且意识到有意的错误陈述将面临控诉的危险的宣言；和（2）已经对各方当事人都送达了复印件，并且在送达后的七日内都没有提出反对。如果控方证人在给出证据时与之前控方了解的先前的陈述有严重的出入，辩方应当被通知以使他们能够利用这种不一致作为交叉询问的基础（见 Liverpool Crown Court ex p Roberts [1986] Crim LR 622 案，其中高等法院取消了对 R 的袭击警察的定罪，因为他的辩护是警察用头撞了他，而不是他撞了警察；而控方未能告知辩方这名警察较早前告诉他的长官说"他不知道发生了什么，但肯定是有头部的碰撞"）。又见第 8.6 节，尤其是 8.9 节关于在简易审判中控方的披露责任。

在控方已经通知辩方他们将传唤证人，并且辩方希望有机会交叉询问这名证人时，控方应当传唤这名证人，即使他们并不想对他进行主询问。然后提供证人供交叉询问（Wellingborough Justices ex p Francois (1994) JP 813）。无论如何，法官最终有权传唤任何一方都没有传唤的证人：Haringey Justices ex p DPP [1996] QB 351。

有关简易审判的一个令人烦恼的问题是治安法官应当如何处理对证据可采性提出的反对。当然，他们既是事实又是法律的法官，因此——至少在理论上——他们必须裁决证据是否应当被允许。但在决定对证据的任何反对时，他们不可避免地要发现证据是什么，因此或多或少地要被它影响，即使他们裁定证据不可采纳。一个更精细的程序问题是，如果证据是不可采纳的，那么治安法官应当在何时作出决定，并且他们究竟是否必须采用皇室法院的程序来进行"审判中的审判"（见 18.3.5 节）。一般原则是他们如何处理对证据的反对时享有无限制的自由裁量权。他们可以将反对裁定为初步的问题；或者他们可以在证据否则将在审判的普通过程中被出示之前立即地处理这个问题；或者他们可以有条件地接受被争议的证据，然后在案件的所有证据都收到之后决定忽略它（见 F v Chief Constable of Kent [1982] Crim LR 682）。从最后提到的案件的决定中可以得出结论，即使辩护方宣称供认是非自愿的，辩方也不能坚持"审判中的审判"。如果被指控者想证明他是被迫作出供认的，他只能将它作为总辩护的一个部分，并且接受与有罪与无罪相关的所有

第 9 章 简易审判的过程

事项的交叉询问——就是说，他不能将他的证据限定在他的供述的可采纳与否上。但是这种形势已经被《1984 年警察与刑事司法法》第 76 条改变，该法现在规范作为法律事项的供认是否可被采纳。如果辩方向法官席陈述供认是通过压迫或其他可能使其不可信的情形下获取的，F v Chief Constable of Kent 案中的一般原则不适用，治安法官将必须立即进行一个"审判中的审判"，对供认的可采性作出裁决：Liverpool Crown Court ex p R［1998］QB 1。不幸的是，使事情变得更复杂的是，也曾经有裁定认为在法院被请求作为自由裁量权事项排除供认时（比如，因为警察违反了规范他们行为的法典的条款），治安法院适用的针对证据反对的通常原则是，由法官定夺何时作出关于反对的决定。目标是确保对双方来说审判都是公平和公正的。这样在一些案件中被指控者就被赋予在给出主要事项的证据之前排除证据的机会，以使他在主要事项上有权保持沉默。然而，在大多数案件中，控方案件的总体，包括有争议的证据，要被首先听取，这样就可以像第 78 条要求的那样对"所有情形"都注意到。在作出决定时，法院可以考虑被指控者在审判中的审判里提出的问题的程度。如果问题有限，审判中的审判就更能被接受，但如果被延长而且提出了将在主审判中审查的问题时，审判中的审判就不太合适：Halawa v Federation Against Copyright Theft［1995］1 Cr App R 21。此外，裁决作出的时间仍旧不能解决一个基本问题，那就是在意识到证据是什么以后，即使治安法官确实将它排除，但也不能完全将它置之度外。

如果控方或辩方希望传唤证人，但有理由认为他可能不会主动出庭，他们可以在审前向治安法官或治安法官助理申请传票要求证人出庭：《治安法院法》第 97 条。如果传票没有被遵守而且看起来没有不遵守的正当理由，治安法官可以签发对证人的逮捕令，倘若他们由宣誓证据确信证人可能能够给出实质性证据，证人已经被送达传票，而且已经被支付了一笔合理的钱以弥补出庭的费用。治安法官还可以休庭直至证人被带到法院。在极端的情况下，如果治安法官通过宣誓证据确信根据第 97 条签发的传票不可能被遵守，他可以在审前签发令状逮捕证人。

第 97 条还可以在控方或辩方想要得到"可能是实质性证据的文件或东西"时用来签发传票（有关"第三方披露"的规定，见第 8.10 节）。

第 97 条规定的权力取决于治安法官是否确信证人可以给出或提供实质性证据。它不能被用来"摸底"，试探申请人只是希望如果传票被批准会出现一些东西，而不是说明被传唤的人实际上有或能给出实质性证据：Reading Justices ex p Berkshire County Council〔1996〕1 Cr App R 239。在文件受法律职业特权保护而特权没有被放弃时，不能签发第 97 条规定下的传票强迫提供：Derby Magistrates' Court ex p B〔1996〕AC 487 HL。

9.7.3　无案的提议

在控方证据结束时，辩方可以作出无案可答的提议。如果没有证据能证明被控犯罪的本质要件，或者控方证据因为交叉询问被质疑得不可信或者明显的不可信以至于合理的法庭不能可靠地定罪，这一提议应当被支持（见《实践指示（无案提议）》〔1962〕1 WLR 227）。因而，治安法官在无案提议中可以考虑辩方交叉询问已使他们不能相信控方证人这一事实，但是在起诉书审判的相应阶段，皇室法院不应当被他关于证人可信赖性的个人观点影响（见 18.4 节）。这虽然看起来反常，但可以通过治安法官同时是事实和法律的法官而得到解释，但在起诉书审判中，法律由法官决定，事实归陪审团决定。如果无案提议得到支持，被指控者被判无罪并被释放。如果法官欲附条件地支持无案可答的提议，他们应当请控方说明，以避免不公正的可能：Barking and Dagenham Justices ex p DPP（1994）159 JP 373。

9.7.4　辩方案情

假设有案可答，辩方可以但不必传唤证据。就像在起诉书审判中一样，被指控者是一个为自己辩护适格的但不是可强迫的证人。如果控方知晓可以给出实质性证据的证人而他们自己不欲传唤他，他们负有责任使辩方可以获得该名证人（见 Leyland Justices ex p Hawthorn〔1979〕

QB 283 案，控方未能告诉辩方可以证明 H 的小汽车是停在道路左手边，而不是超越了中间的白线并与控方证人的汽车碰撞的证人，导致对 H 疏忽驾驶的定罪被取消；另关于简易审判中的披露，见 8.9 节）。在辩方证据之后，辩方顾问或事务律师有做总结陈词的权利。控方没有这样的总结陈词，虽然他们可以回答辩方在总结中提起的任何法律问题。

关于总结陈词，准确的定位是辩方有权做开场白或总结陈词，并且几乎总是会选择总结陈词以有最后说话的优势。每一方当事人都可以向治安法官申请批准他们第二次发言的机会。这是一个完全在法院自由裁量权之内的事项，但如果一方获得了第二次发言，则必须也要给另一方机会。第二次控方发言将在辩方总结陈词前作出。上述规定包含在《治安法院规则》第 13 条。

9.7.5 裁决

独任审判的地区法官通常在辩方总结陈词后立即宣布他的决定。非专业治安法官几乎总是退庭考虑他们的判决。他们不需要一致。在偶数法院意见被平均分开的情况下，主席没有决定性投票权，必须将案件休庭由组成不同的合议庭再听审：Redbridge Justices ex p Ram（1991）156 JP 203 案。治安法官和陪审团权力的一个主要区别是，前者通常不可以转为宣告另一较轻的罪行有罪，他们必须要么对指控的罪行宣告有罪，要么宣告无罪，这同样适用于即使是可任选方式审判的罪行。而陪审团就起诉书相同措辞的罪状，可以作出替代的判决：Lawrence v Same［1968］2 QB 93。当然，像已经提到的那样，控方可以通过两份单独的控告书，一份是较严重的罪行，另一份是较轻微的罪行，来避免这一规则带来的不便。然后治安法官可以选择对哪一个指控，如果二者选一的话，进行定罪。《1988 年道路交通罪犯法》第 24 条也准许合议庭就特定的驾驶犯罪，宣告指控的罪行无罪，而对另一特定的罪行定罪。比如，如果被告人被指控危险驾驶，治安法官可以宣告危险驾驶无罪，而以疏忽驾驶定罪。另外，《1968 年盗窃法》12A（5）条构成了另外一个对治安法官无权宣告另一较轻罪行有罪的一般原则的法定例外。因此，如果被告人被指控违反 1968 年法案 12A 条未经主人同意擅取机动车的加重罪行，他可能会因违反法案第 12 条未经授权擅取机动车这一较轻的罪行被定罪。12A（5）条中包含的并不限于起诉书审判的这样一个行为方式的特定授权超越了一般规则：R（on the application of H）v Liverpool City Youth Court [2001] Crim LR 487。

如果在对被指控者定罪之后治安法官对他们决定的正确性改变了观点，他们可以指令案件由另外的法官重新听审：《治安法院法》第 142 条。如果皇室法院或高等法院已经对案件的上诉作出了决定，就不存在这种权力。指令的效果是使定罪和随后科处的任何刑罚无效。当然，重新听审案件的治安法官可以对被指控者定罪并判处他们认为合适的任何刑罚。

9.8 治安法官定罪后的量刑权

法院对罪犯量刑的权力以及对每一种科加的刑罚的限制将在 22 章和 23 章讨论。本节主要关注治安法官对因犯一项或以上的简易罪行的被指控者量刑时的额外的特定限制。其中一些与对可任选方式罪行的简易量刑同样相关，但为了对后一个问题有全景的认识，有必要将本节和第 11.1 节联系起来阅读。第 11.1 节详细地讨论了治安法官对可任选方式审判的罪行科处的最高监禁刑和经济上的刑罚。另外，就未成年人法院而言，形势有所不同（尤见第 10.5.2 节）。

《治安法院法》第 31（1）条规定治安法官对于任何一项犯罪都不能科处超过六个月的监禁刑。无论是简易罪行还是可任选方式审判的犯罪，这一点都适用。因此，如果 1980 年前的立法声称由它设立的罪行可以在简易定罪后被处以六个月以上的监禁刑，必须被理解为最高的简易刑罚是六个月：第 31（2）条。在 1980 年后的立法中，议会明示地凌驾于 31（1）条之上，给予治安法官对一个罪行科处六个月以上刑罚

第 9 章 简易审判的过程

的权力。但就作者所知,议会还没有选择授予这样的权力。受以上制约,创设简易罪行的制定法规定了对罪行可科加的监禁(如果有的话)和/或罚金的最高限制。由于《1982年刑事司法法》,罚金以标准规格的级别形式说明(见 23.13.1 节)。随便举个例子,《1981 年刑事未遂法》(经 1982 年法案修订)第 9(3)条规定,干涉机动车辆的罪犯"将负在简易定罪后不超过三个月期限的监禁或不超过标准规格第 4 级数额的罚金或两者兼有的责任"。标准规格的第 4 级目前是 2 500 英镑,因此《刑事未遂法》第 9 条规定下的犯罪的最高刑罚是三个月监禁和/或 2 500 英镑的罚金(更多细节见 23.13.1 节)。

当一个法院,无论是皇室法院还是治安法院,通过一项监禁刑时,它可以使判决在罪犯要服的其他监禁刑之后或同时生效。在前一种情况下,刑罚与已经在服的刑罚是连续的;后一种情况下,两者是同时的。类似地,如果法院在一个场合对一名罪犯针对两项或以上的罪行科处单独的监禁刑,法院可以命令连续或同时服刑。但是,治安法官命令连续服刑的权力是受限制的,因为如果他们对因犯两项或以上的简易罪的罪犯量刑,科处的总的刑期必须不能超过六个月:《治安法院法》第 133 条。因此,如果治安法官对犯三项干涉机动车辆罪行的罪犯量刑,他们可以判决三个同时进行的期限为三个月的监禁刑,或者他们可以判决三个连续进行的期限为两个月的监禁刑,但他们不能判决他服三个连续进行的期限为三个月的监禁刑。如果罪犯被判定一项简易罪行和一项可任选方式审判的罪行有罪(例如干涉机动车辆和盗窃另一辆车辆),治安法官仍然受总服刑期限不超过六个月的限制。但如果他们判决两项或以上的可任选方式的罪行有罪,那么总期限可超过六个月,但不能超过十二个月(见 11.1 节)。

当然,除监禁或罚金之外,还有其他很多处理罪犯的方式。例如,他们可以被绝对地或有条件地释放、缓刑、命令参加照料中心、命令完成社区服务或送交年轻罪犯教养院。这些和其他一些判决的权力由皇室法院和治安法院行使,尽管在一些特定的案件中刑罚的适用要取决于诸如像罪犯的年龄和他被认定的罪行是否可判监禁刑等事项。与皇室法院一样，治安法院也可以判处暂缓监禁，但暂缓的期限必须不能超过本来科处的即时判决的期限。类似地，如果罪犯年龄不满 21 岁，判决拘押在年轻罪犯教养院中的期限必须在可判处的最高监禁刑期之内。

上述的几种刑罚和命令在一些或所有年轻人（18 岁以下）的案件中可被适用。年轻人偶尔在成年人治安法院，而不是在少年法院被审判和认定有罪。如果这样，成人法院的量刑权力很受限制，他们通常必须将年轻人提交给少年法院量刑（细节见 10.5.3 节）。

在对一名罪犯定罪后，治安法官常常感觉到要对他正确判决必须要更多地了解他。为了这个目的，他们可以休庭以询问（例如通过缓刑官准备量刑前报告），但如果罪犯被还押保释，休庭不得超过四星期，如果他被归还押羁押则不得超过三星期：《治安法院法》第 10（3）条。

第 10（3）条被另两个条款补充，即《治安法院法》第 30 条和《1983 年精神健康法》第 35 条。前一条规定，如果审判可判监禁刑的被指控者，治安法官（1）确信他"实施了行为或对指控的事实有疏忽"（即他实施了不作为的罪行），和（2）认为应当对他的身体和精神状况进行查询以使他们能够决定怎样处理他，那么他们必须休庭以制作医学报告。如果被指控者被准许保释，到医院准备医学报告应作为保释的一个条件。休庭的最长期限仍然是三或四个星期，取决于还押羁押还是保释。只有从一名合适的有资格的医生给出的证据表明被指控者可能患有一种或以上的特定形式的精神病时才能适用《1983 年精神健康法》第 35 条。此条授权法院将被指控者还押至医院以对其精神状况准备更充分的报告。这比将他归还押羁押更好，因为监禁——即使是在监狱医院中——对精神不正常的人来说也是明显不可取的。这还能避免逃跑或对准备保释还押固有的报告不合作的危险。

虽然《治安法院法》第 30 条和《精神健康法》第 35 条规定的还押都可以，也经常是发生在治安法官对被指控者定罪之后，但定罪不是这种还押的前提条件。治安法官只要确信被指控者犯有不作为的罪行，就可以使用这些条款。这使法院可以避免否则可能通过简易审判中的被指控者不能提出不适宜答辩这一问题而可能导致的不公正（见9.7.1节）。如果被指控者有足以阻止他对指控作出适当辩护的精神问题，治安法官可以基于被指控者的利益确立无罪答辩。控方接着传唤证据，而如果能使法院确信被指控者实施了不作为犯罪，案件将根据《治安法院法》第30条或《1983年精神健康法》第35条休庭以准备报告。如果这些报告显示被指控者患有精神疾病或严重的精神损害，治安法官可以根据《1983年精神健康法》第37（3）条在未完成对控告书的审判且未作出定罪记录时签发医院令。医院令的效果是被指控者被带到医院并在那里被羁押六个月的初始期间。这之后他的释放取决于他精神状况的改善与否。上述程序甚至可以在被控犯罪是任选方式的罪行，而被指控者因过度受干扰而不能亲自对简易审判作出同意表示的案件中被采用，如果他被合法地代表并且顾问或事务律师基于他的利益同意由治安法官处理案件：Lincoln（Kesteven）Magistrates' Court ex p O'Connor〔1983〕1 WLR 335。有关《1983年精神健康法》第35条规定的还押和医院令的更多细节，见第23.22节。

这表明，普通法中精神失常的辩护，如果被告人的犯罪意图受到争论，也适用于简易审判中的被告人：Horseferry Road Magistrates' Court ex p K〔1996〕3 WLR 68。

9.9 助理的角色

法院助理在简易程序的进行中扮演重要的角色。他本人未必是治安法官助理，但可能是有资格在法院做助理的法律建议者（见5.4节）。在听审的过程中，助理的任务包括将控告书交给被指控者、对证据做笔记、帮助未被代表的被指控者陈述案件以及对出现的法律或程序问题向治安法官提出建议。最后一项可能是他最重要的职能，因为虽然治安法官既是法律又是事实的法官,但非专业治安法官在实践中确实接受他们的助理在法律问题上的建议。由于他(助理)的建议的重要性,因此在听审中当一个法律问题(如关于证据的可采性)需要决定时,助理应当当众给出建议以使得各方当事人都知道他说的内容。如果法官要助理给他们提建议,但当法律要求向法院提出时助理并不在场,他要在公开的法庭上从当事人或律师处亲自听取这些要求是至关重要的(Chichester Justices ex p DPP [1994] RTR 175)。类似地,如果一个法律问题没有被双方当事人辩论但助理觉得应当引起法官的注意时,他应当在公开的法庭上提出这一点以使得各方都有机会对此事项作出评价。即使法官已经退庭去考虑他们的决定,如果助理提到了在辩论中没有被引证的另外的事项,他们在最终作出决定之前也应当重新回到法院并请求各方律师对新案件作出陈述(W v W (1993),《泰晤士报》,1993年6月4日)。

在治安法官退庭考虑裁决时,助理可以同他们一起退庭,但只能就法律问题向他们建议。如果他们倾向于认定有罪时,就他们的量刑权力提出建议。一般而言,助理不应当在法官退庭期间加入他们,除非他被要求加入,但如果他意识到如果他们"在外"有需要帮助的法律问题,并因他的疏忽而未能在公开的法庭上作出建议,他可以主动地加入他们:Uxbridge Justices ex p Smith [1985] Crim LR 670。一旦他就法律问题作出了建议,他应当马上回到公开法院。然而,在事实和法律问题紧密交织的复杂案件中,在几乎整个退庭期间都和治安法官在一起,对助理来说也是合适的:Consett Justices ex p Postal Bingo Ltd [1967] 2 QB 9。关键问题是助理不应当干涉治安法官对事实的决定,也不应当在没有良好理由时与他们一起退庭,将自己置于看起来干涉他们决定的位置。因此,在 Stafford Justices ex p Ross [1962] 1 WLR 456 案中,高等法院取消了对 R 的定罪,因为在审判中,助理给治安法官递了一张纸条,上写着他认为 R 的辩护不合情理的建议。类似地,在 Guildford Justices ex p Harding (1981) 145 JP 174 案中,有罪判决也不被支持,因为在这个案件中法律绝对地直截了当,但是助理和治安法官一起退庭向他们建议证明标准问题。高等法院将需要助理建议的理由看作是借口。

Practice Direction (Justice: Clerk to Court) [1981] 1 WLR 1163 中总结了助理的职能。

第 *10* 章　对未成年人的审判

未成年人通常由治安法官在一种特殊的治安法院，称为"少年法院"被审判。在下面描述的情形中，未成年人要么是必须要么是可能被以起诉书审判（见 10.1 节）或在成年人治安法院中被审判（见 10.2 节）。在所有其他情况下，他都必须留在治安法院，即使所指控的罪行如果是成年人的话会被或必须被以起诉书审判。

"未成年人"是指年龄还没有达到 18 岁的人。未成年人要么是儿童，年龄不到 14 岁，要么是年轻人，年龄已届 14 岁但不满 18 岁：《1969 年儿童和年轻人法》第 70 条。在刑事诉讼中，不到 10 岁的儿童可以被免责，因为他们还不到刑事责任年龄。就审判方式而言，所有 18 岁及以上的人都被以完全相同的方式对待，在本章中就被称为成年人。然而，如果一个年龄在 18 岁至 20 岁之间的人被定罪，包括 18 岁和 20 岁，法院有数种处理他们的方法，而这些方法对年龄已达到 21 岁的罪犯并不适用。

根据《1991 年刑事司法法》，未成年人法院被重新命名为"少年法院"（第 70 条）。此外，新命名的少年法院的管辖权被扩展至 17 岁的人（第 68 条）。因此，根据法定条款，成年人是年龄在 18 岁和以上的人。

第 10 章　对未成年人的审判

10.1　起诉书审判未成年人

像被指控的成年人一样，未成年人在治安法官面前初次出庭，即使他们最终被以起诉书审判。如果未成年人单独或与其他未成年人一起被指控，他将在少年法院出庭；如果他与成年人一起被共同指控，他和成年人都将在成年人治安法院出庭。未成年人以简易审判还是以起诉书审判的决定由治安法官适用相关的法定条款作出。未成年人从来就没有选择以起诉书审判的权利。有时候他必须去皇室法院，但无论是他还是治安法官对此都没有选择；有时候治安法官在简易审判和移交程序之间可以选择；通常法律规定审判必须是简易的。然而，无论如何，未成年人都不能选择，尽管有时他或他的法律代表人会被询问他们认为在哪个法院审判更合适。

《1980 年治安法院法》第 24（1）条规定未成年人必须被简易审判（即，在少年法院或在成人治安法院），除非：

（1）他被指控杀人罪；或者

（2）他被与将要以起诉书审判的成年人共同指控，而且治安法官认为将他们都移送审判符合正义的目的；或者

（3）治安法官认为如果他被以起诉书定罪，可以根据《1933 年儿童和年轻人法》第 53（2）条对他进行适当地量刑，并且或者

（i）他被指控可能判处最长 14 年或以上监禁的罪行，或强暴猥亵；或者

（ii）他是一名年轻人（即年龄已满 14 岁或以上），并被指控危险驾驶致人死亡或在醉酒或毒品影响下疏忽驾驶致人死亡。

这些起诉书审判的每一情形都需要进一步考虑。

（1）杀人罪。这明显包括谋杀和过失杀人。由于这些罪行只能以起诉书审判，治安法官没有关于审判方式的自由裁量权，但必须进行移交程序，并在如果有案可答时，将未成年人送交皇室法院。

(2) 与成年人被共同指控。如果两个或以上的被指控者被指控共同实施了一项犯罪，一般来说将他们共同审判更可取（见14.6.1节）。但是，如果一名成年人和一名未成年人以可控诉罪行被指控，并且成年人要么必须以起诉书被审判，要么拒绝简易审判，但对未成年人来说一般必须被简易审判，这时就产生了如何合并审判的问题。仅仅因为碰巧与未成年人合并被指控就剥夺成年人享有的陪审团审判的基本权利是不可接受的。所以，议会从相反的方向处理了这个问题，赋予治安法官举行双方参与的移交程序并在符合正义目的时将未成年人和成年人一起提交审判的自由裁量权（《治安法院法》第24（2）条）。通常在这个情境下"合并指控"是指在同一控告书中指控同一罪行。例外的是，未经同意擅取机动车辆的驾驶员和乘客应当被合并指控，即使针对他们分别是不同的控告书：Ex p Allgood (1994)，《泰晤士报》，1994年11月25日。在行使自由裁量权时，治安法官必须衡量合并审判的可取性和让未成年人出现在皇室法院经受可能是创伤性的经历的不可取性。未成年人越年轻，被指控的罪行就越不严重，治安法官就越有可能会决定出于正义的目的不需要将未成年人移交审判。如果他们作出了这样的决定，成年人将独自去皇室法院，而未成年人则将被要求在治安法院对指控作出答辩。如果他答辩无罪，成年人法院有将他交还给少年法院审判的自由裁量权（几乎肯定行使）：《治安法院法》第29条。如果他答辩有罪，成年人法院将继续考虑量刑，但他们关于未成年人的量刑权力是受限制的（见10.5.3节）。而且，如果这些权力并不足以处理该案，就必须将案件交还给少年法院。在未成年人与成年人一起被移送审判时，他还可以就任何其他的与合并指控情形相同或相关的情形产生的可控诉罪行被移交审判：《治安法院法》第24（2）条。因此，如果A（18岁）和J（16岁）被指控入室行窃，而J又被单独指控使用盗窃时偷得的支票通过欺诈获取财物，事情的可能进展是两人将同时在成人治安法院出庭。关于A，治安法官将通过正常的程序决定审判方式。他们可能会给他简易审判的选择，但如果被拒绝，他们将不得不考虑移交程序在J的案件中是否也合适。由于J几乎是成人了，将两名被指控者都提交皇室法院的论争很有力。假设控方能够对他们两人的入室行窃确立一个表面上的案件，那么对 J 的欺诈指控也有可能被移交审判，因为这与合并指控连在一起。如果对 A 无案可答，那么对 J 的移交程序就会被中止；他将被要求对他的两项指控进行答辩，并且如果他答辩无罪，治安法官能够将他发回少年法院审判。

（3）可能面临第 53（2）条刑罚的年轻人。如果未成年人在《2000 年刑事法院（量刑）权力法》第 91 条（细节见 22.10.2 节）规定的情形下被定罪，皇室法院可以根据内务部的指令判决他不超过对 21 岁以上的罪犯可以判处的最长监禁期限的羁押。只有以起诉书被宣告有罪时才可以科处第 91 条的刑罚。因此，如果治安法官认为宣称的罪行足以严重到确保羁押刑罚时，他们必须能够移送审判，因为否则的话科处这样的刑罚将因在错误的法院被定罪而遭排除。正如已经提到的那样，《治安法院法》第 24 条确实赋予了他们这样的权力。然而，必须注意到第 91 条规定的羁押（与在年轻罪犯教养院中的拘押相对而言）在实践中只保留给一小部分非常严重的案件。因此，虽然入室行窃和销赃可能判处 14 年监禁，但少年法院几乎自动地对这样的指控进行简易审判，除非注意到存在一些非常特殊的情形，在年轻人被以起诉书判决有罪时可以确保第 91 条的羁押刑罚。

例外情形的一个极佳的例子是 South Hackney Juvenile Court ex p RB and CB (1983) 77 Cr App R 294 案。RB（15 岁）和 CB（14 岁）连同其他六名未成年人被指控同谋入室行窃。他们还被指控参与数起特定的入室行窃，这个团伙总共实施的入室行窃是 15 起。在这些行窃过程中有价值 27 000 英镑的财物被盗。而且，这些未成年人精心策划了犯罪，找到地点储藏被盗物品并通过一个精心组织的销售网络安排出售赃物。这使得案件与普通的未成年人犯罪处理方式区分开来，并使少年法院有理由决定进行移交程序。地区法院也裁定，治安法官在着手移交程序之前采取的程序——即听取控辩双方关于哪种审判方式合适的陈述，但在这一阶段不考虑有关指控严重性的证据——是正确的。

上诉法院时常发布少年法院有关如何决定是否将年轻被告人提交皇

室法院审判的指示。在 Fairhurst (1987) Cr App R 19 案中，上诉法院认为，犯罪不一定必须是"具有非同寻常的严重性"时治安法官才能拒绝管辖。在 Billam (1986) 82 Cr App R 347 案中，法院认为被指控强奸的未成年人总是应当在皇室法院被审判。应该规范少年法院决定的合理程序在 Inner London Youth Court ex p DPP [1996] Crim LR 834 案中有清楚的说明，该案 15 岁的被告人，被指控造成严重的身体伤害。控方掌握的案情是他抓住被害人，把她推进一扇商店大门并将她的头朝打碎的玻璃猛推，同时说他对自己所干的事很开心。法官判定案件适合简易审判。认为案件应当在皇室法院以起诉书审判的控方提出上诉。地区法院裁定申请应当被准许，并将案件发回进行移交程序。显然这一犯罪属于现在《2000 年刑事法院权力（判决）法》第 91 条的范畴，因为 18 条规定的罪行如果是成年人可以判处最高刑期 14 年以上的监禁（对第 18 条规定的犯罪在成年人的案件中最严重的惩罚是终身监禁）。除非被指控者被提交皇室法院审判，否则可以判处的最高刑期是 24 个月。对治安法官来说合适的方法是考虑如果被告人因此罪被定罪，皇室法院根据 91 条行使其权力并对被告人量刑比自己限于判处两年监禁的权力更严重的刑罚是否适当。如果答案为是，治安法官应当使判处这样一个刑罚成为可能，在这个案件中他们本来应当这样做。欧洲人权法院对在 26.2.5 节中讨论的 V v UK (2000) 30 EHRR 121 案中对未成年人以起诉书审判的程序进行了详细检查。对上述分析的理解必须受制于这一案件带来的冲击，它在任何法院决定未成年人是否应当被皇室法院审判时都很重要。就未成年人因杀人犯罪被强制审判而言，它也将影响制定法的形势。

　　与有关成年人的审判方式的决定一样，关于未成年人应当如何被审判的决定也不是不可改变的。在起初决定赞同以起诉书审判之后，如果法院认为上述的（2）和（3）条件最终未能满足的话，它可以在移交程序的任何阶段回到简易审判（见 Brent Juvenile Court ex p S (1991),《泰晤士报》，1991 年 6 月 18 日）。相反地，直到控方证据结束之前，可以从简易审判转为移交程序（见《治安法院法》第 25(5)～(7) 条）。

第 10 章 对未成年人的审判

法院还认为，如果在第一次听审时鉴于第 91 条羁押刑罚的可能性，法院考虑了未成年人案件是否应当被移送审判的陈述并作出不予移送的决定，组成不同的合议庭不可以在随后的听审中颠倒他们同事作出的决定，除非出现了在先前的场合没有呈现给法院的新情况：Newham Juvenile Court ex p F [1986] 1 WLR 939。在 R（K）v Leeds Youth Court（2001）165 JP 694 案中，问题是是否出现了新情况，使得治安法官能够改变他们接受管辖的观点。K（17 岁）被指控抢劫。他在少年法院接受管辖当时就作出了无罪答辩。案件后来又回到少年法院组成不同的合议庭面前，控方提出治安法官应当将案件提交到皇室法院。在听取了控方证人之后，法官决定应当中止审判，以使案件能在皇室法院被听审，因为如果 K 被定罪，他们量刑的权力不充分。K 申请司法审查，辩称改变审判方式的权力只能在情况发生变化时才能行使。地区法院裁定，少年法院有权将审判置于审查之下，并且如果原来的决定不再适当，有权改变决定。能够说明这样的决定是正当的情形可能会变化，但包括情势变更以及新材料被引入的情形。还有这样的案件，与这个案件相似，随着证据的展开，证据展示的方式也能使这样的决定具有正当性。一旦对法官来说，清楚地显示口头证词对不加渲染的犯罪陈述提供了一个不同的视角，他们就有权根据第 25（6）条行使他们的权力。地区法院实际上是在说证据展示的方式已经足够。虽然这样一个解释并没有扭曲法律，但是其主观的特性可能会引起怀疑未成年人被提交皇室法院的真正原因是因为改变了主意，或者就合议庭来说是组成的改变。然而，按照 V v UK（2000）30 EHRR 121 案（见 26.2.5 节），认为应当强烈地支持在少年法院审判未成年人，并且法院改变主意并将未成年人提交皇室法院的决定应当坚决地基于新材料的基础之上。

未成年人应当被以起诉书审判的决定一旦作出，程序一般遵从与成人相关的程序。正像在成人案件中一样，移送可以考虑或不考虑证据（《治安法院法》第 24（1）条）。在起诉书审判中，未成年人有与成年被指控者一样的权利（如反对陪审员），他的辩护也以与成年人相同的方式进行。法院也可以命令媒体不披露被控的未成年人或案件中其他未成年人证人的姓名、地址、学校或其他任何可以辨识的信息：《1933年儿童和年轻人法》第39条。由皇室法院对未成年人的量刑将在10.5节中讨论。

效仿欧洲人权法院在V v UK案中的判决，最高法院大法官发布了《实践指示（皇室法院：对儿童和年轻人的审判）》，其中强调必须采取所有可能的步骤帮助年轻被告人理解并参与皇室法院中的程序（细节见26.2.5节最后的论述）。

10.2 在成人治安法院审判未成年人

《1933年儿童和年轻人法》第46条和《1963年儿童和年轻人法》第18条结合规定，将被简易审判的未成年人必须在少年法院被审判，除非：

（1）他被与成年人合并指控；或者

（2）他与成年人一起在治安法官面前出庭并且，虽然上述第（1）点由于控方选择了分别指控他们而不适用，但对他的指控是他帮助并唆使了针对成年人指控的犯罪或反之；或者

（3）他与成年人一起在治安法官面前出庭，并且对他的指控是由于对成年人的指控相同或相关的情形；或者

（4）成人治安法院错误地认为他是成年人时开始听审针对他的诉讼。

在上述第（1）点适用时，成人治安法院必须审判未成年人，除非与他一起被合并指控的成年人D答辩有罪而他却答辩无罪，这样的话法院可以，而且可能会将他交还少年法院审判：《1980年治安法院法》第29条。根据Ex p Allgood（1994），《泰晤士报》，1994年11月25日，该案在未成年人以起诉书审判的情境中被决定（见10.1节），未经同意擅取车辆的驾驶员和乘客应当被认为是合并指控。在上述（2）至（4）点适用时，法院仅仅是在它希望的时候才有听审的自由裁量权。

第 10 章　对未成年人的审判

《1933 年儿童和年轻人法》第 39 条（限制报道未成年人姓名等等的命令——见 10.1 节）适用于在成人治安法院对未成年人的审判。

就父母或监护人出庭的地位，由《1933 年儿童和年轻人法》第 34A 条加以规范：见 10.4 节。

10.3　在少年法院对未成年人的审判

绝大部分针对未成年人的指控都在被称为少年法院的一种特殊形式的治安法院中被审判。每一个小开庭区的治安法官必须每三年聚集一次，在他们之中指定他们认为特别适合于处理未成年人案件的一组法官。这被称为少年法院小组，在这个分区的少年法院开庭的治安法官必须从这个小组中抽出：《1954 年少年法院（组成）规则》（SI 1954 No 1711）第 1 和 11 条。方便时，两个或以上的小开庭区可以合并选出一个少年法院小组。另外，对伦敦内城地区的少年法院的组成适用特殊规则。年龄已届 65 岁的非专业治安法官不可以成为小组的成员：第 5 条。成员中的空缺（如由于治安法官去世或年龄到达 65 岁）可以在出现时被填充。地区法官（治安法院）是他工作的地区的少年法院小组成员，即使年龄超过 65 岁。

少年法院与一般的成人治安法院在以下方面不同：

（1）少年法院不准一般公众入内。只有各方当事人和他们的法律代表人、法院的官员（如法院引导员）、已经给出证据的证人和其他与案件有直接关系的人、缓刑官和社会工作者以及新闻界工作者允许入内：《1933 年儿童和年轻人法》第 47 条。另外，法院可以特别授权其他人在场（例如学习法律的学生）。相比之下，在成人治安法院或皇室法院中对未成年人提起的诉讼通常是在公开的法庭进行，尽管在有伤风化或违反道德的案件中无论何时传唤未成年人作为证人，有权清空法院：《1933 年儿童和年轻人法》第 37 条。

（2）听审案件的治安法官合议庭必须由不超过三人的治安法官组

成,而且必须包括一男一女:《1954年少年法院(组成)规则》第12条。如果由于不可预见的情况,少年法院小组成员中可以在少年法院开庭的成员全是男性或女性,如果他们认为休庭不适合的话,他们可以放弃上述规则并组成一个单一性别的法院。然而,地区法官(治安法院)可以在少年法院独任审判。

(3) 案件中的所有证人,无论未成年人或成年人,"在万能的上帝面前发誓说出事实,全部事实"等等,而不是以万能的上帝的名义起誓他们将这么做。少年法院不同形式的誓词由《1963年儿童和年轻人法》第28条引入。它也被适用于未成年人在其他法院给出证据。如果治安法官认为未成年人实施了所指控的罪行,他们不是对他"宣告有罪",而是"记录有罪的认定"。当他们因犯罪处理他时,他们不是"判决"他,而是"对有罪的认定作出命令":《1933年儿童和年轻人法》第59条。在未成年人在成人治安法院出庭时也应当使用同样的术语。

(4) 如果未成年人没有被合法地代表,法院可以准许他的父母或监护人帮助他进行辩护(如以他的利益交叉询问控方证人)。

(5) 媒体不可以报道被指控的未成年人或其他任何涉入程序的未成年人的姓名或其他任何能辨别身份的细节:《1933年儿童和年轻人法》第49条。如果法院认为,为了1)避免对未成年人的不公正,或2)逮捕非法逍遥法外的未成年人,有必要的话可以取消这些禁止。有关对非法逍遥法外的未成年人的法院权力,只有在皇家检控署就未成年人被指控犯有暴力或性犯罪或可以判处最高监禁14年或以上刑罚的案件提出申请时才能行使。因此,在成人治安法院和皇室法院中,未成年人的姓名等除非法院作出相反的命令,都可以公开;在少年法院,情况刚好相反。

(6) 一般地,少年法院的气氛比成人法院更放松、更不正式。被指控的未成年人不进入被告人席,而是坐在与治安法官对面的椅子上,他的父母和他并排或坐在他后面。治安法官通常坐在稍微抬升一点的桌子后面。他们称呼未成年人的名,不带姓,而且基于有罪的认定作出命令时,可以以半正式的方式跟他谈话。

10.4 父母出席

未成年被告人通常由父母陪同。少年法院（和成人治安法院及皇室法院一样）有要求未成年人的父母或监护人出席的权力。在被指控者年龄在 15 岁或以下时，它应当要求此种出席，除非确信这样做不合理。相比较而言，在被指控者 16 岁或以上时，法院可以要求父母出席。要强调的是，任何选择的要件都是法院的，而非父母，父母在法院如此要求时有义务出席。

10.5 处理未成年人的法院的量刑权力

基于诸如他的年龄、记录、他被认定有罪的罪行是否可判处监禁和关于他的报告的内容等事项，可以用以下的方式处理未成年人：根据《2000 年刑事法院（量刑）权力法》（PCC（S）A）第 91 条判处羁押、拘押和培训令（对年龄 12 岁至 17 岁的人）、社区改造令、社区惩罚令或社区改造和惩罚令（仅对 16 岁和 17 岁的人）、出席中心令、补偿令、罚金、监管令、《1983 年精神健康法》第 37 条的医院令、赔偿令、具结悔过、有条件释放或无条件释放。还有可能命令未成年人的父母或监护人签订保证对他进行适当地照管，以确保他遵守社区刑罚的要求。针对驾驶犯罪，法院可以取消未成年人的驾驶资格（实际上是推迟他可以合法地获取驾驶执照的日期），或者命令在他随后获得的任何执照上背书犯罪的具体情况。

《2000 年刑事法院（量刑）权力法》第 150 条规定，法院有义务让 16 岁以下的罪犯的父母具结，如果它确信这样会阻止他进一步犯罪的话。如果法院不行使这一权力，它必须说明原因。如果未成年罪犯的年龄在 10 岁～15 岁，包括 10 岁和 15 岁，法院判处了罚金时，它必须命令其父母偿付罚金（除非这样做不合理，或者无法找到他们）。在未成年人年龄在16岁或17岁时，父母可以被命令偿付（PCC（S）A第137条）。法院必须考虑它命令偿付的人的收入情况（无论是父母或子女），就像它在对成年罪犯判处罚金时要做的一样。同样的规则适用于赔偿令。

这些不同的刑罚的性质以及在它们判处时的限制在21至23章中描述。接下来的章节将探讨在适当的情况下，刑罚是否可以由任何有权处理未成年人的法院通过，或只能由皇室法院通过，或由皇室法院或者少年法院通过。

10.5.1 皇室法院

在未成年人案件中可以适用的所有判决方式，皇室法院都可以任意使用。然而，PCC（S）A2000第8条规定，除了在杀人案件中，皇室法院必须将以起诉书定罪的未成年人发回少年法院量刑，除非确信这么做不可取。在 Lewis（1984）6 Cr App R（S）44 案中，大法官莱纳勋爵提到了让皇室法院法官有理由不将未成年人发回量刑的原因。它们包括：

（1）法官在主持了对未成年人无罪答辩的审判后，比少年法院更多的了解案情；

（2）未成年人和成年人在合并指控中都被宣告有罪，在少年法院对前者量刑，而在皇室法院对后者量刑，会导致量刑不一致的不可接受的危险；和

（3）发回会导致延误、不必要的程序重复和不必要的开支。

第三个反对将案件发回的理由能够适用于几乎每一个未成年人被起诉书定罪的案件，因此莱纳勋爵似乎是说，尽管有法定条款，但未成年人通常不应当被送回少年法院量刑。然而，勋爵大人的确给出了一个适宜发回的例子，那就是皇室法院法官因为没有准备未成年人的报告而不能立即量刑，但他意识到在案件必须被推迟至的那天，他不能通过判决。

10.5.2 少年法院

少年法院的权力在以下一些方面不如皇室法院的权力广泛：

（1）它不能通过 PCC（S）A2000 第 91 条规定下的羁押判决。如 10.1 节所解释的，这种刑罚只适合于一小部分非常严重的犯罪。

（2）在年轻人的案件中，它能判处的最高罚金是 1 000 英镑，在儿童案件中则为 250 英镑（《1980 年治安法院法》第 24（3）和（4）条及 36 条）。然而，法院无论如何也不可能希望罚一个年轻人一大笔钱。

在 1999 年以前，少年法院被限于对单个罪行判处最高六个月的监禁刑，或者对两个可任选方式审判的罪行判处最高十二个月的监禁。这意味着它的监禁权力比皇室法院针对未成年人罪犯被移送量刑的权力（24 个月）要小。随着安全培训令的引入，很快又被拘押和培训令替代，情况已被改变（见 22.10.4 和 22.10.5 节）。少年法院和皇室法院一样，被赋予了通过长为 24 个月的安全培训令的权力，后来被替代为通过长为 24 个月的拘押和培训令的权力。因此，根据《1980 年治安法院法》第 37 条将特定未成年人移送皇室法院量刑的权力被废止了，因为它不再有任何实际意义。

10.5.3 成人治安法院

成人治安法院处理未成年人的权力是极其有限的。它可以对他进行罚款，或者绝对或有条件地将他释放，或者作出命令让他的父母签署保证。它还可以作出任何可以与有条件释放结合起来的命令（例如取消驾驶资格、命令任何后来取得的执照要被背书，或者与刑罚相关的事项诸如赔偿的费用或支付等有关的辅助性命令）。在法院看来，如果案件不能用这些方式中的任一种被适当地处理，它必须将未成年人发回少年法院量刑：《1969 年儿童和年轻人法》第 7（8）条。

10.6 年龄限制和审判方式

以可控诉罪行被指控的人被起诉书审判的权利，关键取决于他是低于还是高于 18 岁（《1991 年刑事司法法》第 68 条以 18 岁生日作为分水岭）。如果他不满 18 岁，则《1980 年治安法院法》第 24 条适用，他通常在少年法院被审判。即使他被起诉书审判，那也是由于治安法官因为这样那样的原因决定简易审判不适合，而不是因为未成年人选择去皇室法院。另一方面，如果他达到 18 岁或以上，他将——取决于被指控的罪行是只能以起诉书审判的还是可任选方式审判的——要么必须接受起诉书审判，要么将有权选择这样做。不幸的是，《治安法院法》没有说清楚被指控者的年龄指的是被指控者被指控犯罪后首次出庭时的年龄，还是在程序的随后一些阶段的年龄。然而，这方面的判例法，尤其是上议院在 Islington North Juvenile Court ex p Daley [1983] 1 AC 347 案中的决定，对明确法令的确有帮助，虽然也还存在一些疑点。情况看起来如下：

(1) 如果被指控者以可控诉罪行被指控，初次出庭时不满 18 岁，但在审判方式被决定时达到 18 岁，他必须被当做成年人被处理：Ex p Daley（见上）。换句话说，他有权拒绝在少年法院答辩而选择起诉书审判。虽然这一点在 Ex p Daley 案中不是直接被探讨，但在成年人的情况下，他不可以因仅可以起诉书审判的罪行被简易审判，即使这个罪行是少年法院在他不满 18 岁时有权处理的，而且他本人不希望到皇室法院审判（见 Rotherham Justices ex p Brough [1991] Crim LR 522 案，该案事实将在以下（7）点中总结）。法官大人们的判决其中令人困惑的一点，如上所述，是把审判方式被决定时的被指控者年龄作为至关重要的因素。实际上，在少年法院不存在决定审判方式的规定程序——通常，合议庭不进行任何形式的询问就直接进行简易审判。也许判决应当被解释为，如果被指控的"未成年人"在他被要求对指控答辩有罪或无罪的听审之前度过了 18 岁生日，助理（他应当从法院文件中知道被指控者的年龄）应当主动地提醒治安法官适用《治安法院法》第 18~21 条，而不是第 24 条这一事实。如果被指控者接着选择起诉书审判（或者仅能以起诉书审判的指控），毫无疑问他将被发还给成人治安法院以移交皇室法院。

（2）如果被指控者在承认或否认指控时不满 18 岁，他在少年法院准备听审案件时达到 18 岁的事实并不能赋予他起诉书审判的权利（见 Lewes Juvenile Court ex p T (1984) 149 JP 186 案，其中 T 在 16 岁时对一个任选方式审判的事项答辩无罪——那时的"分水岭"年龄是 17 岁；案件因法院没有时间而被立即休庭，虽然 T 在确定的听审日期前已经达到了 17 岁，他还是必须在少年法院被审判）。

（3）反之，如果少年法院在被指控者达到 18 岁之前已经接受了简易管辖，它不能在他 18 岁生日之后将他移交皇室法院审判。再者，实质性日期是在审判方式被决定时：Nottingham Justices ex p Taylor [1992] QB 557。

（4）然而，在诉讼过程中如果被告人达到 18 岁，少年法院确实享有将案件转交给成人法院的自由裁量权，只要自由裁量权的行使 1) 在审判开始之前；或者 2) 在宣告有罪之后而在量刑之前（《1998 年犯罪和骚乱法》第 47 (1) 条）。将这一选择与第 (3) 点中的情形区别开来是转交决定必须在审判程序开始之前或者在结束时作出。也很清楚这是自由裁量的事项，并且少年法院也很希望能继续处理案件，比如，如果被告人相对不成熟。

（5）如果在被指控者未满 18 岁时对他的程序开始，但在程序尚未结束时他达到 18 岁，少年法院可以像他仍然 17 岁那样处理他：《1963 年儿童和年轻人法》第 29 条。上议院在 Ex p Daley 中显然忽略了第 29 条。很明显，按照 Daley 案的决定，该条款不能被用来剥夺被指控者起诉书审判的权利，如果他在被要求答辩之前已满 18 岁。但是，在被指控者 17 岁时在少年法院答辩有罪或被认定有罪，但在量刑前的休庭期间达到 18 岁，此条款适用。少年法院保留判决他的权力，甚至可以通过只能在未成年人案件中适用的刑罚（如，签发照顾令）。不清楚的是如果一个18岁的人在程序开始时只有17岁，而且将被简易审判因为虽然在被交给控告书时他已经18岁，但他要么选择了简易审判，要么因为罪行是简易罪行而无权以起诉书审判，这时第29条是否授权少年法院继续审判。当然，对18岁的人的简易审判通常在成人治安法院进行，但可能程序开始时被指控者的年龄允许少年法院保留管辖权。实践中，可以通过确保被指控者年龄接近18岁时加快程序，至少在他还处于关键年龄以下时让他作出答辩而避免本节中讨论的问题。

（6）判决的相关日期是定罪的日期，或者在被告人答辩有罪的情况下，是进行答辩的日期：Starkey [1994] Crim LR 380（细节见22.10节）。

（7）以上讨论的要点暗示被指控者在实施被宣称的罪行时的年龄并不是一个关键因素。如果控方操纵被指控者出庭的时间，以确保由他们偏好的法院处理案件，怎么办？在 Rotherham Justices ex p Brough [1991] Crim LR 522 案中，B 在涉入一起"望远镜瞭望"犯罪时16岁，根据《1861年对人犯罪法》第18条被指控。皇家检控署确保程序在他17岁生日之后一天开始（是当时的"分水岭"年龄），所以，因为他在决定审判方式的时候已经是成年人了，事件必须到皇室法院被处理。B 的事务律师基于滥用程序向法官申请延缓，主张皇家检控署的行为是为了符合其目的而对形势的有意操纵。合议庭认为，皇家检控署的行为适当没有恶意，并将 B 在18条的指控下移交皇室法院。B 向地区法院申请调审令，遭到拒绝。法官大人同意皇家检控署的行为是不正确的。他们本应提出控告书，并使案件沿着它们本来的渠道进行。但是法官大人们又认定，皇家检控署这一方并没有不当行为。延误只是一个星期。无论如何，少年法院都可能会将 B 移交皇室法院，所以不存在歧视。然而，尽管对事实的这一决定，地区法院坚决持检察官不应当以这种方式操纵程序，但是应当允许少年法院在法律授权时作出决定的观点。

第 11 章　移交量刑

如果被告人在治安法院被宣告有罪或答辩有罪，治安法官通常会根据第 20 章论述的程序进行判决。但是，要作出判决，他们要受限于对他们惩罚权力的限制。当然，如果他们认为他们的惩罚权力是充分的，他们也会同意处理可任选方式审判的罪行（见 7.3 节）。但是，在一些案件中，如果被告人在审判前请求程序中表明他意欲答辩有罪，那么治安法官将不考虑他们的惩罚权力是否充分，而直接量刑。

11.1　治安法官的权力

治安法官对可任选方式审判的罪行的量刑权力由《2000 年刑事法院（量刑）权力法》（PCC（S）A）第 78 和 131 条以及《1980 年治安法院法》（MCA）第 32 和 133 条加以规定，内容如下：

(1) 如果罪行是列举在《治安法院法》附件 1 中的其中一种，治安法官可以对罪犯处以最高 5 000 英镑的罚金和/或通过最高六个月监禁的判决（第 32（1）条）。附件 1 列举的罪行是那些设立罪行的条款只确定了起诉书定罪后的最高刑罚的罪行，它们由《治安法院法》第 17 条和附件 1 规定为可任选方式审判的罪行（见 7.1.3 节）。

（2）如果罪行由设立它的制定法规定为可任选方式审判的罪行，治安法官能够判处的最高监禁刑罚是六个月或者是制定法规定的最高刑罚，以较少者为准（PCC（S）A 第 78 条——又见 9.8 节）。相反地，最高的罚金是 5 000 英镑或制定法规定的较高者。因此，如果设立可任选方式的罪行的制定法规定了简易定罪后可以判处最高 12 个月监禁刑和/或 1 000 英镑的罚金，那么实际上可以判处的最高刑是六个月和 5 000 英镑。

（3）如果治安法官对罪犯因两项或以上可任选方式审判的罪行进行量刑，他们可以对每一项罪行判处监禁刑并使判决先后连续进行（并和罪犯因简易罪行定罪后通过的监禁刑连续进行）。但判决的总共期限不能超过 12 个月（第 133（2）条）。因此，如果治安法官对罪犯宣告两项盗窃罪和一项袭击正在执行职务的警察罪有罪（即两项可任选方式审判的罪行和一项简易罪行），他们可以判决他每一项罪行六个月监禁同时执行；或者他们可以判决他每一项罪行四个月监禁连续执行；但是他们不可以判处他每一项犯罪六个月连续执行。如果罪犯只被认定一项盗窃罪和一项袭击警察罪，总刑期将被限于六个月（第 133（1）条，另见 9.8 节）。

由治安法官处置的其他形式的刑罚（例如社区刑罚）在 9.8 节中提及。

如果被指控者答辩有罪，或者治安法官同意简易审判，但在全面考虑以后治安法官认为他们的惩罚权力不充分，怎么办？还有一条迂回线路，就是移交皇室法院量刑这一形式。

11.2 《2000 年刑事法院（量刑）权力法》第 3 条规定的移交量刑

治安法官拥有的最重要的移交量刑权力包含于《2000 年刑事法院

第 11 章 移交量刑

(量刑)权力法》(PCC(S)A)第 3 条,条文如下:

(1) 受以下第 4 项的限制,本条适用于以简易审判方式审判可任选方式罪行,18 岁以上的人被认定为有罪。

(2) 如果法院认为——

(a) 此罪行或此罪行和与它相关联的一项或以上的罪行相结合非常严重,以至于要科处比法院有权科处的刑罚更严厉的刑罚;或者

(b) 在暴力或性犯罪案件中,为保护公众免受来自他的严重的伤害,有必要判处比法院有权判处的更长的监禁刑,法院可以根据以下第 5(1)条,将羁押中的或保释中的罪犯移交皇室法院量刑。

第 5(1)条主要规定,根据第 3 条移交量刑之后,皇室法院可以就像罪犯刚被以起诉书定罪那般处理罪犯。

从制定法的措辞上看,很显然对第 3 条规定的移交权力有一定的限制。

首先,被指控者在定罪的当天必须满 18 岁。虽然法律在这一点上并没有明示,但可以认为,基于年龄决定管辖权的类推,当审判方式被确定的那一天他应当 18 岁(见 10.6 节和被引用的案件,尤其是 Islington North Juvenile Court ex p Daley [1983] 1 AC 347 案)。

其次,罪犯必须已经因可任选方式罪行被定罪。在这样的情境下,排除了所涉价值在 5 000 英镑或以下的刑事损害罪(对此类刑事损害指控的特殊程序,见 7.4 节)。

第三,治安法官必须认为因为第 3 条列出的两项原因之一,他们的惩罚权力不充分。或者:

(1) 罪行是如此的严重,以至于应当判处比他们有权判处的更严厉的处罚;或者

(2) 在暴力或性犯罪中,保护公众要求比他们能够判处的更长的监禁刑期。

174

这些理由反映了在决定刑期的长度时,法院最终通过刑罚必须适用的标准。在 21.2、21.3 和 22.6 节中将更细致的予以解释。

PCC(S)A 第 3 条允许治安法官因为置于他们课处罚金权力以及

与羁押相关的限制而移交量刑：North Essex Justices ex p Lloyd [2001] Crim LR 145。

在很多案件中，治安法官要考虑对可任选方式案件的量刑，因为被告人在审判前请求程序中指明他意欲答辩有罪（见 7.3 节）。但是，在被告人指明答辩无罪时，合议庭在听取了控辩双方的陈述后会作出接受管辖的肯定决定。就后一类案件而言，罪行的严重程度至少在决定审判方式时应该被揭示出来了。如果治安法官认为罪行非常严重，以至于他们的量刑权力不充分，他们就应当将案件移送皇室法院审判。但是例外地存在罪行的严重性只在定罪后才能显示出来的情况，而这导致治安法官将案件移皇室法院量刑。它们是：

（1）被告人被揭露有先前定罪的记录（PCC（S）A 第 151（1）条规定，"法院在确定罪行的严重性时可以考虑罪犯任何此前的定罪"：见 21.2 节）；或者

（2）被告人请求考虑另外的罪行（对此程序的解释，见 20.5 节）；或者

（3）被指控的罪行存在加重的情节，但治安法官在接受管辖时没有意识到。

关于治安法官可以在多大范围内就他们的惩罚权力的充分性改变观点，存在着一些争议。毕竟这是移交量刑所涉及的（而非答辩有罪的案件所表明的）。合议庭在先前决定接受管辖。为作出这个决定，他们肯定是认为他们的惩罚权力是充分的。通过移交量刑，他们现在得出了另外的结论。就（1）和（2）点所言，这种观点的改变看起来很合理。治安法官在决定审判方式的时候并不被认为知道任何以前的定罪，或者被告人希望考虑的其他犯罪。

困难来自于第（3）点。有人认为，只有在治安法官接受管辖时不知道加重情节时，被指控罪行的加重特征才能使移交量刑具有正当性。如果治安法官意识到这些，这种观点认为，要么他们本应拒绝管辖，要么加重情节还不至于移交量刑。毕竟，罪犯在得知治安法官认为他们惩罚的权力充分的情况下，放弃了陪审团审判的权利。治安法官在没有新

信息的情况下改变他们的观点是不公正的。这是地区法院在 Manchester Magistrates' Court ex p Kaymanesh [1994] Crim LR 401 案中的结论。K 被根据《1968 年贸易描述法》和《1973 年公平贸易法》指控犯罪。治安法官接受了管辖，确定了审判日期且 K 在两个月后被定罪。他没有先前的有罪记录，也没有其他犯罪需要考虑进来。治安法官将他移交皇室法院判决。这对 K 来说是一个尤其重要的决定，因为简易审判中的判决选择中不包括监禁，而在起诉书审判后（从移交量刑后）的判决类别中却包括。K 请求取消他们的决定。地区法院裁定，在 K 知道治安法官认为他们的惩罚权力充分的情况下而放弃了陪审团审判的权利之后，允许将他移交量刑是错误的。治安法官的决定被取消，上诉法院法官巴尔克姆伯说，如果在决定简易审判案件之后没有新的信息出现，治安法官通常不应当移交皇室法院量刑。

在 Sheffield Crown Court ex p DPP (1994) 15 Cr App R (S) 768 案和 Dover Justices ex p Pamment (1994) 15 Cr App R (S) 778 案中，法院采取了不同的观点。在这两个案件中，地区法院都裁定，治安法官根据第 3 条先例之下的移交权力是不受束缚的。法官大人们认为，准许法院在决定简易审判的阶段采取一种观点，在决定移交量刑的阶段又采取另一种观点，没有不合理或不合逻辑之处。在 North Sefton Magistrates' Court ex p Marsh (1994) 159 JP 1 案中，地区法院坚决赞同对法律采取宽泛的解释，并说 Ex p Kaymanesh 作出了错误的决定。治安法官在是否移交量刑上有"开放结构的决定权"，这与审判方式的决定显然分开。然而，在 Ex p Marsh 和 Ex p Pamment 案中，地区法院确实强调，治安法官在决定接受管辖时要经过仔细思考，因为正常情况下被指控者应当能够得出一旦管辖被接受，在同样的事实上他不会被移交量刑的结论。

但是，治安法官关于移交的自由裁量权要受到"合理期待"这一般原则的制约。如果被告人被明示地或暗示地引导而认为他将被治安法官判决，那么他随后就不应当被无论是组成相同还是不同的合议庭移交量刑：Nottingham Magistrates' Court ex p Davidson [2001] Cr App R

(S) 167 和 Norwich Magistrates' Court ex p Elliott [2000] 1 Cr App R (S) 152。要由宣称其期望被确立的被指控者证明他们受到了这样的引导：Sheffield Magistrates' Court ex p Ojo [2001 Crim LR 43。被告人应当被警告法院有移交的权力，但警告可能会造成法院确信基于目前的材料，除非有新材料出现，案件应当被留在治安法院的印象。如果是这样，而且没有新材料出现，那么被告人有权期待他不会被移交量刑：Wirral Magistrates' Court ex p Jermyn [2001] Crim LR 45。

治安法官在休庭准备报告时有时使用"所有选择皆开放"的短语，以尽力避免引起被告人的期待。这是否包括了移交量刑的选择，或者仅仅是监禁刑的选择，这一问题出现在 Feltham Justices ex p Rees [2001] Crim LR 47 案中。地区法院裁定，它必须在情境中加以考虑。法院回应了 ex p Elliott 案的观点，指出如果法官虑及他们在考虑的其中一个选择是移交量刑的话，他们应当明确地说出来。

11.2.1 审判前请求程序之后移交量刑

在 Warley Magistrates' Court ex p DPP [1998] 2 Cr App R 307 案中，地区法院就审判前请求程序之后，治安法官是否决定移交量刑制定了以下指导要点：

（1）在决定他们惩罚的权力是否充分时，他们应当考虑对答辩有罪给予的折扣。

（2）如果罪行的严重性明显需要超出治安法官权力范围的刑罚，他们应当将案件移交给皇室法院而不寻求任何量刑前报告或听取减轻情节。

（3）但是，应当允许辩方作出反对这个行为的简要提议，也应当允许控方应答。

（4）对引发需要 Newton 听审的事实存在任何争议，如果是否移交量刑的决定有赖于听审的结果，治安法官应当举行 Newton 听审。

（5）类似地，如果治安法官认为无论结果如何，他们量刑的权力都将是充分的，也应当举行 Newton 听审。

(6) 但是如果他们认为不论结果如何,案件都将被移交量刑,那么将 Newton 听审留给皇室法院则显然更可取。

(Newton 听审程序的细节,见 20.1 节。)

11.2.2 移交量刑的保释

PCC (S) A 第 3 条的移交量刑,被告人可以被羁押,也可以被保释。传统上很少批准保释,因为通过移交量刑治安法官已经指明在他们看来,要求相对严厉的羁押刑罚。

在 Rafferty [1998] 2 Cr App R (S) 449 案中,上诉法院处理了被指控者给出的作为审判前程序的一部分(见 7.3 节)的情形,其中被告人指出他将答辩有罪,然后被移交皇室法院量刑。法官大人们称在大多数此类案件中,改变保释或羁押的情况并不常见。如果一个已经被保释的人在审判前请求程序中答辩有罪,通常的实践是继续保释,即使能够预见皇室法院会判处监禁刑,除非有很好的理由将被指控者还押羁押。出于同样的原因,如果还押羁押的原因没有改变,羁押中的被指控者也被预期仍然留在那里。Rafferty 案确实看起来反映出,除非被告人能够预期在指出答辩有罪后有合理的保释机会,他们为了推迟这个不幸的瞬间,会采取战术上的无罪答辩。

11.2.3 皇室法院的权力

当治安法官根据 PCC (S) A 第 3 条将罪犯移交量刑时,他们应当将他移送到地点最方便的皇室法院,在那里案件通常被列入清单由巡回法官或记录员听审(见 Practice Direction (Crown Court Business: Classification) [1987] 1 WLR 1671 第 2 部分第 5 节)。职业法官应当与两名治安法官一起开庭(见 13.3 节)。罪犯被询问他是否承认他被治安法官宣告有罪并被他们移交给皇室法院量刑。如果被告人不作这样的承认,控方必须传唤证据以证明这些事实(Barker [1951] 1 All ER 479),可能是警察在治安法官处提交的证据,在移交量刑时向法院提出。一旦定罪和移交被承认或证明,量刑前通过的程序与就起诉书答辩有罪后的程序相同（见 20 章）。

根据第 3 条对被移送的罪犯进行判决时，皇室法院可以像他刚被以起诉书相关的罪行定罪一样处理他：PCC（S）A 第 5 条。因此移交量刑的最高刑期比治安法官有权判处的刑罚更严厉，而且经常要严厉得多。例如，以盗窃起诉书被定罪的罪犯可能被判处七年监禁刑和无限额的罚金。如果他被认定两项或以上的盗窃罪有罪，对这些罪行的监禁刑可以连续执行，即使总共期限超过七年。因为盗窃罪而被根据第 3 条移交量刑的罪犯可能受到类似的判决。另一方面，如果他被治安法官判决，对一项盗窃罪的最高刑罚是六个月监禁和 5 000 英镑罚金，数项盗窃罪的最高监禁刑是一年监禁。当然，在实践中，皇室法院对治安法官认为适于简易审判的盗窃罪，不会判处接近最高刑的刑罚。然而，皇室法院对移交量刑的案件科处比治安法官能判处的刑罚严厉得多的惩罚，很常见。

11.3　移交量刑的其他权力

PCC（S）A 第 3 条包括了移交量刑的最重要但绝非是唯一的权力。为处理简易定罪后，鉴于罪犯违反缓刑或违反推迟判决等事项而要由皇室法院处理，一些其他的移交权力也是必需的。细节可见第 22 及 23 章，但应当注意治安法官可以移交量刑，如果：

（1）他们对罪犯在皇室法院通过的监禁刑缓刑期间实施的可判监禁刑犯罪（可控诉或简易的）已宣告有罪（PCC（S）A 第 120 条）；或者

（2）他们对罪犯在皇室法院作出的缓刑令或有条件释放令期间实施的任何犯罪已宣告有罪（PCC（S）A 第 13（5）条和附件 3）；或者

（3）他们对罪犯在提前释放和判决执行完毕期间的可判监禁刑罪行宣告有罪（PCC（S）A 第 116（3）条）。

在上述（1）、（2）或（3）提到的情形被移交之后，皇室法院可以分别：使缓期的判决生效；对罪犯在缓刑或有条件释放期间的犯罪予以

第 11 章　移交量刑

判决；或者命令罪犯返回监狱服完原判决剩余的刑期。治安法官没有权力做这些事中的任何一件。

　　至此提到的移交量刑的所有权力都是一级的权力，因为即使治安法官没有任何其他的移交理由，这些权力也能被行使。它们被 PCC（S）A 第 6 条规定的二级移交量刑权力所补充。该条款规定，如果治安法官已决定根据第 3 条或任何其他的一级权力决定移交量刑时，他们也可以将罪犯移送皇室法院处理，因为：

　　（1）他们（治安法官）已经宣告罪犯有罪的罪行；

　　（2）违反由他们的法院或任何其他治安法院通过的缓期羁押刑罚；

　　（3）违反由治安法院命令的缓刑或有条件释放，（如果命令不是由他们法院作出的话）他们被允许处理这一违反行为（细节见 23.6 节）。

　　以上内容受下面小字体打印的章节内容的细微限制。

　　当罪犯根据第 6 条被移交时，皇室法院不能像他刚被以起诉书定罪那样判决他，而是用治安法官如果不选择移交而应当采取的任一方式来处理他。因此，第 6 条的目的不是让罪犯受到更严厉的惩罚，而是在如果不是因为此条款，量刑职能将在治安法院和皇室法院之间不得不分割的案件中，使皇室法院能够处理针对他的所有重要事项。有两个例子可以说明这一条款的有用性。O 被简易认定偷窃一辆福特希埃拉车（可任选方式的罪行）和干涉一辆奥斯汀蒙太戈（简易罪行）。在听取了 O 以前的有罪认定后，治安法官决定根据 PCC（S）A 第 3 条就盗窃罪将他移送。但他们不能根据第 3 条就干涉蒙太戈的罪行将他移送，因为此条款只适用于被认定为可任选方式罪行有罪时。移送的其他一级权力也不适用。然而，通过根据第 6 条将干涉机动车辆的罪行移交，就可能让皇室法院同时处理两项罪行。第 6 条运行的第二个例子是，O 因袭击正在执行职务的警察这一简易罪行被定罪。他是在因为一项袭击造成实际身体伤害的可控诉罪行被皇室法院判处缓期监禁刑的执行期间实施犯罪的。治安法官没有权力使皇室法院通过的缓期判决生效（见 22.9.4 节）。但是，考虑到皇室法院可以完成他们不能做的事情，他们可以根据 PCC（S）A2000 第 120 条将罪犯移交。但是，第 120 条并没有赋予他们将 O 以违反缓期判决的罪行移交量刑的权力，而且因为这个罪行是简易罪行，第 3 条也无济于事。答案还是根据第 6 条移送。

PCC（S）A 第 4 条适用于治安法官将被指控者因一些罪行移送审判的情形，但也必须是因他在审判前请求程序中指明他意欲答辩有罪的可任选方式罪行，而不得不对他进行处理（见 7.3 节）。在这种情况下，如果罪行可以以同一份起诉书被审判，那它们是相互关联的。第 4 条授予治安法官就相关罪行将被指控者移送皇室法院量刑的权力，即使它们达不到第 3 条规定的标准（罪行严重性或公众保护——见 11.2 节）。被指控者一旦到达皇室法院，它（法院）对他予以量刑的权力取决于：

（1）它是否因一项或以上的相关罪行被认定有罪；或者

（2）根据第 4 条将他移交量刑的治安法院称，它也有权根据第 3 条这么做。

如果满足了其中的一个条件，皇室法院都可以像他刚刚被以起诉书定罪那样对罪犯予以量刑。如果条件没有满足，法院的权力仅限于治安法官的权力。

在绝大多数案件中，能够引发治安法官一级移交权力的罪行（"相关罪行"）都是可控诉罪行。如果是基于《治安法院法》第 3 条的一级移交，那么将不可避免必须要移交。但是，偶尔地，相关罪行是简易罪行（例如，当一项简易定罪使得罪犯违反由皇室法院处理针对治安法官的有罪认定或简易罪行的量刑提出的上诉而作出的缓期判决）。在这种情况下，根据第 6 条的移交权力比相关犯罪是可控诉罪行时要受到更多限制。只有在（1）违反治安法院的缓期判决，和（2）已经对罪犯定罪的任何可监禁或可背书罪行，治安法官才能移交。

第 12 章 移交审判，和替代

起诉书审判都是在皇室法院进行。但是，大多数起诉书审判都有治安法院的预备程序作为先导。这些程序不可与审判本身混为一谈。

在特定情况下，案件可以不必经过治安法院的预备程序而直接被送交皇室法院进行起诉书审判。这发生在高等法院法官提出起诉书（细节见 12.6 节）或送达移送通知（见 12.7 节）之后。由于《1998 年犯罪和骚乱法》第 51 条的实施，移交体系发生了重大变化。这一条款确定了仅可控诉的罪行必须直接送往皇室法院，而无须进行移交程序。第 12.8 节将对此予以更具体的分析。

如果治安法官的确必须决定被指控者是否应当面临起诉书审判时，这个决定通常采取移交程序的形式。历史上，移交程序的功能曾经是决定审查法官（治安法官在此种程序中的称呼）面前的证据是否提出了表面上被指控者实施了可控诉罪行的案件。如果是，审查法官把被指控者移交（即送给）皇室法院对这个罪行进行审判。如果不是，被指控者被释放。表面上的案件是指理性的陪审团能够对被指控者定罪的证据。这解释了上面所说的法官严格来说并不关心他们是否想在证据之上定罪。在很多案件中，审查法官可能会想——"我发现控方证据不令人信

—251

服"——但是，除非证据非常缺乏和不可信，以至于没有理性的陪审团会据此定罪，他有责任将被指控者移送审判。换句话说，控方在移交程序中必须达到的证明标准很低。因为这个原因，大多数（虽然绝非是所有）移交程序以被指控者被送交审判而结束。（移交程序在 12.1 至 12.5 节中详细讨论。）

《1987 年刑事司法法》引入了一种新程序，在严重诈骗案件中替代移交程序。这就是移送通知体系，它通过消除听取口头证据的需要而减少了延误（见 12.7.1 节）。《1991 年刑事司法法》将一个类似程序扩展到涉及儿童证人的案件中。此目标是保护儿童不受在移交程序中作证的创伤（见 12.7.2 节）。

决定移送皇室法院之前的程序在第 2 章中有详细的描述，但在这之前总结一个典型案件所发生的程序，会大有裨益。被指控者被警官无令状逮捕并被带到警署。在那里他（被指控者）被警告后被讯问，而且，当侦查警官认为他们已经掌握了足够证据时，他被指控犯罪。在这个阶段，他要么被保释释放，并负有在指定时间在治安法院出庭应答保释的义务；要么被羁押在警署，一旦合理可能就被带到治安法官面前。在第一次法院出庭时，控方或辩方都不可能已经准备好案件，所以案件必须被休庭。治安法官要么批准被指控者保释，要么将他还押羁押。被指控者将利用这一段时间指示事务律师，并可能从刑事辩护服务部处获得法律代表；而控方则记录所有必要的陈述，并且如果罪行是可任选方式审判的，则为辩方准备先期信息（见 7.2 节）。第一次出庭和移交之间的时间可能只有两个星期，也可能长至几个月，取决于案件的复杂程度以及警方是否需要进一步询问。

12.1　两种类型的移交程序

1967 年以前，审查法官总是要考虑在移交程序中提出的证据，以决定是否存在应当将被指控者移交审判的表面上的案件。然而，这导致

第 12 章 移交审判，和替代

了法院时间的浪费以及在辩方退步时案件必须被移送而导致的对证人的不必要不便。因此，《1967 年刑事司法法》第 1 条引进了一种替代的程序，在特定情况下，审查法官无须考虑针对被指控者的证据而将他移送审判。1967 年法案第 1 条被《1980 年治安法院法》第 6（2）条重新制订。需要考虑证据的移送由《治安法院法》第 6（1）条规定。其后，大多数移送根据第 6（2）条进行，即不考虑证据。20 世纪 80 年代和 90 年代早期，进一步缩减移交程序功能的压力继续存在。由朗西曼勋爵担任主席的刑事司法皇家委员会在它的报告（Cm 2263，1993）中说道，应当发现更有效的方法将较弱的案件在进入皇室法院审判之前剔除掉。委员会估计，大约 93％的案件通过《治安法院法》6（2）条的"书面移交"的仪式性程式被送到皇室法院，剩下的 7％通过 6（1）条进入了皇室法院。但委员会对程序的运行印象更差，虽然是另有他因。整个移送因为它浪费的法院时间（包括让助理记录证人的宣誓证词这一过时的要求），以及证人被迫两次以上给出证据而遭受的压力受到了批评。

作为对移交体系抱怨的结果，政府在《1994 年刑事司法及公共秩序法》中引进了一个纯粹是行政的而非司法的系统，称做"转移审判"。1994 年法案规定的转移审判体系虽然在用语上和上一节中描述的"移送通知"体系有令人混淆的相似性，但实际上只有表面上的共同之处。无论如何，它被执业者们广泛认为是一场官僚的梦魇，于是在还没有生效时就归于湮灭了。但是，在《1996 年刑事程序和侦查法》中，移交体系遭受了根本性的改革。关键是，现在审查法官是基于一系列的陈述，而没有任何口头的证据来决定是否移交皇室法院（见 12.2 节）。

182

仍然存在两种类型的移交程序：

（1）合议庭考虑证据（完全由文件组成），并由各方当事人就被指控者是否应当被送交皇室法院审判提出建议的移交；和

（2）在不考虑证据的情况下移交被指控者的移交程序。

（1）所描述的移交由《治安法院法》第 6（1）条规范，在被指控者在案件中没有法律代表时，或者他的法律代表要求法院考虑无案可答的提议时被运用（见 12.2.3 节）。

—253—

有关移交程序的法律主要包括在《1980 年治安法院法》和《1981 年治安法院规则》(SI 1981 No 552)。在本章的其余部分，法案和规则分别被表示为"MCA"和"MCR"。在详细考虑两种形式的移交程序之前，先考虑与这两种形式相关的四个话题，将很适宜。

12.1.1 治安法官的管辖权

虽然治安法院审判被指控犯有简易罪行的被指控者的管辖权在地理上被限于犯罪实施地为法院所在的郡内，但它进行移交程序的管辖权则不受任何的此类限制。治安法官有权作为审查法官对在他面前出庭或被带到他们面前[①]的被指控者享有管辖权：《治安法院法》第2(3)条。犯罪发生地是不相关的，除非如果罪行发生在国外，一般原则是英国法院根本不处理此事，因此很明显不应当进行任何的移交程序（见 4.4.1 节）。但第 2 (3) 条的效果是，比如说，如果被指控者居住在纽卡斯尔并被宣称在纽卡斯尔实施了一项可控诉罪行，理论上他可以被带到普利茅斯治安法院进行移交程序，而且如果有证据证明移交具有正当性，这个法院有权将他移送审判。随后，位于普利茅斯的皇室法院审判案件。显然，一般而言，如果对在国家一端发生的罪行在国家的另一端予以移交，这样很不方便。因此普通的实践是，将被指控可控诉罪行的被指控者带到宣称的罪行发生地所在的治安法院面前。如果是有案可答，接着他可能会被送到邻近的皇室法院接受审判。虽然本节对进行移交程序的治安法官使用了复数的形式，但实际上非专业治安法官对移送被指控者审判确实不享有管辖权：《治安法院法》第 4 (1) 条。然而，实践中，通常是两至三人开庭。

12.1.2 被指控者和公众在场

移交程序提出的证据必须要被指控者在场时才能给出，除非审查法官认为他（被指控者）的混乱行为使之不切实际，或者他因健康原因而

[①] 被指控者为应答传票或应答保释而在治安法院出庭。在被无令状逮捕和被羁押在警署接受询问后，或被还押羁押至监狱或还押中心之后，他被带到治安法院。

不能出席但被合法地代表并同意在他缺席时给出证据：《治安法院法》第4（3、4）条。就一般刑事诉讼而言，公众和被指控者一样，有权参加，尽管如果公开的法庭听审不能达到正义的目标时，法官的确有不公开审判的自由裁量权：《治安法院法》第4（2）条。如果程序对公众开放，那么当然也就对新闻界开放。然而，媒体可以报道移交程序的范围受到特殊规则的规范（见12.4.1节）。

12.1.3　被指控者的数量

移交程序可能涉及两名或以上的被指控者。如果他们被合并指控实施了一项罪行时，这明显是合适的。如果被指控者被指控犯有单独的罪行，但这些罪行在一些方面相互关联，以至因为司法的利益而适用单一的一套程序，这也是合适的：Camberwell Green Magistrates ex p Christie ［1978］QB 602。因此如果两名被指控者被指控实施抢劫，第三名被指控偷窃"逃离现场的汽车"，第四名被指控销售抢劫的赃物时，最方便的诉讼方式是在一个移交听审中同时处理这四个人。

12.1.4　滥用程序：中止程序的自由裁量权

如果在提起程序时有严重拖延以致构成对法院程序的滥用时，审查法官有不听取控方证据就将被指控者释放的自由裁量权。主要的案例有 Derby Crown Court ex p Brooks（1984）70 Cr App R 164，Grays Justices ex p Graham ［1982］QB 1239，Bow Street Stipendiary Magistrate ex p Bennett ［1993］WLR 90。这些判决体现的原则是，如果控方有意地操纵普通刑事程序，以不当地利用被指控者（例如，延迟开始程序以希望一名潜在的辩方证人会死去、移民或否则无法获得），或者控方有延误——虽然不是有意地——但是不具有正当性，对被指控者准备和行使答辩可能存有偏见，（比如，因为潜在的证人将忘记相关的事件），那么法官有权释放被指控者，而无须考虑移交程序所寻求的证据。

滥用程序的原则现在已经完全树立起来了。它被适用于 Bow Street Stipendiary Magistrate ex p Director of Public Prosecutions（1989）91

Cr App R 283 案中。地区法院阐明了导致偏见和不公平的单纯延误本身就构成程序的滥用。它表明延误已经造成了真实的歧视和不公平。在一些案件中，可以从皇家必须反驳的实质性延误中推定歧视的存在。检察长已经就治安法官拒绝将警官移交审判的决定申请司法审查。宣称警官同谋滥用司法过程。控诉起源于 1987 年 1 月 24 日的瓦苹示威。纪律程序通知直到 1987 年 12 月 17 日才送达。在 1989 年 5 月 3 日的移交程序中，治安法官 A 基于听审指控将是程序滥用的理由拒绝管辖。另外，另一名警官 C，申请对治安法官 B 关于他的袭击指控不是滥用程序的决定进行司法审查。指控也是起因于 1987 年 1 月 24 日的事件。C 据说在逮捕过程中攻击了 W。C 直到 1988 年 2 月 16 日才被送达纪律通知，而直到 1989 年 1 月传票才被签发。治安法官 B 裁定延误不是滥用程序，C 应当被移交量刑。地区法院拒绝了检察长的申请却批准了 C 的申请，因此实际上认定两项控诉中都涉及构成滥用程序的延误。在这些情况下，从单纯的时间消逝中推断出歧视是完全适当的。关于针对 C 的袭击指控，在这样一个单独的、简单的但又必须基于涉案人的回忆而令人困惑的事件中，就更容易得出这样一个推断。

不过法官的权力仍然受到严格的限制，为支持被指控者而不行使自由裁量权的情形很少见。因此，在 Ex p Brooks 案中，地区法院的决定是审查法官有权考虑证据和移交，即使从案件发生之日起已过去了五年。类似地，在 Ex p Graham 案中，控方直到 1981 年 12 月，犯罪发生后将近两年，才准备好就以欺骗方式获取价值 1 600 英镑财物的犯罪开始移交程序。如果事件以合理的迅速被侦查，移交在六个月左右就可以进行了。负责案件的警官承认他没能更及时办案的唯一理由是他手头上的案件太多以及他有更严重的案件需要侦查。尽管如此，向高等法院提出的作出命令要求审查法官不再进行程序的申请被拒绝。下面一段上诉法院法官麦伊在 Ex p Graham 案中的判决能表明高级法院倾向于对审查法官的自由裁量权施加限制：

> 我们很清楚今天在刑事程序中，无论是在审前还是在审判中，都存在相当数量的延误和效率低下。这令人痛心，所有相关的人都

第 12 章 移交审判，和替代

应当尽最大的努力尽可能迅速和高效地将刑事程序推向审判和判决。但我们认为，在不能真正地说法院的正当程序正被不适当地用来烦扰被告人时，法院不应当为刑事程序设立任何人为的期间限制。

然而，在适当的案件中，滥用程序原则肯定会基于被指控者的利益被提起。所以，在 Telford Justices ex p Badhan [1991] 2 QB 78 案中，1988 年针对申请人提出告发，称他在 1973 年或 1974 年实施了强奸罪。他于 1989 年 5 月在审查法官面前出庭。提议指出不应当进行移交程序，因为这将是滥用程序。法官们拒绝了提议，申请人寻求司法审查。在地区法院，控方辩称滥用程序原则不适用于移交程序，而且 Ex p Brooks 和随后的决定都是这样规定的。地区法院准许了申请并予以禁令。审查法官有权决定移交程序的启动是对这一程序的滥用。如果他们的决定有争议，不服者可以寻求司法审查。就当前的案件，是由被指控者说明在平衡了各种可能性之后他受到了辩护的歧视。延误的期间很长，法院推断出歧视具有合法性。此处讨论的期间是被宣称的罪行发生日和移交程序开始之间的期间——大约 15 到 16 年。法院可以推断出歧视并断定公平审判是不可能的。

关于审查法官应当采取的程序，审查法官被认为应当在适当的移交程序之前处理这一问题。他们应当考虑迄今为止程序中的证据，尤其是关于延误的时间、其原因，以及辩方可能因此而遭受的歧视。他们应当同时听取控方和辩方的意见。因此，在 Clerkenwell Stipendiary Magistrate ex p Bell [1991] Crim LR 468 案中，治安法官听取了警官的证据，警官据此解释在罪行发生和移交程序之间两年半时间的延误是因为 B 改变了住址。法官拒绝听取 B 的证据，接着将他移送审判。地区法院裁定，这违反自然正义，并撤销了移交。相反，在 Crawley Justices ex p DPP (1991)，《泰晤士报》，1991 年 4 月 5 日案中，地区法院撤销了治安法官因延误而驳回控告书的决定。法官席没有听取控方的意见，也没有就事实充分地询问被指控者。

就治安法官是否享有基于延误而不进行简易审判（与移交程序相

对)的自由裁量权的讨论,见 9.4 节。还可以参照 18.1.4 节,该节研究了法官在起诉书审判中相应的自由裁量权。另外见 6.4.3 节,其中讨论了《1985 年犯罪起诉法》规定的刑事诉讼早期阶段结束时的羁押时限。

12.2 考虑证据的移交

无论何时具备以下的情形,《治安法院法》第 6(1)条规定的移交程序就可以进行:

(1)被指控者(或其中一人)在案件中没有为他辩护的法律代表;或者

(2)被指控者(或其中一人)的法律代表要求法院考虑无案可答的提议(见 12.2.3 节)。

12.2.1 考虑证据的移交的程序

第 6(1)条规定的移交的特点是合议庭在决定是否将被指控者送交皇室法院审判之前有义务考虑证据。当被指控者被传唤入被告席并向他宣读了指控时(但他不能答辩,直到皇室法院传讯被告人时才能答辩),程序就开始了。如果控方想改变指控(通过添加新的指控,或者不进行原来的指控),可以向合议庭解释。任何额外的指控都要被写成文字并交给助理,以使他向被指控者宣读。

如果控诉是由皇家检控署进行的,那将由皇家检察官或代理人来代表。其他的检察官应当指示事务律师,再由他向顾问作出概述(事务律师和出庭律师都有在治安法院出席的权利)。当然,被指控者有权被合法地代表,或者他自己为自己辩护。

程序由《治安法院规则》第 7 条加以规范。在提出证据之前(所有均为书面),检察官有权概述案件并解释相关的法律点。证据可以全文宣读,或经法院允许后简要叙述。治安法院可以审阅任何原始证据并将

第 12 章 移交审判，和替代

它们保留。在移交过程中，不传唤证人，也不记录任何宣誓证词（这被运用在《1996 年刑事程序和侦查法》引入变化之前第 6（1）条的移交）。辩方不能提出任何证据。然后被指控者提出无案可答的提议，如果他这么做，或者法院有意不予移交，检察官有权应答（无案可答的提议的细节，见 12.2.3 节）。法院接着作出关于是否将被指控者移送皇室法院审判的决定。

12.2.2 移交中的证据

要使证据在移交中被采纳：

（1）它必须由检察官提出（辩方在移交中不再能够提出证据）；并且

（2）它必须属于《治安法院法》第 5B、5C、5D 和 5E 条定义的证据范畴。

大多数情况下，证据会是《治安法院法》第 5B 条规定的证人陈述的形式。如果是由检察官举出的，任何此种陈述都可能被采纳。并且：

（1）它由证据的出具者签名。

（2）它包括证据出具者的声明，声明就他所知和理解，这是真实的。而且在作出证据当时他知道如果这被作为证据提出，他会因有意地陈述任何他知道是虚假的或不认为是真实的内容而被起诉。

（3）在将此提交给法院以前，控方交给移交程序的每一方当事人一份复印件。

> 如果证据出具者的年龄在 18 岁以下，5B 条下的陈述必须给出其年龄。如果出具者不能阅读，在他签署之前应当向他通读，并应包括一份是如此宣读的声明。（注意不必要让每个证人亲自写出他的陈述，只要他在签署之前全部阅读就可以。）如果陈述中提到作为证据出示的其他一份文件（例如，一份警官的陈述可能提到他与被指控者在警署中会谈时的签名记录），应当交给每一方当事人这份文件的复印件。如果证人向警方作出陈述，它通常以标准格式被记录，其中包括了宣称这是真实，等等的声明，如 5B 条要求的那

样。附录 5 中可以找到这种陈述的范例。

虽然使一份陈述在移交程序中被采纳的通常路径是通过《治安法院法》第 5B 条,但也存在其他的可能。第 5C 条是《1996 年刑事程序和侦查法》所做的一项改革。它允许在控方证人不愿意提供书面陈述时,通过在移送前记录宣誓证词的方式获取证据。如果一个人"可能代表检察官作出含有实质性证据的书面陈述,"并且"此人不会自愿地作出陈述",那么就可以根据《治安法院法》第 97A 条记录这种宣誓证词。如果治安法官确信这些条件,接着就可以签发传票,或如果必要的话签发令状以确保此人出庭,适用 97 条规定的程序(见 9.7.2 节)。这个程序不需要召集法院记录宣誓证词,被指控者或者他的法律建议者都无须在场,甚至不需要通知他们正在记录宣誓证词。证词一旦被记录,就可以在随后的移送中根据第 5C 条被采纳。

第 5D 条提供了另一条路径,允许如果案件被审判时,可以根据《1988 年刑事司法法》第 23 或 24 条可采纳第一手传闻证据。这涵盖现已去世的、不适宜参加审判的、在国外的和不能合理期待出庭,或由于恐惧和他们的安全受到威胁而不应当参加审判的人作出的陈述,以及商业或贸易文件中包含的证据。检察官不需要证明第 23 或 24 条中规定的条件已经满足,但必须通知法院,告知他认为陈述是可采纳的。这种信念必须建立在合理的根据之上。

最后,"自己证明自己"的文件或由其他立法规定为可采纳的文件,比如宣告有罪的证明或在道路交通诉讼中的车辆登记证明,由第 5E 条规定在移交程序中可被采纳。

12.2.3 "无案可答"的提议

控方宣读或总结了他们的书面陈述后,辩方有机会提议无案可答:MCR 第 7(5)条。对审查法官来说,问题是证据是否披露了有关可控诉罪行的表面上的案件。如果答案是"是",程序将像下一节中描述的那样进行。如果答案是"不",被指控者被释放——即,除非他因其他事项被羁押,他可以自由离开法院(关于移交程序释放的效果,具体见

第 12 章　移交审判，和替代

12.2.5 节）。除非提议明显站不住脚，控方将被请求对辩方的提议予以回应。

法官在决定这是否有案可答时适用的标准，已经用一般性的语言予以了描述。由大法官帕克勋爵宣布的《实践指示（无案提议）》[1962] 1 WLR 227 称：

> 无案可答的提议可以被适当地提出并被支持：(1) 如果没有证据证明被宣称罪行的主要要件；(2) 控方举出的证据由于交叉询问已失去可信性或明显地不可靠，以至于任何理性的法庭都不会据此安全地定罪。

《实践指示》中的条款涉及证人给出口头证据的移交——这个特征已经被《1996 年刑事程序和侦查法》废除。显然，标准的第（1）点仍然保留了其效力——治安法官在"没有证据证明被宣称罪行的主要要件"时应当支持无案可答的提议。另一方面，针对交叉询问的那一点现在已经与移交程序无关，因为没有证人，所以也就没有交叉询问。"如此明显地不可信赖，以至于任何理性的法庭都不会据此安全地定罪"的证据是什么？在刑事程序中，证据的可靠性或可信性问题频繁地在口头证据的上下文中被提出。然而，书面证据，无论是根据《治安法院法》第 5B 条作出的陈述还是第 5C 条下的宣誓证词，如果都无望地前后矛盾或者内在地不可能，也可能被认为"明显地不可靠"。例如，在 Governor of Pentonville Prison ex p Osman（No 4）[1989] 3 All ER 701 案中，地区法院认为（在口头证据的情境中）审查法官可以拒绝任何被认为"毫无价值"的证据（上诉法院法官劳伊德，721 页），（又见 Brooks v DPP [1994] 1 AC 568，第 581 页；及 Brwonless and Furness "Committed to Comittals?" [1997] Crim LR 3.）然而，一般来说，合议庭可能只考虑证据的充分性，而将可信度问题留给皇室法院，在皇室法院陪审团有机会对证人进行第一手的评估。（对简易审判和起诉书审判中无案可答提议的讨论，分别见 9.7.3 节和 18.4 节。）

最后应当注意，对合议庭来说，问题不仅仅是针对警署中的被指控者提出的，作为在听审过程中被补充或修订的指控是否有案可答。问题是是否揭露出了任何可控诉的罪行。所以，如果被指控者被指控谋杀而控方寻求对这一指控的移送，审查法官可以决定不存在理性的陪审团能够认定被指控者带有预谋的恶意行事的证据，但存在非法杀人的大量证据。他们于是拒绝以谋杀移送而是允许以过失杀人继续诉讼。被指控者从未明示地以过失杀人被指控的事实不具有相关性。当然，如果以两项或以上的罪行被明示地指控（无论是选择性的还是累积性的），法官可以就一个移送而拒绝移送另一个罪行。

12.2.4　无案可答的提议被拒绝后的程序

如果无案可答的提议被拒绝了（或者辩方选择不提出提议），审查指控的法官认为存在必须向被指控者宣读的案件指控：MCR 第 7（7）条。如果审查法官认为存在还没有对被指控者提出指控的罪行，就像他们拒绝以谋杀指控移送但认为证据显示这是表面上过失杀人的案件，新的指控必须以书面形式提出。

审查法官将正式宣布将被指控者移交皇室法院，对具有充分证据的这些指控予以审判。皇室法院的具体位置将被指出（见 13.2 节）。

12.2.5　释放的效力

移交程序的释放不等同于宣告无罪，因此控方可以因相同的一项或数项罪行提出新的指控：Manchester City Stipendiary Magistrate ex p Snelson［1977］1 WLR 911。他们接着寻求说服原来拒绝移交审判的审查法官或者组成不同的合议庭，这有案可答。如果控方在第二次企图获得移交审判时不适当地或压迫性地行事，高等法院有权发布命令，禁止第二套移交程序继续进行：Horsham Justices ex p Reeves（1981）75 Cr App R 236n。

在 Ex p Snelson 案中，向审查法官第二次申请移交被认为具有正当性，因为在第一次移交程序时，案件的事实并没有被考虑。由于期望审查法官同意休庭的申请，因此控方在听审的当日几乎在法院没有可获得的证据，当休庭被拒绝时，不可避免的结果是被指控者被释放。所以，控方启动进一步的移交程序没有不公平或压迫性,在这次移交程序中他们能确保他们的证据可获得以供审查法官考虑。另一方面,在 Ex p Reeves 案中,第一次移交程序持续了三天,涉及对控方证据的全面考虑,但尽管如此还是以被指控者的释放而告终。至于控方案件没有被有效地展示,那是他们自己的错误,因为许多令人困惑和不具有相关性的证据连同令人信服的证据一起摆在了法官面前。第二次移交程序只不过是企图修补控方因第一次移交时的错误而造成的损害。因此,高等法院裁定,控方行为是对法院程序的滥用,并命令中止诉讼。作为第二次尝试将被指控者移送审判的替代方式,控方总是可以向高等法院法官申请强制起诉状(见 12.6 节)。根据 Ex p Reeves 案,在对案件的事实全面听审之后,无论何时最初的决定是释放被指控者,似乎这是一种更适当的诉讼方式。

12.2.6 对证据的反对

如果控方在移交程序中寻求举出不可被采纳的证据,情形如何?制定了专门的条款针对一部分书面证据不可采纳这种情形。MCR 第 70 (5) 条规定,"以不可采纳对待"这一措辞应当被用在违法这一方。然而,拒绝证据可采性的最常见的理由并不适用于移交程序。由于《1996 年刑事程序和侦查法》带来的改变,《1984 年警察和刑事证据法》第 76 和 78 条都不适用于移交。这意味着辩方不能反对例如被指控者宣称是通过压迫或造成证据不可靠的情形中获取的供认的可采性。他们必须要等,直到在皇室法院才有机会在法官面前争论被讨论的供认是不可采纳的(皇室法院采用的程序,见 18.3.5 节)。

12.3 不考虑证据的移交

《1967 年刑事司法法》引入了一种辩方可以同意审查法官不考虑针对他的证据而将被指控者移交审判的程序。这一立法现在规定在 1980

年法案的第 6（2）条。大多数移交根据这一分条款进行。

被指控者可以不经审查法官考虑针对他的证据被移交审判，如果：

（1）被指控者（或者如果不止一个被指控者，每一个被指控者）在案件中都有为他服务的事务律师，而无论是否在法院出席；和

（2）被指控者（或任何一个被指控者）的顾问或事务律师都没有提出无案可答。

这些不考虑证据移交的条件将确保被指控者只在审查法官如果考虑证据，他们将得出有案可答结论的案件中被如此移交。仔细阅读应当被提前送达的陈述和其他文件是被指控者的事务律师（或受他指示的顾问）的责任，而且只有文件清楚地揭示这是表面上的案件时，才能允许根据第 6（2）条进行移交程序。然而，要注意的是，如果被指控者有一个在整个案件中为他辩护的事务律师，那么无论是事务律师，还是受他指示的顾问都不需要为移交本身而出席法院——被指控者本人可以通知审查法官不考虑证据的移交是可以接受的。这是由《1982 年刑事司法法》第 61 条引起的一个变化，它修订了《治安法院法》第 6（2）条。但是，实践中，很多事务律师仍然认为在移交程序中为他们的当事人安排法律陈述是可取的，即使证据将不会被考虑。许多辅助性问题在移交程序中出现（例如在起诉书审判期间批准保释和延展法律援助，见 12.4.3 节），而且总是可能这些会造成被指控者个人无法应付的出乎意料的问题。另外，很多被指控者对在法院将发生什么真正感到忧虑，也有权让他们自己的事务律师或出庭律师减轻他们的恐惧。

不考虑证据的移交是一种纯粹的程式，可能会花费五分钟或更少的时间就完成。具体的程序因法院而异，但下面是一个典型的例子：

（约翰·史密斯，被指控者，被带到被告人席上）

法院助理：你是约翰·史密斯吗？

史密斯：我是。

助理：你被指控于 2000 年 1 月 1 日抢劫了简·普莱丝的一个手提包、一张支票卡、五把钥匙、内有 25 英镑现金的一个钱包，

第 12 章 移交审判，和替代

违反了《1968 年盗窃法》第 8 条。你可以坐下了。

斯特莱佛先生（皇家检察官）：控方准备好移交了。陈述已经送达辩方，而且我从阁下处获知他不希望在这一阶段考虑证据。

比格威戈先生（辩护律师）：正确。

（斯特莱佛先生递交给助理一捆由控方证人所做的陈述，加上两捆为治安法院和皇室法院准备的复印件）

助理：我这里有由简·普莱丝、女警官波金斯、波特和菲利普斯博士所做的陈述。比格威戈先生，我现在正式地询问你，你是否希望提交陈述并没有披露有案可答的意见？

比格威戈先生：我不想。

很好（助理转向主席）——我认为这样程序完成了。

主席：史密斯先生，我们就这起抢劫指控将你移交到蔻可镇皇室法院接受审判。在你的审判中，今天在此处提出的任何陈述或宣誓证词都可以被作为证据宣读，不再由作出陈述的人给出口头证据，也没有交叉询问此人的机会，除非你在 14 天内以书面方式向本法院和控方提出异议。有保释申请吗？

比格威戈先生：有，大人。史密斯先生一直被保释，以一名保证人保证，保证金额为 500 英镑。我请求继续这些。保证人是他的哥哥，现在在法庭上。

斯特莱佛先生：没有反对。

主席：很好。和以前一样保释；保证人可以被带下了。

比格威戈先生：还有最后一件事，大人。史密斯先生在本法院的诉讼中被准予由刑事辩护服务部代表。他的收入没有变化。代表可以延伸到皇室法院的程序吗？

主席：是的，可以延伸……现在，单子上的下一个案件是什么？

对尚未讨论的上述程序中的任何部分的解释将见于 12.4 节，该节讨论各种移交程序中作出的各种附带命令和申请。

12.4　移交程序中作出的其他命令和申请

下列的额外事项可以，在一些案件中必须在移交程序中被考虑，而无论移交程序考虑或不考虑证据。

12.4.1　公开

移交程序不可避免地会给出一幅被扭曲成对控方有利的案件画面。如已解释的那样，在考虑证据的移交中，辩护方不被允许交叉询问控方证人，也不能传唤他自己的证据。如果将检察官宣读或总结的陈述和宣誓证词的报告出版，只有控方的案件能被公开。即使是在不考虑证据的移交中，也可能披露对被指控者来说是歧视性的信息，就像控方反对被指控者被批准保释理由是，现在对他指控的犯罪发生时他正在因另一罪行被保释等候审判。所以，如果报刊、电视台、广播电台对移交程序中发生的一切做全面报道，公众可能对被指控者产生偏见，并且，假设存在移交审判，正是从公众中选出陪审员来审判案件。

因为这些原因，《1967年刑事司法法》限制了媒体可以合法报道移交程序的范围。这一立法现在包含于《治安法院法》第8条。媒体可以报道发生的关键细节，如当事各方和证人的姓名、地址、年龄和职业，法院的名称，审查法官、顾问或事务律师的姓名，对被指控者提起的指控和他被移交审判的指控，以及有关保释和法律援助的安排。全面报道（比如，给出的证据）只有报道限制被解除（见下文），或者所有被指控者被审查法官释放，或者如果移送审判，在起诉书审判结束后才可以被允许。违反第8条是可以判处最高5 000英镑罚金的简易罪行，但提起这样的控诉要取得检察总长的同意。这些限制不仅适用于移交程序本身，而且适用于所有先前的还押听审。

《1980年治安法院法》意欲保护被指控者。因此可以认为，如果被指控者希望公开，例如因此证人可以前来支持他的案件，法律不应当阻止他可以这样。所以，第 8（2）条规定，如果只有一名被指控者而他提出申请要求解除报道限制，审查法官必须解除。如果有两名或以上的被指控者，其中一人申请解除限制而另一人反对，这时棘手的问题就出现了。最初的规则是如果任何一名被指控者希望解除限制，那么对所有参加移交程序的被指控者都解除限制，而不管他们在这个事项上的愿望如何。然而，《1981 年刑事司法（修订）法》修订了第 8 条，这样如果 A1 申请解除限制，而 A2 反对，审查法官只有在这么做符合正义的目的时才能同意申请。提出申请的被指控者有责任表明，他公平审判的机会会因为缺少公开而受歧视。例如，如果他只是想通过公开反对警察的行为，警察开始说他们不会指控他但后来他们又指控了，那么他的申请不应当被准许（见 Leeds Justices ex p Sykes［1983］1 WLR 132）。

《1981 年藐视法院法》第 4 条（又见 18.11 节）授权法院命令媒体推迟报道案件的部分或全部内容，如果同步报道会涉及对该案本身或其他等候的或即将进行的程序"歧视司法管理的实质危险"。第 4 条规定的权力由审查法官行使：Horsham Justices ex p Farquharson［1982］QB 762。因此，即使根据《治安法院法》第 8（2）条的申请而解除了报道的限制，实际上可以通过根据 1981 年法案第 4 条的命令部分或全部地重新加以限制。然而，如果案件被报道只是由于被指控者希望公开时，法院不太可能裁定对移交程序的报道会牵涉到歧视司法管理的危险。但是第 4 条可能会有用处的一种情形是，被指控者（或其中一名被指控者）需要一个公开的手段而使证人可能被激励出来，但是控方的部分案件确实令人震惊或敏感，可能导致公众对他（或者另一名被指控者）的歧视。审查法官这时根据《治安法院法》第 8（2）条签发解除报道限制的命令，并根据《藐视法院法》进一步命令推迟对令人震惊的和敏感的材料的报道。但地区法院曾经裁定，审查法官应当谨慎地运用他们这方面的权力（Beaconsfield Justices ex p Westminster Press Ltd（1994），《泰晤士报》，1994 年 6 月 28 日）。

12.4.2 审判时对宣读的陈述提出反对

在皇室法院审判进行时，控方必须在法院面前举出证据以证明针对被指控者的案件。将证据在陪审团面前展示的通常方法是传唤证人，由他作证并受到交叉询问。但是，一些证据可能是没有争议的，如果证人不得不出庭提出所有的证据，那将浪费时间。《1996年刑事程序和侦查法》附件2第1（2）节规定，在移交中提出的《治安法院法》第5B条下的陈述，"可以无须在审判中向被指控者作为证据宣读以得到进一步证明"。（相似的条款适用于依据《治安法院法》第97A条作出的宣誓证词）。根据1（3）（3）节，如果被指控者（或其中一人）对陈述提出反对，则不能宣读它。反对必须在移交的14天内以书面形式提交检察官和皇室法院。但根据1（4）节，即使提出了反对，法院"可以命令反对无效，如果法院认为基于司法的利益应当作出这样的命令"，从而允许陈述被宣读。

这些条款取代了允许各方当事人在移交中宣称每一名证人应当"完全受约束"或"有条件约束"，结果是完全受约束的证人要在皇室法院出庭并给出证据，而有条件约束的证人只有在随后给出通知时才出庭这一旧的实践。另一显著区别是在新的程序中宣读书面证据是法院驳回辩方反对，并且即使辩方要求证人应当出席给出证据并接受交叉询问，法院也决定应当宣读陈述的权利（对审判本身的效力，进一步讨论见18.3.4节）。

12.4.3 保释和法律援助

将被指控者移交起诉书审判后，审查法官接着必须决定是否准许被指控者被保释，以及是否应当批准刑事辩护服务部代表在皇室法院的诉讼。

《治安法院法》第6（3）条授权法院将被羁押的或被保释的被指控者移交审判。羁押中的移交意味着被指控者被羁押在监狱中或者在他不满21岁时，羁押于还押中心。保释意味着他被释放，但在确定的审判日期有义务在皇室法院归还羁押。由于在移交和审判之间可能会有几个月的时间，在这一阶段批准还是拒绝保释的决定具有非常的重要性。保释在第 6 章予以了全面的讨论。

请求审查法官准许由刑事辩护服务部代表在皇室法院的诉讼，是惯常的实践。通常情况下，如果被指控者被准予在治安法官面前的听审由刑事辩护服务部代表，如果他的经济状况没有改变，那么延伸至皇室法院的批准几乎是自动的。这一问题的全面讨论，见第 27 章。

12.5 反对移交程序中的行为

对审查法官作出的将被指控者移交审判，或根据案情将他释放的决定，并不能提起上诉。但控方实际上可以通过向内庭法官申请强制起诉状，对释放决定提出反对（见下一节）。作为选择方式，他们可能更喜欢对同一罪行提出新的指控，并希望第二组审查法官会认定有案可答（见 12.2.5 节）。

更高级的法院倾向于采取的观点是，辩方几乎不存在有权对移交提起上诉的需要，因为如果实际上无案可答，而控方在起诉书审判的时候没有补充好他们的证据，皇室法院法官会指示陪审团在控方案件结束时判决无罪。但是辩护律师对试图通过更高级法庭推翻审查法官的决定表现出了相当的才智。他们的努力，仅仅收到了有限的成功，可以被总结如下：

（1）上诉法院偶尔会因为移交阶段的错误取消以起诉书宣告有罪。但是上诉人必须说明在审查法官面前的程序和随后的移交决定存在很多的瑕疵，以至于应当彻底无效（例如见 Phillips and Quayle［1939］1 KB 63）。

（2）虽然审判法官有拒绝让控方传唤证据的自由裁量权，如果他们（控方）这样做会是压迫性的或滥用程序，但他（审判法官）无权仅仅在认为被指控者不应当被移交审判，或在移交程序中提出的对他（被指控者）不利的证据是不可采纳的基础上行使这种自由裁量权（Norfolk Quarter Sessions ex p Brunson［1953］1 QB 503）。换句话说，法官有义务让控方传唤他们的证据，虽然在他们传唤之后，如果认为无案可答，他可以指示陪审团宣告无罪（在皇室法院无案可答的提议，见18.4节）。

（3）司法审查是高等法院控制其下属法院，包括治安法院行为的手段（见第25章）。针对超越管辖权行事或威胁要行事的审查法官，审查会获得成功。因此在 Hatfield Justices ex p Castle［1981］1 WLR 217 案中，对一起刑事损害犯罪，由于专门的制定法条款，法官必须以这起犯罪是简易罪行那样处理它，因此禁令被准许，以阻止法官启动移交程序。如果被启动了移交程序，法官则超越了他们的权力——因此这是高等法院干涉的一个合适案件。但是如果法官仅仅是错误（或据称错误）地行使了他们合法的管辖权，那么司法审查是不适当的。因此，辩方基于证据并没有揭露这是表面上的案件，或者法官本应运用自由裁量权排除的证据被采纳而寻求取消移交审判的努力都失败了（分别见 Roscommon Justices ex p Blakeney［1894］2 IR 158，和 Highbury Corner Magistrates ex p Boyce（1984）79 Cr App R 132 案）。高等法院还裁定，在移交程序实际正在进行中，不能提出司法审查的申请（Wells Street Stipendiary Magistrate ex p Seillon［1978］1 WLR 1002）。

（4）上述的案件上诉，就治安法院错误的法律决定向高等法院上诉，只有在治安法官一方对案件作出了最终的决定时才能被适用。移交审判的决定不算是最终决定，因此也不能对所案件提起上诉（见 Cragg v Lewes District Council［1986］Crim LR 800）。

12.6　强制起诉状

在绝大多数案件中，起诉书审判之前都存在着会把被指控者移交审判的移交程序。然而，存在移交程序的一种替代，被称为高等法院法官

第 12 章 移交审判，和替代

作出的强制起诉状指令（见《1933 年司法管理（综合条款）法》第 2 条，经修订）。这一术语将在第 14 章中解释，但本质上它是指高等法院法官命令以起诉书审判被指控者。

理论上，控方总是可以通过向高等法院申请强制状而避免举行移交程序。但《实践指示（犯罪：强制状）》[1990] 1 WLR 633》中宣称，"只有具有正义的目的，而并非从管理方便的考虑需要它时，"才能准予强制状。实际上，只有在移交程序已经举行但结果是被指控者被释放，或者因为一些特殊的原因，举行移交程序变得不可取时，才能寻求强制状。在前一种情况下，高等法院法官会被有效地要求裁决审查法官拒绝移送是否正确。在 Brooks v DPP of Jamaica [1994] 1 AC 568 案中，枢密院强调，在这些情况下提出强制状的决定是要有万分慎重才能行使的权力，对待治安法官的决定要有最大的尊重。移交程序不可取的一个例子是 Paling（1978）67 Cr App R 299 案。P 被指控袭击交通警察。在审查法官面前，他自己进行了辩护，但变得过分激动并且在被命令坐下时不愿坐下。一名警官上前干预时因为他的抗争而被攻击。审查法官休庭，只听审了部分的移交程序，P 被进一步以袭击警官被指控。控方没有冒在法院进一步混乱的危险，而是就所有针对 P 的显著事项，成功地申请了的强制案。

在被指控者被移交审判且已对他签署了起诉书，第二个被指控者又被逮捕，因为控方认为他与第一个被指控者共同实施了犯罪，这时移交程序也可能不方便。控方会希望将两名被指控者合并审判，但这只有在针对他们存在单份的起诉书时才能如此。这时就可以针对俩人的指控申请强制起诉状。对第一个被指控者未完成的起诉将不再进行。看起来只有通过对第二个被指控者举行移交程序，然后起草一份针对两人的起诉书，才能达到同样的结果（Groom [1977] QB 6），但强制案程序可能更迅捷。

获取高等法院法官同意提出强制起诉状的程序由《1971 年起诉程序规则》规定。申请必须是书面的，并由申请人或他的事务律师签字。除非已经进行了不成功的移交程序，申请中应当陈述为何

—271

提出申请的理由。申请应当同时附有：（1）意欲提出的起诉状，和（2）来自被提议的控方证人的证据的证明和/或在移交程序中记录的宣誓证词和作出的陈述（假设有的话）。除了检察官是检察长时，还必须有宣誓书证明申请中包含的陈述以申请人所知和就他看来是真实的。然而，代表检察长申请强制状的皇家检察官与检察长一样不负有制作宣誓书作为佐证的义务（Liverpool Crown Court ex p Bray [1987] Crim LR 51）。是否应当签发强制状的实际决定由内庭法官作出。通常控方和辩方都不参与（即法官仅仅是通读文件，并书面通知双方他的决定）。辩方甚至没有权力向法官作出书面陈述，虽然存在接受这种陈述的自由裁量权（Raymond [1981] QB 910）。口头陈述只有在非常例外的情形下才能被允许。

12.7　移送通知

移送通知体系的引入意味着在特定的有限情形下，控方可以不寻求司法批准而避免将被指控者移交审判的需要。这一体系在两种非常不同的情形下被运作：

（1）严重而复杂的欺诈案；和
（2）涉及儿童证人的特定案件（根据《1991 年刑事司法法》第 53 条）。

虽然（1）和（2）中的事实情况会有很大的区别，但程序上的结果却基本相同。下面首先在 12.7.1 节中讨论严重欺诈案中的移送通知体系，然后在 12.7.2 节中专门讨论在儿童证人案件中使用的特征。

12.7.1　严重欺诈案

在这些案件中赋予控方有权回避移交阶段的重要原因是减少延误。罗斯基尔委员会在 1986 年的报告使得移送通知体系被引入《1987 年刑事司法法》(CJA1987)中。报告突出强调的主要困难之一就是对重大诈骗案起诉中遇到的相当可观的延误，源起于预备阶段中对口头证据的听审。

CJA1987赋予检察长、严重欺诈办公室主任、国内税收专员、海关和国产税务局专员和国务大臣"指定代理人"的身份。只要指定代理人认为针对被指控者犯有可控诉罪行的证据达到以下条件就可以给出移送通知：

(1) 足以使他被移交审判；和

(2) 揭露了具有如此严重性或复杂性的诈骗，以至对案件的管理应毫不延迟地由皇室法院处理方为适合（CJA1987第4(1)(a)和(b)条)。

移送通知可以在被指控者被指控和移交程序开始之间的任何时间给出。它必须交给在其管辖权内犯罪被指控的"治安"法院。

通知必须指明审判被提议举行的皇室法院的位置，以及所涉及的指控（第5(1)、(2)条）。

移送通知一旦被送达，其效果是治安法院的职能停止，除了有关保释、法律代表的批准和证人命令（第4(1)条）。

被指控者被提供给了一种手段，以防案件证据不充分时被审判。这由第6条规定，它使被指控者能够向皇室法院申请驳回被移送的指控。除非皇室法院批准迟来的通知，驳回申请必须在移送通知送达后的28天内作出。申请本身可以用口头和书面的方式被陈述和决定，但口头申请之前必须有书面通知（《1987年刑事司法法（移送指控的驳回）规则》(SI 1988 No 1695)第2、3条）。

根据第6(3)条，只有在法官的许可下才可以在提出驳回的申请时给出口头证据，这种许可不得给出，除非正义的目的要求。

决定驳回申请的法官必须驳回移送通知中载明的任何"在法官看来，针对申请人的证据不足以使陪审团适当地对申请人定罪"的指控（第6(1)条）。在任何起诉书中对被指控者的相关罪状都必须被取消。成功的申请驳回的效果基本上等同于审查法官拒绝移交审判，也即，被指控者不被宣告无罪，但有可能因同一事项被再次起诉。据此，任何针对被驳回的指控的进一步程序都必须以强制起诉状的方式被提起（第6(5)条）；关于强制状程序，见12.6节。

12.7.2 儿童证人

移送通知体系通过《1991年刑事司法法》第53条被扩展至涉及儿童证人的性犯罪和暴力犯罪中。其意图是保护牵涉到的儿童证人不被强迫在移交时给出证据，因为这几乎不可避免地会造成创伤。另外，此项改革的目的是通过完全摒弃移交程序而更快地启动皇室法院审判。这既意味着儿童证人的回忆可能更精确，也意味着帮助儿童从事件中改造过来的治疗可以尽可能地快。

在儿童证人案件中，检察长（而非在严重诈骗案件中列举的"指定代理人"）被授权就特定罪行的诉讼送达移送通知，并履行一定的条件。这些罪行是：

(1) 涉及对一个人的攻击或伤害或威胁伤害的罪行；

(2)《1933年儿童和年轻人法》第1条规定下的罪行（虐待16岁以下的人）；

(3)《1956年性犯罪法》、《1960年猥亵儿童法》、《1967年性犯罪法》、《1977年刑法法》第54条或《1978年儿童保护法》规定下的罪行；和

(4) 企图或同谋实施，或帮助、教唆、建议、介绍或者煽动实施上述(1)、(2)和(3)的罪行。

检察长必须满足的条件是：

(1) 犯罪证据必须足以使被指控者被移交审判；

(2) 被宣称是被害人或目击了犯罪实施的儿童将在审判中作为证人被传唤；和

(3) 为避免任何对儿童福祉造成歧视之目的，案件应当毫不延迟地由皇室法院接管并进行程序。

根据第53(6)条，"儿童"一词的含义随被指控者被指控的罪行

不同而变化。对于暴力或虐待犯罪（同谋实施这种罪行或未遂），它是指 14 岁以下的人。对于性犯罪，它是指 17 岁以下的人。决定儿童年龄的相关日期在第 53 条中并没有规定，但上下文暗示应是移送通知的当日。在每一种情况下，如果对儿童证人作出的有关犯罪的会谈被录像的话，如果他不满相关年龄，那么年龄限制则要增加一年，根据情况增加到 15 岁或 18 岁。通知的内容和一旦送达后的效果与严重诈骗案中大致一样（见 12.7.1 节）。一个值得注意的区别是，在驳回的申请中，法官不能允许从以上定义的儿童处援引口头证据。

在被告人是未成年人而皇家检控署正在考虑是否使用移送审判程序时，会有特殊的考虑。在 T and C [2001] Crim LR 398 案中，上诉法院认为，除非控方确信治安法院将会发现应该有可能根据 PCC（S）A 2000 第 91 条判决被告人（见 10.1 节），否则不应当考虑使用移送审判程序。原因是通过快速的审判可以同时满足未成年被告人和年轻证人的利益。由此，除非需要确保第 91 条下的惩罚权力，简易审判是令人向往的。

12.8　仅可控诉的罪行

《1998 年犯罪和骚乱法》（CDA）第 51 条规定的程序开辟了一条通向皇室法院的主要新路径。该条规定，那些只能以起诉书审判的犯罪和与它们关联的犯罪，必须从治安法院的预备听审中立即被送交皇室法院。这些条款是一项延伸项目计划的主体。它们在全国范围内被适用于被告人在 2001 年 1 月 15 日或以后初次出庭的案件中。

第 51 条规定，治安法官必须送交皇室法院审判而不进行移交程序：

（1）成年被告人被指控一项仅可控诉的罪行，并将因此罪行被审判；

（2）成年被告人已因一项仅可控诉的罪行被送交审判；还将因任何他同时出庭的可任选方式的相关罪行被审判；

（3）成年被告人已因一项仅可控诉的罪行被送交审判，还将因他同时出庭的且可判监禁刑的或可判处取消驾驶资格的相关简易罪行被审判；

（4）在同一场合出庭的成年共犯，被指控犯有一项可任选方式的相关罪行。

另外，治安法官可以立即移送皇室法院审判：

（1）成年被告人已经被送交皇室法院因一项仅可控诉的罪行被审判，还将因一项可任选方式的（或简易的可判监禁刑的和判取消驾驶资格的）和随后已被指控的相关罪行被审判；

（2）被指控相关的可任选方式罪行的成年共犯，在因仅可控诉的罪行被送交皇室法院的被告人之后出庭；

（3）未成年人因一项仅可控诉的罪行与一名成年被告人一起被合并指控，治安法官认为未成年人与成年人合并审判，符合正义的目的；

（4）未成年人因为任何相关的可任选方式或简易的罪行（是可判监禁刑的或可取消驾驶资格的），根据第（3）点被送交皇室法院。

因这些条款，如果它们可以被合并在同一起诉书中，一项可任选方式审判的罪行与一项仅可控诉的罪行联系在一起。如果发生简易罪行的情形与产生仅可控诉的罪行的情形等同或相关，那么简易罪行也与仅可控诉的罪行联系在一起。

12.8.1　仅可控诉的罪行和移送程序

在控方可以通过其他方式适用移送通知程序的案件中，CDA 1998 第 51 条的规定优先。在儿童证人的案件中，在 CJA 1991 第 53 条也可以作为通向皇室法院的一条路径时，如果指控是仅可控诉的（如强奸），或者与仅可控诉的指控有关联，控方不能利用移送通知的程序，而必须根据 CDA 1998 第 51 条进行诉讼（见 CDA 1998 附件 8 第 93 条）。类似地，如果被指控严重的诈骗罪，案件将受仅可控诉的程序调整，而不受 CJA 1987 中的条款规范（见 CDA 1998 附件 8 第 65 条）。

12.8.2 治安法院中的程序

被指控者在治安法院出庭参加预备听审，必须由至少两名法官或一名地区法官来处理（第 50（1）条）。法院必须将案件立即送交皇室法院（第 51（1）条）。但这受到治安法官休庭权力的限制（第 52（5）条），例如，形势仍旧在发展且可能不必要将案件送交皇室法院，或者辩方需要获得为申请保释的必要信息。

尽管先期信息的条款和审判方式的决定之间有着历史的联系，但皇家检控署还是建议，在案件属于第 51 条规定下的程序时向辩方送达一整套标准的先期信息，最好是在治安法院预备听审之前。这包括指控单、任何已经准备好的控方案件摘要、关键证人的陈述和打印出来的先前定罪记录。

12.8.3 根据 CDA 1998 第 51 条送交皇室法院的仅为简易的罪行

一项仅为简易的罪行如果与一项仅可控诉的罪行相关联，就可以根据 CDA 1998 第 51 条被送交皇室法院。在送交时，将由治安法官根据第 51（9）条休庭，即不确定听审的日期。如果它在适当时候在皇室法院根据 CDA 1998 附件 3 第 6 节被处理，那么治安法官就不需要再处理它。如果它没有在皇室法院被处理，那么它实际上就可以被发回给治安法官处理。程序与 CJA 1998 规定下的程序类似（见 12.9.2 节）。

12.8.4 在皇室法院出庭

在将被告人送交皇室法院的预备听审之后，治安法院会向皇室法院送交一份通知。如果被告人被羁押，那么他将在 8 日内在皇室法院首次出庭；如果他在保释中，则将在 28 日内。预备听审可以在内庭进行（《1982 年皇室法院规则》第 27（2）（8）条）。

12.8.5 控方案件的送达

包含控方案件的文件必须送达给被告人，并送达给治安法院在送达通知中指定的皇室法院。案件必须在 6 个星期之内送交给皇室法院，包括可受到法官的一次延展。当然，法官可以命令较短的期限。文件与在移交程序中提交的一捆文件形式类似，应当包括指控、陈述和其他证据，连同起诉书草案，以及根据 CDA 1998 第 51 条提交的任何简易指控的单独清单（除非可以根据 CJA 1988 第 40 条被包括在起诉书中）和为披露的目的准备的未被使用的材料清单。

起诉状必须在控方案件送达后的 28 日内送达。它可以包括任何由控方送达的文件中包含的证据支持的罪状，要么是治安法院据以送交皇室法院针对被告人的指控之外的，要么是对指控被告人的替代（CDA 1998 附件 8 第 5 节）。但任何此种罪状必须能合法地被加入同一起诉书中。

12.8.6 控方案件的中止

控方不仅在治安法院有权中止案件，而且在犯罪案件根据 CDA 1998 第 51 条被提交皇室法院时，有权在起诉书被接纳前的任何时间中止案件（《1985 年犯罪起诉法》第 23A 条）。

12.8.7 对控方案件的反对

辩方根据规定于 CDA 1998 附件 3 中的程序能够反对辩方案件。在控方案件送达后传讯开始之前，被告人可以向皇室法院申请将指控（或其中任何一项）驳回。程序的细节规定于《1998 年犯罪和骚乱法（提交的指控的驳回）1998 年规则》）（SI 1998 No 3048）。申请可以口头（第 2 条）或者书面（第 3 条）提出。如果法官接受或如此命令，那么可以就申请提出口头证据。但只有在法官认为这样做符合正义的目的时，才可以这么做（附件 3 第 2（4）节）。程序受广义上与适用于移交程序中报道限制（第 3 节）和宣誓证词（第 4 节）调整。

在听审结束时，如果法官认为对他来说对申请人的证据不足以使陪审团适当地对他定罪，他必须驳回指控，并撤销起诉书中任何相关的罪状（附件 3 第 2 节）。

12.8.8 驳回指控的效果

如果保留了至少一项仅可控诉的指控，皇室法院接着就可以用普通的方式处理起诉书。但因为成功的驳回申请而没有剩下任何仅可控诉的指控时，剩余的指控必须被放入起诉书中，并向被指控者宣读（附件3第7至15节）。皇室法院接着必须对每一项可任选方式的罪行开始审判前请求程序，如果指明无罪答辩或没有指明，那么就开始审判方式程序（见7.2节）。结果，如果案件被简易审判，则必须被发回治安法院。如果不是，皇室法院会继续处理。如果被告人年龄不满18岁，皇室法院会将案件发回少年法院，除非：

（1）罪行应当根据PCC（S）A 2000第91条作为严重犯罪被处理；或者

（2）有一项未成年人与成年人被合并指控的可任选方式的罪行，而且皇室法院认为将他们共同审判符合正义的目的。

12.9 简易和可控诉相连的罪行

如果是仅可控诉的罪行，或者是可任选方式的罪行，都可以在皇室法院审判（对罪行如何分类的研究，见7.1至7.1.3节）。但这一一般规则有一个例外，因为有限的简易罪行如果和可以适当地以起诉书审判的罪行相连，可以被送交皇室法院审判。这一例外由《1988年刑事司法法》引入，在12.9.1节中做了讨论。另外，这里可以方便地考虑CJA 1988第41条引入的程序，一项与可任选方式罪行相连的简易罪行可以被送交皇室法院答辩和量刑（见12.9.2节）。

12.9.1 以起诉书审判简易罪行

CJA 1988第40条规定，如果被指控者因可控诉罪行被移送或移交审判，而在移送法院面前的证据揭示还有一项简易罪行，那么控方就可以在起诉书中将后者的罪状包括在起诉书中。还有两个条件必须被满足，即：

（1）简易指控要么是与可控诉指控建立在相同的事实和证据上，要么是与之一起形成性质相同或相似的一系列犯罪；和

（2）简易指控要么是普通攻击或者袭击羁押警官、未经物主同意取走机动车辆、无资格驾驶或属于《治安法院法》第22条特别程序的刑事损害，要么是可以判处监禁或是取消资格并由内政大臣在法定文件中作出的命令指定。

对第40条程序要注意的是，第一，尽管简易罪行的证据必须在关联的可控诉事件的移交陈述中被披露，但将它列入起诉书的主动权必须来自控方——治安法官仅仅就可控诉指控移交审判（与第41条程序的比较，见下一节）。第二，立法明示地指出第40条程序只包括某些特定的简易罪行。第三，简易罪行必须与第40条规定的可控诉罪行有某种关联。该条款的这部分措辞源自起诉规则，该规则调整起诉书中罪状的合并（见14.5.1和14.5.2）。不容置疑这部分规定也应当按照规则原来的含义予以解释。第四，第40条中没有规定反对简易罪行罪状合并的方式。但有人提出，如果罪状合并因不属于第40条范畴而被认为是非法的，或者移交陈述没有揭露对罪行回应的案件，则辩方在传讯之前有权提出动议取消罪状。最后，假设简易罪行的罪状根据第40条被有效地包括在起诉书中，审判方式将与可控诉罪行的方式完全相同，即简易罪状将与可控诉罪状一起在传讯时向被指控者提出，并且如果他答辩无罪（对两者或只对前者），将组成陪审团听取证据并作出判决。然而，如果他被判有简易罪行，皇室法院量刑的权力将限于治安法官应具有的权力（第40（2）条）。

12.9.2 移交答辩

第41条规定了对可任选方式审判的罪行移交审判的治安法官，也可以移交简易罪行的被指控者，如果该简易罪行可判监禁刑或被取消资格，且源自于与可任选方式罪行相同或有关联的情形。简易罪行不需要

第 12 章 移交审判，和替代

通过移交程序中提出的证据被实际地披露——控方代表人只要解释在移交可任选方式罪行的过程中，被指控者也宣称实施了简易罪行就足够了。关于简易罪行，治安法官移交既不是为了审判也不是为了判决。他们所做的可以最好地描述为"移交答辩"，虽然这一条款并没有使用这一术语。因此，简易罪行不包括在起诉书中，只有如果并且在被指控者对任选方式指控答辩有罪或被判有罪时才被提及。在这个阶段才向他提出简易指控。如果他答辩有罪，皇室法院法官将就所有事项对他进行判决，因此确保了对产生于一个事件的罪行的判决职能没有在治安法院和皇室法院之间被分裂。当然，对简易罪行的判决还是局限于治安法官可以判决的范围。如果被指控者否认了犯罪，案件就被发回治安法官处进行简易审判。

第 40 条和第 41 条程序之间的区别已经在前面的几节中出现。但是，对它们进行总结可能会阐明这两个条款。区别是：

(1) 第 40 条只适用于条款列举的那些罪行再加上内政大臣指定的任何罪行——第 41 条适用于任何可判处监禁刑的或被取消资格的简易罪行。

(2) 治安法官在第 40 条程序中不扮演角色，起诉方的责任是在起诉书中包括简易罪行的罪状，如果他们认为这样做适当的话。而在第 41 条下，正是治安法官必须将简易罪行移交皇室法院。

(3) 但是，在第 41 条下，简易罪行无须移交程序中的证据实质地披露，而在第 40 条下则必须是。

(4) 在第 40 条下，简易罪行必须建立在与可控诉指控相同事实的基础上或形成可控诉指控系列中的一部分；在第 41 条下，它必须源自相同或相关联的情境。

(5) 在第 41 条下，相关联的可控诉指控必须是可任选方式审判的（见 Miall [1992] Crim LR 71），而在第 40 条下它是可任选方式还是只能以起诉书审判，无关紧要。

(6) 第 40 条中设想对简易罪行进行完整的起诉书审判；第 41 条仅允许如果罪犯在起诉书审判的犯罪被判有罪后承认了简易罪

行，才能因简易罪行对他进行判决。

第 41 条下对简易罪行的移交并没有排除根据第 40 条在起诉书中为它列入一条罪状进行控诉（见第 4（4）条）。如果这么做了，那么第 41 条下的移交将被忽视，而皇室法院只根据第 40 条进行诉讼。

第 3 部分
起诉书审判

第 13 章　皇室法院

《1971年法院法》创立了一个新的刑事法院——皇室法院——以取代从前处理起诉书审判的巡回审判庭和季审法院。《法院法》现在大部分已经被废止,其条款已并入《1981年最高法院法》(SCA)。

皇室法院是最高法院的一部分:SCA 第 1 条。其管辖权主要包括:

(1) 它对起诉书审判有专有管辖权:SCA 第 46 条。换句话说,所有的起诉书审判都发生在皇室法院。

(2) 它处理由治安法院移交量刑的罪犯。移交量刑通常发生于在治安法官对罪犯因一项可任选方式罪行进行简易定罪后发现他们受到限制的惩罚权力不足时,然后他们为通过更重的刑罚起见将他送交皇室法院(见第 11 章)。

(3) 它听审来自治安法院对定罪和/或刑罚的上诉(见第 25 章)。

(4) 它对民事事项有综合的管辖权(例如,听审对少年法院作出的照顾令或执照法官的决定的上诉)。

13.1 皇室法院法官

高等法院法官、巡回法官和记录员都可以在皇室法院作为法官开庭：SCA 第 8（1）条。

13.1.1 高等法院法官

任何时候都可能有大约二十名高等法院法官在皇室法院开庭。他们处理送到法院的最严重的案件（皇室法院法官各种类型工作的分配，具体见 13.1.6 和 13.2 节）。通常人们会期望在皇室法院开庭的高等法院法官来自王座庭并有作为律师进行刑事工作的经历。但在理论上没有什么能阻止一名，比如说，来自大法院的法官被要求开庭。上诉法院法官也有可能在皇室法院开庭，但那只发生在极其特别的情形。

13.1.2 巡回法官

巡回法官的职位像皇室法院本身一样，由《1971 年法院法》设立。现在有接近 600 名巡回法官，其中的大多数将大部分的时间花在了在皇室法院开庭上。巡回法官和记录员（见 13.1.3 节）处理了皇室法院大部分的例行工作，而尤其巡回法官可以被当做皇室法院法官的典型，主持 80% 以上的皇室法院审判。巡回法官由女王在上议院议长的推荐下任命。这是全职的任命，不能同时作为出庭律师或事务律师执业。任命之时，巡回法官肯定在皇室法院或郡法院已经有了 10 年的出庭权，或者曾经是记录员，或者曾经任全职职位例如行政庭成员或地区法官（《1990 年法院和法律服务法》第 71 条）。通常在 70 岁时退休，虽然上议院议长可以授权继续在岗位上服务至 75 岁。相反地，上议院议长可以依据不能胜任或行止不端将巡回法官在正常的退休年龄之前解除职位。关于巡回法官的任命、退休等，见《1971 年法院法》第 16 至 20 条和《1993 年司法养老金和退休法》第 26 条和附件 6。

第13章 皇室法院

巡回法官可以而且如果可能，应当在郡法院和皇室法院开庭。毕卿勋爵，《法院法》就是建立在他的报告基础上的，所提的其中一项建议就是在郡法院的民事工作和在皇室法院的刑事工作的合理"混合"将防止巡回法官因工作缺乏变化而疲惫不堪。因此巡回法官被任命"在皇室法院和郡法院中"供职：《1971年法院法》第16条。很明显，一些巡回法官会主要是皇室法院法官，而另外一些主要是郡法院法官，但用意是他们不应当排他性地成为一个或另一个。

13.1.3 记录员

就像巡回法官一样，记录员是在上议院议长推荐下由女王任命的。与巡回法官不同，他们的任命是兼职的。当不在皇室法院开庭时，他们可以从事私人执业。任命有固定的期限，这期间记录员同意使自己有时间进行一定次数场合下的开庭。至少10年执业经验的出庭律师或事务律师才有资格被任命（《1971年法院法》第21条）。关于退休和解职的条款与适用于巡回法官的相似，除了上议院议长没有自由裁量权准许记录员继续工作至75岁。大约有1 400名记录员但只有一小部分会在一个时间在皇室法院开庭。记录员大概处理15%在皇室法院的审判。

13.1.4 代理巡回法官

作为一种临时措施，为帮助皇室法院事务的处理（例如当有相当多的积压案件等待听审时），上议院议长可以认定一定期限的代理巡回法官：《1971年法院法》第24条，经SCA第146条修订。在被任命期间，代理巡回法官在各方面都与巡回法官相同。退休的上诉法官、高等法院法官和巡回法官都有资格被任命为代理巡回法官。

13.1.5 称呼皇室法院法官的方式

高等法院法官、所有在中央刑事法院（旧贝利）开庭和在利物浦、曼彻斯特和卡笛夫拥有荣誉记录员职位的巡回法官，在法院上都被称为

"大人"（或"夫人"）。除此之外，巡回法官、记录员和代理巡回法官被称呼为"阁下"。在特定法院等待听审的案件清单应提交给被称呼为"法官阁下……"的巡回法官，被称呼为"记录员先生/夫人/小姐……"的记录员。（见 *Practice Direction*（*Judges*：*Modes of Adderess*）[1982] 1 WLR 101）

13.1.6　高等法院法官和巡回法官等之间的工作分配

由大法官发布的实践指示规定了不同类型的皇室法院法官之间的工作分配。一般原则是，最严重的犯罪必须，或通常由高等法院法官审判，不那么严重的案件被分配给巡回法官或记录员。只有一小部分的皇室法院工作由高等法院法官处理。《实践指示》的具体内容，见下一节。

13.2　皇室法院的组织

皇室法院是一个单个的法院，但是在全国各地的不同地点开庭。因此，严格说来，应当说"在巴切斯特开庭的皇室法院"而不应当说"巴切斯特皇室法院"。作为单个法院的一个优势是无论在英格兰和威尔士的任何地方开庭的皇室法院都可以审判英国法院具有管辖权的可控诉罪行，无论它被宣称发生于何处（例如，在普利茅斯开庭的皇室法院可以审判，比如说，被控发生在纽卡斯尔的偷窃犯罪，反之亦然）。这就避免了在前皇室法院体系时期惯常发生的管辖权纠纷，仅仅因为上诉人应当被布里克镇巡回审判庭审判却被洛姆郡季审法院审判，借此可能导致定罪被取消。这也更容易确保在不同地点的皇室法院之间平均分配工作。《1971年法院法》向传统所做的少数几个让步之一是当皇室法院在伦敦市（也即旧贝利）开庭时，它应当继续被称为中央刑事法院而不是在伦敦开庭的皇室法院。这一命名方式被 SCA 第 8（3）条保存。

皇室法院的定位被分为第一、第二或者第三等级。第一等级的定位不仅有为皇室法院工作而且有为高等法院民事工作需要的人员。他们由高等法院法官和巡回法官及记录员构成。第二等级的定位没有处理民事案件的人员，但确实至少有一名高等法院法官的定期服务。第三等级定位既没有高等法院工作人员也没有高等法院法官。不同定位而无论哪个级别的皇室法院按地理方位被划分为六个巡回区（米德兰和牛津、东北、北部、东南、威尔士和切斯特、西部）。每一巡回区至少任命一名高等法院法官，被称为"主持法官"，对本巡回区的皇室法院负有特殊的责任。另外，每一地点有一名"常驻法官"。他是一名资深的巡回法官，像他的名字所隐含的，他永久性地在所说的地点开庭。主持法官的与分配工作有关的一些职责（见下文）可以委托给常驻法官。

在治安法官移交、移送或转送审判被指控者时，必须指定审判将要进行的皇室法院的地点。在选择适当地点时，审查法官要考虑（《1980年治安法院法》第7条和《1998年犯罪和骚乱法》第51（10）条）：

（1）辩方、控方和证人的便利；

（2）审判的迅速进行；以及

（3）大法官根据SCA第75条所给的任何指令。

SCA第75条授权大法官在上议院议长同意时发布有关皇室法院事务分配的指令。指令包括在《实践指示（皇室法院：事务）》[2001] 1 WLR 1996中。它被分为两部分，第一个标题为"分类"，第二个标题为"皇室法院内的事务分配"（以下分别称为"第一部分"和"第二部分"）。广义地说，它们的效果如下：

犯罪被分为四类。第一类犯罪，主要包括谋杀和违反《1911年官员秘密法》的犯罪，必须由高等法院法官审判，只是对谋杀的审判可以由主持法官或经过他的授权下放给经批准的巡回法官（即大法官已批准可以审判谋杀案件的巡回法官）。第二类犯罪（主要是过失杀人、堕胎、强奸和与13岁以下女童发生性关系）必须由高等法院法官审判，除非特定案件由主持法官或经他批准下放给巡回法官。关于强奸（以及其他任何严重的性犯罪，无论是否为第二类犯罪），接受下放的巡回法官或记录员必须经大法官批准。第三类犯罪是不属于其他任何类型的犯罪都属于此类。它们可以由高等法院法官、巡回法官或记录员根据主持法官一般或特定的指令予以审判。第四类犯罪——迄今为止最大的一类——包括所有可任选方式审判的犯罪，加上抢劫罪和伤害/蓄意造成严重身体伤害。除非经有关的法官或主持法官同意，它们不应当被列在清单上由高等法院法官审判。因此，可以推定大多数第四类犯罪将由巡回法官或记录员处理。

很明显，1~3类中的犯罪必须或乍看起来将由高等法院法官审判；第四类犯罪初看起来将由巡回法官或记录员审判。因此，指令的第一部分第二节规定，如果被指控者被移交审判的犯罪（或数项犯罪之一）属于第1~3类，那么审判将在皇室法院最便利的有高等法院法官定期开庭的地点（即第一或第二等级的地点）进行。如果所有的犯罪都属于第四类，就应当是最便利的地点。在决定最便利的地点（或高等法院法官定期开庭的最便利地点）时，法官应当考虑到主持法官指定的如他们的小开庭区通常将案件送交审判的地点。所以，审判地点的决定实践中是自动作出的，因为每一个治安法院都知道被告人被期望送到的地点。

然而，选定的审判地点不一定就是案件被审判的地点，因为 SCA 第 76（1）条规定，皇室法院自身可以发出指令改变起诉书审判的地点。根据第 76 条的指令可以由法院官员主动发出指令（例如为管理方便将不同地点的工作量平均，或者在第四类犯罪例外地应当由高等法院法官审判而治安法官将其移送到了一个第三等级的地点时，为便于高等法院法官审判）。另外，控方或辩方可以向皇室法院申请改变审判地点。这种申请必须由高等法院法官在公开法院听审（第 76（4）条）。申请可以基于《1980 年治安法院法》第 7 条中特别提及的事项，即各方当事人和证人的便利。偶尔地，也会提出其他的原因（例如，对被指控者的当地敌对情绪使得让审判在远离犯罪被宣称的发生地更可取，或者害怕企图逃跑而使转换到安全保卫地点成为必要）。为了得到多种族陪审团小组而申请将地点改变到黑人居住比例更高的地点，根据上诉法院在 Ford [1989] QB 868 案中的判决（见 17.4.4 节），不太可能成功。

第13章 皇室法院

13.3 治安法官作为皇室法院法官

治安法官在司法体系中的主要职责当然是在治安法院中进行判决。但他们的确还担负着作为皇室法院法官的次要责任。在皇室法院处理来自治安法院的上诉时，它必须包括一名"职业"法官（即高等法院法官、巡回法官或记录员）与不少于两名不超过四名的业余法官一起开庭：SCA第74（1）条。实际上，大法官指示的第二部分第五节指出，职业法官应当是一名有经验的巡回法官或记录员，而不是高等法院法官。《1982年皇室法院规则》（SI 1982 No 1109）第4条也规定，如果坚持由两名业余法官会造成不合理的延误时，听审可以由一名职业法官和另外仅一名业余法官进行。而且，如果最初组成法院的治安法官都必须退出，那么听审可以在他或他们缺席时完成。鉴于为皇室法院工作的治安法官的可获得性，上议院议长可以发出使在某些地点上述规则可以放松的指令：SCA第74（4）条。除了被要求对刑罚的上诉进行开庭之外，业余法官还可以在任何不是被列为答辩无罪的皇室法院程序中，与巡回法官或记录员一起开庭（大法官指示第二部分第八节）。此处的想法是与职业法官一起工作会扩大治安法官的经验并在他回到当地的法官席时会对他有所帮助。

只要治安法官在皇室法院开庭，无论他们的出席是义务的还是可选择的，他们都应当在法院所有的决定中完全参与进来：Orpin [1975] QB 283。的确，在有不同意见的情况下要作出多数人的决定时，至少在理论上业余法官可以否决职业法官：SCA第73（3）条。但是，如果法院的意见被平均地分开，职业法官具有决定性的一票。并且，在出现任何法律问题时，治安法官必须接受法官的指示。因此，在对定罪的上诉中，如果辩方主张一份由被指控者作出的供认不应当被采纳为证据时，法官会告诉他的业余同僚有关供认可采性的法律规定，但任何对事实的相关发现（例如警官为获取供认是否使用了威胁）是由法院作为整体作出的，而不仅仅是法官。在量刑阶段，对治安法官来说尤其重要的是不仅要对决定提出观点而且要被看到提出了观点。因此，在 Newby (1984) 6 Cr App R（S）148 案中，N 对指控他处理赃物的起诉书答辩有罪后被判处 12 个月监禁。虽然记录员和组成对 N 量刑的法院的另外两名治安法官在来到公开法院之前显然讨论过了案件，而且虽然记录员在辩方律师进行减轻答辩时给他的同事传递了字条，但记录员在减轻答辩一结束就立即宣布了判决。没有磋商的现象，虽然在实际上存在磋商。N 对量刑提出了上诉，在给出上诉法院的决定时，考菲尔德法官说：

> 本法院想要强调的是，在一名博学的法官和治安法官一起开庭时，他不仅应当在法律上向他的治安法官同事咨询，而且他应当确信法院欣赏他已进行了咨询。法院不必要在每一个具体案件结束后都退庭。在法院成员之间传递字条没有任何错误。但当到了给出判决的时刻，对法院来说更明智的做法是向公众显示这是一个合成的法院，而且每一名成员都有一个最终通过主席或庭长表达出来的观点。

如我们已经看到的，坐在皇室法院听审上诉的治安法官在程序中扮演着主要角色。如果上诉人或罪犯在皇室法院发现自己面对其中一名此前对他作出不利决定的治安法官，他可能有理由感到烦恼。因此《皇室法院规则》第 5 条规定，已经涉入治安法院程序的治安法官，不可以作为上诉法院的成员。

13.4　在皇室法院的出庭权

出庭律师当然有权在皇室法院出庭。另外，《1990 年法院和法律服务法》颁布了对在法院出庭的权利进行定义和调整的法定计划。其目的是保留所有现存的出庭权（见第 31 和 32 条），并确立一个赋予新的权利的框架（见第 27 条）。从而可以为不是出庭律师的律师引入一个机制，获得以前只有出庭律师才拥有的出庭权。具体地说，现在的情况是，将出庭权扩展至特定的接受过法律协会提供的培训的事务律师。

然而，即使没有《1990年法院和法律服务法》引入的机制，律师在皇室法院的出庭权也不是专有的。上议院议长已经发布指令授权事务律师，在他们，或他们的事务所代表治安法院的被指控者时，在上诉和移交量刑中，有权"在法院出庭、引导、辩护并讲演"。在一些比较偏僻的皇室法院地点（例如卡那封郡、巴恩斯塔普、唐喀斯特和特鲁洛），事务律师享有更广泛的出庭权，能够在对第四类犯罪的起诉书审判中代表辩方出庭。

如果愿意，被指控者有权为自己辩护。就起诉书审判中的控方而言，其地位由《1990年法院和法律服务法》第27（2）（C）条调整。这给了皇室法院允许个人检察官在它那里进行私人控诉的自由裁量权。上诉法院法官格里德维尔在Southwark Crown Court ex p Tawfick（1994）案，《泰晤士报》，1994年12月1日，指出，这是一项只能偶尔行使的自由裁量权，所以控方在皇室法院几乎一直都必须被合法地代表，即使是私人控诉。

13.5 皇室法院的布局

本章已经描述了皇室法院的法律结构。简洁地描述一下皇室法院地点的物理构造，可能会有所裨益。外观上，法院建筑差别巨大，从现代的钢筋水泥玻璃结构到装饰华丽的维多利亚建筑，应有尽有。在内部，法院房间本身也有区别，但还是可以发现一个基本模式。法院的前面是高出来的法官席，法官坐在皇家盾徽之下的御座一样的椅子上。在法官的下面是坐在桌子前的助理。面对法官，要么是在法院后部要么是在中间，是被指控者所在的隔开的区域，被称为被告人席。被告人席前面是律师的座位。法院的一边是陪审团席——十二个座位，通常是分为两层，每层六个座位——而在另外一边，是证人给出证据的证人席。在法院的后部，或是在自上而下鸟瞰的游廊中，是为公众准备的座位。也可能在法院中为缓刑官或社会工作者有专门留出的区域。通向法院之外为陪审团保留了一个房间，在审判结束时，他们正是退到这个房间考虑他们的裁决。

第14章 起诉书

起诉书是包含针对被指控者指控清单的正式文件，被指控者在起诉书审判的开始答辩有罪或无罪。一个陪审团一次只可以审判一份起诉书：Crane v DPP [1921] AC 299。有关起草起诉书的法律主要包括在《1915年起诉书法》（IA）和根据此法制定的《1971年起诉书规则》（IR）（SI 1971 No 1253）。

在212页中你将看到起诉书的格式，产生于一个假想的牵涉到三名年轻人（大卫·威尔逊、约翰·博顿和保罗·格林）的事件，事件中三名年轻人在一场足球赛后攻击了对方球队的两名支持者（巴里和查尔斯·约翰逊）。警察到达时发现威尔逊和博顿正在踢躺在地上的巴里·约翰逊。这造成了非常严重的擦伤需要医院门诊治疗。同时格林正在用打碎的奶瓶威胁查尔斯·约翰逊，而且他已经用它造成了需要缝合但没有严重到会留下伤疤的脸部伤害。

此起诉书例证了本章将详细讨论的有关起诉书的一些基本点：

（1）起诉书的标题或开头总是一个标准格式。在顶上是"起诉书"一词，接着是审判地点和案件名。控方总是正式地以"女王"相称。案件名之后是标准用语"AB、CD等被控如下"，被称为呈示。

(2) 对被指控者指控的犯罪在起诉书中被以单独的罪状陈述。每一项罪状必须只能指控一项犯罪。

(3) 每一罪状被分为罪行陈述和犯罪细节。罪行陈述给出罪名和，如果是制定法的，所违反的法律和条款：IR 第 16 条。如果罪行违反了普通法，就无须明确陈述——例如，如果巴里·约翰逊死于踢打，而威尔逊和博顿被指控对他非法杀害，罪行陈述仅仅是"过失杀人"。

(4) 犯罪细节给出被宣称实施了罪状中列出的罪行的被指控者姓名和他们被宣称所做的基本细节（IA 第 3 条和 IR 第 6 条）。

(5) 虽然一项罪状只能指控一项犯罪，但一份起诉书可以包括针对被指控者两项或以上的罪状。保罗·格林被指控伤害查尔斯·约翰逊（脸颊上的割伤）和持有攻击性武器（打碎的奶瓶）。如果巴里·约翰逊的伤势更严重，控方可能会在起诉书中包括一项对威尔逊和博顿造成严重身体伤害的罪状和偶尔造成实际身体伤害的罪状。然后陪审团就可以基于他们认为证据是否确立了更严重的罪行或更轻微的罪行，而对罪状定罪。当然，格林可以被任一个或两个罪状定罪。

(6) 两名或以上的被指控者可以在一项罪状中被指控，如果控方认为他们协同实施了一项犯罪。威尔逊和博顿都踢了巴里·约翰逊，因此将他们都放入一项罪状中是适当的。

(7) 两名或以上的被指控者可以在一份单独的起诉书中被指控，即使他们没有被宣称共同实施一项单独的罪行。格林没有涉入攻击巴里·约翰逊，但因为他对查尔斯·约翰逊的攻击和另外两人对巴里·约翰逊的攻击都是一个事件中的一个部分，他们可以被合并在一份起诉书中。

(8) 起诉书由皇室法院的官员签署。

第 14 章 起诉书

```
                                                    编号 023210
                        起诉书
                    在巴切斯特的皇室法院
            女王 诉 大卫·威尔逊、约翰·博顿和保罗·
            格林
            大卫·威尔逊、约翰·博顿和保罗·格林被指控如下：

罪状 1    罪行陈述
          偶尔攻击造成身体实际伤害，违反《1861 年对人犯罪法》第
          47 条。
          犯罪细节
          大卫·威尔逊和约翰·博顿于 2002 年 1 月 1 日攻击巴里·约翰逊
          并由此造成他实际的身体伤害。

罪状 2    罪行陈述
          伤害，违反《1861 年对人犯罪法》第 20 条。
          犯罪细节
          保罗·格林于 2002 年 1 月 1 日恶意地伤害查尔斯·约翰逊。

罪状 3    罪行陈述
          持有攻击性武器，违反《1953 年预防犯罪法》第 1（1）条。
          犯罪细节
          保罗·格林于 2002 年 1 月 1 日没有合法授权或合理原因在一处公
          共场所，即巴切斯特洛乌大教堂，随身非法持有一件攻击性武
          器，即打碎的奶瓶。

2002 年 3 月 1 日
                                                 A. N. 阿瑟
                                               皇室法院官员
```

14.1 提出起诉书议案

起诉书必须由一名皇室法院官员签名：《1933 年司法管理（综合条款）法》第 2（1）条。如果由于疏忽而没有添加署名，此"起诉书"为无效，任何根据它作出的定罪都会被上诉法院取消（此种事件的例

子，见 Morais (1988) 87 Cr App R 9)。官员的签名应当出现在起诉书的结尾（《1971 年起诉书（程序）规则》（SI 1971 No 2084）第 4 条），但是它出现在开始处的事实并不能使起诉书无效（Laming (1989) 90 Cr App R 450)。技术上，在起诉书被签署之前，它还只是"起诉书议案"。起诉书议案由律师或皇室法院官员起草。在前一种情况下，议案必须被送交皇室法院签署。这种送交被称为"起诉书议案的提交"。如果是由皇室法院官员起草时，议案一起草就被视为已提交（见《1971 年规则》第 4 条）。

为减少刑事诉讼中的延误，《1971 年规则》第 5 条规定，起诉书必须在移交后的 28 日内提交给皇室法院。但是规则在实践中并没有能够加速审判，因为它允许皇室法院官员将原来的 28 天的期间再延展 28 天，并可以由皇室法院法官作出进一步延长。延长时间的申请通常应当是书面的，并说明为什么需要更多时间。虽非必须，但在被允许的时间届满前提出申请更可取。所以，第 5 条的时间限制是极其灵活的。但即使没有遵守该条款（即起诉书议案在 28 天的期间之外提交，且没有获取延期），被指控者也被认为可以有效地以起诉书审判并被定罪：Sheerin (1977) 64 Cr App R 68。换句话说，第 5 条是指令性的而不是强制性的。它规定了应当做什么，而非必须做什么。起诉书和起诉书议案之间的区分只在提出起诉书议案的上下文中才有意义，因此下面将只提及起诉书的起草。

只有在少数极其重要和复杂的案件中，文件才被送交律师以起草起诉书。但是，在 Newland [1988] QB 402 案中，上诉法院表达了对一些起诉书质量的担忧，并规定，在起诉书被审判开始时交给被指控者之前，控方律师应当核查它是否符合《起诉书规则》。换句话说，更正皇室法院官员起草中的任何错误是律师的责任。上诉法院法官沃特金斯说（在 409 页）：

[起草起诉书] 在这个国家大体上是由皇室法院职员进行的。不幸的事实是，我们是如此了解而且从我们在这个法院的经验中知道，起诉书起草时方式上的缺陷给出了让人担忧的理由……

第 14 章 起诉书

必须……对最终提交给法院起诉书的责任问题作出重述。确保起诉书在传讯之前有正确的格式是律师的责任。回归这一实践……在我们的观点看来是对相关的每一个人都有益的事情。

在沃特金斯法官作出这个判决时，惯常的实践是由皇室法院人员起草。在皇家检控署的控诉中，现在的体系是由皇家检控署的律师准备一份清单（实际上是起诉书的草稿）。这连同移交文件一起被送交皇室法院。皇室法院官员（在理论上）应当核查不存在对制定法条款的违反。

14.2 可以包括在起诉书中的罪状

对起草起诉书的人来说，首先和最基础的一个问题就是：什么罪状（即指控）应当被包括在内？如果已经有移交程序，则起草人将被提供给文件的复印件。他还能知道治安法院以何指控将被指控者移交，以及对哪些指控，如果有的话，他拒绝了移交。但是，关于对那些犯罪有案可答的罪行，他并不受治安法官观点的约束。受罪状合并规则（见下文）的制约，他可以在起诉书中包括任何他认为在治安法院展示的证据揭示的任何可控诉罪行的罪状，而不管被指控者是否会因这一罪行被移交审判：《1933 年司法管理（综合条款）法》第 2（2）条。因此，如果控方证据是被指控者被发现在物品被盗后一小时占有被盗物品，他以偷窃指控被送交审判，起诉书可以包括偷窃和处理赃物的可选择的罪状，以涵盖被指控者说他没有偷窃而只是接受了赃物这一可能性。再如，在移交过失杀人时，如果律师或皇室法院官员认为有预谋恶意的充分证据，那么起诉书就可以包括对谋杀的一个单独罪状而不包括过失杀人的罪状。有这样的可能，治安法院被特别请求以谋杀的指控移交，但它拒绝了而只以过失杀人移交。但是，将治安法院明示地拒绝移交的罪状包括进来的权力，应当非常保守地行使：Dawson [1960] 1 WLR 163，经同意引自 Kempster [1989] 1 WLR 1125。无论如何，罪状必须建立在出现在治安法院面前的证据之上（具体见 14.7.3 节）。另外，被指控者没有被送交审判的指控，只有在它是"替代或附加于"被指控者据以被移送的罪状时，才能构成起诉书的一部分。此外，任何此类额外罪状必须是可以"合法地"合并入起诉书（《1933 年司法管理（综合条款）法》第 2（2）条附带条款（1））。因此，在 Lombardi [1989] 1 WLR 73 案中，L 面对两份起诉书。根据第一份，他被认定三项伪造罪有罪。第二份中有四项破产罪（与伪造罪无关），治安法官没有据以将他移交审判，尽管根据移交文件有大量的证据证明可以这么做。法官判定第二份起诉书有效，由此 L 答辩有罪并接着上诉。上诉法院裁定第二份起诉书无效，因为其中的罪状如果不违反 IR 第 9 条（第 9 条，见 14.5.2 节），就不能与第一份起诉书中的罪状合并起来。所以，第二份的罪状被 1933 年法令第 2（2）条所禁止。（起诉书无效的后果，见 14.8 节。）

14.3　罪状的内容

罪状由罪行陈述和随后的犯罪细节构成，罪行陈述给出罪行的简单名称及如果是违反制定法，制定法的名称。IA 第 3 条规定起诉书应当包括"为给出有关指控性质的合理信息而必需的细节"。IR 第 6 条稍微明确一些，称如果罪行是制定法规定的，细节必须能揭示"罪行的本质要件"，只有被指控者不会因为未能揭示一个本质要件而"在辩护中受到歧视或尴尬时"，才可以不提及这一要件。如果被指控者可以将自己置于某些例外或限制性条款，他有权被宣告无罪时，那就不必要在细节中说明他处于这些例外和限制性条款之外。例如，一项宣称生产或供应或拥有受控的毒品的罪状，不需要说明被指控者不属于根据《1971 年滥用毒品法》有权生产、供应或拥有此类药品的人的范畴。

第 3 条和第 6 条给出的关于起草细节的指导非常含糊，因此对制作起诉书的人来说最好的建议是找到一份他希望包括的罪状的先例。《布莱克斯通刑事实践》中含有对所有常见的可控诉罪行的罪状样本，执业者通常可以安全地遵从那里的措辞方式。第 224～228 页有一些犯罪的罪状样本，但下列的一般评价可能会有所帮助：

（1）细节以罪状指控的被指控者的名和姓开始。给出姓名时的错误不是对定罪提起上诉的良好根据，只要被指控者可以从所称的姓名中被合理地辨认出来。类似地，在细节中提到了任何其他人的姓名时，也要列明名和姓，但错误不会使定罪被废除。

（2）接着要列出被宣称犯罪的日期。令人惊奇的是，即使是控方证据显示犯罪不是发生在细节中说明的日期，定罪还是可以被支持，虽然如果日期变动会使被指控者在辩护中受到歧视（例如，他有细节所说的日期不在犯罪现场），他应当被批准休庭。如果犯罪的确切日期不明，细节可以宣称是在可能实施犯罪的最早一天的前一天和可能进行犯罪的最后一天的后一天之间的一天。因而，如果财物在 2002 年 1 月 1 日被盗，而在 2002 年 1 月 31 日被发现由被指控者拥有，则罪状将宣称"A.B.，在 2001 年 12 月 31 日和 2002 年 2 月 1 日之间的某一天不诚实地接受……"

（3）犯罪要件被宣称。通常不必完整地写出要件。例如，一项偷窃的罪状，宣称"AB 偷窃了属于 CD 的一块手表"就足够了——而不需要宣称"AB 不诚实地擅自占用了属于 CD 的一块手表，带有使 CD 永久丧失此手表的蓄意"。但在某些罪行的罪状中，比如处理被盗物品，则建议细节应当完整。

（4）在细节中提及财物时，应当给出物主的姓名以辨认财物，但可以不给出价值。如果物主不明，可以指称财物为"属于未知的某个或某些人"。如果罪状中的相关财物是现金，它可以简单地被描述为钱而无须指明单个的硬币或钞票（例如"A.B. 在……偷窃了一个钱包，内有 5.5 英镑"）。

（5）不需要指出犯罪发生的地点，除非犯罪的定义要求它发生在或提到的有限范围的地点。因此，危险驾驶的罪状必须指明发生的道路，因为犯罪只能发生在道路上；入室行窃必须指明被窃的建筑，因为犯罪必须要作为入侵者进入一个建筑。另一方面，偷窃可以在任何地方进行，所以罪状不需要说财物是从何处偷来的。

14.4　反对双重性的规则

一份起诉书可能包括几项罪状，但每项罪状只能宣称一项犯罪。如果罪状本身的语言显示它指控了两项或以上的犯罪，罪状就被认为是"因双重性而无效"，辩方应当在起诉书交给被指控者之前提起动议，向法官申请取消罪状。如果动议成功，被指控者将不要求对罪状提出答辩（见14.7.3节）。如果法官错误地拒绝了动议，被指控者被陪审团定罪，他就有了对定罪上诉的良好理由。

一份宣称"A. B. 于……谋杀或非法杀害了 C. D."的罪状因为其双重或双重性而无效，因为谋杀和过失杀人同时在一项罪状中被具体化了。类似地，一份宣称"简·史密斯于2002年1月1日偷窃了一件属于斯宾塞公司的礼服，于2002年1月2日偷窃了属于马科斯公司的外套"的罪状也是双重的，因为不同日期和不同被害人的名字表明指控了两项完全不同的犯罪。另一方面，于1月1日偷窃了斯宾塞公司和马科斯公司的一件外套和一件礼服的罪状是有效的。罪状的措辞与被指控者一次进入一家商店（斯宾塞和马科斯公司）偷窃了两件物品情形相符。当然，从严格的逻辑来说，可以争辩存在两个独立的擅取行为，一个是有关外套，另一个是有关礼服的。因此，假设存在必需的主观要件，被指控者实施了应当被不同罪状指控的两项独立的偷窃。但是，如迪布洛克勋爵在 DPP v Merriman [1973] AC 584 案中所说，"反对双重性的原则一直是以一种实际的而不是严格分析的方式被应用"，如果一次从一个被害人那里偷窃了几项物品，惯常的实践是在一项罪状中列举所有的物品。换句话说，几项犯罪行为可以在一项罪状中被指控，如果它们紧密地联系形成了一个行为或交易的话。是否存在一项的行为事关事件的级别，要根据具体案件的事实而定。在 Wilson (1979) 69 Cr App R 83 案中，事实是 W 进入了一家"布茨"商店，并从一个柜台移到另一个柜台，在每一个柜台偷窃物品。他没有付款离开了商店，并进入"德本海姆"商店进行了类似的行为。对他的起诉书中包含了两项罪状，一项列举了从"布茨"店中偷窃的物品，另一项则列举了从"德本海姆"店中偷窃的物品。陪审团认定 W 有罪，他根据应当对他在不同柜台的行为有独立的罪状为由上诉。上诉法院支持了定罪。W 在每一个商店中的行为都没有因离开一个柜台进入另一个柜台而被分割成独立的行为，因此两项罪状——每一个商店一项——就足够了。

一项罪状中提到一名以上的被宣称罪行的被害人，是不常见的。因此，在 Mansfield [1977] 1 WLR 1102 案中，M 在饭店中纵火的单个行为造成了七名被害人死亡，但控方仍然选择提出了七项谋杀罪状，每一项罪状指明一名被害人。然而，并不存在一项罪状不能提到几名被害人的法律规则。因此，在 Giddins (1842) Car & M 634 这一古老案件中，一项指控抢劫了 A 一先令和 B 两先令的罪状被裁定有效，因为控方案件是这两项抢劫行为几乎是同时发生的。上议院在 DPP v Merriman 案中赞同地提到了 Giddins，虽然如今类似的案件在实践中几乎肯定是以两项罪状被指控。

罪状的措辞与被指控者只实施了一项犯罪一致而没有因双重性而无效，但控方证据倾向于显示他的犯罪行为被分成了几项独立的行为时，正确的补救方法是向法官申请修改起诉书（见14.7.2节）。修改的形式是将一项罪状分为几项独立的罪状。未能修订可以成为上诉的根据，但上诉法院也可能以没有审判不公而驳回上诉。

14.4.1 "一般缺陷"案件

如果在不常见的案件类型中，一人被怀疑利用很多独立的机会从同一被害人处偷窃金钱或财物，但不能具体指出偷窃发生的确切日期或被窃的具体数目（例如，控方案件是一名商店经理在很长的一段时间内从钱柜里拿走小额现金，但他们的唯一证据是这一段时间后的收入和售出的商品之间有相当大的亏空），那么严格适用单个行为应当在单立的罪状中被指控的原则，会很不方便。这种宣称通常被称为"一般缺陷的偷窃"。在这样的案件中,可以允许在一个罪状的细节中宣称被指控者在某一天或在擅取行为肯定发生的期间内的某一天,偷窃了总计的数目(见 Tomlin (1954) 38 Cr App R 82 和 Lawson (1952) Cr App R 30)。

14.4.2 样本或标本罪状

在某人被指控实施了系列的犯罪行为时,控方可以选择通过样本或标本罪状的方式进行诉讼。例如,被宣称长时间的不诚实,或在虐待儿童案件中对儿童的一系列猥亵攻击,可能就是这种情况。为了使起诉书保持在可以控制的长度内,可以包括有限数量的样本罪状。在这种情况下,控方应当向辩方提供起诉书中作为样本的罪状的全部犯罪清单。然而,如果被指控者答辩无罪,那么必须注意确保对于那些没有出现在起诉书中的犯罪,被指控者享有陪审团审判的权利。换句话说,法官不能假设因为陪审团发现被指控者对起诉书中的犯罪有罪,他就对起诉书中作为样本的所有其他犯罪都有罪。这方面法官量刑时的问题,将在20.1 节中讨论。

14.4.3 《起诉书规则》第 7 条

迄今为止,反对双重性的规则的适用看起来大部分是常识和方便的问题。不幸的是 IR 第 7 条引入了一些细致如发的技术性区分。规则说,如果法律的某一条或分款以它的真实结构已确立了一项单独犯罪,但对犯罪的一个或几个要件却进行了替代性定义,那么在单一的罪状中作为替代可以宣称法定的定义。因此,对"蓄意损害财物或不顾财物是否会被损害"的损害财产的罪状是有效的,因为《1971 年刑事损害法》将刑事损害的主观要件定义为蓄意或不顾后果。类似地,对拥有受控毒品的罪状可以宣称药品是大麻或大麻树脂:Best (1980) 70 Cr App R 21。问题是第 7 条没有允许在单独的罪状中宣称替代的独立罪行,即使这些罪行是由一部法律的一个条款规定的;而议会也经常没能说清楚它确立了可以用不同方式实施的一个罪行,还是许多不同的罪行。Naismith [1961] 3 All ER 735 案例证了因此产生的困难。《1861 年对人犯罪法》

第 18 条将意图造成一些严重的身体伤害或意图抗拒或阻止合法逮捕而对任何人造成伤害或严重的身体伤害规定为犯罪。这一条是创立了一项、两项还是六项犯罪？阿什沃思法官认为可能有两项犯罪——违反第 18 条的伤害和违反第 18 条的造成严重身体伤害——这两项罪行均可以在该条款规定的三种意图之一时被实施。因此，一项宣称 AB 伤害 CD 或给他造成严重身体伤害的罪状会因双重性而无效，但对伤害伴有造成严重身体伤害的故意或伴有抗拒或阻止合法逮捕的伤害的罪状则是有效的。Naismith 案使得起诉书起草人能够了解他如何在 1861 年法令第 18 条下对罪状措辞，以及应当列举多少罪状。但是，就另外一些同样常见的犯罪而言，则没有已发生效力的案件，也没有渠道确定议会到底确立了多少罪行。例如《1968 年盗窃法》第 12 条规定，未经物主或其他合法权威的同意，为自己或为他人而占用交通工具的人，或明知是如此获得的交通工具而驾驶的人，或知道这样取得而让此交通工具运载自己的人，构成犯罪。据说此条规定了两项犯罪，即未经物主或其他合法权威同意占有交通工具，以及明知地驾驶非法占有的交通工具或允许其运载自己，但在上诉法院被号召对此作出判决之前，没有人能确定。肯定可以争辩第 12 条确立了三项罪行，甚至可以争论它只规定了一项罪行。

14.4.4　处理被窃物品的罪状

《1968 年盗窃法》第 22 条设立了一项处理被窃物品的单独罪行：Griffiths v Freeman [1970] 1 WLR 659。它可以以 18 种方式实施：通过接受物品，或通过从事或帮助另外一人或为另一人的利益进行对它们的保管、转移、处理或变卖，或通过安排实施以上所有的事情。因此，如果一项处理被窃物品的罪状细节只是宣称被指控者知道或相信这些物品系被窃……而处理了特定的被盗物品，在技术上这是正确的，但它没有给辩方一个公平的指示说明控方将如何展示他们的案件。控方应当"表示绝不屈服的态度"，并在罪状中阐明他们宣称是否以收到或是其他一种或几种形式处理被窃物品。在确实不确信的情况下，应当有两项罪状。第一项罪状的细节应当宣称被指控者接受了物品，第二项罪状的细节宣称他从事或协助另外一人或为了他的利益进行对被窃物品的保管、转移、处理或变卖，或安排进行了以上所有的事情。然后陪审团可以选择是就第一项罪状（一般认为是处理被窃物品的最严重形式）还是就第二项罪状宣告有罪（见 Nicklin［1977］1 WLR 403）。

14.5　一份起诉书中罪状的合并

IR 第 9 条规定了针对一名被指控者的几项罪状可以被列入一份起诉书的情形。该条规定：

> 对任何犯罪的指控可以合并在一份起诉书中，如果这些指控是建立在相同的事实上，或者形成或是一系列性质相同或类似的罪行的一部分。

规则的应用可由 Mansfield［1977］1 WLR 1102 案证明，案中 M 被一份包含十项罪状的起诉书指控。其中三项罪状是纵火，宣称 M 于 1974 年 12 月 12 日在白仕湾特沃思利饭店放火，于 1974 年 12 月 19 日和 28 日在伦敦的西端皮卡笛利饭店放火。这三项犯罪是性质相同或类似的一个系列，因此对它们的罪状被合法地放入了一份起诉书中。其余的罪状是谋杀，建立在七人死于沃思利饭店大火的事实上。由于这些罪状建立在与沃思利饭店纵火罪状相同的事实上，因此所有的十项罪状都可以适当地合并在一份起诉书中。

14.5.1　"建立在相同事实上"的指控

对第 9 条第一部分最简单的适用可以在像 Mansfield 之类的案件中被发现，其中被指控者进行的一个单独行为（在饭店放火）引起了数项犯罪（纵火和七项谋杀）。在被指控者被宣称在一个连续的行为过程中实施了几个罪行的时候，该规则也能被适用。因此，如果 X 抢劫了银行；驾驶着他的"逃离车"在一片布满建筑的区域高速驾驶摆脱追踪，而接着最终被包围走投无路时与逮捕他的警察扭打以避免被捕，他可以在一份起诉书中被指控抢劫、危险驾驶和为拒绝逮捕而袭击。如果他携带了猎枪和/或偷窃了逃跑用车,可以再添加偷窃和拥有枪支实施可控诉罪行而被进一步指控。但是实质的同时发生并不是第9条适用的先决条件。如果两项犯罪在时间上分开,但如果后一项犯罪没有前一项犯罪发生就不会发生的话,那么它们可以说是建立在相同的事实上:Barrell and Wilson (1979) 69 Cr App R 250。在这一案件中,W被指控(1)在迪斯科舞厅攻击和打架,和(2)试图阻碍司法进程。控方案件是W在因暴力犯罪被移交后,试图贿赂证人不要对他做不利作证。这很显然发生在迪斯科舞厅事件之后的几个星期,但如果不是他面对攻击的指控他就不会有理由进行贿赂。因此,上诉法院认定,时间间隔并不妨碍指控建立在相同的事实上。相同原则的一个更简单例子是,被指控者被宣称使用窃得的支票购买商品——他可以在同一起诉书中被指控(1)偷窃或处理支票本,和(2)对于提出的每一张支票通过欺骗获取财产,无论在他得到支票本与第一次不诚实地使用之间已间隔了多长时间。

在 Barrell and Wilson 案中,陪审团可以——实际上也确实是——就对他的所有罪状予以了定罪。对法院来说一个更难的问题是如果控方指控的案件案情是相互排斥的——即对第一项罪状的有罪裁决就预示着陪审团不会确信被指控者实施了第二项犯罪,而且反之亦然——那么这两项罪状是否合并在一份起诉书中。上诉法院对这一点的判决不太有决定性。简单地说,Barnes (1986) 83 Cr App R 38 案称,(1) 在 B 的兄弟伤害 M 罪的审判中做伪证和(2)蓄意伤害 M 的指控在第9条的规定内不太可能被认定基于相同的事实,控方案件是要么 B 在对他兄弟的审判中作证他(B)攻击了M,告诉了事实真相,或者他撒谎而根据该事实应当认定伪证罪有罪。陪审团宣告后者有罪。上诉法院指出此案与 Barrell and Wilson 案并不完全一致,因为控方没有要求陪审团对所有罪状定罪——相反,他们第一项罪状中的案件与第二项中的对立。然而,法官大人们避免了通过认定错误(如果有的话)没有导致审判不公而对起诉书的有效与否作出确定的决定。另一方面,在 Bellman

(1987) 86 Cr App R 40 案中，B 的上诉的确胜诉了。他被判犯有通过欺骗获取财产罪。起诉书中还包含了同时指控以欺骗获取财产和同谋进口毒品的罪状。根据控方所称，希望他（B）用这些钱来将毒品走私进来的人将钱付给了 B。B 要么真的意欲实行走私毒品的计划（在这种情况下他对同谋有罪），要么他没有（这时他对用欺骗方法获取财产有罪）。上诉法院判定，应当要求控方选择他们希望以哪项罪状继续进行诉讼。上议院［1989］AC 836 认为上诉法院支持上诉的根据是错误的。因为对每一个选择方式都存在表面上的案件，应当由陪审团（而不是控方，也不是法官）决定哪一个（如果要任选一个的话）选择被证实了。相反，B 的律师争论道，在一份起诉书中包含相互抵触的罪状绝不可能是正确的。上议院以论点没有权威性为由将其拒绝。确实，在一份起诉书中包括偷窃和处理相同的物品是一贯的实践，纵使对偷窃的定罪将排除对处理被盗物品的定罪，反之亦然（见 14.5.4 节）。在 Bellman 案中，戈里费思大人在一份附带意见中继续确认了 Barnes 案中合并的合法性，因为两项罪状的事实起源都是攻击被害人。

14.5.2 "相同或类似性质"的指控

这一短语的意义由上议院在 Ludlow v Metropolitan Police Commissioner［1971］AC 29 案中进行了讨论。皮尔森大人（法官大人们均同意）说，两项或以上的犯罪形成相同或类似性质的一个系列或系列的一部分，它们之间必须有一个连结点。连结点必须产生于构成犯罪的事实和法律的相似性。在 Ludlow 案中，L 在第一项罪状中被指控偷窃未遂，在第二项罪状中被指控抢劫。两项罪状中的偷窃未遂或实际的盗窃都提供了充分的法律上的相似性。第一项罪状中的事实是 L 被看到在埃克顿的一处酒吧的私人区域的窗口出现，陪审团被请求得出他在企图偷窃时被惊扰的推断。第二项罪状中的事实是 16 天后，L 在埃克顿的另一处酒吧付钱喝酒然后把钱夺回并用拳头击打酒吧招待员。上议院认为这两项犯罪的事实有充分的相似性，因而有理由将罪状合并在同一起诉书中。这看起来令人吃惊，因为两项犯罪都发生在酒吧里看起来纯属巧合，而且如若不然仅有的相似性就只能是犯罪时间和地点的接近。从Ludlow案得出的教训是只要有些微的类似性就可以满足第9条。Ludlow中确认的另外一点是两项犯罪足以构成第9条的一个系列。

在断定两项被控犯罪之间是否有充分紧密的连结点时，它们之间的时间间隔很重要。毕竟第9条的第二部分要求指控必须是"系列的一部分"，而"系列"这一词的应用似乎暗示有关时间的一些限制。不过，在Baird (1993) 97 Cr App R 308案中，上诉法院认定，猥亵攻击一名年轻男孩的罪状被适当地与九年后猥亵攻击另外一名男孩的罪状合并。影响法官大人们的事实是虽然它们在时间和地点上没有巧合，但两项罪行中其他事实的相似性非常明显。

在C (1993)，《泰晤士报》，1993年2月4日案中，甚至还有更长的时间间隔。C在同一份起诉书中被指控于1978年强奸其七岁的女儿以及于1989年抢劫她未遂。尽管中间有11年的间隔，上诉法院还是判定罪状合并是适当的。被宣称的被害人在两个案件中是同一人、罪行在广泛意义上具有类似的性质，这些事实意味着具有第9条第二部分规定的充分连结点。

第9条的要求并不严格，但必须注意不能完全忘记这些要求。在Harward (1981) 73 Cr App R 168案中，针对H的起诉书包括了一项同谋使用支票卡从银行诈骗获取金钱的罪状，和一项处理丢失后不久发现被H占有的立体声音响设备的罪状。H就同谋罪状被判无罪，但被认定处理被盗物品有罪。上诉法院在取消定罪时认定，在一份起诉书中合并这两项指控根据第9条规定不具有正当性，因此是非法的。犯罪不是建立在相同的事实之上，它们之间唯一的法律或事实上的类似之处是它们都牵涉到不诚实。但在同谋罪状中宣称的不诚实与H涉入诈骗行为有关，而在处理商品罪状中宣称的不诚实与他在接受相关物品时的精神状态有关。因此，即使是基于Ludlow案中采用的对第9条的宽松解释，两项犯罪之间也不存在充分的连结点以形成性质相同或相似的一个系列中的一部分。

在 Williams [1993] Crim LR 533 案中，W 被指控（1）在一家伦敦饭店中对一名 13 岁女孩进行猥亵攻击，和（2）5 天后，通过强迫她坐在一辆从斯蒂芬纳奇开往伦敦的火车座位上对她进行非法监禁。上诉法院认定这两项犯罪不具有相似的性质，被错误地合并在一份起诉书中。

14.5.3 命令分开审判的自由裁量权

如果法官认为，通过对被指控者一份起诉书中的所有罪状进行一次单一的审判将"对他的辩护造成歧视或尴尬"，或者因为任何其他的原因对其中至少一项罪状进行分立的审判更可取的话，那么他可以作出这样的命令：IA 第 5（3）条。这通常被指称为切割起诉书。第 5（3）条赋予的切割权力是用来处理在起诉书中合并罪状具有技术上的合理性的案件（例如没有违反第 9 条），但如果被指控者被一个陪审团审判了所有罪状，将存在陪审员不能公正地考虑一些事实的危险。但在起诉书因为包括了不是建立在相同事实基础上，或不能形成具有相同或类似性质的系列中的一部分的罪状而无效时，无效不能通过声称行使分割权力而得到弥补：Newland [1988] QB 402。在 Newland 案中，N 被指控为供应目的的拥有受控制毒品和与此毫不关联的攻击罪。控方律师在意识到合并不适当之后，成功地申请了分割，而 N 据此答辩有罪。但在上诉中定罪必须被取消，因为它们产生于无效的起诉书。沃特金斯法官指出，控方本可以通过修改起诉书以删除毒品罪状或攻击罪状中的任何一个而部分地挽救形势——这样对起诉书中剩余的任何一个部分都可能有效地定罪（修改起诉书，见 14.7.2 节）。如果他们愿意，控方接着还可以对已经删除的罪状提起新的程序，虽然这可能会导致第二次移交或强制起诉状。但是他们和法官都不能做的是将起诉书像它起初被适当地起草一样来处理，然后声称行使制定法的权力对有效的起诉书进行分割。

控方在面临因为不适当的合并而导致起诉书无效时，另一条出路就是采用 Follett [1989] QB 338 案批准的方式。事实上，他们可以忽略无效的起诉书而寻求提出新的独立的起诉书。接着他们必须选择他们希望对哪一份起诉书进行诉讼。很显然他们会选择替代的起诉书。然后（并且只有在这之后），法官被请求取消原来的无效合并的起诉书。

在 Ludlow v Metropolitan Police Commissioner 案中（见 14.5.2 节），上议院对根据 5（3）条提出的分割申请的正确司法路径予以了解释。只有在案件具有数项罪状的合并审判会有歧视或令人尴尬的特殊特征时，法官才负有指令分立审判的义务。例子是那些与一项罪状关联的证据与另一项罪状关联的证据很难解脱开来的案件，以及其中的一项罪状具有耻辱的性质，以致如果陪审团认为被指控者已实施了这项罪行，那么他们就会歧视被指控者，即使在证据缺乏时也会对被指控者宣告另一罪状有罪。上诉法院在 McGlinchey (1984) 74 Cr App R 282 案中对上述原则进行了重述（审判法官被判定在拒绝分割两项处理被盗物品的罪状中适当地行使了他的自由裁量权，其中一项罪状是于 1982 年 7 月 19 日接收被盗的照相器材，另一项是在 1982 年 9 月 2 日或之前接收一张被盗的信用卡）。上诉法院强调，虽然 DPP v Boardman 案中（见下文）的一些权威认为，如果被宣称的性犯罪是针对不同的被害人，并且犯罪之间没有显著的相似性，应当提倡对罪状予以分别审判，但这些断言并不倾向于适用所有范畴的案件。一般原则仍然是 Ludlow 案所陈述的——即根据第 9 条两项或以上的罪状合并具有正当性时，通常应当将它们合并审判。

在 Ludlow 案中，赞成上诉人的观点是偷窃未遂与抢劫犯罪之间没有充分的相似性，这样陪审团在考虑被指控者是否实施了另一项罪状中宣称的罪行时，就无权考虑第一项罪状中的证据（关于被指控者实施一项犯罪的证据能够被采纳用以证明他实施了另一项犯罪之前，必须寻求这两项犯罪之间具有显著的相似性，见有关证据的著作和 DPP v Boardman [1975] AC 421）。因此，赞成者认为，L 在偷窃未遂的指控辩护中不可避免地要受到歧视和遭遇尴尬，因为陪审团听取了有关抢劫罪的不相关指控。这同样反过来也适用于抢劫指控。上议院接受了 Ludlow 不是"相似事实证据"案这一前提，但拒绝了基于这一前提而提出的论点。在诸如 Ludlow 这样的简单案件中，如果法官给出了适当的指示，陪审团完全有能力在考虑偷窃未遂时忽略抢劫的证据，反之亦然。但是，在更复杂的案件中，将不同罪状的相关证据区分割裂清楚的困难使得命令分离审判成为必要。尤其是，一份单独的起诉书中包括宣称对不同的被害人进行具有性性质的犯罪的几个罪状时（例如对不同儿童的猥亵攻击），罪状应当被分离审判，除非犯罪之间的相似性足以使它们适用相似事实的证据规则：见 DPP v Boardman 及 Scarrott [1978] QB 1016 案。但是，Cannan（1990）92 Cr App R 16 案强调了即使在性犯罪案件中，审判法官也享有决定是否命令分割的自由裁量权。上诉法院不能干涉这种自由裁量权，除非显示法官未能在通常的和适当的原则基础上行使自由裁量权。这种要求由上议院背书于 Christou [1996] 2 WLR 620 案中。

14.5.4 可替代的罪状

有时候控方可获得的证据清楚地显示被指控者实施了一项可控诉罪行，但是他具体做了些什么就不那么明显。在这种情况下，起诉书可以包括所有可能证实的罪行的罪状，然后陪审团决定他们应当对哪一个（如果有的话）定罪。起诉书不会明示地说罪状是可以选择的，但律师和/或法官在总结时会向陪审团解释，他们并没有要求陪审团对向被指控者提出的所有指控认定有罪。对陪审团指示的具体形式将视每一案件的具体情形而定。有时候他们被告知先考虑罪状一，只有在控方未能使他们确信第一项罪状时才接着考虑第二项指控；在另一些案件中，他们实际上被告知全面地考虑被指控者是否有罪，而如果有的话，对任何根据证据看起来适当的罪状定罪。后一种方式在可替代的罪状的严重性基本相同时很有用处（例如偷窃和处理被盗物品），而且对陪审团来说，如果因为他们不能确信被指控者最初是偷窃还是接收被盗物品，就对两者都宣告无罪，那是很荒谬的。

当被指控者的行为，根据他在相关时间的精神状态和/或他行为的后果，可能使他对数项严重程度不同的犯罪中的其中一项有罪时，可以在一份起诉书中包括选择性的罪状。因此，如果被指控者伤害了被害人但没有损伤皮肤，他可能被指控（1）违反《1861年对人犯罪法》第18条，蓄意造成严重身体伤害；（2）违反同一法案第20条，非法地和恶意地造成严重身体伤害；和（3）违反第47条，攻击造成实际身体伤害。如果确信伤害达到了真正严重伤害的地步并且是被指控者有意造成这样的伤害，陪审团将认定（1）项有罪；如果确信伤害的严重性但对被指控者的意图不确定，他们会对第（2）项定罪；如果只是确信被指控者由于攻击而造成了实际身体伤害，他们会对第（3）项定罪；如果对以上均感怀疑，他们就是简单地宣告无罪。法官会指示他们按照严重性从大到小审查罪状。

可替代的罪状的另一个普通例子是，被指控者被宣称在物品被盗后马上被发现拥有被盗物品，控方请求陪审团以偷窃或处理被盗物品定罪。在这里供选择的罪状在法律上是相互排斥的，因为《盗窃法》第22条明示地规定处理被盗物品的行为必须是在偷窃行为之外（与《对人犯罪法》第18条和第22条不同，这两条款规定，只有认为因为较轻微的罪行几乎被包括在较重的罪行之中，因此如果判定被指控者对两者都有罪会具有压迫性时，罪状才是可替代性的）。尽管偷窃和处理因此而成为真正的选择事项，但毫无疑问根据《起诉书规则》第9条第一部分因它们建立在相同的事实基础上而将它们合并在一份起诉书中是合适的（见 Shelton (1986) 83 Cr App R 379，案中劳顿法官说只要存在证据可能证实其中一个而不是另一个的可能性，将偷窃和处理作为选择方式指控的实践就应当继续存在）。将两项独立的处理赃物的罪状互为替代方式也是一种常见的实践，其中一个细节宣称被指控者"接收"了被盗物品，而另一细节则宣称他"通过另外一人或以另一人的利益从事它们的保管、转移、处理或变卖"。然后陪审团可以根据第22条的第一部分宣告有罪（通常认为是更严重的），或者根据第22条的第二部分宣告较轻的罪状有罪。

14.6 起诉书中被告人的合并

起诉书中的一项罪状可以指控两个或以上的被告人实施了一项单独的犯罪。另外，一份起诉书中的两项或以上的罪状可以指控不同的被告人实施了独立的犯罪，即使不存在任何一项对他们所有人集体提出的罪状。为方便在单数和复数间作出区分，本节提到的是被告人或被告人们，而非被指控者。

14.6.1 合并罪状

一项单独犯罪的各方可以——而且通常会——在一项单独的罪状中被指控。这不仅适用于主要的被告人，而且适用于那些帮助、教唆、建议或实现犯罪行为的人，因为《1861年从犯和教唆犯法》规定所有从属各方均可以"像主要罪犯一样被审判、起诉和惩罚"。因此，如果 A 提供信息帮助 B 和 C 作为入侵者进入一个建筑并偷窃财物，而 D 在外面望风，控方可以对他们提起一项入室行窃的罪状，宣称"A、B、C 和 D 作为入侵者进入一个名为……的建筑，在那里偷窃了……"在某种意义上说，这一罪状是不确切的，因为 A 和 D 并没有进入建筑物。但如果是无罪答辩，律师可以很简单地向陪审团解释，说 A 和 D 不是真正的窃贼，但可以基于他们协助 B 和 C 破门而入而在法律上使他们负窃贼的责任。另外，对被告人们来说也没有不公正，因为审判前从移交程序中他们就知道控方宣称的他们各自在犯罪中所扮演的角色。如果被判有罪，法官通过的实际刑罚（与在理论上他可以通过的最高刑不同）将与他们扮演了主要或次要的角色相关联。虽然在罪状中将帮助者和教唆人像主要罪犯一样称呼很方便，但没什么能阻止控方专门地宣称他只是次要的一方。这样在例如控方案件是一名妇女帮助一名男子实施强奸时可能更可取。控方可以在犯罪陈述中称"违反《1956年性犯罪法》第 1 条帮助和教唆强奸"，并在犯罪细节中称"简·史密斯帮助并教唆杰克·布朗强奸吉尔·布莱克",胜过明显将强奸行为归因于一名妇女而让陪审团一头雾水。

陪审团有权对合并罪状中列明的一个或以上的被告人定罪而对其他的被告人宣告无罪。另外，除非证据显示在被告人之间有联合或合作，控方不会在一项合并罪状中将他们包括在内，但上议院在 DPP v Merriman [1973] AC 584 案却认定，他们中的任何人或所有人都可以被基于他们独立于罪状中指控的其他人实施了犯罪而被宣告有罪。

法官总是享有对被指控共同实施了犯罪的被告人命令进行独立审判的自由裁量权，但是存在很有力的理由支持一个单独的审判，并且往往胜过任何反对的理由。赞同单个审判的原因有节省时间和只需给出证据一次而给证人带来的方便；一次审判更可能给陪审团亮出所发生事件的全景所具有的更可取性；以及如果进行分立的审判，不同的陪审团在几乎相同的证据基础上可能作出不同的判决的危险。这些考虑导致上诉法院在 Moghal (1977) 65 Cr App R 56 案中规定，合并在一项罪状中的被指控者被分别审判，只有在非常例外的情形下才能如此命令。但是，这一决定本质上是针对法官的。虽然在 Moghal 中，上诉法院并不同意法官命令分别审判的决定，但他们没有取消定罪。法官在行使赋予他的，而不是上诉法院的自由裁量权，而且也不能够说他的决定导致了审判不公。如果一项决定，不管是赞同还是反对分别审判，被显示导致审判不公，则上诉会支持。但是，合并审判会导致陪审团听取对 A 不利，而且对 B 来说不仅是不可采纳的而且对他具有高度歧视性的证据，这一事实并不能使法官接受 B 提出的要求分别审判的申请（见 Lake (1977) 64 Cr App R 172 案，其中法官拒绝对 L 进行分别审判的决定得到支持，即使 L 的共同被告人在 L 不在场时作出了暗示不仅他们自己而且 L 也涉及的供认）。类似地，A 和 B 提出将所有的罪过都推到对方身上的辩护这一事实，也不能使分别审判成为必需：Grondkowski and Malinowski [1946] KB 369。当然，在像 Lake 和 Grondkowski and Malinowski 类似的案件中，如果法官对辩方遇到的问题感到同情的话，他有权命令分别审判；但是如果没有这种命令，仅仅基于一个单独的审判而提出上诉，则不太可能会成功。在这种基础上上诉成功的一个例外案件，见 O'Boyle（1990）92 Cr App R 202 案。基于这一案件的事实，上诉法院称合并审判歧视了上诉人，而分别审判将会对他的共同被指控者或控方造成极小害处或没有害处。因此，审判法官在行使自由裁量权时犯了错误。

14.6.2 分立的罪状

一份起诉书可以包括分立的罪状，每一罪状针对不同的被告人，没有一名被告人在一个单独的罪状中被与其他被告人合并。可以这样做的情形没有被精确地定义。这是法院实践的一个问题，但肯定是犯罪之间有一些关联的因素以说明将它们宣称的犯罪者合并在一份起诉书中具有正当性。关联因素可以是虽然被告人实施了不同的犯罪，但他们显然协同行动，或者犯罪都发生在一个事件中（例如，团伙殴斗中的很多攻击），或者它们先后发生（例如，两名证人在同一审判中先后做伪证）。正确的合并的一个例子是 Assim [1966] 2 QB 249 案。两名被告人在一份起诉书中被指控，一人被控非法伤害 X，而另一人则被控攻击 Y 造成实际身体伤害。由于他们各自的暴力行为针对不同的被害人，他们不可以在同一罪状中被指控。但是，在一份起诉书中对分立的罪状予以合并是正当的，因为两名被告人是同一家夜总会的门卫和接待员，而 X 和 Y 是两名试图不付账就离开的顾客。两项罪行通过时间和地点上的接近以及明显的阻止不付账者的动机被联系在一起。

《1968 年盗窃法》第 27（1）条规定，应当在一份起诉书中指控处理被盗物品的人。所有在任何时间处理了在一次盗窃中的任何被盗物品，都可以被合并起诉和合并审判。因此，如果 A 在入室行窃的过程中偷窃了一块手表和一根项链，并将它们分别卖与 B 和 C，C 又将项链卖与 D——所有这四人都可以被一起起诉和审判。对 B、C 和 D 的处理被盗物品的分立罪状可以因第 27（1）条被适当地列入一份起诉书中；对 A 的入室行窃的罪状与处理罪状有充分的关联，因而落入 Assim 案中的原则范围内。

在被告人在一份起诉书中被合并但没有在联合的罪状中被指控时，法官再次享有命令分别审判的自由裁量权，即使单个的起诉书是合理的。赞同和反对分割起诉书的论点与以上被告人以合并罪状被指控的情境中所提出的相似，但赞同一次单个审判的理由没有合并罪状的理由那么有力，因为在只有一名被告人的情况下，证据不会像存在多名被告人时如此紧密交织。Johnson [1995] 2 Cr App R 41 案提供了法官可能认为命令分别审判更公平的情况的例证。起诉书包含一项 A 攻击 B 的罪状，和另外一项 C 攻击 A 的罪状。换句话说，A 在同一审判中既是被害人又是被告人。如上诉法院所指出的，这造成的结果是，如果 A 给出证据，控方律师可以在交叉询问中提问他关于 C 的问题。这对 C 来说不可避免地具有歧视性，尤其是当问题是 C 是否是 A 的攻击人。法官大人们说，在这种情况下分别审判通常是（虽然并非总是）可取的。避免对 C 造成的不寻常的歧视通常比在两次审判中传唤相同的证人造成的不便更受重视。

14.6.3 超负荷的起诉书

前面几节已经显示规范罪状合并和被告人合并的规则还远远算不上严格，而如果合并初步看来是符合规则的，那么上诉法院不太愿意基于法官行使他的自由裁量权拒绝分割起诉书而取消定罪。但是，大人们经常警告超负荷起诉书的危险。例如在 Thorne (1978) 66 Cr App R 6 案中，至少有 14 名被告人在一份起诉书上被共同审判，起诉书中包含了三项抢劫罪状和无数相关的罪行，例如同谋抢劫、处理抢劫所得、就抢劫控诉企图阻碍司法进程等。审判牵涉到 27 名顾问和 10 个事务所的事务律师，持续了 111 个工作日，其中包括法官进行的长达 12 天的总结。虽然仅仅基于审判时间太长的上诉无一被准许，但是上诉法院指出，两或三个更短的审判则要更可取得多。这样一个庞大的审判对法官和陪审团施加了不公平的负担。Thorne 案的审判虽长，但在英国司法历史上还不是最长的。这个"不光彩的名声"（法屈哈森法官语）属于 Kellard [1995] 2 Cr App R 134 案件。对 K 和他的共同被告人的审判（因各种各样的诈骗性贸易犯罪）被延伸到了 17 个月，法院开庭了 252 个工作日。即使是这样，上诉法院还是驳回了部分基于如此长时间的审判给上诉人造成歧视的上诉。法官大人们说，正确的方式是考虑程序的长度是否产生了不可能公平审判的情形。参与的各方中，尤其是陪审团，是否无法履行他们的职责？尽管这一具体的审判长度惊人，上诉法院还是认定不存在陪审团被迷惑的危险。但是上诉法院强调，确保可能很长的审判可以控制是法官和律师的职责。在 Kellard 案中，辩方律师曾申请将其中的一套罪状分割出去。法官赞同申请，但控方律师称关于潜在的可分割部分的证据在剩余指控中也可以被采纳，而且他将传唤这些证据。因此，法官可以理解地看不出分割的意义，因而审判继续。上诉法院称，控方律师以此种方法阻挠法官的意图是不适当的。事实上，审查长时间审判的案件的证据，以及决定有多少证据，即使是相关的证据，也可以因节省时间和确保清晰地展示而被撤回，这是控方律师的职责。

类似地，如果被指控者一次的行为可能使他对几项罪行有罪，控方应当评估"真正的"犯罪是什么并对之起草一项罪状，同时忽略其他犯罪，因为作为严格的法律事项，这些罪行将在移交陈述中被揭示出来（见麦伊法官在 Staton ［1983］Crim LR 190 案中的评价）。当然，在真正不确定更合适的指控是什么的时候，控方需要两项或以上的罪状作出选择——Staton 和 Thorne 案中阐明的是，控方不应当自动地在起诉书中包括规则在技术上合理允许的尽可能多的罪状和被告人。他们还应当考虑合并是否能形成更公平和更有效的审判。

14.6.4 《皇家检察官准则》和起诉书

《皇家检察官准则》（由检察长发布——见 4.3 节）包括了有关应当被包括在起诉书中的罪状的指示（准则称为"指控"，这是一般用语，但在讨论起诉书时，"罪状"更合适）。准则告诫皇家检察官"选择（1）反映犯罪严重程度的，（2）给予法院适当的量刑权力的，和（3）使案件能在清楚的和简单的方式被展示的指控"。

这意味着皇家检察官不应当在必需的范围之外继续更多的指控（准

则第 7.1 节）。另外，皇家检察官被告知，不要仅仅为了鼓励被告人对其中的几项答辩有罪而包括超出必要范围的指控。他们也不应当仅仅为了鼓励被告人对较轻的指控答辩有罪而包括更严重的指控（第 7.2 节）。

14.7 有关起诉书的申请

下列申请可能是必需的：

14.7.1 分割起诉书的申请

如果辩方认为起诉书中对被指控者的两项或以上的罪状应当被分开审判，或者他不应当与起诉书中的其他被指控者共同审判，就应当向法官申请分割起诉书。申请通常在对起诉书答辩之后就立即向法官提出。如果有条款规定的话，这种申请可以在审前听审时向审判法官提出。

14.7.2 修改起诉书的申请

如果法官认为起诉书有缺陷，他必须命令对其进行修改，除非修改将导致不公正：IA 第 5（1）条。修改可以在审判前或审判中的任何阶段命令作出，必要的话，还给辩方休庭以考虑他们的情况所受到的影响：第 5（4）条。除肯定不能导致不公正这一限制外，起诉书中的任何缺陷都可以被修改以弥补，无论缺陷是细小的（例如，姓名的拼写错误）还是重大的（例如，罪状的细节缺少指控的罪行的一个本质构成）。如果审判时的证据与细节中所宣称的不同，修改也是适当的，尽管这种修改如果在很晚的阶段提出，可能会因潜在的不公正而被拒绝。例如，在 Gregory [1972] 1 WLR 991 案中，上诉法院取消了对 G 的处理启动电动机的罪状的定罪，因为在所有的证据均被给出后，法官从细节中删除了启动电动机属于"W. A. W."的宣称。大部分证据都已转向承认在 G 的住所发现的启动电动机，是否就是此前从 W. A. W 处被偷走的那个。辩方辩称不是，而是 G 合法地从一个他不知道姓名的偶然认识的人处合法购买的。通过删除有关物主的宣称，法官改变了控方案件的整个基础，并实际上鼓励陪审团基于即使 G 的说法是正确的，但购买的情形（用正常价格的四分之一）也显示电动机是被盗的而且 G 知道它是被盗的这个基础上对 G 定罪。假设起诉书被提出给被指控者之前就进行了修改，同时向辩方提供一次休庭的机会，上诉是不太可能成功的。

修改还可以采取向起诉书中插入替代的或添加原来起草的罪状之外的新罪状的形式。这可以在被指控者对起诉书答辩之后进行：Johal and Ram [1973] QB 475。确实，在 Collison（1980）71 Cr App R 249 案中，当陪审团退庭考虑裁决时，出现了关于他们是否能适当地转回到对一项较轻的罪行认定有罪的难题，上诉法院对此批准了一项添加的罪状（见 19.4 节）。在 Johal 和 Collison 案中，新的罪状被用来解决出现于起初起草的起诉书中的纯技术性问题，但并没有改变控方案件的本质。如果一项包含全新指控的罪状在证据开始后被添加进来，这几乎肯定会导致不公正。

出现的另一问题是，基于移交披露的证据，是否有必要修改。在 Osieh [1996] 1 WLR 1260 案中，上诉法院认为这不是必需的（虽然在讨论的案件中，修改实际上是建立在移交的证据上的）。像 J. C. 史密斯教授在"向起诉书中添加罪状"[1996] Crim LR 889 中指出的，Dixon（1991）92 Cr App R 43 和 Hall [1968] 2 QB 788 案的裁决都指向了移交的证据支持修改的需要。无论如何，首次出现的且移交证据没有预示要修改的这一事实可能是拒绝修改，或者是准许辩方休庭以处理案件变化的原因（根据希曼法官在 Osieh 案中所说）。

在修改看起来必需时，控方律师必须提出申请。如果他未能提出申请，法官可以主动地提出这一问题，同时询问控方和辩方的观点。

14.7.3 取消起诉书的动议

辩方可以向法官申请取消起诉书。如果申请（或动议）成功，则不会根据起诉书进行进一步的诉讼。由此可知，提出取消动议的适当时间是在起诉书提出之前,因为在这一阶段成功,就意味着被指控者甚至不必答辩。然而,法官可以在较晚的阶段接受申请。也可以就起诉书中的一项罪状提出取消的动议。

取消的动议对辩方来说因为三个原因而价值不大。第一,即使成功的动议之后,控方还是有权就相同的事项提起新的程序,以希望避免导致第一份起诉书或罪状被取消的错误。第二,对起诉书的适当修改通常会使取消的动议无法成功。第三,动议成功的理由非常有限。这些根据是:

(1) 起诉书议案未经授权提出,或
(2) 起诉书或罪状的措辞显示有基础性的缺陷,或者
(3) 罪状是针对治安法官没有移交审判的罪行,而且移送证据(或者移送通知或强制起诉状基于的证据:见 12.6 和 12.7 节)显示罪行无案可答。

关于上述第(1)点,如果被指控者已经被移交,或者高等法院法官已经指令签发强制起诉状,或者上诉法院已命令重审,那就存在提出起诉书议案的权威(见《1933 年司法管理(综合条款)法》第 2 条)。如果在没有这种权威的情况下,控方还是尝试提出议案,这几乎是不可想象的。关于第(2)点,必须强调的是法官仅仅有权审查起诉书的措辞,以发现是否存在根本性的错误(例如,罪状未能宣称被指控犯罪的本质要件或因双重性而无效)。除第(3)点所描述的之外,不可以要求他考虑在陈述中预示的任何控方证据的不适当之处。换句话说,取消的动议不能作为反对治安法院作出的对特定指控移交决定的方式。如果起诉书或罪状措辞有缺陷,控方仅可以通过申请修改就可以阻止成功的取消动议。

可能取消动议最重要的用途是上述第(3)点中提及的。如果起诉书包含了宣称一项罪行的罪状,而就该罪行治安法院并没有将被指控者移交审判,辩方可以请求法官阅读治安法官考虑过的证据,而且,如果证据没有显示有案可答时,则取消罪状。这是在有取消的动议时法官考虑证据的一种情形:Jones (1974) 59 Cr App R 120。他这样做是正确

的，因为治安法院认为对罪状中指控的罪行无案可答，或者，至少它没有被请求就此作出决定。

在审查已经由治安法院考虑过的证据时，法官应当确保起诉书中的任何一项犯罪，除被告人据以被移送审判的之外，都是建立在证据的基础之上。但陈述中包含的证据不需要是总结性的（Biddis［1993］Crim LR 392）。在Biddis案中，一项拥有枪支的罪状被添加在被告人据以被移送的抢劫指控中。上诉中，辩方辩称移交文件中并没有包括任何显示枪支可以开火因此属于《1968年枪支法》第57（1）条所称的枪支的证据。上诉法院认为，有证据证明枪已经上膛，而这在案件的具体情形中，这是陪审团可以合理地推断它是有效的武器的充分证据。

14.7.4 暂停起诉书

除了上述提到的权力之外，法院还有权力对起诉书暂停（即推迟程序）。这是它对有效地和公平地处置规范刑事案件的内在权力的一部分（Connelly v DPP［1964］AC 1254案，第1346页）。法院还能够暂停起诉书的一部分，以使得，例如，程序仅对一名被告人进行或仅就一项罪状继续进行（Munro［1993］Crim LR 393）。

14.8 基于有缺陷的起诉书的上诉

在审判过程中没有纠正的起诉书中的错误在被指控者最终被定罪时，可以为他提供上诉的极佳基础。不幸的是这一主题的案件倾向于转向关于上诉法院在决定上诉时的权力的技术性问题。由于对有罪的上诉必须等到第24章才有详细讨论，以下的讨论将倾向于对有缺陷的起诉书的地位予以总结，而并不对决定背后的推理进行全面的解释：

（1）起草罪状时的重大缺陷——例如，犯罪陈述中忽略了所违反的法律，或未能宣称犯罪的全部细节，或在细节与审判中的证据之间存在差异——可能形成取消定罪的根据。如果错误很细微(例如姓名的误拼),它可以因为过分的细小而不能形成上诉的良好基础而被忽视。然而,即使是严重的错误,也不能自动地导致上诉成功。关键的问题是,在所有的情况下,答辩中的错误是否对被指控者有歧视或使其遭遇尴尬。如果没有,上诉法院会基于不存在司法的滥用,即它是安全的,支持有罪的认定。布里奇勋爵在 Ayres[1984] AC 447 案中这样陈述这一主导性的原则:

如果罪行陈述和细节能被公平地认为互相关联,且意欲指控一项已知的和现存的刑事罪行,但是在控诉中却使用了不精确、不完整和其他不完美的用语,那么对根据这一起诉书进行的定罪是否能适当地被确认的问题……必须基于是否在所有的情形下,都能确信指控中的特定错误无论如何已对被告人造成了歧视和尴尬。

法官大人们有强烈的倾向认定不存在这种歧视。因此,下列情形,定罪得到了支持:

(i) 违反《1883 年爆炸性物质法》第 4 条持有爆炸物的罪状的细节,未能宣称被指控者明知地拥有爆炸物,明知是这一犯罪的本质要件(McVitie(1960) 44 Cr App R 201);

(ii) 一项在公共场所持有攻击性武器的罪状的犯罪陈述忽略了所违反的法律,即《1953 年预防犯罪法》第 1 条(Nelson(1977) 65 Cr App R 119);和

(iii) 一项违反《1911 年伪证法》第 5 条的犯罪陈述错误地将罪行描述为"伪证罪",实际上应当是没有宣誓做虚假声明(Power(1977) 66 Cr App R 159);

(iii) 违反《1986 年公共秩序法》第 1(1) 条的暴乱的罪状细节中指控被告人"使用或威胁使用"非法暴力,而罪行要求他"使用"了非法暴力(Jefferson[1994] 1 All ER 270)。

在上述的每一种情况下,法院本质上推理虽然起诉书有缺陷,但它描述了法定的犯罪(尽管使用了不精确的术语)。关键是,基于这个事实,被指控者并没有在辩护中被这些错误误导或歧视。

(2) 但是，如果缺陷不仅仅是罪状的措辞，同时还有基本的程序错误使得整份起诉书无效，那么有罪就无法成立。例子是声称使提出起诉状具有正当性的移交程序本身是无效的（Phillips and Quayle [1939] 1 KB 63），以及所谓的起诉书没有经皇室法院官员签署（Morais（1988）87 Cr App R 9）。在这些情况下，上诉法院必须取消定罪，但在它的自由裁量权之下，它也可以命令重新召集陪审团（即提出一个新的控诉）。另外，根据表面上因双重性而无效的罪状作出的有罪宣告决不能被支持，因为不可能知道陪审团想就哪一项罪行认定被指控者有罪。

(3) 如果违反 IR 第 9 条罪状被非法合并在一份起诉书中，起诉书只是不能成立的，而非无效。控方可以在审判时通过删除一项或以上的罪状修改起诉书，从而使起诉书包含合法合并的罪状。如果他们未能这么做，就会出现关于随后的程序的地位问题。在 Newland [1988] QB 402 案中，上诉法院判定整份起诉书必须被取消，因而任何依据它的程序皆为无效，尽管可以作出重新召集陪审团的命令。这个决定在 Lockley [1997] Crim LR 455 案中实际上被推翻。在这一案件中，上诉法院认为，技术问题一般不应当使整份起诉书无效，除非存在对被指控者的歧视。

14.9　同谋罪状

同谋罪状可能比任何其他犯罪的罪状造成的起草问题都多。应当注意三个特殊问题。第一，当被宣称的同谋是较复杂的一个时，细节必须要比在其他犯罪的情况下更详细。如果法官认为，原来起草的细节太简短以至不能让辩方对控方将如何提出他们的案件有相当认识的话，他可以命令提供进一步的细节（见 Landy（1981）72 Cr App R 237）。

第二，《1977 年刑法法》第 1 条（创立了法定同谋罪，由两人或以上同意实施一种行为，如果行为完成，将涉及他们中的一人或以上实施实质性的罪行）和第 5 条（保留了普通法中同谋诈骗的犯罪）之间相互关系而出现的问题，但愿已被《1987年刑事司法法》的12条所解决。通过规定即使经同意的行为将肯定涉及诸如通过欺骗获取财产的实质犯罪，也可以提出诈骗同谋的罪状，第12条撤销了上议院在Ayres〔1984〕AC 447案中的决定。在直截了当的案件中，控方无疑会发现指控法定同谋罪更简单。但是，当宣称的诈骗计划非常复杂，一项罪行的实施可能只不过是总体诈骗中的冰山一角时，唯一能在法官和陪审团面前展示全景的方法就是指控诈骗同谋。第12条的优点是它赋予了起诉书起草者哪一个罪状更合适的自由裁量权，而不必无论何时宣称的犯罪涉及任何的实质罪行，也无论多么细小琐碎，都必须要指控法定同谋。

第三，控方有时在一份起诉书中包括（1）同谋实施特定犯罪的一项罪状，和（2）实际实施了这些犯罪的罪状。这一实践看起来好像产生于将在同谋罪状中可被采纳的，但从技术上说，就实质的罪状不可采的证据在陪审团面前展示，希望陪审团听取了这些证据后会以所有罪状考虑这些证据。然而，在Jones（1974）59 Cr App R 120案中，上诉法院认定，将同谋罪状和实质犯罪的罪状合并，只有在证据对后者的有罪宣告太微弱了，但对前者的定罪却很充分时，或者对轻微实质犯罪的许多罪状都不能真实反映被指控者行为的严重性时，才具有正当性。另外，审判法官必须要求控方说明合并的正当性，并且如果他们不能说明，就必须要选择他们希望对起诉书的哪一部分进行诉讼。

231

罪状样本①

1. 谋杀　　　　　　　　　罪行陈述

　　　谋杀

　　　　　　　　　　　　犯罪细节

　　　　　凯尼·亚当森于2002年1月1日谋杀了亚贝尔·亚当森。

---

① 大多数罪状样本都是针对著名的虚构的或历史的犯罪。由于不能确切地知道这些罪名的日期，假设它们发生在2002年1月1日。在一些案件中，似乎被指控者可以成功地答辩英国法院没有对他审判的管辖权，因为犯罪发生在国外而且他本人不是不列颠子民。

2. 过失杀人　　　　　　　　　罪行陈述

   过失杀人

   犯罪细节

   凯尼·亚当森于 2002 年 1 月 1 日,非法杀害了亚贝尔·亚当森。

3. 蓄意严重身体伤害　　　　　罪行陈述

   蓄意造成严重的身体伤害,违反《1861 年对人犯罪法》第 18 条。

   犯罪细节

   彼得·普赫于 2002 年 1 月 1 日,带有对茱笛·普赫造成严重身体伤害的故意,对她造成严重的身体伤害。①

4. 非法伤害　　　　　　　　　罪行陈述

   非法伤害,违反《1861 年对人犯罪法》第 20 条。

   犯罪细节

   彼得·普赫于 2002 年 1 月 1 日非法并恶意地伤害了茱笛·普赫。②

5. 强奸　　　　　　　　　　　罪行陈述

   强奸,违反《1956 年性犯罪法》第 1(1)条。

   犯罪细节

   约翰·史密斯于 2002 年 1 月 1 日强奸了简·布朗。

6. 抢劫　　　　　　　　　　　罪行陈述

   抢劫,违反《1968 年盗窃法》第 8(1)条。

   犯罪细节

   理查德·特尔平于 2002 年 1 月 1 日抢劫了白思·布莱克一个斗篷、一条项链和 100 金镑。

---

① 违反《1861 年对人犯罪法》第 18 条的犯罪可以通过带有造成严重身体伤害的蓄意伤害而实施。如果这是控方案件的性质,罪行陈述中的"造成严重的身体伤害"应当变为"伤害",而犯罪细节中的"造成严重身体伤害"应当变为"非法伤害"。

② 违反《1861 年对人犯罪法》第 20 条的犯罪可以通过造成严重身体伤害而实施。如果这是控方案件的性质,罪状中提到的"伤害"和"被伤害"应当做相应的修改。

第 14 章　起诉书

7. 偷窃　　　　　　　　　　罪行陈述

偷窃，违反《1968 年盗窃法》第 1（1）条。

犯罪细节

伯特兰姆·伍斯特于 2002 年 1 月 1 日偷窃了一只属于沃特金·巴赛特的奶油分离器。

8. 处理被盗物品　　　　　　罪行陈述

处理被盗物品，违反《1968 年盗窃法》第 22（1）条。

犯罪细节

詹姆斯·吉福斯于 2001 年 12 月 31 日和 2002 年 2 月 1 日之间的未知的某日不诚实地接收特定的被盗物品，即一个属于沃特金·巴赛特的奶油分离器，明知地或相信上述是被盗物品。

或

罪行陈述

处理被盗物品，违反《1968 年盗窃法》第 22（1）条。

犯罪细节

詹姆斯·吉福斯于 2001 年 12 月 31 日和 2002 年 2 月 1 日之间的未知的某日，不诚实地以或为了伯特兰姆·伍斯特的利益，从事或协助对特定的被盗物品的保管，即一个属于沃特金·巴赛特的奶油分离器，明知或相信上述为被盗物品。①

9. 入室行窃　　　　　　　　罪行陈述

入室行窃，违反《1968 年盗窃法》第 9（1）（b）条。

犯罪细节

威廉·席克斯和托比·克莱济特于 2002 年 1 月 1 日作为

---

① 如果控方不确定他们的证据是否会显示对被盗物品的保管，或转移，或变卖，或者在《盗窃法》第 22 条第二部分中指定的其他处理方式，他们可以设计一个罪状，用可选择方式宣称一些或所有的这些形式，即"A．B，于……通过另一人或以他的利益，不诚实地从事或协助对某些被盗物品的保管、转移、处理或变卖……或不诚实地这样安排去做……"。

入侵者进入一幢被称为苏莱,切特塞,狄更斯巷1号的建筑物,在那里偷窃了一个钱箱和100英镑的钱。

10. 以欺骗的方式获得　　　　罪行陈述

以欺骗方式获取财物,违反《1968年盗窃法》第15(1)条。

犯罪细节

雅各·安德森和克里斯汀·格里姆于2002年1月1日不诚实地从莱克斯·金处获取100块黄金,蓄意通过欺骗方式永久地剥夺莱克斯·金所有,也就是,通过错误地声称他们有权获得上述黄金,以支付一套他们已经送给莱克斯·金的只有聪明的人的眼睛才能看到的衣服。

11. 以欺骗方式获取服务　　　　罪行陈述

以欺骗方式获取服务,违反《1978年盗窃法》第1(1)条。

犯罪细节

麦克尔·迈耶于2002年1月1日不诚实地从彼得·毕伯处获取服务,即从哈姆林镇将老鼠移走,通过欺骗,即通过虚假地宣称彼得·毕伯将因移走所说的老鼠而被付给100金币。

12. 不付款离开　　　　罪行陈述

不付款离开,违反《1978年盗窃法》第3(1)条。

犯罪细节

杰拉德·高迈特于2002年1月1日明知位于伯格镇哈伊街的麦克威姆佩餐馆向他提供的食品需要即时付款,不诚实地逃走,没有支付应当的或要求的数额,并具有由此逃避付款的蓄意。

13. 装备出行　　　　罪行陈述

为入室行窃装备出行,违反《1968年盗窃法》第25(1)条。

第 14 章 起诉书

犯罪细节

威廉姆·席克斯于 2002 年 1 月 1 日,不在其住处,随身携带用于入室行窃过程中或与之有联系的物品,即一根铁撬、一个螺丝起子和一只手电筒。①

14. 刑事损害　　　　　罪行陈述

　　损害财物,违反《1971 年刑事损害法》第 1(1)条。

犯罪细节

维克多·凡德尔于 2002 年 1 月 1 日没有合法理由,损害了名为《断臂的维纳斯》的雕像,价值 200 万英镑,属于罗浮宫博物馆,并具有损害此物品的故意或无视物品将被损害的后果。②

15. 危险驾驶　　　　　罪行陈述

　　危险驾驶,违反《1988 年道路交通法》第 2 条。

犯罪细节

托马斯·图德于 2002 年 1 月 1 日在一条公路上,即格莱海姆郡班克镇威楼大道上,危险地驾驶一辆机械动力的车辆。

16. 拥有毒品　　　　　罪行陈述

　　拥有受控制毒品,违反《1971 年滥用毒品法》第 5(2)条。

犯罪细节

托马斯·笛·昆西在 2002 年 1 月 1 日拥有 A 类控制毒品,即鸦片。

17. 伪证罪　　　　　犯罪陈述

　　伪证,违反《1911 年伪证法》第 1(1)条。

---

① 当罪犯不在住处,并随身携带与入室行窃、偷窃和欺骗有关的使用物品时,即实施了违反《盗窃法》第 25 条的罪行。基于控方宣称的被指控者携带物品的目的,罪行陈述和犯罪细节中的措辞也应当相应变化。

② 在更传统的刑事损害案件中,物品通过指向物主而被简单地辨认,例如"一套属于简·史密斯的服装"。如果财物不仅仅被损害而是被摧毁了,罪状应当据此措辞。

犯罪细节

提特斯·乌埃特斯于 2002 年 1 月 1 日已经在司法程序中，即在皇室法院对 R……C……叛国罪的刑事诉讼审判中，作为证人合法地宣誓后，故意作出了一项他知道是错误的，在程序中为实质性的陈述，即他看到了上述 R……C……于 2001 年 6 月 1 日与一名法国政府特务交谈。

18. 同谋　　　　　　　罪行陈述

同谋谋杀，违反《1977 年刑法法》的第 1（1）条。

犯罪细节

盖伊·佛吉斯和罗伯特·盖茨比于 2002 年 11 月 6 日前的潜水者日，共谋并与一名未知的人谋杀詹姆斯·斯图沃特和其他于 2002 年 11 月 5 日参加下议院会议的人。

19. 未遂　　　　　　　罪行陈述

谋杀未遂，违反《1981 年刑事未遂法》第 1（1）条。

犯罪细节

盖伊·佛吉斯于 2002 年 11 月 5 日谋杀詹姆斯·斯图沃特未遂。

第 15 章 审前程序

近年来，各种改革瞄向了扩大皇室法院的审前程序的范围。其根本目的是使法官（最好是将主持审判的那名法官，如果这样不可能，则是在皇室法院中心可获得的其他法官）能够在审判开始之前就启动审判管理事宜。这意味着各方必须提供关于议题和他们意欲如何进行案件的信息。法官必须通过发出为了帮助进行高效审判而必需的命令，对这些信息作出反应。

也许，为了效率之目的而必要的早期信息中的最重要问题是被告人意欲进行的答辩。如果被告人在审判当日决定答辩有罪，法院和法官已经分配到这个案件、律师已经准备好而且证人已经被传唤到法院出庭，那就已经对资源造成了巨大的浪费。所以审前管理的一个目的就是确保被告人的答辩在审判前的一个较早阶段进行，而适当指定的答辩和指令听审能够为此提供主要的工具。

但是，在审前还有其他需要详细审查的问题，例如可能产生的法律问题以及任何关于证据可采性的争论。让法官知道这些很重要，因为它们会影响到审判的进程。另外，由于法律和可采性的问题是在陪审团不在时决定的，因此应当尽可能在审判前解决这些问题，以避免陪审团组成后扩展性的争论。然而，如果对这些问题作出裁决的不是最终的审判法官，而各方又有申请再次决定这些事项的无限制的权利（例如由审判法官），则很大部分先期解决问题的价值就会丢失。因此，审前作出的决定至少在一定程度上具有约束力被认为是可取的，而这种需要导致了关于审前裁决的法定条款的诞生。在比较复杂和冗长的事项中，更细致具体的审前程序框架被认为是必需的，而它已被包括在调整预备听审的制定法体系之中。

本章研究以下主要形式的审前程序：

（1）答辩和指令听审（15.1 节）；

（2）审前裁决（15.2 节）；

（3）预备听审（15.3 节）。

第 15.4 节总结了为了保护易受伤害的证人，为准备审判而可以命令的特殊措施。

15.1　答辩和指令听审

在起诉书审判进行之前，双方都要做好准备，法院也需要确保做好任何必要的安排。1995 年，为保证移送到皇室法院审判的案件已逐步做好了准备，引入了一项新的程序。该项程序被称为答辩和指令听审（PDH）。PDH 程序由《实践指示（皇室法院：答辩和指令听审）》[1995] 1 WLR 1318 规范，并适用于除严重诈骗之外的所有案件。它们可以由主持审判的法官之外的一名法官来进行。

程序安排是每一治安法院都应当将被告人移送至皇室法院在指定的日期出庭。PDH 程序的目标是保证审判必需的所有步骤均已采取，法院已经被提供给了充分信息以确定审判日期。在案件中做摘要的律师只要可能应当尽量在 PDH 中出席。除非法院准许，被告人（们）应当在场。在被告人意欲答辩有罪时，必须尽快通知法院、控方和缓刑服务处。

在 PDH 中，辩方必须提供一份完整的他们要求出席审判的控方证人名单。控方和辩方都必须向法院和各方提交一份要寻求法院指令的议题的摘要，同时指出所依赖的理由。对严重、冗长或复杂的案件，控方必须准备一份摘要以供法官在 PDH 中使用。在 PDH 中，通常会进行传讯（传讯的细节，见 16.1 节）。如果被告人答辩有罪，法官应当在只要可能的时间进行量刑。如果被告人答辩无罪，或其答辩不能为控方接受时，各方应当通知法院（包括但不限于）以下事项：

（1）案件中的问题（包括任何关于被告人或任何证人的精神或身体状况的问题）；

（2）证据将在法庭前提交的证人的数目；

（3）任何证据或时间表；

（4）可能被传唤的控方证人的顺序；

（5）任何预期的法律问题，任何证据可采性的问题，以及任何依赖的原因；

（6）应当已经披露的不在犯罪现场的证据；

（7）任何通过直播的电视连接或以事先录像会谈的方式给出儿童证据的申请；

（8）审判的预计长度；

（9）证人和律师有空的日期。

附录 4 展示了一份律师填充后在 PDH 时交给法官的问卷的复印件。其意图是法官有这些信息武装后将能够确定合适的日期并作出任何其他适当的指令。另外，每一方有了对审判中可能的问题的指示后，能够更好地准备审判。

15.2　审前裁决

15.1 节中描述的答辩和指令听审程序，现在除了严重诈骗案件以外对所有案件都是强制性的。它意在澄清议题并使各方能够在准备审判时将注意力集中于它们。然而，多年来一直尾随这个审前程序的问题之一是它决定的任何事项都可能被审判法官否决。这一认识削弱了此项听审的有效性，也常常意味着参加 PDH 的律师不是那些将在审判时代表各方的律师，因为如果审判开始时事项可以被重新审查，对审判中的律师来说，就没有什么动力能使他们打乱自己的时间表去参加一个不具有重要性的预备程序听审。他们经常想着去派一个资历浅得多的人去"拿来摘要"则已，因为他们知道，如果他们不喜欢结果，他们总是可以向审判法官申请另一个裁决。

很明显，这种态度造成了 PDH 价值的减少。《1996 年刑事程序和侦查法（CPIA）》第 39 条和第 43 条试图矫正这种情况。新的法定条款适用于审判开始前作出的裁决，即在陪审团宣誓或接受有罪答辩或在预备听审开始之前：第 39（3）条。由此可知，讨论中的裁定可能由审判法官以外的，甚至在裁定作出时还不为人所知的某人作出。裁决可以就关于证据可采性的任何问题或任何与案件有关的法律问题作出，由案件一方申请时作出，或者由法官根据自己的动议作出。此种裁决一旦作出，除非经一名法官撤销或改变，在陪审团作出裁决或检察官决定不再进行诉讼之前，都具有约束力。要么根据一方当事人的申请，要么根据自己的动议，法官在看来符合正义的目的时，可以撤销或改变裁决。在一方申请改变以前的裁决时，他必须显示自从原来的裁决作出之后，或者（如果以前曾提出过申请）自从提出了上一次申请之后，情况有了实质性的变化（第 40 条）。

结果是审前裁决获得了一种地位，虽然不是不可逆转的，但也不会在任何时间任何一方想要时就受到自动地重新考虑。在这个意义上它可以与第二次拒绝保释的决定相比较，这一决定只有在出现了新的情况时才能在治安法院被反对（见 6.5.1 节）。

对审前裁决和与它们相联系的有关申请的程序的报道存在着限制。报道要到审判结束后才能出版或广播。与对移交程序和预备听审的报道限制形成对比的是，有关被指控者的正式细节也不能豁免。然而，一方可以在审前听审中向主持法官申请取消报道限制的命令。如果被指控者

(或他们中的一人）反对，那么法院只有在确信这么做符合正义的目的时才能取消限制（CPIA 第 41 和第 42 条）。

15.3 预备听审

CPIA 第 28 和第 38 条中包含有在长期和复杂的案件中进行预备听审的条款。它们源自为严重诈骗案件设立的程序，并由《1987 年刑事司法法》而生效（见本节结尾处小字体部分的描述）。新条款于 1997 年 4 月生效。

进行预备听审的决定可以由一名皇室法院法官在陪审团宣誓前的任何时间作出，可以根据任何一方的申请，也可以通过法院自己的动议。在实践中，决定很可能会在 PDH 中作出（见 15.1 节）。预备听审实际上是审判本身的一个阶段，它可以被用来不需要陪审团参加时解决各种不同的问题（第 30 条）。在这一方面，它与在 15.2 节中描述的审前裁决不同。由于审判于预备听审时开始，相同的法官必须从头到尾主持审判，除了异常的情形，例如法官的死亡和严重疾病（见 Southwark Crown Court ex p Commissioners for Customs and Excise [1993] 1 WLR 764，但至此就 PDH 而言，情况不同）。

法官在预备听审中享有的权力中有一项是命令控方给辩方一份案件陈述的权力。这与在移交程序中提供的一套证据不同，因为它应当按照控方认为事实的面貌来陈述事实，包括，例如，他们请求陪审团从证据中得出的任何推断。一旦控方提供了这样一份案件陈述，法官就可以命令辩方提供一份陈述，用一般用语阐明辩护的性质以及他们准备和控方进行辩论的主要事项、他们对控方案件陈述的任何反对意见、他们准备提出的任何法律或证据可采性的问题以及他们准备依赖的原因（第 31 条）。虽然这是一种形式的辩方披露，但它是对在第 8 章中讨论的一般披露责任的额外添加而且可能比它更广泛（例如它包括了对法律问题的通告）。不利的评价和/或推断是可能源自没能披露的制裁，或者在审判时的案件与预备听审时的案件相脱离。虽然制裁和违反披露一般责任时可适用的类似，但是预备听审条款也适用于控方，而且对未经被指控者同意时提及辩护陈述设有专门的禁止（第 34 条）。

法官也可以作出关于与案件有关联的任何法律问题的裁决，包括关于证据可采性的问题（第 31（2）条），但他在这方面的权力要受到 Gunawardena [1990] 1 WLR 703 案中确定的原则的限制。在这一案件中，据判定在对严重诈骗案的预备听审中作出有约束力的裁决的权力受可以命令预备听审的目的的含意的限制。这些目的的规定于第 29（1）条，可总结如下：

（1）为陪审团辨认实质议题；
（2）协助他们理解这些议题；
（3）加速在他们之前的程序；和
（4）帮助法官应对审判。

命令或裁决在整个审判中都有约束力，但法官可以根据申请决定正义的目的要求他改变或撤销它。对于存在于审前裁决根据第 40 条改变的申请没有限制（见 15.2 节）。可能这样一个限制被认为是不必要的，因为考虑到同一个法官将从头到尾主持审判，因此除非真正有环境的变化，否则一方可能会期待申请遭遇同样的命运。

有条款规定对在预备听审时法官作出的裁决可以上诉到上诉法院并最终到上议院（第 35 和 36 条）。在对上诉批准同意后，预备听审可以继续，但是只有到上诉被决定或放弃时，才能开始陪审团审判。中间上诉体系条款是为了保证在陪审团开始审议之前解决证据可采性和法律问题，因此确保一个复杂而可能是漫长的审判不会被证明是失败的。

对预备听审报道的限制包含在第 37 条中，虽然基于第 37（9）条可以发表一些正式的细节（例如，被指控者和证人的姓名、年龄、家庭地址和职业，和被指控的犯罪）。法院有权力取消这些限制（第 37（3）条）。

作为 1986 年罗斯基委员会报告的结果而被通过的《1987 年刑事司法法》，在第 7～11 条中规定在严重诈骗案件中采用特殊的

第 15 章 审前程序

"预备听审"。这些条款是在本节中描述的对在长期或复杂的案件中实施的预备听审的基础。另外,也努力保证对严重诈骗案件运行的预备听审体制与对长期或复杂的案件运行的相一致(见 CPIA 第 72 条和附件 3)。

15.4 对特定证人的特殊措施

《1999 年年轻人司法和刑事证据法》中包含了一系列法院可以对特定证人进行的特殊措施。在适当时,这种措施可以形成在本章前面的几节中描述的审前裁决中的主体。这些措施(尚未生效)是:

(1) 将证人显现在屏幕上,与被指控者隔开来(第 23 条);
(2) 通过直播电视连接给出证据(第 24 条);
(3) 在证人给出证据时命令除去假发和长袍(第 25 条);
(4) 私密地给出证据(在性犯罪案件中,或者害怕证人可能被恐吓的场合——第 26 条);
(5) 对主要证据进行录像(第 27 条);
(6) 在证人的主要证据已被录像时,对交叉询问和再交叉询问进行录像(第 28 条);
(7) 在年轻或残障证人的情形下通过中间人询问(第 29 条);和
(8) 对年轻和残障证人提供交流上的帮助(第 30 条)。

在决定是否作出包括这些特殊措施中的任何一项的指令时,法院必须确定它是否能改进证人的证据的质量,这在第 16(5)条被指其完整性、一致性和精确性。为具有适合特殊措施的资格,一名证人必须在年轻或残疾的基础上是合格的(第 16 条),或者在给出证据时易遭受恐惧或沮丧(第 17 条)。被指控者被特别排除出特殊措施的适格性(第 16(1)条和第 17(1)条)——这种排除可能在欧洲人权法院因违反第 6 条而作为反对的对象(见第 26.2.5 节)。

241

第 16 章 答 辩

起诉书审判中首先是传讯,它包括将起诉书中的罪状向被指控者提出,这样他能答辩有罪或无罪。助理宣读起诉书,在每一项罪状后停顿并问那些在其中被指控的人们是答辩有罪还是无罪。必须对每一项罪状作出答辩,除非它是另一项被指控者已经答辩有罪的罪状的选择方式。被指控者在被要求答辩时给出含糊的答案,或者一言不发,或者无法理性地进行答辩的后果,将分别在 16.3.2、16.7.1 和 16.7.2 三节中探讨。

16.1 时限

审判应当开始于(即传讯开始进行)移交审判日期之后不少于两周不超过八周的时间内:《1981 年最高法院法》第 77 条和《1982 年皇室法院规则(SI 1982 No 1109)》第 24 条。这只是对应当发生什么的指示,而不是实际上发生了什么的指示。因为皇室法院法官可以,而且通常会,同意审判在八周后的期间开始。即使没有明示地给出任何允许,

第 16 章　答　辩

在这一期间外开始的审判也并非无效，因为第 77 条是指令性的而不是强制性的（见 Urbanowski [1976] 1 WLR 445 和 Governor of Spring Hill Prison ex p Sohi [1988] 1 WLR 596 案，后一案件确认了在第 77 条和它在《1971 年法院法》中的前身之间措辞的不同，并不是要影响这一条的纯指令性的性质）。Ex p Sohi 中的事实显示了在实践中对第 77 条和第 24 条的注意是多么微不足道。S 在 1986 年 7 月 17 日被移交审判，但是传讯直到大概八个月以后才于 1987 年 3 月 2 日开始。控方未能寻求延长时间；辩方甚至明显没有注意到这一不规则行为，审判没有遭到反对而继续进行。直到后来辩方事务律师才想到申请将整个程序宣布为无效，因为它违反了第 77 条。就像已经指出的，申请失败了。但沃特金斯法官至少对及时进行程序的重要性确实予以了口惠，说如果应当获取时间延期而没能获取的话，法官应当在传讯前被告知。在无正当理由拖延的极端情况下，他接着可以"采取拒绝允许控方就现存的起诉书继续诉讼的严厉措施"（Ex p Sohi，第 602 页第 4 部分）。

传讯日期还有可能受到《1985 年犯罪起诉法》第 22 条规定的影响，此条规定刑事诉讼的预备阶段（包括移交传讯阶段）应当在规定的时限内结束。法令设想了两种由条例实施的时限：

（1）全部期限，设定了一个特定阶段（例如从移送到传讯）必须结束的最大期间。如果控方预计不能在规定的时限内结束这一阶段，他们必须在失效前向法院申请延长期间。如果他们未能申请，或者法院拒绝批准延期，程序将被中止（第 22（4）条），然后只能由检察长、皇家首席检察官或者同样资深的人员重新开始（第 22B 条）。法院只有在有好的原因和控方已尽全速行事时才能批准延长时间。迄今还没有规定任何的全面时限。

（2）羁押期限，设定了被指控者在程序的一个特定阶段尚未结束时可以被羁押的最大期间。如果羁押期限失效，就将对被指控者保释的权利有重要影响。羁押时限现在已在全国生效（细节见 6.3.4 节）。

传讯程序即被指控者被带到被告人席。如果预计他将对起诉书中所有的罪状答辩无罪，可以允许将从中选出陪审团的人们（等待中的陪审团）在法院的后面入座听取他的答辩。如果他有任何对一项罪状答辩有罪而对另一项答辩无罪的可能，他们都将被置于法院之外，因为如果他们知道了被指控者已经承认了一项指控，这可能使他们公正地审判其他指控产生偏见。如果一些但不是所有在起诉书中被合并的被指控者将答辩有罪，他们也应当被置于法院之外。

虽然对助理应当说什么没有严格的公式，但提出212页的起诉书时，助理可以说——"大卫·威尔逊、约翰·博顿和保罗·格林，你们被一份包含三项罪状的起诉书指控。第一项罪状指控你，大卫·威尔逊，和你，约翰·博顿攻击造成实际身体伤害，违反《1861年对人犯罪法》第47条。犯罪的细节是在2002年1月1日你们攻击了巴里·约翰逊并因此造成对他的实际身体伤害。大卫·威尔逊，你答辩有罪还是无罪？……约翰·博顿，你答辩有罪还是无罪？……第二项罪状指控你，保罗·格林，伤害，违反《1861年对人犯罪法》第20条。犯罪的细节是……"等等，直至读完起诉书。

在起诉书包含选择方式的罪状且严重性大体上相同（例如，偷窃和处理偷窃所得），而且被指控者希望对其中一项答辩有罪时，他最好能够告诉法院他的意图。他要答辩有罪的罪状就可以先向他提出（无论它在起诉书中是不是第一个）。而其他的罪状就可以不提出来。如果鉴于控方证据的性质，陪审团可以适当地根据一项罪状或另一项罪状定罪而不能同时根据两项罪状定罪时，罪状就是可替代性的。第16.4节研究可替代的罪状严重性不同时应当遵循的程序。

16.2 "无罪"的答辩

无罪的答辩使整个控方案件被提出讨论。因此，本质上控方将必须对被指控犯罪的每一项本质要件证明至要求的标准（即，排除合理怀

第 16 章 答 辩

疑），像犯罪实体法规定的那样。传统上将之总结为他们必须证明（1）被指控者实施了犯罪的行为（或帮助、教唆、建议或促成另外一人的实施），和（2）在相关的时间，他具有适当的意图。另外，控方必须能够通过作为他们案件一部分而提出的证据初步完成这些。如果他们未能举出一个合理的陪审团可以据以判定被指控者有罪的证据，法官必须指令陪审团宣告无罪，审判就不会达到辩方被请求展示他们的案件的阶段（无案可答的提议，见 18.4 节）。如果有案可答，那么控方当然必须以所有证据（控方和辩方证据）说服陪审团被指控者是有罪的。上述原则的一个后果是，如果一名控方证人没能如预期的那样作证，因而犯罪的一项本质要件证据不充分，那么辩方完全有权提议无案可答，即使他们私下已经计划承认讨论中的要件并将辩护建立在完全不同的基础上。

无罪答辩的进一步结果是，一般来说它要求控方反驳被指控者可以利用的任何辩护（例如诸如受胁迫行事，或者非精神病的无意识行为，或如果指控是攻击，行为是合理的自卫，或如果指控是谋杀，则存在挑衅）。但是辩方应当首先通过显示（通过对控方证人的交叉询问和/或辩方证人的证词）辩护是可被适用的。一旦辩护适用的可能性被合理地提出，控方必须排除合理怀疑地显示辩方没有资格依赖这些辩护。这一规则也有例外。例如，被指控者必须证明在犯罪时他精神失常或遭受减少责任的情况。他也要证明他处于他据以被指控的创设犯罪的法律的例外、限制性条款、豁免或借口条款之内。只要证明责任置于辩方，他们就根据均衡的可能性完成它。对这些问题的细节，应当在有关证据的著作中寻找。无罪答辩的效果的例子，可以在下文的小字体部分发现。

如果被指控者对起诉书中的部分或全部罪状答辩无罪，在大多数案件中，下一步就是组成陪审团以决定他有罪还是无罪（见第 17 章）。然而，有时候不需要陪审团的服务，因为控方除了那些，如果有的话，被指控者已经承认有罪的罪状外不希望继续案件了。然后控方律师有两种处置方式。一种是告诉法官他准备不提供证据，法官然后可以命令鉴于被指控者对每一项犯罪都否认了，记录无罪的裁决，这与陪审团的无罪宣告效力等同：《1977 年刑法法》第 17 条。第二种选择是请求将被指控者答辩无罪的罪状保留在法院卷宗里，做好标记未经法院或上诉法院同意不得再进行程序。虽然被指控者对留在卷宗上的犯罪没有被正式宣告无罪，但只有在一种情况下控方可以现实地期望随后能够被批准继续程序（见下文）。不提供任何证据在控方真正地认为，可能是由于自从移交程序后发现的额外证据，被指控者不应当被定罪时是适当的。将罪状保留在档案中最经常发生于被指控者对一部分但不是全部罪状答辩有罪时。在这种情况下，控方经常选择对"无罪"答辩不再继续仅仅是因为，考虑到已经提出的有罪答辩，证明案件只是浪费时间和金钱。由于他们仍然相信被指控者对指控有罪，控方又不情愿不提供证据而看着被指控者被宣告无罪。在档案中保留罪状是显而易见的解决方式。它还有一个额外的优点就是，如果上诉法院随后，例如说，被指控者的有罪答辩为非自愿的基础上取消了对其他罪状的定罪时（见 16.3.3 节），法官大人们可以同意控方继续档案上留下的其他罪状。假设卷宗中残留的罪状还有被重新启动的可能（无论多么渺茫），被告人偶尔会反对采取这种方式，称案件应当要么继续，要么由法官作出无罪宣告。但是这看起来最终还是由审判法官做决定，而且被指控者也没有任何方式可以对将罪状保留在卷宗中的决定进行上诉：Central Criminal Court ex p Raymond [1986] 1 WLR 710。

无罪答辩应当由被指控者本人作出，不能由律师代表他进行。但是，偏离正确程序接受无罪答辩在被指控者被陪审团裁决有罪时，不必然给被指控者对定罪上诉的良好基础。在 Williams [1978] QB 373 案中，在管理的一片混乱中，大家认为 W 已经答辩无罪。实际上，他根本就没有被传讯，虽然他毫无疑问准备否认指控。审判完全像 W 已经被审问并答辩无罪一样进行。W 作为法院上唯一一个知道他没有答辩的人未能提出任何反对。陪审团定罪，上诉法院驳回上诉，判定程序中的不规范不是足够实质性的，因而不能使取消定罪成为合理的。

为全面理解无罪答辩将整个控方案件置于讨论之中这一规则的重要性，可以考虑对两名被告人，A1 和 A2 提起的攻击造成实际身体伤害的控诉。控方必须证明（1）被指控者对被害人使用了非

第16章 答　辩

法暴力，和（2）这导致了被害人的实际身体伤害。在被警察讯问时，A1承认他和A2击打了被害人，但宣称他们是在被害人用一把小刀威胁他们之后进行的合理自卫。A2没有对警察说任何事情，但就辩护对他的律师指示说他的共同被指控者对发生事情的描述是正确的，律师代表他提交了一份含有这个意思的辩护陈述。审判中，两人都答辩无罪。控方传唤被害人作为证人，但他对发生了什么已经糊涂了，并且说他不确定A1和A2是否参与了对他的攻击。但他确实证实他遭受了达到实际身体伤害的伤害，并否认辩方律师在交叉询问中说他是攻击者的说法。接着一名警官给出了A1对讯问的回应的证据。假设没有任何其他控方证据，法官又决定不能从A2在讯问中的沉默中得出《1994年刑事司法及公共秩序法》第34条规定下的推断。法官必须引导陪审团裁决A2无罪，因为没有任何传唤的证据显示他对被害人使用了暴力。他没有对警察作出任何承认，因为反对传闻证据的规则，A1就这一主题向警察所说的不能被用来反对A2。A2实际上不会对他牵涉于事件中有争议这一事实和他准备进行完全不同方式的辩护，都不能使控方从无罪答辩施加给他们的，建立一个控告他就犯罪的每一个要件都有表面看来成立的案件。A2的辩护陈述不能被控方用来建立一个表面看来存在的案件（见8.3节）。然而，对A1的案件可以继续，因为他对警方所做的陈述就是他击打了被害人的证据。假设A1在他自己的辩护中作证被害人用小刀威胁他，法官在向陪审团总结案件时必须告诉他们，只有他们根据所有证据都确信A1没有以合理自卫的方式行为才能定罪。这是因为控方不能仅仅建立犯罪的要件，而且（除了特定例外）必须反驳被指控者合理地提出的任何辩护的规则。很可能是A1在他的证词中主张A2也是事件的一方。如果A2还是被告人，陪审团可以使用这一证据作为对A2定罪的基础（一名被指控者宣誓后的作证可以作为对他的共同被指控者的证据，而他在法院外对警察说的只能是针对他自己的证据）。然而，由于A2已经在法官指令下必须被宣告无罪，对他的案件不能重新开始，尽管后来的发展可能有力地暗示他是有罪的。

16.3 "有罪"的答辩

有罪答辩必须由被指控者本人提出。律师不可以代表他答辩有罪。如果他声称如此，答辩为无效，而且可能导致上诉法院取消根据答辩作出的定罪并命令重审：Ellis（1973）57 Cr App R 571。在 Williams（见 16.2 节）案中，上诉法院声明"对有罪答辩必须由承认有罪的人作出的这一规则的任何限制或背离都是不能允许的。在刑事审判中偏离这一规则必然使整个程序归于无效和无作用"。

有罪答辩之后就不需要组成陪审团，因为被指控者已经亲口对自己定罪。法院可以直接进行量刑或者，如果它需要被指控者的更多信息，它可以休庭准备报告。刑罚通过前的程序将在第 20 章中描述。简单地说，控方律师总结犯罪的情况，包括被指控者此前的定罪、背景、教育程度、工作、经济情况等等。对他的任何报告都将被宣读。然后辩方律师展示他的减缓请求，法官通过判决。如果被指控者对一项罪状答辩有罪而对另一项答辩无罪，法官将对他承认有罪的罪状的判决推迟到"无罪"答辩的审判之后。如果陪审团裁决他有罪，法官可以一次对所有的犯罪量刑。

16.3.1 共同被指控者的答辩

如果两名被指控者在同一份起诉书中被指控，一名答辩有罪而另一名答辩无罪，通常的实践是法官对答辩有罪的被指控者的案件休庭。他在羁押中或保释后被还押至答辩无罪的被指控者的审判结束时出庭等待判决。这种行为方式的优点是，在陪审团之前的审判中，法官从证据中了解否认了指控的被指控者的案件的全面细节，还可以了解对答辩有罪的被指控者的案件的很多若非如此就无法了解的东西。如果前者被陪审团裁决有罪，法官就可以对两名被指控者同时进行判决，从证据中已经了解到哪一个，如果任选一个的话，扮演了主要角色。然而，是否休庭是法官自由裁量权的事项。如果他确信对答辩有罪的被指控者已有充分的信息，他就可以不等另一人被审判而立即对他量刑。

如果控方提出传唤已经答辩有罪的被指控者对他的共同被指控者给出证据，那么存在很强有力的理由要求在他给出证据之前予以量刑。不这么做会给人留下怀疑的空间，在作证时他可能会说为了得到更轻的判决，他所想的是法官希望他说的。因此，有一段时间在这类案件中一成不变的实践是立即判决被指控者。律师在减缓请求中会指明他的当事人会给出的证据种类，而法官无疑会在判决中作出适当的减轻。如果被指控者随后给出的证据不是预期的证据，法官没有权力增加原来通过的刑罚：Stone［1970］1 WLR 1112。以前的实践有时候仍被跟从，而在这么做时，Stone 案仍然是较好的权威。但是在 1977 年，上诉法院声称，即使被指控者将为控方作证，法官仍有立即判决或推迟至另一被指控者的审判结束后判决的自由裁量权。随后，法官大人们在一些案件中强烈敦促法官采取后一种方式，指出共同被指控者最终被定罪而且接受了比早前通过的犯罪中他的同伴接受的重得多的判决，如果不这么做就会造成判决中令人尴尬的差异（尤见 Weekes（1980）74 Cr App R 161）。即使这样，最终它还是个体法官的自由裁量权事项：Palmer（1994）158 JP 138。

16.3.2　含糊不清的答辩

被指控者有时候以一种含糊的方式对起诉书作出回应，而不是仅说"有罪"。例如，对处理赃物的罪状他可能回答——"对接收有罪，但我不确定物品是否是偷来的"。此答辩是含糊不清的。他可能是说——"我相信它们是偷来的，虽然没人这么清楚地告诉我情况如此"，或者他的意思是——"我对物品有点怀疑，但不是真的认为它们是偷来的"。在前一种情况下，他应当承认有罪，但在后一种情况下则不然。法官应当通过向被指控者解释被指控罪行的要件尽量阐明答辩。然后再次向被指控者提出起诉书。如果答辩仍然含糊不清，则必须代表他提出无罪辩解：《1967 年刑法法》第 6（1）条。如果法官继续对一个仍然含糊不清的答辩进行判决，上诉法院将取消定罪和量刑，并命令将被指控者交还皇室法院对起诉书重新答辩。只要起诉书被提出时被指控者说了一些东西但不给出直接的答案时（例如，在一个案件中被宣称的犯罪的动机看起来是政治性的，他可能说——"我不承认法院的权威"），类似的原则就适用。应当代表他确立无罪答辩，案件就像他实际上答辩无罪一样进行。

16.3.3 非自愿的答辩

不仅有罪答辩必须出自被指控者之口，而且他的想法也必须与答辩一致。换句话说，如果有罪答辩是通过压力从被指控者处榨取出来的，而且情况是他不能真正从答辩有罪和答辩无罪中作出选择时，那么答辩就是无效的。如果他上诉，上诉法院会取消定罪并命令重审。使有罪答辩成为无效行为所必需的压力可能来自法官或者律师。前者的一个例子是 Barnes（1970）55 Cr App R 100 案。B 答辩无罪，但控方案件进行到一半时，法官在已经让陪审团回到他们的房间后说，实际上 B 明显有罪而且在浪费法院的时间。即使这样，B 还是拒绝将答辩改成有罪答辩，但是如果他真的改变了，答辩也将会是无效行为。上诉法院基于其他理由允许上诉时称法官的行为"完全不适当"。

法官可能给被指控者施加压力的一种更微妙的方式在 Turner [1970] 2 QB 321 案中得到例证。T 对偷窃指控答辩无罪。在一些控方证人给出证据后有一个长时间的休庭，其间 T 和他的顾问和出庭律师讨论了案件的进行。有一段时间律师到法官的私人房间会见法官。回来时，律师警告 T 如果他坚持无罪答辩并被认定有罪，他将接受监禁刑刑罚存在"非常真实的可能性"，但如果他答辩有罪，他会被处以罚款或其他非羁押刑罚。实际上，律师是在表达他对案件的个人观点，但对 T 来说，看起来是不可避免地在传达法官所说的话。T 将他的答辩改为有罪。上诉法院（大法官帕克勋爵主持）取消了对他的定罪并命令重审。一旦 T 感觉到律师给他的关于判决的建议是"从法官那里传出的暗示，法院认为他在（他的答辩）这一事项上有自由选择权的话这一观点真是毫无根据"。帕克勋爵接着说，法官应当"绝不指示他想要科处的刑罚"，除非他能够说"无论发生什么，无论被指控者承认答辩有罪或者无罪，判决都将或将不采用一种特定的形式，例如缓刑命令或罚款或羁押刑"（见上注 Turner 第 327 页）。这种指示的价值是，比如说，被指控者出于对监禁刑的恐惧而可能坚持无罪答辩，虽然他知道自己有罪而且针对他的证据是压倒性的。如果可以用法官的权威告知他将不会监禁，他可能会愿意承认有罪。适用非监禁刑的许诺不会对他施加任何压力，无论他答辩有罪还是被陪审团认定有罪。然而，由于 Turner 案，法官不能做的是明示指出如果答辩有罪会有比陪审团认定有罪后更宽大的判决。他也不能通过说如果答辩有罪，判决将会或不会采取某种形式从而暗示地给出相同效果的指示，让被指控者自己推断"无罪"答辩的后果。如果法官的确违反 Turner 案中的原则给出只答辩有罪后的刑罚的指示，那么如果被指控者答辩无罪而且被定罪，法官也要受其指示的约束（Keily [1990] Crim LR 204）。

帕克勋爵在 Turner 案中的判决明确地规范了法官在对被指控者听审时在公开法院上可以说的内容。它还规范了他在私下可以就审判事项对辩方律师说的内容，因为案件中作出的其中一个附属观点是，如果法官和律师对判决进行了私下的讨论，后者应当同时告知他的当事人，他既见到了法官，也告知他法官说了什么（进一步的讨论见 18.1.3 节）。

第二种可以使有罪答辩成为无效行为的压力可能是由被指控者自己的律师施加的。在已决的案件中，上诉法院判定，被上诉的行为不足以剥夺被指控者有关答辩的自由选择权。然而，辩方律师作出的大意为"控方案件非常有力，你唯一可能的做法是答辩有罪，不管你有没有实施过指控的犯罪"的建议会使任何有罪答辩成为无效行为。Turner 案第 326 页讨论了规范律师关于答辩应当给被指控者的建议的原则。给出最佳的建议是律师的职责，如果需要可以使用"有力的言词"。建议可以包括他对控方案件力度的观点以及由辩护的性质引起的困难（例如，他可以警告被指控者，如果他选择作证，那么在涉及对控方证人的人格攻击的辩护时，他有可能在交叉询问中被问到他自己以前的定罪）。如果还没有知晓，被指控者还应当被告知有罪答辩上的定罪可能会比无罪答辩后定罪得到更宽大的判决。律师还可以指出他对法官可能通过的判决的个人观点。Turner案中的错误并非源自律师关于判决的建议的性质，而是源自"建议"是对法官所说的重复这一暗示。最后，必须强调对被指控者来说答辩的选择是由他，而不是律师，作出的，而只有他的确有罪时才应当答辩有罪。仅仅有被指控者在接受了来自律师的强烈建议后不情愿地答辩有罪的事实，并不能使答辩成为无效行为。只有在作出选择时被指控者已经失去了作出自愿的而且经考虑的选择的权力时，它才是无效的：Peace [1976] Crim LR 119。

无法作出真正的选择偶尔可能源自只有被指控者本人应当受到谴责的事件。即使这样，上诉法院也愿意将其答辩作为无效行为对待。这一点在Swain [1986] 案中得到了例证。案中S在控方案件进行到中途时将答辩改为有罪。他没有给律师任何连贯的原因，只是说——"你们最近抬头看天空了吗？你们看到那些星星了吗？"在他被量刑后，从他母亲那里显示出他在监狱中获得过毒品，而当时他正在迷幻药的作用之下。精神病学证据被传唤至上诉法院，说明迷幻药可以将使用者置于与精神分裂症类似的状态之下，他只是在一个虚幻的世界里飘游并作出无理性的决定。这看起来可以解释答辩的变化，因而法院不得不判定它是无效行为并取消定罪。

16.4 对一项较轻的罪行答辩"有罪"

在有罪和无罪答辩之间是对一项较轻的犯罪答辩有罪。这是《1967年刑法法》第6条赋予陪审团在特定案件中作出"对指控无罪但对另外（较轻）的罪行有罪"判决的选择权利的结果（细节见19.4节）。熟悉的例子是陪审团可以根据谋杀的罪状裁决过失杀人，根据违反《盗窃法》第9（1）（b）条的入室行窃的罪状而裁决偷窃罪，根据违反

第 16 章 答 辩

《1861年对人犯罪法》第18条蓄意伤害的罪状裁决他们违反第20条非法伤害。只要针对被指控者的罪状陪审团可以判定他对较轻的罪行有罪,他就可以对指控的罪行答辩无罪而对较轻的罪行答辩有罪:《1967年刑法法》第6(1)(b)条。如果答辩被接受,他对指控的犯罪被宣告无罪,法院继续就较轻的罪行对他进行判决:第6(5)条。

当然,控方不是非得接受对较轻罪行的有罪答辩。《皇家检察官法》(第9.1节)规定,只有法院能够通过与犯罪严重程度相符合的判决时才能接受被告人对较轻指控的有罪答辩。皇家检察官被告知他们绝不能因为方便而接受有罪答辩。

如果检察官不准备接受被告人对较轻犯罪的有罪答辩,他可以坚持审判继续。法院接着代表被指控者提出一个直截了当的无罪答辩;对较轻罪行的答辩就被暗示撤回,同时陪审团被选出。接着以正常方式传唤证据。在案件结束时,陪审团可以按指控定罪,或者对较轻犯罪定罪,或者干脆宣告无罪(他们后一种行为的后果,将在以下讨论)。即使控方愿意接受对较轻犯罪的有罪答辩,法官也可以指出采取这种方式是不适当的:Soanes [1948] 1 All ER 289。这个案件实际上建议,法官对答辩的同意作为法律问题是必要的,但根据后来相似的案件,真正的情况是最终决定由控方作出,虽然在实践中他们如果有也很少会违背法官表达出的愿望行事(见16.6节)。严格地说,应当在移交陈述中的证据或案件的一般情形中的某些东西暗示被指控者可能不是像指控的那样有罪——否则审判应当继续。然而在实践中,无须进行陪审团审判所节省的时间和金钱很容易就能说服法官和控方对较轻罪行的有罪答辩是适当的。

拒绝对较轻犯罪的有罪答辩的一个怪异后果在 Hazeltine [1967] 2 QB 857 案中被例证。H 对蓄意造成严重身体伤害的伤害答辩无罪,但对非法伤害答辩有罪。答辩没有被接受。审判继续,而陪审团竟然对 H 宣告无罪。他们没有像他们有权做的那样判决他对指控无罪而对非法伤害有罪。尽管如此,法官还是继续对 H 以非法伤害进行量刑,依赖的是他原来对它答辩有罪这一事实。上

_349

诉法院取消了判决。当法院代表 H 建立了答辩蓄意伤害无罪时，他对非法伤害的答辩就被暗示撤回且不能由法官随后恢复。控方也不能提出对非法伤害的新的指控，因为陪审团对蓄意伤害的无罪宣告已经暗含对非法伤害也宣告无罪，且先前无罪判决的答辩可以对抗任何程序（见 16.8 节）。但上诉法院确实建议了一种可以避免 Hazeltine 案出现的情况重现的方法。在意识到辩方提出了一种对事件的说法，如果被接受将导致彻底的宣告无罪，控诉律师应当在陪审团面前传唤证据证明被指控者原来对一项较轻犯罪答辩有罪。在缺乏如果完全是清白无辜的他为什么不答辩无罪的令人信服的解释时，陪审团几乎肯定会至少裁决他对较轻犯罪有罪。但是，如果控方没有对原来的答辩传唤证据，法官在总结时也不能就此事告知陪审团。与可以告诉陪审团他们有这么做的选择相对比，他也不能指令陪审团对较轻犯罪定罪：Lee [1985] Crim LR 798；Notman [1994] Crim LR 518。

就一项单独罪状答辩较轻罪行有罪这一主题的变化出现在起诉书中有两项罪状，一项比另一项更严重，而控方案件是他们并不寻求对两项罪状都定罪（即罪状是选择性的）。一个例子是起诉书中包含了被指控者抢劫和处理全部或部分的抢劫所得的罪状。如果他对处理答辩有罪而对抢劫答辩无罪，但控方仍然希望证明他有抢劫罪，法院就不需要撤回他对处理的有罪答辩，因为这是对一项单独的罪状提出的答辩。审判继续对抢劫罪状进行，而如果被指控者被判无罪，那他可以就处理被判决。如果他被认定抢劫有罪，他就被因此而判决，而不因处理罪被量刑。虽然他对处理的有罪答辩保留在法院档案中，但并没有被以处理定罪，因为从技术上说直到判决通过之前，一项有罪答辩并不构成定罪（见 Cole [1965] 2 QB 388）。可能在 Hazeltine 案中类似程序会对控方有帮助（见上文）。控诉律师本应请求法官修改起诉书以便有两项罪状，然后 H 将对第一项罪状答辩无罪（蓄意伤害）而对罪状二（非法伤害）答辩有罪。在陪审团对罪状一宣告无罪后，法官可以对罪状二的犯罪进行判决。陪审团对罪状一的彻底无罪裁决暗示着同时对非法伤害的宣告无罪,而这与被指控者对非法伤害答辩有罪之间存在着矛盾。这一难题在 Cole 中并没有出现,因为审判抢劫罪状的陪审团不能对处理物品作出有罪的裁决。

16.5　改变答辩

第 16.3.3 节中已经提到了被指控者将他的答辩从无罪改为有罪的可能性(见对 Barnes 和 Turner 案的讨论)。这可以在审判的任何阶段作出。辩方律师要求再次向他的当事人提出起诉书,而这么做以后被指控者答辩有罪。和其他任何有罪答辩一样,它必须出自被指控者本人之口,而不能由律师代表。另外,由于原来的无罪答辩而选出的陪审团必须作出有罪的正式裁决。如果他们没能作出,答辩的改变是无效力的,审判成为无效行为:Heyes [1951] 1 KB 29。法官在量刑时可以因改变答辩而给被指控者一些减免,虽然不应当像他在一开始就答辩有罪时那么多。

答辩从有罪变为无罪也是可能的,但是要受法官同意的约束。批准同意是自由裁量权事项,而且即使被指控者原来答辩时没有被合法地代表时也不是自动给出的。相关的考虑是他是否明显理解指控的性质和/或真想承认他有罪。如果看起来他只是出于战术上的考虑对答辩改变主意(例如,在控方总结事实时法官的态度使他害怕有比他预期的更重的判决),法官完全有权判定他受原来承认的约束(例见 McNally [1954] 1 WLR 933)。申请撤回有罪答辩可以在判决通过前的任何阶段作出:S (an infant) v Recorder of Manchester [1971] AC 481。这通常是通过被指控者利用答辩和确定量刑的日期之间的休庭期第一次获得法律建议而引起的,但如前面提及的,在答辩时没有被代表并不能保证申请会成功。

250

16.6 答辩交易

　　Turner [1970] 2 QB 321 一部分是关于被帕克勋爵描述为"难题"的答辩交易。这是一个并不精确的短语，至少可以在四种意义上使用。第一，它可以指法官和被指控者之间达成的协议，如果被指控者对指控他的部分或全部犯罪答辩有罪，判决将会或不会采取一定的形式。由于 Turner 案的结果，在这种情形下作出的有罪答辩是无效行为而定罪在上诉时会被取消（见 16.3.3 节）。第二，答辩交易可以指控方的一项行为，如果被指控者承认某些指控，他们将不会在起诉书中放入更严重的指控或者将请求法官作出相对较轻的判决。这种交易的形式在英国的体制下是不可能的，因为起诉书是完全独立于辩方而起草的，而且在量刑阶段，控方的功能仅仅是告诉法官事实，而不是建议适当的刑罚。第三，答辩交易可以指控方同意辩方，如果被指控者对一项较轻犯罪答辩有罪，他们会接受答辩（见第 16.4 节）。最后，它还可以指控方同意不对被指控者进行起诉书中的一项或几项罪状，如果他对其余的罪状答辩有罪。如 16.2 节中已解释的，通常的安排是请求法官将被被指控者否认的罪状保留在法院卷宗里，做好标记未经法院或上诉法院同意不得继续。

　　上述第三和第四种意义上的答辩交易经常发生，已被法院批准。如果他（被指控者）准备通过对较轻罪行答辩有罪，或者对一些但不是所有罪状答辩有罪而承认针对他的大多数案件，花费时间和金钱证明被指控者完全与指控的一样有罪常常是不符合公众利益的。交易通常是由控方和辩方律师在审判开始前在法院外达成。问题发生在法官是否必须批准提议的内容。在 Coward (1980) 70 Cr App R 70 案中，劳顿法官将难题完全交给了控诉律师，说让他决定接受那些答辩。毫无疑问，出于礼貌他应当向法官解释他的决定；而如果后者不批准，他可以在公开的法院上说明此意。根据法官的评价，律师完全可以改变起初的决定。但最终法官不能强迫控方继续。另一方面，在 Board (1979) 68 Cr App R

28 案中，控方原来准备如果 B 的共同被指控者答辩有罪，就不对她提出任何证据，但在寻求法官意见时发现他不赞同，于是决定对 B 继续审判。B 被定罪。在驳回她的上诉时，上诉法院判定法官不是惩罚律师认为合适的所有一切的"橡皮图章"。《法屈哈森委员会报告》（见 18.1.1 节及《律师》杂志，1986 年合订本）建议，如果控方律师在同意辩方提议之前明确征求法官同意，他要受法官决定约束，不管决定是什么（上述 Board 案）。但在律师选择不寻求事先的同意而直接行事时，他唯一的义务是向法官解释决定背后的推理。如果法官不同意，律师应当重新考虑他的观点，甚至就事项咨询检察长。但是归根结底，律师的观点应当占据主导。法屈哈森委员会的报告在 Grafton〔1993〕QB 101 案中被赞同地引用，案中集中考虑法官和控方律师之间关于控方在案件一旦开始后是否可以中止的争执（对此问题的进一步讨论，见 18.10 节）。

有时被告人愿意在特定事实的基础上答辩有罪。辩方和控方可以由此就有罪答辩能够被接受的事实基础试图达成一致，例如控方可能准备接受被告人无视后果地（而不是蓄意地）攻击被害人。这种协议可能会对量刑程序产生影响。问题产生于 Beswick〔1996〕1 Cr App R（S）343 案中，在 20.1 节中讨论。

由朗西曼勋爵担任主席的刑事司法皇家委员会在其 1993 年的报告中对答辩交易在英国刑事司法体系中的地位进行了考虑。委员会的提议与被告人因有罪答辩而受到的减免直接相关，在 21.5.2 节中研究。

16.7　不愿或无法答辩的被指控者

迄今为止一直是假设被指控者在被传讯时为回应指控说出一些理性的话。他所说的可能不能形成适当的有罪或无罪答辩，但至少他的回应显示他听到并理解助理对他说的话。然而，被指控者在起诉书被提出时可能不愿意回答，或者他可能没有能力用理智的方法回答。第一种可能性提出了"恶意沉默"的问题，第二种则提出不适合答辩的问题。

16.7.1 沉默

如果被指控者保持沉默，这可能是经过选择的或因为他不能够对传讯作出回应。在前一种情况下，他被称为"恶意沉默"。法院将代表对恶意沉默的被指控者确立无罪答辩，案件接着像他本人作出无罪答辩一样进行：《1967 年刑法法》第 6（1）（c）条。必须选出陪审团决定沉默是否是恶意的，辩方负有证明责任排除合理怀疑地证明被指控者自己选择保持沉默。他们可以通过医学证据或者通过最近听到被指控者说话的证人提出的证据证明。如果审判在陪审团组成审判沉默后 24 小时之内开始的话，没有什么能阻止认定被指控者恶意沉默的陪审团继续审判针对他的实体案件（见 17.4.7 节）。

如果被指控者不是恶意沉默，他就被认为是"上帝造访所致沉默"。在陪审团作出上帝造访所致沉默的裁决时，还要求指出沉默的原因。如果是因为被指控者语言障碍，或者耳聋而无法听到助理对他说的话，案件会被休庭以期找到与他交流的方式（例如，通过手语专家）。如果没有办法克服问题，检察总长可能最终会被迫提出原告撤回起诉（见 3.4 节）。如果沉默的原因看来是被指控者有精神问题因而在起诉书提出时不能回答，陪审团可能被进一步要求审议他是否不适合答辩（见下一节）。

16.7.2 不适合答辩

如果被指控者的智力有缺陷，因而不能理解诉讼的进程从而无法对起诉书作出适当的辩护时，他不适合答辩或接受审判。传讯时他能否回答显然是一个相关因素。其他相关因素有他是否能够反对一名他希望反对的陪审员（见第 17 章），他能否指示他的法律代表以及他是否能够明白证据。一名被指控者不仅因为高度反常就不适合答辩（Berry（1977）66 Cr App R 157），或者因为他可能违背自己的利益行事（Robertson [1968] 1 WLR 1767），或者甚至因为他患有健忘症而不能够回忆起被指控的犯罪或其周围环境：Podola [1960] 1 QB 325。《1964 年刑事程序（精神失常）法》第4（2）条允许法院将不适合的考虑推迟至辩方案件开始。法院必须认为推迟是"得当的"而且"符合被指控者的利益"。

在被指控者可能不适合答辩时，控方或者辩方应当在传讯之前使法官注意这一事项。虽然人们通常会期待辩方来完成此事，但控方也可能认为这是他们的责任而主动提出，例如，如果被指控者没有被代表而他显然不在适当的状态中，因而无法理解程序时。要决定这一问题需选出陪审团，传唤证据，法官指示陪审团关于"不适合答辩"的含意。举证的责任和标准取决于哪一方提出了问题。如果是控方，他们必须排除合理怀疑地证明不适合；如果是辩方，他们必须根据均衡的可能性来证明（分别见 Robertson 和 Podola 案）。

在陪审团已经决定被指控者不适合答辩后，适用《1964年刑事程序（精神失常）法》第4A条。在1991年加入的这一条款规定，接着必须由一个陪审团决定被指控者是否"实施了作为犯罪对他指控的行为或者有疏忽"（第4A（2）条）。如果他们确信他实施了，他们必须相应地判决（第4A（3）条）。如果他们不能确信，就必须宣告无罪。如果适合答辩的问题是在传讯时被决定的，那么就必须选出一个陪审团审判被指控者是否实施了行为或有疏忽的问题。如果问题根据第4（2）条被推迟，审判被指控者的陪审团也应当决定他是否实施了行为或有疏忽（第4A（5）条）。

1964年法案第4（6）条（也于1991年加入）规定，除非有来自两名或以上的注册医疗执业者的证据（口头或书面的），其中至少有一名必须是因对精神失常的诊断和治疗有特殊经验而经国务大臣批准的，不能决定适合答辩的问题。

在 M［2002］Crim LR 57 案中，上诉法院根据《1998年人权法》，尤其是在《欧洲人权公约》第6条（见第26.2.5节）的上下文中考虑了上述程序。法院判定，第6条刑事指控的条款不适用于1964年法案第4条和第4A条规定的程序中，因为这些程序不能导致定罪。无论如何，他们总结说1964年法案第4条和第4A条规定下的程序构成了一个公平的程序，提供了一个尽可能地代表残疾人发现事实的机会。它公平地平衡了公共利益和被指控实施了行为的人的利益。因此，如果第 6 条适用于 1964 年法案的程序，也不会被违反。另外，大人们还称辩方在看起来必要时能够申请因滥用程序而中止程序，而这可以是在传讯之前或者任何有关残疾的问题需要被决定之前。

根据 1964 年法案（经 1991 年修订），如果认为被指控者不适合答辩，而且陪审团认定他实施了指控的行为或有疏忽，法院然后可以签发：

(1) 进入一家经国务大臣批准的医院的准许令；
(2) 根据《1983 年精神健康法》监护人令；
(3) 监督和治疗令；或者
(4) 将被指控者无条件释放的命令。

更多细节见 23.22 节。

16.8 "先前宣告无罪"或"先前定罪"的答辩

"先前宣告无罪"和"先前定罪"的答辩（即，被指控者在前面的一个场合就起诉书中指控的一项罪状宣称的罪行已经被宣告无罪或定罪）使一个至关重要的宪法原则，即任何人不应当因同一犯罪被两次控诉以宣告无罪或定罪，得到实施。如果这两个答辩中的任何一个被成功地提起，它禁止所有根据相关罪状提起的进一步程序。这些答辩，连同宽恕答辩（见 16.9 节）被称为特殊禁止答辩。尽管这些可以用来阻止通过对同一犯罪进行重复的控诉对个人进行骚扰的答辩的重要性毋庸置疑，但实践中辩方很少会被迫求助于它们。这是因为法院的记录可以用来清楚地确立某人以前是否已经因为一项犯罪被控诉，而如果是的话，控诉的结果是什么。如果它以被指控者被宣告无罪或定罪而告终——与，例如，陪审团无法达成一致的裁决相对而言——没人会产生哪怕片刻以相同犯罪再次对他控诉的念头。然而，虽然只是偶尔使用，先前宣告无罪和定罪已经导致了不成比例的大量判例法，同时接受上诉的法院被呼吁对这些答辩的界限作出精确定义。以下各节试图描述这些答辩的主要应用，而不过分深入地钻研这一主题的细枝末节。

16.8.1 "先前宣告无罪"和"先前定罪"答辩的程序

答辩书面作出，由辩方律师代表被指控者签署。建议的文字形式是——"约翰·史密斯说女王不应当对他的起诉书进一步控诉，因为他已经因其中指控的犯罪被合法宣告无罪/定罪。"然而，如果被指控者没有被代表，也可以允许他口头作出答辩。这么做的正确时间应当是传讯之前，但法院有在审判的任何阶段决定提出答辩的自由裁量权。假设控方不接受辩方论点，他们通过一份由适当的皇室法院官员署名的书面"答辩"进行辩论。上面仅仅写着——"大卫·布朗代表女王辩论。"

直到最近以前，先前判决是否适用还必须由一个宣誓就任的陪审团决定。这种程序不怎么令人满意，因为先前判决极少涉及事实争议，虽然它确实经常提出复杂的法律问题。因此，有一种倾向是向陪审团宣读经同意的相关事实陈述，之后法官——可能在陪审团缺席时经过了法律辩论之后——会给他们"有力的"法律方面的指令，几乎就是告知他们的决定应当是什么样的。《1988年刑事司法法》认识到了这种现实并在第122条规定——"在被指控者答辩先前宣告无罪或先前定罪时，应当由法官而无须陪审团在场决定问题。"如果答辩失败，起诉书以正常方式提出，被指控者答辩无罪的权利不受任何影响：《1967年刑法法》第6（1）（a）条。

16.8.2 答辩的可适用性

下列命题主要建立在博斯雅格斯特的莫里斯勋爵在 Connelly v DPP [1964] AC 1254 第 1305~1306 页的演讲之上。阅读它们必须考虑 Beedie [1997] 2 Cr App R 167 案的决定（见下文）和《1996 年刑事程序和侦查法》中关于"有瑕疵的无罪宣告"的条款（见 16.8.4 节）。

（1）一人不可以因前面已经被宣告无罪或定罪的犯罪被审判。这是对先前宣告无罪和先前定罪的直接适用。如果被指控者被指控一项在法律上和事实上都与他已经被宣告无罪或定罪的犯罪同样的犯罪，那么先前判决将禁止任何对这一指控的进一步程序。

（2）一人不可以因为根据以前被宣告有罪的起诉书，通过宣告较轻罪行有罪的方式被审判（见19.4节）。对（1）的这一延伸是必要的，因为在陪审员有权选择对较轻罪行定罪但只选择了宣告无罪时，他们通过暗示决定，被指控者对指控的犯罪和较轻罪行都是无罪的。据此，以前被宣告无罪的程序禁止同时适用于两个罪行。所以，对谋杀 X 的罪状的宣告无罪使被指控者在随后被指控过失杀害了 X 时，有权提起先前判决的答辩。

（3）一人不可以因为一项，作为法律问题，证明另一项他已经被宣告无罪的罪行所必需的犯罪而被审判（根据豪德森勋爵在 Connelly 案第1332页所言）。因此，将上述命题（2）中的例子反过来，一名被指控谋杀 X 的被指控者，先前已经因对他的过失杀人罪而被宣告无罪，鉴于谋杀和过失杀人的法律定义，证明后者是证明前者的必需步骤，就有权依赖先前的宣告无罪。

（4）一人不可以因为一项在实际上或实质上与他以前已经被宣告无罪或定罪（或本可以通过对一项较轻罪行判决有罪的方式被定罪）的罪行一样的犯罪被审判。因此，在 King [1987] 1 QB 214 案中，以前已经因为通过诈骗获取赊欠货物被定罪的 K 在后来被指控对相同货物的盗窃罪时被判定有权依赖先前定罪。但是，关于后一指控与前面的指控所必需的相似性，这些案件明显不始终一贯，可以说后一指控与前一指控"本质上"相同。例如，King 案就可以和 Kendrick and Smith (1931) 23 Cr App R 1 案进行比较。后一案件中，对威胁出版照片底片以勒索金钱的定罪并不能禁止随后对寄信以威胁方式要钱的控诉，而两起控诉都起源于相同事实。戴夫林勋爵在 Connelly 案中提出了一种防止精心设计的方法，试图调和有关先前判决这方面的案件。他说适当的答辩应当被严格限制在上述（1）至（3）的情形。但是，在其他类似的案件中，如果鉴于以前对他提起的程序，再继续程序对被指控者将是压迫性的或不公平时,审判法官应当使用他的自由裁量权停止控诉。因此,在 Moxon-Tritsch [1988] Crim LR 46 案中,在 M-T 被私人控诉为鲁莽驾驶造成其乘客死亡,而所说的驾驶之前已经导致她被罚款和因疏忽驾驶被取消驾驶资格的情况下,审判法官判定程序具有压迫性,罪状应当保留在档案中标明不应继续。随着陪审团决定先前判决问题被废除,戴夫林勋爵和 Moxon-Tritsch 案中的法官的方法被认为是适当的方法,并且将使得老的关于准确地应当什么时候适用或不适用的判例法失去效用。

(5)一人不可以因为产生于相同的刑事犯罪行为中的一系列犯罪被连续控诉,而后来的控诉是他先前已经被定罪或宣告无罪的犯罪的加重形式——例如,如果他已经因攻击造成实际身体伤害被定罪或宣告无罪,那么他就不能在同一事实基础上以非法伤害或造成严重身体伤害被起诉(见 Elrington (1861) 1 B & S 688)。无论情况是否属于上述第(3)点,这一条都适用。另外,如在(4)中论证的,对源自先前判决或者法官依自由裁量权停止压迫性诉讼的原则是否适当的担心没有必要。但对这一原则的一个重要的限制应当注意,即对一项暴力犯罪的定罪不能保护罪犯免以杀人被控诉,如果被害人后来因受伤而死亡:Thomas (1949) 33 Cr App R 200。

(6)即使控方宣称和他们在早前的导致被指控者宣告无罪或定罪的审判中同样的事实并传唤同样的证据,先前判决的答辩也可能失败。Connelly 很好地例证了这一点。C 和其他三人参与了一次办公室抢劫,在这个过程中有一人被杀。他们被指控谋杀并被定罪,但 C 的定罪因为审判中的错误被取消。因此他像谋杀已经被宣告无罪一样被对待(见下文)。根据当时盛行的做法,谋杀的起诉书中没有包括对其他犯罪的任何罪状,因此在谋杀定罪被取消后,控方寻求针对 C 的抢劫起诉书进行诉讼。在进行了不成功的先前宣告无罪答辩之后,他们又传唤了在谋杀审判中他们已经使用过的证据,C 再次被认定有罪。上议院判定,拒绝先前判决的答辩是正确的。C 不能将自己置于上述(1)到(4)中的任何命题之下。谋杀和抢劫显然不是相同的(命题(1)),而且考虑到它们完全不同的法律特征,它们也不能被认为是本质上相同(命题(4))。根据一项谋杀的罪状,陪审团无权作出对抢劫罪的有罪判决(命题(2)),而且作为法律问题,控方为证明抢劫不必要证明谋杀(命题(3))。

(7) 先前宣告无罪和定罪的原则同等地适用于简易审判中,虽然简易审判并不像起诉书审判存在特殊的答辩形式或程序——辩方通过一个简单的无罪答辩提起这一问题。

然而,在 Beedie [1997] 2 Cr App R 167 案中,上诉法院不能接受莫里斯勋爵的演说正确地反映了上议院中多数人的推理方式这一观点。B 是一名死于因使用卧室里的有缺陷的煤气取暖器而导致一氧化碳中毒的女人的房东。他被健康安全执行官根据《1974 年工作中健康安全法》起诉,并被罚款。随后他又被皇家检控署在本质上相同的事实以过失杀人起诉。罗斯法官说,先前判决原则局限于第二份起诉书指控与第一份起诉书相同的犯罪的情形,因此并不能阻止对 B 以过失杀人起诉。但是,在适当的情况下应当行使司法自由裁量权命令中止起诉书。这样的中止诸如在 Beedie 案中的情形已经被命令。因此,B 的上诉成功了。虽然审判法官正确地分析了案件认为它在先前判决原则调整之外,但他未能适当地考虑在第二项犯罪与第一项产生于本质上相同的事实中时他必须中止程序的自由裁量权。除非控方履行了责任显示有特殊的情形不应当这样做,这种自由裁量权应当以有利于被指控者的方式行使。在这个案件中,没有特殊的情形,起诉书应当被中止。

很多关于先前判决的案件是关于为答辩的目的怎样才构成宣告无罪或定罪。在起诉书与简易审判后的宣告无罪或定罪之间没有划分出区别。然而,要适用这些答辩,审判案件的法院必须是在自己的管辖权内行为(见 West [1964] 1 QB 15 案,其中由治安法官根据一项他们无权审判的指控作出的声称宣告无罪并不能阻止他们随后将 W 移交审判,或者他在季审法院被认定有罪)。在移交程序之后由审查法官释放被指控者不是宣告无罪(Manchester City Stipendiary Magistrate ex p Snelson [1977] 1 WLR 911),在动议取消后也不是取消起诉书。然而，在上诉法院取消了被指控者的定罪时，成功的上诉人被审判他的陪审团对他宣告无罪。因此，除非上诉法院行使其自由裁量的权力命令重审，不能因同样的犯罪对他再次起诉（见经修订的《1968年刑事上诉法》第7条和24.4.2节）。

在治安法院进行的简易审判中，在控方撤回传票和由法官驳回传票之间有重要的区别。在法官没有考虑案件事实而将传票撤回时，没有可以据以发现先前判决的宣告无罪。另一方面，如果被指控者答辩无罪而控方正式地不提出证据，因而法官驳回了传票时，被指控者被宣告无罪而不能再有进一步的诉讼（见 Grays Justices ex p Low [1990] 1 QB 54 和9.4节）。但在控告书发生很多错误，以至于被指控者不可能被据以定罪时，不可能根据这样的程序建立先前判决的答辩（DPP v Porthouse (1988) 89 Cr App R 21）。

为了支持一个先前定罪的答辩，仅仅有被告人起初被指控的法院应当已经接受了他的有罪答辩或者作出了有罪认定是不够的。法院还必须已经对他进行了量刑，因为这一原则的目的是避免双重惩罚（Richard v The Queen [1993] AC 217）。民事的藐视法院程序不构成定罪，因而也不能作为先前判决答辩的基础（Green [1993] Crim LR 46）。在科加惩罚后的纪律性程序中的"有罪"认定不是有罪判决（Hogan and Tompkins [1960] 2 QB 513，其中已经因为越狱被治安法官视察委员会根据《监狱规则》惩罚的越狱者，不能在随后对使用暴力越狱罪的审判中依赖先前判决）。类似地，如果法院在因一项被认定有罪的罪行量刑时将另一项犯罪考虑进来，对被考虑进来的犯罪来说不存在已经定罪的问题：Nicholson (1947) 32 Cr App R 98 和第20.5节。被外国法院或军事法院宣告无罪或定罪一般来说是先前判决的充分理由（例如，见 Augher (1919) 13 Cr App R 101）。然而，在被指控者被外国法院在缺席情况下宣告有罪，但是他没有现实可能再回去服刑的话，如果他在英格兰因同样的问题被指控也不适用先前定罪（Thomas [1985] QB 604）。

16.8.3 禁止反言事项

1976年以前，不时有人建议，即使先前宣告无罪不能适用，仍然可以禁止控方重新开始在早前的审判中明显已经被决定有利于被指控者并导致他被宣告无罪的特定事实问题。检测这一建议有效性的机会非常少，因为几乎所有的刑事审判都牵涉到不止一个的事项，而如果陪审团仅仅认定被指控者无罪，不可能知道控方在什么事项上未能令他们满意。然而，最终出现了一个辩方似乎合理地指出禁止反言事项的一个案件，这就是 DPP v Humphrys [1977] AC 1 案。H 因1972年的某一天无资格驾驶被宣告无罪。他承认在相关的当天他没有资格，但给出证据证明他在那一天和1972年的任何一天都没有驾驶。因此，H 被宣告无罪的唯一可能的原因就是陪审团没有确信 H 在相关当日驾驶。H 接着被指控做伪证。为证明他在无证驾驶审判中的证据是虚假的，控方再次传唤了他们在审判时已经使用的证据指明 H 在相关当天曾经驾驶。另外还有在第一次审判时无法得到的来自其他证人的证据证明 H 在1972年的其他场合曾经驾驶汽车。H 被定罪，上议院拒绝了他的上诉。他们判定控方有权重新开启 H 是否在相关当天驾驶的事项，因为禁止反言的原则在刑事程序中没有地位。控方和辩方都不能依赖它。Humphrys 案的决定似乎是危险的，因为它们允许控方实际上通过设计对被宣告无罪的人进行伪证罪的起诉来反对无罪宣告。然而，上议院的大多数人强调，审判法官在如果它看起来是滥用法院程序的话有阻止一项起诉继续的自由裁量权，并暗示在 Humphrys 案中控方没有造成滥用程序，仅仅是因为伪证的证据不仅和 H 的他在无资格驾驶的指控中证明他在当天没有驾驶的证据有关，而且和他在整个1972年都没有驾驶有关。

如上述，控方对禁止反言事项能够依赖的并不比辩方多。这意味着如果被指控者对罪行 A 答辩无罪，同时已经在之前认定罪行 B 有罪，控方必须证明罪行 A 的所有要件，即使他们必须为确保罪行 B 有罪而必须证明其中的一些要件。劳森法官在 Hogan [1974]

第 16 章 答 辩

QB 938 案第一审的裁定——在谋杀审判中，如果控方能够显示被指控者已经基于与蓄意对被指控谋杀的被害人造成严重身体伤害的相同事实被定罪，那么禁止辩方否认控方案件的所有要件，除了造成的伤害与被害人死亡之间有着随意的联系——被上议院在 Humphrys 中判定是不正确的。

看起来尽管有以上列出的一般原则，禁止反言事项在申请人身保护令时确实有着关联性（Govenor of Brixton Prison ex p Osman [1991] 1 WLR 281）。

16.8.4 有瑕疵的无罪宣告

与"有瑕疵的宣告无罪"有关的《1996 年刑事程序和侦查法》第 54 至 57 条构成了对先前宣告无罪适用的一个主要例外。它们授权对被指控者因一项他已经被宣告无罪的犯罪进行第二次起诉，如果下列条件得到满足：

（1）对一项犯罪一名被告人已经被宣告无罪（第 54（1）（a）条）；和

（2）一人已经因一项司法管理罪行被定罪，犯罪牵涉到干涉或恐吓一名陪审员或证人或潜在的证人（第 54（1）（b）条）；和

（3）对司法管理罪行定罪的法院证明有真实的可能，如果不是因为干涉或恐吓，被宣告无罪的人将不会被宣告无罪，而且对被宣告无罪的人进行程序不违背正义的目的（第 54（2）和（5）条）。

然后就可以向高等法院申请命令取消宣告无罪。如果第 55 条中规定的四个条件均得到满足，高等法院必须作出命令。这些条件是对高等法院来说：

（1）可能，如果不是因为干涉或恐吓，被宣告无罪的人将不会被宣告无罪；

（2）对被宣告无罪的人因他被宣告无罪的罪行启动程序不违背正义的目的，例如因为时间的流逝；

（3）已经对被宣告无罪的人给出了合理的机会向高等法院提出书面

258

申请；和

(4) 对司法管理罪行的定罪是成立的。

第 54 至 57 条适用于被宣告无罪的被指控有关犯罪发生在 1997 年 4 月 15 日或以后。应当强调的是，必须被宣称发生在此日或以后的犯罪是原来的犯罪，即被告人被宣告无罪的犯罪（第 54（7）条）。

16.9 其他可能的答辩

为完整之故，应当提及另外三种答辩，虽然它们在实践中几乎得不到应用。

(1) 赦免答辩。赦免由王室在内务大臣的建议下，在行使皇家特赦权时准予（更多细节见 24.10 节）。赦免的效果是接受人被从他被宣称实施的犯罪通常的后果中解放出来。在前几个世纪，赦免偶尔在讨论中的犯罪的程序之前或进行当中被批准。被赦免人接着要么在被传讯时要么（如果宽恕在传讯后批准的话）在第一次有机会时提出赦免答辩。赦免答辩禁止对起诉书的任何进一步程序。因此，适当的答辩赦免阻止被指控者因他的犯罪被定罪。然而，在当代社会，赦免只能在定罪和量刑之后才能被批准。它们用于正常上诉途径已经穷尽或可能会证明不成功，但有很好的原因怀疑定罪的正确性的案件中。赦免不影响定罪的事实，但从那里出现的所有不利后果均被移除（见 Foster [1985] QB 115）。因此，如果"被赦免人"被判决监禁，他将有权被立即释放，而且没有被送回监狱的危险。在一个人因为已经被赦免的犯罪被重新起诉的极不可能发生的情况下，看起来他既可以通过赦免答辩来禁止起诉，或者，因为在法律上他还是被定罪的，他可以依赖先前定罪。

(2) 管辖权答辩，必须为书面，大意是法院没有审判犯罪的管辖权。在起诉书指控一项简易罪行（不是属于《1988 年刑事司法法》第 40 条规定）的不太可能的情况下，它是合适的。在辩方辩称犯罪发生在英国法院属地管辖权之外时也可以依赖（见 4.4.1 节），虽然这一点也可以作为普通的无罪答辩提出。上诉法院在 Cumberworth（1989）89 Cr App R 187 案中表达了属地管辖权的问题可以通过抗辩的方式提出这样的观点（见以下（3））。

（3）抗辩，像管辖权答辩一样必须是书面的，是对起诉书措辞的反对。任何可以采取抗辩方式的反对都可以更方便地采取取消动议的方式。为此大法官帕克勋爵表达了抗辩"应当被允许自然而然地消亡"的愿望：Deputy Chairman of Inner London Sessions ex p Commissioner of Metropolitan Police［1970］2 QB 80。相比之下，在 Cumberworth 案中，上诉法院建议，由辩方在无罪答辩中提出的对管辖权的异议可以更明智地通过抗辩的方式处理（虽然管辖权答辩看起来至少同样适当）。

第 *17* 章 陪审团

如果被指控者答辩无罪,接着,除非控方选择不提供证据,必须选任陪审团(或者,更口语化地说,宣誓就任)来审判案件。有关陪审团的法律主要包括在《1974 年陪审团法》中,本章中将其简称为"JA"。

17.1 陪审团服务的适格性

陪审员是从具有广泛代表性的人口中选出的,虽然不是完全代表性。除了受下述例外的限制外,任何年龄在 18 至 70 岁之间,登记为议会或地方政府选举人的人都适合陪审团服务,只要他从 13 岁以后在英国连续居住五年以上的期间:JA 第 1 条。如果一名皇室法院官员认为出庭参加陪审团服务的某人对英语不能充分理解因而不能够有效地成为陪审员时,他可以将此人带到一名法院法官处,以裁定免除其陪审团的服务:JA 第 10 条。关于陪审团服务的最大年龄,已经由《1988 年刑事司法法》从 65 岁提升到了 70 岁。然而,65 岁以上的人如果愿意,都被赋予了自动免除陪审团服务的权利。

第 17 章 陪审团

JA 的第 1 条,连同法案附件 1 的第一和第二部分,经《1984 年陪审团(取消资格)法》修订,排除了人口中的特定群体成为陪审团一员的资格。被排除的群体有:

(1) 司法官员,包括所有占据高级司法职位的人、巡回法官、记录员、业余和带薪治安法官以及所有以前曾经有过这种职位的人。

(2) 参与司法管理的其他人。这包括了出庭律师和事务律师(无论是否正在执业)、治安法官助理、雇员和辩护律师助理、参与法院日常行政管理的职员、假释委员会成员和向假释委员会建议的地方委员会成员、缓刑官、监狱官员、警官和为警察目的雇用的平民,以及任何在过去十年中属于上述群体的人。

(3) 神职人员,无论是英国国教或是其他宗教派别的。

(4) 由于精神疾病居住在医院的人或由医生定期治疗的人。

(5) 任何时间受到五年或以上(或终身)监禁刑的人。"监禁刑"在此处不仅包括监禁,而且包括年轻罪犯教养院的拘押(《1988 年刑事司法法》引入的对不满 21 岁人的刑罚)以及年轻羁押(以前对年轻罪犯的中长期羁押刑罚,现已被 1988 年法令废除)。

(6) 在过去十年中曾经被判处五年以下监禁刑的人。此处"监禁刑"包括(5)中提及的判决,外加缓期的监禁刑罚和拘押中心令(对不满 21 岁的人的短期羁押刑罚,已由 CJA 1988 废除)。

(7) 在过去十年中曾经被命令履行社区服务的人。

(8) 在过去五年中曾经被判处缓刑的人。

(9) 在刑事程序中被保释的人(《1994 年刑事司法及公共秩序法》第 40 条)。

第(1)至(5)条中的人被称为不适合陪审团服务,而从第(6)到(9)条中的人被称为取消了陪审团服务的资格。从广义上说,第(5)条和第(6)条的效果是五年或以上的监禁刑将一人终身取消陪审团服务的资格,而五年以下监禁刑则取消十年的资格。

将以上群体排除出陪审团服务背后的推理是相当明显的。法官、出庭律师和事务律师等可能会对他们在陪审团中的业余同事施加过大的影响,警官可能被怀疑对控方有偏袒,而相反地,缓刑官可能偏向辩方。对神职人员的排除有点意外,可能是产生于由于神职人员的职业他不愿意对别人作出判决这种感觉。关于对一些被定罪的罪犯的排除,以前的情况是缓期的监禁刑、社区服务和缓刑对陪审团服务的适格性没有影响。然而,这个让人感觉不太满意,因为太多的"恶棍"坐在陪审团席中会导致一些在被告人席上的恶棍在本应被定罪时却被宣告无罪了。《1984年陪审团(取消资格)法》对JA 1974年进行了相应的修改,便产生了今天的情况。但即使是现在,被罚款的和附条件释放的罪犯仍然有权在陪审团中任职。由于大约一半因可控诉罪行被定罪的人是这样处理的,一个人完全可能今天被陪审团定罪而明天在陪审团中任职审判另外一人。

尽管有不适合和被排除的群体,第1条和附件1的广泛效果是绝大多数成年人都适合陪审团服务。这与1974年以前的情况形成对比,那时只有拥有房屋的住户才有资格。陪审团那时被批评(或被表扬,取决于个人观点)为"中年、中产、中收入"。现在很难支持这样一种批评了。但是要注意,一人适合参加陪审团并不一定意味着一旦被召唤提供服务就必须在陪审团席就位。请求陪审员旁观和反对陪审员的程序(见17.4节)就是用来阻止那些虽然合格但不适当的陪审员在特定案件的陪审团中就任。

  明知自己没有资格或不适合陪审团服务在陪审团就任的人犯有可惩罚的简易罪行,在前一种情况下可以被罚款5 000英镑,在后一种情况下可以被罚款1 000英镑。但对这类犯罪进行控诉的很少。

17.2 召集陪审员

261 上议院议长负责召集陪审员在皇室法院参加陪审团服务:JA第2条。当然,他要通过皇室法院官员行使职责。传票必须是书面的,可以用邮寄方式送达。它要求陪审员于特定日期在指定地点的皇室法院出席。如果可能，这一地点应当在陪审员家每日合理的出行范围之内，而陪审员被要求出席的平均期间是两个星期。在一些法院，例如中央皇室法院，经常地处理较长的案件，期间可能更长。如果预期将涉入一件很长的案件中，通常要询问陪审员他们对介入是否有反对意见。当然陪审员在包括但不限于差旅和补助费用和收入损失方面有权接受报酬。但上议院议长确定的报酬额可能不足以提供对遭受的所有损失的赔偿。传票中应当附有通知，解释陪审团服务的当选资格的限制、被召唤时不出席的惩罚和免除陪审团服务的可能性。

被传唤参加陪审团服务的人的姓名和地址是从选举名单上的姓名地址中随机抽取的。除了名单上显示由于年龄原因而不适合被选任的之外，传唤官员无法得知并没有任何方式检查他传唤的人是否有权参加陪审团。法院依赖不适合或被取消资格的"陪审员"阅读传票随附的通知，并通知法院他们无被选资格。无疑，一个高等法院法官可以依赖传唤并通知法院，但由于犯罪记录被取消陪审团服务资格的人有时候可能会隐藏事实并进入陪审团。

完全依赖选举登记存在一个严重的弱点。有些人（根据内务部1999年的研究，有8%的适合服务的人）没有登记。对于那些已经登记的，选举名单在更新之前越来越不精确。因此，在那些本应在陪审团服务"池"中有一些重要但却被这个体系忽略的少数群体。如果我们认为社会的某些阶层，即那些年龄在20至24岁之间的、少数民族的，和那些居住在租来的住处的人因此没有被充分代表时，那问题就变得更严重（见《奥德报告》第144页）。

上议院议长还通过皇室法院官员负责制作已经被传唤到皇室法院的不同地点参加陪审团服务的人的姓名、地址和出席日期的目录（或陪审员名单）：JA第5（1）条。根据第5（2）条，控方和辩方都有权检查审判他们案件的陪审员将要或已经从中选出的陪审员名单。如果他们有这种愿望，在审判前检查陪审团名单的权利使控方和辩方可以对可能的陪审员进行询问，以期反对他们中的一个或几个参加陪审团。实践中，辩方并没有进行这种询问的资源。控方通过警方电脑系统可以相对更方便地获取潜在陪审员的犯罪记录，但对这种信息的使用受到《检察总长指南》的限制（见17.4.2和17.4.5节）。

惯常的模式是传唤比可能需要的多得多的陪审员。但是如果计算错误，因而不能从陪审团名单上组成一个完整的陪审团，法院可以不用书面通知传唤任何在法院里或者在附近的人组成陪审团：JA第6条。这样传唤的人的姓名被加入陪审团名单。法院应用第6条只存在极其渺茫的可能性。

符合条件并被传唤参加陪审团服务的人有责任按要求出席；除非经同意免除责任，没有正当理由不参加构成了一项犯罪：JA第20条。此罪行可以判处最高1 000英镑的罚款。此事件可以被简易审判，或者更方便地，可以由皇室法院法官按照在法院面前实施刑事藐视法院罪那样处理。这意味着如果陪审员不承认犯罪，法官可以听取证据并决定案件是否在无须组成陪审团时就已经被证明。必须表明在传票中确定的陪审员初次出庭的日期的至少14天之前，传票被适当地送达给陪审员。突然的疾病和亲人丧亡无疑是不出席的合理理由。

下列人虽然符合陪审团服务的条件，但有权被允许不参加：

（1）65岁或以上的人。

（2）传票送达前两年之内已经出庭参加过陪审团的人。

（3）被法院免除陪审团服务的期间还没有结束的人（偶尔地，在一个很长的案件之后，法官会对陪审员表示感谢，并说他们被免除了任何进一步的陪审团服务）。

（4）议会成员。

（5）武装部队全职服役人员。

（6）医生、护士和医疗职业的其他成员。

（7）宗教组织或修道会的成员，其教条或信仰与陪审团服务不相容的（由《1994年刑事司法及公共秩序法》第42条加入的一个理由）。

除了武装部队的成员,声称自己属于上述群体的人必须使一名适当的皇室法院官员确信他们确实有权被免除服务。对于武装部队成员,由被传唤的人的指挥官证明其从岗位上缺席将对服役的效率产生不良影响。

如果陪审员无权被免除责任,但依然认为存在他不应当被要求参加的合理原因,他可以向适当官员申请自由裁量地免除。

作为替代方式,可以申请服务延期。这在被传唤的日期与假日或商业行为冲突时是合适的。如果申请被批准,将确定一个较晚的日期完成服务。

JA 的第 8、9、9A、9B 条规定了陪审团服务的免除和延期。如果适当的官员根据一条或另一条规定拒绝了申请,可以向皇室法院法官上诉。

JA 第 9B 条规定了某人可能因为身体残疾而无法担任陪审员的程序。它规定法官"应当确认传票,除非法官认为此人由于残疾而无法有效地承担陪审员的职责,在这种情况下他应当撤销传票"。在 Re Osman [1996] 1 Cr App R 126 案中,伦敦记录员在第一审中判定,被传唤作为陪审员的一人因为高度耳聋应当根据第 9B 条的规定被免除陪审团服务。为了在法院或陪审团室能遵守程序,未来的陪审员需要手语译员的帮助。让译员在陪审团审议裁决时和他们一起退庭,被认为是程序中不可救药的违法行为。

17.3 选任陪审团

程序的下一个阶段是从被传唤在特定日期皇室法院的一个地点出席的陪审团名单中选出十二名男女组成陪审团审判特定案件。这就是陪审团的选任或宣誓就任。

陪审员名单中的二十名或以上成员(被称为等待中的陪审团)要么在被指控者答辩无罪时在法院上,或者在答辩后立即被一名引导员带入法院。法院助理叫出十二人的姓名，请他们走入陪审团席。他有所有等待中陪审员的姓名，而且必须随机选出他叫出的人：JA 第 11 条——"在法院前审判一个事项的陪审团必须在公开法院从全体或部分陪审员名单中通过抽签选出……"（挑选程序的随意性质的重要性在 Salt [1996] Crim LR 516 案中被强调——案中在可获得的陪审员总数不足时，一名皇室法院引导员的儿子竟然被他的父亲叫来作为陪审员！）抽签通常是通过交给助理一些卡片，每一张卡片上都有一名等待中的陪审员的姓名和地址。他将卡片洗牌，然后叫出最上面的十二个名字。

在 Comerford [1998] 1 Cr App R 235 案中，法官命令陪审员的名字不应当在公开法院上宣读，而应当通过分配给他们的号码被叫唤。鉴于此前一次审判的流产，这一非常措施是为了减少陪审员对恐吓的担心。虽然辩方律师反对这一做法，上诉法院还是判定这不能使审判成为无效行为，除非它使程序对被告人不公平或侵犯了他的权利。在当前的案件中，没有这种侵犯，因此上诉被驳回。如果采用这种方式妨碍被告人有因反对的权利，那就被认为对被告人不公平。被告人在决定一名潜在的陪审员是否可能对他有歧视时，有权获得有关法律和实际考虑允许的尽可能多的信息。陪审员的姓名构成了这种信息的一部分。像辩方律师所说的，"在面孔不能时，姓名能唤起回忆"。但在 Comerford 案中，并没有否认被告人事先查看陪审团名单中的姓名的权利，而这一次检查本可以形成反对，但被告人却没有反对。

一旦十二人进入陪审团席，助理就向被指控者说——"约翰·史密斯，你将听到的十二个姓名是要审判你的陪审员的姓名。因此如果你要反对他们或他们中的任何一个，你必须在他们走到书本前宣誓，并在他们宣誓之前这么做，你的反对意见会被听取。"这是要通知被指控者反对陪审员的权利（见 17.4 节）。一名不熟悉法院程序又没有被代表的人是否能确切地理解他应当怎样反对陪审员，是受到一定怀疑的。但是这句话其中的晦涩之处，如果有的话，也没有什么关系，因为在皇室法院大多数被指控者都有法律代表，而反对陪审员的权利总是由律师代表其当事人行使。

第 17 章　陪审团

接着助理单独地呼叫陪审团席的每一个人进行陪审员的宣誓，也就是——"我以万能的上帝起誓，我将忠实地审判被告人［们］并根据证据作出真实的裁决"。陪审员从一张打印的卡片上朗读誓词同时右手握着适当的书（对天主教徒是《新约全书》，对犹太人来说是《旧约全书》，对穆斯林来说是《古兰经》，等等）。如果他希望这样，他可以证实。在陪审员宣誓之前各方都有可能通过请求他旁观（只对控方），或者有因反对，对陪审员提出反对。这么做的程序和理由在以下几节中予以解释。如果反对成功，陪审员被要求离开陪审团席并由另一名等待的陪审员（他也可能是反对的对象）替换。然而，由于强制反对的废除（见 17.4.1 节），最初被传唤进入陪审团席的陪审员被替换的可能性比过去大大减小了。一旦满十二人的陪审团都已宣誓，助理要正式询问他们是否全部宣誓并将被指控者置于他们的掌管之下。这是一个传统的，虽然不是程序严格关键部分。助理说一些有这个效果的话——"约翰·史密斯被一份包含 X 项罪状的起诉书指控。罪状一是违反《1968 年盗窃法》第 1 条偷窃，细节是他于 2002 年 1 月 1 日偷窃了属于简·布朗的 10 英镑。罪状二是……［如此等等直至起诉书结束］对这份起诉书他答辩无罪。在听取了证据之后，你们的责任是判定他有罪还是无罪。"如果被指控者对起诉书中的一些罪状答辩有罪而对其余的答辩无罪，将不告知陪审团有罪的答辩。一旦被指控者在陪审团的掌管之下，控诉律师就开始他的开场发言。

17.4　反对陪审员

对挑选陪审团的最佳方式存在两种不同的观点。一种是程序应该设置尽可能多的机会。根据这一观点，某些群体（例如儿童和精神疾病的人）不可避免地必须被排除出陪审团服务之外，但是这些群体应当尽可能窄地被定义。另外，如果一个人通过当时的司法体系使用的无论怎样的任意挑选方式被选中在特定案件的陪审团中任职，那么除了他属于被排除群体的一员,应当不可能对他出现在陪审团中有任何反对。劳顿法官在 Mason [1981] QB 881 案中提出这种方式可能导致不公平。例如,对一名在外出偷猎时被控称非法伤害了一名狩猎管理员的被指控者进行审判的陪审团中,可能包括一名因偷猎被数度定罪的陪审员,因为定罪没有导致可以使他被取消陪审团服务资格的判决。与此相对的论点是,陪审团包括一名狩猎管理员也无妨,而且无论如何,多数票裁决的条款(见 19.5 节)阻止了任何单个陪审员对案件产生决定性的影响。

第二种挑选陪审团的观点是应当尽最大努力选择对案件没有明显歧视的陪审员,无论是对指控的特定类型的罪行有歧视,还是一般地支持或反对被指控者,或是支持或反对被指控的特定被指控者。这种方法在美国的一些州被采用。它牵涉到给各方当事人审查潜在的陪审员的机会,传唤关于他的证据并对他的合适性陈述论点。困难是挑选陪审团的程序变得几乎与审判本身一样漫长而昂贵。这种程序在世界上最富有和最喜争讼的社会中发展起来也可能绝非偶然。

英国法院采取的方式反映了上述两种观点的折中,虽然强烈地倾向于赞同随机挑选。无权在陪审团任职的群体相当小(见 17.1 节),那些被传唤来进行陪审团服务的人姓名是随机的(见 17.2 节),从陪审员名单中挑选那些进入陪审团席以宣誓并组成陪审团的人是通过抽签的方式完成的(见 17.3 节)。然而,选择的随机性受到了控方或者辩方都能阻止那些原来可以选入陪审团中的一个或以上陪审员的可能性的限制。控方可以请求一名陪审员"旁观";控方和辩方都可以有因反对一名陪审员。1988 年之前,辩方还可能不用给出任何理由反对一名陪审员,但这种权利现在已丧失(见下一节)。这种变化加强了陪审团挑选的随机性。

17.4.1 强制反对的废除

很多世纪以来,辩方有不给出任何理由而阻止一定数量的陪审员进入陪审团的权利。辩方律师要做的只是在一名等待中的陪审员马上要进行宣誓之前说"反对",这名陪审员就不得不离开陪审团席而被另一人

第 17 章　陪审团

代替。这种反对被称为无因反对或强制反对。允许每一名被告人反对的数目日益减少，1925 年从 25 名减到 12 名，在 1948 年从 12 名减至 7 名，最后在 1977 年从 7 名减至 3 名。尽管如此，还是不断产生对被指控者滥用强制反对权利的抗议，据说辩方律师过分经常地因为琐碎或彻底不合适的原因提出反对。最终，尽管面对保留主义者的强烈反对，强制反对还是被决定废除。《1988 年刑事司法法》第 118（1）条非常简单地作出了改变，它规定——"在对一个人起诉书审判的程序中不给出理由反对陪审员的权利被废除了"。因此，在某种意义上，强制反对现在只是法制史上的一个事件了。然而，不能将它们完全忽略，因为陪审团法律的一般发展曾受到这个事实的深刻影响，那就是直到最近辩方还有在不喜欢时只要说出来就可以将陪审员排除。

17.4.2　被要求旁观的陪审员

控方从来就没有过强制反对的权利。然而，他们的确曾经而且仍然拥有实际效果相同的权利。这就是让陪审员旁观的权利。如果控诉律师不希望某人进入陪审团，他在此人将要进行宣誓之前说"旁观"。接着"陪审员"就会走出陪审团席并被另一名等待中的陪审员代替。同时，律师对"旁观"不需要给出理由。他必须给出理由只会发生在如果整个陪审团名单已经用尽还没有组成一个完整的陪审团这种可能性不大的情况下。由于法院的实践是传唤比一次可能需要的多得多的陪审员，律师必须让过多数目的潜在陪审员旁观才有用尽名单的危险。但如果他真的这么做了，第一个被他要求旁观的陪审员会被请求返回陪审团席，并且除非能成功地有因反对，他将进入陪审团（见下一节）。

控诉律师让陪审员旁观的态度，在 Mason［1981］QB 881 案中得到了明晰。上诉法院（劳顿法官作出判决）判定让陪审员旁观不取决于律师有原因这么做，因为那样就可以建立成功的有因反对了。因此，在理论上，可以因为任何原因或没有任何原因让陪审员旁观。但是控方律师应当负责任地使用他的权利。旁观权利的重要性从那以后已经被《检察总长关于皇家检察官行使旁观权利的指南（1998）88 Cr App R 123》

大大减少。指南阐述了立法背景，强调将不适合在陪审团任职的人排除的基本责任属于法院官员，且最终属于审判法官。鉴于辩方反对权利的废除，皇家只应当在有限的情形下坚持旁观的权利。指南的第 5 条实际上规定，这些情形只存在于（1）国家安全或涉及恐怖主义的案件中，并且要得到检察总长的个人授权批准；或者（2）陪审员显然不适合而且辩方同意行使旁观的权利。

辩方没有权利让陪审员旁观：Chandler [1964] 2 QB 322。

17.4.3 有因反对

控方和辩方都有权在给出理由时反对很多的陪审员。大量的 18 世纪晦涩的法律在一系列标题下对有因反对进行了分类，例如 propter honoris respectum, propter defectum 和 propter affectum。然而老的案件中的结果是陪审员基于不适合或被取消陪审团服务资格被反对，或者基于他有或合理怀疑的偏见而被反对。至于偏见，陪审员曾经因为被一方当事人雇用或与其有关系，或曾经在一方当事人的房子受到过招待，或者他们曾经对案件的结果表达过希望或观点，或者他们曾经对被指控者显示敌意而被成功地反对（见 O'Coigley（1798）26 St Tr 1191 案，被反对的陪审员在看着被告人席上的被告人时说"该死的流氓"）。更近的是在 Kray (1969) 53 Cr App R 412 案中，审判法官准备从陪审团中排除任何曾经阅读过任何有关被指控者宣称的黑社会活动的明确但可能不精确的报纸报道的人。

相比之下，在 Pennington [1985] Crim LR 394 案中，上诉法院暗示一名在 1984—1985 年度矿工大罢工期间工作的陪审员适合在审判 P 的陪审团中任职，P 是主要的罢工矿工，被宣称在纠察线值勤时实施刑事损害犯罪。但是这一点并不是直接就被争论的，因为辩方直到审判结束后才发现相关事实，因此实际上并没有提出反对。

提出有因反对的程序是反对的一方在"陪审员"宣誓前说"反对"。然后他的责任是要法官在均衡的可能性中确信他的反对具有良好的理由。为完成这一责任，他通常必须传唤陪审员不适合的初步证据——例

第17章 陪审团

如他（陪审员）由于先前的定罪而被取消资格，或由于他的职业而不适合，或以这样那样的方式而有偏见。直至这些表面证据被引出之前，不能向陪审员本人提问。换句话说，不允许各方当事人进行"摸底"，询问陪审团名单中的每一名成员他们的态度、生活经历等等，以期引出反对的可能根据。这个严格的规则有缩短陪审团挑选程序的优点，缺点是，由于在皇室法院中心的任意陪审员名单有数百人，要各方在审判前检查他们案件中的潜在陪审员是否合适几乎是不可能的。几乎肯定的是，相当比例的可反对陪审员没有受到反对，仅仅因为在相关时间内没人有必要的信息。从 Morris (1990) 93 Cr App R 102 案中可以清楚，有因反对权利的行使被限于陪审团宣誓时，而不能在审判过程中行使。M 被指控从马科斯和斯宾塞商店偷窃。在商店保安给出证据之后，一名陪审员说她是公司另外一个分支的人事助理。法官拒绝开除陪审员，说处理事情的正确方式应当是有因反对。审判继续，M 被宣告有罪。上诉法院允许了他的上诉。在关于陪审员的事实出现时，有因反对已经太晚，它只有在陪审团宣誓时才能提出。

部分是因为上述的程序上的困难，另有部分是因为——如果对陪审员有任何怀疑的话——使用强制反对或让他旁观更容易，有因反对曾经陷入无人利用的状态。将来的问题是，随着强制反对的废除，辩方特别会重新采用有因反对。法官们会不会通过允许在作为反对理由的表面证据被引出之前而不是之后，询问等待中的陪审员的合适性，来帮助程序？反对向整个等待中的陪审团提出初步问题的规则仅仅是法官制定的一个实践，而且即使是在过去，在例外地情况下也有偏离。因此，在 Kray (1969) 53 Cr App R 412 案中（见上文），法官同意询问每一名陪审员是否阅读过犯罪的报纸文章，尽管没有任何理由假设任何人已经阅读过。

在对个体陪审员提出反对之外，还可以对整个陪审团名单提出反对。这被称为反对陪审员名单，依据是被任命传唤陪审团全体成员的皇室法院官员有偏见或有其他不适当的行为。虽然 JA 第 12(6) 条保留了反对陪审团名单，但在当今它们实际上已不为人所知。

17.4.4 法官的权力

审判法官有让陪审员旁观的剩余权力。最常见的例子是在一名陪审员进行宣誓时，可以明显地看出他的文字理解能力，不能理解在审判过程中提出的文件证据。法官可以要求陪审员让位。

法官更一般地干涉进来以组成他认为适当平衡的陪审团究竟是否合适，是一个可以讨论的问题。这个问题尤其出现在被告人来自少数种族并希望陪审团中有他们自己种族的代表（或至少一般地来自黑人种族）的情况下。在 Binns [1982] Crim LR 522 案中，B 和其他 11 人因产生于布里斯托尔种族骚乱中的罪行被审判（最终被宣告无罪）。被告人中除一人以外都是西印度出身的年轻人。在等待中的陪审团缺席时，辩方律师请求法官（斯托克法官）确保陪审团的种族平衡——即，包括黑人社区的成员——因为他们比白人陪审员更能理解黑人年轻人以及他们和占支配地位的白人警察之间的关系。斯托克法官赞成申请，并说明作为最终手段，他本人将使白人陪审员旁观，直到有足够数量的黑人陪审员被传唤进入陪审团。然而，如果第一个传唤的陪审团名单全部是白人的话，他不准备解散它并传唤新的陪审团成员。结果，从陪审团名单中随机挑选和对强制反对的司法应用导致在法官没有干涉的情况下组成了一个被告人可以接受的陪审团。斯托克法官的方法与 McCalla [1986] Crim LR 335 案中曼德法官的方法形成鲜明的对比。辩方请求至少两名黑人陪审员，但法官说准许他们的愿望超出他的权力范围，因为他无法适当地干涉从陪审团名单中随意挑选的陪审员，也不能人为地扩大名单以包括更多的黑人。另外，作为一项原则，被告人不能被允许要求他希望的类型的陪审团审判他。

法官可以适当地影响陪审团组成的范围在强制反对被废除后有了更大的重要性。以前，尤其是在多名被告人的案件中（每一名被指控者有三次反对），被告人通常无须法官的帮助就能组成平衡的陪审团。这再也不可能了。在 Ford [1989] QB 868 案件中，F 对因鲁莽驾驶和未经

第 17 章 陪审团

同意取走一辆机动车的定罪上诉。代表他提出的辩论是审判法官错误地拒绝了组成种族平衡的陪审团的申请。这一论点被上诉法院驳回。任何对陪审团名单的反对都必须建立在偏见或传唤官员方面的其他不规范行为的基础上。如果存在对某个少数民族群体的人比例失衡的申诉，应当通过行政（而非司法）干涉改正——除非是由于偏见或不规范行为。就个体陪审员而言，仅仅有陪审员属于特定种族或宗教的事实不能构成在偏见基础上的有因反对。另外，为了确保一个特定种族混合的陪审团，法官不可以排除抽签选择的个体陪审员。至此，在 Binns 案中法官准备以这个原因让陪审员旁观是错误的。

这个问题仍然是有争议的，在 1991 年被任命并由朗西曼勋爵担任主席的皇家刑事司法委员会询问那些提出证据的人，Ford 案的决定是否令人满意。如果不满意，他们问道："可以设计什么样的程序使法官能在例外的情况下行使这样一个权力（即让陪审员旁观）？"种族平等委员会（CRE）在它的证据中通过提出对来自少数民族陪审员低比例的担忧作出了回应。委员会暗示这部分可能是由于在选举名单上登记更少的倾向，和由于住所要求导致的低合格率等因素造成的。种族平等委员会还指出一些被指控者在被控诉的罪行地区之外的地方审判，例如很多来自南伦敦（有相对较高的少数民族人口）的被指控者被在泰晤士河上的金斯敦（几乎全部是白人）审判。种族平等委员会向皇家委员会提议，应当可以由控方或者辩方在审判前向法官申请挑选组成包含可达三名少数民族社区的人的陪审团。如果法官批准了申请，将由陪审团执行官继续从手头上的名单中随机地选择姓名直到抽出三名这样的人。皇家委员会在其报告（HMSO 1993 第 133 页）中同意了这一建议，前提是根据实际情况，控方或辩方能够说服法官因为案件的非同寻常的特殊性使用这样一种方式是合理的。皇家委员会暗示被指控入室行窃的黑人被告人不太可能获得这样申请的成功。但是被指控暴力袭击据称对他们进行种族辱骂的极端组织的成员的黑人，就很可能成功。还没有现象表明皇家委员会的这一建议会被纳入制定法。

2001 年《奥德报告》出台时，提出了一种可选择的建议（第 159

页）。总结来说，它提议审判前询问当事人的种族是否会是一个问题，如果是，是否应当采取措施确保陪审团中有少数种族的代表。如果是这样，那么就要为案件组成大量的陪审员。如果被选出的没有包括，比如说，最少三名少数种族陪审员，其余的将一直站在那里直到达到最低数目。奥德法官或者皇家委员会的建议还没有能进入制定法的迹象。

在 Tarrant [1998] Crim LR 342 案中，审判在伦敦东端的斯奈尔布鲁克进行。控方申请案件移出该地区，因为担心陪审团可能被恐吓。法官拒绝转移案件，但是命令从该地区以外引进随机选出的全体陪审员。被告人被定罪并上诉。上诉法院强调，将未来的陪审员提名到陪审员名单和从陪审员名单中挑选审判案件的陪审员都必须是随机的。另外，程序必须由法院行政部门执行，而不是由法官执行。因为被告人被剥夺了真正随机选择的陪审团的权利，定罪被取消。

17.4.5 审查陪审团

一个引起了公众争议的问题是各方当事人是否应当被允许"审查"陪审团——即，对陪审团名单中的成员进行询问，以期更有效地行使其反对和旁观的权利。审查陪审团本身并不违法。相反，JA 第 5（2）条明文规定，授权各方当事人在审判前检查陪审团名单（见 17.2 节）。通过这种做法，他们能够发现名单成员的姓名和地址，而且法律中没有任何规定禁止他们对那些被传唤参加陪审团服务的人的背景、可能的态度等在案件可能被听审时进行调查。实践中，陪审团名单的规模使辩方不可能进行任何有效的"审查"——法律援助基金当然不可能支付所需的私人侦探大队的费用！控方（通过警方）有更多可供利用的资源，但一般地，他们认为正确的唯一检查也就是调查陪审团名单成员的犯罪记录。如果一名等待中的陪审员证明是有能取消资格的定罪或者（虽然不足以取消资格）由于先前的定罪依然不适合，控诉律师可以有因反对。Mason [1981] QB 881（见第 17.4.2 节）明确地在这种有限的意义上赞同了审查陪审团，虽然现在它在实践中必须受到《检察总长关于皇家检察官行使旁观权的指南》的进一步限制。Mason 案判决后不久，总警

第17章 陪审团

官协会发布了建议，指出警方会认为检查陪审团名单成员的先前定罪是适当的。建议在（1989）88 Cr App R 123 的第 125 页被报告。它们指出了可以进行检查的三种情况，分别是：

（1）看来有将被取消资格的人引入陪审团的企图，或者一名特定的陪审员可能被取消资格；或者

（2）可以相信在以前相关的流产的审判中，有干涉陪审员的企图；或者

（3）考虑到特定案件的性质，确保没有被取消资格的人在陪审团任职非常重要。

除非检察长特别要求，警方不会代表辩方检查陪审员。除非根据《检察总长指南》的授权，他们除定罪检查之外，也不会进行检查（见下小字体部分）。

《检察总长指南（1989）88 Cr App R 123》规定，在两种类型的案件中，可以合理地对陪审员进行多于仅仅是检查定罪的调查。两种类型的案件是——（1）牵涉到国家安全的案件，而且部分证据将秘密听取，和（2）恐怖分子案件。说需要额外检查是因为在这种案件中，有极端政治观点的人可能会让这些观点干涉他的证据的客观评估。另外，关于安全案件，从陪审团中排除可能被诱惑泄露秘密听取的证据的任何人被认为是至关重要的。因此，在这两个范畴的案件中，可能会查询警方专门部门的档案；在安全案件中，可能额外寻求安全机构自身的帮助。然而，这种检查需要检察总长的亲自授权，因此被称为"授权的检查"。任何被授权检查的结果在检察长的自由裁量之下会提交给控诉律师，他然后可能——牢记检查意欲防卫的危险——使用这些信息使陪审员旁观。由于检察总长只在少数案件中给出授权，因此授权检查在整个陪审团挑选的体系中没有什么重要性。

17.4.6 陪审团保护

如果法官担心"陪审团干扰"（例如恐吓或贿赂），他可以发出陪审

团保护令。这本质上涉及警方在审判过程中对陪审团成员提供保护,这样他们可以在没有外部干涉的情况下进行审议。通常这样一个命令被认为是控方申请的结果。一般地,法官在没有充分根据时不愿意同意这样一个申请。存在这种危险,即受到干扰注意而可能被保护的陪审团会认为是被告人造成了这种不便,如果他有同党涉嫌干扰陪审团,那么他肯定是怀疑的目标。还有相反的危险,那就是陪审团中不那么坚定的成员会害怕如果他们定罪会有不利的后果,因而决定宣告无罪。尽管如此,法官还是有是否命令保护陪审团的自由裁量权。控方将在陪审团不在场时提出申请,而只要可能时辩方应当在场。通常,控方会给出原因并传唤证据,证人要受到交叉询问。偶尔法官会批准偏离这一程序,例如,允许控方在辩方不在场时或不传唤证据即提出申请。但是除非必需而且不会对被告人造成不公平,不应当批准任何对通常程序的偏离。无论如何,如果法官决定批准保护,没有必要将理由告知陪审团,因为这么做只会增加保护令涉及的不可避免的问题。然而通常必须给出一些解释,惯例是法官和律师之间达成一种方式,其中强调不应当使陪审团惊慌,不能因为采取预防而对被告人有任何方式的歧视。上诉法院在 Comeford [1998] 1 Cr App R 235 案中对正在日益变得普通的陪审团保护现象进行了分析,上述要点即从中提取。

17.4.7 一个陪审团可以审判的事项

通过以上几节描述的程序挑选出来的陪审团正常情况下会一起只审判一个事项。问题几乎总是被指控者对向他提出的起诉书中的指控是有罪还是无罪,虽然例外地也可能是像适合答辩或沉默等此类问题。作出裁决后,陪审团被解散而其成员可供其他陪审团挑选。但 JA 第 11(4)条确实规定,一个陪审团可以审判一项以上事项,如果对第二项(或最后的一项)事项的审判在陪审团组成之后的 24 小时之内开始。在沉默案件中这一条款很有用处,发现被指控者恶意沉默的陪审团可以继续审判有罪或清白的一般事项(当然,假设发现被指控者不是因上帝造访而沉默花费他们不到一天时间)。另外,《1964 年刑事程序(精神错乱)

法》第4（4）（b）条专门规定，在对适合答辩的决定被推迟到控方案件结束时，审判一般事项的陪审团可以审判适合性。类似地，如果被指控者被判定不适合答辩，同一陪审团应当继续决定他是否"实施了构成犯罪故意的行为或有疏忽"（《1964年刑事程序（精神错乱）法》第4（5）条，1991年修订；见16.7.2节）。在这些情况之外，陪审团在实践中不会被保留以审判一项以上的事项，即使这在第11（4）条规定下技术上是允许的。因此，如果一个起诉书审判花费少于一天的时间，陪审员们就会仅仅回到等待中的陪审员的群体中去，而不是被请求开始第二个审判。

17.5　陪审团组成作为上诉的根据

陪审团的裁决应当受到尊重，并且除非在裁决作出前的审判中有重大的错误（例如接受了不可采纳的证据或在总结时对法律的错误指示），或者接受上诉的法院留有可能发生了审判不公的真实感觉时（上诉法院支持对定罪提起的上诉的根据，见第24章），判决不应当在上诉时被否决是符合公众利益的。不用说，如果可能通过对个体陪审员的能力或陪审员在案件中集体作出判决的能力提出反驳而对定罪提出反对的话，公众对陪审团体系的信心会受到损害，公众成员会因为害怕随后在上诉法院被批评而不愿参加陪审团。所以，议会和上诉法院联合使被指控者通过攻击陪审团而反对定罪变得非常困难。

第一，上诉法院早已确立了一个原则，那就是它不会调查在陪审团室发生了什么，不管存在不规范行为的怀疑有多么强烈（细节见19.1.2节）。第二，如果辩方在审判后发现其中一名陪审员知道他本来不应当了解的和/或对被指控者有极大偏见的不利于被指控者的事实，这不能当做上诉的良好基础，除非辩方能履行几乎不可能的证明责任显示所涉的陪审员在审判之前就下定决心，不管证据如何都要对被指控者定罪。因此，在Box and Box [1964] QB 430案中，尽管陪审团主席知道上诉人是前盗贼、恶棍和经常嫖妓者，并对他的一个熟人说"不需要听取证据"而且"要判他们十年"，有罪判决还是被支持。当然，主席参加陪审团是完全错误的——他本应告诉法官他认识被指控者，法官会将他免除。而如果辩方能及时知道主席知道了什么，他们显然能有因反对他，反对也肯定会成功。但是，由于相关事实直到判决后才为人所知，上诉法院决定必须支持定罪，尽管人们对于陪审团是真的根据证据公平地决定案件还是被主席的反辩方偏见所左右可能持有怀疑。类似地，在 Pennington（1985）81 Cr App R 217 案中（事实见 17.4.3 节），宣称的未罢工矿工偏见对陪审团的影响——即使如果较早发现可以作为有因反对的根据——作为在审判后取消对 P 的定罪原因被毫不犹豫地拒绝了。第三，上诉法院在诸如 Box and Box 案中的方法通过 JA 第 18 条在制定法中得到了确认。

第 18 条规定定罪不能以下列的任何根据被取消：

（1）没能遵守 JA 中关于传唤陪审员或通过抽签挑选陪审员的条款；

（2）根据 JA 第 1 条陪审员没有资格；

（3）陪审员被叫错姓名或有错误描述（例如，在陪审团传唤或在陪审团名单上）；

（4）陪审员身体不适合任职。

如果当时作出反对或之后一旦可行时就作出反对，且没有采取任何改正不规范行为的措施的话，第 18 条不适用于属于上述（1）中对 JA 的违反。第 18 条也不适用于在一人通过假扮另外一人而错误地在陪审团任职的情况。但除了这两个限制条款外，这一条将使建立在例如陪审员不适合或被取消资格或身体不适于陪审团服务的基础上的上诉无效，即使直到审判结束后才得知相关事实。Raviraj（1987）85 Cr App R 93 案提供了一个简单的例子，案中辩方在宣告有罪后发现陪审员因为在之前的十年中曾作为警察而不合格。上诉根据第 18 条被驳回了。类似地，但更有争议性地，在 Chapman and Lauday（1976）63 Cr App R 75 案中，虽然一名陪审员耳聋而且只听到一半的证据，根本没听到任何总结,上诉人还是失败了。很显然,没有听取程序的陪审员无法履行根据证据作出真实裁决的誓言,但是这名耳聋的陪审员在当时没有被反对(因为无人知道他的残疾),而控方也无法掩饰他们上诉的根据仅仅是他身体不适于作为陪审员这一事实。实际上,上诉人是被十一名陪审员而不是十二名审判的,但是第 18 条仍然适用挽回了定罪。可以辩论的是,在第 18 条意义之内,不适合的陪审员不仅指在(像在 Chapman and Lauday 中)他身体或精神不适宜参加任何陪审团,而且还指他对特定被指控者的了解和态度使他不适合审判那个人,虽然他还是可以被其他陪审团接受。但是这种案件可能最好还是留给在 Box and Box 中解释的普通法原则(见上文)解决,而不应当由第 18 条规范。

  在 Chapman and Lauday 案中,上诉法院确实在随附意见中指出了一种选择性方法,它在不同情况下可以改善这一条造成的明显的严厉后果。这种方法是辩称案件的整个情形——包括但不限于宣称的陪审员的缺陷——引起了正义没有得到伸张,因而定罪是不安全的巨大怀疑。例如,如果 Chapman and Lauday 案中的判决是允许范围内的最少多数 10—2 名陪审员通过的,而不是一致通过,大人们对一项其合法性取决于一名没听到证据的陪审员的投票的裁决的正义性就不会那么有信心了。他们将因此在不安全的基础上取消定罪,而不管第 18 条的规定。采用了他们在 Chapman and Lauday 案中的附言中的暗示,Raviraj 案中的上诉人主张陪审团中的前警官使定罪不安全。然而,论证再次失败,依据的事实是所涉的陪审员已经离开警方大约九年,而且无论如何他只在里面待了三年。这样一个与警方的脆弱联系不能显出他会如此支持控方以至于他本人未能认真地听取证据而且/或者对陪审团中的同事施加不适当的影响。

17.6 解散陪审员或陪审团

  一旦陪审团被选出,事情发展的正常方式是这十二名男女将听审整个案件并在结束时作出裁决。然而，法官可以解散最多至三名陪审员而让剩余的继续审判。作为选择方式，他可以免除整个陪审团作出裁决的义务，留下让新的陪审团在较晚的日期审判被指控者时宣誓就任可能性。解散陪审员或陪审团经常和他们在听审过程中有不当行为的主张相联系。因此首先总结陪审员行为的规则会很方便。

17.6.1 审判中陪审团的行为

审判法官有自由裁量权允许陪审团在退庭审议裁决之前的任何时间彼此分开：JA 第 13 条。《1994 年刑事司法及公共秩序法》第 43 条将这一自由裁量权延伸到覆盖他们退庭审议裁决之后的时间。因为明显的原因，在午餐休庭和隔夜休庭时同意这种分离也是正常的。但是，在他们第一次分开时，法官应当警告陪审团不与任何不是他们中的一员的人谈论案件（见 Prime（1973）57 Cr App R 632 案）。尤其重要的是他们不与当事各方、律师、证人或任何实际牵涉入审判的人交谈。但他们也不应当与亲属、朋友等讨论案件。这一部分是因为他们（不是其他任何人）被委以最终作出裁决的责任，一部分是因为他们与之交谈的人可能对审判引起的事项有强烈的观点，无论是偶然还是策划，歪曲陪审员对程序的态度（关于这种情况的极端例子，见 Spencer ［1987］AC 128 案）。违反上述规则可以导致一名陪审员或整个陪审团被解散（见 17.6.2 和 19.1 节）。

17.6.2 解散个体陪审员

JA 第 16 条规定，在审判的过程中如果一名陪审员死亡或者由法官"无论因为疾病无法继续审判还是任何其他原因"解散，陪审团中剩余的人可以完成对案件的听审并作出裁决，只要他们的数目没有减到 9 人以下。第 16 条本身没有详细说明使解散成为合理的原因（除了使之不能胜任的疾病）。然而，在普通法中，只有存在对它的"明显必要"时才能允许解散（见 Hamberry ［1977］QB 924 案）。怎样才达到明显必要本质上是法官自由裁量的事项，在实践中也不难显示它的存在。因

第 17 章　陪审团

此，在 Hamberry 案中一名陪审员仅仅因为审判出乎意料的漫长期间，意味着如果她留在陪审团中她的度假计划会受到影响而被解散。上诉法院赞同审判法官的决定。类似地，在 Richardson [1979] 1 WLR 1316 案中，大人们轻而易举地判定解散一名丈夫在隔夜休庭时死亡的陪审员是正确的。

陪审员的不当行为导致存在偏见的怀疑时，也可以令他必须被解散。已决定的案件显示了两种不同主线的授权，揭示出在考虑偏见问题时适用了不同的检测标准。在 Gough [1993] AC 646 这一主要案件中，两种对抗性的检测标准被确定为：

（1）在涉及的陪审员方面是否存在偏见的真实危险；和

（2）一个有理智的人是否可以合理地怀疑陪审员方面有偏见。

上议院在 Gough 案中确认审判法官应适用的正确检验标准是第（1）个，也就是说，是否有影响个体陪审员思想的偏见的真实危险。大人们还阐明了同样的检验标准适用于所有明显偏见的情形中，无论是关于陪审员或者法官。另外，法官绝不能考虑不相关的事项，例如，早前有一次审判流产这样的事实：Walker [1996] Crim LR 752。

在 Sawyer（1980）71 Cr App R 283 案中，三名陪审员被看到在法院餐厅和控方证人交谈，但法官询问谈话是关于什么内容时，他们向他保证是与审判无关的中立事项。法官决定不存在歧视的真正危险并拒绝解散陪审员，这一决定得到上诉法院的赞同。如果在审判过程中发现一名陪审员认识被指控者并/或知道他人格恶劣；或认识案件中的一名证人；或对案件表达了一个观点暗示着他可能已经事先下定决心时，适用类似的原则。如果存在歧视的真实危险，法官当然必须解散陪审员，而且他可以考虑解散整个陪审团（见 Hood [1968] 1 WLR 773 案）。

在 Sander v UK [2000] Crim LR 767 案中，欧洲人权法院强调，任何偏见的主张都必须既从客观又从主观的观点来审查。换句话说，陪审团实际上没有偏见的发现并不能结束问题。还有一个进一步的问题必须被提出：是否有"充分的保证以排除对陪审团公正的任何客观证明有正当理由的和合法的怀疑"。Gough 案中的决定应当在这个分析下被阅读,而这一分析似乎指明上面提到的(1)和(2)都应当得到满足。

解散一名陪审员不需要各方当事人的同意。以前在谋杀案件中需要同意的规则已经被《1988年刑事司法法》废除。正常地,法官在作出任何决定以前都会要求陈述,但即使这样也不是关键的。的确,法官可以不在公开法院上行使这一权力并无须告知各方他做了什么(见上文 Richardson 案,其中陪审员被通过电话告知她被解散,法官甚至未能在公开法院宣布他的决定,以至于在审判继续时律师没有马上意识到少了一名陪审员——尽管如此定罪还是被支持)。

17.6.3 解散整个陪审团

法官有免除整个陪审团作出裁决的自由裁量权。如果他这么做,被指控者对被控犯罪并没有被宣告无罪而是可以根据同一起诉书由另一个陪审团重新审判。解散陪审团的主要情况如下:

(1)他们对裁决不能达成一致意见时。这将在第19章中讨论。

(2)在对被指控者有歧视的不可采纳的"证据"被疏忽给出时。因此,如果一名证人告诉陪审团被指控者有先前定罪而且这又不属于允许人格证据的例外情况之一时,法官有很大的机会同意辩方解散陪审团的申请。但这仍然是自由裁量权事项,而法官尤其必须考虑对不良人格的推断有多清楚;辩方因为在交叉询问中提出不明智的问题应当在多大程度上受到责备;以及不可采纳的信息对陪审团可能会有什么影响。在 Weaver [1968] 1 QB 353 案中,辩方律师对一名警官的交叉询问导致了实际上向陪审团揭示被指控者有数起先前定罪的答案。法官拒绝解散陪审团而 W 被定罪。上诉法院驳回了上诉。权衡反对解散的因素是(1)辩方律师自己对招致他后来申诉的答案负有责任;和(2)法官的总结已经使歧视的程度最小化。比较 Boyes [1991] Crim LR 717 案,其中当法官对强奸和猥亵攻击的指控作总结陈述时,告发者的母亲在公众走廊里叫喊道:"他攻击的其他五个女孩的结果什么时候能出来?"法官告诉陪审团不要理会这一骚乱。陪审团裁决有罪。上诉法院批准了上诉。他们决定的其中一个基础是法官未能询问陪审团他们是否听到了爆发的言语。如果他们听到了，一个人不可能想象到带入陪审团室的能比这更有损害性和歧视性的证据了。法官应当考虑重新审判。

在 McCann [1991] Crim LR 136 案中，M 和其他人因共谋谋杀当时的北爱尔兰国务大臣金先生和其他人被审判。他们选择不提出证据。在审判结束阶段，内政大臣在下议院宣布了政府改变沉默权规则的意向。当晚，对金先生和丹宁勋爵的采访被电视转播，其中用激烈的言辞表达他们的观点，即在恐怖分子案件中，未能回答问题或提供证据等同于有罪。审判法官拒绝解散陪审团，被告人被定罪。上诉法院准许了上诉。存在陪审团被这些陈述影响的真实危险。正义能够被伸张而且能够被明显眼见着伸张的唯一方法是解散陪审团并命令重审。

在揭示对被指控者有歧视的事项中的问题也可能在发现陪审员对被指控者，或者案件中的其中一名证人有私人了解时出现。这时法官需要根据 Gough [1993] AC 646 案中（见 17.6.2 节）概述的"真实危险"的检验标准来决定，个体陪审员或整个陪审团是否应当被解散。如果在个体陪审员方面存在偏见的真实危险，那么同时必须解答的怀疑是他通过将自己的偏见交流给陪审团其他成员而已经污染了他们。如果是这种情况，那么整个陪审团都应当被解散。

（3）在一名或以上的陪审员已经有不当行为和/或可能对被指控者有偏见，而且事情不能通过解散涉及的个体陪审员而得到满意处理时，陪审团在这种情况下是否应当被解散的检验标准是在 Gough [1993] AC 646 案中（见 17.6.2 节）规定的，即，在原来的陪审团这方面是否存在偏见的真实危险。这在本质上又是一个法官自由裁量的事项。因此，上诉法院只有在上诉人能够证明法官拒绝解散是彻底无理的和/或是适用错误的原则得出的，才会否决一项定罪。但在 Spencer [1987] AC 128 案中，上议院的确在未解散的基础上取消了对 S 的定罪。事实是 S 被指控在受雇用作为兰普敦特殊安全精神病院护士时虐待病人。在审判中一名陪审员（皮特先生）表明了对被指控者有明显敌意的迹象（例如在必须听取对作为控方证人传唤的病人的交叉询问时显示出不耐烦）。在审判的倒数第二天，一名引导员发现皮特先生的妻子在另外一家精神病院工作并很可能听到了关于据称在兰普敦发生的事情的流言，而她可能又将这些说给了她的丈夫。引导员告诉了法官，法官解散了皮特先生。然而，法官允许他继续他惯常的做法将其他三名剩余的陪审员从皇室法院顺便带回他们共同居住的附近一个小镇上。法官发出了警告说他们不能再讨论案件，因为皮特先生不再是陪审团成员了。第二天上午辩方律师请求解散整个陪审团，依据是在开车回家的路上，皮特先生几乎肯定地以他的反辩方偏见影响了其他三名陪审员。法官拒绝了申请，明确判定辩方必须显示有皮特先生已经不适当地影响了陪审团其他成员的"高度危险"。上诉法院和上议院都确认这是错误的判断标准——辩方只要显示存在歧视的真实危险。然而，上诉法院驳回了上诉，因为在他们看来根据案件的事实不存在这种危险。上议院撤销了这个决定（即取消了定罪），但只是因为他们面前有皮特先生的宣誓证词，其中他承认他没有遵守法官的命令并在被法官解散后当晚开车回家的路上与其他三名陪审员讨论了案件。存在着一个真实的危险——被排除出陪审团而伤害了自尊因而急于确保定罪——皮特先生那时可能会透露从他妻子那里得知的，他和任何陪审员都不应当了解的不公正的信息。然而，上议院判决暗示，根据当时已知的信息，审判法官拒绝解散的申请是合理的。

一组困难的案件处理了局外人在企图影响陪审团决定时对他们的接近行为。在 Thorpe [1996] Crim LR 273 案中，上诉法院称应当区别接近被立即报告给法官的情况和在判决作出后事情才为人所知的情况。如果被接近的陪审员立即向法官报告，这将是他的正直保持完整的指示，而且接近没有影响他。

在法官确实决定解散了陪审团时——无论是因为以上总结的原因还是因为完全不适当的理由——且被指控者在随后的审判中被定罪，不能根据第一次审判本来应当被允许继续而提出任何上诉：Gorman [1987] 1 WLR 545。

第 *18* 章 审判过程

18.1 律师和法官

起诉书审判中的法官必须是职业法官（即高等法院法官、巡回法官或代理巡回法官；或者记录员）。不同类型的法官之间的工作分配在第13.2节中有描述。控方必须被合法地代表，被指控者通常也是如此选择，而且可能会从刑事辩护服务部获得代表。虽然现在一些事务律师已经获得了在皇室法院的出庭权，但起诉书审判中的法律代表通常依然涉及指示事务律师，再由事务律师向顾问陈述摘要（见13.4节）。以下几节将讨论控诉律师和辩方律师责任的一些方面，以及他们和法官之间的关系。讨论建立在已决案件的附言和《律师行为准则》之上。准则没有法律的效力，但具有重大的说服价值，而且一名遵守其精神的出庭律师不能被认为违反职业纪律。

这个国家的刑事司法体系本质上是抗辩式的。为皇室陈述案件是控方的职责；辩方律师的职责是代表被指控者。由此可知法官的干涉必须局限在提供律师能够有效和公平地行使他们的职责的一个框架内。在 Whybrow（1994），《泰晤士报》，1994 年 2 月 14 日案中，上诉人申诉称法官阻止他们适当地给出他们的主证据，并以如此高的频率和敌意干涉以至于否定了他们公平审判的权利。上诉法院取消了对他们的定罪并命令重审。大人们强调，存在一些场合，法官可以，而且的确应当干涉。例如，如果一名证人给出了含糊的答案，法官应当"尽可能简洁地"使其得到明晰。如果他没有听到一个答案，他可以使其重复以便精确记录。他应当"介入以阻止啰嗦和重复并排除枝节问题、离题的漫谈和对证人的压迫"。然而，在这个案件中，上诉法院认为法官的干涉"远远超出了合法的司法行为的界限"。大人们依据的案例之一是 Hulusi（1973）58 Cr App R 378 案，其中说（依据劳顿法官，于 385 页）：

> 英国审判的一个基本原则是，如果一名被指控者给出证据，他必须被允许这么做而不受到烦扰和打断。法官应当记住，大部分人走进证人席时，无论他们是皇室的或辩方的证人，都处于紧张状态中。他们渴望竭尽全力。他们期待受到礼貌的听取，而当他们发现他们刚刚走进证人席并开始讲述他们的故事时，所有人的法官就开始以敌对的方式干涉，那么，人性如此，他们必将感觉头昏脑涨，也就不会像没有受到烦扰和打断时做得那样好。

在 Marsh（1993），《泰晤士报》，1993 年 7 月 6 日案件中，强调了法官在一名被告人给出证据时打断他是尤其不公平的。

18.1.1 控诉律师的职责

控方的律师到法院上不是为了不惜任何代价赢取案件的。当然，他应当以尽可能有说服力的方式展示控方证据，并以所有的精力和计谋交叉询问辩方证人。不过，如艾佛利法官在 Banks [1916] 2 KB 621 案中所说，控诉律师"不应当为了取得针对囚犯的判决而斗争，而是应当使自己具有正义执行者的品行帮助司法的管理"。这个身份的一个方面就是，如果辩方提出了对一项较轻犯罪答辩有罪或者对起诉书中的一些但

第 18 章 审判过程

不是全部罪状有罪时（见第 14 章），控诉律师不仅要考虑他所掌握的证据是否能确保对所有指控的罪状定罪，还应当考虑提议的答辩是否反映了处理案件的一个公平方式。如果是，以及受法官的任何评价的制约，他应当接受答辩，即使这意味着要放弃"额外的"定罪的机会。此外，如果控方知道它的一名证人有先前的定罪，他有责任向辩方披露这些定罪的性质和场合，虽然这么做给辩方提供了一份交叉询问时有用的信息。因此在 Paraskeva（1983）76 Cr App R 162 案中，上诉法院取消了对 P 攻击造成实际身体伤害的定罪，因为他的案件取决于指控犯罪的被害人是讲述事实还是故意撒谎，而控方未能披露被害人曾在 1975 年因欺诈犯罪被定罪。在已经被通知控方证人品行不好时，辩方有时选择不针对此点对他进行交叉询问（例如，因为这么做会将被指控者暴露于对他自己的先前定罪的交叉询问之下）。在这种情况下，控方律师也可以亲自向陪审团披露特定证人的品行，但他没有任何这么做的义务。原则是控方应当对被指控者谨慎的公平，但不需要堂吉诃德式的慷慨。

在 Gomez [1999] All ER（D）674 案中，上诉法院将控方律师描述为一个正义执行者予以了背书，并声明不被个人情绪所误导、不挑动陪审团的感情或激起他们的情感、不作任何可以被理解为种族主义者的和偏执的评价对他们是责无旁贷的。他应当是冷静的和不偏不倚的。

1986 年，律师协会主席建立了一个委员会以考虑在皇家检控署即将诞生的形势下控方律师的身份问题。委员会由法屈哈森法官任主席，并包括了律师协会中的显要成员。其报告被出版在《律师》杂志 1986 年合订本上。适当的观点已经被吸收在《律师行为准则》的附件 8（现为附件 6）中。

《报告》在开始就重申了控方律师要公平等一些特殊责任，并使自己以"正义执行者"行事。这一职责的确使律师必须有"比其他律师享受的更多的来自指示他的人处的独立自主"，虽然总的来说在他和皇家检控署之间意见的不同应当通过理智的双方折中而不是通过律师坚持自己的权利来解决。涉及审判进行的大多数战术性决定（例如，是否传唤特定的证人，或对相关法律问题应当作出什么提议）在法院出现，而律师出庭时只带了只有一名无资格的助理，那么在这种情况下唯一可行的方式是律师自己作出决定。如果皇家检控署不同意，他们可以对所有感到失望的出庭律师要求不再向那个律师汇报摘要。还有可以被描述为政策性的决定，尤其是关于是否接受提议对起诉书中的一部分或较轻的罪行答辩有罪，或是否完全不提供证据。律师然后是不是有权违背对他的指示行事？——即，接受答辩，即使皇家检控署希望他继续，或者反之。委员会宣称，首先，律师应当通过在审判前对这些涉及的问题及时提出建议以避免这种情况的发生。如果皇家检控署不喜欢这个建议，他们可以采取第二种观点，并且如果需要的话可以向另一个律师陈述案情摘要。然而，如果问题出现得离审判太近，使这样做不能成为实际的选择而皇家检控署律师和辩护律师之间的讨论不能解决他们之间的分歧时，那么作为最后的手段，律师必须做他良心上认为正确的事情，即使这样意味着要违背指示行事。审判之后，检察总长可能要求他递交一份书面报告，解释他为什么按照他实际所做的行事。

因此，就起诉书审判来说，律师是最终负责控方案件的人而且不能被强迫按照违背他对应该做什么的观点行事。这可能与在治安法院作为皇家检控署代理人行事的顾问或事务律师形成对比，后者（至少在理论上）要服从由皇家检察官向他发出的任何指示，例如，在不提供证据之前必须获得授权（见 3.2.3 节）。

18.1.2 辩护律师的角色

辩方律师没有被置于与控方律师同样的约束之下。他没有任何将自己视为正义执行者，或者对控方公平，或者告知他们他的当事人或其中一名证人有先前定罪的义务。除了受以下所说的限制，他可以使用他控制之下的任何手段以确保宣告无罪。例如，如果他注意到了控方案件中的一个纯技术性的缺陷，在审判的较早阶段处理时会轻而易举得到改正，他在最后可能的时刻之前不需要引起对手或法院对这个问题的注意

(见 Nelson（1977）65 Cr App R 119 案，其中上诉法院没有批评 N 的律师一直等到 N 被定罪后才提到起诉书中有一处缺陷——他不提及它的唯一动机就是使通过修改弥补缺陷更困难）。尽管如此，他还是有"对法院压倒一切的责任，以公众利益确保实现司法适当的和有效的执行：他必须在司法执行方面协助法院并必须不能欺骗地或者明知地或不计后果地误导法院"（《行为准则》第 202 节）。如果一项程序性的不规范行为，如陪审员在已经退庭审议他们的裁决之后离开陪审团室，在裁决宣布前被辩方律师得知，他应当尽快通知法院。他不应当保持沉默，以便能够在被宣告有罪时在上诉中提起这一不规范行为（Smith [1994] Crim LR 458）。

赋予辩方律师的较大的自由活动范围不应当被夸张。与任何律师一样，他不仅对他的当事人、也对法院负有责任。由此可知他不得有意地误导法院，或者以任何其他方式进行没有职业道德的行为。他可以在辩护中指出被指控者希望提出的困难，但他不得暗示或设计一个更看似真实的辩护。虽然他不需要揭示被指控者或他的证人有罪，但如果知道他不是的话，他不得肯定地宣称他们品行良好。他还应当避免啰嗦和重复浪费法院的时间，并不应仅为了侮辱对他提出诉讼的人而意图提出主张，却不提出辩方案件。

可能对辩方律师责任的最清楚的表述可以在律师协会主席概述的一些原则中找到（见 62 Cr App R 193）。从迈尔福特·斯蒂文森法官在 McFadden and Cunningham（1976）62 Cr App R 187 案中对辩方律师展示他们的案件及交叉询问警方证人的方式的批评中可以看到这些表述。律师协会主席说，辩方律师的责任是"无畏地和不考虑个人利益地"向法院展示被指控者的辩护。他对辩方的真相或隐瞒的个人观点、或者被指控者的人格、或者指控的性质都应当不考虑——"这是律师界的首要规则，若非如此，在任何自由社会都将成为一个严重的问题。"当然，如果被指控者告诉律师他是有罪的，律师传唤证据证明他无罪则是不对的，因为这样他将有意地误导法院。如果被指控者尽管向律师承认有罪但坚持答辩无罪，《律师协会行为准则》附件 6 第 13.1 节至 13.6

节提供了指导。在律师继续代理时，他应当局限于交叉询问控方证人，以显示他们的证据不能排除合理怀疑地证明有罪。然而，如果被指控者实际上没有说他有罪，律师可以，而且确实有责任以尽可能有说服力的方式提出辩护，哪怕他个人的观点认为那是一片谎言。

控方和辩方处理案件的方法之间区别的更多例子，可以在本章的其余部分发现。对区别的批评性分析，见 Blake and Ashworth, 'Some Ethical Issues in Prosecuting and Defending' [1998] Crim LR 16.

18.1.3 律师私下会见法官

在适当的情况下，应当允许律师在法官的私人房间会见法官，以在各方当事人和公众不在场时与法官讨论与案件有关的问题。如大法官帕克勋爵在 Turner [1970] 2 QB 321（又见 16.3.3 节）中所说："律师和法官之间必须有接触的自由。"但大人接着又说：

> 当然，司法必须尽可能地在公开法院上执行是必要的。因此，律师应当只有在感觉确实必需时才能求见法官，而法官必须小心谨慎，只有在必要时才将此种交流作为私下交流对待，以对被指控者公平。

自从 Turner 案以后，上诉法院已经在 Coward（1980）70 Cr App R 70 和 Llewelyn（1977）67 Cr App R 149 等案件中强调，对法官的私下接触应当控制在绝对的最低点上。私下接触系适当的一个明显例子是律师在量刑前准备为罪犯答辩减轻情节时得到了指示，说他的当事人认为自己是健康的但实际上已患不治之症。很明显应当告知法官罪犯的疾病，以避免，如果真的可能，通过一个将导致其死于监狱的判决。同样清楚的是如果在公开法院上，在罪犯也在场听时提及这个事实可能会有灾难性的后果。在律师想询问一个提议的答辩"交易"对法官来说是否可以接受时，且法官希望给出一个与 Turner 案中的原则一致的有关判决的指示时，私下会见也是有用的。然而，Llewellyn 和 Coward（见上）案指出，即使是这些问题也最好在公开法院上提出。

一般地，私下会见的提出应当来自律师而不是法官（见沃特金斯法官在 Cullen（1984）81 Cr App R 17 第 19 页中的判决）。控方和辩方顾问都应当在场，连同辩方事务律师，如果他希望，以及某个对谈话内容进行笔记的人（例如法院速记员）。后者的在场是关键的，因为否则的话在上诉时可能出现回忆的令人尴尬的差异（见 Cullen 案，法官认为他仅仅指明他不会通过立即执行的羁押刑罚，但辩方律师告诉 C 说法官已经说不会有任何形式的监禁刑——在没有任何同步记录的情况下，上诉法院必须接受辩方对事件的说法并取消了对 C 的缓期羁押刑罚，依据的是它与法官私下向律师指明的不符）。会见之后，律师应当做 Cullen 案中辩护律师所做的——即，告诉他的当事人所发生的事情，除非有好的理由让他一无所知。另外，如果法官说了他对判决的意见的某些内容，那么根据 Cullen 案，必须将之告知被指控者，即使这样会使他随后提出的有罪答辩无效（有罪答辩何时无效，见 16.3.3 节）。

对在内庭就答辩和判决讨论时，《检察总长关于接受答辩的指南》对检察官给出了指导。这种讨论只能发生在"最例外的情形下"。当它们确实发生时，如果必要控方律师应当提醒法官独立记录的需要，而且应当自己作出完整的笔记，记录下所有的决定和评价。应当使控诉机构能够获得这份笔记。在对答辩和判决进行讨论而控方律师认为情形并不是例外时，他应当提醒法官上诉法院的相关决定，并自动脱离任何关于判决的讨论。他不可以说或做任何可以被理解为，无论是明示还是暗示，同意特定判决的事情。在《1988 年刑事司法法》第 35 条适用时，他应当指出检察总长如果认为合适，会以过分的宽恕寻求提交刑罚（见第 27.4.2 节）。

18.1.4 法官停止控诉的自由裁量权

一旦针对被指控者的起诉书被签名，辩方就很难阻止控方继续诉讼。他们可以动议取消起诉书，或者在律师席提出特殊抗辩（先前定罪、先前宣告无罪或宽恕），或者抗辩皇室法院没有审判案件的管辖权，但所有这些补救方式的范围都很有限，而且在实践中少有帮助。但如果辩方律师认为控方非常不公平，他有一个可以实施的进一步补救方法。

他可以请求法官介入并中止控诉,即,命令没有法院或上诉法院的同意不得继续。现在一般都同意皇室法院有防止程序被滥用的内在权力。例如,在 Connelly v DPP [1964] AC 1254 案中,戴夫林勋爵在 1355 页指出,在特定刑事程序构成滥用程序时,法院有权拒绝对起诉书继续审判。赛尔门勋爵在 DPP v Humphrys [1977] AC 1 案中的评论强调了这种自由裁量权的重要性:

> 法官没有也不应当显示出具有提起控诉的任何责任,他也没有权力仅仅因为他认为,作为政策问题,控诉不应当被提起而拒绝允许起诉的进行。只有在控诉达到了对法院程序的滥用并具有压迫性和纠缠不休时,法官才有权干涉。幸运的是几乎没有提起过这样的控诉。

几起最近的案件处理了过度拖延是否构成滥用程序的问题。当然,对可控诉罪行的程序的签发没有一般的时间限制(比较 9.3 节中讨论的简易罪行六个月的时限)。不过,在 Bell v DPP of Jamaica [1985] AC 397 案中,枢密院认为法院具有固有的管辖权,阻止因为无理的延误而带有压迫性的审判(对就治安法院而言的情况的分析,又见 9.4 节和 12.1.4 节)。

在 Central Criminal Court ex p Randle [1991] Crim LR 551 案中,上诉人被指控当他在服因间谍罪被判处的 42 年刑期时从乔治·布莱克逃跑的罪行。他们于 1990 年,大约在被宣称的罪行发生后的 23 年,在中央刑事法院出庭。他们在不合理拖延的基础上申请中止程序。法官拒绝,他们又对这一决定寻求司法审查。地区法院拒绝了他们的申请,但同时承认在适当的情况下拖延本身可以达到使刑事程序成为对程序滥用的地步。但在本案中,申请人在 1989 年曾经出版过一本书,其中提供了控方依赖的很多材料。鉴于书中的内容,不能提出记忆衰退的答辩,地区法院不会干涉法官的自由裁量权。因此审判必须继续,虽然被指控者不久被陪审团裁决无罪。

在 Bell v DPP 案中,枢密院制定了确定拖延是否剥夺了被指控者公平审判权利的指导方针。其中的相关因素是:

第 18 章　审判过程

(1) 拖延的长度；

(2) 控方解释拖延具有正当性的理由；

(3) 被指控者主张权利的努力；和

(4) 对被指控者造成的歧视。

很明显，在 ex p Randle 案中，缺乏对被告人的歧视被认为对他们的论点是致命的，尽管有 23 年的拖延。在 Buzalek [1991] Crim LR 115 案中，上诉人因诈骗贸易被定罪，案件在他们停止工作后审判了六年。被宣称的诈骗数目巨大，需要对大量文件进行审查，其中的很多还必须从德语翻译过来。审判法官认为，没有理由认为他们没有接受公平的审判。上诉法院驳回了上诉。案件大部分求助于文件，而证人的记忆可以通过查阅文件而改造。时间的流逝在一些案件，例如求助于证人在打架、攻击或道路交通事故中看到的事情的案件中会是大得多的歧视。

如果在犯罪和审判之间有长时间的拖延，即使法官不能在滥用程序的基础上中止起诉书，他也应当对辩方因为控诉的时间久远而面对的困难进行评价：Birchall (1995)，《泰晤士报》，1995 年 3 月 23 日，和 E [1996] 1 Cr App R 88。法官对滥用程序的考虑不仅限于拖延，还会涉及其他因素，包括控方的任何不正当行为。类似于治安法院考虑的因素也适用于当前情况（见 9.4 节（简易审判）和 12.1.4 节（移交程序））。

在 Dobson [2001] All ER (D) 109 案中，上诉法院考虑了警方未能获取与被告人不在犯罪现场辩护有关的中央电视台电影胶片的情况。大人们说，在决定是否存在滥用程序时，考虑这些是适当的：

(1) 警方的职责是什么；

(2) 他们是否因为没有获取或保留适当的录像胶片而失职；

(3) 是否存在严重的歧视而造成不能公平审判；和

(4) 警方未能尽职是否不依赖于严重歧视的恶意或严重错误，从而使审判不公平。

在目前的案件中，警方本应查看中央电视台的底片，但未能完成他们的职责。然而，歧视并不严重，因为不确定底片是否会有助于辩护，被告人处于了解底片的相关性的位置而且本可以要求得到底片和/或寻求其他支持他不在现场的证据。警方在这方面没有恶意或有意不作为，而只是疏忽大意。因此法官得出公平审判是可能的结论是正确的，定罪被支持。

本节讨论了在控方传唤证据之前法官拥有的有限的有利于被指控者的干涉权力。然而，重要得多的是他在控方传唤证据之后的权力——实际上是职责——和在揭示出无案可答时指示陪审团宣告无罪的权力（见18.4节）。

18.2　控方开场白

在被指控者被置于陪审团控制之下后，控诉律师开始他的案件。控方开场白给陪审团成员提供一个案件的全景。律师会提醒他们刚刚由助理向他们宣读的对被指控者的指控，解释对业余人士可能不熟悉的相关法律问题。他可能会告诉他们控方必须证明其案件以使他们确定被指控者的罪行，而如果他们没有被完全说服，他们必须宣告无罪。律师在只要提及法律时通常要警告陪审团他们（律师）所说的法律只是想作为一个指导，受法官任何裁定的制约——陪审团从法官那里而不是从律师那里得到法律。

对指控解释之后，律师概括他准备传唤的证据。在摘要中，律师有移交陈述的复印件，即在移交程序中提出的证据。基于这些材料，他告诉陪审团（他希望）他的证人们将证明的主要事实，并说明这些零散的证词如何结合在一起，排除合理怀疑地证明被指控者实施了指控的犯罪。在对案件有了一个全面认识后，陪审团将能够在每一名证人的证据给出时认识到其重要性。与开场白相关的三个细节问题是：

（1）如果辩方告知律师他们准备反对特定的控方证据，这些证据不应当被包括在控方对陪审团的开场白中。

（2）"低调开始案件"有时是明智的——即对证人期待说什么稍微轻描淡写。如果律师对证人将证明什么大肆强调，而结果证据不像陪审团被引导期待的那么有力,他们可能会认为整个控方案件都被削弱了。如果在开场白中对证据渲染得少些,就不会有他们这样反应的危险。

(3)作为他不"在裁决后争斗"的责任的一部分,律师应当避免使用激起感情的语言。的确,在宣称的事实可能造成对被害人的特别同情或对罪犯的极度反感时,最好在开场白中警告陪审团这种自然的情感。他们应当根据证据,而不是根据怜悯或厌恶的情感,作出裁决。

18.3 控方案件

接下来,控方将传唤证人口头给出证据并以书面的陈述提交证据,这些陈述应当宣读给陪审团听。这个时候证据和程序这些主题变得相互交织。这本书本身不是准备讨论证据的,所以关于证人资格和可强迫性、宣誓和证词及不宣誓证据、对证人的询问过程、相似事实证据的可采性和品行证据、被指控者可以被交叉询问有关他先前定罪的范围、反对传闻证据规则、对此规则的例外如供认,及其他各种证据的排除性规则等等主题的信息,应当参考证据方面的著作。但是在某种意义上属于证据法部分的事项,同时也是重要的程序方面的事项,这些将在以下的几节中讨论。(对审判中发生的事项次序的总结,见附录6。)

18.3.1 控方应当传唤的证人

在移交程序中控方提交的作出书面陈述或宣誓证词的人被统称为"姓名出现在起诉书背面的证人"。这个术语起源于将姓名写在起诉书背后的古老实践。辩方当然地假设控方在起诉书审判中将传唤所有姓名出现在起诉书背后的证人(或者他们将宣读由证人做出的陈述或宣誓证词,如果根据18.3.4节中描述的条款允许这样)。此外,辩方律师在审判之前与出现在起诉书背面的证人谈话是错误的,因为这可以被分析为干涉控方证人。然而,并不是因为一名证人的姓名出现在了起诉书的背面,并由此初步看来对控方有利,辩方就一定会对他没有被传唤而高兴。可能正是这名证人预期给出的证据部分将支持被指控者的案件，或者辩方希望通过技巧性的交叉询问以削弱证人的证词由此会对整个控方案件产生怀疑。在这种情况下，如果控方不传唤这些证人辩方会感到受委屈。因此，规则是控方律师必须传唤姓名出现在起诉书背面的证人，除非可能宣读他的陈述或宣誓证词，或者尽管控方采取了所有可能的步骤保证他的出席，但他仍然未能出庭（见18.3.2节），或者证人看起来不是一个值得相信的有信誉的证人。在后一种情况下，控方仍然负有确保证人出席法院的责任以便辩方在希望时传唤他。

按照事情的正常发展，控方在移交程序时不会使用来自一个被认为不值得相信的证人的证据。所以，基本上在起诉书背面的证人都是控方认为可值得信赖的证人。然而，在移交程序和起诉书审判之间控方对一名证人的观点可能发生变化，而正是在这种情况下控方可以拒绝传唤这名证人。例如，在Oliva [1965] 1 WLR 1028案中，证人（W）是一项造成严重身体伤害的犯罪的被害人。他向警方做了一份陈述指定O是罪犯，在移交程序第一天为控方做了含有这个意思的证据。在隔夜的休庭之后，他颠倒了证据并证明O无罪，但尽管如此O还是以其他证据被移交审判。由于W在移交程序时被控方传唤，他是一名姓名出现在起诉书背面的证人，但上诉法院认为，控诉律师正确地拒绝在审判中传唤他，因为他在移交程序时的突然转变证据显示他不值得相信。如果控诉律师不得不传唤W，陪审团会被一个控方证人坚决否认控方案件弄糊涂，而律师会发现很难反对W的证据，因为有一方不能交叉询问自己的证人的规则。事实上，辩方律师被提供了一个不算不公平的选择：干脆不要W的证据来处理案件，或者自己传唤W，在这种情况下控方律师将能够交叉询问。

有时候，控方不需要一个人的证据（例如，因为已经有几名证人给出了他可以给出的相关证据），但认为他是一个可信赖的证人，他们将"将他提出来以供交叉询问"。这意味着他们传唤他，给出他的姓名地址，允许辩方在他们认为适当时询问他。在法官认为控方不传唤一名证人是错误时，他自己可以传唤相关的人。

18.3.2 确保证人出席

采取所有合理步骤保证姓名出现在起诉书背面的证人出庭是控方的责任,除非在特定的证人的情况下,根据 18.3.4 节中描述的规则他们能够向陪审团宣读他的宣誓证词或书面陈述。辩方必须安排他们希望传唤的证人的出庭。如果一名证人在审判之日没有出现在法院,法官有自由裁量权要么将案件休庭要么继续,而不管陪审团将可能被剥夺了有用的证据。法官自由裁量权的行使将取决于证人可能给出的证据的重要性、缺席的原因(疾病、失踪、出国缺席、可能的恐吓等等)、如果案件休庭一小段时间他在下一次出席的可能性等事项。如果控方希望案件继续哪怕是他们的一名证人缺席,法官尤其应当考虑缺席的证人可能部分支持辩方案件的程度:Cavanagh and Shaw [1972] 1 WLR 676。

各方在保证他们希望传唤的证人在审判时出席的时候可能需要帮助。直到《1996 年刑事程序和侦查法》对移交程序作出改变以前,为时已久的实践是由审查法官对每一个他们收到证据的证人发出证人令。如果一名证人的证据可能在审判时宣读,那么辩方将同意有条件证人令。如果辩方不准备这样,他们可以指明应当有完全证人令,这实际上是通知证人需要参加审判。1997 年 4 月,这一实践被《刑事程序和侦查法》的第 68 条和附件 2 废除。现在的情况是所有在移交程序中提出的证据"可以不经进一步证明在对被指控者的审判中作为证据宣读……除非程序的一方反对"。由于只有控方能在移交时提出证据,实践中反对总是来自被指控者(或其中一名被指控者)。如果辩方没有反对,那么控方可以决定传唤涉及的证人,或宣读他的陈述。如果辩方希望反对,那么它必须在移交的 14 天内向检察官和皇室法院给出书面通知(《1981 年治安法院规则》第 8 条,1997 年插入)。辩方反对并不一定能起作用,因为可能被审判法官否决(见 18.3.4 节)。

另外,希望在审判中保证证人出席的一方可以向皇室法院申请《1965 年刑事程序(证人出席)法》第 2 条规定下的证人传票。皇室法院必须确信证人可能给出实质性材料或提供一份可能是实质性证据的文件或证据；而且他将不会自愿这么做。申请必须在移交程序结束后一旦合理可行的时间内提出。证人传票在控方或辩方希望传唤一名没有牵涉进移交程序中的证人时很有用。如果受证人传票制约的证人未能按要求出席皇室法院，法官可以命令向他送达一份通知书告知他于通知中指定的时间在皇室法院出庭。作为选择方式，如果通知已经送达或如果有合理根据认为证人没有正当理由未能出席，法官可以发布令状将他逮捕并带到法院：第4（2）条。然后他可以被还押羁押或者保释，直至他给出证据。无正当理由不遵守证人令或传票可以判处最高三个月监禁的藐视法院罪：第3条。

上诉法院在 Abdulaziz［1989］Crim LR 717 案中规定的"正当理由"的检验标准相当严格：只有彻底不可能出席看起来才能构成足够好的理由。

1965年法案在保证不情愿的证人出席时非常有益，但值得牢记在心的是没有一项立法能强迫证人给出传唤他的一方当事人想要的证据。一名不情愿的证人可能是难以对付的证人，对他这一方的案件害多于益。

18.3.3 额外证据

证人即使在移交程序时没有给出陈述或宣誓证词也可能在起诉书审判时被控方传唤。在移交程序时不使用证人证据而在审判时传唤他的明显原因是，控方直到在移交和审判开始之间的期间才意识到证人可以给出相关证据。然而，即使控方在移交程序进行时知道证人可能给出的证据并准备在审判时传唤他，他们也没有任何将他的陈述提交给审查法官的责任：Epping an Harlow Justices ex p Massaro［1973］QB 443。实际上，在移交程序时不披露证据也不会有多少甚至是不会有收获，因为控方在起诉书审判时不允许用没有事先给出警告的证据突袭辩方。规则是控方将传唤额外证人意向的通知连同一份提议他应当给出的证据的书面说明送达辩方和法院。通常他们送达陈述的复印件，该复印件由证人签名并遵守《1967年刑事司法法》第9条的要求（见18.3.4节）。这么做的优点是，如果辩方不反对，陈述原件可以在证据中提出，因此避免了传唤证人的需要。

在通知没有被送达时，应当批准辩方休庭，以便他们能适当地处理额外证据。

18.3.4 作为证据的宣誓证词和书面陈述

作为一般规则，一名证人，无论是控方的还是辩方的，都应当在法院上口头给出证据。这样陪审团可以看到他，听到他并决定他在多大程度上值得信赖，以及他被传唤的相对一方可以通过交叉询问置疑他的证据。这只是反对传闻证据规则的一个方面。然而，在一些例外的情况下，可以向陪审团宣读作为证据的宣誓证词或书面陈述，因此不需要将作出人作为证人传唤。虽然这些例外情形只构成反对传闻证据规则的一些例外——因此可以被当作证据法的一部分——但因为它们与当事人应当安排在法院出庭的证人这个问题具有相关性，在这里描述它们是适当的。这些例外包含于《1996年刑事程序和侦查法》附件2、《1933年儿童和年轻人法》第43条、《1967年刑事司法法》第9条和《1988年刑事司法法》第23至28条中。

(1)《1996年刑事程序和侦查法》附件2规定控方在移交程序中提出的陈述（见12.4.2节）将在随后的皇室法院审判中作为证据宣读。相同的条款适用于根据《1980年治安法院法》第97A条记录、并在移交程序中作为证据提出的宣誓证词。辩方必须在移交程序后的14日内向检察官和皇室法院提出书面通知，宣称反对陈述或反对在审判中宣读。但这样并不能使事情结束。辩方的反对可能被审判法官否决。根据CPIA附件2第1(4)节，"审判法院可以命令反对没有效果，如果法院认为这样命令符合正义的利益"。这种权力可能非常重要，因为如果审判法官否决了反对，那么被指控者将没有任何机会交叉询问该证人。在对这一主题的议会辩论中，政府宣称可以预见法院在适用"正义的利益"的检验标准时会求助《1988年刑事司法法》第26条（Baroness

Blatch，Hansard，Lords，1996年6月26日，第951～952卷）以获取指导。这一条参考了CJA 1988第23～24条规定下的对某些传闻证据陈述的可采性（见下文（4））。在考虑对这样一个陈述予以采纳是否符合正义的利益时，法院必须考虑其内容、因不能对陈述进行辩论而造成被指控者不公平的危险及任何其他看起来相关的情形。皇室法院被认为在否决辩方的反对，并因此否定被指控者有权看到给出对他不利的证据的人，更不用说对他们进行交叉询问，应当极度审慎。反对如果因为不那么强制性的原因被推翻而引起的任何怀疑，都与稳固树立的原则相违背，并可能导致根据《欧洲人权公约》第6（3）（d）条被反对（见第26章）。

（2）根据《1933年儿童和年轻人法》第42条在法院外从作为一列性犯罪或暴力犯罪被害人的儿童或者年轻人处获得的宣誓证词，在起诉书审判时可以作为证据被采纳，如果法院根据医学证据确信儿童或年轻人的出庭会造成对他的生命或健康的严重危险（1933年法案第43条）。宣誓证词只有在被指控者被通知获取证词的意图并有机会交叉询问儿童或年轻人时，才能被采纳。这个条款先于，也补充于对儿童证人的主证据进行录像的有限条款（《1988年刑事司法法》第32A条），其细节应当参考关于证据的著作。

（3）《1967年刑事司法法》第9条规定了移交程序以外的刑事程序中书面陈述的可采性。陈述根据第9条可采纳必须被签署并包括一项声明，声明称根据作出者的知识和理解等这是真实的。提议提出陈述作为证据的一方必须向另一方当事人的每一位送达一份复印件。如果这些当事人中有一位在复印件送达之日后的七天内向希望使用陈述的一方送达通知，说他反对陈述作为证据，那么陈述就不能被提出。因此，第9条的陈述只有在所有当事人同意时才能被采纳。即使一份陈述在第9条之下是可采纳的，法院也可以要求作出者出庭并给出口头证据。这在辩方对第9条陈述的内容有异议，但由于疏忽而未能送达反对通知时是适当的。第9条同时适用于简易审判和起诉书审判。在后一种情况下，它主要用于控方希望提出移交程序中使用的证据以外的额外证据（见

18.3.2节)。

(4)《1988年刑事司法法》第23~28条对在刑事程序中反对传闻证据的规则作出了最重大的干预。具体地说,第23条规定,文件中的陈述可以被采纳作为证据来证明陈述作出者可以给出直接口头证据的事实,包括但不限于,作出者死亡、重病而无法出庭、处于联合王国之外且不能被带回、或者无法查明下落。可采性总是受审判法官自由裁量权的制约,而且在陈述是为刑事侦查的目的而准备时,存在反对允许其作为证据的初步推定。第23~28条的细节超出了本书的范围,参见Seabrooke and Sprack, Criminal Evidence and Procedure: The Statutory Framebook,第8章。

18.3.5 辩方对提议的控方证据的反对

阅读了移交陈述之后,辩方可能认为被提议的控方证据中有一些是不可被采纳的。起诉书审判的一个基本原则是法律问题,包括证据的可采性,是由法官而不是陪审团来决定。因此,辩方将不得不请求法官排除他们反对的证据。如果反对得到支持,让陪审团听到提及不可采的证据,显然是有歧视。下面描述的程序旨在防止这种事故的发生。

在审判开始之前,辩方律师应当警告对手他准备反对某些证据。因此在开场白中律师不能提及这些证据。他接着以正常方式传唤证据,直到有争议的材料否则将要被提出时。然后一个或另一个律师(可能是辩方)请求法官要求陪审团离开法庭,可能会说出现了一个只涉及律师的法律问题。一旦陪审团退回他们的房间,辩方律师提出他对证据的反对;控方律师应答,而法官作出他的裁定。如果证据不可采纳,陪审团不听取任何有关它的内容;如果是可采纳的,陪审团一回到法庭就立即传唤该证据;无论哪种情况下,他们都不会被告知在他们缺席时发生了什么。上述程序是在证据可采性只能通过参照相关法律和在移交陈述中有先兆的证据本身才能决定的情况下所需要的所有程序。但是,有时可采性依赖于证据获得的情境,而情境本身可能存在争议。这时就需要法官决定:(1)控方如何获得证据的事实问题,和(2)鉴于他对事实的发现，证据是否可以采纳的法律问题。在这种情况下，必须进行一个"一切照实陈述"的审判。迄今这种事件最普通的例子是辩方提出根据《1984年警察和刑事证据法》第76和/或第78条供认应当被排除。然后通过对供认进行反对的例证描述"一切照实陈述"程序就很方便，虽然这种反对不是采取这个程序的唯一可能原因。

在陪审团离开法庭之前，程序与其他任何对证据的争议一样——即，控诉律师在他的开场白中不提到供认；案件正常进行，直到当时接受供认的警官准备对供认作证，然后陪审团被请出。接着，警官在法官面前给出供认如何作出的证据。他可能会说他和一名警官同事在警署与被指控者会谈，对谈话内容进行了同步记录，最后被指控者通读了笔记并签名。签名的笔记，包含对被指控者不利的承认，然后一起被提交给法官。辩方律师可能接着交叉询问警官。典型的情况是，提出为了获得供认使用了威胁，或者许诺保释，或者被指控者被在无法接受的长时间内扣留并无法接触律师或者没有适当的休息和饮食，等等。会谈时在场的第二名警官（以及任何其他能够给出相关证据的控方证人）接着可能会被传唤并被交叉询问。然后，被指控者可以自由作证也可以传唤证人（例如，在他被从警署释放后立即对他进行了身体检查并看到了淤伤的医生，与他的主张一致，声称他被警察痛打）。所有这些证人在一种特殊形式的誓言下给出他们的证词，被称为"一切照实陈述"，其措辞是——"我通过万能的上帝起誓我将对法院提出的这些问题提供真实的答案"。他们在一切照实陈述程序中，无论是主询问还是交叉询问中，被问到的问题都只能与供认的可采纳与否有关。在普通法中被指控者甚至不能被问到供认是否真实（见 Wong Kam-Ming v R [1980] AC 247 案）。根据《1984年警察和刑事证据法》第76条适用同样的原则，因为——除非控方证明供认不是通过违反此条的方式获取的——供认必须被排除"尽管它可能是真实的"（76（2）（b）条）。一旦一切照实陈述中的证据已经给出，法官听取律师的提议并宣布他的决定，既关于事实也关于他们的法律后果。如果供认被裁定不可采纳，陪审团当然不会听取任何相关内容。如果可以采纳，与一切照实陈述中完全相同的证据和交叉询问可能在陪审团面前被作为一般的控方和辩方案件再次提出。然而，在这个阶段，陪审团只考虑供认的证据分量，而不考虑可采性问题。如果被指控者选择在陪审团面前作证，他不能被问及在一切照实陈述程序中谈到的任何问题，除了他给出与他在一切照实陈述中的解释不一致的有关他如何供认的证据时，可以就差别对他交叉询问（见 Wong Kam-Ming v R，上注）。由于显然的理由，上述程序在口语中被称为"审判中的审判"。

如前所述，"审判中的审判"在法律上并不局限于供认案件。然而，只有当证据的可采性如果没有对事实的事先决定而真的无法作出决定时，才能举行审判中的审判。除不可采纳的供认之外，法官几乎总是可能不用听取证据而只在移交陈述的基础上作出裁定。因此在 Flemming (1987) 86 Cr App R 32 案中，上诉法院支持了法官采纳辨认证据的决定，尽管辩方主张该证据质量如此低下，以至于其歧视性效果超出了它的证明价值，但批评他举行了完整的审判中审判。相关的因素（即辨认的情形和宣称对列队辨认规则的违反）在移交陈述中已得到完整的体现。另一方面，决定计算机打印输出材料可采性的上诉法院法官则推荐使用"审判中的审判"程序（Minors［1989］1 WLR 441）。

一切照实陈述程序意在为了辩方的利益。由此不应当违背他们的意愿强迫他们采用这一程序。一些辩方律师认识到进行审判中的审判的缺点是处理获取被宣称为不可采纳的证据的控方证人对辩方的进攻方式有所警觉。如果法官裁定证据可采纳，证人就能够在陪审团面前比如果没有在一切照实陈述中有过一次可谓是"演练"的话更加有效地对抗辩方的交叉询问。布里奇勋爵在 Ajodha v The State [1982] AC 204 案中给出枢密院的判决时顺便说，在供认的可采纳性被反对的"绝大多数"案件中，上述的程序将被采用。但是，作为选择方式，辩方律师在正常的对控方证人的交叉询问和传唤辩方证据的过程中可以只在陪审团面前驳斥供认。在提交证据的最后，他请求法官裁定从法律来说供认不可采纳。如果法官同意，他可以在总结时告诉陪审团完全忽略供认，或者，如果没有供认就无案可答的话，指令他们宣告被指控者无罪。在 Airey［1985］Crim LR 305 案中，上诉法院取消了对 A 的定罪，因为法官没有允许辩方采用这种方式。然而在 Sat-Bhambra（1988）88 Cr App R 55 案中，上诉法院判定辩方不能基于 PACE 第 76 条对供认的可采性寻求溯及既往的裁定，因为该条款的措辞。它提到了还没有提交到法院面前的证据的决定，使用了"提议在证据中给出"和"不应当允许供认被给出"的表述。同样的逻辑似乎适用于基于 PACE 第 78 条的反对，此条在"控方提议依赖证据"时适用。普通法中仍保留了法官排除证据的自由裁量权（由 PACE 第 82（3）条保留），这项权力可以在供认作为证据被采纳后行使（细节见 Blackstone's Criminal Practice，F7.14 和 F17.25）。

无论如何，很清楚上诉法院仍然将一切照实陈述的听审作为处理对供认的反对的正常和首选的方式，而大人们也判定——在采用替代的程序时——辩方不能请求法官在控方证据结束时考虑供认的可采性，而必须要等到所有证据结束时：Jackson［1985］Crim LR 444。这意味着辩方律师要在不知道陪审团是否将被告知完全忽略供认或者仅仅被告知对供认给予他们认为合适的分量的情况下，被迫作出是否传唤当事人这一至关重要的决定。还应当注意的是，PACE 第 76（3）条赋予了法官主动提出供认可采性问题的自由裁量权，在这种情况下审判中的审判无论辩方律师希望与否大概都会进行。

根据 Hendry（1988）88 Cr App R 187 案，法官具有在有关证据可采性提议期间请求陪审团退庭的权力，即使这违背辩方的意愿。

关于反对证据的标准程序的另一个变化是在陪审团一组成后立即请求法官将它作为一个先决问题处理。在控方案件很大程度上依赖于被反对的证据，而且不提到它律师将无法明智地向陪审团开始案件时，这是可以采取的适当方式（见 Hammond［1941］3 All ER 318）。如果法官裁定证据不可采纳，律师将可能不提供任何证据；如果可以采纳，律师在开场发言中的潜在问题就被克服了。

18.3.6 对辩方交叉询问设定的限制

一般来说，辩方律师可以在交叉询问中向控方证人提出任何问题，只要这个问题是相关的，且对问题的回答不会涉及不可采纳的材料，比如传闻或非专家观点。一个问题如果与案件中的一个事项有关，即它与被指控者是否实施了犯罪有直接联系，或与能够增加或减少他这么做的可能性的事实有关，那就是相关的。如果一个问题关系到证人的信誉，即它与陪审团可以从中得出证人不是那种可以信任会说实话的人的事实相关，那这个问题也是相关的。因此律师在很大范围内可以自由地交叉询问任何他认为可以帮助他的当事人的案件的问题。这一自由受《律师协会行为准则》的限制，对此出庭律师有义务遵守。下列从准则附件6中的摘录尤其具有相关性（括弧中的引注是附件中的节）：

（1）律师无论何时都要无畏地和通过所有适当的和合法的方式促进和保护作为外行的他的当事人的最大利益（第5.1段）；

（2）他不得作出或提出纯粹是诽谤性的，或者意图或有意地只是去诽谤、侮辱或骚扰证人或任何其他人的陈述和问题（第5.10（5）节）；

（3）他不得在演讲中非难一名他有机会交叉询问的证人，除非在交叉询问中他给了证人应答指控的机会（第5.10（7）节）；

（4）他不得暗示一名被害人、证人或其他人犯有犯罪、诈骗或行为不端，或者将指控他当事人的犯罪归因于另外一人，除非这种宣称能够转到对他的当事人案件有实质性关系的事项（包括证人的可信度），并且有合理的理由支持（第5.10（8）节）。

上述规则在适当时也适用于控方交叉询问辩方证人时。

18.3.7 正式承认

宣读证人的宣誓证词或书面陈述（见18.3.4节）是证明无争议的事实的方便方式。另外一种证明没有争议的事实的方式，是由否则被提出反面证据的一方当事人正式承认证据是真实的。这种正式承认对被承

—411

认的事实证据是总结性的，因此无须就此事项再提出任何证据。《1967年刑事司法法》第10条，既适用于简易审判又适用于起诉书审判，规范了正式承认的作出。

第10条规定，任何在刑事程序中可以给出口头证据的事实为了这些程序的目的，都可以由控方或者辩方正式承认。承认可以在审判之时或之前作出。除非是在法院上作出（例如，在审判中或在审前审查时），必须是书面方式并签署。辩方的承认必须由被指控者亲自或由顾问或出庭律师代表他作出。如果承认是由被指控者在审判前亲自作出的，它必须经代表他的顾问或事务律师在作出时或随后批准。承认只在为其目的作出的刑事程序中和任何随后的产生于原来的程序的刑事程序，例如重审或上诉中对作出承认的一方有约束力。因此，如果辩方在对危险驾驶的起诉书审判中正式承认在1999年1月1日被指控者在阿喀西亚大道上驾驶牌号为ABC-123的小汽车，那么他们无论在审判中还是在向皇室法院对定罪提起的上诉中都不能否认这一事实，但如果被指控者随后因同一事件被控诉无资格时驾驶或者在民事诉讼中被基于同一事实起诉的话，他可以任意否认他驾驶了那辆车。在危险驾驶程序中的正式承认在其他程序中可以用作反对他的证据，但不会是结论性的证据。即使是在为其目的而作出的程序中，正式承认也可以在法院同意后被撤回：第10（4）条。

如果承认由顾问律师在陪审团缺席时的法院辩论中作出，它可以被视为《1967年刑事司法法》第10条规定的承认，即使本意并非如此（Lewis [1989] Crim LR 61）。因此，顾问律师必须注意不能在法官面前论证时作出轻率的陈述。

被指控者根据第10条作出的正式承认不能和被指控者向警察或者其他人作出的非正式承认他实施了犯罪（或者承认了一个使他看起来更可能实施犯罪的事实）的供认相混淆。只要它不是通过压迫或者通过可能使它不可靠的言词或行为获得的，供认可以被采纳以证明其中叙述的事实。它经常还是非常有力的证据，但与正式承认不同，它不是事实的结论性证据。辩方可以，也确实经常承认被指控者作出了某个供认，但否认承认的事实；如果他们作出了正式承认，他们就不能否认承认的事实，除非法院同意撤回承认。此外，尽管在法院外作出的正式承认必须是书面形式并由顾问或事务律师批准，这两个条件都不适用于供认——实际上，很难想象曾经批准了供认的辩护律师，怎么能通过撤回同意阻止它的可采性。

18.4　无案可答的提议

在控方口头的和书面的证据都提出之后，控诉律师说"这就是控方的案件"或者类似的词句结束他的案件。接着辩方律师如果愿意就可以提议无案可答（在简易审判和移交程序中相应的提议，分别见 9.7.3 和 12.2.3 节）。如果被指控者没有被代表，或者虽然有但他的律师在需要时显然不愿意提出这个提议，法官可以主动提出这个问题。提议可以就所有或其中的一项罪状提出，或者代表起诉书中所有或其中的被指控者提出。如果对罪状的提议获得成功，法官将指令陪审团对提议代表其提出的被指控者就这一罪状宣告无罪。

如果控方未能提出证据让一个由法官在总结中适当指引的陪审团能够合适地定罪，那就是无案可答：Galbraith [1981] 1 WLR 1039。如果几乎没有证据和犯罪的一项关键要件相关联（例如一名控方证人未能给出希望他给出的证据），无案可答的提议明显肯定会成功。如果控方依赖有关情况的证据建立犯罪的一个要件，但陪审团不能从证据中合理得出他们要求得出的推断，提议也应当成功。因此，对一项处理被盗物品的指控，如果唯一的有罪信息是被指控者在正常价格以下购买了物品，但在他支付的价格和真正价格之间的差别太小而不能使被指控者怀疑物品是被盗的，法官应当裁定无案可答。

困难的问题出现在当有一些证据证明被指控者实施了犯罪，但因为这样那样的原因，证据看起来不令人信服。基本的原则是陪审团应当决定证人是否陈述了事实，法官不应当仅仅因为他认为控方证人在撒谎就通过指示陪审团裁决无罪而簪取他们的职责。如 Galbraith [1981] 1 WLR 1039（1042 页）中所说的：

> 那么法官应当怎样处理"无案"的提议呢？(1) 如果不存在被告人实施了指控的犯罪的证据，那就毫无困难。法官当然应当停止案件。(2) 问题出现在有一些证据但证据内容单薄，例如因为其固有的弱点或模糊性或因为它与其他证据不一致。(a) 在法官得出结论认为控方证据，以它最大的可信度，也只能是使一个适当指示的陪审团不能合适地定罪时，他就有责任在无案的提议作出时停止案件。(b) 然而，如果控方证据的力度和弱点取决于对证人可靠性的观点或者其他一般来说属于陪审团职责范围之内的事项，而且根据一种对事实的可能的观点存在陪审团可以据以得出被告人有罪的结论的证据时，那么法官应当允许陪审团审判这一事项。

然而，在 Galbraith 中阐明的法官身份还有可以解释的余地。在两个更近的案件中，上诉法院指明法官必须确保案件不经过陪审团，如果不能安全地定罪的话。在 Brown [1998] Crim LR 196 案中，罗斯法官说：

> 在我们看来，在整个审判中，法官都有责任不让陪审团审议他们不能据以安全定罪的证据……如果在所有证据结束时，审判法官的观点是没有一个理智的陪审团在经过适当的指引后能够安全地定罪，一般来说，无论在控方案件结束时有没有提出无案的提议，他都应当在陪审团不在场时提出这一观点供律师讨论。如果在听取了提议之后他仍然持这种观点，那么在我们的判断看来，他应当将案件从陪审团处撤回……

在 Shire [2001] EWCA Crim 2800 案中，被指控者被指控危险驾驶致人死亡。上诉法院根据公平的旁观者认为他们在事故当时"精神亢奋"而且可能试图停止被指控者的公共汽车以便让他们上车，考虑了他的一群朋友的证据。他们的陈述中有不一致之处，而且与公平的旁观者之间在重要方面有冲突。然而，还是可以说根据对事实的一种可能的观点（引用 Galbraith 的话）陪审团可能能够得出被指控者有罪的结论。但是，上诉法院似乎认为陪审团不能"合适地"这么做，并且说：

> 由这一群人给出的证据中固有的不可信赖的危险达到如此程度，以至在考虑到证据中的不一致时，在将它交给陪审团之前有必要获得一些独立于那些证据的证据，可以让陪审团合理地得出它是可信赖的证据的结论。

换种方式说，就像特纳法官在 Shippey［1988］Crim LR 767 案第一审中所说，"按控方案件最可信的程度相信它"并不要求审判法官"取其精华，去其糟粕"。

无案可答的程序是陪审团被请求离开法庭。这样是为了让律师和法官可以自由地评价证据的质量和价值，而没有陪审团被谈话内容影响的危险。一旦陪审团离开，辩方律师提出提议，控诉律师被给予应答的机会。然后法官宣布他的决定，陪审团被带回法庭。如果法官决定对所有罪状都无案可答，他向陪审团简要解释他得出的决定。他然后请他们任命一个主席代表他们讲话，法院助理从主席那里得到陪审团根据法官的指示对每一份罪状做出的无罪裁决。如果决定是对一项或一项以上罪状无案可答，但对其他罪状有案可答时，法官告诉陪审团他将在审判结束时指引他们对无案可答的罪状作出无罪的裁决，因此在剩下的审判中他们将忽略这些罪状。然而，对剩下的罪状，案件将按普通方式进行。如果对所有罪状的提议都失败，将不告知陪审团在他们缺席时发生的任何事情。

法官在无案可答的提议后指令作出无罪裁决的权力是很重要的。根据《1988/9 皇家检控署报告》中的数据，皇室法院 21.2% 的无罪裁决是由法官在控方案件结束时指令的。

上诉法院用一定的精确性解释了在一种重要类型的案件中对无案可答的提议的正确解决方式。案件中的主要事项是关于错误辨认时（例如对被指控者的案件很大程度上取决于对他的一项或一项以上辨认的正确性，辩方对此宣称是错误的），法官应当评估辨认证据的质量。如果质量很差，而且如果没有其他证据支持辨认的正确性时，法官应当将案件从陪审团处撤回：Turnbull［1977］QB 224。如果证人只是在很短的时间内看到了实施犯罪的人，或者在恐惧或混乱的情况下看到他，或者照明条件很差，或者他看到罪犯和在辨认队列中挑出被指控者之间已经过去了很长时间，辨认证据就是不足的。在辨认案件中就他们应当如何决定无案可答的提议给法官详细的指导是必需的，因为司法实践显示诚实的证人作出错误的辨认是错误定罪的主要因素。

因为类似的原因，MacKenzie（1992）96 Cr App R 98 案给特定的基于被指控者供认的案件考虑无案可答提议的审判法官提供了特殊的指导。如果以下的条件适用，法官应当将案件从陪审团处撤回：

（1）控方案件完全依赖供认；

（2）被告人患有严重程度的精神障碍；和

（3）供认不可信，达到了受到适当指导的陪审团不能合适地依据它们定罪的地步。

供认可能无法令人信服，例如，因为它缺乏从一个有罪而且情愿供认的人那里可以期待得到的证明犯罪的细节，因为它与其他证据不一致，或者因为毕竟它们固有的不可能。

18.5　辩方案件

假设控方的案件有案可答，审判的下一步是由辩方展示案情。由于是控方要排除合理怀疑地证明被指控犯罪的每一个要件，辩方没有义务提出无论什么证据。辩方律师可以不传唤自己的证据而在总结陈词中向陪审团提出被指控者应当被宣告无罪，因为控方证据未能按照规定的标准证明他们的案件。在控方案件无力时这可能是正确的策略，但一般而言，陪审团如果只听取对控方有利的证据存在明显的危险。因此辩方不传唤证据是不常见的。

18.5.1 辩方开场发言

如果辩方律师传唤了关于案件事实的证据而不是被指控者的或除了被指控者之外的证据,他有向陪审团做开场发言的权利。在这个发言中,他既可以概述自己的案件也可以批评控方已经传唤的证据。在唯一的辩方证据来自被指控者时,或来自被指控者和只谈关于被指控者的良好品行的证人时,辩方律师没有开场发言的权利:《1898年刑事证据法》第2条。

18.5.2 辩方证据

被指控者是辩方合格的但不是可强迫的证人(《1898年刑事证据法》第1条)——即,他有权但不能被强迫给出证据。无论他是否进入证人席,其他人可以被辩方传唤,并可以证明有争议的事实问题或被指控者的品行或两者兼而有之。辩方还可以利用各种允许宣读宣誓证词和书面陈述的法定条款(见18.3.4节)。在要传唤除被指控者之外的辩方证人时,前者通常必须首先被传唤。这样做的部分原因是被指控者是最能够告诉陪审团辩方案件如何的人,另一部分原因是他要在整个审判过程中被允许留在法庭上,因此如果允许他在其他证人之后作证,就可能改变自己的证据以符合他听到的证人的证词。除被指控者之外,无论是为辩方或控方传唤的证人,在作证之前都被置于法院之外。然而,法官确实有让辩方证人在被指控者之前被传唤的自由裁量权:《1984年警察和刑事证据法》第79条。例如,如果证人在其他地方有紧急的约会而且他的证据不可能受到控方的反对时,行使这种自由裁量权就是适当的。

被指控者作为证人的细节必须在关于证据的作品中寻找。很简单地说,立场是他被与其他任何证人一样对待,除了:

(1)他可以被问及倾向于证明自己对被指控犯罪有罪的问题,在这种范围内他不能像其他证人通常可以的那样主张反对自证其罪的特权:《1898年刑事证据法》第1(5)条。如果被指控者可以给出证明自己无

_417

罪的证据而又能在交叉询问时避免被问及可能会显示他有罪的问题,这显然是荒谬的。

(2) 与其他的证人不同,他在交叉询问中受到保护,以免于被问到旨在通过显示他有先前定罪或品行恶劣而使他受到怀疑的问题。如果他的辩护中对一名控方证人的品行进行了责难,或者如果他给出了关于自己的良好品行的证据,或者他给出了对在同一起诉书中被合并审判的另一名被指控者不利的证据,他就失去了这种保护:《1898 年刑事证据法》第 1 (6) 条。

向陪审团暗示被指控者作为证人低于案件中的其他证人一等的任何言行都是不允许的。这一点是以一种象征性的方式证明的,即通过如果没有相反的强迫性的原因(例如暴力或企图逃跑的危险)时,被指控者应当在证人席而不是被告人席作证(《1898 年刑事证据法》第 1 (7) 条,又见 Farnham Justices ex p Gibson [1991] Crim LR 642 案)。但是,受到与其他证人本质上同等的对待对被指控者来说经常是一个不可靠的优势,因为他要受到控方律师的交叉询问。在他品行恶劣,却又失去了上述的对不能提及先前定罪等问题的保护时尤其有害。直到前不久,被指控者才能避免交叉询问中固有的危险,而仍然通过站在被告人席上作出未经宣誓的陈述告诉陪审团他这方面的说法。那样他不用受到他自己的律师或者控诉律师或任何其他人的询问。然而,作出未经宣誓的陈述的权利被《1982 年刑事司法法》第 72 条废除了。因此,如今被指控者面临着绝对的选择,要么什么都不说——这样陪审团可能会认为值得怀疑——要么给出宣誓证据,当然这要受到交叉询问。决定必须由他自己作出。如《律师协会行为准则》所说(附件 6 第 12.4 节):

代理被告人的出庭律师应当建议他的当事人是否应给出为自己辩护的证据,但决定必须由当事人本人作出。

如果决定是反对进入证人席,辩方律师应当总是记录决定并确保被告人签署了记录,指明(1)他出于自愿决定不给出证据,和(2)他在如此决定时考虑到了辩护律师的建议(无论是什么)(Bevan (1994) 98 Cr App R 354)。通常的方式是将记录背书在辩护律师的摘要笔记中。

18.5.3 披露和不在犯罪现场证据

作为他们披露责任的一部分（见 8.3 节），辩方应当在审判前向控方和法院送达一份陈述，阐述辩护的概括情况，他们准备对控方案件论辩的事项和理由（《1996 年刑事程序和侦查法》第 5（6）条）。另外，如果辩护涉及犯罪时不在现场，他们应该已经给出某些细节，即任何能够给出证据支持犯罪不在现场的证人的姓名、地址，或其他帮助寻找的信息（第 5（7）条）。

送达辩护陈述（或不送达）出现的一般后果在 8.3 节中有讨论。这些后果同等地适用于提出犯罪时不在现场的辩护陈述。然而，将不在犯罪现场作为辩护的特殊特征是它要求被指控者提供未来证人的细节。因此第 5（8）条规定的"犯罪时不在现场"的定义就很重要；"犯罪时不在现场"是指"倾向于显示因为（被指控者）在特定的时间……在特定的地点出现"，在相关的时间内"他不处在犯罪被指控实施的地点"的证据。仅仅指明被指控者不在犯罪实施地点的证据不是"支持犯罪时不在现场的证据"。要符合第 5（8）条的定义，证据必须是被指控者处于其他地点的证据（Johnson [1995] 2 Cr App R 41）。

有关犯罪时不在现场的案例发生于 CPIA 之前，并涉及以前的更加局限的辩方披露责任。这是由《1967 年刑事司法法》第 11 条规定并处理单个犯罪时不在现场的证据。在法院决定是否从辩方的可以被称为不完全的披露中（即控方辩称如果披露涉及犯罪时不在现场证据，那么必须披露证人的细节）得出推断时，有关这一条的判例法仍然是相关的。

例如，关于辩方提起的是否是犯罪时不在现场证据的例子出现于 Lewis [1969] 2 QB 1 案中，其中控方试图通过 L 在 1968 年 2 月 16 日兑现两张邮政汇票的证据支持他们对 L 在 1968 年 2 月 14 日不诚实地处理了被盗的邮政汇票的指控，对于准备传唤 L 就他在 2 月 16 日的行踪，L 没有任何通知给出证据的责任。犯罪被指控发生于 14 日，因此关于 16 日的证据不符合对犯罪时不在现场的法定定义。另外，在 Hassan [1970] 1 QB 423 案中，该条款被认为"考虑必要地涉及被指控者在特定时间处于特定地点的罪行"。因此，被指控在 1968 年 7 月 29 日和 8 月 21 日之间在卡笛夫依靠卖淫收入生活的 H，没有必要告知他在 8 月 20 日上午在他母亲的家中，而不是像控方所宣称的他在妓女的公寓里。被指控的犯罪"没有被固定在特定的地点"，因此法定的责任不适用。

然而，Fields（1990）155 JP 396 案使用更自由的解释（事实见下小字体部分）。

虽然辩方律师有对案件应当怎样运作作出战术性决定的一般权利，且不需要在每一个问题上都取得其当事人的同意，但不传唤不在犯罪现场证据的任何决定都是根本性的，以至于除非先前有过咨询而且被指控者当时同意（最好书面）不在现场的证据最终还是不提，辩护律师不能作出这种决定。因此在 Irwin［1987］1 WLR 902 案中，当被指控者在证人席中时，辩护律师当场作出不传唤他的妻子和女儿以支持犯罪时他不在现场的决定，构成了审判过程中的实质性不规范行为，从而使取消定罪成为必须。虽然在 Ensor［1989］1 WLR 497 案中，称 Irwin 案应"被视为仅限于其自身事实"，但有关律师没有事先咨询而不传唤不在犯罪现场证人的决定仍然被认为具有权威性（更多的见 24.4.1 节）。

在 Fields（1991）155 JP 396 案中，F 连同 A 被指控抢劫。他们被居住在抢劫现场附近的 S 辨认出来。在抢劫发生的下午，S 在 2：45 和 3：00 之间在一个电话亭前等候了 10 分钟，电话亭当时被一个男人占用，后来她在队列中辨认出该男子为 F。S 在大约下午 6：00 返回电话亭，在再次等待使用电话亭时目击了当时带着面罩的两名男人实施了抢劫，后来她在队列中辨认出为 A 和 F。在 F 的出庭律师的一封信中称，F 3 点钟左右在德尔海姆（距离犯罪发生地点 25 英里），因此 S 不可能在电话亭中看到他。皇家检察官在审判中成功地寻求将信件作为犯罪时不在现场的通知被采纳。在上诉时，F 主张将信件采纳为控方证据，通过迫使他作证支持他犯罪时不在现场的证据，对他造成了歧视。他辩称信件不应当被采纳，因为它不是不在犯罪现场的通知。上诉法院驳回了上诉。在移交文件中 S 的证据是她于大约下午 3 点钟在电话亭看到的男人和她随后看到的参与了抢劫的是同一个人。不在现场的证据倾向于显示 F 在抢劫发生时不可能出现在抢劫现场。因此这封信是不在现场的通知。因此它被认为是经过了 F 的授权给出的，除非他能证明事实相反。这是《1967 年刑事司法法》第 11（5）条（现已废止）的结果。根据《1996 年刑事程序和侦查法》，是否会得出同样的结果令人怀疑（见 8.3 节）。

18.5.4 专家证据

在审判之前向控方披露任何辩方提议提出的专家证据的要求，由《皇室法院（提前通知专家证据）规则》（SI 1987 No 716）规定。

简单地说，规则规定，除非已经这么做过，起诉书审判中提议提出专家证据的一方应当在移交程序结束后，尽快向其他各方提供一份书面陈述说明他的专家认定或意见。如果专家观点的基础是他进行的一些实验、观察、计算或其他程序，其他各方提出要求后有权得到一份记录或有机会审查实验等。基于规则的遵守将导致对专家的恐吓或对司法进程造成其他干涉，可以寻求对规则要求的免除。假设没有被批准免除，对规则的不遵守将意味着专家证据只有在经过法院同意后才能提出。

因此这一处罚与在其他案件中不完全的辩方披露所受到的处罚在种类上不同（见 8.3 节）。它也适用于控方，虽然控方的任何专家证据无论如何都应在移交程序中提出，或在其后通过额外证据通知被提出。

18.5.5 起诉书中有一个以上被指控者

如果两名或两名以上被指控者被在同一起诉书中指控而且被分别代表，他们的案件将按照他们姓名出现在起诉书中的顺序被展示。因此，如果罗伯特·史密斯在起诉书中先于约翰·布朗出现，史密斯的辩护律师作出他的开场发言（如果他有权利做的话），接着传唤史密斯和他的其他证人。布朗的辩护律师可以在每一名证人的主要证据给出之后和控方交叉询问之前询问每一位证人。然后布朗的辩护律师开始他的案件，如此等等。关于在起诉书中应当先提到谁没有权威说法。辩方案件的顺序要取决于控诉律师或选择起草起诉书的皇室法院官员，看起来似乎有些奇怪。

在两名或两名以上的被指控者被合并代表时，实际上他们被作为一个共同辩护来看待。辩护律师代表所有被指控者进行开场发言，然后可以依次传唤他们给出证据。

18.5.6 未被代表的被指控者

虽然在皇室法院的被指控者被鼓励获取法律代表，但他有权全程为自己辩护，或者，实际上可以开始时享受法律代表的利益，而在审判的任何阶段解雇他的辩护律师（受以下讨论的局限）。法官应当在交叉询问控方证人、给出他自己的证据、对任何他可能选择传唤的证人进行主询问等事项上帮助一名未被代表的被指控者。法官经常必须向被指控者解释在交叉询问证人时他必须提出问题而不是自己做演讲来反对证人所说的。尤其重要的是在控方案件结束时应当告知被指控者他可以自己给出证据和/或传唤其他证人。如果被指控者希望为自己的辩护传唤证据而法官未能询问他时，可能导致任何定罪被取消：Carter (1960) 44 Cr App R 225。

《1999 年年轻人司法和刑事证据法》限制了未被代表的被指控者交叉询问某些证人的权利。这些条款于 2000 年 4 月 1 日生效。1999 年法案规定：

（1）被指控强奸或其他特定的性犯罪的被告人选择自己进行辩护时，不可以自己交叉询问被宣称的罪行的被害人。这一禁止还延伸到被告人在程序中被指控的其他犯罪中。

（2）被指控暴力犯罪、特定的性犯罪、绑架、非法监禁、或诱拐的被告人，不可以交叉询问儿童，而该儿童是宣称的被害人或犯罪实施的证人。

（3）如果法院确定证人的情形和案件的事实应当禁止而禁止又不与正义的目的冲突时，法院有权禁止未被代表的被告人在上述（1）和（2）中规定的特定禁止没有涵盖的情况下交叉询问证人。

(4) 在被指控者被禁止交叉询问证人时,他可以指定一名代表进行交叉询问。

(5) 如果他没有指定一名法律代表人进行交叉询问,法院必须考虑为正义的目的是否有必要对证人的证据进行检测。如果它决定检测,它将指定一名法律代表人交叉询问证人。然而,代表人不受被告人指示,并不对他负责。

18.5.7 被指控者出庭

被指控者在起诉书审判开始时必须在场以便答辩。如果他没有出庭,法官将休庭,除非对缺席有好的理由,例如疾病等,将根据《1976年保释法》第 7 条签发法庭令状逮捕被指控者。

参加了传讯之后,一般规则是被指控者应当始终在场。他应当听取控方和他们的证人针对他都说了什么,处于可以回答他们的指控的位置上无疑是公平的。如果他在审判的任何阶段未能或不能够出庭,法官通常必须休庭而且,基于具体情况,签发逮捕令状。如果他的缺席看起来要延长(例如他染病而可能持续数日),法官会考虑免除陪审团作出裁决的义务。在被指控者一旦能出席时案件将在不同的陪审团面前重新开始。被指控者在对他的审判中必须出席的规则要求他应当能够了解程序。由此可知未能确保译员翻译证据构成严重的审判不公:Kunnath v The State [1993] 1 WLR 1315。

然而,在两种主要的情形下法官有允许审判在被指控者缺席时继续审判的自由裁量权。第一种是在他叫喊、行止不端、或者他如此令人讨厌以至在他出席时继续程序不可行(Lee Kung [1916] 1 KB 337 案中,据大法官瑞丁勋爵)。第二种是如果他自愿地缺席。在 Hayward [2001] 3 WLR 125 案中,上诉法院考虑了审判法官在处理被告人缺席时应当适用的原则,并将它们总结如下:

(1) 一般来说,被告人有出席对他的审判的权利和被合法地代表的权利。

(2) 这些权利可以由被告人自己,单独地或一起、全部或部分地放弃：

（i）如果他知道或有办法知晓对他的审判何时何地进行，但他有意地和自愿地缺席和/或从代表他的人处撤回指示，权利可以被全部放弃。

（ii）如果被告人在开始时出席或被代表，但在审判过程中实施行为阻碍程序的正常进程和/或从代表他的人处撤回指示时，权利可以部分地被放弃。

（3）审判法官有关于审判是否应当在被告人和/或他的法律代表人缺席时进行或继续进行的自由裁量权。

（4）这一自由裁量权必须谨慎行使，而且只有在少数和例外的案件中才应当行使赞成审判进行或继续，尤其是如果被告人没有被代表时。

（5）在行使这一自由裁量权时，对辩方的公平具有首要的重要性，但也应当考虑到对控方的公平。法官必须注意到案件的所有情形，尤其是：

（i）按照情况，从审判中缺席或阻碍审判的行为的性质和情形以及，尤其是，他的行为是否是有意的、自愿的和明显放弃了他的出庭权利；

（ii）休庭是否能导致被告人被抓住或者自愿地参加和/或不再阻碍程序；

（iii）这种休庭可能的时间；

（iv）虽然缺席，被告人是否是，或希望在审判时被合法地代表，或通过他的行为已经放弃了他的代表权利；

（v）缺席的被告人的法律代表人在审判中是否能够从他那里得到指示，以及他们能够展示他的辩护的程度；

（vi）鉴于针对被告人的证据的性质，不能给出他对事件的描述对被告人的不利程度；

（vii）陪审团对被告人缺席得出不适当的结论的危险；

（viii）犯罪影响到被告人、被害人和公众的严重程度；

（ix）审判应当在与公众的一般利益和被害人和证人的特定利益相关的事件发生后的合理时间内进行；

（x）拖延对证人记忆的影响；

（xi）在有不止一个被告人但并非所有的都已逃离时，分别审判的不可取性以及对出席的被告人的公平审判的前景。

（6）如果法官决定审判应当在一名没有被代表的被告人缺席时进行或继续，他必须确保审判在情形允许下尽可能地公平。他尤其必须，在给出证据的过程中和总结时，采取合理的措施展示控方案件的弱点并在证据允许的范围内代表被告人表达这些观点。在总结中他必须警告陪审团缺席不是承认有罪而且也没有给控方案件增加任何的分量。

总的效果是强调在被告人缺席时继续审判之前需要谨慎。为确保遵守《欧洲人权公约》第6条的需要，这种谨慎是完全适当的。在决定是否继续时，着重于被告人参加审判并在其中被代表的权利也是正确的。参与刑事诉讼的概念不仅从被告人的观点来看是关键的，而且在确保整个体系的合法性时也是关键的。法院被认为在断定被告人放弃权利时尤其应当谨慎。在 Hayward 案中，上诉人的辩护律师作出的建议有相当的价值，他称这种放弃应当被确立刑事标准。虽然这一观点没有被大人们明示采取，但它被认为与案件确立的指导方针的精神是一致的。

18.6　律师的总结发言

在辩方案件结束之后（或者在有不止一名被指控者被分别代表时，最后的辩方案件结束后），控诉律师可以向陪审团总结他的案件。这么做时，他应当继续把自己视为一个"正义的执行者"，而不是一个不惜一切代价争取定罪的律师。在他的发言中，他可以比如说提醒陪审团控方证据中最有说服力的部分，并评价辩方案件中不可信之处。控方没有总结发言权利的唯一情况是，被指控者没有被代表而且没有传唤除关于他自己的事实以外的证据。但这并不是说律师只要有发言的权利就必须做一个发言。如果辩方被代表但选择了不传唤证据，控诉律师仍然有权做总结发言但很可能会考虑他不需要做演讲：Bryant［1979］QB 108。

在这一案件中，沃特金法官进一步指出："控方和辩方律师的大部分演说应当具有适当的简洁的特征"——可能是在所有的场合这一建议都没有被听从。

在刑事审判中，除法官的总结之外的最后一句话属于辩方。在控方总结发言后，辩方律师向陪审团总结他的案件。他有更广的自由裁量权说任何他认为对整个案件来说需要的东西，但他不应当将没有给出证据的事项宣称为事实事项。如 Bateson（1991），《泰晤士报》1991 年 4 月 10 日案所说，他不应当"凭空杜撰解释"，但他有权暗示，例如，他的当事人的谎言可能是无罪的解释，如果案件中有证据可以建立这样一个解释的话。这一规则同等地适用于控诉律师，但辩方律师更可能被诱惑越界。如果有两名或两名以上被分别代表的被指控者，代表他们的演讲将按照他们的姓名出现在起诉书中的顺序作出。未被代表的被指控者当然可以作出总结发言，而且如果有权，也可以代表自己作出开场发言。

18.7　陪审团停止案件

18.4 节讨论了如果控方传唤的证据如此无力，以至没有陪审团可以根据它适当地定罪，法官指示陪审团裁决无罪的职责。如在那一节中所解释的，上诉法院在 Galbraith [1981] 1 WLR 1039 案中的判决缩小了正确的指示无罪的情形。然而，并不是说因为无案的提议失败，审判就将不可避免地走完全程。在控方案件结束后的任何阶段，陪审团都可以说他们不希望程序继续，随之他们对被指控者宣告无罪。由于很少有陪审团知道自己有这种权力，法官可以就此"提醒"他们，虽然他不能明确地请求他们宣告被指控者无罪（见 Kemp [1995] 1 Cr App R 151 和 Falconer-Atlee (1793) 58 Cr App R 348 案）。如果控方案件有一些力量使法官不能指示宣告无罪，但鉴于辩方的交叉询问使他们的证据看起来仍然很虚弱的话，法官可以提醒陪审团他们有立即宣告被指控者无罪的权力。当然，陪审团不可以没有首先听取整个案件就宣告无罪。

18.8　法官的总结

起诉书审判的最终和非常重要的一个阶段是法官的总结。其中，他就法律指示陪审团并帮助陪审团完成决定事实的任务。虽然不可能知道陪审团作出裁决的原因，但一个合理的假设是法官对案件的明显观点对他们有相当影响。已经从案件中的不同的辩护律师那里听取了雄辩而有说服力的发言，而它们通常得出完全针锋相对的结论，陪审团带着解脱的感觉转向可以将论辩置于正确的视角之下、能够识别出不相干的论点、并阐明问题的法官。当然，律师不总是像陪审员那样对法官的不偏不倚和智慧那么信服。

下列问题几乎总是要在总结中涉及：

（1）法官向陪审团解释他和他们各自的职责——即法官决定法律，他们必须接受他对法律所说的任何东西；陪审团决定证明了什么事实，在这项任务中他们可以被帮助但决不受向他们述说内容的约束。如在 Wootton [1990] Crim LR 201 案中所说，这种职能的解释绝非仅仅是形式主义。对它的忽略本身就是成功上诉的根据。

（2）陪审团被告知是由控方证明被指控者有罪，被指控者不需要证明任何东西，以及，除非他们根据所有证据排除任何合理怀疑地确信被指控者实施了指控的犯罪，他们必须宣告他无罪。一种可以接受的替代方式是指示陪审团，要裁决被告人有罪，他们必须"确信"或"满意因而他们感到确信"。也有人建议了两种选择方式的混合物，大体是说"你必须排除合理怀疑地满意，因此你们对被告人的有罪感到确信"（见 Ferguson v The Queen [1979] 1 WLR 94）。

（3）法官界定被指控的犯罪，解释控方要确立有罪必须证明的事项。如果可能，他要使关于法律的陈述简单而基础。例如，如果史密斯被指控偷窃琼斯的雨伞，而辩护认为识别错误，法官可以大致这么说——"陪审团成员，你们都知道偷窃意味着什么——它是指不诚实地拿走别人的物品，明知道它不属于你，并打算让他们再也不能把它取回去。现在，琼斯先生已经告诉你们他在下午1点将雨伞丢在衣帽间，当他在下午2点回来取时伞已经不在了，而且直到在警署里他才又看到它。这一证据没有受到辩方争议，因此你们可能没有太多困难就可以作出决定——这完全是你们的事情，女士们先生们——有人偷了这把雨伞。问题是，是不是这名被告人？……"如果史密斯提起的辩护是识别错误（他拿走这把伞时是因为他认为是自己的）或者未准而借（他拿走这把伞在倾盆大雨中使用，但准备归还），法官将必须强调，在第一种情况下，获取必须是不诚实的；而在第二种情况下，必须有永久剥夺占有的意图。

（4）基于特定案件传唤的证据，可能必须向陪审团解释一些证据的问题。例如在一项攻击指控中，被告人提起的辩护是行为系合理自卫，对证明的责任和标准仅做基本的指导是不充分的，因为可能给陪审团留下被指控者必须展示他的确这么做了的印象。因此法官应当明确地告诉陪审团，应当由控方排除合理怀疑地证明被指控者没有合理自卫行为。在被指控者提出不在犯罪现场的辩护时，也适用类似的原则。相反，如果是对一般原则的例外，确立辩护的责任就落在了被指控者的身上（例如，在谋杀指控中提出降低责任的辩护），法官同时解释对辩方要求的证明标准（即均衡可能性）。在辩护理由是错误辨认时，法官应当指出在根据辨认证人的证据定罪之前谨慎的特殊需要（在错误辨认案件中，法官应当说什么的全部细节，见 Turnbull [1977] QB 224）。如果被指控者的品行，无论好坏，在证据中被提出，法官应当解释它对案件的影响——通常的指示是它可以帮助陪审团决定被指控者证据的分量，但它不能直接证明他有或没有实施指控的犯罪。基于特定案件的证据，很多其他的要点可能必须在总结中加以考虑。

（5）如果两名或两名以上的被指控者被合并在一份起诉书中，法官必须指示陪审团分别审议每一名被指控者的案件。尤其是如果对 A 给出的证据，虽然对 B 来说不可采纳，但对他的辩护有歧视（例如，A 在B 不在场时作出供认不仅牵涉到他自己而且牵涉到 B），必须告知陪审团在对 B 作出裁决时忽略这一证据。类似地，如果一名被指控者在一份起诉书中被指控了两项或两项以上犯罪，要警告陪审团对每一项罪状分别作出审议。通常他们决定对罪状一的被指控者宣告无罪或认定有罪的事实与他们对罪状二的裁决无关，反之亦然。在罪状一中指控的犯罪和罪状二中的有惊人的相似之处时（见 DPP v Boardman［1975］AC 421），法官的艰巨任务是要解释虽然与每一项罪状相关的证据都可以被采纳为支持另一罪状的控诉，但他们依然必须对每一项罪状作出独立的裁决。

(6) 总结的最后一个部分讨论案件中的证据。运用他在审判中做的证据笔记，法官提醒陪审团他们已听取的证据并对证据进行评价。在履行这一部分职责时法官做法各异。一些仅仅是宣读出每一证人证据的重要部分，集中于主要证据；另一些则努力阐明案件中的事项并将证据与这些事项联系起来。一些谨慎地将他们对案件的观点隐藏起来；另一些则直接地或间接地让陪审团知道他对事实的观点。在 Charles (1979) 68 Cr App R 334 案中，劳顿法官评价了在历时较长的案件中进行总结的可取方法。在一个持续了总共 35 天、涉及欺诈性商业交易的复杂指控的审判中，总结花去了三天时间。在对案件相关的法律和事项进行了介绍性的概览之后，法官采取了从他的笔记中宣读每一名证人说了什么的方法。上诉法院批评了他的方法，因为尤其在历时较长的欺诈案件中，重要的是要法官"分析问题并将证据与问题联系起来"（341 页）。仅仅宣读证据笔记是不能令人满意的，主要是因为"它肯定会让陪审团无聊到昏昏欲睡"（139 页）。一般说来，法官"不应当沉湎于冗长的、更可能混淆陪审团而不是帮助他们的总结中"（341 页）。无论在总结中法官使用了什么方法，关键是要以陪审团能够理解的方式将辩护展现在他们面前。陪审团有权表达他对辩护的观点（或者实际上，对案件中的任何事实），只要他将事实问题留给陪审团决定。因此在 O'Donnell (1917) 12 Cr App R 219 案中，在法官说罪犯的说法是"非同寻常的"并且与他前面所做的陈述自相矛盾的情况下，定罪被支持。但在 Canny (1945) 30 Cr App R 143 案中，反复地告诉陪审团辩方是"愚蠢的"以及辩护中的主张毫无根据,已经等同于指示陪审团针对被指控者的案件已经得到证明。因此定罪被取消。正如大法官莱纳勋爵在 Marr (1989) 90 Cr App R 154 案中一针见血地指出的,无论犯罪有多么令人厌恶,无论被指控者的面目多么可憎,无论辩护有多滑稽可笑,他都有让律师和法官公平地展示他的案件的权利。在形势看起来已对他不利的情况下,更是如此。法官是否曾适当地告诉陪审团宣告有罪,是受到置疑的。更好的观点似乎是,即使从他的法律观点来看,辩方对事件的说法本身表明被指控者如指控的那样有罪,他仍然应当将最终的有罪还是清白的问题留给陪审团解决,尽管可以给出所有的证据都指向同一方向的评价(见 DPP v Stonehouse [1978] AC 55 和 Thompson [1984] 1 WLR 962 案)。

(7)偶尔还会出现法官在总结针对被告人的案件时是否被局限于控方提出其案件的相同基础上的问题。在 Falconer-Atlee (1973) 58 Cr App R 348 案中,法官让陪审团可以在控方从未提出的基础上定罪。这是上诉法院给出的取消定罪的原因之一。但在 Japes [1994] Crim LR 605 案中,上诉法院说法官不受控方如何展示其案件的约束。随着证据的发展,犯罪可能是在一个稍有不同的事实基础上实施的事实也许会逐渐明显,例如偷窃所必需的占有可能发生在比控方原来想象的更晚的一个阶段。如果是这样,法官并没有被禁止将这一根据在陪审团面前提出以供审议,只要被告人没有被这种行为方式损害或歧视。

(8)在总结的最后,法官建议陪审团在他们中间指定一名主席。主席将作为他们的发言人,并在适当时间宣布他们的裁决。最后法官告诉他们退庭、审议裁决并努力达成一致的决定。当控方在不止一个基础上提出他们的案件时,可能有必要告诉他们,要定罪,他们不仅必须对被指控者有罪意见一致,而且必须对他有罪的基础意见一致:Brown (1984) 79 Cr App R 115。在这个案件中,控方指控通过两种欺骗获取财物,上诉法院认为应当对陪审团就此作出指示——如果对 B 使用了两种欺骗不一致——他们至少应当对使用了哪一种欺骗有一致意见。如果六人认为他使用了第一种欺骗而其余的认为他使用了第二种欺骗,他不应当被定罪。主要见 J. C. Sminth, 'Satisfying the jury'［1988］Crim LR 335 和 Mitchell［1994］Crim LR 66.

在开始总结之前，法官可以要求检察官律师对他将要处理的法律和事实问题进行协助，但他决不应当在陪审团退庭之后寻求律师的帮助，并且只有在例外的情况下他才能在总结结束之后而陪审团退庭之前与律师讨论法律问题：Cocks（1976）63 Cr App R 79。请求律师在总结中打断以更正出现的错误也是不明智的做法，因为这可能打断陪审团的思维过程而且会损害法官的权威（Charles（上注）案中，律师在三天的总结过程中打断了 33 次）。在听取了总结之后，如果控诉律师意识到存在对法律或事实的错误指示，他应当在陪审团退庭之前在法官面前提起这些问题以便改正错误。未能做到这些而如果辩方随后提起上诉，将使检察官律师受到批评（例子见 Donoghue［1988］Crim LR 60 案）。虽然这一点不无怀疑，但辩方律师似乎没有责任提及他注意到的任何错误。如果他认为这最符合他的当事人的利益，他可以缄口不言以期如果被指控者被宣告有罪，他可以成功地对定罪提起上诉（见罗伯特·高夫法官在 Edwards（1983）77 Cr App R 5 案中的评价）。他这么做明显是有风险的，虽然基于这种情况的上诉并非不可避免地被驳回（Holden［1991］Crim LR 478）。在涉及程序性不规范行为时情况有所不同（见 18.1.2 节和 Smith［1994］Crim LR 458 案）。

法官的确意识到自己的总结中有错误时（无论是律师干预的结果还是主动发现的）怎么办？他应当明确地指出错误，告诉陪审团忽略它，然后给出正确的指示（Cole［1994］Crim LR 300）。

律师应当对总结做笔记。这将有助于他建议上诉的事实和起草初步的上诉理由，因为在那个阶段不太可能获得速记员对总结的笔记。

18.9　非正常顺序给出证据

一般来说，控方不可以在结束他们的案件之后传唤证据，或者甚至交叉询问被指控者有关如果他们传唤的话本可以证明为控方案件一部分的事项。

Day [1940] 1 All ER 402 案对此规则进行了阐明。D 伪造支票的定罪被取消，因为在辩方结束案件之后，法官允许控方传唤笔迹专家，对支票上的笔迹和 D 的笔迹样本进行对比。

对这一基本原则的例外如下：

(1) 如果在辩方案件的过程中，突然出现一个事件，系为人类智慧所无法预见，控方可以提出证据就这一事项反驳辩方证据。例如，在 Blick (1966) 50 Cr App R 280 案中，B，根据警方说法是在被追赶后被逮捕并被指控抢劫，作证说在追捕时他正在一个公用盥洗室里。控方被正确地允许重新开启案件并传唤了在相关时间那个盥洗室因修理而被关闭的证据。没有人的智慧可以预见一个公共盥洗室的使用会与 B 的案件有关。Blick 案可以与 Day 案相比较，在 Day 案中，控方应当预见到为确立支票上的笔迹，需要笔迹专家的帮助。

(2) 法官有自由裁量权允许控方传唤一名在他们结束他们的案件之前无法获得的证人，即使证人的证据不是用来反驳由辩方提出的突然出现的事项。能适当行使这一自由裁量权的情况很罕见。如果控方没有在结束案件之前传唤他的唯一原因是他们希望"让他藏而待用"或者在准备案件时不够努力，应当拒绝同意传唤证人。在 Doren (1972) 56 Cr App R 429 案中，控诉律师在结束他的案件之后被通知两名坐在游廊中的公众成员意识到他们可以给出相关证据。他被允许传唤他们，上诉法院确认了定罪，因为虽然情况不能归入上述原则 (1)，但控方在结束案件之前不可能发现以上的证人。

(3) 如果控方因疏忽而遗漏了引出具有纯正式性质的证据, 法官可以批准他们重新开启案件以补充遗漏。蒸气压路机主要是用铁或者钢制成的证据属于纯正式性质的证据范畴 (McKenna (1957) 40 Cr App R 65 案, M 被指控出口 "全部或主要由钢或铁制成" 的工业品)。这一原则被稍微扩展至涵盖控方由于错误而未能传唤证据辨认被指控者就是故意实施了犯罪的人的案件 (例见 Francis [1990] 1 WLR 1264 案)。即使是在身份没有争议的案件中, 这也不能说是纯正式性质的证据, 但法院似乎有让控诉律师重新开启案件的自由裁量权。

(4) 一方当事人只对证人的信誉, 而不对案件中的事项对另一方证人交叉询问, 不能提出自己的证据反驳在交叉询问中得到的答案这一证据规则, 在证人被问及他的先前定罪、前后不一致的陈述或偏见时不适用。因此, 如果控诉律师, 比如说, 询问辩方证人有关他的先前定罪而证人否认时, 控方可以提出证据证明有罪, 即使他们的案件在辩方证人被传唤作证之前明显已结束。

在有适当根据允许控方重新开启案件时, 他们的证据可以在辩方案件进行过程中或之后, 或者甚至在辩护律师的总结发言之后被传唤: Flynn (1958) 42 Cr App R 15。法官还有允许辩方重新开启案件的广泛自由裁量权。在 Sanderson [1953] 1 WLR 392 案中, 一名辩方证人直到总结几乎已经结束时才到达法院, 法官正当地允许他在总结结束后作证, 然后就他的证据作出了一个补充总结。

18.10　法官传唤证人的权力

法官有权利传唤证人, 如果在他的观点看来为了正义的目的, 这么做是必要的。

法官向证人提出问题，然后准许双方或任何一方的律师交叉询问。然而，法官传唤证人的权力应当保守地使用。无论如何，在皇家检察官已经决定不再继续控诉的案件中，法官不得传唤另外的控方证人。因为这么做实际上就是接管了控诉（Grafton［1993］QB 101）。如果证人可能支持控方而控方又已经结束了他们的案件，法官只有在如果控方提出申请重开案件且他可以同意的情况下才能传唤证人。法官可以传唤证人的一个情形是当证人的姓名出现在起诉书背面但控方拒绝传唤他时（见 Oliva［1965］1 WLR 1028 案和18.3.1 节）。

法官有自由裁量权重新传唤已经被控方或辩方传唤的证人进行进一步询问，只要这不会允许控方不正当地重开案件。重新传唤证人的权力包括重新传唤被指控者本人，如果他已经作证。在辩方案件过程中，律师或证人如果作出本来应当在交叉询问中向控方证人提出的主张，这名证人可以被重新传唤以处理这一主张。然而，如果仅仅是为了可以对他的证据进行第二次听取，重新传唤证人是错误的。

18.11　在公开法院听审和公开

不仅仅是各方当事人对刑事诉讼有兴趣——公众也关注，应尽可能使清白者被宣告无罪，有罪者被定罪并且罪犯被适当地处罚。因此，普通法的一个基本原则是司法应当在公开法院上被执行。迪布洛克勋爵在 AG v Leveller Magazine［1980］AC 440 案第 450A-D 页中对这一原则进行了重述：

作为一项一般原则，英国执行司法体系的确要求审判公开进行。如果法院行为方式不能避开公众耳目，这就为反对司法擅断和异化并维系公众对司法执行的信心提供了保障。公开审判原则的适用有两个方面：关于法院上的程序本身，它要求程序必须在允许公众和媒体进入的公开法院上进行；并且，无论如何在刑事案件中，所有与法院交流的证据都必须公开地交流。关于公平和准确地通过对诉讼的报道向更大范围的公众公开在法院上发生的程序，原则要求这不能受到任何阻碍。

然而，由于一般规则的目的是服务于司法的终极目的，因此如果特定程序的性质和环境如此这般，如果完全地适用一般原则会阻却或导致司法执行的不可行，那可能就有必要有所偏离。但是除了法定例外之外，在法院行使它固有的权力控制程序进行的过程中，在以任何方式偏离一般原则之前，这种偏离只有在法院合理地认为为了司法的终极目的，所必需的范围内而且不超过这个范围，才具有正当性。

因此，根据迪布洛克勋爵，公开司法的原则有两个方面，虽然第一个方面还可以细分为两个方面。第一，听审必须在公开法院而不能秘密进行；第二，向法院交流的证据必须公开交流；第三，媒体可以自由报道在公开法院上所做和所交流的一切。在普通法中，在法院面前特定的案件中，当且仅当完全坚持原则会阻却司法的终极目的时，才能允许某一方面的原则有所偏离。另外允许的这种偏离不得超出克服认为对司法的威胁所绝对必要的范围。

上诉决定中压倒性的潮流是将对公开审判原则的减损限制在极其例外的情况下。因此，由于减缓请求（包括他是"向警方告密的人"这个事实）在公开法院提出并被报道对一名罪犯可能的危险不能作为秘密开庭的正当理由：Reigate Justices ex p Argus Newspapers（1983）5 Cr App R（S）181。同样不能成为秘密开庭的正当理由的还有醉酒驾驶员对因需要公开说出他的私人生活和身体问题的"极度恐惧"（Malvern Justices ex p Evans [1988] QB 540），或者一般公众会娱乐淫秽证据的假设的不可取性（据 Scott v Scott [1913] AC 417，海尔德纳子爵），甚至国家安全的考虑（据 AG v Leveller Magazine，斯卡曼勋爵，上注）。实际上，已判决的案例中可以清楚给出的秘密听审是适当的唯一一个例子是对案件的情绪是如此高涨，以至进行公开听审会有"骚动或公众骚乱"时（据 Scott v Scott，劳伯曼勋爵，上注）。也有法官的意见是建议排除公众具有正当性，如果考虑到预期证据的性质和/或证人的职业，除非保证在秘密状态下给出，不存在他们自愿作证的实际可能时（见 Scott v Scott，海尔德纳子爵，和 AG v Leveller Magazine，斯卡曼勋爵，其中勋爵大人暗示审查法官本来应当有权秘密听取国防情报参谋部的一名上校的证据的，不是因为对上校或者国家安全本身的危险，而是因为皇家检控署如果知道敏感证据不受保护，在以后的类似案件中可能就不敢控诉）。

有时候公开听审的不利后果很大程度上可以通过允许特定的证据在私下同法院交流而避免。迄今最为常见的例子是证人被允许写下他的姓名和/或地址而不是口头给出。理论上，这只能发生在法院如若不然本来有权秘密开庭时，但实践中这牵涉的对公开审判原则的减损是如此轻微，以至被允许而没有太多的争论。因此，在 AG v Leverller Magazine 案中，上议院一致同意审查法官决定继续在公开法院审判，但上述的情报官员仅被称为"B 上校"。被勒索的被害人通常也是通过匿名受到保护的。然而，法院不太愿意给被指控者本人同样的保护。在 Evesham Justices ex p Mc Donagh ［1988］QB 553 案中，高等法院判定治安法官在审判一项使用一辆没有旧车检验测试证明的汽车的控告书时，应当坚持被指控者口头给出他的地址。他希望写下来的原因——即他害怕如果他的前妻发现他的地址会对他进行骚扰——不充分。根据沃特金斯法官的说法，被指控者的"舒适和感情"不能超过确切知晓谁被指控了或谁被认定有罪的公众利益。

普通法中公开司法原则的严格性被各种允许对公众进入法院或报道在公开法院上发生情况进行限制的法定条款修改了。主要条款如下：

(1)《1920 年官员秘密法》第 8 条。在对根据《官员秘密法》对犯罪进行的程序中的任何部分报道会"对国家安全有害"时，法院可以在控方申请下命令听审时排除公众。然而，刑罚必须在公开法院通过。

(2)《1933 年儿童和年轻人法》第 36 条、第 37 条和第 39 条。除了当要求他们作为证人或被告人出席时，14 岁以下的儿童在刑事诉讼中不能被准许进入法院（第 36 条）。当未成年人在对猥亵犯罪进行的诉讼中被传唤为证人时，法院可以指令公众，但非媒体，在未成年人作证时被排除（第 37 条）。在任何类型的程序中法院可以指令媒体不得刊登任何涉及未成年人身份的细节，无论他是被指控者、证人或以其他某种方式涉入（第 39 条）。还有专门的制定法条款规范少年法院听审的进入和报道（见第 10 章）。

（3）《1981 年藐视法院法》第 4 条。在普通法中，任何对审判过程造成实质性危险的媒体报道都构成藐视法院，并且即使罪犯没有造成这种危害的意图时也应受惩罚。这一"严格责任"规则被《1981 年藐视法院法》第 2 条保留。法案还保留了对责任的主要普通法例外，即以公允而准确的报道将法律程序公之于众不是藐视法院，只要报道是同时出版而且是善意的（见第 4（1）条）。非但远不是要阻碍此类报道，而且法院已经承认了它在执行司法的过程中的重大作用（例如，迪布洛克勋爵在 AG v Leveller Magazine 案中的判决）。不过，第 4（2）条设立了一个例外中的例外，因为它授权法院命令对全部或部分程序的报道应当推迟。只有在法院进行的程序中或者"即将来临的或其他未决的"程序中"为避免对司法的执行造成实质性歧视的危险时"才能作出这种命令。命令的范围和期限都不得超过去除威胁的危险所严格必需的（见 Horsham Justices ex p Farquharson [1982] QB 762）。任何违反第 4（2）条命令的任何公开都会被自动地认为是恶意作出，因此即使没有对司法利益造成实际损害，那些负有责任者也不能主张第 4（1）条的保护（据 ex p Farquharson 中的多数意见，丹宁勋爵反对此点）。第 4（2）条的价值和适当使用在最后提及的案例中得到了证明。在解除了通常适用于移交程序的报道限制后（见 12 章），审查法官实际上通过命令对在起诉书审判开始之前不能公开任何东西重新施加了限制。上诉法院判定第 4（2）条确实潜在地适用于移交程序，在一般情况下紧随移交程序的审判属于"未决的或即将来临的程序"的定义范畴；如果媒体立即报道了耸人听闻且高度歧视性的指控，宣称被指控者被指控非法出口的武器是准备用来爆炸一座清真寺的，对那个审判就具有歧视的危险。但治安法官作出一个涵盖它们之前所有程序的总括命令的做法犯了错误——只要禁止对关于炸弹阴谋的证据进行立即公开就足够了。案件被发回给他们重新考虑。在皇室法院的层次上，当被指控者将在短时间内根据两份分别的起诉书被审判时，第4（2）条规定下的命令尤其适合。为避免使第二次审判的陪审团有偏见，第一次审判的法官可以命令将报道推迟直至第二次审判结束。类似地，在陪审团被从审判中的审判排除时，法官可以将报道推迟到他已经对有争议的证据是否可被采纳作出了决定（见AG v Leveller Magazine 第450页）。但在以这种方式推迟报道前，法官应当相信根据第4（2）条的那样，推迟是为避免歧视的危险"看来是必需的"（The Telegraph [1994] Crim LR 114）。法官应当牢记在未来的审判中，陪审团将不可避免地被给予指示，只能根据呈现在他们面前的证据决定案件。情况可能是这样的一个指示将足以避免偏见的危险，因此第4（2）条规定的推迟令就没有必要了。

（4）《1981年藐视法院法》第11条。在法院有效地行使其普通法权力命令证据的姓名或其他部分应当私下地被交流时（见上），它可以进一步永久性地禁止公开这份材料。这是为了保证媒体不会发现并报道法院希望不让公众知晓的内容的可能性。不过第11条命令的有效性取决于法院此前私下交流证据的决定的有效性：Evesham Justices ex p Mc Donagh（上注）。

（5）《1976年性犯罪（修订）法》第4条。经修订的这一条主要阻止媒体知道或给出强奸案中告发者的姓名和地址，或者出版任何可能使公众辨认出她的东西。此条提供的保护从提出控告时开始，持续告发者的一生时间。皇室法院在审判前和审判中都有命令不适用此条的自由裁量权（例如因为被指控者需要公开，以便证人主动响应）。直到而且只有他被定罪时才被用来保护被指控者的身份的1976年法案第6条，已经由《1988年刑事司法法》废除。

上述对公开司法的讨论涵盖了皇室法院和治安法院的程序,因为在这两种法院中适用基本相同的原则。但对少年法院诉讼的进入和对移交程序的报道,适用特殊的制定法规则。第10章及第12章中有分别的论述。

第 *19* 章 裁　决

19.1　陪审团退庭

在法官结束了总结之后，一名法院引导员宣誓将陪审团集中在一个"秘密而且方便的地点"，阻止任何人未经法院批准与他们交谈，并且自己也不与他们交谈，"除了询问他们是否对裁决达成了一致意见"。如此宣誓以后，引导员，被称为陪审团监守，将陪审团领到他们的房间，而自己在外面守候。在他们休庭的期间，陪审团被集中在一起，以便他们通过讨论和辩论作出一致同意的判决（或者，至少作出其中十人同意的判决：见 19.5 节）。他们被尽可能地与其他任何人分离开来，因为对陪审团的裁决不应当有任何外来影响。他们而且只有他们必须就被指控者的有罪或清白作出决定，而且他们应当完全根据证据和他们在法院上听到的发言加上自己的生活经验和良好常识作出决定。为确保在陪审团审议裁决时没有任何意外发生，设计了三个相互联系的规则。

第一，陪审团必须处在陪审团监守的监视之下。这意味着陪审团监

第 19 章 裁　决

守必须处于能够阻止任何人与陪审团或陪审团的任何单个成员交谈的位置。他自己也不应当进入陪审团室或者与陪审员交谈，除非法官命令他这么做（例如，代法官传递信息或询问问题）。定罪曾经因整个陪审团或者某个陪审员离开监守的监视而被取消。在 Neal [1949] 2 KB 590 案中，陪审团在得到法官的同意之后退庭但在审议裁决时离开了法院大楼到一个餐馆去进午餐。陪审团监守没有跟随他们。午餐后他们回到法院并宣告 N 有罪。结果定罪被取消，因为他们已经离开监守的监视相当长的时间，而其间可能有无数人已经同他们交谈过案件了。类似地，在 Ketteridge [1915] 1 KB 467 案中，K 的定罪被取消，因为陪审团的一名成员由于错误没有同他的同事一起退庭到陪审团室，而是离开了法院大楼并在重新加入陪审团之前缺席了十五分钟。正像在 Neal 案中一样，非陪审团成员有大量的机会同他交谈。

第二，陪审团没有法官的同意不得离开他们的房间。陪审团离开房间的最常见原因是法官要求他们回到法院对案件进行进一步的指导或者回答他们提出的问题。另外，在"明显的必要"下，法官可以允许他们不仅离开他们的房间，而且可以离开法院大楼：Neal 案（见上）。虽然在 Neal 案中刑事上诉法院觉得不必要决定法官是否适当地允许陪审团在陪审团监守的监视下到餐厅进餐，但今天从法院大楼外获取点心几乎不能构成"明显的必要"，因为可以把三明治送给他们（可以允许他们自己花钱买合理的食物和饮料——《1974 年陪审团法》第 15 条）。在陪审团远不能达成一致而时间已晚时，法官可以决定有明显的必要将他们带到饭店里过夜，这样他们可以在第二天早上经过良好睡眠振作精神后回到陪审团室。这只有在长而复杂的案件中陪审团花费一天或者更多的时间审议裁决是合理的时候才适合。通常，如果陪审团已经用了几个小时审议但仍然没能有任何一致时，法官会解散陪审团（见 19.6 节）。如果陪审团被留在饭店里或者因其他原因被允许离开他们的房间，他们仍然必须在陪审团监守的监视之下。

第三个规则，实际上是第二个规则的必然结果，是陪审团不得分开，除非法官同意。1994 年之前，陪审团退庭审议裁决之后都必须被

_441

集中在一起，即使这意味着他们必须在饭店过夜。现在的情况是，法官有自由裁量权允许陪审团在审判中的任何时间分开，即使是在他们退庭审议裁决以后（《1994年刑事司法及公共秩序法》第43条）。法官仍然可能决定不允许陪审团分开，因而使在饭店过夜成为必需，但至少存在司法自由裁量权。在 Oliver［1996］2 Cr App R 514 案中，上诉法院称，如果法官允许陪审团在审议证据时分开，那他必须告知他们：

（1）根据他们在法院上听到和看到的证据和争辩，而不能凭任何在法院外听到和看到的决定案件；

（2）证据已经结束，任何陪审员寻求或接受任何形式的有关案件的进一步证据和信息都是错误的；

（3）不与除陪审团成员以外的任何人谈论案件，谈论也只能是当他们在陪审团室审议案件时；

（4）不允许任何人与他们讨论案件，除非此人系陪审团成员，而且他或她正在陪审团室审议案件；和

（5）离开法院时先将案件搁置，直到他们回到陪审团室继续审议他们的裁决。

对上述原则的侵犯，无论怎样细微，都是在审判过程中的不规范行为，但不会导致定罪被上诉法院取消，除非它"触及案件根本"。因此，在 Alexander［1974］1 WLR 422 案中，在陪审团在陪审团监守管理下离开法院后，其中一人回来收取证物的情况下定罪被支持（法官已经告知他们可以看他们想看的任何证物）。从技术上说他既与他的同事分开，又离开了陪审团监守的监视，但由于分开只是几秒钟的问题，并且在整个过程中他都处于辩方律师的观察之下，所以不规范行为没有触及案件根本问题。另一方面，在 Goodson［1975］1 WLR 549 案中，陪审团监守允许一名陪审员离开陪审团室使用电话。控方律师碰巧发现了这件事，并采取步骤阻止这名陪审员与同事会合。法官将他从陪审团中排除，剩余的十一人定罪。上诉法院判定，不规范行为足以使定罪被取消。监守的错误，法院要对其负最终责任，已经剥夺了 G 在陪审团室中一名陪

审员的观点（据詹姆斯法官于552页）。

不过在一个更近的案件中，一名陪审团通过电话同外界进行了接触的事实被视为不规范，但不是成功上诉的充分理由。在 Farooq (1994)，《泰晤士报》，1994年5月12日案中，一名陪审员打了两次电话询问一名生病的儿童。上诉法院认为没有不相信这名陪审员的有效理由，并确信没有发生审判不公。但它确实批评了法官采取的处理此事的方式。在被告知打电话之事时，律师请求主助理询问。然后助理非正式地告诉律师陪审员在电话中说了什么。随后法官被告知所有的律师都说他们已经满意，陪审团继续审议。上诉法院说，法院本来应当重新开庭，相关事实在公开法院上陈述，并给律师做进一步澄清的机会。

19.1.1 来自陪审团的问题

即使陪审团已经退庭审议裁决，他们还是可以向法官要求进一步解释案件中出现的法律问题。他们还可以请求他提醒他们关于任何部分的证据。如果他们询问实际上没有给出证据的信息，法官必须告诉他们就这一问题没有给出证据，他们必须依靠他们已经听取的证据决定案件。在陪审团开始审议裁决之后，不能在他们面前提出任何证据是一条绝对的规则（Owen [1952] 2 QB 362）。因此，不应当允许他们观看被指控犯罪的现场（Lawrence (1968) 52 Cr App R 163）。在 Stewart (1989) 89 Cr App R 273 案中，上诉法院判定，审判法官允许陪审团在退庭后要一副天平犯了错误。案件中一批毒品的重量密切相关。上诉法院明显担心陪审团实际上被允许在法官、辩护律师或被指控者不在场时进行实验。另一方面，在 Maggs (1990) 91 Cr App R 243 案中，据称提供卷尺或放大镜不会引起进行这种实验的可能，因此是不可反对的。无论如何，陪审团通常有权在退庭时带走证物，包括在审判中已经向他们播放的会谈磁带（Emmerson (1990) 92 Cr App R 284）。如果审判中没有播放录音带，但向陪审团提供了磁带录音稿时，那么如果陪审团退庭后要求听取录音带，他们有权听取。磁带是证物，磁带录音稿只是一种便捷的展示方式。虽然这是法官自由裁量的事项，但在这种情况下最好的方式是将陪审团带回法院听取录音带。如果允许他们自由得到录音带可能会出现问题，包括他们可能听到上面剩下的他们不应当听到的内容的危险，例如不可采纳的证据（Riaz（1991）94 Cr App R 339）。在Rawlings［1995］1 WLR 178 案中，上诉法院认为，陪审团通常，尽管不是总是，在提出要求时被允许观看证物。这一般原则也适用于陪审团要求观看重新播放录像带时。如果法官决定同意要求，重要的是要在公开法院，在法官、律师和被告人在场时进行重新播放。法官应当警告陪审团不要对他们第一次听取的主证据有不成比例的倚重，并提醒他们牢记案件中的其他证据。为有助于保持公平的平衡，法官应当提醒陪审团注意对告发者的交叉询问和再询问，无论陪审团是否要求这么做。就最后一点而言，看起来如果法官被陪审团请求提醒他们有关证人的主证据，法官可以使用自由裁量权是否同时提醒他们有关交叉询问和再询问（Morgan［1996］Crim LR 600）。在案件的证据比较复杂或者在陪审团的请求下要观看由儿童给出的主证据的录像带时，像在 Rawlings 案中，法官似乎更可能这么做。

在陪审团有问题或需要同法官交流时，他们应当将它写下来交给陪审团监守，再由他交给法官。法官然后要求律师和被指控者返回法院；便条被宣读后，可能会邀请律师评价合适的处理方式。下一步陪审团被带回法院。法官确认他们希望提出的问题，并给出答案。在陪审团的便条披露了一些的确应当保密的事项时（例如他们的暂时投票数额），法官应当总结其内容并忽略不应当被披露的部分（见 Gorman［1987］1 WLR 545 案）。历年来的无数案件都涉及了回答陪审团问题的适当方式的问题（例如，Furlong［1959］1 All ER 636；Green［1950］1 All ER 38；Lamb（1974）59 Cr App R 196；Townshend［1982］1 All ER 509，以及 Gorman（见上））。虽然它们在细节问题上可能不同，但总的指导原则是问题和答案都应当在陪审团提出问题时在公开法院上当众给出，并且当然是在裁决作出之前给出。任何法官曾经与陪审团进行秘密交流的暗示都可能导致成功的上诉，即使他实际上告诉他们的内容是无可指责的。的确,这是一个司法的形式和实质同样重要的程序领域。但适当实践的偏离是否导致必须取消对被指控者的定罪要取决于个案的事实,尤其是偏离的范围和控方证据的力度。

看起来在影响审判的问题和被称为"内部管理"之间的确可以划分出明显的区别。就第一个范畴而言,法官除在最例外的情况下都应当通知律师事实和交流的基本性质。在交流涉及"内部管理"的情况下,适用相同的原则,但审判程序的完整性不受影响,并且任何上诉也不可能成功。虽然上诉法院在 Conroy [1997] 2 Cr App R 285 案中阐明了这个区别,但要说出一个交流属于哪个范畴殊非易事。例如,在 Brown [1988] Crim LR 505 案中,在将陪审团送出之前,法官被告知下个星期一有两名陪审员不便回来。因此法官要求他们在星期五下午 3:15 分退庭(而不是像他原本可以的那样,等到星期一上午再将他们送出)。这一交流被法官视为内务管理事项,他没有采用上述的与陪审团交流的处理程序。到上诉法院之后,他们将此视为影响审判的事项,因为涉及陪审团需要考虑的时间跨度,因此如果他们要多考虑一天可能会有压力。不过,他们还是判定,考虑到审判的短暂,裁决是安全的,因此他们驳回了上诉。总的来说,看起来对法官来说将所有的与陪审团的交流都向律师披露是最安全的做法(除了保密事项,如暂时投票数额)。

19.1.2 陪审团室的隐私权

上诉法院极不情愿因为任何一名陪审员的不适当,或明显的偏见或行为不当而取消定罪的做法已有所述(见 17.5 节)。这种不情愿通过完全拒绝就上诉的目的探究陪审团室中发生的事情得到了补充。一般公众利益要求陪审员应当基于他们房间的隐私权,自由地表达他们希望对案件的观点,而不用担心定罪后一句错话会被辩方揪住不放作为上诉的对象。虽然这一宽泛的原则是可以理解的,但有时候可能对具体的上诉人造成明显不公。在 Thompson [1962] 1 All ER 65 案中,刑事上诉法院拒绝听取一个案件中 T 的品行没有作为证据提出,陪审团在主席向他们宣读了一个通过不可解释的原因掌握到的 T 先前定罪的清单前去准备宣告无罪的证据。类似地，在 Roads [1967] 2 QB 108 案中，其中一名陪审员没有同意有罪裁决的证据没有被法院收到。

《1981 年藐视法院法》第 8 条加强了陪审团审议的秘密性，它将获取或披露这种审议的信息规定为犯罪。第 8 条的主要目的明显是要阻止报纸在有新闻价值的审判之后采访陪审员并出版陪审员为什么达成他们作出的裁决的叙述。

一个最明显的例子是 1992 年在《星期日邮报》上发表的一篇文章，其中涉及三名陪审员叙述的他们在蓝箭欺诈案审判中的审议。陪审员描述了他们如何达成决定，评价了审判中涉及的证据，并对另外一名陪审员进行了评价。最后分别对出版社、编辑和记者支付了 30 000、20 000、10 000 英镑的罚款（Attorney-General v Associated Newspapers Ltd [1994] 2 AC 238）。

但这个禁止不仅仅适用于媒体。在 Mickleburgh [1995] 1 Cr App R 297 案中，上诉法院阐明了它对法院官员、引导员和陪审团监守和对其他人一样适用。在 Mc Cluskey (1993) 98 Cr App R 218 案中，强调了询问陪审团有关宣称的不规范行为必须经法院同意。在判决已经宣布时，审判法官职能履行完毕，这种询问只能在上诉法院的同意下才能进行。

尽管保留陪审团室的隐私权不受侵犯具有明显的公共政策方面的原因，但《1981 年藐视法院法》第 8 条将陪审员如何完成他们的任务和影响他们的因素这一重要的和有潜在用途的研究领域规定为非法，又的确有不利的后果。因此刑事司法皇家委员会在其报告（HMSO，1993，第 2 页）中建议，应当修订法案以允许对陪审团的审议进行研究，"以便进行有信息的辩论，而不是仅仅基于猜测和逸话的争论"。

无论如何，限制没有延伸到陪审团室以外发生的事情，例如陪审团在一家饭店住宿过夜：Young [1995] QB 324。在这个案件中，陪审员在退庭考虑对一个谋杀审判的裁决后，在一家饭店住宿。其中几个陪审员聚集在一起寻求被害人有关被告人有罪的观点，使用了一个显灵板来召集他的灵魂！上诉法院采取的观点是这不是发生在陪审团审议的"过程中",而是审议中一个晚上的休息期间。因此,大人们判定他们有权询问这一事件。在询问了之后,他们同意上诉并命令重审。

19.2　达成裁决

在总结的最后,法官指示陪审团尽量达成一致的裁决。如果他们成功地做到,他们进入法院,助理问主席他们是否得出了一个他们全部同意的裁决。他回答"是",之后宣布对每一项罪状的裁决。陪审团必须对每一项罪状,并对罪状中合并的每一个被指控者作出裁决,除非他们被免除对某一个罪状作出裁决的义务(见 19.3)。他们当然可以认定被指控者对一些罪状有罪而对其他罪状无罪;或者他们可以认定一名被指控者有罪而他的共同被指控者无罪。他们还可以认定被指控者对,例如偷窃罪状中的一部分而不是所有物品有罪:Furlong [1950] 1 All ER 636。在询问裁决时,助理大致这么说——"对罪状一,指控被告人偷窃,你们认为被告人有罪还是无罪?……罪状二,指控被告人装备出行偷窃,你们认定他有罪还是无罪?"等等,直到起诉书结束。如果起诉书中有不止一名被合并的被指控者,助理显然要指出他要求判决的被指控者的姓名,而不是只说被告人。在无案可答的提议之后,法官裁定罪状一无案,但应当对罪状二继续审判时,助理说——"罪状一,指控被告人犯……你们,在法官大人的指示下,认定被告人无罪吗?"主席顺从地回答"无罪",罪状二的裁决以通常的方式进行。除非当时他们中的一人反对,可以总结性地假设陪审员对代表他们宣布的裁决一致同意:Roads [1967] 2 QB 108。

陪审团可以作出多数裁决的情形和这么做的程序,在 19.5 节中描述。

19.3　对可替代的罪状的裁决

控方两项罪状的案件有时候是这样，被指控者可以被认定一个或另一个罪状有罪但不能被认定同时对两个罪状都有罪（例如，如果证据是被指控者在物品被盗后不久被发现拥有这些物品，而他又未能给出他如何得到这些物品的解释，那么陪审团可以对偷窃或处理中的任意一个罪状定罪——可替代的罪状见 14.5.4 节）。如果陪审团对包含可替代罪状的起诉书中的，比如说，罪状一定罪，而被免除了对罪状二给出裁决的义务，上诉法院有权力取消对罪状一的定罪而代之以对罪状二的定罪，只要对他们来说陪审团肯定确信证明被指控者对罪状二有罪的证据：《1968 年刑事上诉法》第 3 条。另一方面，如果陪审团对罪状一定罪而实际上对罪状二宣告无罪，上诉法院无法推翻后一个判决：Melvin and Eden [1953] 1 QB 481。因此，如果罪状一的有罪裁决必须被取消，被指控者就对两项罪状都无罪，哪怕上诉法院认为他完全应就罪状二被宣告有罪。为避免这种审判不公，在可替代的罪状的案件中，应当询问陪审团主席陪审团是否对其中的一项罪状认定有罪。如果回答"是"，要继续询问他陪审团希望对哪一项罪状定罪，对这一罪状作出的裁决。然后法官免除陪审团对另一罪状作出裁决的职责。如果回答"不是"，助理要确认陪审团对两项罪状都宣告无罪。

19.4　对可替代的罪行的有罪裁决

正常地，在陪审团对一项罪状考虑裁决时，他们在对被指控者宣告有罪还是认定无罪作出简单的选择。但有时候对他们存在第三种选择。他们可以认定被指控者对罪状中的指控无罪，但是对另外一些（较轻的）可控诉罪行有罪。《1967 年刑法法》第 6（2）～（4）条和第 4

(2) 条规定了他们可以如此行为的情形。（对答辩较轻罪行有罪这一相关主题的讨论，见 16.4 节。）

19.4.1 一般条款

如果罪状中宣称的非谋杀和叛国的罪行"等于或包括（明示或暗示地）对另一[可控诉]罪行的宣称"，陪审团可以认定被指控者对指控的罪行无罪，但对另一项罪行有罪：《1967 年刑法法》第 6（3）条。

如果在已经删除了没有或不能在陪审团面前提出证据证明的指控的细节之后仍然留下对另一犯罪的有效细节，这项罪状明示地包括对另一项犯罪的指控。主要案例 Lillis [1972] 2 QB 236 案中的事实可以对此进行例证。L 被指控入室行窃违反《1968 年盗窃法》第 9（1）（b）条，因为他作为非法侵入者在某个时间进入了一幢建筑物并偷窃了一台剪草机。控方证据实际上显示他对进入建筑和借剪草机都有准许，但在应当归还时未能归还。法官裁定对入室行窃无案可答，但是陪审团可以基于 L 保留剪草机不诚实地擅取它认定 L 盗窃有罪。陪审团确实如此定罪。L 在上诉中辩称，一项本质上宣称他于某日在建筑物内偷窃财物的罪状不应当将他置于随后在建筑物外偷窃财物而被定罪的危险之中。这个论点被拒绝了。上诉法院判定，除去罪状中控方不能证明的所有事项（也就是作为非法侵入者进入，和犯罪发生的地点），仍然存在偷窃的有效罪状，即"L，于……偷窃了一台剪草机"。无可否认的是宣称的偷窃日期不正确，但起诉书中指定的日期和犯罪何时发生的证据之间的差异，只有在这种差异在辩方展开辩护时使被指控者遭受歧视或尴尬，方为上诉的良好基础（见 14.8 节）。但根据 Lillis 案中的事实，不存在这种歧视。

在决定一项罪状是否通过暗示包括另一项犯罪的指控时，适用的检验标准由上议院在 Wilson [1984] AC 242 案中进行了详细阐述。罗斯基尔勋爵（在给出上议院判决时）认定先前公认的检验标准，即由萨克斯法官在 Springfield (1969) 53 Cr App R 608 案中确定的检验标准，太具限定性，要辨认出罗斯基尔勋爵希望用什么检验标准来取代 Springfield 中的标准，并不简单。清楚的是在 Wilson 案之前决定的支持陪审团对选择性罪行的有罪裁决的案件依然是很好的法律，而那些作出了相反决定的案件则需要重新考虑。罗斯基尔勋爵在 Wilson 案的判决中出现了三个主要命题：

（1）如果实施罪状中指控的一项罪行不可避免地会涉及被指控者实施了另一项罪行时，陪审团可以对那一项犯罪宣告有罪。换句话说，如果实施可替代的罪行是实施被指控的罪行的必要步骤，就可以合法地对可替代的罪行作出有罪判决。因此，对一项抢劫的罪状，陪审团可以宣告抢劫无罪但偷窃有罪。例如，罪状只宣称"AB，于……抢劫了 CD 的一个钱包，内有 20 英镑现金"。显然，没有明示的偷窃指控，但《1968 年盗窃法》第 8 条规定，一个人"如果偷窃，且为了达到这个目的对任何人使用了暴力或者使或寻求使任何人在当时当地处于恐惧之中"，那么他抢劫有罪。鉴于这一制定法定义，要实施抢劫罪而不实施偷窃几乎是不可能的。因此，如果陪审团不能确信 AB 使用或威胁使用暴力，但确定他偷窃了钱包和现金，他们应当认定他偷窃有罪。通过类似的推理过程，对一份强奸或与 16 岁以下少女非法性交的罪状，被指控者被认为宣告猥亵攻击有罪（见 Hodgson［1973］1 QB 565 和 McCormack［1969］2 QB 442 案）。

（2）只有当（1）中解释的"必要步骤"检验标准被满足后，Springfield 案关于被指控者根据《1967 年刑法法》第 6（3）条可以因一项可替代的罪行被定罪的推理才可行。这意味着对可替代罪行的定罪经常被取消，因为法律上实施被指控的罪行而不实施可替代的罪行是可能的，即使任何人都极不可能这么做，并且即使移交陈述阐明了控方实际上控诉被指控者同时实施了指控的罪行和可替代的罪行。在 Wilson 案中，上议院面临的问题是以罪状（分别）指控他们违反《1861 年对人犯罪法》第 20 条恶意造成严重身体伤害和违反《1968 年盗窃法》第 9（1）（b）条作为非法入侵者进入一建筑物入室行窃并在那里对一个人造成严重身体伤害，上诉人以袭击造成实际身体伤害的罪状是否被合法地定罪。换句话说，造成严重身体伤害的指控是否暗示地包括攻击造成实

第 19 章 裁 决

际身体伤害的指控？上议院做了有利于上诉人的假设，即有可能不用攻击而伤害被害人（例如，通过在拥挤的建筑物中有意制造恐慌，使人们在冲抢出口时伤害自己）。不过很明显，在绝大多数案件中伤害要通过攻击造成，因此，虽然不能满足"必要步骤"这一检验标准，大人们还是支持了定罪。很难从罗斯基尔勋爵的判决中提取任何清楚的推理。但是，它的本质似乎是 A 罪行的罪状暗示地包括指控 B 罪行，这不仅发在实施 B 在法律上是实施 A 的必要步骤的场合，而且也发在一名实施一项犯罪的人在事件的正常发展过程中会实施另一项犯罪的场合。

对 Wilson 案的适用使上诉法院判定，根据一项违反《盗窃法》第 9（1）（b）条入室行窃的罪状，可以作出对第 9（1）（a）条规定的入室行窃的有罪宣告（见 Whiting [1987] Crim LR 473 案，推翻了早前 Hollis [1971] Crim LR 525 案的决定）。克鲁姆·约翰逊法官承认，第 9（1）（b）条规定的作为非法入侵者进入建筑物然后偷窃的罪行不需要罪犯在进入时就形成偷窃的意图，然而 9（1）（a）条（带有偷窃意图作为非法侵入者进入）则明显的需要。不过仍然可以作出可选择的判决，因为"在绝大多数案件中"，一个偷窃的非法入侵者在进入之前都会有偷窃的意图，因此根据 9（1）条的两个分条款都有罪。然而 Wilson 案的最大影响是在对人犯罪的领域。Wilson 案本身就是在起诉书罪状宣称违反《1891 年对人犯罪法》第 20 条造成严重身体伤害的情况下，维持对违反第 47 条攻击造成实际身体伤害的定罪。在 Savage [1992] 1 AC 699 案中，上议院判定，违反第 47 条袭击的有罪认定是宣称违反第 20 条非法伤害罪状的可被允许的可替代的有罪裁决。在 Mandair [1995] 1 AC 208 案中，上议院认定，违反第 18 条"导致"严重身体伤害的范围宽至足以包括任何构成 20 条造成严重身体伤害的行为。

（3）在决定上述（1）和（2）中提出的问题时，法院无权考虑根据控方证人，被宣称的罪行实际上被实施的方式。陪审团是否可以作出可替代的裁决，是一个纯粹由罪状的措辞、对被指控的罪行的法律定义和提议的可选择方式来决定的法律问题。例如，如果被指控者仅被指控入

318

室行窃，因为他带有偷窃的意图作为非法入侵者进入建筑物，他不能以刑事损害被定罪，即使控方案件一直认为是他打烂了窗户以进入。刑事损害不是入室行窃的一个必要步骤，也不是盗窃者在事情的正常发展过程中要实施的犯罪。因此如果被指控者承认他打烂了窗户但说他的目的只是想找到一个地方过夜，控方就不能在陪审团相信了被指控者说法的时候请求他们对刑事损害定罪。当然，如果起诉书包括了入室行窃和刑事损害两项罪状，陪审团可以对一项或另一项或两者都定罪。因此，如果对替代性裁决的可获得性有任何疑问，控方都应当对不同的替代方式确立独立的罪状（见下文）。

有人建议，为了克服在决定一项罪状是否暗示地包括对另一项犯罪的指控时内在的困难，控方可以在罪状的细节中加上他们严格来说不需要证明的罪状中指控的罪行的细节，但对另一项罪行则必须要证明的细节（见 McCready ［1978］1 WLR 1376 中的法官附带意见）。因此，罪状可以说"AB 带有造成严重身体伤害的意图*攻击 CD 造成*他严重身体伤害，违反《1861 年对人犯罪法》第 18 条"。如果遗漏斜体部分单词，陪审团不可以——根据现在的法律规定——对恶意造成严重身体伤害或者攻击造成实际身体伤害或者普通攻击宣告有罪（见上述（2））。但是如果添加了这个单词，所有的三种选择方式都对他们开放。不过，有意在罪状中加入不必要的指控似乎有悖于《起诉书规则》的精神，并且可能构成违反双重性规则（见 14.4 节）。所以，对控方来说在有怀疑的情况下可以遵从的更理智的做法是作出数项罪状（例如，一项是蓄意导致严重身体伤害，另一项是造成严重身体伤害，第三项是攻击造成实际身体伤害）。如果陪审团对最严重的罪状定罪，他们将被免除对其他罪状定罪的义务；如果他们对主要罪状认定无罪，他们仍然可以对较轻罪行认定有罪（见 Mandair ［1995］1 AC 208）。

刚才提到了"主要罪状"和"较轻罪状"，自然会想到《1967 年刑法》第 6（3）条规定的罪状中指控的较严重罪行和陪审团宣告作为替代的较轻罪行有罪。但是正像罗斯基尔勋爵在 Wilson

案中所指出的,这些术语并没有在分条款中被应用。因此替代的罪行可能与罪状中的罪行具有同样的严重性——甚至比它更严重。

19.4.2 具体条款

《1967年刑法法》第6(3)条规定了对较轻罪行认定有罪的一般条款,它又由1967年法案的三个进一步的分条款和《1988年道路交通法》第24条所补充,它们都处理在具体案件中可能做出的裁决。如果陪审团认定被指控者对罪状指控的罪行无罪,那么:

(1) 对一项谋杀的罪状,他们可以对下列任何罪行之一认定有罪——过失杀人、蓄意造成严重身体伤害、杀害婴儿、摧残儿童或者企图实施上述的任何一项犯罪:《1967年刑法法》第6(2)条。

(2) 对一项已完成的犯罪的罪状,陪审团可以认定实施这个罪行未遂或者实施另外一项被指控者根据罪状可能被定罪的罪行未遂而被宣告有罪:《1967年刑法法》第6(4)条。因此,如果被指控者被指控抢劫,陪审团可以裁决他抢劫未遂或偷窃未遂有罪。如果在相反的情形下,被指控者仅仅被指控未遂但证据显示实施了完整的犯罪,陪审团可以宣告未遂有罪,或者法官可以根据其自由裁量权解散陪审团而不给出裁决,这样就可以提出新的起诉书指控已完成的犯罪。

(3) 对可逮捕罪行的罪状,如果陪审团确信被指控的犯罪(或者他们根据罪状可以定罪的另一项犯罪)是由被指控者以外的另外一人实施的,他们可以判定被指控者通过阻止任意一名罪犯的逮捕或控诉协助犯罪:《1967年刑法法》第4(2)条。因此,一项谋杀的罪状,被指控者可能被裁决协助一名实施了谋杀或过失杀人或上述(1)中所列的任何一项其他罪行的罪犯。"可逮捕罪行"指的是可以判决五年或五年以上监禁的犯罪,另外加上一些特定的犯罪,例如无合法授权取走机动车辆(见《1984年警察与刑事证据法》第24(1)和(2)条和第二章)。

(4) 对危险驾驶或因危险驾驶致人死亡的罪状,陪审团可以裁决被指控者疏忽驾驶有罪(《1988年道路交通罪犯法》第24条)。这一条款非同寻常,因为它允许陪审团对一项简易罪行(而不是《1988年刑事司法法》第 40 条确定的犯罪）定罪。

19.4.3 法官的自由裁量权

即使陪审团在法律上可以作出对一项较轻犯罪的有罪裁决，法官也有在总结时不向陪审团提及这一选择的自由裁量权。罗斯基尔勋爵在 Wilson [1984] AC 242 案中强调了这一自由裁量权的存在，以对抗如果放弃 Springfield 案检验标准（见 19.4.1 节）扩大可替代的裁决的适用范围，对辩方是不公平的这一论点。大人说——"法官在决定将另一项罪行的可能性留给陪审团时，必须保证这种行为不会涉及任何对被告人的不公正的危险"。如果替代的罪行不是辩论和律师发言提议的主题，在总结中首次提及它当然是错误的：Hazell [1985] Crim LR 513。至少应当事先警告律师法官的想法，并给他提供作出补充性总结陈词的机会。在 Harris (1993)，《泰晤士报》，1993 年 3 月 22 日的案中，在辩方案件结束后总结陈词前提出指控另一替代性的罪行，被认定为具有歧视。斯泰因法官说这样一种行为，只有对被告人不造成任何危险时才是适当的，而且允许被告人有处理经过改变的案件基础的机会。

在适当的案件中，当然没有任何东西能阻止律师在他们各自的总结发言中处理这一问题。然而，Fairbanks [1986] 1 WLR 1202 案暗示，法官仍然有自由裁量权告知陪审团，他们应当忽略辩护律师提及的可替代方式，按指控定罪或宣告无罪。马斯第尔法官总结了所涉的原则，说（在 1205H-1206E 中）："法官只有在符合正义之目的时才有义务给出较轻罪行的选择。"在案件展示给法院的方式根本不包括较轻罪行的有罪裁决时，（例如辩方同意某人实施了犯罪但否认是被指控者实施的），在总结中提及这种可能性只能使陪审团混淆并有悖正义的目的。类似地，如果与实际指控相对的替代罪行非常细微，最好是不要"通过强迫陪审团考虑一些远离案件要点的东西"，分散他们的注意力。但在较轻罪行这一问题在向陪审团展示的案件中清楚地显现时，以及对这一问题的指示不会使他们分心或混淆时，法官应当将选择留给他们，即使一方或另一方律师反对。正义的目的"包括公众利益和被告人的利益，而如果证据是他应当至少被裁决有较轻犯罪时,仅仅因为陪审团不确定他是否对更严重罪行有罪就完全将他宣告无罪是错误的"。

在 Fairbanks 案中,是辩方而不是控方希望留出可替代罪行。F 因鲁莽驾驶致人死亡被起诉。控方案件的实质是他应当对在狭窄的乡间小道上以无视后果的高速驾驶导致的致命事故负责。辩方多少承认了他驾驶的速度过快,但在一定程度上成功地反对了控方宣称的实际速度。在他的总结陈词中,律师辩称陪审团可能确信 F 疏忽但不能确信他无视后果。另一方面,控方律师采用了一种"铤而走险"的方式——陪审团应当要么按指控定罪,要么宣告无罪。从战术上说,律师不希望他们简单地选择仅对疏忽驾驶认定有罪。在辩论之后,法官采纳了控方的观点,告诉陪审团他们应当将疏忽驾驶"完全置之脑外",而只考虑 F 的行为是否不计后果。陪审团按照指控定罪,但却是在长达四个小时的退庭讨论之后作出的,而且期间提出的问题显示对疏忽驾驶的定罪(如辩方律师提出)对他们来说可能更具吸引力。上诉法院适用上述总结出的原则,判定未能在总结中留出可替代的罪行,是一种实质上的不规范行为,因此他们直接用较轻罪行的定罪予以了替换。

上议院在 Maxwell [1990] 1 WLR 401 案中批准了 Fairbanks 案的决定。M 被指控抢劫。他承认他本应对入室行窃答辩有罪,但否认他意欲对被害人使用任何暴力。控方拒绝申请修改起诉书以包括一项入室行窃的罪状。在法律上,陪审团无法根据抢劫罪状对入室行窃认定有罪。陪审团退庭后大约一小时,他们提出了这样的问题:"我们希望知道……除抢劫外是否存在我们可以针对 M 提出较轻的指控?"法官将这一问题视为陪审团是否有权对入室行窃作出裁决。他指示说他们不能。陪审团当然本应被指示他们有权甚至对更轻的偷窃罪宣告有罪。但法官没有谈到这种可能性。在继续退庭了三个半小时后,陪审团裁决 M 抢劫罪有罪。M 上诉但被上诉法院驳回。在向上议院提出上诉时,上议院判定:(1)控方根据证据有权采取陪审团不应当被不适当的可替代的入室行窃罪状分散注意力的观点;(2)法官有权接受这种观点;(3)法官有权拒绝将替代的偷窃留给陪审团,因为这有点琐碎。核心的问题是：M有没有意欲使用暴力？虽然得出的是在事实上与Fairbanks案不同的结论，大人们还是同意了后一案件中的推理方式。阿克纳勋爵在其他大人同意其推理的同时，陈述了在法官未能给陪审团留出替代罪行时的检验标准，如下（于408页）：

……法院在干涉裁决前，必须确信陪审团可能是出于不情愿看到被告人完全逃脱无论以何种观点均为可耻的行为才定罪的。如果他们是这样确信的，那么定罪不可能安全或令人满意。

19.4.4　对被指控罪行的决定

由于分款中的措辞可能是无意的模棱两可，根据CLA第6（2）条（谋杀罪状）和第6（3）条（一般条款）作出可替代的裁决的权力只有在被指控者被认定被指控的罪行无罪时才出现。在Collison（1980）71 Cr App R 249案中，陪审团向法官递交了一个条子，说他们认为C对替代的非法伤害有罪，但不能同意他应当就起诉书中指控的蓄意伤害被宣告无罪。因此就出现了陪审团可能被解除作出任何裁决的义务这样一个具有讽刺意味的可能性，因为对较严重犯罪的无罪认定是对较轻犯罪定罪的前提条件。法官通过允许修改起诉书以期增加一项较轻罪行的分立罪状，挽救了形势。陪审团根据新的罪状定罪而被解除了对原来的罪状定罪的职责。上诉法院批准了所采用的行为方式。但在Saunders [1988] AC 148案中，审判法官在陪审团很明显不能一致同意对被指控犯罪（谋杀）裁决无罪时，仅解除了他们就此作出任何裁决的责任，并在辩方同意后接受了过失杀人有罪的裁决。他未能遵守Collison案中增加过失杀人罪状的程序。上议院判定，与Collison案中默示假设的相反，《1967年刑法法》第6条并没有完全取代先前的普通法。至少在陪审团无法一致同意对罪状中的罪行作出裁决时，普通法的可替代裁决依然存在。因为在普通法中，无论陪审团是否具体地认定被指控者对指控的罪行无罪，被指控谋杀的被指控者可以被裁决过失杀人有罪，因此对S作出的裁决是有效的。Saunders案中的决定是方便的，因为对S裁决有罪否则将不得不被取消，即使辩方在审判中几乎是基于他肯定对过失

第19章 裁　决

杀人有罪而运行案件的,而且接受过失杀人裁决的主动性来自辩方而不是控方。尽管如此,还是认为将决定延伸到它本身的事实以外将是不幸的。第6条的第2、3分款无论怎么看都是独立的法规,意在取代任何先前的法律,无论是普通法还者制定法。另外,在非致命暴力这一重要领域内,可替代裁决的可获得性已经由制定法涵盖了一个多世纪。发现普通法的相关规定因此也成了法制史上的一种实践。对于陪审团即使已经同意可替代的方式但仍然固执地拒绝对被指控的犯罪宣告无罪这种问题的最佳解决办法,当然是通过Collison案采取的方式而不是使普通法复活。

19.5　多数裁决

　　1967年之前,陪审团的裁决还都必须是一致同意。这对阻止错误的有罪裁决可能有帮助,但它的缺点是一个固执的或者无理的陪审员可以阻止他的同事在事实上证据以这样那样的方式绝对清楚时作出裁决。还存在一名陪审员可能被威胁或者贿赂而拒绝同意定罪的可能性。因此《1967年刑法法》通过引入多数裁决而背离数世纪的传统。如今的立法包括在《1974年陪审团法》第17条中。

　　第17条规定了11比1或10比2的多数裁决,或者如果陪审团被削减至12人以下时,由10比1或9比1的多数通过。9比2的多数是不能接受的。如果陪审团被减至9人以下时,他们必须一致同意。陪审团可以通过多数票宣告有罪或者裁决无罪,虽然如果他们定罪,主席必须在公开法院上宣布多数票是多少:第17(3)条。组成审判预备事项,例如身体不适合答辩的陪审团也可以通过多数票决定问题。对多数裁决的主要限制是要使法院接受它,陪审团必须已经经过两个小时,或者更长时间如法官"认为考虑到案件的性质和复杂性,这是合理的",以试图作出一致同意的裁决:第17(4)条。正是因为这个原因,法官在总结的最后必须指示陪审团他们必须努力作出一致同意的裁决。如果他愿意，他也有权指明他们作出不是共同一致的裁决的可能性会出现在将来的某个阶段，那时候他会给出进一步的指示。但他不能准确地指出需要经过多长时间他能给出这样的指示：Thomas［1983］Crim LR 745。在 Guthrie (1994)，《泰晤士报》，1994 年 2 月 23 日报道的案件中，上诉法院确认，最好不要提到可以作出多数裁决的时间，但又说根据案件的事实，提及这一时间没有对陪审团造成压力。第 17 条规定的两小时的最短期间实际上由《实践指示（犯罪：多数裁决）》［1970］1 WLR 916 予以了稍微的延长，它规定在陪审团离开他们的席位和作出多数裁决之间必须至少有两小时十分钟。额外的十分钟是用来允许他们走到他们的房间、在房间内安顿下来、带着任何问题回到法院和任何减少他们实际上用来商讨裁决的时间的事项。

作出多数裁决的程序规定于《实践指示（犯罪：多数裁决）》［1967］1 WLR 1198 中。如果陪审团在两个小时或者法官认为合理的更长期间过去之前回到法院，明显有了裁决，助理询问主席他们是否作出了他们一致同意的裁决（见 19.2 节）。如果他们已经作出，就用通常的方式接受裁决；如果没有，法官再次将他们送出并进一步指示，如果可能作出一致的裁决。如果陪审团在两个小时十分钟或更长的期间之后回到法院或被召唤至法院，他们再次被询问是否得出一致同意的裁决。但在这一阶段，如果主席回答"没有"，法官向他们作出多数裁决的指示——即，他告诉陪审团他们应当再次退庭并努力达成一致裁决，但如果不能他将接受多数裁决。然后他告知他们可以允许的多数是多少。在多数裁决指示之后陪审团最终回到法院时，助理问——"你们中是否至少有十人（或者如果陪审团只有十人时，至少有九人）同意你们的裁决？"如果他们已经同意，裁决被接受，同时助理强调主席只应当回答"有罪"或"无罪"。这是为了避免主席说"通过多数票裁决无罪"，因为《实践指示》中规定的这个精心设计的程序的全部目的就是避免让公众知道，如果情况如此，被指控者尽管被宣告无罪但只是通过多数票被宣告无罪。因此，如果裁决是无罪，则就此打住。但如果陪审团认定有罪，就要询问他们是否通过多数票作出的决定，而如果是的话，主席要

第 19 章 裁 决

说出多数。虽然《陪审团法》第 17（3）条的字面理解可能导致得出相反的结论，但主席没有必要明示地说出多少陪审员同意和多少陪审员反对——只要他按照情况说十人或者十一人同意就足够了，将少数人的数量留给最基础的算术：Pigg［1983］1 WLR 6。在临界案件中，针对有罪的上诉，上诉法院可能会因裁决仅仅是以十比二的多数通过而改变他们的决定。

虽然上诉法院强调遵守 1967 年实践指示中的程序的重要性，但指南不具有法律的效力，而且不遵守它本身不会导致定罪被取消（Gilbert (1978) 66 Cr App R 237；Trickett［1991］Crim LR 59）。如果第 17 条本身被违反，因为多数裁决在不到两个小时的期间内作出，或者主席未能说出通过什么样的多数被定罪，情况就不同了。这时的裁决不是"合适的或者合法的"，因此上诉肯定成功：Barry［1975］1 WLR 1190。Barry 与 Shields［1997］Crim LR 758 案不同。在后一案中，虽然法官在一个小时四十七分时给出了多数票的指示，但通过告知陪审团（错误一旦被发觉后）多数裁决为时过早，他们必须得出一致裁决而得到了补救。陪审团实际上在他们最初的退庭之后三小时四十七分时才作出裁决，而根据十比二的多数作出的裁决被上诉法院支持。

法官接受多数裁决的意愿根据案件的严重性和复杂性，以及具体法官对一致性裁决的可取性的态度而不同。例如在 Mansfield［1977］1 WLR 1102 案中，考伯法官两次将陪审团召回法院强调对一致裁决的"彻底需要"，并在给出多数裁决的指示前拖延了六个小时以上。另一方面，麦尔福德·史蒂文森法官在 Gilbert（上注）案中告知陪审团，他会在最低法定期间刚刚过去的时候接受多数裁决。在 Mansfield 和 Gilbert 案中，被指控者都是被指控谋杀，虽然前者被承认是更严重的案件，因为存在七宗谋杀罪状和三宗纵火罪状。Mansfield 案中的证据也比 Gilbert 案中的复杂。但是即使如此，在一个案件中对接受多数裁决的不情愿和另一个案件中的欣然应允似乎主要源自有关法官对这种裁决的态度。上诉法院关于陪审团应当在多长时间作出一致裁决的观点可以从 Rose［1982］1

_459

WLR 614 案中得出一些启示。在这一案件的情况下——一个持续了 15 天的复杂的谋杀审判——休庭后两小时四十分钟对于作出多数裁决的决定来说"稍早一些"。然而，在一个不是特别严重或复杂的案件中，人们会期待两小时十分钟过去之后不久马上给出指示。

19.6　解除陪审团作出裁决的职责

在陪审团无法就裁决达成一致时，法官解除他们作出裁决的职责。具体程序是，在向他们给出多数裁决指示之后，法官允许他们在他认为合理的任何时间内继续讨论。如果他们仍然不能给出裁决，他将他们带回法庭并询问主席，他们是否有达成决定的真正可能性。如果答案是他们的意见严重分裂，即使有更多时间他们也不能得出裁决的话，法官将解散他们。解散陪审团不让他们作出裁决并不等同于宣告无罪。因此，被指控者可能被新的陪审团根据相同的起诉书再次审判，先前宣告无罪的答辩会失败。理论上，对同一犯罪可以存在无限次审判，陪审团每一次都未能达成裁决就被解散。在实践中，如果已有两个陪审团被解散，在本应是第三次的审判开始时控方不提供任何证据，法官作出无罪的裁决。控方偶尔甚至不坚持进行第二次审判（例如，在犯罪本身不是特别严重但被指控者是一个知名公众人物，因为第一次审判已经遭受了大量压力和负面的公开）。在 Henworth [2001] Crim LR 505 案中，强调这是一个惯例而非法律的命题。在一些案件中，再一次审判可能是适当的，例如，如果陪审团被收买，或者之后发现了有利于皇家检察官的有力证据。控方寻求再次审判是否是滥用程序必须取决于一些事实，包括：

(1) 延误的总期间及其原因；

(2) 先前审判的结果；

(3) 犯罪的严重性；和（可能地）

第 19 章 裁 决

（4）在先前审判之后案件针对被告人的案件变化的范围。

无论法官有多么希望陪审团达成一致，他都不能向他们施加压力让他们这么做。在被解除作出裁决的前提下，应当允许陪审团有他们自由的讨论和作出适当的裁决所需要的尽可能多的时间。如果法官的确施加了不适当的压力，任何定罪都会被取消。McKenna［1960］1 QB 411 案提供了一个范例。下午 2：40，陪审团对裁决已经考虑了两小时十五分钟以后，法官告诉他们他将在十分钟后离开法院，如果到时他们还没能达成一致，他们将被"整夜扣留"。这一最后通牒的原因是法官急于赶上一班火车。六分钟之后陪审团作出了有罪的裁决。刑事上诉法院在将法官的言语描述为威胁，并指出陪审团可能会认为他们将被锁在他们的房间里直至次日早晨的同时，取消了有罪认定。如卡赛尔斯法官在第 422 页所说——"我们的刑法的一个首要原则是陪审团在考虑裁决时……应当在绝对的自由中商讨，不受任何许诺的影响，不受任何威胁的恐吓"。上诉法院在 McKenna 中的态度是对一个世纪或更早之前的流行做法的遥远的大声反对。1860 年之前，陪审团监守宣誓将陪审团集中在一起不提供食物、水或灯光，而这肯定会强有力地刺激他们迅速作出一致裁决！

上诉法院还对不那么明显方式的压力表示了反对，例如，在多数裁决指示中告诉陪审团如果他们未能同意，可能会进行另外一次审判（Boyes［1991］Crim LR 717）。

陪审团不能一致同意是令人遗憾的，因为二次审判涉及额外的公众开支和证人的不便。为了鼓励难以应付的陪审员听取他们同事的论点，而又不对他们施加不适当的压力改变他们的观点，多年来法官们一直使用由大法官高达德勋爵在 Walhein（1952）36 Cr App R 167 案中首次推行的一种指示。所谓的"Walhein"指示有两个要素。第一，陪审员被告知为了作出一个集体的裁决，在他们之间必须存在一些妥协，少数人有必要服从多数人的观点的意愿，总是要牢记每个人都必须忠实于自己的陪审员誓言，并作出他认为是"根据证据的真实裁决"。第二，法官可以指出一名或多名陪审员不愿意听取别人的论点所导致的不便和开支。已经陷入无望的僵局的陪审团在听取了这样的指示后经常很快会作出裁决，决定的因素可能是提到了公众开支。多数裁决的引入大大减少了 Walhein 指示的需要，因为一两名固执的或无理的陪审员可以被其他人以投票压倒。

因为对 Walhein 指示的适当性的不确定，一个由五名法官组成的上诉法院在 Watson [1988] QB 690 案中考虑了这个问题，并由大法官作出判决。要点是：

(1) 原来的 Walhein 指示可以对陪审团一致同意造成不适当的压力，主要是因为提及不同意的消极后果。

(2) 但是，没有理由不可以对陪审团给出如下指示：

你们每一个人都宣誓根据证据作出真实的裁决。任何人都不能违背这个誓言，但你们有不仅作为个人而且作为集体的责任。这是陪审团体系的力量。你们每一个人都将你们的个体经验和智慧带入了陪审团席。你们的任务是共享这些经验和智慧。你们通过说出你们的观点和听取别人的观点实现共享。在你们的誓言的范围之内必须有讨论、争辩和妥协。一致的意见正是这样达成的。如果你们［中的十人］不幸不能达成一致，你们必须说明。

(3) 通常不需要给出这样的指示。是否这么做是法官的自由裁量权。类似地，在哪个阶段给出这样的指示（是在多数裁决指示之前还是之后）也是自由裁量的事项。

至于第（3）点，如果陪审团主动给法官递条子，说他们的观点分立，如果一些人不准备改变主意的话，即使多数票决定也不可能作出，这时在多数裁决指示之前给出 Watson 指示，也是合适的。更为通常的是，法官会在陪审团已经有了合理的时间考虑多数指示之后给出 Watson 指示。无论如何，从 Buono (1992) 95 Cr App R 338 案中可以清楚，Watson 指示决不能与多数指示同时给出。最后，应该强调，Watson 指示是非寻常的，即使是在上诉法院规定的严格限制内。在绝大多数案件中，审判法官会在陪审团甚至是在多数票的基础上也明显不能达成时，解散他们。

第 19 章 裁　决

19.7　接受裁决

一般地，无论法官怎样不同意，他都没有权力拒绝陪审团的裁决：Lester（1940）27 Cr App R 8——例外情况，见下文。他也不能向陪审团提出有关裁决的问题（例如，他们认定过失杀人，而非谋杀的原因——Lardin［1943］KB 174）。一旦陪审团完全地给出裁决，他们就被解散。如果被指控者被宣告所有罪状无罪，他也被释放。如果他被认定任一罪状有罪，法官要么立即予以量刑，要么休庭以准备对他的报告。在休庭期间他可以被保释，也可以被羁押。裁决通过前的程序在第 20 章中讨论。如果陪审团在被解散前意识到他们因疏忽而宣布了错误的裁决，法官有自由裁量权让他们改正错误（见 Andrews［1986］Crim LR 124，其中上诉法院强调，如果存在陪审团在第一个"裁决"宣布后听到一些东西使他们改变主意的任何可能性，不应当允许进行这样的改正；又见 Froud［1990］Crim LR 197）。

在下列情况下，法官没有义务接受陪审团作出的第一个裁决：

（1）如果裁决根据起诉书他们是没有权力作出的，法官可以请求他们重新考虑。一个例子是如果陪审团宣称对起诉书中没有指控的又不属于《1967 年刑法法》中关于替代性裁决的条款调整的犯罪定罪时。

（2）如果对一项罪状的裁决模棱两可时，法官不应当以其被给出的方式接受它，而应当提出问题解决其模糊性，并且如果需要，就法律进一步指示陪审团。通常裁决是模糊的有罪、无罪或者对另外一项罪行有罪，但偶尔会说一些其他东西使人怀疑陪审团的决定到底是什么。在 Hawkes（1931）22 Cr App R 172 案中，在问及陪审团对因饮酒而不适合时驾驶的罪状的裁决时，主席说"有罪"，但是片刻之后他又说"我们认定被告人因受到饮酒影响而有罪"。这句话对原来的裁决引入了一个含糊的要素，因为它可能意味着陪审团虽然确信 H 饮用了酒精饮料，但对这是否损害了他驾驶的能力并不确信。法官未能采取步骤澄清其含糊性，因此定罪被取消。

（3）如果考虑到在审判中提出的证据，一项裁决与陪审团在同一案件中作出的另一项裁决不一致时，法官可以要求他们重新考虑裁决。他只有在裁决真正无法调和时才能这么做。如果存在他们能被支持的可能的，虽然未必有希望的，证据观点时，法官应当接受裁决。在 Burrows［1970］Crim LR 419 案中，在陪审团根据一项偷窃一个钱包的合并罪状对三名被指控者进行审判，并根据第二项可替代的处理钱包的罪状对其中一名被指控者进行审判时，法官认为，根据第一项偷窃罪状对所有三人宣告无罪的裁决与根据处理罪状对处理者定罪的裁决不一致。他询问陪审团，他们在对所有被控的窃贼宣告偷窃无罪后认定钱包并非被窃的情况下如何能对处理者定罪。上诉法院判定裁决不一致。陪审团可能是确信三名被指控者中的一人偷窃了钱包，但不能说出到底是谁。

如果法官在适当的情况下拒绝接受陪审团的第一个裁决，并且他们因为他的进一步指示改变了裁决，第二个裁决是有效的。如果尽管法官作出努力但陪审团仍然坚持他们的第一个裁决，那么也似乎必须接受它，即使定罪在上诉时将会被取消。

第 4 部分
量　　刑

第 20 章 量刑前的程序

本章和随后的三章将总结量刑程序，着重强调其程序性的方面。更多细节应参考《布莱克斯通刑事实践》第 5 部分。

一旦被指控者答辩有罪或者被陪审团或治安法官裁决有罪，法院的任务是对他进行量刑。在这么做之前，必须首先经过本章描述的程序。法院可以在定罪之后立即实施它们，或者可以休庭（例如，为获取对罪犯的报告，或者等待共同被指控者的审判结果，以便如果他也被定罪时可以对他们一起量刑）。在休庭期间，罪犯可以根据法院的自由裁量被还押羁押或者保释。下面描述的主要是在皇室法院量刑前的准备程序。虽然在治安法院适用基本相同的原则，但在那里发生的一切与皇室法院的相应程序相比，倾向于不那么精细和正式。20.8 节讨论其中的区别。

在治安法院中，施加什么刑罚，与有关裁决的决定一样，可以由多数治安法官作出。在皇室法院，量刑的责任完全落在法官和任何与他一起开庭的治安法官的肩上。陪审团可以试图影响量刑的唯一方式是通过在裁决后的附文中建议宽大处理。他们很少这么做。由于律师在他们的发言中以及法官在其总结中不提及建议宽大的可能性，陪审员可能甚至不知道他们可以作出这样一个建议。另外在 Sahota [1980] Crim LR

—467

678案中，当陪审团询问他们是否可以建议宽大处理时，法官回答"是"，而上诉法院则宣称他本应当告诉他们量刑事宜不属于他们的考虑事项。

量刑前的程序可以被分为控方展示犯罪事实、宣读对罪犯的任何报告和辩方请求减轻。

20.1　犯罪事实

在罪犯答辩无罪而被陪审团裁决有罪时，皇室法院法官已经听取了证据，并对犯罪事实完全知悉，因此不需要被提醒。另一方面，如果罪犯答辩有罪，总结犯罪事实就是控方律师的职责。他做这些部分是为了帮助法官，部分是确立罪行如何实施的控方版本，另外一部分是为了使公众知道发生了什么并形成他们对通过的刑罚的公正性的观点。

在总结事实时，律师利用控方证人在移交程序中以摘要形式给他的陈述的复印件。他通过提及与罪行严重性特别相关的事实，解释罪行是如何实施的——例如，如果是偷窃犯罪，他告诉法官被偷窃的财物价值和被追回的数量；如果是暴力犯罪，他要详述被害人遭受的伤害；如果是在受信托的情况下实施的犯罪，他要描述罪犯所处的职位。他要继续描述对罪犯的逮捕以及当被问及犯罪时他的反应。如果罪犯马上合作，向警察承认他有罪，这是对他有利的一点，并可能导致判处比本来应有的更轻的刑罚。因此，控方律师在事实如此的时候，应当告知法院罪犯的确坦白供认了犯罪。如果在警署时与罪犯有正式的会谈，律师可以全文宣读记录；或者更常见的是总结其内容，而让辩方希望时提及细节。

在量刑阶段，控方对案件采取中立态度。他们不建议任何具体的刑罚，也不主张严厉的刑罚。控诉律师仍然要将自己视为正义的执行者（见18.1.1节），向辩方承认可以代表罪犯的利益公正地做到这些。这一一般陈述要受到一些限制。例如：

（1）控诉律师应当申请赔偿、没收或罚金，如果必要还要用证据和

第 20 章　量刑前的程序

论辩支持（细节见 23.17 至 23.20 节）。

（2）律师应当通过提醒法院量刑权力的限制来协助法官，以便不通过任何非法的刑罚。这一职责也适用于辩方律师（Komsta（1990）12 Cr App R（S）63）。控诉律师还应当让法官注意指导性判例（Panayioutou（1989）11 Cr App R（S）535；指导性判例的作用，见 22.6.3 节）。

更具争议的是控方应当在多大范围内提及犯罪对被害人的影响。在《检察总长参考》（1995 年第 2 号）[1996] 1 Cr App R（S）274 中，上诉法院称法官接受关于犯罪对被害人影响的事实信息是适当的。但任何此类信息都要以正确的形式提出，例如证人陈述中已经事先送达辩方并形成法官文件的一部分（见 Hobstaff（1993）14 Cr App R（S）632 案，其中也指出控方应当避免在处理对被害人的影响时使用渲染和情绪化的语言）。在 H（1999）《泰晤士报》，1999 年 3 月 18 日报道的案件中，上诉法院强调，如果控方的确提供了被害人的陈述，量刑者在接触它时应当谨慎。由于辩方一般不适合调查这样的陈述，它肯定只是反映了一方的案件。

在 Perks [2001] 1 Cr App R（8）66 案中，为法院制定了在考虑现已被称为"被害人影响陈述"的文件时的指导方针：

（1）量刑者不应当作出没有证据支持的有关犯罪对被害人影响的假设；

（2）如果犯罪对被害人有特殊的痛苦或烦恼的后果，法院应当被如实告知并且在通过判决时应当考虑到这个事实；

（3）有关被害人犯罪的证据应当采取适当的形式如证人陈述或专家报告，并在量刑前适当地送达辩方；

（4）接触被害人的证据时应当谨慎，尤其是如果涉及辩方不可能被指望进行调查的事项时；和

（5）被害人近亲属关于刑罚的适当水平的观点不应当被考虑。

无论如何，控方不能接受辩方关于犯罪的说法，如果它与控方证人给出的陈述不一致。因此，即使是在罪犯十分正当地作出了有罪答辩

后,仍然有可能产生关于犯罪事实的争议。如果争议只是无关紧要的问题,就可以忽略,因为法官通过的判决,不管他相信哪一方,都会是相同的。但是存在"双方间根本的冲突"并涉及"关于事实的尖锐分歧"时,法官在听取了律师的提议之后,必须:

(1) 从陪审团处获取对问题的答案;或者

(2) "尽可能地"接受辩方的说法;或者

(3) 给双方就争议事项传唤证据的机会,

然后独自决定发生了什么,"可谓是作为他自己的陪审团决定问题的根本"。

他肯定不能做的是未听取证据即得出有利于控方对事实的说法的结论。任何合理怀疑的好处都应当给予罪犯。上述对法律的陈述的基础是大法官莱纳勋爵在主要判例 Newton (1982) 77 Cr App R 13 案中的判决,案中的事实显示了在有罪答辩后事实争议的重要性。N 对鸡奸其妻子答辩有罪。当时鸡奸女性是可以判处终身监禁的犯罪,无论"被害人"是否同意。妻子在对警察所做的告发中说她没有同意,但 N 声称她同意了。根据他本人的承认,他被判犯有指控的罪行,但是如果他违背妻子的意愿行事适当的判罚将会严厉得多。法官没有听取 N 或他妻子的证据即宣布按照她没有同意的情况量刑,判决 N 监禁七年。上诉法院(削减了监禁的时间,以使 N 能立即释放)称,法官不应当在没有听取证据时就决定这样一个对辩方不利的重大事项。(实体法已经由《1994 年刑事司法及公共秩序法》作出修订。如今在被害人没有同意,且被指控者知道没有同意或者无视是否有此种同意的情况下对男性或女性的鸡奸构成强奸。如果 N 在今天被处理,起诉书中毫无疑问会包括强奸的罪状,而程序性问题将以这种方式得到解决。)

对犯罪事实的不确定性在罪犯答辩无罪但被陪审团裁决有罪时也可能发生。例如,在 Stosiek (1982) 4 Cr App R (S) 205 案中,S 以拳击打一名便衣警察并打折了他的鼻骨,被认定袭击造成实际身体伤害罪。在攻击之前,警官触摸了 S 的胳膊,向他出示了逮捕证并且说"我想跟你说句话"。无论是 S 已经意识到了警官正在试图逮捕他后实施攻击以拒捕，还是他没有注意到逮捕证而只是对他认为是公众一员对他进行攻击的过激反应，证据都是一致的。无论根据哪种假设，陪审团都必须定罪；但在第一种假设的基础上，监禁刑罚几乎是不可避免的；而在第二种假设的基础上（如果 S 此前品行良好），非监禁制裁则更合适。上诉法院判定，在这种情况下应当由法官评估摆在陪审团面前的证据，在此基础上决定犯罪的事实。他没有义务接受与陪审团裁决一致的最轻微的证据结构（Solomon [1984] Crim LR 433），但他应当"非常敏锐地"将任何怀疑的益处给予罪犯（Stosiek）。在通过判决时，法官必须尊重陪审团的裁决，因此如果罪犯仅仅被裁决犯有轻罪，则刑罚必须与轻罪一致，即使法官认为证据排除怀疑地证明了罪犯对被指控的罪行有罪：Hazelwood [1984] Crim LR 375。

法官不能伪装地听取发生的事实的证据，实际上认定被指控者实施了对他已经答辩有罪的罪行更严重的罪行。因此在 Courtie [1984] AC 463 案中，上议院判定皇室法院法官无权决定一名 19 岁的男性鸡奸"被害人"是否同意的问题。由于对 16 岁至 20 岁（含 16 和 20 岁）之间的男性在同意时的鸡奸以及对这一年龄段的男性在不同意时的鸡奸有不同的罪名，并且由于 C 认罪的罪状中并不包含被害人没有同意的指控，法官本应请控方添加一条可以由陪审团审判的非经同意的鸡奸罪状。Courtie 案和 Newton 案之间的区别在于，后一案件涉及对女性的鸡奸，而这一独立罪名既包含被害人同意时的鸡奸也包括违背其意愿的鸡奸。因此 Newton 案中的法官如果听取了这一问题的证据，就应当有权判定 N 的妻子对鸡奸行为没有同意。

Nottingham Crown Court ex p Director of Public Prosecutions [1995] Crim LR 902 案的决定，看起来与前面段落中描述的既定原则背道而驰。在这一案件中，控方指控用殴打方式攻击，违反《1988 年刑事司法法》第 39 条（不需要证明伤害），而不是违反《1861 年对人犯罪法》第 47 条的攻击（需要证明伤害）。地区法院判定，量刑者在通过判决时应当考虑到对被害人造成的伤害。这一决定被认为最好限于使用殴打方式攻击的案件中，而不应当扩展至其他犯罪。

法官也不能利用对犯罪事实的询问，作为决定罪犯是否在其他场合实施了类似罪行的途径。如果控方在有罪答辩后对事实的总结中建议起诉书中的罪状仅仅代表了罪犯实施的一系列行为中的一个范例，牢记这一原则就很重要。如果辩方接受了这一点，法官可以据此通过判决。但如果辩方主张起诉书代表了罪犯行为的全部范围，法官则必须忽略对罪犯持续行为的指控，让控方就其他场合的犯罪如果他们有必要的证据，提起单独的指控。因此在 Huchison [1972] 1 All ER 936 案中，上诉法院把对 H 因与其女儿乱伦通过的四年刑罚减半。起诉书中包含了 H 答辩有罪的一项罪状。控方宣称存在长时期的规律的性交关系，而辩方称只有一次性交。在听取了来自 H 和其女儿的证据后，法官相信了女儿，并在罪状仅仅代表了连续行为中的一部分的基础上作出判决。大人们判定法官适用了错误的程序。他不应当亲自听取证据，而是应当严格地对 H 认罪的犯罪进行判决，让控方希望时对其他宣称的乱伦行为提起进一步的诉讼。类似地，在 Burfoot (1990) 12 Cr App R (S) 252 案中，B 对六项罪状答辩有罪，被以进一步的 19 项罪状认定有罪。但控方案件是他被定罪的 19 项罪状只是范例指控，他实施了共约 600 项罪行！法官继续基于他实施了所有的罪行进行量刑。上诉法院称这是错误的，并将六年监禁减为四年，这被认为与其答辩有罪的或被定罪的相关事实是适当的。上诉法院认可了这种方式，并在 Clark [1996] Crim LR 448 案中拒绝了引用与之相反的权威观点。在 Canavan [1988] 1 Cr App R 79 案中，上诉法院认可了 Clark 案的方式，并说下级法院不能将其有关刑罚的决定建立在不构成罪犯将被量刑的罪行实施的基础上。这看起来已经权威地解决了这一问题。

自上诉法院作出 Newton（前述）案的决定后，已经有太多的案件对大法官莱纳勋爵的基础随附意见进行了提炼和扩充，即如果控方和辩方对犯罪事实有分歧，法官必须要么在对辩方最有利的基础上进行诉讼，要么亲自听取有关争议事项的证据。在下述 Newton 案件中涉及的要点如下：

(1) 上诉法院声称在 Newton 听审适合的情况下，辩护律师有责任说明。在 Gardener（1994）15 Cr App R（S）667 案中，法院称在对可能影响判决的相关事实有争议时，辩方律师应当向控方说清楚。如果不是由控方而是由辩方提出听审，应当在听审的最开始通知法院。如果因为任何原因没有这么做，辩方律师在申请减免时应当确保法官知道不仅存在争议，而且辩方希望以 Newton 听审的方式解决问题。除非这种听审在皇室法院明白无误地并被明示地提出，上诉法院通常不会考虑量刑者没有命令听审的观点（又见 Attorney-General's References（Nos 3 and 4 of 1996）[1996] Crim LR 425）。在 Tolera [1998] Crim LR 425 案中，上诉法院称向法院阐明并请求法院基于控方案件展示的以外的任何事项通过判决的主动权在于辩方。被告人提出缓刑的替代方式并在量刑前报告中反映出来，仅仅这一事实不足以警示法官应当举行 Newton 听审。如果被告人希望在这个基础上进行判决，他应当明确将报告的相关部分提请法院注意，并请求在这一基础上被量刑。Tolera 案似乎与 Oakley [1997] Crim LR 607 案相悖，后者建议在这些情况下法官应当采取主动确保举行 Newton 听审。当然，对辩方律师来说，遵循 Tolera 案的建议并提请法官注意需要进行 Newton 听审则更为安全。

（2）当被告人在控方证人已经给出部分证据后将其答辩改为有罪时会出现一些困难。在 Mottram（1981）3 Cr App R（S）123 案中，法官被认为在这种情况下应当在决定形成判决基础的事实之前听取被告人（并可假定辩方意欲传唤的证人）的证据。此时所接受的与判决有关的全部证据都可以用 Newton 听审来处理（又见 Archer [1994] Crim LR 80）。

（3）Newton 听审可以根据法院的决定发生，即使控辩双方对答辩依据的事实达成一致（McNulty [1994] Crim LR 385）。有时候控辩双方之间会就给出和接受有罪答辩的基础达成一致，例如被指控者同意对攻击造成实际身体伤害答辩有罪，但只基于鲁莽，而控方也愿意接受。在 Beswick [1996] 1 Cr App R（S）343 案中，上诉法院制定了在这种案件中指导法院的原则。它强调，法院应当在真实的基础上判决罪犯，而控方不应当在不真实的事实基础上与辩方达成一致。如果发生了此种事情，法官有权举行 Newton 听审以决定刑罚真正的事实基础。法官这个决定本身并不能使被告人有权将其答辩从有罪改为无罪。一旦法官决定举行 Newton 听审，那么控方就不应当视自己受原来与辩方达成的协议的约束，因为这一协议是以量刑者的同意为条件的。因此，他们应当通过提供证据和检验辩方传唤的证据来协助法院举行 Newton 听审。

（4）在 Oudkerk［1994］Crim LR 700 案中，法院认为，如果要根据《1991 年刑事司法法》第 2（2）（b）条考虑判处比正常刑期更长的刑罚时，量刑法院必须通过 Newton 听审解决任何与适用此条相关的重要问题（比普通的刑罚更长，见第 22.6 节）。在正在讨论的案件中，答辩从头至尾都建立在起诉书中提及的攻击是情人口角的结果，而非对上诉人素不相识的妇女的攻击这个基础上。这是与第 2（2）（b）条的适用相关的问题，因此应当适用 Newton 听审解决。

（5）如果法院决定进行 Newton 听审，则适用与无罪答辩时的证明责任和标准相同的规则。换言之，只有法院排除合理怀疑地确信辩方的说法错误时，才能根据控方对发生事实的说法进行量刑（见 Ahmed（1984）6 Cr App R（S）391 案中的随附意见以及 Stosiek 案前述）。在 Ahmed 案中，上诉法院也表示，除非上诉人可以证明皇室法院的决定完全不合理或系通过适用错误原则（例如没有将怀疑的益处给他）而致，他们不会干涉皇室法院在 Newton 听审中确立的有关事实的决定。法官对事实的认定受到成功反对的案件，见 Gandy（1989）11 Cr App R（S）564 案。案中阐明在进行 Newton 听审时：

（i）应当严格遵守证据规则；以及

（ii）法官应当正确地将自己视为事实的审判者，例如，遵守 Turnbull［1977］QB 224 案中关于辨认证据的指导。

（6）如果控辩双方之间就所发生的事实的认识分歧很少以致不会影响量刑时，皇室法院可以不听取证据而基于控方宣称的事实作出量刑。（在这种情况下，法官常常会指出，他接受辩方的说法纯粹是为了判决的目的。由于对结果不会有任何区别，因此就没有必要通过公开地对代表他利益提出的内容表示不相信而使其不快。）因此在 Bent（1986）8

Cr App R（S）19 案中，上诉法院驳回了 B 因攻击一名试图将正在偷窃的他逮捕的商店保安而被判决六个月监禁提出的上诉，尽管法官在通过判决时明确接受了 B 在攻击保安时使用了棍棒的控方案件（而辩方律师在请求减缓时称他的当事人仅仅是威胁使用一根棍子），但指控的要旨是上诉人是否抵抗逮捕。由于甚至是控方都根本没有提到商店保安由于攻击而遭受了实际伤害，因此棍棒是否和他的面部有轻微的接触或者仅仅是威胁性地挥了挥，对判决来说无关紧要。

（7）有时通过请求控方在起诉书中增加一条辅助罪状，以在事实上使陪审团决定主要罪状宣称的罪行是如何实施的，而有可能避免 Newton 听审。因此，如果被指控者对抢劫答辩有罪，但对控方关于他使用武器实施犯罪的指控予以否认时，正确的程序是加入第二条携带武器蓄意实施可控诉罪行的罪状。如果被指控者否认这一指控，并且如果陪审团裁决无罪，必须基于在没有武器的情况下实施抢劫才能作出判决。在 Newton 案中莱恩大人专门提到，如果可能要从陪审团处获取有关犯罪事实的答案，而只在无法在起诉书中添加罪状以方便地解决争议时才依赖 Newton 听审。在 Gandy（见上）案中，上诉法院对皇家没有采取这种方式表示遗憾。

对应当给予陪审团优先权的最清楚的陈述出现在 Eubank［2001］Crim LR 495 案中。E 在抢劫一家商店后被逮捕。一名商店店员辨认出他是劫犯并称他用武器威胁她。E 在被捕时身上没有武器，后来也没有找到。控方案件认为他携带了武器，但他否认了。法官举行了 Newton 听审，认定他携带了武器并在此基础上对他进行判决。E 上诉，理由是如果皇家检察官在起诉书中列出携带武器抢劫的单独罪状，以使陪审团来决定这个问题会更合适。上诉得到允许。Newton 听审可能更迅速、更经济的事实不能优先于被告人由陪审团对问题进行裁决的权利。在起诉书中应当有一条单独的罪状来反映这一权利。如托马斯博士在《刑法评论》中对 Eubank 案所做的评论中指出的那样，案件暗指如果一项持枪抢劫的犯罪根据《刑事法院（量刑）权力法》第 109 条被认定为"严重犯罪"并将导致处以强制性终身监禁的判决时（见 22.8 节），那么起诉书中肯定有一项同时实施的被指控违反《1968年武器法》第16、17或18条的罪行罪状。由于《武器法》规定的这些犯罪本身根据《刑事法院（量刑）权力法》第109条都是"严重犯罪"，第109（5）（h）条将持枪抢劫界定为"严重犯罪"实际上是多余的。这确实可以被认为是Eubank案决定的一个不可避免的含义。

（8）Newton听审中解释的原则不适用于当辩方在减免答辩中提出的事实只有被指控者本人知道，因而控方不能现实地接受或者对代表他提出的事项提出反对，例如被指控者对进口可卡因答辩有罪但称他认为那是大麻，或者他声称自己实施犯罪是因为不属于实际上的胁迫的威胁所致。在这些被实用地称为"反Newton"的情况下，看起来辩方要承担减免成立的证明责任。他们要完成证明责任是否就是通过律师在减免演说中作出对事实的宣称（见第20.4节）还是通过传唤证据，是由他们判断的事项。在Guppy（1994）16 Cr App R（S）25案中，上诉法院判定，如果被告人在减免答辩中提出额外事项时，证明责任在于辩方，即要达到民事案件中均衡可能性的标准。但法院的确指出，在案件的一般诉讼过程中，量刑者将乐意接受辩方律师陈述的精确性。（又见Broderick（1993）15 Cr App R（S）476案，其中判定宣称胁迫的辩解属于控方了解范围之外的事项，因此Newton原则不适用。）但在Tolera [1998] Crim LR 425案中，被告人对以供应为目的持有海洛因答辩有罪，并声称他受到了协助毒品交易的暴力威胁。上诉法院认为，控方有反驳此种解释的义务，并因他们没能反驳而将判决从五年减至四年。判决不同的理由可能是取决于最终是否可行（如果理性地不令人满意），并且基于对这个问题的回答：控方反驳辩方的说法有多大的可行性？如果他们应当能够做到，那么从这一点争论来看，案件应当属于Tolera案中的推理；如果不能，则适用Guppy案中的规则。

（9）法官有权决定辩方的说法不值得信赖，因此不批准举行Newton听审（例见Kerr（1980）2 Cr App R（S）54案和Gandi（1986）8 Cr App R（S）391案）。但法官认为辩方说法明显不可信的观点必须与事实一致。在Costley（1989）11 Cr App R（S）357案中，C对造成严重身体伤害答辩有罪。控方指控 C 用一根木头击打 V 的头部和身体，造成肋骨和胳膊骨折以及大面积淤伤。C 声称在 V 向他提出同性恋请求并且向他身上滴血，同时说他患有艾滋病而且会将病情传染给 C 之后，他只是用拳头打了 V。法官完全根据控方开场白和辩方在减免答辩中的发言对 C 进行了量刑。他说：

> 我认为事实是，攻击完全不是因为 [V] 说的任何话或做的任何事引起的……我拒绝你对使用暴力的解释，因为它是完全不可信的。

上诉法院判定法官不可以得出这样的结论，并支持针对判决提出的上诉。在法官面对此类实质性冲突的案件时，应当举行 Newton 听审。在 Tolera [1998] Crim LR 425 案中，上诉法院强调，虽然法官在辩方说法明显不合理时并非必须举行 Newton 听审，但他应当对被告人说明他的观点。然后被告人应有机会说服法官关于他的说法的真实性。

(10) 如果一名被指控者答辩有罪而共同被指控者则答辩无罪，决定刑罚事实基础的两项原则产生冲突。法官是否应当举行 Newton 听审（通常是对有罪答辩举行）？或者他应当依赖审判中听取的证据（对答辩无罪的被指控者这是通常的程序）？

在 Smith (1988) 87 Cr App R 393 案中，S 对共谋通过欺诈获取财物答辩有罪，控方案情是他向他的共同被指控者（加油站的收银员）提供被盗的信用卡，后者利用这些卡假造不存在的交易的收据。其中的两名共同被指控者答辩无罪，辩称他们是在 S 的胁迫下行事的。他们被宣告有罪。当法官对 S 和共同被指控者进行判决时，他说他接受 S 是首犯的初步观点，但给 S 一个机会证明他不是。这一邀请被拒绝，S 被判决 21 个月监禁，而他的共同被指控者被判进行社区服务。上诉法院判定法官在判决 S 时有权考虑在对他的共同被指控者进行审判时的证据。不需要基于 S 的利益再次传唤证人进行交叉询问，哪怕他的律师在审判时没有机会对他们进行交叉询问。由于法官已经给了 S 给出他自己证据的机会，他已经毫无瑕疵地履行了程序。上诉被驳回。Smith 案的做法，虽然作为对一个难题的实际的解决方式可以理解，但可能导致在他不同意的事实基础上被判决,而且他的律师也未能通过正常方式对支持控方案件的证人进行交叉询问,这会导致罪犯不公平的感觉。值得注意的是,上诉法院确实在 Smith 案中强调,量刑法官应当考虑到没有以答辩有罪的罪犯的利益经受交叉询问检验的审判中的证据(又见 Winter [1997] Crim LR 66 案)。

在对 Smith 案中列出的方法与比如 Gandy(见上)案采用的方法进行比较时,又会出现另外一种非正常现象。在 Gandy 案中,G 对暴力骚乱答辩有罪。然后他的共同被指控者被审判。在他们的审判结束后,法官立即举行了 Newton 听审以决定 G 是否投掷了一片玻璃导致 V 丧失了一只眼睛。上诉法院认定,法官在 Newton 听审中应当遵循调整陪审团审判中证据使用的规则。很明显,就 Smith 程序而言,被指控者没有得到相应的保护。导致的区别似乎是武断的并加剧了已经提到的不公平的感觉。

(11)如果法官在 Newton 听审后对事实问题作出对辩方不利的决定,被指控者可能丧失一些他原可以因为有罪答辩而能得到的减免(Stevens(1986)8 Cr App R(S)291)。但他还是有权从他的答辩中得到一些回报(Williams(1990)12 Cr App R(S)415)。(对答辩给予折扣的政策,见 21.5.2 节。)

(12)在适当的案件中,上诉法院可以自己举行 Newton 听审:Guppy(1995)16 Cr App R(S)25。

20.2 先行文件

案件被移交到皇室法院之后,警方应当立即准备一份包括被称为皇室法院先行文件的文档。先行文件的复印件应当在不迟于陪审团退庭审议裁决之前交给辩方,或者在答辩有罪的情况下在提出答辩之前。还应当给法院的每一个成员以及速记员各一份复印件,并在控方律师的摘要中提供一份复印件。

第 20 章 量刑前的程序

先行文件应当包括罪犯的年龄、教育程度、过去和当前工作、家庭情况和收入、逮捕日期、他是被还押羁押还是被保释、他被从监狱或其他任何监禁机构中释放的最后日期等细节。还应当有先前宣告有罪和有罪认定的总结。这可能包括罪犯在 14 岁以前的有罪认定，尽管《1963 年儿童和年轻人法》第 16（2）条规定在对 21 岁以上的人进行的诉讼中，14 岁以前的有罪认定在证据目的上应当被忽略。附在先行文件后的是一张给出罪犯刑事记录的全部细节的表格，与总结不同的是它不提第 16（2）条的有罪认定。对于表上的每一项宣告有罪或者有罪认定，都应当说明宣告有罪的法院、涉及的罪行、通过的刑罚，以及释放的日期（如果是监禁刑）。已经失效的宣告有罪（见 20.2.2 节）应该包括在宣告有罪的总结和先前定罪表中，但在先前定罪表中应当标明。辩方在审判之前或审判的任何一个阶段都有权要求提供被指控者先前定罪的细节。法官也知道这些，与简易审判案件的治安法官不同的是，治安法官可能在定罪前不知道被指控者的刑事记录，直到定罪之后他们才知道。在皇室法院，警方会被要求提供最后三个类似定罪情况以及法院可能感兴趣的任何其他定罪的简要细节。这个信息要单独提供并附于先行文件之后。

正式警告（见 4.2.1 节）不应当出现在先前定罪的清单中。但是对在当前犯罪实施三年之内的犯罪发布的警告可以在法院被引用，虽然它们应当出现在与先前定罪不同的清单内（《内务部通知》59/1990）。

在绝大多数案件中，当先行文件的内容未受反对时，控诉律师会总结它们包含的信息。法官手中有完整的清单，因此可能不想听取所有的细节，因此可能说，例如"最后三个"或者"从 1995 年开始"。律师就会只读出最后三项定罪或者从 1995 年以来的定罪，视情况而定。

《实践指示（犯罪：先行文件）》（第 2 号）［1997］1 WLR 1482 规定了先行文件的内容。先行文件和先前定罪表格的例子可以在附件 5 中发现。

在处理了这些问题后，控方案件结束。

20.2.1 对先行文件的反对

如果辩方反对控方先行文件的说法，控方通常会传唤案件中的警官。如果控方的主张仍然有争议，他们负有责任，通过传唤在答辩无罪的审判中可被采纳的类型证据，说服法官这个主张的真实性——例如，并非不可采纳的传闻证据或观点。如果控方未能如此说服法官，则法官在通过量刑时应当忽略被反对的主张，并指出他忽略了它：Campell (1911) Cr App R 131。

无论如何，控方应当被禁止作出歧视罪犯，不能严格地证明或反对的泛泛的主张。在 Van Pelz (1942) 29 Cr App R 10 案中，VP 因盗窃罪被定罪，刑事上诉法院批评了控方，因为它允许警官给出先行文件，说 VP 过着无节制和不道德的生活、广为人知是一个妓女、与盗贼有固定的联系、并的确被认为是一个危险的女人。甚至一项歧视的宣称，即使不是真实的，但具体到足以让辩方有效地反对，这项宣称也应当由对事件有第一手信息的警官作出，而不能由一名通过其他人得知的警官作出。在 Wilkins (1978) 66 Cr App R 49 案中，上诉法院将对 W 的依靠卖淫收入生活的判决从三年减至两年，因为给出先行文件的警官作证说，为 W 经营的陪伴中介公司工作的大约 82 名妇女称他们将中介公司作为卖淫的媒介。W 在审判中的证据虽然使陪审团确信他靠卖淫的收入生活，但没能显示他涉及在这么大范围内组织卖淫。很明显，在提出这项宣称时警官并没有在他第一手了解的范围内陈述——他只是在重复妓女们所说的内容。很可能他甚至没有亲自与妓女会谈，而只是告诉法官其他警官告诉他的妓女们的说法。上诉法院通过减少对 W 的刑罚强调了在给出先行文件时的不规范行为，尽管在上诉被听取时他已经从监狱中被释放——这涉及原则问题。如果先行文件中的主张可能有争议，对控方来说明智的做法是向辩方给出有争议的主张和他们准备引用的证据的预先通知：见 Robinson (1969) 53 Cr App R 314。

如果辩方对有关先前定罪的控方证据的正确性提出反对,适用上述的原则,因此控方必须对定罪提供严格的证明。他们可以通过(1)提供由定罪法院的助理签名的定罪证明,和(2)提供将被量刑的罪犯就是证明中的人的证据:《1984年警察和刑事证据法》第73条,来完成证明责任。身份证据可以来自先前定罪中出现在法院的某人。作为替代方式,《1948年刑事司法法》第39条授权控方提供进一步的证明,证实证明书中的人的指纹与罪犯的指纹相同。后一种程序虽然方便,但显然有赖于警方拥有必要的指纹。

20.2.2 失效的有罪宣告

《1974年罪犯改造法》的目的是使罪犯能够"改过自新而使人们忘记"他的过去。广义说来,法案的计划是从宣告有罪之日起经过一定期间(被称为"改造期"),罪犯成为一个改过的人而他的有罪宣告也失效。一个改过的人要被当作"尽法律的各种目的没有实施……或没有因一项或多项罪行被宣告有罪或量刑的人"对待(法案第4(1)条)。这意味着,比如当一个改过的人申请工作时,一般来说他并非必须透露他的已经失效的定罪,并且工作申请表中对申请人刑事记录的任何问题被认为与此种定罪无关。类似地,在大多数民事诉讼中,有关失效的定罪的问题以及与民事诉讼相关的犯罪证据都是不可采纳的。

第4(1)条受法案其他部分的制约,其中包含了限制分款适用的情形的条款。因此,一个希望从事内务部指定的某些职业或者行当的人,一个评估他对这一职业或行业的适合性的人可能会询问有关失效定罪的问题。不必惊奇,任何未来的出庭律师、事务律师或法官都必须宣告他的失效定罪。就刑事程序而言,更为切题的是第7(2)条规定,第4(1)条根本不适用于刑事诉讼——也就是说,被作为失效定罪给出的证据和询问有关失效定罪的问题,不能同等地适用于未能失效的有罪宣告,并没有制定法上的限制。但在《实践指示(犯罪:失效定罪)》[1975] 1 WLR 1065中,大法官韦德格利勋爵建议法院和律师都应当遵循议会在导致《法令》通过的辩论中所表达的一般意向,并且在可以

_481

避免时不应当提及失效的定罪。实际上，律师在提及失效定罪之前都必须取得法官的授权，而这种授权只有在正义的目的如此要求时才能给出。在诉讼的量刑阶段，向法院提供的罪犯的定罪记录应当标明已经失效的有罪认定。在通过量刑时，法官只有在解释他通过的刑罚必需时才能披露失效定罪的存在（例如，如果不披露在最近的过去时间里罪犯实施了与他现在正在被量刑的犯罪类似的犯罪，判决看起来将过于严厉时）。

有罪宣告失效的期间（改造期）取决于对犯罪通过的刑罚。这些期间如下：

（1）如果罪犯被判决终身监禁或者超过三十个月的刑期（或者在年轻罪犯教养院中相等的羁押判决或者根据《1933年儿童和年轻人法》第53条的监禁），那么定罪永不失效。

（2）如果判决是超过六个月但不超过三十个月的监禁，改造期是十年；如果判决是六个月或者六个月以下的监禁，期间是七年；如果判决是暂缓执行，改造期等同于立即执行。

（3）如果判决是在年轻罪犯教养院三十个月或者个月以下的监禁，改造期等同于相同期限的监禁，但是罪犯在定罪日时不足18岁，期间减半。

（4）如果判决是罚款、社区服务令或者缓刑令，期间是五年（对未成年人，期间为两年半）。

（5）如果罪犯被有条件地释放或者具结守法或保持良好举止，期间是一年或者命令保持效力的时间，以较长者为准。

（6）如果对罪犯发出出席中心令或者安全培训令，期间在命令失效后一年结束。

（7）如果罪犯被绝对地释放，期间是六个月。

（8）如果罪犯被剥夺驾驶资格，期间是他被取消资格的期间。

在对一项宣告有罪存在一项以上的判决时（例如对于饮酒/驾驶犯罪，罪犯被判六个月监禁缓期两年执行；罚款100英镑并且被取消驾驶资格三年），改造期是相关期间中最长的期间（即在以上给出的例子中，是缓期监禁刑要求的七年期间，而不是对罚款的五年期间或者取消资格的三年期间）。

一个被宣告有罪的人只有在改造期内没有再次被宣告有罪才能被改过自新（第6（4）条）。如果罪犯因非简易罪行的任何犯罪被定罪，第一次罪行的改造期继续有效，直到第二项犯罪的改造期失效。这在实践中是非常重要的，因为它意味着惯犯不可能有任何失效的定罪。他们早先定罪的改造期由于后来的定罪被延长。但这一随后犯罪的规则并不适用于取消资格令（第6（5）条）。

20.2.3　缓期刑罚等

如果罪犯被宣告有罪的犯罪是在缓期执行的刑罚缓刑期间内实施的，皇室法院或者在一定情况下，治安法院，可以使缓期刑罚立即执行（见22.9.4节）。另外，如果犯罪发生在有条件释放或者缓刑令期间，法院可以鉴于作出命令的罪行，对罪犯予以量刑（见23.6和23.14节）。如果在对先前定罪的证据中明显地看出罪犯违反了缓期刑罚、有条件释放或者缓刑的规定，应当询问他是否承认违反。如果他承认，法院可以在对他就当前犯罪进行量刑时处理这一事项。如果他不承认，则必须对先前定罪和量刑提供严格的证明（见20.2.1节）。有了这种证明后，法院可以处理这些违反。

20.3　对罪犯的报告

在控方开场后，法官要阅读任何已经制作的对罪犯的报告。辩方会得到报告的复印件。律师在减免答辩中会提到它们的内容，但实践中一般不会全文宣读。如果涉及医疗或者精神病报告，则当然必须谨慎使用，以免使罪犯得知一些他最好不知道的有关其身体或精神状况的内容。

报告的主要类型如下：

（1）量刑前报告（以前称为社会调查报告）——如果罪犯是成年人，就由缓刑官制作。在涉及13岁以下儿童时，由地方当局社会工作者制作；对中间年龄段的人，这一工作由缓刑服务部和社会工作者分担。缓刑官由缓刑委员会任命。委员会由治安法官和选任的成员组成，有时还可能包括一名由上议院议长指派到委员会的巡回法官或者记录员。每一个单独的小开庭区或者小开庭区联合组有一个缓刑委员会，委员会对其负责的地区有义务任命足够的缓刑官开展这一地区的缓刑服务工作。这些工作包括友好对待和帮助被处以社区改造令的罪犯、组织社区惩罚令计划、监督经许可释放的罪犯、监督从年轻罪犯教养院的监禁中释放出来的年轻罪犯、主动或从法院接到命令后制作报告。通常有一名缓刑官出席法院，以接收对报告的任何要求。

根据内务部文件《监督社区中罪犯的国家标准（1992）》，量刑前报告应当"公平和客观地"总结犯罪，并"分析罪犯的行为和对犯罪的态度"。这一信息必须在对罪犯进行一次或一次以上会谈后"公正地"提供。尤其是，报告应当写明罪犯对犯罪的解释、对责任的接受、悔过的感情、动机、品行、刑事记录、人际关系、个人问题，例如滥用毒品或酒精、经济、住房或者工作方面的困难以及任何可以获得的医疗或者精神病的信息。

《国家标准》不要求报告制作者就量刑作出建议。然而，报告习惯作出这样的建议，尤其是关于哪个社区刑罚是合适的。如果量刑前报告建议社区刑罚令（具体见23章），那必须要说明这是否可获得。

根据《2000年刑事法院（量刑）权力法》（PCC（S）A）第36条和第81条，法院在考虑通过监禁刑或者较严重的社区刑罚时，必须获得量刑前报告。但在罪犯18岁或18岁以上时，如果法院认为没有必要时，就可以不用量刑前报告。如果罪犯是17岁或17岁以下时，法院必须获得量刑前报告，除非：

（i）犯罪是仅可控诉的，而且法院认为没必要取得报告；或者

（ii）有一份已经存在的报告，并且法院已经考虑了其内容。

即使不存在获得一份报告的制定法要求，法院也无妨将其作为一种

良好的量刑实践而获得一份，尤其是如果辩方坚决要求时。然而，即使获得量刑前报告是"强制的"，那未能获得一份报告本身并不能使判决无效。但如果案件被上诉，上诉法院必须获得并考虑量刑前报告，除非被认为没有必要。

如果法院在罪犯初次出庭等待判决时希望有一份报告但无法得到，则必须休庭。为避免这种不必要的延误，缓刑服务部通常在定罪前准备好报告。对答辩无罪的罪犯他们一般不愿意准备审判前报告，因为明显无法询问被指控者有关他或她对犯罪的态度。关于在成人治安法院和少年法院中的量刑前报告，因为其实践变化太大，无法作出任何有益的一般结论。

报告的复印件必须交给罪犯的顾问或事务律师一份，或者如果他没有被代表时，可以交给罪犯本人。如果罪犯是未成年人且没有被代表，报告可以交给他的父母或者监护人：PCC（S）A 2000 第 156 条。量刑前报告的复印件不交给控方。辩方可以要求制作量刑前报告的缓刑官给出证据，这样比如，他们可以反对报告中包含的对罪犯不利的评价。

（2）医疗和精神病报告——如在第 9.8 节中所释，治安法院有权力因制作医疗报告而将一人还押（羁押或保释）。治安法官必须确信所涉及的人已经实施了一项可监禁犯罪，但他们不需要对犯罪定罪。在以起诉书定罪之后或者在移交量刑判决之前，皇室法院也可以为制作医疗报告而休庭。法院在认为合适时依然可以将罪犯还押羁押或保释。另外还有一种选择——也就是将被指控者/罪犯还押至医院以对他的精神状况制作报告——已经通过《1983 年精神健康法》第 35 条赋予法院这项选择（见第 23.22 节）。

如果法院准备根据《1983 年精神健康法》第 37 条（羁押在精神病院）或者 PCC（S）A 2000 第 42 条（社区改造）要求被缓刑者接受精神状况的治疗的规定发布命令，则医疗和精神病报告是关键的。另外，法院必须在通过监禁刑罚（除因谋杀外）之前显示出精神错乱的罪犯命令制作医疗报告（《1991 年刑事司法法》第 4（1）条）。如果法院认为没有必要，则可以不用获得报告（第 4（2）条）。未能遵守这些规定并不会使判决无效，但在案件被上诉时上诉法院有义务获得一份报告（第4（4）条）。在罪犯被合法地代表时，报告的复印件必须交给他的顾问或事务律师；但如果他没有被合法地代表，他就无权亲自阅读报告，虽然应当向他披露报告的要点：《1983年精神健康法》第54（3）条。制作报告的执业者可能被要求出庭给出口头证据，并且可以基于罪犯的利益传唤证据以反驳报告中的内容。实践中，通过法院获得精神病报告通常很困难，但辩方律师有必要主动地请求为他们当事人治疗精神病的顾问制作一份有关罪犯的报告。辩方可以选择是否将报告呈交给量刑者面前。另一方面，如果精神病医师认为他的证据将不能被提交给法官，他可以自由地通过其他渠道，例如通过控方，使报告可以被得到（Crozier[1991] Crim LR 138）。

（3）在涉及未成年人的场合下，可能会有与未成年人及其家庭有关联的社会工作者制作的报告。当未成年人在因犯罪被处理之前被还押给当地政府看管时，必须制作详细的报告，包括例如他的智力、看管过程中的举止、对管理人的反应和与伙伴的关系等事项。也可能有来自他的学校的报告。

休庭准备审判前报告这一行为本身可以在罪犯的思想中引起一种期待，即如果报告在推荐非监禁处理的意义上对他有利，那么法院应听从建议。如果尽管是有利于他的报告，他仍然被判处监禁刑，他将会有一种可以理解的加重感，会觉得上诉法院有义务取消羁押刑罚，即使鉴于犯罪的严重性和罪犯的记录，判决是完全合理的（见Gillam（1980）2 Cr App R（S）267）。为避免这种结果，法院休庭准备报告但希望所有选择均对它开放时，应当告知罪犯不存在任何对宽大判决的暗示许诺，并且无论报告中说什么，最终的结果都完全可能是监禁或羁押。如果在休庭时清楚地说明了以上观点，对拒绝报告中非羁押刑罚的法院就不能有任何的异议：Horton and Alexander（1985）7 Cr App R（S）299案。而且，在休庭准备报告时，法官对是否判决监禁刑罚保持沉默，仅这事实不能被认为是指明最终可能判处非监禁刑罚（Renan [1994] Crim LR 379案）。

20.4 减免请求

一旦报告被宣读并且如果必要的话，传唤报告制作人给出证据，辩方律师代表罪犯提出减免请求。其中的大部分可能已经在报告中表明，律师可以向法官提出对他的论点有特殊帮助的几段。律师通常论及与犯罪紧密相关的情形，强调任何可能使罪行严重性减轻的要素。如果是有关欺诈的犯罪，律师可以说是因为突然的和出乎意料的诱惑出现在罪犯面前，从而使他一时冲动实施了犯罪。如果是暴力犯罪，他可以指出是因为极端的挑衅使罪犯失去控制。但律师必须注意不能在减免请求中提出任何在实际上构成对指控辩护的内容——例如，他不应当宣称攻击是出于自卫而实施的。在要使犯罪看起来不那么严重实在没有任何合理的说法时，最好是迅速地转向罪犯的情况。如果犯罪是罪犯正在经历经济或者其他方面的困难而实施的，也可以提供对所发生事情的部分解释。展望未来，罪犯的情况可能会出现转机，这使他有希望不再惹麻烦——他可能已经找到一份好工作、或者与妻子言归于好，或者就导致他犯罪的酗酒问题接受治疗。最后，被捕时与警方的合作态度和在法院的有罪答辩都是减免请求中的有利点。

除了在减免请求中作演讲之外，律师可以基于罪犯的利益传唤品行证人，说明（例如）犯罪完全与品行不符，他们确信不会再发生任何类似事件。这种品行证人可以在减免请求的开始、结束或者进行中传唤。如果罪犯没有先前定罪，这当然是减免请求中一个有力的论据，无论是否传唤品行证人（更多细节见21.5节）。

《1996年刑事程序和侦查法》第58条授权法院对减免请求演讲中的错误或者无关的宣称施加报道限制，如果它们对一个人的品行具有毁谤的话。此种论断是在程序的较早阶段，例如审判时作出的，则不能发布这样的命令。命令可以由法院在任何时候撤销，如果不撤销则在一年后失效。违反命令而出版或者广播是一种犯罪行为。

罪犯可以拒绝法律代表并亲自作出减免请求，如果他希望如此。但一般来说，由顾问或者事务律师强调这些真正可以支持较轻刑罚的主张对法院有帮助——罪犯本人出于无知可能会集中于那些只能加剧犯罪的要点而忽略一些很好的减免理由。在罪犯面临第一次被判处监禁的危险时，法律代表尤其重要。除非是在真正的不可避免时作为最后的手段，法院应当尽量避免将一名从未监禁的罪犯送入监狱，只会使他因为有监禁的经历而适应它，而不是在服刑之前因为监禁的危险而被震慑。为了挖掘所有可能的非监禁刑，有一名律师为罪犯寻求减免是可取的。如哈威克的布里奇勋爵在 Re McC（一名未成年人）[1985] AC 528 案中所说：

> 任何人不应当首次即被判监禁……除非他有机会将他案件的减轻情节以最佳的方式向法院展示。对不善言辞的被告人来说，这种展示对他的自由至关重要。

因此，PCC（S）A 2000 第 83 条规定，法院不应当对一名没有法律代表并且此前没有监禁刑记录的罪犯判处监禁刑，除非已经通知他有权申请刑事辩护服务部的代表并且他有机会提出这样的申请，但他未能提出申请。广义上说，第 83 条的效果是考虑对罪犯判处第一次监禁刑罚的法院必须告诉没有法律代表的罪犯，他可以申请免费的法律代表，并且批准他，比如一个星期的休庭时间以允许他提出申请。如果他提出了申请并且在此后的听审中有了代表，这一条的目的就已经达到。如果他未能提出任何申请并仍然没有代表，那么法院已经做了它所能做的合理地说服他获得代表的工作，因而可以自由地通过任何它认为适当的判决。

在法院无论何时考虑剥夺一名年轻罪犯的自由时，法律代表也都是重要的。因此，在根据 PCC（S）A 2000 第 91 条通过拘押和培训令刑罚时，适用相同的条款。在以上情况中，此前曾经被或从没有被所讨论的刑罚或命令处理过的罪犯之间，没有任何区别。

缓期的监禁刑罚（见 22.9 节）不管如何是监禁的刑罚，因此在法院考虑缓期监禁时，PCC（S）A 第 83 条适用，就像法院判决立即执行监禁那样适用该条款。但是法律规定，为了决定罪犯以前是否被判处监禁刑，未实际执行的缓期刑罚则不予考虑。因此，在对一名未被代表的罪犯即使通过一项缓期刑罚之前，如果他此前唯一的监禁刑罚是一项从未执行的缓期刑罚，法院有义务根据第83条休庭，以使他申请免费的法律代表。

20.5 考虑其他犯罪

如果一名犯罪嫌疑人就一项犯罪被警察询问并承认实施了犯罪，则他有可能被进一步询问有关其他尚未解决的与他已经承认的犯罪具有类似特征的犯罪。如果犯罪嫌疑人对这些另外罪行的其中一些或全部有责任的话，如果每一项犯罪都在起诉书中作为一项独立的指控出现，他可能仍然不愿意承担责任。这样就发展出了一套允许罪犯承认其他犯罪，同时不被实际定罪的体系。这被称为通过刑罚时考虑其他犯罪。这种程序在治安法院和皇室法院都可适用。

警方准备一份他们相信或者怀疑也是由罪犯实施的犯罪的清单。罪犯仔细查看清单后如果愿意，可以指明他至少实施了其中一些犯罪。在将他否认的犯罪删去后，他在清单上签名。然后可能会就他被逮捕的犯罪和其他一、两项最严重的其他犯罪进行移交程序。起诉书也将相应起草。在审判时，罪犯对起诉书中包括的罪状答辩有罪。在对事实进行总结时，控方律师告知法官，他认为罪犯希望将其他犯罪考虑在内。在罪犯签署的清单被呈交给法官后，法官要询问他是否承认实施了每一项犯罪，在通过判决时是否希望将它们考虑在内。在罪犯回答"是"时，法官几乎总是会同意他的请求。控方律师不会给出其他犯罪实施方式的全部细节，但他可以告诉法官诸如在其他犯罪中被盗的财物总价值和已经追缴的数额等事项。

在通过判决时，法院可以判处的最高刑罚是罪犯被宣告有罪的罪行的最高刑。实践中，这不是对法院权力的严格限制，因为最高刑罚往往远远超过法院对考虑中的最严重罪行所希望科处的刑罚。举一个典型的例子，罪犯可能对起诉书中两项进入住宅行窃和偷窃汽车答辩有罪。他也可能要求对两项以上的进入住宅行窃和三项偷窃汽车考虑在内。室内行窃将被判十四年监禁，偷窃是七年。所以，理论上对起诉书中的三项指控最高刑（记住任何的监禁刑都可以连续地执行）不少于三十五年。事实上，在对五项额外的罪行考虑在内之后，刑罚不可能超过六项罪行的最高刑。当然，治安法官的量刑权力比皇室法院的权力要受更多的限制，但是如果罪犯的年龄是在18岁或18岁以上，并以可任选方式罪行被宣告有罪，如果治安法官想考虑的罪行使得他们科处的刑罚不够充分，治安法官可以根据PCC（S）A2000第3条将他们提交给皇室法院量刑。

法官不能仅仅因为控辩双方希望他将其他犯罪考虑在内就自动这么做。如果其他犯罪与起诉书指控的犯罪属于不同的类型，同意将它们考虑在内的请求可能是不正确的。当然，如果起诉书中的犯罪都不能被处以在驾驶执照上背书和自由裁量的或者强制性的取消驾驶资格的刑罚时，那么可以被处以这种刑罚的罪行就不能被考虑在内：Collins [1947] KB 560。原因是，由于法院量刑的权力仅限于对起诉书中的犯罪，在起诉书中的犯罪没有任何一项会导致背书时，被允许将可背书犯罪考虑在内的罪犯会不公平地逃过执照背书和可能的取消驾驶资格的处罚。让治安法官将他没有审判管辖权的犯罪考虑在内也是错误的——即它们不应当将仅能以起诉书审判的犯罪考虑在内。

当一项犯罪被考虑在内时，罪犯不会以此被定罪，而且如果随后对此项犯罪提起控诉，罪犯不能成功地提起先前定罪的答辩：Nicholson [1947] 2 All ER 535。实践中，警方从来不会对已经被考虑的犯罪提起诉讼。将其他犯罪考虑在内的体系，通过鼓励对一项犯罪除承认外别无选择的罪犯同时承认另外一些如果没有承认将很难或者不可能证明的犯罪，帮助他们减少未解决的犯罪的清单。一个显然的问题是——罪犯为什么会对警方如果有充分的证据，可以将他逮捕的那些其他犯罪承认有罪并请求考虑在内呢？答案是，虽然法官会因为考虑进来的犯罪或多或少地增加刑罚,但这种增加不可能很大,而且罪犯有将其"记录清洗干净"的好处。当他服刑完毕后,就可以过诚实的生活,而不用担心警方再发现证据对他过去的犯罪提起诉讼。

以上对将其他犯罪考虑在内的讨论是建立在罪犯对起诉书中的罪状或者对他送达的控告书答辩有罪的假设基础上的。然而,并不存在任何可以阻止警方询问一名答辩无罪的被指控者,如果被定罪,他是否愿意将其他犯罪一并考虑,或者在定罪和量刑之间也有机会向他提出这个问题。但一般情况下,"将其他犯罪考虑在内"的体系针对的是答辩有罪的罪犯。

20.6　刑罚的变更

在处理罪犯时,由皇室法院科处的刑罚或者其他命令可以在刑罚开始之日起的 28 天内作出变更或取消:PCC(S)A 2000 第 155 条。如果两人或两个以上的人在一份起诉书中被共同审判,期限是合并审判结束后 28 日,或者要变更或者取消的判决作出后的 56 日,以其中较短者为准。第 155 条的明显用途是纠正原始判决中的一些技术性错误,或者如果法官在判决后认为自己可能过于严厉,因而在对罪犯很有利的情况下对判决作出变更。但这一条也可以用于增加刑罚(例如,在 Reilly [1982] QB 1208 案中,上诉法院认为皇室法院法官有权力在原来的三年监禁刑罚后附加一个总额为 178 000 英镑的刑事破产令)。但是只有在极其特殊的情况下才能增加监禁刑的长度或者以监禁刑替代原有的非监禁刑。因此,在 Grice(1978)66 Cr App R 167 案中,法官对一项非法性行为犯罪最先通过了一项缓期刑罚,上诉法院推翻了他随后将判决改为立即执行的决定。变更的原因是 G 许诺不再接近他的养女,他正是对她实施了犯罪,法官作为回报对他判处缓刑。G 在判决变更的 28 天的期间内违反诺言并不是"取消缓刑"的充分理由。

一旦第 155 条中确定的期间届满，皇室法院就没有权力变更或者取消其判决。因此，在相应期间外作出的没收罪犯携带用以实施毒品犯罪的钱的命令被上议院取消，因为增加没收令构成了对判决的变更，必须在法律规定的期间内作出（Menocal [1980] AC 598）。类似地，变更的期间也不能通过在 28 天的期间内取消原来的判决，然后在 28 天届满后再通过一个新的判决这种方式来延长（Stilwell (1991) 94 Cr App R 65）。

治安法院在处理罪犯时也可以变更或者撤销判决或其他命令：《1980 年治安法院令》第 142（1）条。在治安法院已经对某一被指控者定罪，但审判案件的治安法官对自己决定的正确性有怀疑时，也适用类似的条款（见第 9.7.5 节）。

20.7 延期判决

为罪犯做减免辩护的律师经常会代表他作出乐观的或者夸大其词的主张。如果法院能给予一个机会（即不将其送至监狱），他的当事人会停止犯罪，安定下来，从事一份稳定的工作，和他的女朋友结婚并对他过去犯罪的被害人作出完全的补偿。以前可能已经无数次听过这种主张并且从后来发生的事情看来并不是这样，法院不能相信律师的主张，但无论如何总是感觉罪犯应当有一个机会证明自己。时间会显示他能否做到基于他利益作出的许诺。为了给他这个时间，法院可能会延期对他进行判决。

PCC (S) A 2000 第 1 条授权皇室法院和治安法院可以对一个罪犯延期作出判决，可延长至六个月，这样当法院最终决定要判处何种刑罚时，它可以考虑（1）罪犯被宣告有罪后的行为，和（2）他所处环境的任何变化。定罪后的行为被明示地包括在适当的时候对罪行作出补偿。根据第 1 条作出的延期总是附条件的，罪犯要表示同意，并且除了受下面将解释的一个例外的限制之外，每个案件不能超过一次。另外，当法

第 20 章　量刑前的程序

院延期判决时，判决最好能在法院指定的日期被实际地通过。然而，如果法院不能在那一天处置罪犯，它并不就此丧失对判决的管辖权（例如，因为法官将案件预留给自己但他在相应日期没有时间，或者因为罪犯未能出庭，或者因为必要的报告未能准备好）——见 Ingle［1974］3 All ER 811 及 Anderson (1983) 78 Cr App R 251 案。在后一案件中，判决原本是延期五个月，但是 A 因为一系列的事故直到延期七个月之后才被判决。尽管处于法定的六个月期间之外，上诉法院还是判定皇室法院的管辖权不受影响，虽然它实际选择通过的判决应当反映出犯罪的过时。延期之后，量刑法院可以用延期法院可以适用的任何方式处理罪犯：PCC（S）A 2000 第 2 条。

莱纳勋爵在他对 George［1984］1 WLR 1082 案的判决中，对延期判决的方法和程序进行了总结。向罪犯说明为什么判决被延期以及在延期的期间内对他的行为有什么要求，是延期法院的职责。很明显，会要求他不再实施其他犯罪，但他还可能被告知应当不外出和/或作出真正的努力以找到工作，或者应当接受缓刑官的建议和帮助，或者他应当省钱以对犯罪作出补偿，或者应当减少酒精的消费。但是告诉罪犯他必须到医院接受精神状况的治疗是不恰当的，因为这种对罪犯行为自由的限制应该通过要求治疗的医疗令或者缓刑令来科处，而不能是作为延期判决的间接结果：Skelton［1983］Crim LR 686 案。一般来说，当期望的被指控者行为可以确切地包括在社区改造令所附的要求中时，法院不应当延期判决（见第 23.2.1 节）。法院应当对延期的原因作出记录，而且最理想的是给罪犯一份复印件。当罪犯出庭等候量刑时，量刑法院就可以轻而易举地在最新报告的帮助下确定他是否"基本上遵守或者力图遵守延期法院对他的适当期望"。如果他遵守了，就不应当科以即时的监禁刑罚；如果没有，量刑法院应当准确地说明在哪些方面他没能做到（见大法官莱纳勋爵在 George 案第 1085 页所做的判决）。在延期期间实施其他犯罪可能导致同时对再次犯罪以及被延期的犯罪的羁押刑罚。但是仅仅不惹麻烦不一定能保证罪犯得到非羁押刑罚。因此在 Smith (1977) 64 Cr App R 116 案中，上诉法院支持了对数起入室抢劫案作出的十八个月的立即监禁的判决，因为事实是 S（有欺诈的不良记录）的判决已经被延期以观察他是否会（1）正常工作以及（2）减少饮酒。他一样也没有做到，所以他没有实施其他犯罪不足以使他免除牢狱之灾。反之，如果罪犯既改过自新又至少完成了大部分延期法院对他的要求，那么立即的羁押刑罚原则上是错误的（见 Smith（1979）1 Cr App R（S）339）。Aquilina（1990）11 Cr App R（S）431 案处理了罪犯被据称在延期期间实施了犯罪但这个宣称还没有被解决的情形。法院认为，这些犯罪不应当在任何方面对判决有影响，除非并且直到他就后来宣称的罪行被定罪。

要求法院对他们延期判决的理由做笔记的原因之一是量刑法院的人员组成可能与作出延期判决的法官或治安法官不同。但只要可能，决定延期的法官或者治安法官在通过判决时都应当尽量出席（Gurney [1974] Crim LR 472），并且在决定延期时代表罪犯的律师也应当尽量在判决出席（Ryan [1976] Crim LR 508）。

当判决被延期时，罪犯并不是被保释，而只是告知他必须在适当的日期来法院。如果他没能做到，可以对他签发传票或者逮捕令。如果罪犯在延期期间因再犯罪被定罪，作出延期的法院有权在罪犯在它面前出现时立即判处刑罚。作为一种替代方式，对再次犯罪宣告有罪的法院也可以对被延期的犯罪予以量刑，但治安法院不可以处理由皇室法院延期的案件。另外，皇室法院在处理由治安法院延期的事项时，其权力也限于治安法院处理罪犯应有的权力范围之内。

以上已经说过判决只可以延期一次。这一规则有一个例外，情况如下：治安法官行使其延期判决的权力后并不排除在罪犯出庭等候量刑时将其移交皇室法院处理。那时皇室法院也可以延期判决。

20.8　在治安法院量刑

本章中描述的量刑前程序本质上既可以适用于皇室法院也可以适用

第 20 章 量刑前的程序

于治安法院。因此,皇室法院法官和治安法官等必须被告知犯罪事实和有关罪犯前科的信息,之后他们阅读报告聆听辩解。类似地,诸如将其他犯罪考虑在内和延期判决的具体程序在高一级的和低一级的法院里也都是相同的。但在治安法院中,事件的整个过程更快,也比在皇室法院的非正式。具体地,罪犯的前科资料只是通过检察官向法院递交一份先前定罪的清单。另外,如果法院只是在处理道路交通事件,实践中的做法是不获取先前定罪的全部清单,而是基于机动车驾驶人执照上的背书作出判决。如果没有执照,就从位于斯旺西的驾驶员和机动车执照中心打印一份罪犯的驾驶记录。

治安法官在与皇室法院法官相同的情形下要举行 Newton 听审。如果罪犯被移送至皇室法院量刑(见第 11 章)而对他据以被移送的案件事实有争议时怎么办?哪一个法院应当举行 Newton 听审:皇室法院还是治安法院?在 Munroe v Crown Prosecution Service [1988] Crim LR 823 案中,地区法院判决:

(1) 如果争议是在治安法官面前提出来的,那么治安法官应当举行 Newton 听审,并且如果他们决定移送,那么必须确保通知皇室法院他们所发现的事实。皇室法院应当在这个基础上作出判决,且不允许争议再起。

(2) 如果争议是在皇室法院被首次提出,那么皇室法院应当举行 Newton 听审。

(3) 如果对争议是否在治安法官面前提起过存在疑问时,那么皇室法院可以自己解决,也可以自由裁量地将它发还给治安法院。

Munroe 案中所说的内容现在可以参照 Warley Magistrates' Court ex p DPP [1998] 2 Cr App R 307 案(见 11.2.1 节)。如果治安法官认为他们无论如何会将案件移送皇室法院判决,那么他们就不应当举行 Newton 听审,而是应当将它留给皇室法院。如果 Newton 听审的结果对他们决定是否移交量刑具有重要性时,那么治安法官必须举行听审。因此仍然有可能案件最终在皇室法院,但治安法院举行 Newton 听审。

第 21 章　决定刑罚

第 20 章讨论了在通过刑罚之前法院应当遵循的程序。量刑者因此应当拥有据以决定刑罚的信息。这一决定涉及在一系列选项中作出一个选择。任何一个具体的案件，选择的范围都会部分地由犯罪的情形（例如是否是可监禁的和法律规定的最高刑）和罪犯的情况（例如他的年龄）来决定。但通常量刑者在处理案件时都有相当大的选择可能性。第 22 章和第 23 章会讨论刑罚的各种选择。虽然无意穷尽，但这些选择包括（大致以严厉性递增）：

（1）彻底或有条件的释放，

（2）罚款，

（3）监管令，

（4）出席中心令，

（5）宵禁令，

（6）社区改造令，

（7）社区惩罚令，

（8）缓期刑罚，

（9）即时监禁刑罚。

第 21 章 决定刑罚

如上提及，犯罪的性质和罪犯的特征对量刑者必须在各项选项中选择的自由施加了一定的限制。另外，《1991 年刑事司法法》规定的立法框架，目前由《2000 年刑事法院（量刑）权力法》加以巩固，确立了决定的标准，例如量刑者是否可以通过监禁刑罚。第 21.1 节详述了这一立法框架。

在这一立法框架中，法院的决定为法院决定可能科处的刑罚（与它有权科处的刑罚这一问题不同）提供了进一步指引。但在考虑法院可以获取的指引时有几点必须牢记。

在通过判决时，法官并不总是给出原因，并且即使他们给出了理由，他们也必须使这些理由简洁易懂，以便罪犯可以完全地理解对他说的内容。因此，必须从上诉法院处理对刑罚的上诉时所做的决定中，而不是从量刑法官他们自己的措辞中去得出规范量刑程序的原则。

但应当强调的是先例在量刑中只起到相对小的作用。这是因为三个原因。首先，每一个案件都要依靠其自身事实这一真理在量刑这个情境中再真实不过。没有两名罪犯和两项犯罪是完全相同的，不管它们之间有什么相似之处。因此，如果法官被告知上诉法院在可比较的案件中的决定时，只要他愿意总是可以发现它们之间不同的理由。事实上，律师在辩解时引用案件的情况相对罕见。他甚至不会建议一个确切的判决，而只会为某一类型的刑罚争辩。例如，他可能说："如果此项犯罪如此严重以致必须要求监禁判决，那么判决应当是缓刑而不是即时的"，或者"考虑到我的当事人的先前良好的品行和固定收入，案件可以通过罚款被适当地解决"，但他不可能说在 X 的案件中上诉法院将五年的监禁削减到三年，因而由于本案比 X 的案件较轻，适当的判决应当是两年。这种论辩更可能在上诉法院而不是在量刑法官面前的减免申请中被使用。其次，上诉法院不会试图事先对某一具体案件规定一个恰当的刑罚。相反，大人们允许皇室法院法官享有广泛的自由裁量权，并且一般只在当刑罚与任何减免情节联系起来考虑时仍处于与犯罪严重程度相符的刑罚范围之外时，才会干涉以减轻刑罚。最后，在《1988 年刑事司法法》第 35 条和第 36 条通过之前，没有任何程序适合允许上诉法院宣布量刑过轻。情况仍然是如果辩方上诉，上诉法院无权增加刑罚，虽然法官大人们在某些场合的确宣称如果是他们在皇室法院开庭，他们会选择适用更严厉的惩罚。

尽管有这些限制以及制定法层面的重要性的增长，上诉法院的决定报告仍然对法官在作出或应当作出决定时提供了有益的指引。尽管上文指出了辩方律师不愿在皇室法院引用权威判例，但上诉法院中新近的趋势是鼓励初审法官在决定刑罚时使用权威判例（John［1994］Crim LR 537）。有一些资料来源可以协助法院和出庭的律师。还有一系列完全由量刑上诉组成的报告：《刑事上诉报告（量刑）》被引用为 Cr App R (S)。《刑事法评论》每月出版量刑决定的报告。《布莱克斯通刑事实践》包括关于量刑的一个重要部分（第五部分），并在被讨论的犯罪中（第二及第三部分）探讨一些指导性案件，其中包括上诉法院对具体犯罪的量刑观点。依据大百科全书《当前量刑实践》中的主题分类，上诉法院的大量决定被收集整理。

21.1 羁押和社区刑罚的阈限

《1991年刑事司法法》规定了量刑者在作出以下决定时必须考虑的标准：

(1) 是否科处社区刑罚；和

(2) 是否科处羁押刑罚。

这些条款最好被视为阈限。换言之，量刑者必须考虑罪犯是否越过了社区刑罚，或者视情况而定，羁押刑罚的阈限。

根据 PCC（S）A 2000 第 35 条，"除非法院的观点是犯罪，或者和与其相关的一项或更多罪行结合后严重到足以保证这样的判决"，否则法院不应当通过社区刑罚。

就羁押刑罚而言，情形稍微复杂一些，因为法院必须为此种判决找到两个替代性正当理由中的一个。根据第 79 条，这种刑罚可以科处，

第21章 决定刑罚

如果：

(1) 犯罪（如果必要，与相关的一项或更多的罪行结合）如此严重，以至于只有羁押刑罚才具有正当性；或者

(2) 犯罪是暴力或者性犯罪，且只有羁押刑罚才能适当地保护公众不受罪犯的危害。

这些标准（见21.2节和21.3节）与罪行结合这一相关概念（21.4节）将在下文中予以更详细的探讨。这些条款的总体效果是创设了一个量刑级别的等级。最低级是释放（无论是绝对的或者是有条件的）。紧接着的是罚款。科处这些相对不那么严重的刑罚时不需要满足特定的条件，虽然也当然存在法院在决定，例如罚金的数量时应当考虑的事项（见第23章）。更高的一个级别是社区令。只有法院认为犯罪太严重以至于不能经济处罚时，才可以科处社区令。在最高的级别中是不同形式的羁押刑罚。法院必须再次决定罪犯是否超越了羁押的阈限，同时适用犯罪严重程度和公众保护的选择性标准。

确定一个级别至另一个级别的标准暗示量刑的首要目标是相当性。过去，量刑者能够从一系列的量刑目标中选择，诸如威慑、报复、预防和改造。实践中，应当说这一范围很少由法院在通过判决时明示地说明，量刑者在作出决定的程序中是否一直将这些目标牢记在心也只能是臆测而已。无论如何，现在的制定法条款实际上决定了量刑的首要目的应当是给予罪犯与犯罪成比例的惩罚。不过第79条在涉及暴力和性犯罪时保留了预防的功能（在公众保护的名义下）。而且，上诉法院对"犯罪严重程度"的概念的解释也允许量刑者考虑威慑这一目的（Cunningham (1993) 14 Cr App R (S) 444）。另外，与各种社区令相关，相当性的要求并没有完全排除法院寻求对罪犯予以改造。制定法条款的主线似乎是社区令应当既与罪行成比例（尤其是它们科处的限制方面），又要适合于个体的罪犯。尽管有这些特征，广义上还是可以说法院在量刑时必须以相当性作为其首要目的。

21.2 罪行的严重性

在决定是否可以通过社区刑罚时，唯一的标准是罪行的严重性。另外，罪行的严重性是羁押刑罚的首要标准，虽然在这种情况下量刑者在暴力或者性犯罪时依赖保护公众的需要作为羁押刑罚的一种替代的正当理由。犯罪严重性在决定羁押刑罚的长度时又是一个决定性的因素（见22.6节）。它在确定罚金数额时也作用突出（见23.13节）。

那么，一项罪行是否是严重的罪行对量刑者来说显然是一个至关重要的问题。实际上涉及了两个问题：

(1) 在决定罪行是否为严重时，适用的检验标准是什么？

(2) 在决定罪行是否为严重时，法院应当考虑哪些材料？

就第(1)点而言，上诉法院已经就关于应当适用的检验标准提供了一些指导。在 Cox [1993] 1 WLR 188 案中，据说用于满足严重性的标准是："那种使所有思维正常的公众成员在知晓所有事实的情况下，认为如果通过除羁押刑罚之外的任何刑罚，正义都没有被实现……的犯罪。"在 Howells [1998] Crim LR 836 案中，人们认识到"思维正常的公众成员"这一检验标准帮助不大，因为法院有一种天然的倾向去假设它自己的观点反映了争论中的公众成员的观点。因此在 Howells 案中上诉法院（大法官宾汉勋爵）指出了影响犯罪严重性的一些因素，量刑者在解决处于或者接近羁押阈限的案件中应当牢记，包括下列几点：

(i) 被告人犯罪意图的性质和范围；

(ii) 对被害人造成的任何伤害或损害的性质和范围；

(iii) 犯罪是预谋的还是随机的；

(vi) 罪犯受到的任何挑衅；

(v) 被害人遭受的任何身体伤害或精神创伤，尤其是永久性的（这样一个特征通常会使犯罪比仅导致经济损失的犯罪更严重）；

(vi) 罪犯的任何先前定罪和任何未能对先前的刑罚作出反应；

(vii) 犯罪是否以保释被移交。

大法官接着指出了与罪犯有关的减免情节（又见 21.5 节），并称对临界点案件决定是否科处羁押刑罚时一般应当考虑下列事项：

(i) 罪犯对犯罪责任的承认，尤其是在较早地答辩有罪和伴有真诚悔过的有力证据中得到反应（例如，对被害人表达歉意并提供赔偿）；

(ii) 当犯罪是由于对饮酒或毒品上瘾而诱发的，戒除毒瘾或酒瘾的真诚的自发决定通过采取切实的步骤向这一方向努力得到证明；

(iii) 年轻和不成熟；

(iv) 先前的良好品行；

(v) 家庭责任；

(vi) 身体或精神障碍；

(vii) 罪犯之前未服过羁押刑罚的事实。

根据 Cunningham（1993）14 Cr App R（S）444 案，在决定犯罪的严重程度时，考虑威慑是合法的。另外，犯罪的流行在决定适当的刑罚时是一个相关的因素，虽然上诉法院也明确指出制定法条款禁止添加任何额外的要素以对罪犯杀一儆百。

实际上，上诉法院在实践中已经将羁押刑罚的严重性阈限设在一个非常低的水平上。在 Fenton（1994）15 Cr App R（S）682 案中，羁押刑罚被判定适合于普通攻击，当时罪犯在一次机动车争执中推了被害人的胸口，因为这种争执的危险性正在上升。在 McCormick（1994）15 Cr App R（S）134 案中，偷窃和携带工具偷窃罪行被认为羁押刑罚是适当的，尽管要求所涉的价值很低（15 英镑），因为这涉及违反信任。另一方面，在 Tetteh（1994）15 Cr App R（S）46 案中，进入一家饮料店进行偷窃就被判定为不具有只有羁押刑罚才具有正当性的严重程度——这是一次非家庭的入室行窃，没有拿走任何东西，而且犯罪是没有计划和机会性的。在 Bond（1994）15 Cr App R（S）430 案中，从超市中偷窃腌制肉排（价值 3.50 英镑）被认定没有通过严重性测试。类似地，在 Elder（1994）15 Cr App R（S）514 案中，一项进口 200 克大麻和 700 克植物大麻的犯罪被判定不具有只有羁押才是正当的所要求的严重程度。

当我们讨论第（2）点——法院应当考虑的材料——时，那么制定法在以下方面有着直接的帮助：

（i）一定情况下，法院必须获得并考虑量刑前报告（PCC（S）A，2000第36条和第81条，并见20.3节）。

（ii）只要在判定罪行的严重程度时，法院就必须考虑它能获得的与犯罪情形有关的所有信息，包括任何加重或减免的因素（PCC（S）A，2000，第84（4）（a）条）。（注意，法院另外还可以考虑它在减免请求中认为相关的任何事项（PCC（S）A，2000第158（1）条）。因此，它不限于与犯罪严重程度相关的事项，而是可以考虑与罪犯相关的事项，至少至此是有利于减免而不是加重的事项，例如，他努力补偿：更多细节见21.5节。）

（iii）根据PCC（S）A，2000第151（1）条，法院在考虑当前犯罪的严重性时，可以考虑先前的定罪和未能对先前判决作出回应。这一条款将在21.5.4节中进一步讨论。

（iv）PCC（S）A，2000第151（2）条规定法院应当将犯罪发生在保释期间这一事实作为加重情节来对待——因此加重了它的严重性。原因似乎是罪犯在保释期间实施犯罪违背了法院对他的信任。

21.3 保护公众

虽然量刑者的首要目标必须是相当性，但对公众的保护在作出决定时也是关键的一个因素。法院在形成羁押刑罚是合理的观点时，作为罪行严重性的一个替代的理由，可以依赖PCC（S）A，2000第79（2）（b）条：

如果犯罪是暴力或者性犯罪时，只有这样一个判决才能适当地保护公众免受来自他的危害。

第80（2）（b）条包含了一个类似的公式，授权法院在决定羁押刑

第21章 决定刑罚

罚的长度时将公众的保护考虑在内。

从法令采用的措辞可以清楚地看出，保护公众免受的伤害来自罪犯本人（"来自他"），而不是来自其他可能实施类似犯罪的人，除非知道将要对该罪犯发生什么而作出警告。换句话说，公众保护标准可以用以阻止该罪犯再犯，但不能威慑其他人（见 Jacobs（1989）11 Cr App R（S）171 案，此案系根据 CJA 1982 中对年轻罪犯的对应条款来决定的，而此法令现在已被 PCC（S）A，2000 中更全面的方案包含）。

犯罪必须是"暴力或者性犯罪"才能使用公众保护的理由。根据 PCC（S）A，2000 第 161（1）条，暴力犯罪是一项"导致、或者意欲或可能导致"死亡或身体伤害的犯罪。纵火被认为是一种暴力犯罪，无论它是否属于这一定义的范围。除了纵火以外的案件，为了决定讨论中的犯罪是否是暴力犯罪，量刑者必须根据事实。由此可知抢劫罪根据具体的情形可能属于或不属于第 161（1）条调整的范围。在 Chapman（1994）15 Cr App R（S）844 案中，上诉法院毫不意外地裁定一项涉及开枪的抢劫是暴力犯罪，因为它可能导致身体伤害。在 Bibby（1995）16 Cr App R（S）127 案中，抢劫者用小刀威胁建筑协会人员，但并没有导致或者意欲导致身体伤害。上诉法院裁定这不是第 31（1）条的暴力犯罪。在 Khan（1995）15 Cr App R（S）382 案中，在抢劫过程中携带未上膛的枪被裁定不构成暴力犯罪。在 Palin（1995）16 Cr App R（S）888 案中，对关于仿制枪支也得出了同样的结论。

因为对定义的这部分要求的伤害必须是身体的，因此在 Richart（1995）16 Cr App R（S）977 案中威胁杀人被裁定不属于这一范畴。

其他一些案件则转向伤害危险的程度这一问题。Cochrane（1994）15 Cr App R（S）382 案认为必须存在身体伤害的重大危险，但这并不意味着这种伤害必须是犯罪必需的或者可能的后果。很清楚，伤害必须是身体的，而非精神的，因此单独的震惊并不充分（Robinson（1994）14 Cr App R（S）448）。

"性犯罪"通过提供一个该定义范围内的制定法上的罪行清单被定义。总之，它包括强奸、较严重的鸡奸、乱伦、与未成年女性发生性关系、猥亵攻击、拍摄儿童的淫秽照片、强奸意图的入室偷窃，还有同谋、企图和教唆实施这些犯罪中的任何一项罪行。

只有法院的观点认为罪犯对公众形成了"严重伤害"的危险时，才能考虑公众保护的标准。根据第161条，"严重伤害"由"无论是身体的还是心理的死亡或严重的人身伤害"组成。现在要讨论的不是罪犯将实施的进一步犯罪的危险的严重性，而是如果他这么做公众将遭受严重伤害的危险（见 Birch (1989) 11 Cr App R (S) 202 案，基于《1983年精神健康法》第41条的类推条款）。即使一个个人或者一小群人需要保护，检验标准中的"公众"因素也能得到满足（Hashi (1994) 16 Cr App R (S) 121)。"严重损害"要求明示地包括了身体的和心理的伤害（与"暴力犯罪"概念不同，如上所释，它排除心理伤害）。而且，在决定对公众的危害是否"严重"时，法院可以考虑具体的潜在被害人、例如儿童的易受伤害性（Bowler (1994) 15 Cr App R (S) 78）。

量刑者在考虑是否援引第1(2)(b)条应当通知律师（Baverstock (1992) 14 Cr App R (S) 471）。如果必要还应当举行 Newton 听审（见20.1节），以建立量刑所必需的事实基础（Oudkerk [1994] Crim LR 700）。

21.4 罪行结合

如果罪犯以两项或两项以上犯罪被量刑，法院该如何处理？法院在决定案件是否超越了应当判处羁押（PCC（S）A2000 第79（2）（a）或者社区刑罚（第35（1）条）的最低严重程度时，它可以考虑"罪行、或者罪行与和它有关联的一项或者以上的其他罪行的结合"。

因此，量刑者可以将一系列轻微犯罪集中在一起并决定一旦将它们一起考虑，是否该被判处羁押（或者社区刑罚）。但要这么做，这些罪行必须是"关联的"。第161条规定了罪行是关联的，如果：

（1）罪犯在同一诉讼程序中被宣告有罪（有罪答辩等同于宣告有

第 21 章 决定刑罚

罪);

(2) 罪犯因这些犯罪在同一时间被量刑;或者

(3) 罪犯因一项犯罪被定罪并请求将其他一项或者多项犯罪考虑在内。

如果法院已决定判处羁押刑罚,它能否可以为决定刑罚的适当长度而将数项罪行结合呢?这一次,答案包括在 PCC(S) A 2000 第 80(2)(a) 条中,它规定法院在决定刑罚的期间时可以考虑"犯罪与一项或以上与之相关的犯罪的结合"。这里"相关的"犯罪的含义也包括在第 161 条中。

但是有一些犯罪不属于"相关的犯罪"这一范畴,例如被判处了缓期刑罚的一项早前的犯罪,现在罪犯违反了这一判决:Crawford (1993) 98 Cr App R 297。类似地,罪犯因被描述为"样本罪状"的数项指控被定罪,在起诉书中没有出现或者没有被正式考虑在内的罪行不是相关联的罪行:Clark [1996] Cr App R (S) 351。

此原则运作的方式在 Clugston (1992) 13 Cr App R (S) 165 案中得到了例证。此案采用的方法与现行的制定法规则相一致,虽然它早于制定法规则。C 通过欺骗的方式在 100 次每次价值 50 英镑的交易中获得了 5 000 英镑。法院将罪行结合并判处了三年的监禁刑罚,上诉维持了此项判决。只有通过将这些犯罪集合起来才使得刑罚的严厉性具有正当性。

当罪犯因数项犯罪被判决时,存在着总刑罚与罪犯所作所为的总体严重程度不相称的危险。为避免这一结果,"总体性原则"应运而生。这一原则要求法院对与犯罪的总体性和对其他犯罪的刑罚级别有关的整体刑罚加以考虑。因此,仅仅进行算术计算,然后对数项盗窃犯罪通过一项超过单独犯罪,例如说强奸的刑罚,显然是错误的。这一量刑原则现在在 PCC (S) A 2000 第 158(2)(b) 条中有了制定法的表达,该条款规定,"任何情况都不能阻止法院……在罪犯因一项或数项罪行被定罪的情况下通过适用与刑罚的总体性有关的法律规则,减免对他的刑罚"。

21.5 减免的重要性

本章中已经指出了减免对于罪犯本人的一些潜在效果。下面的几节将首先讨论影响法院对减免(以及它的反面,加重)加以考虑的制定法因素,然后讨论四种最普遍的减免情节。

21.5.1 制定法框架

PCC(S)A 2000 提及了若干减免的因素,通常是与加重情节一起提出的:

(1) 在判处羁押刑罚之前,法院必须"考虑所有可以获得的与犯罪情形有关的此类信息(包括任何加重或减免的因素)"(第81(4)(a)条)。

(2) 在决定判处社区刑罚时存在相似的要求(第36(1)条)。

(3) 考虑任何羁押刑罚的长度时,负有同样的义务(第81(4)(a)条)。

(4) 以上几点需与第158(1)条同时考虑,该条规定法案中相关部分中没有任何内容"可以阻止法院通过考虑任何在它的观点看来与减免有关的事项,对罪犯作出减免处罚"。

看起来,在(1)、(2)、(3)点中总结的条款之间存在一些区别,而另一方面,第(4)点指的是运作的方式。在估计第(1)、(2)和(3)点的情形时,法院是审查影响罪行严重性的因素。它有义务考虑这些因素。它的责任范围包括减免情节(例如,挑衅、出于冲动而非预谋行事、在整个事件中只起到辅助性作用)和加重情节(例如,滥用信任、无理由的暴力、被窃的无法追回的财物的高昂价值)。

但158(1)条具有很大的不同(见上述第(4)点)。它包括法院在决定判处羁押刑罚还是社区刑罚,以及决定它的长度时可能希望考虑的除犯罪严重性之外的事项。它允许只考虑减免情节。它给予法院在希望考虑这些因素时对其进行考虑的自由裁量权。尽管采取了这种自由裁量的形式，但法院仍被认为应当继续考虑他们过去已经考虑的与罪犯个人情形相关的一系列因素。另外，未能做到这些，在适当的案件中无疑是提供了上诉的有力根据。以下各节将讨论最常被辩方作为良好减免情节的四种理由。

应当牢记的一个要点是，即使罪行已经超越了羁押的阈限，但诸如以下列出的个人减免情节可能将罪犯从监禁的门槛中拉回来而只接受非羁押刑罚：Cox［1993］1 WLR 188。

21.5.2 答辩有罪

法官不能因为被指控者答辩无罪而增加他通过的刑罚，即使他认为被指控者在他的辩护中给出证据时犯有伪证罪（Quinn（1932）23 Cr App R 196）。他也不能因为辩护的性质涉及对案件中的警官的严重指控（Skone（1967）51 Cr App R 165），或者通过答辩无罪，被指控者强迫控方传唤那些被认为给出证据时尤其痛苦或甚至受伤害的证人（例如，性犯罪中的儿童证人）而增加刑罚。但这一原则有点不真实，因为如果法官没有实际地说出他因为无罪答辩而加重了判决，但他可以事实上通过一个比他否则可能科处的更严厉的刑罚。而且，有罪答辩会获得比无罪答辩后定罪更轻的判决，是一条根基稳固的普通法原则（Cain［1976］QB 496），并且如果被指控者在决定其答辩之前不知道这一点，应当由他的律师告知他。换句话说，有罪答辩是减轻刑罚的一个绝佳原因，但无罪答辩并非增加刑罚的理由。实用主义可能是将有罪答辩视为减免理由的主要原因。如果每一个被指控者都答辩无罪，法律体系将无法处理所产生的额外工作量。如果答辩有罪将一无所获，被告人为什么要放弃无罪的机会，哪怕多么渺茫？因此，通过在判决中打一个折扣，有罪者被鼓励答辩有罪。在减免辩解中，律师可以说通过答辩有罪并不浪费法院的时间，罪犯显示出对过去的追悔和将来改过的决心。法官可能怀疑罪犯仅仅是因为被捕才感到后悔，但多少缩短一些他的刑期是对每个人都有利的事情。这一点即使是在证据非常强势，以致罪犯如果否认指控根本就没有任何机会获得无罪的情况下也适用（见 Davis (1980) 2 Cr App R (S) 168）。

应该给予有罪答辩折扣的普通法原则，现在通过 PCC (S) A 2000 第 152 条得到了制定法的支持。该条款规定了罪犯答辩有罪时给予刑罚的决定。它指出：

法院应当考虑——

(1) 罪犯指出他有意答辩有罪的诉讼阶段，和

(2) 此指示给出的情形。

在 Howells [1998] Crim LR 836 案中，大法官宾汉勋爵明确地指出，量刑者在决定是否超过了羁押的阈限时应当考虑："罪犯对犯罪责任的承认，尤其是在最早的时机作出的有罪答辩中得到反映，并由证明其真诚悔过的有力证据支持，（例如）通过对被害人表示悔过并提出赔偿得到说明。"

有罪答辩作出的时间越早折扣越大这一原则，起源于上诉法院的决定，例如在 Hollington (1985) 7 Cr App R (S) 364 案中，劳顿法官在第 367 页中说：

357

本庭早就说过对刑罚的折扣是合适的，但是任何事情都有赖于个案的情况。如果一个人被捕后立即告诉警察他是有罪的并且与警方合作追回财物并辨认犯罪中涉及的其他人，他可以期待得到很大的折扣。但是如果一个人是在他不能希望提出无罪答辩的情形中被捕的，他不可能期待通过折扣的方式得到太多。在这两者之间还有一种案件，即法院已经因为战术性的答辩面临着很多的麻烦。在这种情况下越早认识到被告人通过答辩有罪将不能得到完全的折扣，对司法的执行就越好。

在 Rafferty [1998] 2 Cr App R (S) 449 案中，上诉法院强调，被告人对于可任意方式审判的罪行能够答辩有罪的最早阶段是在治安法院的审判前请求听审。如果他答辩有罪，通常他可以比一个一直耽误到在皇室法院对起诉书进行答辩时，例如在答辩过程中和指令听审时才答辩有罪的人得到更大的折扣。

因为有罪答辩而应当被减少的刑罚幅度,没有一个精确的百分比。上诉法院的案件显示,高至三分之一的监禁刑罚被减免,大约是正确的(见,例如,Buffery (1992) 14 Cr App R (S) 511)。治安法院协会(1997)发布的《量刑指南》称,"及时的有罪答辩可能导致多达三分之一的量刑折扣,但具体的折扣量取决于个案的事实,在最后一刻才答辩有罪可能只会得到最小的减少"。根据相关的制定法条款,当罪犯在程序中较晚的阶段才指出他有意答辩有罪,折扣应当更少(第 152(1)条)。其他可能减少的情况包括如果罪犯否认指控(见 Davis (1980) 2 Cr App R (S) 168 和 Morris (1988) 10 Cr App R (S) 216),或者如果他坚持举行 Newton 听审,大多数的控方证据届时被传唤且他对犯罪事实的说法不被相信,他只有极渺茫的无罪释放机会的案件。

对第 152(1)条的运行还应当说明两点。第一,分级折扣不仅适用于缩短监禁刑罚的长度,而且适用于非监禁刑罚,例如减少罚金的数量。第二,由于制定法提到刑罚要比否则的话"更轻",因此及时的有罪答辩可能导致,例如说,社区刑罚而非监禁刑罚。但它不应当导致对监禁刑罚的缓期执行,因为它不能构成缓期刑罚所必需的"特殊情况"(Okinikan [1993] 1 WLR 173,又见 22.9.1 节)。

21.5.3 与警察合作

在不拒捕和在警署坦诚地供认犯罪的意义上,与警方合作是很好的减免理由,虽然这可能不会为早期的有罪答辩的效果增加太多。向控方提供不利于其同谋者的证据,在此意义上的合作应当使刑罚有相当的减少(罪犯在为皇家检察官作证之前或之后是否被量刑的讨论,见 16.3.1 节)。那些给出导致其大批共犯被定罪的信息和/或证据的罪犯,可以获得更大幅度地减少。Lowe (1977) 66 Cr App R 122 案证明了这一点。L 因抢劫车库和拥有一把锯短了的枪的指控被逮捕。他提出"告诉警方所有事情"并且信守诺言。他作出的供述中承认实施了 91 项犯罪,其中包括 15 次抢劫(一些是武装的),11 次共谋抢劫和 31 次入室行窃。更重要的是,他牵涉到其他 45 人,其中的很多被逮捕并被指控。

负责侦查的警官告知上诉法院,由于 L 的信息警方正在清除整个伦敦东端地区大多数的恶劣犯罪团伙。L 的信息还使得警方追回价值不少于 40 万英镑被盗的财物。L 仅被指控总共 12 项犯罪,但这其中包括有关他的最严重的犯罪(抢劫超过 1 000 箱的威士忌)。皇室法院法官为此判决他十年监禁,与其他罪状的刑罚同时执行,并判处十八个月的缓期刑罚,与这十年监禁连续执行,使得总刑期为十一年半。上诉法院将总判决减为五年。只有通过像 L 给出的此类信息才能粉碎犯罪团伙。卷入团伙犯罪活动中的犯罪分子被鼓励协助警方是符合公众利益的。只有在判决中对像 L 这样的人给予信任,其他人才会主动响应。据此,L 受到了比他实施的犯罪应得的低得多的刑罚。"线人"的刑罚应减少的幅度取决于所承认罪行的刑事性,以及基于他给予警方的帮助(Rose(1980)71 Cr App R 296)。

上述原则由大法官在 King(1985)7 Cr App R(S)227 案中进行了重述,他同时指出给予警察真正的实质性帮助的罪犯,包括给出名字,与给出名字的人对质或针对他们给出证据,有权得到少于普通刑罚 1/2~2/3 的刑罚。其他的案件表明,相当的减轻幅度也可以在更轻微的案件中作出,这些案件既不是罪犯被量刑的犯罪,也不是他给出证据或信息属于第一级别严重性的案件(见 Wood[1987]Crim. LR 715 and Thomas(1985)7 Cr App R(S)95)。

21.5.4 良好的品行

传统地,法院将罪犯以前的良好品行视为极好的减免理由。由来已久的法院量刑政策,受上诉法院决定的支持的,是要对初次犯罪的罪犯宽大为怀。

初次犯罪的人被宽大处理的例子不胜枚举,但三个足以说明问题。在 Ward(1981)3 Cr App R(S)350 案中,W(29 岁,性格腼腆孤僻,与父母同住且对父母有很大帮助)对偷窃价值 6 000 英镑的电气设备答辩有罪,这些设备是他在受一家保安公司雇用期间本应由他看守的。尽管有明显违背信任的加重情节而且所涉及的财物数量并非微不足道，上诉法院还是将他的刑罚从十二个月减至三个月。在 Czechak [1983] Crim LR 340 案中，国家企业联合的一名会计官员四年间从他的雇主处偷窃了 68 000 英镑，并用做假账的方式掩饰其行为。他原本的四年刑期被减半，而余下的一半又被缓期执行（就是说，只剩下一年的刑期要立即执行）。最后，在 Haley (1983) 5 Cr App R (S) 9 案中，一个"温和的、不冒犯他人的且不引人注意的人"被他妻子与另外一人有染的念头困扰。他来到后者的住处并在其背后和胸部捅了四刀。虽然被害人幸运地完全康复，他本来可能轻易地被杀死。上诉法院决定正确的刑罚是监禁十八个月，其中九个月被缓期执行。在这三个案件中，每一个上诉人都没有先前的定罪经历。

罪犯没有任何先前定罪的论点的一种变更形式是他之前没有因犯与被定罪的犯罪同类的犯罪被定罪。例如，律师在减免申请时可以说虽然他的当事人有琐碎的不诚实的记录，但他没有暴力的历史纪录，因此相对他将被判决的攻击而言，他应当被视为具有良好品行的人。另外一种论点是当前犯罪与上一次犯罪之间有相当大的距离，显示出罪犯已经作出真正的努力"改过自新"。因此在 Canfield (1982) 4 Cr App R (S) 94 案中，对一次拙劣的企图从一个社团俱乐部入室行窃的九个月判决被替代为社区服务。C（32 岁）在 1967 年至 1976 年间有令人咋舌的入室行窃记录，但自从 1977 年他被从监狱释放后就改变了生活方式，找到了一份工作并结了婚。除了一些道路交通事件（这导致他丧失了工作），这是他自 1977 年以来首次卷入麻烦。五年的良好行为使他免于再次监禁。

以上陈述的普通法原则被描述为"减免的逐步丧失"。罪犯被认为开始时有良好品行的足够信用。这一信用因为他或她被定罪的每一项犯罪而逐步减少。如果在犯罪之间有间歇，又可以积累一些信用，只有因后来的犯罪又使其减少。

PCC (S) A 2000 第 151 (1) 条支持了这一原则：

> 在考虑任何犯罪的严重性时，法院应当考虑罪犯的任何先前定罪或者他未能对先前判决作出回应。

如已指出（见 A. Ashworth and B. Gibson. *Altering the sentencing framework* [1994] Crim LR 104），制定法规则中没有提及先前定罪的情形（而只是定罪这一事实）。但在实践中，法院"应当识别与此目的相关的任何定罪，然后考虑它们在多大程度上影响当前犯罪的严重性"（The Magistrates' Association, Sentencing Guidelines (2000)）。因此性质类似的犯罪要比性质不同的犯罪对罪犯造成更严重的后果。

第 151 条还指出，法院在衡量犯罪的严重性时应当将罪犯未能对以前的刑罚作出回应考虑在内。目前，对如何诠释这一点还不清楚。措辞（"以前的刑罚"）似乎的确隐含了在适用该条款之前罪犯至少已被判决过两次。根据第 151（3）～（6）条，"刑罚"包括社区改造令和绝对的或者有条件的释放。显然法院可能因此，例如罪犯违反社区改造令而归咎于他，而且第 151 条授权法院可以因此视作犯罪的严重性被加剧。

在 Howells [1998] Crim LR 836 案中，大法官宾汉勋爵称宽恕一般应当惠及以前有良好品行的罪犯，如果有证据说明具有积极的良好品行（例如固定的雇用记录或者忠实履行家庭义务），要比仅仅没有先前定罪获得更多的宽恕。例如，这种"积极的良好品行"在 1999 年 1 月 27 日《泰晤士报》的 Clark（1999）案中被给予了有力的支持。上诉法院处理的一名罪犯，她在四个侄子侄女的父母去世后，在艰难的情况下将他们抚养成人，并参加了一系列社区和慈善活动。虽然她对两项做假账和一项通过欺骗获取财物答辩有罪，总共诈骗金额 18 000 英镑，但她六个月的监禁判决还是被减至七天。

21.5.5 年轻

罪犯的年轻是一个最重要的减免情节。如果一名年轻的罪犯被判处监禁，其长度可能会比 21 岁以上的罪犯接受的相应监禁刑罚要短。例如，在 Storey [1984] Crim LR 438 案中，对三名烧掉了他们学校的一部分并造成 37 万英镑损失的 16 岁罪犯判处的五年监禁被减至三年。上诉法院的理由是，虽然案件的特殊性质需要严厉的刑罚，但选择的刑期不应当那么长,以致"对像这样的年轻人来说[结局]看起来完全遥不可及"。再看年龄稍大一些的群体,案例显示对于严重的犯罪,处于十几岁的后期或者刚过二十的罪犯应当受到比成熟的罪犯受到的少25%左右的刑罚(例如,Paget(1982)4 Cr App R(S)399案——对在抢劫中杀害一名老人的刑罚从八年被减至六年,因为两名上诉人分别为19岁和20岁)。类似地,在Billan [1986] 1 WLR 349案中,大法官莱纳勋爵给出了有关年龄超过21岁被宣告强奸罪的罪犯应当判处的监禁刑刑期指南,指出尽管监禁刑是不可避免的,但在强奸者年龄为17~20岁的案件中,应当根据年龄相应地减少刑罚。

有一些权威的观点认为,年轻不只是在减少刑罚的长度上是关键的,在决定刑罚的类型上也是关键的(见,例如Seymour(1983)5 Cr App R(S)85案。该案中上诉法院在处理由年轻罪犯实施的某些类别的入室行窃罪时,敦促适用社区惩罚令而非监禁)。

第 22 章 羁押刑罚

本章和接下来的一章描述可供法院选择的量刑选项。具体刑罚的一般性质、它意欲指向的年龄群以及其科处中的任何限制都会得到解释。对治安法院权力和成人治安法院在处理未成年人时的权力的特殊限制,已经有所解释(见9.8、10.5.2、10.5.3和11.1节)。本章将集中于可以被描述为"羁押"的刑罚。它包括监禁(成年人的情况下),无论是立即的还是缓期的,以及针对不满21岁的人的相应刑罚。

在通过刑罚时,法院也有权力作出各种辅助的经济和财产令(例如,向控方支付费用的命令、向犯罪被害人赔偿的命令或将被盗物品归还其合法所有人的命令)。除赔偿令外,这些命令只能作为其他形式的刑罚或替代刑罚的命令的附加命令,因此它们不是独立的处理罪犯的方法。然而,从罪犯的角度来说,刑罚和辅助令之间的区别可能似乎是学术性的。他会将300英镑的罚金等同于100英镑罚金加上支付100英镑控方费用和赔偿100英镑的命令。换句话说,辅助令可能是给予罪犯的所有处置方式中的一个重要组成部分。这一点无疑会得到一名叫辛克莱尔的人的认同,他在因为与进口毒品有关的严重犯罪被定罪后被审判法官命令向控方支付1 000 000英镑(一百万英镑!)的费用(见 Maher,

Sinclair and others［1983］QB 784 和 27.2 节）。

22.1 监狱

　　监狱被划分为不同的类型。有开放式的和封闭式的监狱，也有地方性和训练性的监狱。封闭式监狱，正如它的名称中隐含的，有隔离的墙或栅栏和严格的周边防卫。囚犯在监狱内的行动多少受到严格的控制，并且在夜间要被关闭起来。住宿可能由传统的囚房组成。开放式监狱则拥有轻松得多的体制，安全防卫也依赖于定时的点名而非周边防卫和其他身体控制。只有十分之一的男囚犯（三分之一的女囚犯）被羁押在开放式监狱中。地方监狱收留还押等候审判或量刑的囚犯、被判处较短或者稍短刑期的罪犯，以及等候分配到合适的培训监狱的长刑期囚犯。地方监狱都是封闭性的，几乎总是位于靠近大量人口的中心，而且因为它们大都起源于维多利亚时代，通常都无法适应现代需求而声名狼藉。培训监狱可以是开放性的也可以是封闭性的，虽然大部分是封闭性的。它们意在提供比地方监狱更好的食宿标准、更好的工作设施和更多的娱乐机会。

　　封闭式培训监狱可以被细分为一小部分最大限度安全散布监狱，其中关押着最危险的囚犯，另外还有为较低危险囚犯提供的二级和三级监狱。罪犯在哪里服刑主要取决于刑期长度和分配给他的安全等级。如已经提到的，被判处较短刑期的囚犯（比如，少于六个月）可能会在地方监狱服完刑。一级囚犯是最危险的，他们被关押在散布监狱里。一些二级囚犯（下一安全级别）也会到散布监狱中去，尽管他们在那里所受的实际制约不像一级囚犯那样严格。其余的二级囚犯被关押在二级非散布培训监狱中。三级囚犯（那些不能信任在开放的条件下但又被认为不会决心企图逃跑的）去二级或者去三级培训监狱。四级囚犯有资格在开放的环境下被羁押，但他们是否会被如此关押要取决于包括开放监狱中是否有空间在内的其他一些事项。一个最初被划为较高危险等级的囚犯，随着其刑期的进展可能会被放入较低等级的人群，而且长期的囚犯常会被允许在开放环境下度过其刑期的最后几个月，以使他准备释放。相反，逃跑的四级囚犯会被重新划为二级或者三级囚犯。

皇家监狱主督察员的年度报告对监狱的状况是一份令人关注而且经常是发人深省的指引。近年来报告强调了三个连锁的问题。第一，监狱中缺乏空间。超过三分之一的囚犯（有时是和另外两个或三个囚犯）共用原本设计给一人使用的囚房。第二，大多数监狱建于上世纪，正处于毁坏之中。

第三，虽然《监狱规则》规定正在服刑的囚犯可以被要求每周工作数小时，但通常却很难提供工作，而且这些工作可能是令人厌烦的和重复性的。囚犯不能工作的结果是他们不仅在夜间被锁在房间里，而且白天的大部分时间也是如此。这个问题在地方监狱中尤其严重，在那里监狱警官需要陪同还押的囚犯去法院的任务意味着没有警官可以监督工作的囚犯。在有关刑事程序的书中，这些问题在法院对他们科处监禁刑罚的态度上有着特别的相关性。特别是，一些法官对监狱作为一种改造工具已经丧失信心，因而会尽可能的寻求羁押的替代方式。当所有的替代方式都不适合时，如果可能，监禁的刑期也是短期的（见 22.6.1 节）。

22.2　监禁的最低年龄

监禁判决的最低年龄是 21 岁：《2000 年刑事法院（量刑）权力法》（PCC（S）A）第 89 条。有关的考虑因素是罪犯在判决通过时的年龄，而不是犯罪实施时的年龄，或者如果罪犯被认定有罪或答辩有罪与判决通过的时间不同，甚至不是他被认定有罪或答辩有罪时的年龄。但应当注意的是，第 89 条仅仅禁止不足 21 岁时作出监禁判决——但并不是说一名年轻的罪犯无论在什么情况下都不能被拘押在监狱里。实际上，一小部分被判处拘押在年轻罪犯教养院的 17～20 岁的人是在监狱里服完整个或部分刑期的，但这并不能改变刑罚是拘押而非监禁的事实。

第 22 章　羁押刑罚

22.3　羁押刑罚的要求

在考虑判处羁押刑罚时，法院必须遵守一定的制定法要求。具体为：

（1）法院在没有给一名罪犯被合法代表的机会的情况下不应当对一名没有合法代表的罪犯通过第一次监禁判决（PCC（S）A 2000，第83条：细节见20.4节）。

（2）在通过羁押刑罚之前，法院必须确信基于 PCC（S）A 2000 第79（2）条确定的标准这是正当的。这些标准在 21.2 节（讨论了罪行严重性）和 21.3 节（讨论了暴力和性犯罪中公众保护）被讨论。

（3）为决定这些标准是否已经得到满足，法院在一定的情况下有义务"获取并考虑量刑前报告"（PCC（S）A 2000 第 81 条）。这些报告在 22.3.1 节中被讨论。

（4）除考虑量刑前报告外，法院还必须"考虑到所有它能够获取的诸如犯罪情形的信息（包括任何加重或减免的因素）"（PCC（S）A 2000 第 81（4）（a）条，在 21.5 节中已论及）。

（5）任何通过羁押刑罚的法院都必须说明其原因（PCC（S）A 2000 第 79（4）条：见 22.3.2 节）。

22.3.1　量刑前报告

如 20.3 节所提到的，对罪犯的报告常常在法院决定刑罚时起到重要的作用。法院在决定 PCC（S）A 2000 第 79（2）条规定的理由是否达到，以便可以正当地科处羁押刑罚时，它必须获取并考虑量刑前报告。在决定羁押刑罚的长度时，它也有类似的义务（第 81（1）条）。但是法院有权力无需量刑前报告，这根据罪犯的年龄而有所变化：

（1）在罪犯为 18 岁或 18 岁以上的情况下，在考虑羁押刑罚时，如果法院认为报告不必要时，获得量刑前报告的义务并不适用。

517

（2）当罪犯为 18 岁以下时，除非其中的一项犯罪是仅能以起诉书审判的犯罪或者存在法院已经考虑过的先前的量刑前报告，法院不能决定量刑前报告是不必要的（PCC（S）A 2000 第 81（3）条）。

总的效果是法院在罪犯为 18 岁或 18 岁以上时有广泛的自由裁量权免除报告。在羁押不可避免而报告只是浪费时间的情况下，它无疑会行使这项权力。另一方面，在罪犯年龄不足 18 岁时，法院必须查看量刑前报告，除非其中的一项犯罪是仅能以起诉书审判的，并且报告被认为是不必要的。

无论如何，PCC（S）A 2000 第 81（5）条规定，任何判决都不会因为未能遵守第 81（1）条而无效。但在没有量刑前报告而通过的羁押刑罚被提起上诉之后，上诉法院应当获取并考虑一份报告，除非下级法院有正当理由将其免除，或者不再有获取一份的必要。

22.3.2 给出羁押的理由

在通过一项羁押刑罚时，任何法院都有义务（见 PCC（S）A 2000 第 79（4）（a）条）在公开的法庭上说明这样一个判决根据第 79（2）（a）条（罪行的严重性）或者 79（2）（a）条（有关暴力或者性犯罪的公众保护）或者同时根据两者是正当的。另外它还必须解释它为什么会形成这种观点。不仅如此，法院必须（根据第 79（4）（b）条）"在公开法庭上并用通俗的语言"向罪犯解释"为什么会对他判决羁押刑罚"。另外，在治安法院中，理由必须记录在监禁令和法院的记录中。未能遵守这些程序要求似乎不能导致已经通过的任何羁押刑罚失效（通过类比，见 McQueen（1989）11 Cr App R（S）196）。

22.3.3 解释刑罚在实践中意味着什么

在《实践指示（羁押刑罚：解释）》[1998] 1 WLR 278 中，上诉法院发布了一项对皇室法院中的量刑者解释判处的任何羁押刑罚的实际效果的要求。量刑者必须以他们自己选择的措辞给出解释，同时确保解释清楚而且准确。《实践指示》（可以在《布莱克斯通刑事实践》E1.20

部分找到）列出了量刑者可以调整用以处理适用于短期和长期判决的不同情形的短句（见22.10节）。

22.4 监禁的最长期限

普通法的罪行表面上可以被判处终身监禁。换句话说，法院可以根据其自由裁量权通过一个任何长度的固定期限或者将刑罚延长至罪犯终身的期限。实际上，几乎没有什么现存的普通法罪行，而对于大多数确实存在的那些，制定法已经在刑罚方面改变了普通法的形势。因此，普通法罪行中的普通攻击的最长刑期现在不过是六个月，而对同谋欺诈是十年（分别见CJA 1988第39条和CJA 1987第12条）。相比较而言，对谋杀的刑罚是强制性的终身监禁（见22.7节）。过失杀人是普通法罪行的最好例子，对它的惩罚仅仅是自由裁量的终身监禁。

下表指出了一些常见的制定法罪行可以判处的最长监禁刑期：

罪行	刑罚
杀婴，流产，强奸，与13岁以下少女发生性关系，有意导致严重身体伤害，拥有武器并意图危及生命或者携带武器意欲实施可控诉罪行，意图危及生命或者使用放火方式实施的刑事损害，加重的入室行窃，抢劫，进口或提供一级控制毒品。	终身监禁
入住处行窃，处理被盗物品，勒索，违反《1911年官方秘密法》第1条获取或交流等对敌方有用的信息，提供二级控制毒品。	14年
通过欺骗获取财物，入室行窃（对非住处），非加重的刑事损害，猥亵攻击，伪造或假冒犯罪，罪犯制造、使用等伪造/假冒品等的意图是冒充真实的物品而损害他人，危险驾驶致人死亡。	10年
偷窃，伪证，重婚，靠卖淫收入生活，和持有一级控制毒品。	7年
非法伤害，造成严重身体伤害，攻击造成实际身体伤害，通过欺骗获取服务，通过欺骗逃避债务，拥有二级控制毒品和提供三级毒品。	5年
装备入室行窃，偷窃或者欺骗。	3年
危险驾驶，伪造和假冒而无意将所涉物品冒充为真实的，不付款逃跑，拥有攻击性武器，与13岁、14岁或15岁的少女发生非法性关系，拥有三级控制毒品。	2年

续前表

罪行	刑罚
攻击正在执行职务的警官，饮酒/驾驶犯罪，无证驾驶，未经主人同意擅取机动车辆，以及使用威胁行为且意欲使人处于对暴力的恐惧中，等。	6个月
干扰机动车辆，根据《治安法院法》第22条的特殊程序被作为简易罪行处理的刑事损害和饮酒/负责机动车辆犯罪。	3个月
阻碍警官执行公务。	1个月

　　如果一部制定法创立了一项可控诉罪行，规定它应受监禁处罚，但没有说明最长刑期应当是多少，那么这项犯罪在起诉书基础上被定罪后可以被判处最高两年监禁：PCC（S）A 2000第77条。对于违反《1981年犯罪企图法》第1条的未遂和违反《1977年刑法法》第1条的同谋，最高刑期与未遂或同谋的相关罪行相同。治安法院对一项犯罪不能判处超过六个月的监禁刑罚（PCC（S）A 2000第78条，又见9.8节）。

　　由上可见，最高刑期粗略地，但仅仅是粗略地反映了各种罪行相对的严重性。显然存在明显的异常情况，例如处理被盗物品可以被判处比伪证罪长两倍的刑期。对很多可控诉罪行来说，包括入室行窃、处理赃物、偷窃和刑事损害，除了最严重的案件，最长刑期要比实际判处的刑期长得多，但将最高刑期定得高可以容许对偷窃皇冠珠宝或者损坏国家美术馆中最贵重的绘画的人施加适当的处罚。不应当认为理论上可以判处的刑罚在决定具体罪犯因为具体的罪行而实际科处的刑罚时起着很大的作用——也就是说，一名法官不会基于盗窃罪的最长刑期是七年，而对他认为中等严重程度的偷窃罪行科处三年半监禁的刑罚。当然，在不能超过法定的最高刑期同时，刑罚要反映罪犯的品行和其行为的严重性，而不是附在这种行为上的标签（抢劫、入室行窃、偷窃、处理赃物或者其他）。例如，某人没带钱来到一家饭店，点完并且消费了一顿他根本无意付款的昂贵的大餐，然后趁侍者不注意时逃跑。他可以通过欺骗获取财物（他吃的食物）或者通过欺骗获取服务（侍者和厨师的服务）被宣告有罪。尽管前一项犯罪最高可以判处监禁十年而后者最高只能判五年,他将接受的判决应当是完全相同的,无论他是因其中一项或者两项罪行被定罪。但是,如果他要质疑他从未打算付款的主张,而如果最后他只以不付款逃走被定罪,那么判决会轻得多。这不是因为这项犯罪只能判处两年监禁,而是因为出于冲动不付款逃走比一直计划不付款,在一定程度上具有的可谴责性更小。

22.5　同时和连续的刑罚

当法院因两项或两项以上犯罪用监禁刑罚的方式处理罪犯时,它可以命令监禁的刑期在同一时间互相执行,或者可以命令它们前后接着执行。在前一种情况下,监禁刑罚是同时的;而在后一种情况下则是连续的。类似地,如果法院对一名已经在服刑的罪犯通过监禁判决时,它可以命令它判处的刑期与另一刑罚同时或连续地执行。法官或主审治安法官应当明示地宣布监禁刑罚是同时的还是连续的。如果什么也没说,判决应当被假设为同时的。两项或两项以上犯罪被判处连续判决时,总的刑期可能超过对其中任何一项的判决(见 Blake [1962] 2 QB 377,因为《1911年官员秘密法》规定的 5 项犯罪,B 被判处总共 42 年监禁,虽然对其中的每一种犯罪的最长刑期是 14 年)。治安法院科处连续判决的权力受到《1980年治安法院法》第 133 条的限制(见 9.8 节)。

对于那些在法律上是区分开来的但起源于一个单个行为的犯罪——因此如果用常识的眼光看,罪犯实际上只实施了一项犯罪,那么判处连续刑罚原则上是错误的。再回到 22.4 节中那个在饭店吃饭不付款逃走的人的例子,如果他以通过欺骗获取财物、通过欺骗获取服务和不付款逃走被定罪,而法院决定通过一项监禁判决,则三项犯罪的判决应当同时执行。实际上他只实施了一项犯罪行为。如果一个侍者看到他离开而他攻击侍者以图避免被捕,这就构成了第二项明显的犯罪行为,可以适当地对他判处连续的监禁刑罚。Hussain [1962] Crim LR 712 案例证了上诉法院对连续的和同时的刑罚的态度。H 在希塞罗机场的海关试图走私印度黄麻未成功，而因持有危险毒品被判三年，并因从飞机上卸下禁止物品被判两年，与前者连续执行。刑事上诉法院裁定，因为两项犯罪构成完全相同的一个行为（即在希思罗机场下飞机并持有黄麻），判处连续刑罚是错误的。但 H 成功上诉的喜悦转瞬即逝，因为判决被改为每一项犯罪判处五年监禁，同时执行。

当罪犯因为在不同时间实施的数项类似犯罪被定罪，他可能会被判处连续的监禁。这种方式的危险之处在于每一个判决单独看可能很短，因此鉴于对它们被通过的犯罪来说是相当合理的，但如果总计考虑则可能构成不合理的严厉的处罚。为避免这种危险，对因为，例如说六个月的期间实施五项从住所入室行窃的犯罪而对一名罪犯量刑的法官来说，首先应当决定犯罪总体看来是否可以判处羁押刑罚（见 21.4 节）。然后他应当考虑这一期间犯罪的总体性，并决定对这些犯罪行为总体的适当的刑罚（使用 22.6 节中讨论的标准）。这一程序之后，他可能决定三年监禁是正确的。然后他可以对最严重的入室行窃通过三年监禁的刑罚，并对其他入室行窃作出判决，这些刑罚互相地并和这三年刑罚同时执行。

要区别类似 Hussain 和那些虽然起源于罪犯的一系列的行为，但足以使连续刑期成为合理的案件经常是很困难的。因此在 Newbury [1975] Crim LR 295 案中，上诉法院支持了对未经主人同意偷走汽车和随后鲁莽驾驶判处的连续刑期。并且在 Wheatley (1983) 5 Cr App R (S) 417 案中，对无证驾驶判处的当时最高刑十二个月和血液中含有过量酒精时驾驶的六个月连续刑期也被批准，尽管这两项犯罪发生在同一场合。可以这么解释这一决定：虽然 W 只实施了一个犯罪行为（在不应当如此时驾驶汽车），但它是因为两个明显不同的原因而犯罪的，即无证和饮酒过度。W 因无证驾驶被定罪无论如何不能成为他也对酒后驾驶有罪的前提，然而 Hussain 如果没有附带地实施以起诉方针对他提出的拥有危险毒品的罪行，就不能实施卸下禁止物品的罪行。但是虽然 Wheatley 案的判决因为 W 有令人咋舌的类似犯罪记录而被支持，但如果犯罪

第 22 章 羁押刑罚

起源于一系列连续行为时,正常的做法是使判决同时执行,即使这些犯罪在某种程度上互相不同。另外,在没有特殊因素的情况下,在同一个场合下实施的罪行第一审通过的连续判决可能被上诉法院变更为同时执行(对一般原则的陈述,见 Jones (1980) 2 Cr App R (S) 152 案;对其适用,见 Skinner (1986) 8 Cr App R (S) 166)。但是,上诉法院的方法缺乏一致性。因此,大人们称,在逃离犯罪现场时袭击警官的监禁刑期应当与因前者而被判处的任何判决连续执行:Hill (1983) 5 Cr App R (S) 214。类似地,对于在武装抢劫的案件中使抢劫的刑期和携带枪械意欲实施可控诉罪行的刑期成为彼此连续的,不存在任何异议(见 Faulkner (1972) 56 Cr App R 594 和 Bottomley (1985) 7 Cr App R (S) 355)。

22.6 羁押刑罚的期限

一旦认为罪犯的行为超过了羁押的"门槛"(见 21.2 节和 21.3 节),那么羁押刑罚就具有正当性,剩下的一个重要问题是:刑罚应当多长时间?标准被规定在 PCC (S) A 2000 第 80 (2) 条中。

第 80 (2) 条规定羁押刑罚应当:

(1) 在法院看来这样的刑期(不超过允许的最高限度)与犯罪的严重性,或者犯罪与其他相关罪行的结合是相当的;或者

(2) 如果罪行是暴力或性犯罪时,在法院看来这样的刑期(不超过最高限度)为保护公众免受罪犯的伤害是必要的。

刑罚由法律确定的任何罪行在逻辑上都被排除在此标准的运行之外(第 80 (1) 条)。这包括谋杀和 PCC (S) A 2000 第 109~111 条规定的犯罪(见 22.7 和 22.8 节)。任何科处的刑罚必须在允许的最高刑期之内。这当然意味着刑罚必须在可适用于所讨论的罪行(见 22.4 节),和与罪犯年龄相关的(见 22.10.1 节)和法院权力(治安法官权力的限制,见 9.8 节)的最高限制范围之内。

首先来看第 80（2）（a）条规定的标准，它将相当性原则置于首位——刑罚首先应当由犯罪的严重性决定（或与之成比例）。很明显，在将犯罪严重性作为刑罚期限的决定要件时，法院必须考虑到任何可能对犯罪严重性本身有影响的加重或减免的情形（第 81（4）（a）条）。它还应当考虑与罪犯本身有关联的减免情节，即使这些因素与即将被判决的罪行的严重性完全不相关，例如他答辩有罪的事实。第 158（1）条允许法院这样做，它规定："任何情况都不能阻止法院通过考虑诸如在法院看来与减免判决有关的任何事项，而减免对罪犯的判决。"（对能提供很好的减免理由的主要因素的完整阐释，见 21.5.2 节和 21.5.5 节。）

如果第 80（2）（b）条的标准得以满足，法院可以得出结论认为需要比犯罪严重性能证明的更长的刑期。要以这种方式偏离相当性原则，犯罪必须是暴力或性犯罪，而且法院必须认为刑罚对保护公众不受罪犯的严重伤害是必需的（对这些刑期的讨论，见 21.3 节）。量刑者应当警告律师，他或她有意科处比第 80（2）（b）条规定的正常刑罚更长的刑期（Baverstock（1992）14 Cr App R（S）471）。可能导致决定援引第 80（2）（b）条的材料包括提交给法院的犯罪的情形、先前犯罪的性质、或者有关罪犯的医疗或其他证据。第 80（2）（b）条规定的刑罚，在长度足以保护公众的同时，还应当与据以判决的犯罪有合理的联系。

无论如何，在作出关于刑罚期限的决定时，法院必须获取并考虑量刑前报告（第 81 条），除非有免除报告的自由裁量权（见 22.3.1 节）。

22.6.1 "监狱门的咣啷声"

具体在阐释"犯罪严重性"的标准时，上诉法院在诸如 Bibi [1980] 1 WLR 1193 等案件中决定羁押刑罚长度的方法，现在已得到 CAJ 1991 新的制定法框架的支持。此案说明的一个重要原则是，当失去自由在所难免时，刑罚应当尽可能的短。如大法官莱纳勋爵在 Bibi 案中所说：

> 现在我国的监狱里已经人满为患到危险的地步，这不是什么秘

密。形势已经到了这样的地步,以致量刑法院必须非常仔细地审查每一个案件,以确保如果必须判处立即执行的羁押刑罚,那么刑罚应当尽可能的短,仅有义务保护公众利益及惩罚和威慑罪犯。对很多罪犯处以六或九个月监禁与十八个月或者三年监禁可能同样公正和有效。

大法官强调,这一点不只适用于初犯者(给他们的判决通常不成比例地短,依据是仅仅听到监狱的大门在他们身后"咣当一声关上"都将是严厉的惩罚),而且适用于有犯罪记录的甚至是那些有过监禁刑罚经历的罪犯。他然后给出了一些比以前考虑认为合适的更短的刑期就已足够的例子。这些例子包括较轻微的闯入工厂或商店、轻微的性猥亵、小额欺诈和在严重犯罪中次要性地参与。

Bibi案中的原则在Ollerenshaw [1998] Crim LR 515案中得到了认可。

22.6.2 刑罚长度的理由

在暴力或者性犯罪案件中,当法院基于保护公众作为科处比仅仅依据罪行的严重性需要科处的刑罚更长刑期的理由,那么它必须在公开法庭上解释CAJ 1991第80(2)(b)适用以及为什么会达成这一观点。另外,它必须"在公开法院以通俗易懂的语言"向罪犯解释为什么判决的刑期更长(第80(4)条)。这些程序性要求与22.3.2节中讨论的适用于决定判处任何类型的羁押刑罚的要求类似。

22.6.3 指导性案件

近年来,上诉法院不时试图通过对特定类型的犯罪应如何处理提供指导方针这种方式,对初审中的刑罚级别施加更直接的影响。

对这类案件进行综合性的浏览不属于这本书的范围——因为读者可以查阅关于量刑的专业书籍。但是参考一些最确定的指导性案件,会帮助理解所涉到的一些概念。

22.6.3.1 违背信任 在涉及违背信任的欺骗案件中,指导性的案件是 Barrick(1985) 7 Cr App R(S)142 案，该案处理了以下情况：

处于受信任的位置的某人，如会计、事务律师、银行职员或邮递员，利用这一特权及受信任的位置欺诈他的合伙人或者客户或者雇主或者一般公众，获得相当数量的一笔钱。在该案中，他迄今为止是品行上无瑕疵的人。同样如在该案中，实际上可以肯定他将不会再犯而且理所当然地，发生了这些后他此生中再也无法得到类似的工作机会，这对他自己是个耻辱，而对他和他的家人来说意味着生活困苦。

指导方针表明这样的案件将招致立即羁押，除非在非常特殊的情况下或者所涉及的金额很小。随后就涉及的不同数目的金钱给出了更细致的指导，以及每一等级的适当的羁押刑罚。在 Clark［1998］2 Cr App R（S）95 案中，上诉法院指出，这些量刑等级因为通货膨胀、提前释放体系的变化和对偷窃的最高刑期从十年减至七年的影响，现在需要修正。Clark 案的指导方针指出，当涉案的金额不小但少于 17 500 英镑时，监禁的刑期从最短至最高 21 个月是适当的。涉案金额在 17 500 英镑至 100 000 英镑之间的案件，应当判两至三年。100 000 英镑至 250 000 英镑之间的案件，应判三至四年。数额在 250 000 英镑和 1 000 000 英镑之间的案件，应判五至九年，而涉案数额在 1 000 000 英镑以上的应判十年或十年以上。（根据偷窃罪的最高刑期，这些刑罚必须是为那些多种罪行或者其他诸如通过欺诈获取财物的犯罪预留。）这些数据假设案件是有争议的。在答辩有罪的情况下，应当给予适当的折扣。法院应当考虑的除涉案金额外的其他因素：（1）对罪犯所给予的信任的质量和程度；（2）实施偷窃的期间；（3）钱的用途；（4）对被害人的影响；（5）对公众和公众信任的冲击；（6）对同事或商业合伙人的影响；（7）对罪犯的影响；（8）他本人的历史；（9）对他本人的特殊减免事由；（10）他给予警方的任何协助。

《治安法官协会指导方针》（2000）指出，对这些犯罪的指导性判决是羁押，并列举了五个可能减轻严重性的因素，即冲动行为、无人抚养的未成年人、单个事项、低价值和雇主以前的不一致态度。

22.6.3.2 强奸　就强奸犯罪而言，指导性案件是 Billam［1986］

1 WLR 349。大法官莱纳勋爵在 350～352 页中说：

本庭已在 Roberts［1982］1 WLR 133 案中强调，强奸一向是一项严重的犯罪，需要立即的羁押刑罚，除非在极端特殊的情况下……

强奸案中的可变因素如此之多，以至于很难对刑罚的年数长度提供一个指导。在 Roberts 案中没有考虑问题的这一方面，但有许多已报道的法院判决对当前实践应当如何给出了指示，总结一下它们的一般效果可能不无裨益。

对于由成年人实施的、没有其他任何加重或减免情节的强奸罪，在被争论的案件中五年应当是起始点。如果强奸是由两人或两人以上共同实施的，或者由一名强行闯入或通过其他方式进入被害人居住地点的人实施的，或者是由对被害人负有责任的人实施的，或者由诱拐、绑架并挟持被害人的人实施的，起始点应当为八年。

标准的上限针对的是实施了可以被描述为强奸运动，强奸了许多不同的妇女或少女的被告人。他代表了超出寻常的危险，因此 15 年或 15 年以上的刑罚是适当的。

当被告人的行为显示出扭曲的或者精神变态的倾向或者大致的人格扭曲时，而且如果任其逍遥法外，可能会在无限长的时间内对妇女一直都是一个威胁，那么终身监禁也并无不可。

如果有以下因素，犯罪无论如何应当被视为加重：(1) 使用了超出实施强奸所需的暴力；(2) 使用武器恐吓或伤害被害人；(3) 重复强奸；(4) 强奸有周密计划；(5) 被告人之前曾因强奸或其他严重的暴力或性犯罪被定罪；(6) 被害人将遭受进一步的性侮辱或性变态；(7) 被害人非常年老或非常年幼；(8) 对被害人的后果，心理的或者身体的，都有特殊的严重性。当有任何一项或多项加重情节时，刑罚应当比建议为起始点的刑期长得多。

给出证据将对被害人造成额外的痛苦意味着，有罪答辩可能比其他案件更多地得到比否则是适当的刑罚减少的刑罚。这种减少的量当然取决于所有情形，包括如果事件在庭上争辩被认定无罪的可能性。

被害人因为举止不慎（例如搭陌生人的便车）而被认为将自己置于

危险之中的事实不是减免情节,被害人以前的性经历也同样无关。但如果被害人的举止方式被认为导致被告人相信她同意性行为,那么判决则应当有所减免。以前良好的品行只有很小的关联性。

强奸未遂的起始点通常应当比完整的犯罪低,尤其是如果犯罪在相对较早的阶段即中止。但……强奸未遂可能会因为加重的特征而比一些完整的强奸罪行更严重。

大法官接着讨论了如何处理那些年龄不满21岁的罪犯。他指出"在普通的案件中"羁押刑罚是适当的:

> ……依据为成年人建议的监禁刑期,但减少一些以反映罪犯的年轻。因此,一个20岁的人不会接到比22岁的人少得多的判决,但17或18岁的年轻人就可能接受更少的判决。
>
> 在未成年人案件中,大多数情况下法院会根据PCC(S)A 2000第91条行使命令拘留的权力。鉴于此权力受到的程序性限制,重要的是处理被指控强奸的未成年人的治安法院绝不应当接受由它处理案件的管辖权,而总是应当将案件移送至皇室法院审判,以确保这项权力的可获得。

22.6.3.3 毒品 对毒品犯罪,指导性案件是Aramah(1982)4 Cr App R(S)407案,由Bilinski(1987)9 Cr App R(S)360案、Singh(1988)10 Cr App R(S)402案和Aroyewumi(1994)16 Cr App R(S)211案修正。后来案件对它的细微修改已经被合并到以下Aramah案第408~410页的引注中:

> 一级毒品,尤其是海洛因和吗啡因:常识是这些是所有上瘾毒品中最危险的,有几个原因:第一,它们易于处理。几小包可制作成很多的药剂。第二,利润如此丰厚,以至于它们吸引了最恶劣的罪犯。很多这种罪犯可能认为,实际上也的确认为走私海洛因和吗啡因比抢劫银行更有利可图且危险更小。无须太多的想象力就可以意识到巨大利润可能带来的贿赂和腐败等罪恶后果。这一因素在考虑批准保释的适当与否时也很重要。对普通人,事实上对普通被告人来说,一笔似乎巨大的保释金对毒品走私者来说则经常是微不足道的。

第 22 章　羁押刑罚

第三，毒品的两个重要来源是东南亚和西南亚。这两个来源处相互竞争，而因为有如此丰厚的利益，可能是暴力和内乱的重大渊源。第四，吸食海洛因的人，一旦上瘾（而这种毒品只要进行很少量的试验就会上瘾），就必须获得毒品以满足可怕的需求。这可能需要花费高至每周几百英镑购买足够的海洛因以满足需求，需求取决于涉及的人的上瘾程度。很显然，要获取这么大的量的唯一方法是借助于犯罪。这可能反过来又导致走私毒品和毒品的更广泛程度上的吸食。

第五，也是最后一点，我们有意将其留至最后，因为这是最令人发指的方面，是毒品给上瘾者带来的堕落和痛苦以及并非鲜见的死亡。不难理解为什么世界上有些地方走私一定量海洛因的毒品贩子就会被判处死刑并被执行。

因此，我国的法院能对涉及一级毒品犯罪被认定有罪的那些人通过威慑性刑罚能做的任何事情都应当做到。

然后我来谈谈海洛因、吗啡因等的进口：大量的进口，也就是当纯度为百分之百时的毒品重量为 500 克或者更多时，十年或者以上的刑罚是适当的。有的案件中纯度为百分之百时的重量为 5 公斤或 5 公斤以上时，案件中的罪犯应当处以十四年或十四年以上的刑罚。很少见的测量不出重量的毒品进口者应当被判处四年以下。

但这是一个鼓励罪犯向警方提供信息尤为重要的领域，因此承认有罪并且给警方提供相当的帮助可以适当地得到大量的减免，否则将被判处合适的刑期。

接下来是提供海洛因、吗啡因等：毋庸讳言，刑罚很大程度上要取决于涉入程度、走私量和处理毒品的价值。很少能够合理地被判处五年以下刑罚，而且被告人离提供毒品的来源越近，判决也就越重。在有的案件中可能必须判处与对大量进口者来说适当的判决类似的判决。但不幸的是供应者中这样的大鱼很少有被逮到的时候。

持有海洛因、吗啡因等（只是持有）：在这一层次上个体罪犯的情形具有了更大的重要性。确实，可能的考虑如此广泛，经常包括那些具有医疗性质的事项，以至于我们觉得不可能制订任何可行的指导方针。

373 另一方面，对持有一级毒品的最高刑罚是七年监禁和/或罚金，很多的案件，被剥夺自由是适当的和有利的。

二级毒品，尤其是大麻：我们从二级毒品中选择了这一种作为最可能使法院考虑的毒品。

进口大麻：进口很少量的供个人使用可以被以持有毒品来处理，我们将在后面讨论。不然进口量达到 20 公斤植物大麻，或者相应量的大麻树脂或大麻油的，除极特殊的情况外，将被判十八个月至三年监禁，这其中最低的等级专为答辩有罪者预留，这是对罪犯的一个小利益。送信人（因为他通常都是）的良好品行不及其他案件中被告人良好品行的重要。这是因为众所周知，大量运作者通常会寻找品行良好的送信人和如果被侦查和逮捕可能引起法院同情的这种类型的人。因此，我们经常会发现，学生和病人以及老年人因为两个原因被作为送信人使用：第一，他们容易接受建议并易于被眼前利益吸引；第二，感觉上法院在案件中可能会被感动而给予不应有的同情。如果有，也只有在很少的场合下，在这类进口中除立即羁押刑罚之外的任何刑罚被认为是适当的。

超过 20 公斤的中等量将招致三至六年监禁，取决于涉及的量和案件中所有的其他情形。

大规模或者批量进口大量二级毒品，对那些起到非次要作用的人，十年监禁的刑罚是正当的。

供应大麻：这里又是对于在提供大量毒品中起到不仅仅从属作用的人，十年是正当的刑罚。否则应当是一至四年监禁这一级别，取决于运作的范围幅度。向一些小贩提供毒品——愿意的话又可以叫批发——处于这一等级的顶端。而在底端则是向消费者提供少量毒品的零售商。如果没有商业动机（例如在聚会上提供大麻），罪行也可能严重到足以判处羁押刑罚。

持有大麻：当只涉及很少量供个人使用的毒品，经常会被处以罚款。但如果历史显示其经常蔑视法律，监禁就可能成为必需。

在 Martinez (1984) 6 Cr App R (S) 364 案第 365 页，大法官莱纳勋爵确认了 Aramah 案中关于一级毒品的指导方针并不仅针对海洛因：

我所参照的决定，即 Aramah 案，只具体提到了海洛因，这是因为在当时从可获得性来说，海洛因对社会造成最大的威胁。适用于海洛因的考虑同样适用于其他一级毒品。任何进口或者贩卖可卡因或者迷幻药的人被认为会受到宽大处理的想法是完全错误的。

在 Scaramonie（1992）13 Cr App R（S）702 案中，注意力被集中在市价超过一百万英镑的这一等级上。Aramah 案中说，这一类别应当被判处"十四年或十四年以上"的刑罚，但对于应当怎样理解"以上"这个短语则悬而未决。Scaramonie 案中二十年的刑罚被支持，即使在答辩有罪和帮助当局之后。如果没有这些要素，适当的刑罚应当是二十五年。

在 Aroyewumi（1994）16 Cr App R（S）211 案中，上诉法院称，对进口毒品的量刑应当与托收的纯毒品的重量，而并非其市面价值有关。

22.6.3.4 指导性案件的地位　关于这些及其他指导性案件，有必要记住它们只是提供了指引，并没有规定一套严格的标准。在 1986 年 4 月 23 日《泰晤士报》Nicholas（1986）案中，大法官莱纳勋爵强调，指导方针仅仅是指导方针，并无意在每一个案件中都被严格适用。它们意在提供帮助，而不是作为绝不能偏差的规则来使用的。

另一方面，量刑者不能忽视上诉法院给出的指导方针。在 Johnson（1994）15 Cr App R（S）827 案中，法官称上诉法院在类似案件中（马路上抢劫一名邮政工人）曾减轻刑罚，但他不同意法院据以行事的原则并且不愿依此行事。上诉法院说，它的决定对皇室法院法官们来说不过是指导方针，他们在作出适当的判决时应当考虑很多因素，例如在本地区内某种特定犯罪的普遍程度、使被害人特别痛苦的后果、或者罪犯以一种特别邪恶的方式行事。但法官必须注意上诉法院给出的指引，判决也应当大致与指导性案件一致，除非有可适用于当前案件的因素要求或者授权法官偏离刑罚的正常水平。上诉法院因为法官"使人遗憾"的量刑评论，将总刑期从七年减至五年，并清楚地指出，如果不是因为这些评论，刑罚本可以被支持，因为虽然严厉但不过分。

22.7　终身监禁

年满 21 岁的被宣告谋杀罪有罪的罪犯必须被判处终身监禁（《1965 年谋杀（废除死刑）法》第 1（1）条）。在通过刑罚时，法官可以就罪犯被假释前应当在监狱中服刑的最低年限提供建议。上诉法院已经对最低刑期作出了少于 12 年的建议——如果法官满足于看到罪犯不足 12 年获得自由，他不应当作出任何建议，这样内务部会考虑大约 10 年后释放罪犯（见 Fleming［1973］2 All ER 401 案中的法官意见）。尽管最低刑期建议非常重要，但对内务部来说并没有拘束力，也不能作为法院的命令。因此，不能对建议提起上诉（Aitken［1966］1 WLR 1076）。

除这一正式权力之外，法官还被期待指出"征收关税"的期间，这是为了满足报复和威慑的要求所必需的。这一指示以报告的形式被提交给大法官，加上他的意见。然后被转至内政大臣，他可以设定一个高于或低于法官的"关税期"。

在罪犯不满 21 岁的案件中，对谋杀的判决也是强制性的。终身监禁，或是在女王指定的期间内被拘押，取决于罪犯犯罪日的年龄（见 22.10.3 节）。其他判决为强制性的犯罪只有叛国罪和使用暴力的海盗罪，对这两者都保留了死刑。当制定法授权法院通过一定的刑罚或者作出一定的命令时，它通常使用诸如"除了刑罚是由法律确定的之外"这一句式，来表明该条款不能被解释为授权法院偏离谋杀等的强制性刑罚。在以下对量刑权力的讨论中，"当罪犯被认定一项罪行/可监禁罪行有罪时"，提到的任何可以适用的判决应当被理解为不适用于被定为谋杀罪的罪犯（或者叛国罪或者暴力海盗罪，如果有对这些犯罪的指控的话）。

如 22.4 节中所释，普通法罪行（除非有相反的制定法条款）以及一些非常严重的制定法罪行应当被判处终身监禁。可是与人们的想象相反，终身监禁的犯罪，诸如杀人、强奸、蓄意导致严重身体伤害和抢劫，并不一定是所讨论的最严重的罪行。当然，对比如轻微抢劫之类的犯罪施以终身监禁是错误的，但是除谋杀案件外，终身监禁最经常适用的情况是当罪犯（1）精神状况不稳定，以致如果任其自由，他可能重新犯罪并对公众带来严重的危险；和（2）在一段长的和/或期限不明确的时期内他都是不稳定的和危险的状态。如果罪行是可以被判处终身监禁的，就不一定必须位于严重性的第一级别（见 Ashdown［1974］Crim LR 131 案，其中终身监禁判决得到支持，对这个罪行，上诉法院称，其内在严重性仅可以判处五年监禁）。根据《1983 年精神健康法》第 37 条（见 23.22 节）作出的医院令有时候对精神错乱的罪犯来说是一种可能的替代方式，但经常这种命令所要求的严格的医疗前提不能被满足，或者只是安全精神病院没有空的床位。

如 22.6 节中指出的，法院在决定任何羁押刑罚的长度时必须遵守 PCC（S）A 2000 第 80（2）条的规定。很明显，这包括判处自由裁量的终身监禁。因此这种判决必须根据罪行的严重性（第 80（2）（a））或公众保护（第 80（2）（b））具有正当性。在大多数案件中，相关的根据都可能是公众保护。这一根据只能在暴力或性犯罪案件中被运用（"暴力"和"性"的定义，见 PCC（S）A 2000 第 161 条和 21.3 节）。

当法院根据 80（2）（b）条科处了自由裁量的终身监禁时，第 82A 条就具有了相关性。这使得量刑者可以设定在保释委员会考虑颁发执照释放罪犯之前，哪些部分自由裁量的终身监禁必须已经到期（见 22.11 节）。

释放后，不管终身监禁是强制性的还是自由裁量的，前囚犯将在执照下度过余生。终身刑罚从这个意义上说正是如此。

上诉法院看待自由裁量的终身监禁的使用方法的一个例子是 Chapman［1994］Crim LR 609 案。C 对从安全警卫处抢劫答辩有罪，期间开枪两次并且随后发现 C 持有枪。他之前曾因严重抢劫被定罪并分别判处六年、十年和十二年徒刑。法官判处了终身监禁，并根据 CJA 1991 第 34 条确定了十五年的期间。上诉法院认为，只有当罪犯处于使他对公众来说是危险的精神状态中时才能判处终身监禁。C 不属于此范畴，因此终身监禁是不恰当的。但他确实非常危险，法院根据现在的 PCC(S)A 2000 第 82（2）（b）条判处了加重的二十年刑罚。

22.8　强制性最低刑罚

PCC(S)A 2000 第 109～111 条对一些特定的犯罪规定了强制性的最低刑罚。这在这个管辖区内多少是个创新，尽管在美国对它们的引入已逐渐广泛。新的刑罚招来了激烈的争议，因为它们不可避免的后果是给作出判决的法官戴上枷锁，并排除了将犯罪或罪犯的情况考虑在内的可能性，除非是在法定的最低刑罚的限制之内。尽管如此，这种判决现在还是成了量刑风景中的一部分，而且没有任何来自国内的欲移除它们的动力，虽然《欧洲人权公约》（ECHR）在这个领域的影响还有待检验。

第 109 条对任何第二次因严重犯罪被定罪，年龄 18 岁或者 18 岁以上的罪犯，规定了强制性终身刑罚。为此目的的严重犯罪被定义包括如下罪行：

（1）谋杀未遂；

（2）同谋、煽动或教唆谋杀；

（3）过失杀人；

（4）蓄意伤害或者蓄意造成严重身体伤害（违反《1861 年对人犯罪法》第 18 条）；

（5）强奸或强奸未遂；

（6）与 13 岁以下幼女发生非法性关系；

（7）携带枪支或仿造枪支抢劫；以及

（8）《1968 年枪械法》第 16、17、18 条规定下的犯罪。

在罪犯第二次因如此严重的犯罪被定罪时，无论两者之间的间隔有多长，法院都必须判处终身监禁，除非存在"特殊情形"。这个短语的意思在 Kelly［1999］Crim LR 240 案中被考虑。上诉法院裁定，即使量刑者认为判处终身监禁是不公平的，但这本身并不构成"特殊情形"。在 Offen（No 2）［2001］1 WLR 253 案中，上诉法院听取了基于《欧洲人权公约》第3条和第5条提出的有关"特殊情形"的争论。大法官沃尔夫勋爵宣读了法院的决定，称除非罪犯对公众构成严重的危险，否则将其判处终身监禁与《公约》的权利不符（细节见 26.2.5 节）。因此 PCC（S）A 2000 第 109 条不得不被解释为，除非对公众有严重的危险，法院应当认为存在不能科处自动终身监禁的"特殊情形"。

第 110 条适用于任何 18 岁或 18 岁以上以贩卖一级毒品被定罪的人，以及以前曾经在两个分别场合因此类犯罪被宣告有罪的人。这样的罪犯必须受到至少七年的监禁刑罚。但法院还拥有一个自由裁量权。法院可以不必判处最低刑期，如果它认为存在（1）与任何犯罪或罪犯有关的；和（2）会使原定的最低刑罚在任何情况下都不公平的特定情形。

第 111 条针对的是重复入室行窃犯罪。它对因第三次入室行窃被宣告有罪规定了三年监禁的最低刑罚。法院也被给予适用于第 110 条的相同的自由裁量权。

对根据第 110 和第 111 条必须判处的最低刑罚的刚性规定的一个让步，是《1994 年刑事司法及公共秩序法》第 152（3）条的规定，允许法院通过对实际通过的刑罚减少至法定最低刑罚的 80% 作为有罪答辩的折扣。即使这样，还是不足已被认知的对早期有罪答辩给予多至三分之一的减少（见 21.5.2 节）。

22.9 缓期刑罚

在罪犯年龄超过 21 岁的案件中，法院可以对某些监禁判决予以缓期。关键是要注意对年龄不足 21 岁的人的羁押刑罚不能缓期。

与通过羁押刑罚有关的 PCC（S）A 第 79 至 81 条（关于它的科处的正当理由、它的长度的决定、量刑前报告、说明理由等等；见 22.3、

22.3.1、22.3.2、22.6.1 和 22.6.2 节），同样适用于通过缓期刑罚。具体来说，法院必须清楚如果它没有权力缓期，那它就通过了立即执行的监禁刑罚。

22.9.1 通过缓期刑罚

缓期刑罚的期限不能超过两年，而且不能超过法院本判处的立即监禁刑罚的最高期限（第 118 条）。当法院对两项或两项以上犯罪通过监禁刑罚时，总的刑期不能超过两年（见第 152 条）。换句话说，对几项罪行中的每一项罪行，如果刑期是同时执行的，则两年的刑罚可以被缓期，但如果连续执行的，则不能。

缓期刑罚的执行期间是在这期间如果再实施可监禁罪行则会带来刑罚被激活的危险。这一期间从刑罚当日起算，这由法院在通过判决时确定，处于不少于一不多于两年的制定法范围之内。法院必须用通俗的语言向罪犯解释在执行期间实施可监禁罪行的后果。

除非在没有缓期权力时立即监禁的刑罚是适当的，否则不可以通过缓期刑罚。

另外，除非法院的观点是"这一权力的行使可以通过案件的特殊情形解释具有正当性"，否则不应当通过缓期刑罚。

在 Okinikan [1993] 1 WLR 173 案中，高思佛思大法官泰勒勋爵说，"单独或者合并考虑，良好品行、年轻和早期有罪答辩"并非能够说明缓期刑罚具有正当性的特殊情形，因为它们是很多案件的共同特征，因此不能被作为特殊。另一方面，在 Ullah Khan（1994）15 Cr App R（S）320 案中，被告人的精神状态被认为属于"特殊情形"的定义范畴。他是一名事务律师，因抵押欺诈被定罪，且有他当时患有妄想狂精神错乱症的证据，这种病会影响他的注意力和判断力。在 French（1994）15 Cr App R（S）194 案中，被告人的抑郁症被裁定构成"特殊情形"，但在 Bradley（1994）15 Cr App R（S）597 案中则没有。在 Kondal（1995）16 Cr App R（S）845 案中，被告人是一名邮政分局局长。她对偷窃和做假账指控答辩有罪，然后被判处十八个月立即监禁。但上诉法院将判决减为十二个月缓期，认为存在特殊情形。具体来说，她有在短期内归还从邮政局拿走的钱的意图和合理期待，而且她在一开始就承认她账目中的亏空。

22.9.2 缓期刑罚与其他命令结合

第118条要求通过缓期刑罚的法官考虑情况是否能保证额外判处罚金或者赔偿令。普通的量刑实践是对缓期刑罚增加经济命令，这样罪犯和公众就不会认为法院的总体处理是"释放"。

即使罪犯同时因两项或两项以上事项被处理，但缓期刑罚不能与缓刑结合在一起（例如，他因一项犯罪被判缓刑，而因另一项犯罪被处以缓期刑罚）。然而，皇室法院有权力作出缓期刑罚监督令，其效果与缓期刑罚加上缓刑非常相似（见22.9.5节）。

如果罪犯正在服监禁刑，通过缓期刑罚原则上是错误的（Baker (1971) 55 Cr App R 182）。类似地，一名罪犯不能同时被判处立即监禁（例如，因一项罪行被判六个月）和缓期监禁（例如，因另一项罪行被判两年缓期两年）。根据Sapiano (1968) 52 Cr App R 674案，缓期刑罚和立即监禁刑罚属于不同的类别，因此不应当被结合。

22.9.3 缓期刑罚的违反

如果罪犯在一项缓期刑罚的执行期间，因实施可监禁罪行（简单的或者可控诉的）被宣告有罪，有权处理该事项的法院（见22.9.4节）可以：

(1) 将缓期刑罚实际生效，刑期不变；或者

(2) 使其生效，但用较短的刑期替代原来的刑期；或者

(3) 改变执行期间的长度，使其持续至，从作出改变之日起至不少于两年的那一日；或者

(4) 鉴于缓期刑罚，不作任何命令。

上述选项由PCC (S) A 2000第119条规定，该条款接着规定，法院在第（1）种情况下必须作出命令，除非所有情形下它这样做都是不

公平的。"所有情形"包括通过缓期刑罚的罪行的事实（"原来的罪行"）和使罪犯违反缓期刑罚的罪行事实（"随后的罪行"）。如果法院没有依据（1）行事时（即没有激活缓期刑罚且刑期不变），它必须说明它认为这样做是不公正的理由。但是，在很多案件中，法院会既激活缓期刑罚，又对随后的犯罪通过立即监禁的判决。一般来说，这时它应当使两个刑期连续执行：Ithell [1969] 1 WLR 272。

上诉法院已就处理违反缓期刑罚的正确方法给出了指引。原来的犯罪和随后的犯罪类型不同这一事实本身并不意味着将整个缓期刑罚付诸实施是不公正的（根据大法官帕克勋爵在 Saunders（1970）54 Cr App R 247 案中的判决，其中 S 对激活因小偷小摸被判处的六个月缓期刑罚并与随后的无证驾驶、鲁莽驾驶和攻击警察罪被判处十二个月监禁连续执行提起上诉，但被拒绝）。但当随后的犯罪细微且又与原来的犯罪种类不同时，法院应当根本不激活缓期刑罚，或者大大减少其长度。因此在 Moylan [1970] 1 QB 143 案中，对因刑事损坏判处的四个月和被实际生效的十八个月缓期刑罚连续执行提起的上诉得到了支持，因为最初的罪行是偷窃一台电视机，而随后的犯罪仅仅是因为喝酒而打碎了公共汽车站的窗户。M 并没有脱逃牢狱之灾，因为上诉法院确认了对随后犯罪判处的立即执行刑期，只不过将缓期刑期减为六个月。考虑到 M 明显的酗酒问题和实际上将他带到法院的事件的极端琐碎性，法官可能是认为情况如此特殊，以至于随后的犯罪完全可以用非羁押刑罚的方式（例如缓刑）处理。如果他采纳了这种观点，那么它激活缓期刑罚即便减少了刑期在原则上也是错误的，因为结果将是使处理罪犯的方式变为不令人满意的羁押和非羁押方法的混合（见 Seymour [1983] Crim LR 410 案和 McElthorne（1983）5 Cr App R（S）53 案，其中上诉法院基于随后的犯罪已经通过社区服务令被处理，取消了激活缓期刑罚）。不激活缓期刑罚（或者激活它而减少刑期）的最后一个争论是随后的犯罪发生在执行期间末（Wilson [1980] 1 WLR 376 案，其中 W 犯罪时两年的执行期间已经过了二十二个月）。

虽然上诉法院对缓期刑罚的态度总趋向似乎很严厉，但并不能认为

第 22 章 羁押刑罚

皇室法院法官和治安法官在根据诸如 Saunders 案严格的理解,当他们真的应当激活刑期时会不可避免地这么做。一个宽恕的法官基于诸如 Saunders 案的事实,可能会在驾驶犯罪和欺骗之间的区别中发现一个不实施缓期刑罚的理由,至少如果罪犯同时有与其个人情况相关的强有力的减免理由。自从 CJA 1991 通过后,量刑者在决定是否激活缓期刑罚时有一个额外的因素需要考虑。如果新的犯罪不那么严重,因此只有羁押刑罚才合理时,怎么办?尽管法院无法对新的犯罪判处羁押刑罚,缓期刑罚还能被激活吗?在这种案件中激活缓期刑罚通常是不适当的(Burnard(1994)15 Cr App R(S)218 案),但对此没有绝对的禁止(例见 McQuillan [1993] Crim LR 894)。

22.9.4 处理违反缓期刑罚的权力

皇室法院在对一名证明违反缓期刑罚的罪犯量刑时,有权处理违反行为,而不管刑罚是由皇室法院或者治安法院通过的:PCC(S)A 2000 第 120 条。治安法院只有在缓期刑罚是由其本身或者另一个治安法院通过时,才有权力处理违反。如果一项简易定罪使罪犯违反了皇室法院的缓期刑罚,第 120 条给了治安法官处理的两个选择。他们可以将罪犯移送至皇室法院处理违反,或者他们拒绝移送但向皇室法院通知其被定罪。在后一种情况下,皇室法院可以(但不必要)签发传票或逮捕令以确保罪犯在他面前出庭,如果它认为合适时可以激活缓期刑罚:第 121 条。

因为违反缓期刑罚被移送至皇室法院处理可以是被羁押或是保释。在因违反被移送的同时,治安法官还要将罪犯移交以对他们刚刚对罪犯定罪的罪行予以量刑,这样一个法院可以同时处理两个事项。后一种移送可以根据第 6 条(见 11.3 节),或者如果罪犯被定罪的罪行是可以任意方式审判的罪行,根据第 3 条或第 4 条(见 11.2 节)。

如果法官选择仅仅通知皇室法院违反,那么他们对罪犯就随后的犯罪进行量刑。通过不移送罪犯,他们明确表明他们的观点是随后的犯罪不要求激活缓期刑罚,但决定应当由皇室法院而不是他们作出。因此,他们不能以皇室法院无法使缓期刑罚实际生效的方式处理随后的犯罪。由于罪犯被有条件或无条件释放的定罪不能被视为定罪,因此治安法官在对违反皇室法院缓期刑罚的罪犯量刑时,不能使用这种方式：Tarry [1970] 2 QB 561。治安法官对随后的犯罪处以社区刑罚也是不可取的,因为这会使皇室法院处理缓期刑罚的任务要困难得多（Stewart（1984）6 Cr App R（S）166）。如果他们认为释放或者社区刑罚是适当的,他们应当根据第 120 条（因为违法缓期刑罚）和第 6 条,因为随后的犯罪,将罪犯移送至皇室法院,希望皇室法院法官会持与他们相同的观点。

22.9.5 缓期刑罚监督令

虽然一名罪犯不能同时被处以缓期刑罚和缓刑（见 22.9.2 节）,但皇室法院可以通过判处缓期刑罚,并命令在不超过缓期刑罚执行的期间内,罪犯应当置于缓刑官的监督下达到类似的效果：PCC（S）A 2000 第 122 条。这被称为缓期刑罚监督令。如果罪犯未能与缓刑官保持联系,他可能被他居住区域内的治安法官判处最高 1 000 英镑的罚金：第 123 条。然而,处以这种罚金对监督令的继续没有任何影响,缓期刑罚本身被实际执行也没有任何问题。另一方面,如果罪犯在执行期间因实施可监禁罪行而被定罪,第 119 条（见 22.9.3 节）将如同适用于违反普通缓期刑罚那样被适用,而且如果刑罚被实际执行,那监督令就自动终止：第 124 条。

另外两点必须注意。第一,只有对一项罪行的缓期刑罚通过（并被缓期）的刑期超过六个月时,才能附加监督令。这一点的重要性在于治安法院不能作出缓期刑罚监督令,因为它不能对任何一项罪行判处六个月以上的监禁。第二,缓期刑罚监督令只是使罪犯负有与缓刑官保持联系的义务。这也是缓刑令的基本效果,但缓刑令可能包括其他很多繁杂的要求（见 23.2.1 节）,但第 122 条的命令并不包括。

22.10　对不满 21 岁的罪犯的羁押

不满 21 岁的罪犯不可以被判决监禁。相反，基于其准确年龄，有四种羁押刑罚可以适用于这种罪犯。它们是：

（1）拘留于年轻罪犯教养院；
（2）根据 PCC（S）A 2000 第 91 条拘押；
（3）终身羁押；
（4）拘押和培训令。

用"年轻罪犯"这个短语来指代不满 21 岁的罪犯这一整体，将会更方便，虽然这一术语并未用于立法中。

如 22.3 至 22.3.2 节中所描述的，现在已经有了一个制定法框架，一般地规定了羁押刑罚的标准和程序。它与适用于成年人一样，适用于年轻罪犯。

在对年轻罪犯量刑时，必须知道相关的日期以判定年龄，这样才能确定可以科处的刑罚以及任何羁押刑罚的长度。在 Satrkey [1994] Crim LR 380 案中，罪犯在被治安法官移送量刑和在皇室法院出庭等候判决之间时到了 18 岁。当法院判决他一年六个星期时他 18 岁，就出现了这个判决是否合法的问题，当时对 17 岁未成年人的法定最高刑期是十八个月。上诉法院裁定，相关日期是定罪的日期，当时他 17 岁，结果刑罚不得不被削减至十八个月。

22.10.1　拘押在年轻罪犯教养院的刑罚

拘押在年轻罪犯教养院仅限于对 18、19 和 20 岁的罪犯。就未成年人而言，它已经被拘押和培训令所替代（见 22.10.5 节）。被拘押在年轻罪犯教养院的刑期决不能超过可以对 21 岁或 21 岁以上的罪犯判处的最高监禁刑期。最低期限是二十一天。

22.10.2 根据《2000年刑事法院（量刑）权力法》第91条的拘押刑罚

当罪行应当被判处比上一节所描述的更长的羁押刑罚时，法院可以根据第91条考虑刑罚。这种刑罚，虽然不像过去那样罕见，但只构成以理论上可以通过这种方式处理的罪行被判决的未成年人数目的很少一部分。适合第91条刑罚的条件是罪犯必须是年龄在10至17岁（包括两端），以起诉书被宣告下列的罪行有罪：

(1) 在成年人的案件中可以判处至少十四年监禁的犯罪；或者

(2) 对妇女的猥亵攻击（违反《1956年性犯罪法》第14条）；或者

(3)（当罪犯为14至17岁，包括14和17岁时）危险驾驶造成死亡（根据《1988年道路交通法》第1条）或者受毒品或者饮酒影响疏忽驾驶导致死亡（根据《1988年道路交通法》第3A条）。

法院的观点必须是其他任何处理未成年人的方式（包括拘押和培训令）都不适当。刑罚的期间可以高至对该罪行可以判处的最高监禁刑期。在服刑时，罪犯根据内务部指令被羁押。这可能意味着他被安置在年轻罪犯教养院，但根据他的年龄和需要，内务部可以指令他去精神病院或甚至允许他住在社区家庭中。根据假释委员会的建议，内务部可以在刑罚的任何阶段释放第91条规定下的被羁押人。然后他基于法院通过的刑期的剩余部分的执照生活。有关第91条判决的服刑条款和释放条款均意味着该刑罚要比拘押在年轻罪犯教养院的刑罚灵活得多。上诉法院就案件应当被判处第91条刑罚的情形发布了指南（见10.1节）。

要注意，还押羁押（或羁押在地方当局安全处所）的时间可以与根据第91条科处的刑罚相抵，其他羁押刑罚也同样如此。

第91条实施的重要限制是分款要求罪犯必须是以起诉书被定罪。如10.1节中所释，少年法院几乎总是自动倾向于对未成年人进行简易审判，而不考虑他是否应当被移送审判以选择比他们科处的更严厉的刑罚。在确定第91条下的刑罚长度时，法院必须遵守PCC（S）A 2000

第 80 条的规定（见 22.6 节）。罪行严重性和（暴力和性犯罪）对公众的保护将因此决定刑罚的长度。另外法官必须意识到，一个例如说五年的刑期对于年轻人则可能是个劫难。因此，对年轻人判处比岁数更大一些的罪犯因相似犯罪而被定罪的适当刑期短得多的刑罚，是很适当的（见 Storey［1984］Crim LR 438）。

以谋杀罪被定罪的罪犯，如果在实施犯罪时未满 18 岁，必须被判决在女王愿意的期间内被拘押：PCC（S）A 2000 第 90 条。从意图和目的来说，这种判决的效果与第 91 条规定的终身羁押完全相同。此分款的一个独特之处在于相关的考虑因素是罪犯实施犯罪时，而不是判决时的年龄。这一明显独特的原因是，在存在死刑的时期，规则是只有那些在杀人时年龄超过 18 岁的人才能被绞死，而在女王愿意的期间被拘押是给予年轻谋杀者的一种替代。

22.10.3　终身羁押

对 18 至 20 岁的罪犯来说，这等同于对年龄更大的罪犯的终身监禁。PCC（S）A 2000 第 94 条规定，已满 18 岁但不满 21 岁的罪犯，如果被定罪的犯罪可以判处终身监禁，他可以被判处终身羁押。如 22.7 节所释，终身刑罚并非是适用于绝对最严重的犯罪的适当刑期，而只是一种处理由于精神不稳定，如果让他在外会对公众构成危险的罪犯的一种方式。在没有性格失常、精神疾病或者类似的证据时，法院应当通过与他的罪行严重性相当的固定期间，而非终身的刑期。适用于监禁的原则同样适用于终身羁押（见 Turton（1986）8 Cr App R（S）174）。对于谋杀，如果罪犯不足 21 岁，存在强制性的终身羁押，除非他实施犯罪时不满 18 岁，在这种情况下刑罚是在女王愿意的期间被拘留（第 94 条）。

被判处终身羁押的罪犯必须被拘押在年轻罪犯教养院中，除非内务部有不同指令。

22.10.4　拘押和培训令

拘押和培训令现在对年轻罪犯来说是羁押刑罚的标准形式。其适用范围可向下延伸至那些 10 岁的年轻人。这是因 PCC（S）A 2000 第 79~81 条之目的而判处的羁押刑罚，法院在作出这样一个命令之前，必须确信羁押的门槛已经达到（见 21.1 节）。此外，在罪犯被定罪时年龄不足 15 岁的案件中，除非法院确信他是"一个屡教不改的罪犯"，否则不可以作出拘押和培训令。进一步地，如果罪犯在被宣告有罪时年龄不满 12 岁，法院只有在确信"只有羁押刑罚才能充分地保护公众不受他进一步犯罪的伤害"时，才能通过这样的命令。（对年龄为 10 岁或 11 岁的罪犯通过拘押和培训令的权力，无论如何都要取决于国务秘书的进一步命令。）

命令的期限由第 101 条调整，该条款规定期限应是四、六、八、十、十二、十八或者二十四个月。看起来第 101 条规定的期间都可以由少年法院（和皇室法院）判处，最高至二十四个月：Medway Crown Court ex p A (1999)，《泰晤士报》，1999 年 6 月 30 日。该案涉及安全培训令，但地区法院清楚地指出，同样的推理适用于拘押和培训令。

无论判处的刑期多少，其中的一半要在羁押、拘押和培训中度过。当这一部分结束后，接着的是在缓刑官、社工或者年轻人量刑组成员主持下的监督期，直至刑罚结束。

22.11　从羁押中释放

如果被判处监禁的罪犯在等候审判或判决期间，全部或部分期间被羁押，那么他在羁押中度过的时间将在监禁刑罚的服刑中被扣除，除非他例如因为早前的监禁判决而必须被羁押（《1967 年刑事司法法》第 67 条）。

接着，这一规则还规范罪犯羁押刑期开始的有效日期。最近以来，他必须服完的刑期受制于包含"赦免"、"假释"、"执照"和"提前释放"等相关但又不同的概念的一系列规则。换句话说，在法院宣布的刑罚不是罪犯将被拘留多长时间的最终定论。这要由有关提前释放的规则

第 22 章　羁押刑罚

来决定，无论规则的名称是什么。

在 CJA 1990 之前，决定要服的刑罚期限的关键因素是（1）赦免；和（2）假释。每一名被判处十二个月或十二个月以下的罪犯都受到一半的赦免；每一名被判处十二个月以上的罪犯受到三分之一的赦免。只有因为违反监狱纪律的犯罪才能被取消赦免。另一方面，假释则是完全自由裁量的，只有在假释委员会根据内务部的最终决定考虑之后才能给予。假释在罪犯已服刑六个月或者三分之一的刑罚时才有可能，以两者中晚者为准。一旦被假释释放，囚犯要受他执照中指定的条件的制约，包括受缓刑官监督。如果罪犯因可监禁罪被定罪，皇室法院可以撤销罪犯的执照，同时也可因违反执照条件而被内政大臣撤销。

假释和赦免的体系被《1991 年刑事司法法》废除，代之以一套统一地对所有囚犯都适用的"提前释放"体系，通常是以执照释放。

规则现在规定于 PCC（S）A 2000 中，概括来说：

（1）被判决十二个月以下的囚犯要服一半的刑期。然后他们被"无条件"释放（但实践中由 PCC（S）A 2000 第 116（2）条规定的条件，见 22.11.1 节）。

（2）被判决十二个月以上四年以下的囚犯也服一半的刑期。他们然后会被以执照释放，受缓刑部的监督。执照和监督将在判决的四分之三时失效（但还是要注意第 116（2）条的效果，见 22.11.1 节）。

（3）刑期在四年或四年以上的长刑期囚犯，必须服完刑期的一半至三分之二，取决于假释委员会向内务部建议以执照释放。这种囚犯无论何时被释放，他的执照都将继续有效并且受缓刑服务部的监督，直到刑期的四分之三时（与第（2）类中的人相同），而且此后他将继续处于第 116（2）条的危险之下（见 22.11.1 节）。

（4）自由裁量的终身监禁囚犯（实际上即那些因谋杀以外的犯罪被判终身刑罚的）的释放日期，要在量刑法院决定的期间失效以后由假释委员会考虑，尤其要考虑到犯罪的严重性。假释委员会如果认为限制囚犯的自由对保护公众来说不再必要，则可以决定在法院指定的日期之后将其释放。如果他被释放，也必须是以执照的形式，而且余生都受缓刑服务部的监督。

（5）对于强制性终身监禁囚犯（即以谋杀被宣告有罪的），内务部在接到假释委员会的以执照和受监督的方式释放囚犯的建议时，有决定何时释放的自由裁量权。虽然内政大臣必须与大法官和审判法官（如果可以）商量，但他有最终决定权。

22.11.1 随后定罪或者违反执照

被释放的囚犯，无论是短期还是长期的，都受制于PCC（S）A 2000第116（2）条的运行。如果他"在他本来（如果不是因为释放）应该服完其全部刑期的那日之前"实施了一项可监禁的犯罪，那么对他量刑的法院可以命令他回到监狱以服完剩下的刑期。此命令可以附加在因进一步犯罪而对他判处的任何刑罚。即使他的执照已经失效，他还是有面临这种命令的危险。换句话说，第116（2）条在法院对最初的犯罪宣布的刑罚最终结束之前都可被适用。

22.11.2 性罪犯

性罪犯在监督方面要受到更广泛的条款制约。当法院有指令时，他们受到的监督将直至刑罚结束，而不仅仅是到四分之三时（PCC（S）A 2000第117条）。此外，如果罪犯因为违反执照条件而被重新召进监狱时，他将一直在那里呆到刑罚结束，而不是四分之三时。

22.11.3 还押的时间

在很多案件中，囚犯在量刑前会被还押羁押。根据《1967年刑事司法法》第67条，这些时间要在将服的刑期中减去。在计算判处的刑期是否已经服了一半、三分之二还是四分之三时，这些还押时间要被计算在内。

第 23 章　非羁押刑罚

第 22 章讨论了法院可以判处的羁押刑罚的范围。但绝大多数罪犯都是用羁押以外的方式被处理的。这一章主要涉及非监禁选择。

本章首先讨论有关社区刑罚的一般性问题（23.1 节），然后更细致地讨论各种社区刑罚，随后是关于经济刑罚和法院可以作出的其他命令的范围。

23.1　社区刑罚

社区刑罚由一项或以上的社区令组成。PCC（S）A 2000 第 33（1）条对社区令予以了列举：

（1）社区改造令；

（2）社区惩罚令；

（3）社区惩罚和改造令；

（4）宵禁令；

（5）监督令；

(6) 出席中心令；

(7) 毒品治疗和测试令；

(8) 行动计划令；

(9) 戒毒令。

23.1.1 社区刑罚的正当理由

与羁押刑罚一样，对于判处社区刑罚也有门槛的要求。但和判处羁押刑罚不一样的是（它可以建立在公众保护的基础上：见 21.3 节），社区刑罚的合理性基础只能是犯罪严重性（PCC（S）A 2000 第 35（1）条）。法院必须考虑"罪行、或罪行和与相关的一项或一项以上罪行结合"的严重性，这与第 79（2）（a）条规定的有关羁押的要求相同：见 21.4 节。

23.1.2 社区刑罚的目标

一旦法院决定犯罪（连同与之相关的罪行）超过判处社区刑罚的门槛，那么 PCC（S）A 2000 第 35（3）条就开始发生作用。它要求法院在选择适当的社区令时必须达到两个目标。第一，命令科处的对自由的限制必须"与罪行严重性成比例"。第二，刑罚必须"对罪犯来说是最合适的"。

23.1.3 量刑前报告

量刑前报告取代了社会调查报告。根据 PCC（S）A 2000 第 36（5）条，只要法院考虑判处以下命令，量刑前报告即为强制性的：

(1) 社区改造令，如果它包括 PCC（S）A 2000 附件 2 授权的额外要求；

(2) 社区惩罚令；

(3) 社区惩罚和改造令；

(4) 包含 PCC（S）A 2000 附件 6 规定的要求的监督令。

但是，如果量刑的法院认为"没有必要"，而且罪犯年龄是 18 岁或

18 岁以上（第 81（2）条）时，它也可以免除量刑前报告。另一方面，对于年龄不满 18 岁的罪犯，法院必须看到量刑前报告，除非其中的一项犯罪是只能以起诉书审判的并且法院认为没有必要。

无论如何，法院在决定社区刑罚是否合理以及应当判处哪种命令之前，必须"考虑所有它能够获得的关于犯罪的情况（包括任何加重或减免情节）的信息"（这一条款也与有关羁押刑罚的相同）。在履行这一职责时，法院无疑会常常获得量刑前报告，即使这不是它的法定义务。

23.1.4 对特定社区刑罚的同意

1997 年之前，在法院科处特定的社区刑罚前，必须要取得罪犯的同意。《1997 年犯罪（刑罚）法》改变了这种形势。该法废除了对社区刑罚必须同意的要求，除非法院判处：

（1）作为缓刑令的一部分，要求对酒精和毒品的依赖进行治疗；或者

（2）在缓刑令或监督令中，如果罪犯年龄为 14 岁或 14 岁以上，要求对精神状况进行治疗。

如果罪犯拒绝同意，法院可以判处羁押刑罚。法院决定这么做不需要建立在罪行严重性或公众保护这种惯常的基础上，因为在这种情况下判处羁押刑罚构成了通常必须要在这两个理由中找到正当性的例外（PCC（S）A 2000 第 79（3）条）。

23.1.5 结合社区刑罚

法院可以结合任何两项社区刑罚，并可以附加罚金或赔偿令。这一更加灵活的方式由 CJA 1999 引进。在此之前，对于结合不同的命令有很多限制。

23.2 社区改造令

与社区改造令有关的主要法律条款是 PCC（S）A 2000 第 80 条。

它仅限于对16岁或16岁以上的罪犯适用。在遵守以上列举的门槛和程序性限制的前提下,法院可以对一个罪犯施以六个月至三年期间的社区改造令。其效果是罪犯必须接受缓刑官的监督并与他保持联系。

社区改造令的目的是(根据PCC(S)A 2000第41条):

(1) 使罪犯改过自新;或

(2) 保护公众或者阻止其实施更多犯罪。

23.2.1 社区改造令的要求

命令中的一项内在要求是罪犯要受缓刑官的监督,并在他规定的时间内拜访他。安排来监督罪犯的官员是被指定或附属于他居住的小审判区的其中一个官员,而这一地区的治安法院——负有一定的与命令的执行相关的责任——被称为"监督法院"。

社区改造令被赋有标准的条件。它们要求罪犯:

(1) 举止良好并过着勤勉的生活;

(2) 在地址或雇用情况有任何变化时,马上通知缓刑官;

(3) 遵守缓刑官关于向他汇报并在家接受随访的指令。

以上的标准条件是非法定的。此外,法院还可以判处以下一项或一项以上的额外要求(PCC(S)A 2000附件2):

(1) 住所要求。在考虑了罪犯的家庭环境之后,法院可以要求他与特定人或在特定地址居住。有关住所要求的一种尤其有用的方式是将罪犯送到一处由内政大臣批准的招待所中,那里的环境和可以提供的支持能够帮助他不再惹麻烦。罪犯必须在招待所居住的时间应当在命令中指定。

(2) 治疗要求。如果有合格的医疗执业者出具的证据(口头或书面)能够证明罪犯正在遭受精神疾病需要治疗但又不足以发布医院令(见23.22节)时,法院可以要求他接受适当的治疗,作为医院或精神护理所的住院病人,也可以作为命令中指定机构的门诊病人,或者作为有相应资格或执照的心理医生的病人。他要接受治疗的时间在命令中指定,并且不能超出命令本身的期间。

对于向社区改造令中插入要求罪犯对毒品或酒精的依赖进行治疗的条件，也有一个法定的框架。法院必须确信这种依赖造成了当前的犯罪或对其有促进作用。另外，依赖必须是需要而且能够治疗的。对于精神问题的治疗要求，法院必须确信已经为罪犯作出了安排，使他能够被执行治疗的机构接收。治疗的地点和期间必须指定。期间可以是命令的整个或部分期间。

（3）缓刑中心要求。缓刑中心是非住宿性的，但具有帮助罪犯改造的设施。这些设施必须经内政大臣批准。在咨询了缓刑官并确信可以安排罪犯出席特定中心之后，法院可以要求罪犯根据缓刑官的指示出席这一中心。罪犯必须到中心去的天数和日期由缓刑官而不是法院决定，但总数不能超过六十天而且日期必须是在命令的期间之内。出席中心的时间应当尽可能不与上学或工作的时间冲突。

如果罪犯以性犯罪被定罪，通常六十天出席缓刑中心的限制并不适用。在这种案件中，这个要求可以被扩延至命令的持续时间，但是法院必须指定需要出席的天数。

（4）活动要求。在咨询了缓刑官后，法院可以要求罪犯在指定地点向指定的人展现他自己和/或参加指定的活动。"指定"的含义是在命令中指定。与要求出席缓刑中心一样，罪犯必须有"展现他自己"或者"参加"的天数，根据案件的情况由缓刑官在最多六十天的时间内决定。同样，在罪犯实施性犯罪的案件中，这一条件不受六十天的限制。

（5）消极要求。法院可以要求罪犯在命令的整个期间，或部分期间，或期间内指定的日期内不得参加任何指定的活动。

23.3　社区惩罚令

法院在处理 16 岁或 16 岁以上实施了可监禁罪行的罪犯时，可以对他的案件作出社区惩罚令，即让他无偿为社区做工作的命令。命令可以在最少 40 小时和最多 240 小时的范围内确定工作时数。

法院有权作出社区惩罚令，必须满足五个条件（除对所有的社区刑罚的要求之外；见 23.1 节）：

(1) 罪犯必须以可监禁罪被定罪；

(2) 他的年龄必须达到 16 岁或 16 岁以上；

(3) 根据缓刑官或社工的报告，法院必须确信罪犯是适合于社区惩罚令的人；

(4) 法院必须确信可以作出安排让他在他居住的小开庭区内实施命令的工作。

除不能超出法律规定的 40～240 小时的限制外，法院在确定要履行的服务时数时有完全的自由裁量权。工作要根据罪犯居住的区域内的缓刑官的指令实施。通常，工作应当在十二个月内不与罪犯上学或工作冲突的时间内完成。

法院处理两项或两项以上犯罪的罪犯，可以就每一项罪行作出社区惩罚令。它还可以进一步命令每一个命令中指定的工作时间是同时的还是连续的，但在后一种情况下总的工作时数不能超过 240 小时（第 46 (8) 条）。

社区惩罚令作为羁押的"最后的"替代手段，其吸引力在于它真实地惩罚了罪犯，因为他要为无偿的工作失去空闲的时间。另一方面，如果他在工作过程中合作，那么与实施计划的那些人的接触真正可算是建设性的和有益的。显然，大多数罪犯做了被命令的工作，不必再回到法院被处罚款甚至因原来的罪行被判决，在这个意义上说，这个刑罚被认为是成功的。

23.4　社区惩罚和改造令

实际上，这一命令是社区改造令和社区惩罚令的混合。这一概念由 CJA 1991 引入，政府的目的是为法院提供一种量刑的选择，"特别适合于那些惯常的财产罪犯"（White Paper, *Crime, Justice and Protec-*

ting the Public（Cm 965）(London：HMSO，1990)。

在这一组合中，社区改造的成分至少要十二个月（而通常的最低限是六个月）。最大期限是三年。就社区惩罚要件而言，必须在 40～100 小时之间（通常的最高 240 小时）。关于此类命令必须牢记以下的要点：

（1）受 23.1.3 节中阐述的要求的限制，法院在判处此种命令之前，必须获取并考虑量刑前报告（PCC（S）A 2000 第 36（4）条）。

（2）罪犯年龄必须在 16 岁或 16 岁以上。

（3）犯罪必须可以判处监禁。

（4）法院在作出命令之前必须确信，这样有利于罪犯的改造、或者保护公众不受他的伤害，或者阻止他进一步犯罪（与社区改造令相同：见 23.2.1 节）。

（5）法院可以加入任何它可以在社区改造令中添加的额外要求，只要这些要求不妨碍命令中社区惩罚要件的实施。

（6）社区惩罚要件必须在命令作出之后的十二个月内完成。

社区改造令和社区惩罚令不能同时判处，即使是对单独的犯罪，除非以社区惩罚和改造令的形式（PCC（S）A 2000 第 35（2）条）。

23.5　宵禁令

宵禁令要求罪犯自命令作出之日起在不超过六个月期间的任一时期内，必须 2～12 个小时待在特定的地点（比如，家）。在白皮书《犯罪，司法和保护公众（Cm 965）》（伦敦：HMSO，1990）中，政府称：

> 宵禁有助于减少一些形式的犯罪，盗窃汽车和从汽车中盗窃、酒吧群殴和其他形式的骚乱。宵禁令可以用来使人们远离特定的地方，比如购物中心或酒吧，或者在晚上或周末让他们待在家中。

如白皮书中所指出，判处宵禁令不可阻止罪犯工作、参加培训课程或出席缓刑中心，或接受诸如滥用毒品的治疗。

只要在上述的限制范围之内，宵禁令可以对不同日期指定不同地点或不同的宵禁期间。命令必须指定在宵禁期间负责监督罪犯行踪的人。在判处宵禁令之前，必须获取并考虑量刑前报告（服从 23.1.3 节中提出的要求）。法院必须获得关于罪犯将被限制的地点的信息，包括可能因他的强制出现而受影响的任何人的态度的信息（第 12（6）条）。

宵禁令可以包括要求电子监控，以检查罪犯在宵禁期间的行踪（第 13 条）。只有在被讨论的地区有电子监控系统运行时，方能科加这种要求。

23.6 社区刑罚的违反、撤销和修改

PCC（S）A 2000 附件 3 讨论了社区改造令、社区惩罚令、宵禁令和社区惩罚和改造令的违反、撤销和修改（对于有关监督和出席中心令的相关立场，见 23.7 及 23.8 节）。

如果违反了其中的一个命令（即未能遵守命令的条件，并非实施进一步的犯罪），罪犯就被带到本地的治安法院出庭。然后法院必须考虑的问题是：他是否在没有合理理由的情况下未能遵守命令中的要求？如果是，治安法院就可以采取以下的处理方式之一：

（1）判处最高 1 000 英镑的罚金。

（2）判处最高 60 小时的社区惩罚令。

（3）如果罪犯违反社区改造令，则下发出席中心令。

（4）如果原来的命令是皇室法院科处的，则将他在羁押中或保释后移交至皇室法院。

（5）如果原来的命令是由治安法院作出的，则撤销命令并就原来的罪行对其进行处理，以他刚被定罪时能处理的方式处理他。

如果治安法官的处理方式是（1）、（2）或（3），那么命令可以继续有效。如果决定的方式是（4），则原命令是否终止等候皇室法院的决定。如果治安法官的选择是（5），那么命令停止生效，法院重新判决。

在这么做时，法院必须考虑罪犯对原来的命令已经遵守的范围。例如，如果他已经履行了 50 小时的社区服务，那么新的判决必须对此给予肯定。无论如何，法院都有可能（虽然不是确定的）考虑羁押刑罚，因为它已经决定，违反命令的行为严重得足以撤销原命令并重新判决。它有权（但不是必须）设想罪犯已经对要求同意的社区刑罚拒绝同意——因此为通过 PCC（S）A 2000 第 79（3）条下的羁押刑铺平了道路。

另一方面，假设治安法官决定选择（4）。这样案件将会在不久以后来到皇室法院。皇室法院可以自行决定适用（1）至（3）的各选项。作为替代，它也可以撤销命令，并以罪犯刚因犯罪被定罪时皇室法院可以处理他的任何方式处理他。

撤销应与违反区别开来。社区令可以因为违反被撤销（例如在上述（5）中）。但更普遍的是法院可以撤销命令，如果这么做符合正义。这可能是简单的撤销（例如因为罪犯良好的进步），也可能是伴随对原犯罪重新量刑的撤销。进一步实施犯罪可能，但不一定，会导致这种方式的撤销和重新量刑。

如果法院真的撤销并重新判决，法院必须对罪犯已经遵守的原命令的部分给予肯定。如果原命令是皇室法院作出的，治安法官应当将受到重新判决的罪犯，以保释或者羁押的方式移送至皇室法院。如果治安法院重新量刑，他们将被限于以罪犯刚被他们定罪时的处理方式处理他。皇室法院如果重新量刑，也要以他刚因犯罪被定罪时的方式来处理他。

任何社区刑罚都可以被修改。作出这种决定可能是因为考虑到罪犯环境的变化，例如他的居住地区、治疗的成功、身体欠佳。

23.7　监督令

皇室法院或者少年法院在就某项犯罪处理一名年轻人时，可以作出监督令（PCC（S）A 2000 第 63 条）。即使所涉及的犯罪是非可监禁的，也存在作出监督令的权力。受提前释放的制约，命令可持续三年或者法院指定的更短的期间（第 63（7）条）。监督者要在命令中指定，通常是罪犯居住的区域内的地方当局，虽然也可能是缓刑官（第 63 条）。"建议、帮助和亲近"被监督者是监督者的职责（第 64 条）。如果地方当局是监督者，它通过社工来完成其职责。命令可能包含适当的条款帮助监督者实施其职责（例如，当被要求时被监督者拜访监督者的条款）。另外，法院可以在命令中包括一项或一项以上范围广泛的要求。其中的一些要求（比如，与指定的某人共同居住或者接受精神问题的治疗）与插入缓刑令中的要求类似（见 23.2.1 节）。另一些则为监督令特有。具体来说，法院可以科以中间治疗的要求，其效果是最长至九十天，监督者自由裁量地指令被监督者参加指定的活动，和/或在特定地点向指定的人报告，和/或居住在特定地点。这样，被监督者可能被送开离家最长达九十天（例如，送至社区家庭或者冒险度假或者参加有用的培训课程）。因此，附有中间治疗要求的监督令，实际上介于普通的监督令和照顾令之间。

监督令明显与社区改造令相似，尽管前者适用于更年轻的人群（监督令适用于年龄不满 18 岁的罪犯，而社区改造令适用于年龄满 16 岁的罪犯）。

对违反监督令的制裁有：

（1）支付不高于 1 000 英镑的罚金；

（2）宵禁令；

（3）出席中心令；

（4）如果监督令是由相关的法院作出的，它可以撤销命令并就命令据以作出的罪行处理罪犯，以如果命令没有作出，法院会以作出命令的罪行可被处理的任何方式来处理；

（5）如果监督令由皇室法院作出，相关法院可以以羁押或者保释释放将罪犯移送至皇室法院出庭。

不管是否存在对监督要求的违反，法院都要很大的自由裁量权撤销命令，或者将其撤销并代之以照顾令，或者变更或对原有的要求添加新的要求。因此，如果被监督者有着很好的进步，法院可以在命令失效日期之前将其撤销，或者在相反的情况下，它可以通过，例如包括要求中间治疗，或甚至撤销命令并将被监督者置于看管之下来加强命令。上述条款包括在 PCC（S）A 2000 附件 7 中。

向法院申请撤销或变更命令或者代之以照顾令，是监督者的首要职责，尽管被监督者也有权利申请。执行监督令并将任何对要求的违反提请法院注意，完全是监督者的责任。被监督者不满 18 岁时，接受申请的法院必须是少年法院，而其他案件则向治安法院提出申请。

与下列事项相关的要求可能被包括在监督令中（见 PCC（S）A 2000 附件 6）：

（1）居住地。被监督者可能被要求与一名同意所提出要求的指定人一起居住。作为一种替代，他可能被要求居住在地方当局提供的住所。

（2）精神治疗。被监督者可能会因不足以保证发布医院令的精神问题，被要求接受治疗。

（3）中间治疗。被监督者可能被要求遵守由监督者作出的指令，以便使他居住在某个地点和/或在某个地点向指定的人汇报和/或参加指定的活动。作出什么样的指令，如果有的话，完全由监督者自行决定，但相关指令不能超过九十天（或者监督令中指定的更少的天数）。

（4）法院指定的中间治疗。就监督者根据上述第（3）项可以给出的任何指令，法院可以自身指定并将它作为监督令的一项/数项要求包括在监督令中。因此，法院可以指定被监督者应当在何处居住或者他应当参加哪些活动。由于下述第（5）条，指令可以涉及最高九十天。如果法院提出包括作为通过羁押刑罚的替代方式的要求时，它应当在公开法庭上说明情况就是如此，并应当在监督令中证明。如果被监督者违反了任何要求，即使他仍不满 18 岁，也要因原来的犯罪被判决。

（5）夜间限制。在晚上 6 点至早上 6 点的指定期间内，被监督者被要求待在监督令中指定的地点，或者在指定的数个地点的其中之一。指定地点之一必须是他的家。夜间限制不能要求被监督者在任何一个晚上在指定地点停留超过10个小时；也不可以总共超过30个夜晚；并且不能在监督令作出之后的三个月之后的夜晚。如果法院作出上述第（4）项的要求和夜间限制，受要求影响的天数总共不能超过九十天。在夜间限制执行期间，只有在父母、监督者或者监督令中指定的其他人的陪同下，被监督者才能离开指定的地点。

（6）教育要求。在被监督者接受义务教育时段，他可以被要求遵守由其父母制定的为其教育作出的安排。安排必须得到当地教育主管机关的批准，法院在作出这项要求之前必须与其咨询。

（7）消极要求。在命令的整个期间，或者部分期间，或者期间中指定的日期内，被监督者可能被要求不能参加监督令中指定的活动。

上述（4）、（5）、（6）中描述的要求可以不与普通的中间治疗要求结合。只有法院首先咨询了监督者，并确信这些要求是阻止罪犯再犯所必需的，并且保证其遵守这些要求是可行的，这些要求才能被包括在命令中。

23.8 出席中心令

治安法院自1948年以后就有权力作出出席中心令。对此问题的当前立法由 PCC（S）A 2000 第60条和第62条规定。第62（2）条将出席中心定义为不满21岁的罪犯"可以被要求出席并在监督下提供适当的工作或指导"的地方。大多数中心在星期六下午开放，并由警察在空闲时间在诸如学校或年轻俱乐部的地方举办。一般地，罪犯会被要求在一个中心出席六次两小时的时间段，在此时间内他会受到严格的纪律控制并参加一些诸如身体训练和手工制作等方面的活动。其目的不仅是通过剥夺罪犯的空闲时间对其进行惩罚，而且是鼓励他一旦再有空闲时更

第 23 章 非羁押刑罚

有建设性地利用它。大多数出席中心是为 17 岁以下的男孩开设的，但近年来已开始努力为 17 岁以上 20 岁以下的男子和女孩提供更多的中心。

法院处理不满 21 岁可监禁罪行的罪犯，如果被通知有适合的中心可以让罪犯参加，它可以作出出席中心令。这对出席中心令的作出构成了一个重要的限制，因为必须在命令中指定的出席的中心，应当离罪犯居住的地方有段合理的距离，这就可能在他或她居住地的附近没有一个对他或她的年龄段和性别开放的中心。

出席中心令同样可由皇室法院、少年法院和治安法院作出，除了治安法院不能就未成年人作出这种命令。

罪犯必须出席的小时数在命令中确定。必须至少是 12 个小时，除了在小于 14 岁的人的情况下，如果 12 个小时过多则法院可以命令少于这一数字（第 60（3）条）。这一时间也不能超过 12 个小时，除非法院在所有情况下都将认为 12 个小时不适当。在这种情况下最多可以为 24 小时，罪犯为 16～20 岁之间时可以出席 16～36 个小时（第 60（4）条）。当法院因两项或两项以上犯罪以出席中心令的方式处理罪犯时，应当是命令中确定的总小时数不低于下限而不高于上限。命令指定罪犯第一次参加出席中心的时间，以后的时间则由主管人员确定。罪犯不能被要求一天出席的次数超过一次，或者一次超过 3 小时（第 60（10）条）。未能按照命令出席可能导致命令被撤销，罪犯会因命令据以作出的犯罪在作出命令的法院按照原本可以处理的任何方式处理（第 5 章）。如果罪犯出席但行为不良，这也同样适用。在以原来的罪行处理罪犯时，法院必须考虑罪犯已经遵守的出席中心令的范围。

作为废止出席中心令的一种替代方式，法院可以决定命令继续有效，但科处不超过 1 000 英镑的罚金。

出席中心令不仅可以在对罪行量刑时作出，而且可以在处理不满 21 岁的人拖欠罚金或违反缓刑或监督令中的要求时作出（见 PCC（S）A 2000 第 60（1）（b）条和 附件 7 第 4 节）。

23.9　毒品治疗和测试令及戒毒令

　　法院在处理年龄 16 岁或 16 岁以上的罪犯时，可以判处毒品治疗和测试令（PCC（S）A 2000 第 52 条至第 55 条）。在作出毒品治疗和测试令之前，法院必须确信罪犯已经对毒品依赖或者有滥用的倾向，而且这种依赖需要并且可以治疗。如其名称所暗示，命令有治疗的因素（清除依赖或倾向）和测试（确定罪犯体内是否含有毒品）。有条款规定必须每月对罪犯的进展进行审查，命令总共需持续六个月至三年时间。这是一项社区刑罚，也必须受与此类判决相关的条款制约，例如关于科处的阈限、违反的刑罚等（见 23.1 节）。

　　根据 PCC（S）A 2000 第 58A 条，法院可以对特定的 18 岁或 18 岁以上的罪犯判处"戒毒令"。命令要求罪犯戒绝使用一级毒品，并在负责的官员要求时提供样本确定他体内是否还有此类毒品。只有法院认为罪犯"依赖于或有倾向滥用"指定的一级毒品时，此命令才能作出。另外，罪犯被判处的罪行必须是一系列罪行之一，这些罪行包括主要欺诈犯罪的大多数以及与持有和提供毒品有关的犯罪。命令可以持续六个月至三年的期间。同样，戒毒令也是一种社区刑罚，受适用于此类刑罚的条款制约。

23.10　活动计划令

　　这是一项社区刑罚，受 23.1 节指出的对此类刑罚的一般性条款的制约。它可以适用于被少年法院或皇室法院定罪的未成年人。它要求罪犯在三个月的期间内遵守一项活动计划，其中对他的行动和行踪有一定的要求。在命令的期间内，罪犯受缓刑官的监督。PCC（S）A 2000 第 69 至 71 条对这一命令予以了规定。

23.11　补偿令

补偿令要求罪犯对被害人或者受罪行"其他影响"的人作出补偿。这不是社区刑罚,因此也不受与此类刑罚相关的一般条款的制约,例如关于判决的门槛。该补偿由最多 24 小时的一定量的工作构成(细节见 PCC(S)A 2000 第 73 条和第 74 条)。

23.12　抚育令

皇室法院和少年法院有权力在未成年罪犯被宣告任何罪有罪时,对其父母或监护人科处此种命令。命令的期间最长可至十二个月,并可以对涉及的父母在这一期间提出某些要求,例如确保孩子每天上学放学有人陪同、并在每天晚上的某个时段将其看守在家中。无论如何,命令必须包括一项父母必须参加指定的咨询或指引课程的要求。此命令由《1998 年犯罪和骚乱法》第 8~10 条引入。

23.13　罚金

罚金是迄今为止对简易罪行判处的最普遍的刑罚。另外,它也是对可任意方式审判的犯罪适用的最频繁的刑罚。以下的段落首先讨论不同的法院就不同的罪行和罪犯可以判处的最高罚金(23.13.1 节);然后讨论法院对个体罪犯决定罚金数量的方式(23.13.2 节);接着描述获取罚金的可行性,包括拖欠时的监禁(23.13.3 至 23.13.5 节);最后考虑了罚金与其他形式的处罚结合这一问题(23.13.6 节)。

从罪犯的观点来看,罚金不是可以判处的唯一的经济惩罚令。向被害人赔偿的命令,或者归还、充公、没收的命令都有类似的效果(见23.18 至 23.20 节)。

23.13.1 最高罚金

皇室法院对以起诉书定罪的或依据 PCC(S)A 2000 第 3 条被移交量刑的罪犯可以判处的罚金数量,没有法定的限制。在可以任意方式审判的罪行被简易定罪后,一般来说,治安法院可以判处最高 5 000 英镑的罚金(更多细节见 11.1 节)。对于简易罪行,可判处的最高罚金可参照《罚金标准范围》规定的数量。绝大多数的简易罪行被划为第一级罪行,或第二级罪行,依此类推直至第五级罪行。对每一级别,标准范围都指出了治安法官可以命令罪犯偿付的最高罚金数量。但没有什么能够阻止议会忽略标准范围并用直接的金钱数目确定罚金(例如,如果它希望治安法官有权力判处严厉的处罚,可以大大超出标准范围中规定的最大数额)。使用标准范围的一个好处是内务部可以依据纸币价值的变化,用制定法的工具来变更范围中指定的数额,而不必修改立法由议会通过。以前存在一个反复发生的问题,由大量创设简易罪行的制定法规定的最高罚金随着通货膨胀的飞速发展而变得不切实际的低,议会没有时间修正每一条款以使最高罚金能达到它原有的水平。

相关的最高数额如下:

范围中的级别	罚金数额
1	200 英镑
2	500 英镑
3	1 000 英镑
4	2 500 英镑
5	5 000 英镑

目前标准范围中的最高数额与"规定的数额"相应(即同样可由内务部变更的,由治安法官对根据《1980 年治安法院法》附件 1 所列的可任意方式审判的罪行定罪后可以判处的最高罚金)。对于规定的数额为什么必须与标准范围的第五级数额相同,没有理由。但如果议会希望

与规定的数额相同的对简易定罪（无论是以简易罪行还是不在附件1罗列范围的可任意方式审判的罪行）可判处的最高罚金应当时时变更，那它只是规定了罚金不能够超过"法定的最高额"。

当18岁以下的罪犯在治安法院或少年法院被判处罚金时，最高额是1 000英镑。对14岁以下人的限制是250英镑。皇室法院可以对未成年人判处的罚金数额，没有法定的限制。

23.13.2 决定罚金数额

法院在决定要判处的罚金数额时要采取一系列的步骤。第一步是决定多少罚金能够反映犯罪的严重性（PCC（S）A 2000第128条），包括任何与犯罪本身相关的加重和减免情节。第二，应当考虑任何与罪犯个人有关的减免情节（第158条）。然后法院应当考虑罪犯的经济条件，并作出适当的调整（第128（3）条）。无论它是增加还是减少罚金数额，都必须做到这一点（第128（4）条）。后一制定法条款的效果是大大改变了CJA 1991生效之前的法律规定，当时的情况是如果罪犯身无分文，则应当减少罚金，但对富有的被告人则不应当增加罚金（Fairbairn（1980）2 Cr App R（S）315）。

在治安法官协会的《量刑指南（2000）》中规定了一些可能被以罚金方式处理的普通犯罪的指导性罚金。由此，对偷窃（但不是对入室行窃）和持有二级毒品（而不是一级毒品）规定了指导性罚金。《量刑指南（2000）》建议的作出决定的顺序如下。首先治安法官被建议考虑罪行的严重性，然后审查加重和减免情节以及对罪犯适当的减免。他们被告知在这个阶段考虑刑罚，并与建议的指南相比较。如果他们选择了不同级别的判决，则应当重新仔细地考虑原因。对及时的有罪答辩，要考虑给予折扣。然后他们决定判决。《量刑指南（2000）》基于除税金和国家保险金之外的每周净收入，并考虑其他相关的支出，规定了指导性的罚金。指导性罚金有三个级别，一、二和三，分别代表了周收入的一半、周收入和周收入的一点五倍。

虽然《量刑指南》只适用于治安法院，但决定作出过程的主要部分与皇室法院相同。

23.13.3 支付的时间

科处罚金的法院通常有责任给罪犯时间以支付罚金。甚至即使法院没有责任这么做，它也有允许时间的自由裁量权。法院可以拒绝给罪犯时间支付的唯一情形是：

(1) 罪行是可判监禁刑的，并且他看起来有钱立即偿付；或者

(2) 他没有固定居所或可能离开联合王国；或者

(3) 他已经在服监禁刑，或者在法院判处罚金同时给予了羁押刑罚（《1980年治安法院法》第82条）。

法院可以命令对罪犯搜身，以便将在他身上发现的钱用来支付罚金（PCC（S）A 2000 第 80（1）条）。当法院批准时间支付时，它要么指定一个期间，在此期间内罚金总额必须付清；或者规定用固定的分期付款方式支付罚金。在 Olliver（1989）11 Cr App R（S）10 案中，上诉法院称，两年时间绝不会太长，而在适当情况下三年也是可以接受的。但治安法官协会的《量刑指南（2000）》则称，"罚金在当天即可支付，而且总是应当要求罪犯即时支付。如果允许定期支付，则通常最长应当在12个月内付清"。

如果法院拒绝给予时间支付，罪犯又没有立即拿出钱来，则他将被移送至监狱，直至他支付或者他服完应服的刑期。部分支付导致刑期的相应减少（见23.13.4节）。如果批准了支付的时间，执行是治安法院的职责。当罚金是由皇室法院判处时，执行的治安法院在罚金令中被指定，或者是将罪犯移送审判或量刑的治安法院；当罚金是由治安法院判处时，该法院即为执行法院；在任何一种情况下，初始的执行法院都可以将责任转至罪犯居住地区的法院。如果罪犯意识到支付有困难，他可以向执行法院申请更多的支付时间。如果他未能支付（在最初命令的时间内或者他已经申请到的延长期间内），执行法院将传唤他出庭参加收入质询，并可为质询之目的命令他提供收入的陈述。在质询之后，治安法官可以在罚金判

处后的情况变化使他有理由这么做时赦免部分或全部罚金。如果罚金是由皇室法院判处的,他们需要征求该法院的同意。另一方面,如果治安法官认为拖欠者对未能支付负有责任且其他执行方式无法奏效时,他们可以发布令状将其移送至监狱。在为皇室法院罚金的情况下,刑期由皇室法院法官在拖欠时确定;而在为治安法院罚金的情况下,刑期为不超过《1980 年治安法院法》附件 4 中对当前罚金数额规定的最高刑期。如果已经作出了部分支付,则皇室法院法官确定的刑期或附件 4 规定的最高刑期应当相应减少。除将拖欠者立即送入监狱外,作为一种替代方式,治安法官可以在他遵守有关支付的指定条件的前提下暂缓发布令状。如果他随后未能遵守条件,则发布令状并在未进一步法院听审的情况下将拖欠者送至监狱。

关于罚金执行的法律规定被包括在《1980 年治安法院法》第 75~91 条和《1973 年刑事法院权力法》第 32 条中。对以上描述的基本执行体系存在几点变化。例如,执行法院可以发布抵偿令,将罪犯的财产没收并出售以筹集偿付罚金的金钱,或者它可以附加收入令,要求其雇主从他的工资中扣除金钱并支付给法院。还存在一种命令罪犯在缓刑官或其他合适的人的监督下支付罚金的权力。

23.13.4 拖欠时的监禁

在科处罚金的同时,皇室法院必须确定一个在未能支付的情况下需要服的监禁刑期。拖欠可以判处的最高刑期规定于 PCC(S)A 2000 第 139(4) 条的表中。在标准的下限,拖欠 200 英镑或 200 英镑以下的刑期不得超过七天;而在标准的上限,对于 100 万(!)英镑以上的罚金,刑期不得超过十年。毋庸置疑的是,后一个罚金数字实在是很罕见。Szrajber [1994] Crim LR 543 案清楚地指出,与每一级罚金相关的拖欠刑期都是最高刑期。在确定拖欠时应当服的刑期时,法院有自由裁量权并且通常会根据案件的实际情况,在本级别可适用的最高刑期和下一级别的最高刑期之间确定一个刑期。但应当注意到,当罪犯因数项犯罪被判处罚金时,皇室法院就每一罚金确定拖欠刑期,可以命令这些刑期应当连续服完,即使总刑期超过了对每一项罚金单项处罚时确定的刑期(见 Savundranayagan [1968] 1 WLR 1761)。法院还可以命令拖欠刑期与它或其他法院科处的任何羁押刑罚连续地服完。在罪犯超过 18 岁但不满 21 岁的情况下,法院不会确定拖欠的监禁刑期,但确定被拘押在年轻罪犯教养院的刑期。

当治安法院对一名罪犯处以罚金时,它无权确定拖欠刑期,除非情况是他没有获得支付的时间(《1980 年治安法院法》第 82(2)条)。如上所释,只有在例外的情况下才可以拒绝给予支付的时间。但如果法院可以命令立即偿付,那么无论它是否实际给予了支付的时间,它都可以确定拖欠刑期。《1980 年治安法院法》附件 4 中的一个表格规定了可以确定的最高刑期。

23.13.5　从收入支持中弥补罚金

根据《1991 年刑事司法法》第 24 条制定的条例,允许从罪犯的收入支持中减除由治安法院(但非皇室法院)科处的罚金。

23.13.6　罚金与另一刑罚结合

由于《1991 年刑事司法法》所带来的变化,法院有可能将经济刑罚与任何的社区刑罚结合在一起。此外,法院继续能够将罚金或赔偿令与立即执行的或缓期的羁押刑罚结合在一起,只要羁押刑罚与罪行的严重性相当,而且适当考虑了罪犯偿付罚金的方式。就缓期刑罚而言,法院被要求在科处缓期刑罚时,积极考虑案件的情形是否足以再判处罚金或者作出赔偿令(PCC(S)A 2000 第 118(5)条)。所以,缓期刑罚与经济刑罚的结合就可能被认为"有利的混合"——其目标显然是为了消除任何认为罪犯被从轻处罚了的想法。

第 23 章　非羁押刑罚

23.14　有条件的和绝对的释放

当因为一项罪行而处理一名罪犯的法院认为不适宜科加刑罚时，它可以命令将其无条件释放，或者以命令中指定的期间内不再犯罪的条件将其释放。指定的期间从命令作出之日起算，不得超过三年。有关释放的法律见 PCC（S）A 2000 第 12~15 条。

法院可以释放一名罪犯，无论其年龄大小，也不论其以什么原因被定罪（当然，法律没有确定刑罚）。针对一项犯罪的释放可以与辅助性命令结合，但不能与其他任何刑罚结合，虽然如果罪犯因一项以上犯罪被处理时，他可能因一项犯罪被释放，而因剩余的罪行被处理。实际上，一名罪犯因定罪的最严重罪行被判处实质性刑罚，而因其他较轻的罪行被有条件释放，这非常普遍。

绝对的释放对罪犯没有任何负面影响——它是一种完全的"宽恕"。因此，在技术上因一项犯罪而有罪，但对罪犯没有任何需谴责的案件中，这是合适的。如果一名罪犯被有条件地释放，而且在释放期间没有实施犯罪，他将再也不会因被释放的罪行（"原始罪行"）被判刑。如果在有条件释放期间又实施了一项犯罪，罪犯可能以原始犯罪和后来的犯罪一并被判决，在这种情况下释放停止生效；或者法院可能选择不对他就原始犯罪予以判决，这样他仍然受释放条件的制约。在作出有条件释放的决定时，法院应当向罪犯解释它的效果。

有条件释放与缓期刑罚有着一些共同之处，因为如果罪犯在释放期间没有实施犯罪，就不会对他科加任何实际的刑罚，就如在缓期刑罚执行期间没有实施可监禁罪行的罪犯一样，绝不再服监禁刑一样。但是，这两种处理罪犯的方式在其他方面有着明显的区别。具体来说，处理违反缓期刑罚的罪犯的法院，不能自己选择如何就罪犯被判刑的罪行对他予以量刑——本质上，法院要么激活，要么不激活之前他认为适合缓刑的监禁刑罚。另一方面，因为在有条件释放期间实施的犯罪被定罪，使得适当的法院有权就原始罪行对罪犯予以判决,一如他刚刚因此被定罪,因而法院有他能处置的完整的量刑选项。而且,违反缓期刑罚通常导致监禁刑期生效;而罪犯只是因后来的犯罪被判决同时允许有条件释放继续有效,在这个意义上,法院通常是忽略对有条件释放的违反。

23.15 具结悔过

现在可以比较方便地描述处理罪犯的另外两种方式——具结守法和具结保证等待判决。

首先,如果有材料使法院担心如果不采取措施阻止,会有违法行为发生,那么它可以命令一个人具结守法并行为检点。然后有关的人就必须写下保证(或具结)他将在一定时期内守法,否则就将被没收一定量的金钱。法院在命令具结时必须确定期间和数额。如果此人拒绝作出保证,他可因藐视法庭被投入监狱。如果他作出了保证但又违反,例如在相应期间内实施了诸如普通攻击的犯罪,让他具结的法院就可以命令没收指定金额的部分或全部。具结在本质上是一种预防性的司法措施,旨在避免将来的违法行为。如果一名罪犯因一项罪行,诸如偷窃被定罪,而再犯极不可能涉及暴力或干扰公众时,这样做就不适合。而在轻微的暴力案件中,尤其是邻里之间的争执,史密斯称被约翰攻击,而约翰称他被史密斯攻击,这就很适当,而且也是常见的。治安法官会象征性地敲敲他们的头,同时命令他们都具结在一年之内守法。具结还可能在罪行被另一种刑罚惩罚之后再被命令,或者替代其他任何刑罚,或者甚至在相关的人还没有被定罪的情况下被适用。因此,在史密斯和约翰的案件中,治安法官可以对其中的一人或者两人都宣布无罪但仍然命令他们都具结。另外一个普遍的现象是,对于一名被指控轻微违反公共秩序的被指控者(例如,可能导致惊慌、骚扰、或痛苦的威胁行为)答辩无罪,但在控方保证不对他提出不利的证据后同意具结。同样,具结要指定一笔金钱,如果违反要没收这笔金钱。甚至如果一名仅以证人的身份出庭（例如，一名宣称被另一名打猎者攻击的打猎怠工者）的人，也可能被具结。治安法官让一人具结守法的权力规定在《1980年治安法院法》第115条和《1361年治安法官法》中。皇室法院的类似权力由《1968年治安法官法》第1（7）条确认。

其次，如果罪犯同意，皇室法院（但非治安法院）在普通法上有权让他具结以等待判决——即没有被量刑而被释放，不过要写下保证书保证他将在某一天或通知他的某天出庭量刑，如果未能出现则要承受被罚没一笔指定的金钱的责任。如果法院只是想在对罪犯量刑之前休庭，那么更方便的做法是将其保释还押而非让其具结。类似地，如果法院想延期判决，根据 PCC（S）A 2000 它也有权力这么做（见20.7节）。具结等待判决的真正价值在于其附带的条件，而经常是希望如果罪犯遵守这些条件，就根本无需对他进行判决。

在 Hashman v UK [2000] Crim LR 185 案中，欧洲人权法院处理了两名申请人的申诉，他们因为吹号角并向猎物喊叫而搅黄了一场猎狐。他们被要求具结守法并举止良好。在向皇室法院上诉时，法院认为他们没有违法，但尽管如此他们还是被要求具结举止良好一年。欧洲法院认为这违犯了 ECHR 第10条所保证的表达自由。申请人进行的非暴力抗议是表达自由权利的一种行使。如果第10（2）条适用，就会合法地限制这一权利，但该条要求任何对表达自由的干涉，都必须"由法律规定"。所依据的法律必须是"确定的"，因为它必须"由充分精确的方式以使公民能够控制自己的行为"。"举止良好"这一短语（英国法将其定义为"在当时绝大多数公民的判断下是错误而非正确的行为"）太不精确，并没有就将来如何举止给申请人提供足够清晰的指引。因此，具结"举止良好"看起来与《公约》相抵触，除非对提到的良好举止能给出一些具体的定义。但这一决定并不影响具结守法的权力。

23.16 背书和取消驾驶资格

大多数道路交通犯罪都是可背书的，也就是说，除非有特殊的原因可以不这么做，法院都必须命令将犯罪被定罪的细节背书在罪犯的驾驶执照上。除非在背书命令作出时罪犯被取消了驾驶资格，与犯罪相适应的刑罚点数也被背书在执照上。饮酒/驾驶犯罪和危险驾驶致人死亡都要被强制性地取消驾驶资格至少一年（在后一种情况下为两年），除非有特殊原因可以不取消（或者被取消少于一年时间）。其他可背书罪行在法院的自由裁量权下也能取消驾驶资格。如果罪犯因可背书犯罪被定罪，而对该罪行的刑罚点数与其他任何已在执照上背书的点数相加总数为12或12以上，那么如果相关犯罪都是在三年之内实施的，他必须被取消至少六个月的驾驶资格，除非在考虑了所有情形后，法院认为不宜取消其驾驶资格（或者取消六个月以下）。

有关背书和取消驾驶资格的法律非常详尽，有些部分还很复杂，因此在本书的范围内只可能总结相关条款。最具重要性的是《1988年道路交通罪犯法》第34条和第35条以及该法案附件2。

23.16.1 罪犯驾驶执照的背书

应当背书的犯罪列举在《1988年道路交通罪犯法》附件2中，总共有30多条，但绝非所有与机动车相关的犯罪都是可背书的。例如在接到警察命令停车而没有停车，没有旧车性能测试证书，以及大多数与车辆状况有关的犯罪都是不可背书的。每一项可背书犯罪都包括一定数量的刑罚点数，其数量由《1988年道路交通罪犯法》附件2规定。下面的表格列出了最普遍的可背书罪行和它们的刑罚点数：

罪行	创设罪行的制定法	刑罚点数
因饮酒或吸毒身体不适时驾驶	RTA 1998，第4（1）条	3～11
呼吸、血液或尿液中有超量酒精时驾驶	RTA 1998，第5（1）（a）条	3～11
身体不适或酒精过量时掌管机动车	RTA 1998，第4（2）条及第5（1）（b）条	10
危险驾驶致人死亡	RTA 1998，第1条	3～11
危险驾驶	RTA 1998，第2条	3～11

第23章　非羁押刑罚

续前表

罪行	创设罪行的制定法	刑罚点数
疏忽驾驶	RTA 1998，第3条	3~9
在事故后未能停车或给出细节或报告事故	RTA 1998，第170条	5~10
超速	《1984年道路交通条例法》第89条	3~6
不遵守交通灯	RTA 1998，第36条	3
无证驾驶	RTA 1998，第103（1）（b）条	6
使用未保险机动车	RTA 1998，第143条	6~8

　　除非有特殊的原因，法院在处理可背书罪行的罪犯时必须命令将定罪的细节（即定罪日期、定罪法院、实施的罪行和科处的刑罚）背书在罪犯的执照上（《1988年道路交通罪犯法》第44条）。由于任何不背书的特殊原因都必须与犯罪的情形而非与罪犯有关，而且这种原因被定义得极其严格，因此对可背书犯罪的定罪几乎总是被背书。如果罪犯在背书时被取消了驾驶资格，取消资格的细节也必须背书，但没有刑罚点数——被取消资格被认为是一项充分的惩罚，无需再将罪犯置于"累计"条款下被进一步取消资格（见23.16.4节）。如果罪犯没有被取消资格，则适当的刑罚点数要被背书。《1988年道路交通罪犯法》附件2规定了刑罚点数的范围（例如，对疏忽驾驶和使用没有保险的机动车），法院在规定的范围内确定被背书的数字。如果罪犯因为同时实施两项或两项以上可背书犯罪而被定罪时，通常只就具有最高刑罚点数的罪行的点数予以背书（或者如果它们的刑罚点数相同，则仅背书其中一项罪行的点数）。因此，一名罪犯同时犯有擅取机动车辆（8点）、危险驾驶（3~11点）和使用无保险的机动车（6~8点），通常只会受到11点，而不是17~27点的刑罚点数。然而，根据《1988年道路交通罪犯法》第28（5）条，法院可以命令对同时实施的一项以上的犯罪的点数予以背书。

　　被指控可背书罪行的罪犯必须在听审前将他的执照送达或邮寄

至法院,或者在听审时带上它(《1988年道路交通罪犯法》第27条)。如果他被定罪,驾照要出示给法院,并且其中的任何背书在通过判决时都要被考虑在内。未能提供驾照是简易罪行,但是某人已经申请新的驾照但还没有收到是一项有效的辩护。在经过了规定的一段时间以后,驾照被背书的人可以申请颁发新的驾照,其中没有背书(《1988年道路交通罪犯法》第45(5)条)。如果背书是因为涉及强制性取消驾驶资格的饮酒/驾驶犯罪,期间为十一年(见下节),而在其他情况下为四年。如果罪犯没有被取消驾驶资格,期间从实施犯罪之日起算,如果被取消资格,则从被定罪之日起算。如果罪犯没有驾驶执照而法院命令背书记录,结果是他在四年或十一年的期间内可能获得的任何驾照都必须被适当地背书(第45(2)条)。

23.16.2 强制性取消驾驶资格

下列犯罪会导致强制性取消驾驶资格:

(1) 危险驾驶致人死亡,违反 RTA 1988 第 1 条;

(2) 危险驾驶,违反 RTA 1988 第 2 条;

(3) 因饮酒或吸毒身体不适时驾驶或企图驾驶,违反 RTA 1988 第 4(1) 条;

(4) 呼吸、血液或尿液中含有过量酒精时驾驶或企图驾驶,违反 RTA 1988 第 5(1)(a) 条;以及

(5) 未能提供为检测某人驾驶能力,或驾驶或企图驾驶时体内的酒精比例的样本,违反 RTA 1988 第 7(6) 条。

因一项可能导致强制性取消驾驶资格的犯罪而处理罪犯的法院必须取消其资格至少十二个月(在危险驾驶致人死亡的情况下为两年),除非有特殊的原因(《1988年道路交通罪犯法》第36条)。如果罪犯被宣告应被强制性取消驾驶资格的饮酒/驾驶罪有罪,并且此项犯罪是在之前同样的犯罪被定罪的十年之内实施的,则取消资格的最低期限上升至三年。在法院有权力取消驾驶资格时,对它可以命令取消的期限没有法

定限制，因此法院总是可以超过法定最低期限的期限取消罪犯驾驶资格。例如，在一个醉酒司机呼吸中的酒精含量超过法定最大值两倍的案件中，它很可能这样做。

任何不取消驾驶资格（或者取消低于普通的最低期限）的特殊理由必须与犯罪情形本身、而不是与罪犯的情形相关，且法院通常很不情愿认为特殊理由成立。因此，在 Jackson［1970］1 QB 647 案中，上诉法院判定，罪犯不知道和导致酒精在其体内停留非寻常长的医学状况，不能成为取消资格减免或缩短时间的充分理由。罪犯因被取消驾驶资格而经历的非常困难（例如失去工作）不能成为特殊理由（与以被判处任意性的取消驾驶资格的犯罪被定罪后可以使罪犯受到"累计"取消资格不同）。能说明不取消资格具有正当性的理由包括罪犯的无酒精饮料在他不知情的情况下被"加料"，于是使他的酒精水平刚刚高于法定限值，或者当他在有第三人需要紧急救治的情况下试图尽快赶到医院而因鲁莽驾驶杀人。

Chatters and Burke［1986］1 WLR 1321 案列举了以下法院在决定是否存在特殊理由时应当考虑的因素：

（1）交通工具驾驶的公里数；
（2）驾驶的方式；
（3）交通工具的状况；
（4）驶得更远是否是司机本人的意愿；
（5）关于路面及路面上交通的主要状况；
（6）是否存在因与其他路面使用者接触而发生危险的可能性；
（7）驾驶交通工具的原因是什么。

涉及强制性取消驾驶资格的罪行只会有 3 分刑罚点，而其他更轻的罪行则可能高至 10 分（见 23.16.1 中的表格）。这种明显不正常的原因是当罪犯被取消驾驶资格时，驾驶证上不会被背书罚点，无论被定罪的罪行性质如何。如果罪犯不是因为强制性取消驾驶资格的罪行被取消资格，这意味着一定存在某些非常例外的情形，使罪行比通常情况下考虑的同类罪行轻得多。因此也就可以理解为什么刑罚点数这么低。

23.16.3　任意性取消驾驶资格

处理可判处任意性取消驾驶资格的罪犯的法院可以，但不必取消其资格：《1988年道路交通罪犯法》第3（2）条。对于可能科加的取消资格的期间没有限制，但趋势是反对过长时间取消驾驶资格，因为这样只会招致进一步的无证驾驶犯罪。的确，罪犯因为仅可以处以任意性取消资格的犯罪被取消资格是非寻常的，除非此犯罪使他应当受到"累计"取消资格的处罚（见23.16.4）。诸如疏忽驾驶、超速、闯红灯、事故发生后不停车，甚至是没有保险之类的犯罪最常通过罚款和背书的方式被处理而不取消驾驶资格。疏忽驾驶中较恶性的案件可能会招致取消驾驶资格。在高速公路上时速超过100英里也可能导致取消资格，虽然其期间可能只有两个星期。

取消驾驶资格自命令作出时就立即生效。因此法院无权使一个取消资格与另一个由它在同一场合科处的，或者另外的法院在之前作出的取消资格判决前后连续执行。但这不是对司法权的重要限制，因为如前所述，对取消驾驶资格的时间没有制定法上的限制，因此如果一个法院想要对已经受到取消驾驶资格处罚的人进行进一步取消资格的处罚的话，只要让取消的期限足够的长，紧接在现有取消资格的期限之后。

《1988年道路交通罪犯法》第42条允许被法院取消驾驶资格超过两年的罪犯向取消其资格的法院申请提前解除取消——罪犯在能够申请之前必须等待的期间因取消资格的时间长短而异。

23.16.4　刑罚点数程序下的取消驾驶资格

《1988年道路交通罪犯法》第35条规定了俗称"累计"的取消资格。该程序通过《1981年运输法》于1982年生效。它取代了以前仅仅取决于在罪犯执照上背书的次数和日期的"累计"制度，而代之以基于罪犯获得的刑罚点数。

第 23 章　非羁押刑罚

本质上，该条款规定，如果一名罪犯因一项可背书犯罪（"当前犯罪"）被处理，并且根据此条考虑在内的刑罚点（"相关点"）共计12分或者以上，则除非存在相反的特殊原因，罪犯必须被取消驾驶资格至少六个月。相关点是那些如果罪犯不被取消资格就将因当前犯罪被背书的点，以及那些因在当前犯罪之前三年内所犯的罪行而已经被背书的点。这还要服从于一个主要条件，即如果罪犯在罚点被命令背书之日起已经被取消过驾驶资格，这些点将不在考虑之内——换句话说，就罚点取消资格的责任而言，取消驾驶资格"洗清所有的记录"。

已经有了12或12以上罚点的罪犯不一定被取消资格，或者可能被取消不满六个月，如果法院认为"存在减轻定罪的普通后果的理由"的话。然而对涉及强制性取消驾驶资格的犯罪不取消资格的特殊理由必须与罪行本身相关（见23.16.2节），对于能够合理免除"累计"取消驾驶资格的理由，则不存在这种限制——根据第35（4）条（见下文），法院可以考虑"所有情形"，包括罪犯的个人情况。因此，要避免六个月的"累计"取消驾驶资格，比避免因诸如血液中酒精含量超标的犯罪被判处十二个月强制性取消驾驶资格要容易得多。大多数"累计"取决于取消驾驶资格将给他们带来的艰难。但是第35（4）（b）条规定，法院只考虑"异常的艰难"。议会显然担心罪犯通过提出鸡毛蒜皮的有关艰难的建议，以逃避被取消驾驶资格，但法案中没有试图对"异常的艰难"给出定义。因为工作涉及驾驶或通过公共交通几乎不可能到达工作地点而丧失工作，可能构成异常的艰难（见 Owen v Jones (1989) 9 Cr App R（S）34）。取消驾驶资格后不那么极端的后果（例如，通过公共交通去工作不方便）可能是"艰难"，但并非"异常的艰难"，因此不能作为免除取消驾驶资格的理由。第35（4）条还规定（在第1项中），当前犯罪的细微性不能作为免除取消驾驶资格的根据，尽管上议院指出，刑罚点数被背书的以前罪行的细微性最多只有极小的重要性（见 Woodage v Lambie [1971] 1 WLR 754）。第35（4）（a）条和 Woodage v Lambie 案背后的推理是，"累计"条款意在威慑那些频繁实施轻微道路交通罪行的罪犯，因此如果罪犯说他刚刚超过限速或者他闯红灯时红灯才刚刚亮起就能保住驾驶执照的话，就会违背立法的目的。最后，第 35（4）（c）条适用于在此次出庭之前的三年中因为存在特殊原因而被免于"累计"取消驾驶资格的"累犯"。就目前这一次，他不被允许援引法院在以前场合考虑过的任何情形。因此，举例来说，一个靠驾驶生活的人不能屡屡通过辩称失去驾照会丢掉工作而被避免取消驾驶资格。

如果法院认为第 35 条使它必须取消，比如说，六个月的驾驶资格，这当然指的是最低期限，而实际的取消资格可能是法院在考虑了犯罪的严重性、罪犯先前的记录和任何其他情况之后认为合适的期间。如果罪犯在一个场合被判定犯有两项或两项以上的可背书犯罪，而每一项都能使他受到第 35 条规定的取消驾驶资格的惩罚的话，那么取消资格的期间应当反映存在数项犯罪的事实。虽然只会判处一次取消驾驶资格，但为应对判决的任何上诉，此取消资格应当被视为根据每一项犯罪而作出。

关于"累计"取消驾驶资格，以下额外的几点需要注意：

（1）法院并非总是按照时间先后顺序处理某人被宣称的罪行，因此偶尔可能发生当前犯罪实施于一个已经被定罪且罚点已经被背书于驾照上的犯罪之前的情况。在这种情况下，相关罚点是当前犯罪的、最近被背书的犯罪的，以及任何在最近被背书的犯罪之前三年内实施的任何其他可背书的犯罪的罚点（而非当前犯罪实施之前的三年内）。

（2）如果在当前犯罪（或者如果犯罪实施于当前犯罪之后，则是最近的背书犯罪）实施之前的三年内罪犯曾经被取消驾驶资格一次，那么"累计"取消驾驶资格的普通最低期间从六个月上升至一年。如果他曾经被取消资格一次以上，则增至两年。

（3）在均衡的可能性基础上证明存在减免得到 12 个刑罚点数后一般后果的理由，这是罪犯的责任。这通常涉及他到证人席给出证据，与在诉讼的量刑阶段，罪犯在被告人席保持沉默而由其律师代表他答辩的一般实践不同。类似地，被宣告涉及强制性取消驾驶资格的罪行有罪的罪犯,如果希望争辩存在不应被取消驾驶资格的特殊原因,也必须就特殊原因作证。

23.16.5 取消驾驶资格、背书和其他刑罚

即使对一项犯罪没有科处任何其他的刑罚,取消驾驶资格也是有效的(Bignell (1968) 52 Cr App R 10),但背书或取消驾驶资格的命令几乎无例外地都与其他刑罚或替代刑罚的命令相结合。轻微的可背书罪行通常通过罚金或者有条件释放加背书的方式被处理。除非适用"累计"条款,否则不太可能取消驾驶资格。较严重的可背书罪行(例如,未经同样擅取机动车辆、危险驾驶致人死亡、可能的饮酒/驾驶犯罪)也很可能导致羁押刑罚加背书和取消驾驶资格。

23.16.6 《2000年刑事法院(量刑)权力法》第147条的取消驾驶资格

如果罪犯以起诉书被定罪,罪行可判两年或以上的监禁,或根据《1980年治安法院法》第38条移交量刑的罪犯因这样的罪行被量刑时,皇室法院如果认为在实施犯罪的过程中使用了机动车辆,则可以在认为合适的期间内剥夺他的驾驶资格:《刑事法院权力法》第44条。即使犯罪并非可背书犯罪、而且即使被取消资格的罪犯没有亲自使用车辆(例如,由其同伙使用),这一条也适用。

23.17 没收令

因任何罪行而处理罪犯的法院(治安法院或皇室法院)都可以命令没收其被捕时占有的或由其控制的财物(或者,如果他是通过传票但不逮捕的方式被诉讼时,传票签发时他占有或控制的物品),如果法院确信此物已被用作实施或帮助实施罪行,或者他意欲为此目的使用此物(PCC(S)A 2000第143条)。

没收令被用作主刑，诸如监禁、罚金或者社区服务的辅助刑。但与其他辅助令不同的是，在目的上，它们被法院认为是惩罚性而非赔偿性的。因此上诉法院在 Lidster［1976］Crim LR 80 案中判定，通过有条件释放和没收令结合的方式处理罪行，原则上是错误的，因为前一命令暗示着法院认为它"不适合施加惩罚"，因此与此同时科处惩罚性的辅助命令自相矛盾。Lidser 案决定的实际效果已经被制定法逆转。然而，该案仍然能说明法院对此类命令的一般态度。一项命令可以被作出，而与罪犯被宣告有罪的罪行无关。签发传票时罪犯占有的物品可以被没收。

如果罪犯意欲将相关物品用于实施/帮助实施一项犯罪，则可以作出没收令，即使他或者任何人实际上都没有为此目的使用该财物。"帮助实施犯罪"包括实施后采取步骤避免被逮捕或侦察，或处理任何与之相关的财物。在已决案件中，曾经作出没收令剥夺一名销赃者在小偷的要求下用于运输被窃物品的汽车的所有权；剥夺窃贼驾驶到犯罪地点并准备好随后"开溜"的机动大篷车的所有权；以及剥夺一名汽油窃贼用来从无数汽车油箱中吸取汽油的特制泵的所有权。但法院应当考虑到它正在考虑没收的物品的价值以及作出命令对罪犯的经济影响，并与任何其他可能采取的刑罚（经济的或其他的）的结合（PCC（S）A 2000 第143（5）条）。换句话说，没收令必须被视为对犯罪全面惩罚的一部分，并且决不允许作出的刑罚与罪犯所为的严重性不成比例（见 Scully (1985) 7 Cr App R（S）119）。

第143条命令的效力是剥夺罪犯对相关财产的权利，如果存在权利的话。财产由警察控制。如果除罪犯以外的人声称对该财产享有权利，他有六个月时间向治安法院申请一项命令要求将财产返还给他。要想获得成功，他不仅必须让治安法院确信他对财产具有权利，而且必须证明他既没有同意罪犯拥有财产，也不知道它被使用的目的。

除 PCC（S）A 2000 第143条的一般权力之外，一些制定法也规定它们自己专门的没收条款，例如《1971年滥用毒品法》和《1953年预防犯罪法（与攻击性武器有关）》。又见23.20节，其中探讨了征收令。

23.18 赔偿令

《1972年刑事司法法》规定了命令罪犯向被害人赔偿的权力,现在被包含在 PCC (S) A 2000 第130条中。下列表述总结了现行立法对原先立法和司法解释修正之后所采取的立场。

(1) 法院因一项罪行(简单的或可控诉的,可监禁的或不可监禁的)处理罪犯时,可以作出命令要求他就这项罪行或任何考虑在内的其他罪行造成的"个人伤害、损失或损害"作出赔偿(第130(1)(a)条)。当犯罪导致死亡(除道路交通事故中的死亡外),法院可以进一步命令罪犯偿付丧葬费用和/或抚恤费用(第130(1)(b)条)。抚恤费只能偿付给根据《1976年致命事故法》1A条请求赔偿的人(如活着的配偶或者18岁以下死者的父母)。类似地,补偿的金额不能超过根据1976法案能追索的数额(第130(9)和(10)条)。

(2) 赔偿令可以取代或附加于对罪犯因犯罪而作出的其他任何形式的惩罚(第130(1)(b)条)。因此,赔偿令可以与非惩罚性的刑罚,比如社区改造令或有条件的释放相结合。它甚至可以作为一种单独的刑罚——即法院在处理罪犯时作出的唯一命令。

(3) 如果有权力作出赔偿令的法院选择不作出命令,它必须给出理由(第130(3)条)。不作出赔偿令则必须给出理由的要求反映了政府显而易见的忧虑,内政部部长们在无数次演讲中提到,法院应当完全地行使命令赔偿的权力。

(4) 由于《1968年盗窃法》规定的犯罪导致财产所有人暂时地被剥夺权利,但随后财产又被归还时,在财产非由他控制期间发生的任何对财产的损害都被概括地认为是由犯罪所致,而无论实际上是如何造成的(第130(5)条)。因此,即使罪犯对损害没有直接的责任,也必须赔偿。

(5) 关于道路交通事故中发生的损失,一般的政策是被害人应当从罪犯的保险人获得赔偿，而不是直接从罪犯本人处获得。因此，第 130 (6) 条规定对于"因道路上出现的机动车辆而引发的事故"造成的伤害、损失或损害，可以不作出赔偿令，除非这个丧失是罪犯因为第 130 (5) 条造成的（被窃物品不在所有人控制之下导致的损害，概括地假定由窃贼造成），或者罪犯没有保险因而被害人无法根据《机动车保险人署计划》索赔。

(6) 在决定合适的赔偿额时，法院应当考虑任何证据和任何由/基于被告人或者控方的利益作出的"陈述"（第 130 (4) 条）。

(7) 赔偿令的科处比罚金具有法定的优先权（第 130 (12) 条）。实际上，这意味着赔偿金能支付的情况下罚金应当减少或必要的话，完全取消。

(8) 如果未成年人因犯罪被定罪而法院命令赔偿时，通常应当命令未成年人的父母或者监护人支付赔偿令（第 137 条）。

在治安法院，对任何犯罪可以判处的赔偿令的最高金额是 5 000 英镑（第 131 条）。对皇室法院可以判处的赔偿令没有法定的金额限制。

无数上诉法院的决定已经概括出了作出赔偿令的正确的司法路径。赔偿令本质上并不被作为惩罚性命令，甚至不是剥夺罪犯犯罪所得的一种方式。它们是为被害人提供在罪犯明显有能力偿付赔偿金时避免诉诸民事诉讼费用的一种方便和快速的方式（见 Inwood (1975) 60 Cr App R 70）。换句话说，被害人通过刑事法院迅速且没有任何费用地获得了否则必须通过民事诉讼才能获取的救济。但是，如果刑事法院卷入了错综复杂的民事法问题中，那也是不可取的。因此，只有在罪犯的赔偿责任没有任何疑问时，赔偿令才是适当的（见 Vivian [1979] 1 WLR 291）。因此，在 Kneeshaw [1975] QB 57 案中，上诉法院取消了对 K 因在入室行窃中偷窃四个戒指而赔偿 114 英镑的命令，因为虽然 K 基于罪状列举的大量盗窃清单答辩有罪，但他通过辩护律师在减免申请中明确指出他不承认曾偷窃了戒指。在辩方不接受对戒指的赔偿，或者没有压倒性的证据证明 K 曾经偷窃了这些戒指时，皇室法院应当让被害人去郡法院去寻求救济。在 Amey [1983] 1 WLR 346 案中，当不仅对

第 23 章　非羁押刑罚

罪犯是否偷窃了被要求赔偿的物品，而且对它的价值也存在争论时，适用类似的原则。A 对于偷窃一辆老式三轮摩根跑车答辩有罪，车主说车子价值 3 000 英镑。除车主的主张外，关于车子价值的唯一证据来自 A 本人，他说他以 600 英镑的价格将车卖给了一个经销商。皇室法院法官凭空想象了一个折中的数字 1 000 英镑，但上诉法院将其减为辩方同意的 600 英镑。

当罪犯在一项或数项标本罪状基础上被定罪时，将赔偿令的价值建立在宣称源于既没有被指控也没有被考虑在内的犯罪造成的损失基础上，是违法的（Crutchley（1994）15 Cr App R（S）627）。

最初由 CAJ 1982 插入《1973 年刑事法院权力法》中的第 130（4）条，表面上是意欲通过允许法院不仅在赔偿责任的"证据"，而且在各方"陈述"的基础上作出决定，以降低以上引用的判决的影响力。但看起来在实践中并没有造成太大区别。实际上，在 Swann［1984］Crim LR 300 案中，上诉法院称增加的分则条款只是"轻微地减少了"量刑者使自己确信在缺少辩方承认时，存在罪犯负有偿付所主张的金额责任的明显证据的义务。上述方式特别限制了法院对人身伤害作出赔偿令的主动性，因为要评判割伤眼睛或打碎下巴或被害人遭受的任何其他伤害都是非一般的困难。但量刑者可以从刑事伤害赔偿委员会在可比案件中支付的数额中获得有关适当赔偿的指引（见 Broughton（1986）8 Cr App R（S）380 案的法官意见）。

治安法官协会《量刑指南（2000）》中给出了指引，例如：

伤害类别		指引
擦伤	疼痛数日且取决于擦伤范围	最高 75 英镑
淤伤	取决于范围	最高 100 英镑
乌青眼		125 英镑
割伤（无永久性疤痕）	取决于范围及是否缝针	100～500 英镑
扭伤	取决于丧失活动能力的程度	100～1 000 英镑
牙齿脱落	取决于牙齿的位置和被害人的年龄	500～1 500 英镑

这些数字不能视为固定的价目表，而只是一个指导性数字。它们反映了与一般伤害有关的要件（疼痛、痛苦、失去活动能力），并且应当加上特殊伤害的经济损失（例如失去收入、牙医费用等等）。

即使罪犯作出赔偿的责任已经得到承认或者得到无可争议的证明，法院也只能作出在他合理偿付的能力范围之内的赔偿令。超出其经济能力的命令在上诉时可能被取消或者削减。因为罪犯在关于其赔偿能力方面有作出夸大承诺以期避免或减少羁押刑罚的趋势，辩方顾问和事务律师有义务调查任何关于赔偿的提议，并且只有在确信罪犯提供的关于其偿付能力的消息为正确时方可提供给法院（见 Huish（1985）7 Cr App R（S）712）。虽然 Huish 案被随后的数个案件确认（例如 Roberts [1987] Crim LR 712），辩方律师使自己背负保证在减免申请中提交给量刑者的一些材料的正确性的责任，还是与律师依其个人认为正确与否的指令行事的一般原则相悖。无论如何，如果罪犯误导法院使之认为他能够偿付赔偿金，则他以后针对赔偿令的上诉不会成功：Dando [1996] 1 Cr App R（S）155。他必须偿付赔偿金，或者在未能偿付时服满适当的刑期。

当然，赔偿金通常不是被命令马上支付，而是可以被命令为分期付款。关于偿付期限长度需要考虑的因素与罚金的情况类似。赔偿令通常应当在十二个月内偿付，但在情况允许时可以超出达到最高三年的限期（见 Olliver（1989）11 Cr App R（S）10 和 23.13.3 节中有关罚金的情形可对比）。法院作出的任何其他经济命令显然都会影响支付赔偿的能力。但是第 130（12）条特别规定，如果量刑者同时考虑罚金和赔偿，但罪犯没有能力同时偿付两者时，则应当优先考虑赔偿。

至于获取赔偿令的程序，被害人不必出庭并亲自提出申请。通常他会在给警方的陈述中指出他损失的范围以及获取赔偿的愿望。此外，皇家检控署文档中可包括一份表格，列明索赔的数额和主张人的姓名地址，递交给法院。能确认赔偿请求的收据等也具有价值。有了这些材料，检察官在总结事实结束时就可以请求适当数额的赔偿（假设是有罪答辩）。如果答辩无罪，与赔偿有关的证据毫无疑问会出现在审判过程中。如前所释，只有赔偿得到承认或是出现在法院上的资料充分证明应当偿付时，才可以作出赔偿令。在答辩有罪的大多数场合，辩方同时也会承认赔偿的责任，那么争论的焦点会集中在罪犯的偿付能力上。如果刑事法院拒绝作出赔偿令（或者作出了少于损失总额的赔偿令），被害人的民事权利当然不会受到影响，他可以就其实际损失高出赔偿令的部分在郡法院或高等法院提起民事程序。

23.19　归还令

PCC（S）A 2000 第 148 条规定，在物品被偷窃且罪犯就与此项偷窃相关的犯罪被定罪时（或者此犯罪被考虑在内时），法院可以命令任何拥有或控制此物品的人将其归还给有权从他这里要求归还的人。"被盗物品"包括通过诈骗或勒索获取的物品，"与偷窃相关的犯罪"包括处理被盗物品，可能还包括共谋偷窃或协助窃贼。罪犯以外的人也可能根据第 148 条被命令归还物品，但法院只会在最清楚的案件中才会对第三方作出命令。明显适用第 148 条的情形是被定罪的窃贼或赃物处理人被抓住时拥有被盗物品。如果对于真正的所有人没有疑问，法院可以在审判结束时命令将物品归还与他。

第 148 条下还存在命令将罪犯拥有的且直接或间接代表了被盗物品的财物，转移给被盗物品所有权人的权力（例如，如果 O 偷窃了 A 的电视机并用它换了一台录像机，O 可能被命令将录像机转交给 A）。最后，法院可以命令对被盗物品享有所有权的人，可以从罪犯被捕时拥有的金钱中被偿付不超过物品价值的数额。考虑到法院现在在 PCC（S）A 2000 第 130 条规定下拥有命令赔偿的广泛权力，第 148 条规定的支付金钱的命令看来只有很有限的价值。

23.20　罚没令

《1988 年刑事司法法》第 5 部分（第 71~102 条）创设了一项辅助命令，被称为"罚没令"。它取代了之前作为剥夺主要犯罪分子犯罪收益手段的刑事破产令。新的立法极其具体、复杂，在此仅能试图作一轮廓描述。

通常的罚没程序规定于 CJA 1988 第 71 条中。它适用于皇室法院和（就某些列举出的简易罪行）和治安法院。它可以由控方或法院通过自己的动议提起。法院必须决定罪犯是否从他已被定罪的或他要求法院考虑在内的犯罪中有收益。如果受益，法院必须决定受益数额并命令罪犯支付。受益额等于获取的任何财物的价值或金钱上的收益。没收令的金额是罪犯得到的收益或者通过变卖其财产可得中较小者。所适用证据标准为民事标准。

在 CJA 1988 第 72AA 条中还有一种更为复杂的程序。它允许法院没收被告人从没有被起诉的犯罪中获取的收益（法律条款及评价，见 Blackstone's Criminal Practice 中 E21.9 部分）。CJA 第 6 部分没有延伸至毒品走私犯罪，因为《1994 年毒品走私法》已经有一套类似的单独规定生效（这些条款的概要，见 Blackstone' Criminal Practice 中 E21.2 部分）。

23.21　建议驱逐出境

当一名年届 17 岁的外国公民被判定犯有可监禁罪行时，处理他的法院可以建议将其驱逐出境。

建议驱逐出境由《1971 年移民法》第 3 条规定，并由《1981 年不列颠国籍法》修正。此类建议可以由皇室法院和治安法院作出。建议提交给内政大臣,而他在决定是否按此采取行动时要考虑到法院不可能适当考虑的问题(例如罪犯如果被遣送回国受到控诉的可能性)。驱逐出境的建议可以与其他任何对犯罪的刑罚(监禁的或非监禁的)一并作出。即使没有通过羁押刑罚,罪犯也可能被拘押以待内政大臣的决定。非经向罪犯给出了书面通知说明英国公民不适用驱逐出境,并且描述了在此范畴内的人之后,法院不能建议驱逐出境。通知必须在建议作出前至少七天前给出。

在建议驱逐出境的决定作出之前必须对情况作全面的调查,并且必须给出作出建议的原因。如果考虑作出建议,法官最好请求罪犯律师对其说明此事。法院必须考虑罪犯继续出现在联合王国是否对国家有害(Caird(1970)54 Cr App R 499),但有犯罪记录这一事实本身不足以成为驱逐他的理由。问题是考虑到他现在的犯罪和以前的记录,他是否可能再次犯罪。如果可能,则这可以成为驱逐他的有利根据。另一方面,如果他可能在结束对他判处的任何刑罚后得到完全的改造,则应当允许他继续留在英国。Caird 案中的原则在 Secretary of State for the Home Department ex p Santillo [1981] QB 778 案和 Nazari (1980) 71 Cr App R 87 案中均有重述。当罪犯是欧共体国民时,法院还应当考虑到欧洲法院在 Bouchereau 案(报告于(1978)66 Cr App R 87 中)中给出的指令,虽然此指令措辞模糊,对先前提及的案件(见 Compassi (1987) 9 Cr App R (S) 270)中包含的内容亦增加无多。

23.22 医院令

收到适当的医学证据后,就一项可监禁犯罪处理罪犯的法院可以命令他被收容并羁押在医院,在那里对其精神不正常接受治疗。这样的命令被称为"医院令"。当皇室法院作出医院令时,它还可以添加一项"限制令",其效果是只有在收到内政大臣或精神健康审查法院的指令后,罪犯才能被从医院释放(《1983年精神健康法》第37至43条)。

医院令和监禁在一点上是相同的——它们是仅有的两种对年届21岁的罪犯实施强制性羁押的判决形式，而在其他方面它们都完全不同。医院令的目的是帮助并治疗罪犯，而非惩罚或威慑他，而他一旦进入医院，则收到与适用于非罪犯的强制性病人本质上相同的强制。正因为如此，最好将医院令认为是在没有刑罚的情况下作出的，而不是严格文字意义上的刑罚。有关此主题的法律现包括在合并了先前立法的《1983年精神健康法》中。

无论罪犯的年龄有多大，皇室法院和治安法院都有权力作出医院令。《1983年精神健康法》第37（1）和（2）条规定了作出命令的先决条件：

（1）法院必须是因一项可监禁犯罪正在处理罪犯。

（2）法院必须确信：

（ⅰ）罪犯必须正在罹患精神病、心理紊乱、精神损害或者严重精神损害；而且

（ⅱ）精神病等的性质使将罪犯羁押于医院进行治疗是合适的；而且

（ⅲ）在心理紊乱或精神损害的情况下，治疗可能得到缓解或者阻止状况的恶化，或

（ⅳ）在罪犯已届16岁的情况下，精神紊乱的性质或程度使他能够根据《精神健康法》接受监护。

（3）法院必须确信已经做好了安排，使罪犯能够被命令中提议点名的医院接受。

（4）考虑到犯罪性质和罪犯的先行文件等事项，法院必须认为医院令是处理案件的最佳方式。

关于以上第（2）点中提及的事项，法院必须有来自两名注册医疗执业者的（书面或口头的）证据，其中一人必须为精神病诊断或治疗的专家。上述第（4）点的重要性在于，如果法院认为，尽管罪犯有精神问题，他应当对其所为受到惩罚，它还是有可能优先于医院令而选择监禁判决（见 Gunnell（1966）50 Cr App R 242，此案根据《1959年精神

健康法》的相应条款作出判决)。

广泛说来,医院令的效果是批准罪犯被送往医院并在那里羁押起初的六个月。即使是在这六个月期间,负责治疗罪犯的医生可以将其从医院放走。相反,在六个月之后,医生也可能命令再羁押六个月,而且此后他还可以每隔一年命令继续羁押。如果罪犯对医生批准进行继续羁押的决定不满,他可以向一个精神健康审查法庭(MHRT)提出申请,法庭可能指令将其释放。精神健康审查法庭由一名法律上合格的主席,一名精神病学家和一个非专业人士组成,他们在决定是否指令释放时,要考虑罪犯是否仍然患有精神病。如果是,他的健康或者安全或者其他人的保护是否要求他继续接受治疗,以及他在医院外是否能够适当地照顾自己,就与非罪犯病人的释放所要考虑的情形完全一样。

以上描述的释放体系在精神错乱的罪犯对公众没有或基本没有显示出危险时是令人满意的。然而,如果罪犯实施了或者将来可能实施严重犯罪,尤其是暴力犯罪时,把将其从医院释放出来的日期基本上交给负责他的治疗的医生手中,就会被认为不那么明智了。因此,《1983年精神健康法》第41条规定,当皇室法院发出医院令时它可以附加一个"限制令",如果它认为此命令对保护公众不受严重伤害是必需的话。(对于法院在处理此类案件时应当采取的方法,见 Birch (1989) 11 Cr App R (S) 202。)在决定限制令是否必需时,皇室法院必须考虑罪犯犯罪的性质、他的先行文件和如果获得自由他再次实施犯罪的可能性。限制令可以是有固定期限或者是无期限的。它的效果是,在它的有效期间内,只有在内政大臣或 MHRT 指令下才能将罪犯从医院释放。罪犯可以每年向 MHRT 提出释放的申请,如果三年没有提出申请,则内政大臣有义务将案件提交给他们考虑。值得注意的是,现在 MHRT 可以违背内政大臣的意愿命令释放——1983年之前,就受限制令限制的罪犯的释放,内政大臣会寻求建议,但最终决定权总是他的。作为无条件释放的一种替代方式,MHRT 可以允许从医院释放,条件是在限制令失效之前,罪犯在内政大臣的自由裁量下,有义务重新接受治疗。

如果罪犯的精神状况显示限制不具有正当性而继续对罪犯适用限制

令，已有判决认为这违反《欧洲人权公约》第 5 条（见 26.2 节）。对公众的危险单独不能成为根据限制令继续羁押的充分依据：X v UK (1981) 4 EHRR 188。

治安法院无权作出限制令。但当治安法官对年届 14 岁的人判定有监禁犯罪并且他们认为需要作出附加限制令的医院令时，他们可以将罪犯移送皇室法院：《1983 年精神健康法》第 43 条。然后皇室法院可以作出医院令（附有或者没有限制令），或者以治安法官可能采取的任何方式处理罪犯。在等待皇室法院判决期间，罪犯要么被羁押，或者被拘押在一家适当的医院：第 44 条。

作为发出医院令的一种替代方式，皇室法院或者治安法院可以在适当的案件中作出监护令。此命令的效果是罪犯被置于当地社会服务主管机关或者由此机关批准的人的监护之下。监护人在除其他事情之外可以要求罪犯居住在特定的地址，并要求他出席治疗、培训或者教育的地点。

还有许多可以导致一个人被拘押在精神病院的刑事司法程序的其他方式：

（1）在因精神错乱或不适合答辩而被认定无罪时，法院可以命令被指控者入住内务部指定的医院：《1964 年刑事程序（精神错乱）法》第 5 条（见 16.7.2 节）。

（2）治安法官可以根据《1983 年精神健康法》第 37（3）条不对被指控者定罪而作出医院令（见第 9.8 节）。

（3）内务部在收到适当的医学证据时，可以命令将正在服监禁刑的人从监狱转到医院：《1983 年精神健康法》第 47 条。

最后，必须总结一下《1983 年精神健康法》第 35 条、第 36 条和第 38 条给予法院的三项权力，其广泛目标是推动医院令的作出。第 35 条规定，在医学证据显示被指控者可能患有可以作出医院令的某种形式的精神错乱时，法院可以将其还押至医院，以作出有关其状况的全面报告。对于已经被宣告犯有可监禁罪行的人，或者被指控有此类犯罪的并同意还押或者向治安法官确信地显示出实施了犯罪的 actus reus 的人,治安法官可以行使此项权力。皇室法院可以对等候被以起诉书审判、正在被以起诉书审判、或者已经被以起诉书定罪但还没有判决的人实施此项权力。第35条下的还押不能超过28天。虽然在初始的还押后还可能被进一步还押,但总期限不能超过12个星期。如果一个根据第35条被还押的人从医院逃跑,可以在没有逮捕令的情况下将其逮捕并送至将其还押的法院。然后法院可以用正常的羁押还押替代第35条的还押。第35条还押的优点是法院没有冒险让被指控者完全自由,又避免了将心理失常的人送入监狱或还押中心。第36条补充了第35条,允许皇室法院(但不是治安法院)将被指控者还押至医院就精神病或严重精神损害接受治疗。此项权力只能应用于那些在羁押中被移送审判或者在皇室法院审判程序中被还押羁押的人。实际上,它是将被指控者从监狱转移至医院的一种方式。第36条规定的还押最高期限与第35条规定的相同。与第35条和第36条不同,第38条只有在定罪后才能被适用。如果有医学证据显示罪犯患有可以允许医院令的精神错乱,法院(治安法院或皇室法院)可以作出一个临时医院令以观察完整的医院令最终是否适当。临时命令可以批准罪犯在医院羁押最高十二个星期的时间,并可以在总数不超过六个月的期间内延续不超过二十八天的期间。作出临时命令决不意味着法院最终有义务用完整的医院令处理罪犯,但前者可以在罪犯不被带到法院时被转换为后者,只要他有合法的代表。

23.23　父母具结悔过

因为一项犯罪处理年轻人的法院可以命令年轻人的父母或监护人具结保证,对他加以适当看管并行使适当控制(PCC(S)A 2000第150条)。这样的命令可以由皇室法院、成人治安法院或者少年法院作出。在罪犯的父母年龄不是16岁时,如果法院确信为阻止罪犯继续犯罪是可取的话，则它有义务命令。如果法院不能确信，它应当在公开法庭上说明原因。相关犯罪不必是可监禁犯罪。另外，只要法院对年龄不满16岁的未成年人罪犯通过了一项社区令，它就可以在保证书中增加一个条款，即罪犯的父母或监护人必须确保罪犯遵守判决中的要求。命令的效果是父母或监护人必须保证照顾好并控制好未成年人，未能做到的话代价是罚没一笔钱。要罚款的数额和保证的期间由法院分别在最高1 000英镑和三年之内确定。当然，具结保证时不会向法院付钱——只有在违反了保证时，才会出现付款的责任。

第 5 部分
上诉及辅助事项

第 24 章　来自皇室法院的上诉

对以起诉书定罪的上诉、对以起诉书定罪后刑罚的上诉,以及对移送至皇室法院判决后通过的刑罚的上诉,都在上诉法院的刑事庭听审。皇室法院在与起诉书审判无关的事项上的决定(例如,处理来自治安法院的上诉)可能会通过将案件向王座庭的地区法院上诉,或者通过申请司法审查的方式上诉而被提出异议。由于通过案件陈述上诉和申请司法审查主要用于纠正治安法官所犯的错误,它们在 25 章中有详述。刑事上诉体系的结构见图 24—1。

图 24—1　刑事上诉体系结构

24.1　上诉法院刑事庭

1907年之前，被以起诉书定罪的人是没有上诉的一般权利的，但审判法官可依他的自由裁量保留法律问题由预备的皇室法院考虑。《1907年刑事上诉法》创立了刑事上诉法院，取代了案件预备的皇室法院。刑事上诉法院要比预备的皇室法院享有更广泛的管辖权，能够听审基于事实或者基于事实和法律的混合对定罪提起的上诉，以及针对上诉人辩称其刑罚虽然合法但太过严厉而对刑罚提起的上诉。刑事上诉法院又被《1966年刑事上诉法》废止，它的管辖权被转移到了上诉法院刑事庭。刑事庭的权力与旧的刑事上诉法院的权力只有些微的差别，只不过它听审辩方针对被指控者的定罪或刑罚的上诉的首要功能，由检察总长将案件提交给法院以加重过分宽恕的刑罚的权力所补充（见《1988年刑事司法法》第35条和第36条，以及本书24.7.2节）。还有一项权力是对审判期间出现的导致被指控者被判无罪的法律点给出意见，但无罪释放本身永远不会被推翻（见24.7.1节）。现在关于刑事庭成员资格和对特殊类型听审的组成的相关立法，见于《1981年最高法院法》。刑事庭的管辖权、权力和程序主要由《1968年刑事上诉法》和据此制订的《1968年刑事上诉规则》（SI 1968第1262号）规定。本章中《刑事上诉法》和《刑事上诉规则》分别被缩略为字母CAA和CAR。

上诉法院由最多32名上诉法官和一些资深的法官，特别是大法官组成：《1981年最高法院法》第2（2）条。上诉法院的任何一名成员都平等地享有在法院刑事和民事庭开庭的权力，但在实践中行使刑事庭管辖权的法官们都可能有过作为皇室法院律师或法官的经历。大法官是刑事庭的主席：《1981年最高法院法》第3（2）条。他可以要求任何高等法院或者巡回法院的法官作为刑事庭的法官履行职责：第9（1）条。第9（1）条规定的要求在本质上更像是命令，因为遵守它是法官的义务：第9（3）条。

第 24 章 来自皇室法院的上诉

刑事庭的许多法庭可以同时开庭：《1981 年最高法院法》第 3（5）条。当决定对定罪的上诉时，法庭必须由至少三名法官组成：第 55（2）条。同样适用的还有当申请批准从上诉法院上诉到上议院时，和当某人对一项关于他不适合答辩的裁决或者因精神失常而被判无罪的裁决进行上诉时。对刑罚的上诉可以由两名法官决定。这是由《1981 年最高法院法》引入的一项变化——在该项法令之前，对刑罚的上诉，与对定罪的上诉一样，要由三名法官裁决。没有什么能够阻止法院由三人以上组成，只要数字是非偶数。实际上，由五名法官组成的法院十分罕见，仅限于在具有非常的重要性或难度的案件，例如 Turnbull [1977] QB 224 案件，此案中上诉法院对皇室法院应当如何处理身份证据给出了指引。

许多与进行上诉类似的申请不是由合议庭而是由一名法官决定的。该法官通常不会听取各方的论证，而仅仅是通读案件卷宗。通常由独任法官决定的事项有申请批准上诉、申请在上诉决定未作出时保释、或者申请命令让证人出庭以便在上诉听审时作证。如果独任的法官作出了不利于上诉人的决定，他可以在法院上重新申请，此法院仅需要由两名法官组成。也可能直接向法院提出类似的申请而不先向独任法官申请。那时法院应当由两名还是三名法官组成取决于申请的性质。此主题将在 24.6.4 节中详细探讨。

刑事庭法院的决定可以由其成员中的大多数同意作出。如果两名法官的法院在决定应当为何上有争议，则事项应当在三名法官的法院面前重新辩论：《1981 年最高法院法》第 55（5）条。即使法官们的意见不统一时，惯常的规则是只公布一个判决：第 59 条。但是，在法院中的主审法官（即如果大法官在开庭，那就是他，否则是资历最深的法官）可以允许单独分开的判决，如果他认为提出的问题是法律问题而且一个以上判决将会很方便。如果只有一种判决，主审法官要么亲自宣布，或者请求法院中其他的一名成员完成此项任务。一个案件一个判决使法律具有确定性，而刑事法律的确定性要比民事法律更重要。

为了开展工作，刑事庭需要行政上的支持。这由刑事上诉记录员和他的工作人员提供。记录员是由上议院议长指定的、至少执业十年的出庭律师或事务律师：《1981年最高法院法》第89（1）条。上诉的通知和申请批准上诉的通知（见24.6.1节）由最先被送达的皇室法院官员送至记录员的手上。记录员此后的职责包括获取在皇室法院程序中任何必要的由速记员记录的笔录手稿，从皇室法院获取它拥有的与上诉有关的任何证据和信息，指令顾问律师代理没有事务律师的上诉人以及给出确定的上诉听审时间的通知。

如前提及，王座庭法官可以，且经常是被要求在刑事庭开庭。决定类似申请的独任法官通常也是一名王座庭法官。王座庭法官也作为皇室法院法官开庭（见13.1.1节），而巡回法官也可能被要求在上诉法院开庭（虽然不能作为独任法官）。因此就出现了一名法官听审对他自己作出的决定的上诉的可能性。为避免此类事件发生，《1981年最高法院法》56（2）条规定，在低级法院做法官时作出的定罪或量刑提起的上诉，法官不能在刑事庭开庭听审或者作出与此相关的类似决定。

24.2 对定罪上诉的权利

除在必要时获取上诉的批准外，在起诉书基础上被定罪的人可以向上诉法院对其定罪提起上诉：CAA第1（1）条。批准上诉由法院自身作出，通常是由独任法官行使。

24.2.1 基于审判法官证书的上诉

如果皇室法院的审判法官批准了一张此案适合上诉的证书，则不需要获得对定罪提起上诉的批准：CAA第1（2）（a）条。在其他所有的情况下，都必须获得批准。

适合上诉的证书可能提及事实的、事实和法律混合的，或者纯法律的理由。审判法官准予证书的情况极为罕见。仅仅是法官对裁决感到不安,是不能给予证书的。必须存在上诉实质性成功的特别和强有力的上诉根据(Parkin(1928)20 Cr App R 173 和 *Practice Direction (Crown Court：Bail Pending Appeal)* ［1983］1 WLR 1292,第3段)。

24.2.2 经批准的上诉

批准上诉的权力是上诉法院的权力中可能——而且经常是——非由合议庭,而是由一名独任法官行使的权力之一。24.6.4节中会对其程序做详细描述,但本质上,它牵涉到案件卷宗被交给独任法官考虑。文件要包括上诉人的"申请上诉批准通知"和"上诉根据",通常还有一份上诉建议。文件还可能包括审判法官的总结记录以及可能的话,基于上诉根据中提到的要点的性质制作的部分证据的记录。法官在私下通读文件。他可能,但基本不会传唤上诉人的顾问律师提出论据。读完文件后,他会决定是否批准上诉。如果批准被拒绝,上诉人有权利让刑事庭合议庭对申请作出决定。从他的角度来说,行使这一权利的风险在于,如果法庭像独任法官一样拒绝批准,则它很可能命令自上诉开始后他被羁押的时间不计算在科加在他身上的羁押刑罚之内(关于时间损失的指令,见CAA第29条和本书24.6.6节)。绝大多数被独任法官拒绝批准上诉的上诉人都不再向法院重新提起申请。

在给予或拒绝批准上诉时,独任法官作用类似于过滤器,确保除非存在可争论点,案件不再到法院前进行全面听审。

24.2.3 有罪答辩后对定罪的上诉

在赋予以起诉书定罪的人对定罪上诉的权利时,CAA第1条并没有对那些答辩有罪的和否认指控的人进行区分。表面上,前者与后者享有完全相同的权利。但因为显而易见的原因,如果上诉人在皇室法院答辩有罪,上诉法院会极不情愿对定罪的上诉给予批准。有关这点的经典描述来自Avory J在Forde［1923］2 KB 400案中的判决,虽然从那以后一直强调,这不应当被解释为对虽存在有罪答辩但仍应听审上诉的所有情况的全面论断。Avory J 称：

> 一旦有罪答辩被记录在案，此法院要接受就定罪提起的上诉，只有当情况显示（1）上诉人没有对指控的性质有正确的理解，或者无意于承认他对此有罪，或者（2）基于承认的事实，他在法律上不能因被指控的罪行被宣告有罪。

法官阁下提及的两种情况的前一种，涵盖被宣称的有罪答辩是因为法官和/或律师给被指控者带来的压力而致被宣称的有罪答辩无效的情形（见 Turner [1970] 2 QB 321 和 16.3.3 节）。第二种情况在实践中不常发生，因为它假设控辩双方在皇室法院对控方要证明被指控的罪行成立必需的主要要件存在理解上的错误——如果辩方没有和控方一样理解错误，他们应该不会允许案件在有罪答辩基础上继续。

除了能明显地归入 Avory J 提议的条件这种情况之外，如果有罪答辩是因审判法官法律上的错误裁定而导致时，上诉也可被听审。因此，在 Clarke [1972] 1 All ER 219 中，C 成功地对商店盗窃的定罪提起上诉，事实是当法官决定她的辩护（她在心不在焉的状态下将商品放入自己的袋子中而随后忘记了付款）构成了因精神病而无罪的答辩后，她放弃了最初的无罪答辩。C 更愿意答辩有罪而不愿被认定无罪并成为医院令的对象，这在情理之中。在这种情况下，她答辩的改变并没有排斥上诉。最后，还偶尔存在没有被上述讨论涵盖，但正义的利益要求允许上诉的情况。一个绝佳的范例是 Lee [1984] 1 WLR 578。虽然适合答辩，但 L 的智力非常低下。他被指控犯有无数纵火和杀人罪。对他不利的证据完全由他向警察作出的供认构成，但尽管有这些供认，他还是在直到审判开始前不久指示他的法律代表说他要答辩无罪。接着他又改变了主意对所有罪状都答辩有罪。随后他将这种变卦都归因于他被告知在一家专门的精神病院给他找到了一个地方，因此如果他承认有罪他就可以离开监狱（他已经还押在那里有几个月时间了）并以医院令被送到医院。而事实确实如此。L 被律师或法官压迫而致答辩有罪纯属子虚乌有——相反律师私下告诉法官他对 L 的所作所为感到极不高兴，不仅是因为 L 现在承认引起的一场大火的公众调查最终结论是源于事故。《星期日时报》随后的调查对 L 的定罪的正确性提出了更多质疑,并暗示至少对其中的一些犯罪有令人信服的他犯罪时不在现场的证据。受到了这样的鼓舞,L 在超时限后申请批准上诉。辩护律师将他的供认归因于其低智商、对"有名和公众性"的渴望及警察讯问的无情本质。在案件非同寻常的情况下,L 被给予批准上诉。如阿克纳法官所说:

> 上诉人适合答辩,知道他自己在做什么,意欲作出他所做的答辩,在收到专家建议后仍然明白无误地答辩有罪的事实,尽管有[上诉最终是否会成功]的非常相关的因素,它们本身不能剥夺法院听审[上诉]的管辖权。

在 Chalkley [1998] 2 Cr App R 79 案中,上诉法院区别了:

(1) 就所承认的事实的不正确的法律裁决使得被告人在法律上无法逃脱基于这些事实被裁决有罪的案件;和

(2) 被指控者因为意识到由于一项对他不利的有力证据被采纳的裁定,他的案件将毫无希望,遂将答辩改为有罪的案件。

在第(1)项范畴下的定罪被认为是不安全的,而第(2)项的定罪则认为不是。

在 Togher [2001] 3 All ER 463 中,上诉法院指出,对法官裁定之后答辩有罪的定罪提起的上诉的效果,取决于以下的一项选择:

(1) "狭义"方法,只有当裁定没有给答辩无罪留下任何余地时,上诉才能被接受;以及

(2) "广义"方法,在实质性的不合法行为之后的有罪答辩也可以进行上诉。

上诉法院采纳了广义的方法,而没有采纳 Chalkley [1998] 2 Cr App R 79 中适用的狭义方法。尤其是"不安全"一词应当以与《欧洲人权公约》相一致的方法被适用。审判的公正性和定罪的安全性要并行不悖。如果被告人被剥夺了公正的审判,定罪几乎不可避免的不安全。同样,如果他在不知道存在可能构成程序滥用并应当暂停起诉的事项而答辩有罪时,这类定罪也会被正当地驳回。

24.3 对刑罚的上诉

对刑罚向上诉法院提起上诉的上诉人分为两类——以起诉书被定罪的罪行而被量刑的人,和因简易定罪后的罪行被量刑和被移送到皇室法院量刑的人。对上诉的批准总是需要的,除非通过判决的法官授予了案件适合上诉的证书。

24.3.1 起诉书定罪后的刑罚

除谋杀犯罪外,以起诉书被定罪的人可以就皇室法院对此犯罪通过的任何刑罚向上诉法院上诉:CAA 第 9 条。在 CAA 中"刑罚"含义广泛。它包括"在处理罪犯时法院作出的任何命令":CAA 第 50 条。因此,罪犯不仅可以对明显是惩罚的命令(例如监禁、在年轻罪犯教养院拘押、罚金或者社区服务令)提起上诉,还可以对非惩罚性命令,例如保释、有条件释放、或者甚至无条件释放提起上诉。第 50 条特别规定医院令和建议驱逐出境是"刑罚"。即使是被正常地认为是主刑罚的辅助性命令(例如控方费用或对被害人的赔偿),也是"在处理罪犯时"作出的命令,因此也属于第 50 条的范畴之内。

对谋杀的刑罚不能上诉,因为它是强制性的。谋杀犯也不能对法官作出的关于他在被假释释放之前所服的最低刑期的任何建议提起上诉。这是因为最低刑期建议对内政大臣没有拘束力,因此不能被视为第 50 条范畴内的法院命令。

24.3.2 简易定罪后的刑罚

《1968 年刑事上诉法》第 10 条规定,在以简易定罪后的罪行和移送量刑被皇室法院量刑的人(见第 11 章),可以对其刑罚提起上诉,如果:

(1) 因为此犯罪(或者这一犯罪和在同一场合被量刑的其他犯罪),

第24章 来自皇室法院的上诉

他被判监禁或在年轻罪犯教养院拘押六个月或六个月以上；或者

(2) 对罪行判处的刑罚是治安法官不可能通过的（例如，对一项可任意方式审判的犯罪给予四个月的监禁，而创设罪行的制定法规定，简易定罪后的最高刑罚是三个月）；或者

(3) 在对这一罪行处理他时，皇室法院取消了他的驾驶资格，建议将他驱逐出境或者使他违反的罪行的缓期刑罚立即生效。

这一条的效果是以移交量刑被处理的罪犯提出的上诉，通常被限于皇室法院的刑罚与如果他们不被移送，治安法官们可以科处的最高刑罚一样严厉或更严厉的案件。如此限制上诉权利的正当理由是治安法官如果不认为罪犯应当受到六个月以上监禁或羁押的刑罚，他们不会移送。通过科处比这一刑期更短的刑罚，皇室法院暗示地采取了比低级法院更宽恕的观点。因此当罪犯在皇室法院已经得到了"好结果"后，就没有必要让他到上诉法院去了。

第10条还将上诉权给予了那些因违反缓刑或有条件释放被简易定罪之后，被皇室法院处理原始犯罪的罪犯。这上诉与移送量刑后的上诉情况相同（即本质上，罪犯必须因为原始犯罪本身、或由皇室法院在同一场合处理的原始犯罪和其他犯罪一起，被判处了六个月或六个月以上的刑罚）。为说明第10条的运行情况，考虑一个案件，O因在由皇室法院发布的社区改造令期间实施的犯罪被简易定罪。如果事情的顺序是（1）治安法官对随后的犯罪通过了三个月监禁的刑罚，和（2）皇室法院随后将罪犯带至其庭前并就原始犯罪判处他另外连续监禁三个月，那么就不能对后一个判决向上诉法院提起上诉，因为它小于六个月。另一方面，如果治安法官将O移送至皇室法院，对随后的犯罪和违反缓刑一并处理，皇室法院科处了两个连续实施的三个月刑期，那么就有上诉的权利，因为在同一个场合通过的总体刑罚是六个月。当皇室法院激活了罪犯在简易定罪后违反的缓期刑罚，对激活有权上诉，而无论被激活的刑期超过或少于六个月，也无论皇室法院是否同时因随后犯罪处理O。

24.3.3　批准对刑罚提起的上诉

除非皇室法院法官证明案件适合上诉，对刑罚的上诉只有经过批准才可以提起：CAA 第 11（1）条。无论上诉是根据 CAA 第 9 条还是第 10 条提起的，也无论是关于法律点还是其他的点，这都适用。批准刑罚适合上诉的证书的权力在 1982 年因为当年的《刑事司法法》对 CAA 的修正而被引入。但上诉法院却阻止皇室法院法官行使此项权力（例见 Grant（1990）12 Cr App R（S）441）。的确，很难看出为什么一名法官要乐意地宣布他刚通过的一项判决可以上诉——如果他认为刑罚太过严厉，他应当是不会通过的。因此，几乎所有寻求减少刑期的罪犯都需要获得批准。获取批准的程序与获取针对定罪的上诉的批准程序相同（见 24.2.2 节）。

24.4　对定罪提起上诉的决定

CAA 1968 第 2（1）条提供了针对定罪提起上诉的决定的法律框架。它称上诉法院"应当允许对定罪提起上诉，如果他们认为定罪是不安全的；并且……在其他任何情况下都应当驳回上诉"。这一新的简化的检验标准由《1995 年刑事上诉法》引入。在此之前，上诉法院必须考虑定罪是否安全或令人满意、法官是否对法律问题作出了错误决定、或者在审判过程中是否存在实质性不规范行为。如果他们认为这些条件中的一个得到了满足，上诉法院接着必须继续确定是否真的发生了误判。现在的检验标准被大大地简化，但在研究 CAA1968 被 1995 年法令修正之前决定的案件时，必须要考虑过去的做法。

无论如何，很明显议会的用意是即使措辞被简化，实际上不应当有任何变化。在推出《刑事上诉法案第二次重读》时，当时的内政大臣说："实质上它重述了上诉法院现有的做法。"很清楚，这一论述是在咨询了大法官后作出的（Hansard，256 卷第 24 节，1995 年 3 月 6 日；又

第 24 章 来自皇室法院的上诉

见常务委员会 B，1995 年 3 月 21 日 26 专栏）。新老两种检验标准之间在实际上没有区别，这体现在 Mullen [1999] Crim LR 561 案中，该案的上诉建立在上诉人被审判的情形的基础上。英国控诉机关与津巴布韦当局串通实现了将他从津巴布韦引渡到英国，其中的情形构成了滥用程序。上诉法院将英国当局的行为描述为不足取或者说不体面的，因此如果允许控诉成功会与公众良知相违背。虽然如此，审判行为本身并没有受到置疑。真正的问题是考虑到被指控者被带到法院的方式，对他进行审判是否公正。在适用与上诉相关的法定检验标准时，这是否意味着定罪是不安全的？上诉法院求助于 Hansard 案，从那里可以明显地看出 CAA 第 2 条的新形式只是要重述上诉法院现有的实践。那时的实践允许将滥用程序作为取消定罪的根据。另外，定罪要想是安全的，就必须是合法的。如果审判从来就不应该发生，那么定罪也就无法被视为安全的。

检验标准（定罪的安全性）被适用的方式的另一个例子是 Smith (1999) 案，《泰晤士报》，1999 年 5 月 31 日。此案上诉的根据是对无案可答的提议的错误拒绝。在提议被拒绝之后，被告人给出了证据并在交叉询问中承认了他有罪！在统一的上诉检验标准引入之前，当局倾向的观点是在这样的情况下上诉应当成功，因为被指控者由于错误的裁定被剥夺了在法官指引下绝对肯定的无罪判决（Cockley（1984）79 Cr App R 181）。但既然被指控者已经在法院上承认了他有罪，在新的检验标准下说定罪是"不可靠的"到底有多确切呢？在 Smith 案中，上诉法院毫不犹豫地这么做了。即使是在像这一案件这样的极端例子中，对无案可答的错误拒绝也意味着上诉必须成功。CAA 第 2 条中的措辞变化再一次看起来毫无实际效果。

越来越明显的是，新的检验标准是用来反映上诉法院在诠释老的检验标准时采纳的做法。由一些评论者预期的对"不安全"一词的限制性理解在实践中并没有得到普遍的青睐，尽管有相反的法官附带意见，例如 Chalkley [1983] 3 WLR 146 案中。

在 Condron v UK [2000] Crim LR 679 案中，欧洲人权法院强调

了上诉法院在决定是否支持来自皇室法院的上诉时集中注意力于审判的公平，而不是定罪的安全性上。在他们判决的第 65 节，法院说：

> 根据《公约》第 6 条保证给予被指控者享有辩护的权利是否得到了确保的问题，在没有对公平这一问题进行探究时，不能被同化为对他的定罪是否安全的裁定。

在 Togher [2001] 3 All ER 463 中，上诉法院考虑了公平审判的要求和它导致的任何定罪的安全性之间的关系。大法官沃尔夫勋爵说，如果被指控者被拒绝了公平的审判，由于《公约》已经被内化为国内法，那么对他的定罪几乎不可避免地会被认为是不安全的。

在有多位上诉人的上诉根据中，他们首先提到审判中出现的具体的法律和程序上的错误，然后用一个宽泛的认为定罪是不可靠的宣称对这些具体根据予以补充。有一流派的想法认为，总结时出现的所有误导都应被界定为导致定罪不安全的因素，而非错误的法律决定或实质性不合法行为。但是 CAA 第 2（1）条没有将基于定罪的不安全性质的上诉，明示地限制在上诉人可以指出在对他的审判中具体错误的案件范围内。作为纯粹的法律结构事项，他可以合法地辩论说针对他的证据（虽然刚足以证明表面上的案件）如此微弱，因此陪审团的裁决不应当成立。然而，在实践中，很难仅仅通过攻击审判中证据的质量而在法官大人们的头脑中引起对定罪安全性的质疑。他们采取的观点是陪审团耳闻目睹了证人（而不像他们那样很少接触比总结笔录更多的东西）。在纸面上看起来薄弱的案件，"本人"可能是完全令人信服的。因此，"如果所有证据都呈现在了陪审团面前，而总结也没有瑕疵……法院不应当有轻微的干涉"（根据大法官韦德格利勋爵在 Cooper [1969] 1 QB 267 案中的说法）。换句话说，假设审判在法律上没有错误，上诉人只有在总体情况下指出一些非寻常的事项，而该事项能够绝对地驱使法院得出已经发生了不公正这一结论时，才能成功。在 Cooper 这个案件中，导致 C 因攻击被宣告有罪的决定被取消的特殊因素是对他的指控依赖于被害人多少有些模糊的辨认，而且有证据证明 X（与 C 长得很像而且有暴力记录）私下承认了这一犯罪。C 能够传唤 X 曾经向他承认的第三人，但因为显而易见的原因他未能传唤 X 本人。类似地，在 Pattinson（1974）58 Cr App R 417 案中，P 对抢劫的定罪上诉成功，因为控方的唯一证据是 P 据称是在警署作出的供认，而且供认的情形实在过于怪异而很难让人相信警方（在被指控之后——因此无法被进一步讯问——根据警方的说法，P 在认为自己没有被偷听时自言自语并且主动承认了他涉入抢劫）。但是，早已确立的观点是即使针对上诉人的唯一证据只是向警方作出的口头供认，而该口供没有独立的（即非警方的）佐证，定罪仍可获支持（见 Mallinson [1977] Crim LR 161——Pattinson 案中的问题不是缺乏其他独立的证据，而是供认采取的不太可能的形式）。

24.4.1 作为上诉理由的审判中的错误

如前节中指出的，如果审判没有法律错误，上诉法院会极不情愿地维持定罪。因此这类错误也就形成了大多数上诉辩论的基础。在提出的上诉理由中最普通的是法官总结中的错误，即错误地定义犯罪的要件、未能给陪审团留下一个已经有证据作为基础的辩护、未能就证明的责任和/或标准给出适当的指引等。其他惯常依赖的根据构成审判中的程序性错误，例如允许控方在涉及有不公正的危险时修改起诉书、允许在本应排除证据时采纳证据、未能适当地处理陪审团的通知、未能遵守关于多数判决的法定限制。所有这些都是审判中无尽的可能出现的错误清单的最常见例子。但最后，关键的问题（不管存在多少种错误）是：定罪可靠吗？

有时候上诉人会将在皇室法院为他辩护的律师出现的所谓的错误作为上诉的依据。传统上上诉法院极不情愿接受这样的论点。在 Clinton [1993] 1 WLR 1181 中，法官大人们说因为辩方律师审判中的行为而取消裁决是罕见的。正确的方法是要确定在所有情况下定罪是否都是不可靠或不令人满意的。在 Clinton 案中，C 被指控绑架和猥亵攻击。告发者对她的攻击者的描述与 C 的外表有极大的出入（包括有刺青和伤疤）。C 在审判时没有给出或者传唤证据。他被定罪，而案件几乎完全基于告发者的证据。上诉法院在允许上诉时称 C 本应被强烈建议给出证据以强调这些出入。他的律师实际上根本没有尝试过让他不要放弃作证,而这是严重错误。在极特别的情况下,作出战略性决定(例如不传唤被告人)时如果没有正确的指示或者违背善意时,上诉法院可以驳回裁决。

在 Clinton 案之前有一系列案件,其顶峰是 Ensor [1989] 1 WLR 497 案,其中上诉法院将注意力集中在了律师不称职的范围这一问题上。在 Ensor 案中,E 被指控有两项强奸罪状。他告诉他的律师他想将它们分割开,这是上诉的常见理由。如果提出分割的申请,应当能够成功。出于战略原因,E 的律师决定不申请分割。他没有告诉 E 他的决定。E 就两项罪状被定罪,并基于其律师的行为提起上诉。上诉法院称定罪不能在律师的行为错误或不明智的基础上被推翻,即使它违反被指控者的意愿。在"臭名昭著的不合格辩护"的情况下存在例外。在这里律师的行为即使错误也不是不合格的,更不用说臭名昭著了。在另一项决定中,上诉法院判定律师未能和当事人讨论是否传唤犯罪时不在现场的证人可以作为上诉的基础(见 Irwin [1987] 2 All ER 1085,但在 Ensor 案中说它应被视为仅限于它自身的事实)。

Clinton 案被认为将律师所犯的所谓的错误置于一个正确的视角。专注于审判受到了什么影响,肯定要比把心思放在辩护的标准上更好。因此,适当的问题是制定法提出的:定罪安全吗?

在 Ullah [2000] Crim LR 108 中,上诉法院强调在这类案件中,关键的问题是定罪是否安全,但律师方面的不称职也是一项必要的前提条件。在考虑律师是否不合格时,大人们建议检验标准可以是他的行为是否建立在根本上有瑕疵的推理基础上,因此可以恰当的将其视为如 Wednesbury 案般不合理(适用了 Associated Picture Houses Ltd v Wednesbury Corporation [1948] 1 KB 223 中的标准)。

在 Nangle [2001] Crim LR 506 案中,上诉法院称在决定是否取消定罪时,"臭名昭著的不合格"现在可能已经不是被适用的适当措施了。根据《1998 年人权法》和《欧洲人权公约》第 6 条,所要求的是针对被告人指控的听审应当是公平的。如果他的法律建议者们的行为导致这一目标无法实现，那么上诉法院可能被迫干涉。欧洲人权法院在 Daud v Portugal［1999］中对这一问题加以了考虑，此案中辩方律师只有三天时间准备复杂的诈骗审判，而审判最终导致了九年监禁的判决。被告人在第 6（3）（c）下的权利被认为受到了侵犯，因为他没有得到实际而有效的辩护的益处。对于一个严重且复杂的案件来说所给的时间太少。如 Ashworth 教授在 Nangle 案的评论中所说的，这暗示着比"臭名昭著的不合格"要求更低的检验标准现在可能是适当的。无论如何，越来越清楚的是焦点现在集中于律师错误的影响，而不是错误的范围。

24.4.2 成功上诉的效果

如果上诉法院认定定罪不安全，它必须允许上诉并取消对上诉人的定罪（CAA 第 2（2）条）。除非法院同时命令对被告人进行重审，取消定罪的效果是皇室法院被指令记录宣告无罪以替代有罪，上诉人受到就像陪审团认定他无罪一样的对待：第 2（3）条。因此，控方就同一犯罪对他重新提起控诉的任何企图，都会被先前无罪释放的答辩所禁止。

CAA 第 7 条规定了命令重审。直到《1988 年刑事司法法》对其作出修正之前，第 7 条仅仅适用在法院基于它听审过的新的证据基础上允许上诉。这种如 24.6.9 节所释的案件，仅仅构成法院工作中微不足道的一部分。因此，根据上诉法院指令进行的重审屈指可数。这种情况被 1988 年通过的修正案所改变，其效果是只要允许上诉，法官大人们就有指令重审的自由裁量权，如果他们认为正义的利益如此要求。因此，如果上诉成功，上诉人不一定能够享受完全豁免对所涉罪行继续诉讼的可能性。相反，法院会考虑情况并自由裁量地决定是否命令对他进行重审。上诉法院指出，自原来的审判后经过的时间，无论在此期间内上诉人是否被羁押，以及针对他的案件的明显的力量，是他们在决定是否存在正义利益时要考虑的因素（见 Saunders（1973）58 Cr App R 248 和 Flower（1965）50 Cr App R 22）。

在决定是否应当进行重审有时候必须考虑的一个问题是围绕原始审

判和上诉的宣传,对将来陪审团的潜在影响。在 Taylor（1994）98 Cr App R 361 中,上诉法院在部分因为围绕在审判周围的渲染的和不确切的公开报道而支持了一项对谋杀定罪的上诉后,说道：

> 另外,由于我们对这一案件报道方式的看法,我们认为现在不可能有公平的审判,因此我们没有命令重审。

在 Stone [2001] Crim LR 465 案中,上诉法院考虑了围绕在谋杀初审和上诉人成功上诉周围的非寻常的宣传是否排除重审的可能性。虽然公开报道耸人听闻且部分可能失实,但法院并不能基于均衡的可能性认为它到了使重审有压力或不公平或者使重审的裁决不可靠的地步,因此还是命令了重审。

第 8 条经修订后规定了命令重审时的程序。要提出新的起诉书。通常这要针对与原来的起诉书中宣称的完全相同的罪行,但法院可以命令对上诉人就他在第一审中原本可以替代的裁决方式被定罪的罪行,或者鉴于陪审团因为对另一项罪状定罪而被解散作出裁决,而在替代的罪状中宣称的罪行,进行重审（见第 7（2）（b）和（c）条）。新的起诉书要迅速提出,因为传讯在命令重审后超过两个月的话需要法院批准：第 8（1A）条。另外,一旦两个月期间过去,上诉人本人有权申请取消重审的命令。在控方申请超期传讯或者辩方申请取消重审命令时,法官大人们必须作出有利于上诉人的决定,除非能够确信控方已经"以可能的最快速度"行动,同时尽管时间的流逝促成了申请,但仍然存在充分的重审理由：第 8（1B）条。在等候重审的过程中,上诉法院自由裁量上诉人被羁押还押或保释还押。如果他被再次定罪,通过的判决绝不能比一审时的更严厉,当然,尽管可以更宽恕（见 CAA 附件 2）。

24.4.3 重新召集陪审员的令状

在上诉法院面临的大多数案件中,它要依赖 CAA 第 2 条赐予的权力去取消或根据案件情况,维持一项定罪。但法院还有一项独立于制定法而从老的案件预备皇室法院继承下来的权力,取消定罪并签发重新召集陪审员令状。签发此令状的效果实际上等同于命令重审。

第 24 章　来自皇室法院的上诉

这一多少有些鲜为人知的法律被总结在以下的命题中,它们是基于迪布洛克勋爵在 Rose [1982] AC 822 案和沃特金斯法官在 Newland [1988] QB 402 案的附带意见。

(1) 只有在皇室法院程序开始之际或之前发生了程序违法行为,此行为的根本性质致使上诉人所谓的"审判"成为完全的误判,后果是他在陪审团面前的任何阶段的听审从未有过被有效定罪的危险时,才会出现签发重新召集陪审员令状的权力问题。这样的例子有:宣称证明提出起诉书议案具有正当性的移交程序本身是无效的;陪审团被要求同时审判两项单独的起诉书;辩方被阻止反对陪审员;两项罪状合并在同一起诉书中在法律上是错误的,因为违反《起诉书规则》第 9 条;和被指控者被不正当地强迫答辩有罪。但当上诉人对有效开始的审判中发生的违法行为提出申诉时,重新召集陪审员就不适当,即使错误的类型看起来触及了陪审团作出裁决的根本权力(例如,表明陪审团在退庭考虑裁决时分开过;或者他们向法官提出的问题没有通过正确的程序被处理;或者在没有遵守《陪审团法》第 17 条的情况下作出多数裁决)。在这些情况下,上诉人只能依赖 CAA 第 2 (1) 条列明的上诉根据(尤见 Rose [1982] AC 822 案,第 831~833 页)。

(2) 如果法院确实具有签发重新召集陪审员令状的权力,它可以自行裁量仅取消定罪,而不作出更多的决定——即,它没有义务命令对成功的上诉人进行重审。

(3) 由于签发重新召集陪审员令以对上诉人的审判完全无效为先决条件,而 CAA 第 2 (1) 条规定的允许上诉的理由则以完全相反的情形为前提,因此不可能存在法院通过其内在的普通法权力或制定法权力来选择取消定罪的情形。换句话说,如果上诉人提出的观点可以使他有权重新召集陪审员,则不存在基于审判过程中存在程序违法行为而根据第 2 (1) 条取消定罪的情形;类似地,反之亦然(尤见 Rose 第 833 页;Newland 第 408 页)。

(4) 既然上诉法院无论何时根据第 2 (1) 条允许上诉就有命

令重审的自由裁量权,而不仅仅在有新证据的案件中才有这种权力,那么区分重新召集陪审员的情形和"正常的"上诉之间的区别的大部分意义就不存在了。

24.4.4 部分成功的上诉

如果一名上诉人在皇室法院就两项或两项以上罪状被定罪并对所有定罪提起上诉,上诉法院当然可以就其中的一些而非全部罪状允许上诉。另外,当对上诉人的起诉书是陪审团可以就他们定罪以外的罪行对罪犯进行定罪的话,上诉法院可以用对另外罪行的有罪裁决来替代陪审团的裁决:CAA 第 3 条。上诉法院必须采取的观点是陪审团必须确信证明上诉人对另外罪行有罪的事实。第 3 条可以适用于两种情形。一、如果陪审团就起诉书中的一项罪状宣告上诉人指控的罪行有罪,但原本可以作出指控的罪行无罪但对另一较轻行罪有罪的裁决时,上诉法院可以用对较轻罪行的定罪替代陪审团原来的裁决。二、如果陪审团对起诉书中替代性的两项罪状中的一项定罪,并被解散对另外一项罪状给出裁决时,上诉法院可以颠倒裁决(即取消定罪,并就陪审团被解散给出裁决的罪行作出有罪的裁决)(见 19.3 节)。例如在 Worton (1990) 154 JP 201 案中,W 是根据《1986 年公共秩序法》第 2 条被指控暴力骚乱的其中一人。审判法官未能就针对 W 的指控中其共同被指控者被无罪释放的后果向陪审团作出正确指示(即它可以将参加人数减至三人以下,从而使唯一可能的裁决成为打架而非暴力骚乱)。上诉法院取消了定罪并代之以对打架的定罪。在 1997 年 7 月 3 日《泰晤士报》的 Horsman (1997) 案中,上诉法院阐明了在被告人被交给陪审团处理之前就已答辩有罪的情况下,第 3 条并没有赋予他们替换替代性罪行有罪裁决的权力。

24.4.5 一次上诉的权利

一旦上诉被处理,上诉人就被剥夺了就同一事项提起二次上诉的权利(Pinfold [1988] QB 462)。即使是第二次上诉中提出的观点与第一次被处理的完全不同,也同样如此。在 Pinfold 案中,P 的最初上诉是建立在总结中的错误指引的基础上。他提出的第二次上诉依赖全新的证据。法院认定,鉴于第一次上诉的驳回,法院对决定第二次上诉没有管辖权。

将上诉人限于一次上诉的权利,在有几项上诉理由时可能会导致一个奇怪的不规则现象,上诉法院指出,为节省时间,它会允许基于一种理由的上诉,而对其他理由的论争不予听审。皇室检察官还是可以将上诉法院允许上诉的决定上诉至上议院(见 24.9 节)。如果皇家检察官在上议院成功上诉,上诉人将不能复活上诉法院从未考虑过的这些理由。如果皇家检察官在一项基于几项理由之一的上诉被允许后立即向上诉法院指明,它可能会把事情提交到上议院,则可以避免这一问题。这样上诉法院就可以考虑是否考虑上诉的其他依据(见 Berry[1994]Crim LR 276,这一程序在该案被认为是避免困境的一种方法)。另一种可能是让上议院行使与未经上诉法院处理的任何理由相关的上诉法院的权力(Mandair[1995]AC 208)。

24.5 对刑罚提起上诉的决定

就对刑罚提起的上诉,上诉法院可以取消这一上诉主题下的刑罚或命令,而代之以它认为合适的刑罚或命令,只要:

(1)它通过的刑罚或作出的命令是皇室法院本可以通过或作出的;且

(2)将案件作为一个整体来看,上诉人在上诉后没有受到比皇室法院更严厉的处理;CAA 第 11(3)条。

与旧的刑事上诉法院不同,上诉法院在被量刑的罪犯提起的上诉案件中,没有增加刑罚的权力。但当法院对一项罪状允许上诉而对另外一项罪状确认定罪的话,它可以对上诉人仍然被定罪的罪状增加刑罚,只要它没有作出比皇室法院对两项罪状一起通过的总刑罚更严厉;第 4

条。如果上诉法院以对一项较轻罪行的有罪裁决替代了陪审团的裁决（见24.4.4节），它可以对较轻罪行量刑，同样不能比皇室法院判决的刑罚更严厉：第3（2）条。尽管禁止增加刑罚，正在服监禁刑的上诉人还是可能发现其判决在实际上被延长，因为法院指令就他等待上诉决定期间被羁押的时间不计入他的刑罚期间。因此第11条（不增加刑罚）应当与第29条（对时间损失的指令：见24.6.6节）结合起来考虑。还应当考虑到检察总长可以将他认为过分宽恕的判决提交给上诉法院，法官大人们可以比皇室法院法官更严厉地处理罪犯（见24.7.2节）。但检察总长对案件的提交与罪犯提出的上诉有很大不同，其中基本的规则依然是法院不能增加刑罚。

除了排除对上诉人刑罚增加之外，CAA第11（3）条对上诉法院决定上诉的方式没有施加任何限制。对法院习惯性地将实际通过的刑罚替换成自己认为的刑罚，不存在任何制定法上的禁止，即使刑罚的减少微乎其微。然而，法官大人们总是认识到，对合法的量刑的观点因法官而异——些法官偏于严厉，而另一些则偏向宽恕，但个体的量刑者在行使其职责时有一定自由裁量的权力。因此，对于具体的案件来说，不存在一个正确的刑罚，而只存在一个实际科加的刑罚应当处于的可接受的范围。如果上诉人的刑罚处于可接受的范围之内，则在上诉时不太可能被减少，即使是处于此范围的上限，且比如果上诉法院的法官作为一审法官时所科加的刑罚要重。正如大法官赫华德勋爵在Gumbs（1926）19 Cr App R 74案中所表达的：

本庭从来不会仅仅基于本庭可能通过一个有些不同的刑罚而干涉下级法院的自由裁量权；本庭改变一项刑罚，必须是原则上存在一些错误。

上诉可能成功的主要情形有以下几种：

（1）刑罚在法律上错误。如果皇室法院法官的判处的刑罚是他在法律上无权通过的，上诉法院很明显会将其替换成一个合法的刑罚。

（2）刑罚在原则上错误或明显过度。这是迄今为止上诉成功最常见的基础。如上所释，上诉人不能仅仅证明对他的判决"偏于严厉"。他

第 24 章　来自皇室法院的上诉

必须证明判决超出了他这类案件普遍接受的刑罚的范围。"原则上错误"是一个特别倾向于覆盖法官完全选错了刑罚类型的案件的短语——例如，罪行没有超出《1991 年刑事司法法》第 1（2）条规定的"羁押下限"而通过羁押刑罚。原则上错误还包括合并不同类型的刑罚时的错误（例如，在通过监禁刑的同时，处以社区改造令）。在刑罚的形式是正确的，但只是太严厉，或用 22.6 节中解释的术语来说，刑罚与罪行明显不相当时，"明显过度"就被适用。

（3）错误的量刑方式。如果从法官在通过刑罚时的评论很明显地看出，他对罪犯的处理比他考虑了一个本不应考虑的因素后处理得更严厉，刑罚很可能被减少。这样的例子有，如法官说他增加了刑罚，因为罪犯答辩无罪和/或进行了诋毁控方证人行为或诚实品行的辩护（Skone (1967) 51 Cr App R 165）。

（4）判决前程序错误。第 20 章中描述了数个案件，在皇室法院定罪和判决之间采用了对罪犯具有潜在危害的错误程序（例如 Newton (1982) 77 Cr App R 13 案，其中法官在没有听取证据的情况下接受了控方对于犯罪事实的说法；及 Wilkins (1978) 66 Cr App R 49 案，其中一名官员在对作证的事项没有第一手信息的情况下给出了对罪犯有偏见的先行文件）。上诉法院通常会通过减少刑罚而表示他们对此种违法行为的不赞同。但有时他们会说，尽管有程序上的错误但判决本身仍然是正确的，因此支持判决。

（5）不一致。对共同罪犯作出的判决存在明显区别，而这种区别不能由他们涉入罪行的不同程度或者由他们提出的不同量的减免事由来说明具有正当性时，有时受到严厉惩罚的罪犯会以减少刑罚为由提起上诉。上诉法院对此类论点的态度极不一致。一种方式是，如果不一致程度非常明显（即使上诉人受到的刑罚没有原则上的错误或者明显过度），以至于当他考虑到与他同样有罪的共同罪犯受到的宽大处罚时他会有严重的和可理解的不满之情，应当允许上诉（见 Dickinson [1977] Crim LR 303）。另一种方式是，"两个错误不能使一个正确"。O1 被判处太过宽恕的刑罚不能成为减轻其共犯 O2 的刑罚的理由，假设 O2 的刑罚

432

不存在其他应当受到批评的情形。如 Stroud（1977）65 Cr App R 150 案所说："上诉人的假设是如果存在一个正确判决和一个错误判决，本庭应当作出两个判决都是错误的决定。这是一个本庭无法接受的提议。"根据 Stroud 案，不一致从不应当被视为对刑罚提起上诉的好根据。但自 Stroud 案以来的确是这样的情况，不一致是主要的，如果不是成功上诉的唯一依据的话（例见 Wood（1983）5 Cr App R（S）381）。也许真正的立场是共同罪犯之间刑罚的不一致是上诉法院在受到更严厉刑罚的罪犯上诉时应当考虑的因素，但如果刑罚完全处于可以接受的标准之内，上诉可能失败。但如果刑罚（即使分割开来看）偏于严厉，对不一致和原始判决表面上的不公平的同时考虑可能会使天平偏向赞同减少刑罚。如果共同罪犯被同一个法官在同一场合判决时，基于不一致提起的上诉也更容易获得成功。

24.6　上诉的程序

概括地说，对定罪或刑罚提起上诉的标准程序如下：

（1）定罪或量刑之后的二十八天内，取决于上诉针对哪一项，上诉人向皇室法院送达一份批准上诉申请的通知。通知必须附有上诉理由。如果是顾问律师建议上诉，他要确定并对理由签字。否则上诉人亲自起草。在顾问建议上诉时，一种被认为较好的做法是建议必须在定罪后十四天内送给事务律师，事务律师必须确保非专业的当事人在随后的七天之内收到这份建议。如果上诉人在皇室法院程序中接受了法律援助，这一法律援助应当涵盖对上诉的是非优劣给出建议，而一旦给出了上诉的建议，又应当包括送达通知和起草上诉理由。在收到了通知和理由后，皇室法院将它们转发给刑事上诉记录员。

（2）当上诉是针对定罪时，起草上诉理由几乎总是分为两个阶段。与批准上诉申请的通知一起递交的理由（"初始理由"）建立在律师对皇室法院发生的事情的随笔记录基础上。这种笔记不可避免地会不完整并且有部分不精确。但速记员对皇室法院程序有完整的记录，律师如果认为在适当展示上诉时需要的话，可以向记录员索取笔录。除非记录员认为律师提出了无理的要求，否则他会按照他的要求交给律师一份笔录复本。要求法官总结副本的要求几乎从未遭到拒绝。至少部分证据的副本也是必需的，这取决于初始理由的性质。阅读了副本之后，律师可能会建议放弃上诉。当然这并不能阻止上诉人在没有法律帮助的情况下继续上诉，但如果这么做他要冒受到时间损失指令的危险（见 24.6.6 节）。另一方面，如果律师仍然认为上诉人有合理的可辩理由，他要完善其上诉的初始理由——即，他要根据并参照笔录作出修正。关于完善的理由应当包括哪些内容，见 24.6.2 节。

（3）案件文件被提交给独任法官。这些文件包括完善了的上诉理由、笔录和任何其他相关文件（例如在皇室法院作证时引入的文件性证据，或者上诉人希望在上诉听审时传唤的刚刚出现的证人的陈述）。根据这些文件，独任法官决定是否给予批准上诉。如果给予，他也可能同时批准上诉人包括但不限于听审时被合法代表的命令、在等待上诉决定时准予保释、或者命令潜在的证人出庭接受询问。

（4）上诉人接到独任法官决定的通知。如果是不利的，他有十四天时间通知记录员他希望在刑事庭的法院上重新申请（见 24.6.4 节）。假设给予了对上诉的批准（无论是由独任法官还是重新申请的法院给出），记录员和他的工作人员检查所有的文件都整齐有序、制作案件的总结并确定听审的日期。总结由将听审上诉的法官审阅，案件中的律师也可获取。这是纯粹事实性的文件，不包括任何对案件是非的观点。

（5）听审时，上诉人的律师展示论据。如果上诉针对定罪，皇家检察官几乎肯定会出席并可能被要求回应上诉人的案件。上诉人偶尔会传唤证人（例如，以起诉书审判时身份尚不可得知的犯罪时不在现场的证人），但通常上诉只涉及考虑笔录和律师的论辩。在只对刑罚提起的上诉中，皇家检察官不太可能出庭，因为无论是在皇室法院还是上诉时，争论较高的刑罚都不是控方的责任。

对以上的标准程序有两种变化。第一当然是上诉人可能已经从审判法官处收到了证书（见 24.2.1 节）。在这种情况下，他给出上诉的通知（而不是申请上诉批准的通知），记录员只要将案件加在清单中由法院完全听审即可。第二种可能性是记录员在看了基于的确需要上诉的上诉人的利益而送达的上诉理由时发现，上诉在表面上有极大的成功机会。这时记录员可能会绕过独任法官程序而直接将批准上诉的申请列在清单中由法院听审。他还会批准给予上诉人法律援助并要求控方安排出庭。然后法院给予上诉的批准并直接对上诉作出决定。

在以下的章节中，以上关于上诉程序概要中涉及的事项会以更加详细的方式被解释。读者也可以参阅记录员于 1983 年发布的（1997 年更新）并得到大法官批准的名为《上诉法院刑事庭程序指南》的小册子。

24.6.1 申请上诉批准的通知

上诉人申请上诉批准的通知必须以刑事上诉办公室提供的标准格式提供：CAR 第 2 条。第 440 页印出了一份通知的样本。如所看到的，它包括有关上诉的基本细节，包括上诉人姓名、地址，或如果他被羁押，监狱的地址等、被拘押的地点、审判的法院名称和法官的姓名、他被定罪的罪行及对这些罪行的量刑，以及他是对定罪还是对量刑或是对两者同时上诉。这一表格还可以用来通知法院上诉人要申请法律援助，或上诉听审期间被保释，或批准出席听审或听审时传唤证人。表格必须由上诉人签字或代表他的事务律师签名。如果上诉人不需要上诉批准，他只需提供上诉的通知。如果不需要批准的上诉人提交了上诉批准的申请时，申请会被作为上诉通知，反之亦然。

通知必须在定罪或判决后二十八天之内送达（无论是针对定罪还是刑罚提起上诉）：CAA 第 18 条。通知和理由一并送达到上诉人案件被听审的皇室法院所在地。皇室法院的官员会把文件转给上诉法院。法院有给予上诉人超时限申请上诉批准的自由裁量权，但必须有未能在法定期间内送达通知的令人满意的理由。

上诉人在对他的起诉书审判结束之前逃逸，且直到陪审团对他缺席定罪二十八天以后才被重新抓获的事实，不能作为延长上诉期

第24章 来自皇室法院的上诉

间的充分理由,即使上诉人在消失之前指明了如果被定罪他要上诉:Jones(No 2)[1972] 1 WLR 887。即使在上诉人递交通知的时间刚刚失效不久,上诉法院在另一案件中的决定表明上诉人的审判存在法律上的错误,法院也不必要必须准予他超时限就定罪提起上诉:Ramsden [1972] Crim LR 547。但在 Mitchell [1977] 1 WLR 753 案中,法院自由裁量权的行使偏向了 M 一边,因为他在时限内就刑罚提起上诉,而如果不批准他就定罪提起的上诉会把大人们置于必须决定就刑罚提起的上诉的境地,但根据他们在对 M 审判之后的另一案件的决定,他们知道对 M 的定罪必须被取消。

严格执行递交通知二十八天的时间限制,不应当导致不公平。如果上诉人在皇室法院被合法地代表,顾问或事务律师的代表通常会在裁决或量刑之后会见他,并非正式地建议是否存在上诉理由。在皇室法院的大多数被告人受到法律援助,而这种援助包括顾问对于上诉的优劣的书面建议,以及如果建议上诉,则起草上诉理由。收到了顾问的上诉理由后,事务律师从刑事上诉办公室或者皇室法院获取一份通知表格,代表上诉人填好并与上诉理由一起送交给皇室法院。如果上诉人没有法律代表,或者其代表建议不要上诉,他可以自己填写表格。如果他被羁押,则表格可在他被羁押的监狱等地获取。

24.6.2 上诉理由

上诉理由的准备应当与通知一起,上诉人必须再次利用来自刑事上诉办公室的标准表格。理由表格会问及许多已经包括在通知表格中的细节。另外,在表格的底部,有空白处上诉人可以写上自己的理由。但如果顾问准备并签署理由,则会用一张单独的纸打印出来,并与通知和理由表格一起送达。如前所述,起初拟订的理由不一定适合送交给独任法官。一旦完善之后,它们应当能使独任法官或法院辨别上诉人提出的供他们考虑的具体问题(见记录员《指南》2.2 节)。仅仅泛泛地指出"定罪不安全或令人不满意"或者"刑罚在所有情况下都太严厉"而不给出这些论断的理由，是不够的。对于理由的措辞没有一定的程式，只要上诉人希望提出的问题解释清楚即可。起草理由的一种简便方式是以先后顺序提出上诉依据的错误——例如，理由一针对审判法官未能分割起诉书；理由二是他未能支持无案可答的提议；理由三针对他错误地允许上诉人被交叉询问有关他先前定罪的问题；和理由四是总结中的各种错误指示。理由应当用页码和字母指出笔录中的相关段落，并引用律师意欲依赖的权威判例（见《记录员指南》4.4节）。如果上诉人想在上诉听审时传唤证人，则必须充分论证这样做的原因。如果是律师准备理由，他应当只包括那些合理的、能够真正促使成功的和他准备在庭上辩论的理由（见《记录员指南》2.4节）。如果不存在这样的理由，上诉人如果想要上诉就只能亲自上诉了。上诉理由的例子，见442～443页。

律师后来有时会用一份论据纲要来补充他的理由，大人们可以在上诉听审之前阅读。在复杂的案件中，这可以节省时间，否则时间会浪费在口头描述上诉人论据的基础上。纲要论据并不包括在《刑事上诉规则》中，但记录员《指南》称，"在适当的定罪上诉中，律师应当提交一份打印的文件，说明其寻求依赖的主张"（10.7段）。

Practice Note [1999] 1 All ER 669规定了对定罪提起的上诉需要论据纲要。上诉人的律师必须在收到对定罪上诉的批准后十四天内（除非另外指令了更长的期间），提交给记录员一份论据纲要，并将其送达控诉方。检察官应当在收到上诉人的纲要后十四天之内（除非另有指令）提出一份论据纲要。

24.6.3 笔录

速记员对皇室法院进行的任何程序都要做笔录，而这可能会成为向上诉法院上诉的依据。记录员和任何"相关的当事人"有权收到一份笔录副本，但必须支付一笔设定的金额：CAR第19条。笔录副本的费用可能会阻止大多数上诉人获取一份，但记录员有自由裁量的权力命令给任何接受法律援助的上诉人免费提供副本。近乎所有的上诉人都接受法

第 24 章　来自皇室法院的上诉

律援助，因此本质上笔录副本的提供取决于记录员的自由裁量。在上诉的初始理由中，律师会指出笔录中他需要的部分，以在必要时提供证人的姓名、日期和时间（《记录员指南》3.2 节）。如果是对定罪的上诉，他几乎肯定会索取一份总结的笔录副本。要求提供被认为不能被采纳的证据的笔录副本，也是合理的。但律师不应当要求所有证据的笔录副本，除非这样对上诉的决定真的是必需的，因为这么做既浪费时间又花费不菲（见 Flemming (1987) 86 Cr App R 31 第 39 页，沃尔夫法官批评了律师要求了六卷笔录副本，然后在上诉听审时只引用了其中两卷的做法）。对于对刑罚提起的上诉，先前文件证据的笔录、律师的减免请求和法官在通过判决时的评论可能都会有价值。如果上诉人答辩有罪，控方对事实的总结也可能被包括。记录员可能会拒绝律师要求的部分或全部笔录。如果对记录员的决定不满，律师可以将此问题提交给独任法官。

24.6.4　向独任法官申请：《1968 年刑事上诉法》第 31 条

上诉法院以下的辅助性权力可能，且最常是由独任法官（即一名上诉法官或者大法官要求协助刑事庭工作的一名高等法院法官）行使的：

（1）给予上诉许可；

（2）给予开始上诉或者超时限申请上诉批准的许可；

（3）当上诉人处于羁押之下且无权参加与其上诉有关的程序时，允许上诉人出席该程序；

（4）命令上诉人希望在法庭上给出证据的证人出庭接受询问；

（5）对上诉人给予保释；

（6）批准法律代表的命令；以及

（7）作出损失时间的指令。

这些权力中的大部分都已经提及，尚未提及的将在以下的段落中予以描述。迄今为止独任法官最重要的权力是准许同意上诉。如前所述，他通常在没有律师参与的情况下单独考虑申请。他的决定基于阅读案件卷宗，尤其是笔录副本和律师的上诉理由。这也是为什么理由必须清楚地指出上诉人申诉的性质并引用权威案例的一个原因。如果批准了上诉，独任法官（在合适时）也会考虑对保释和/或法律援助的批准以及命令证人出庭接受询问。他还可以作出引起律师注意的评论（例如，可能的额外的上诉理由），或者给出行政性指令（例如，命令额外的笔录，或者获取就刑罚上诉的上诉人的最新报告，或者加速上诉进程以避免在上诉人的上诉被听审之前他已经服完了短期羁押刑罚的危险）。如果拒绝批准，法官也要考虑给出损失时间的指令（见 24.6.6 节）。

独任法官决定的通知会送交上诉人。如果申请被拒绝（无论是申请批准上诉还是关于任何独任法官行使其有利于上诉人的权力的申请），上诉人都有权利在合议庭面前重新提起申请：CAA 第 31（3）条。但他必须在被告知独任法官对其不利的决定起 14 日内向记录员送达适当的通知：CAR 第 12 则。虽然存在延展递交通知期间的权力，但这种权力只有上诉人有不按时行事的良好原因时才能得以行使——如果他只是在十四天过后改变了主意，就无法让合议庭来决定此事：Sullivan (1972) 56 Cr App R 541。为协助上诉人决定是否继续申请，独任法官可以简要地书面给出他拒绝的原因。即使是在批准上诉的重新申请中，相关各方也不太可能展示论据——控方无须在程序的初始阶段这么做，上诉人将会碍于此时的费用通常不会由法律援助涵盖而不出庭。但法院会在公开法院上公布其决定并给出原因。

虽然标准的程序是首先向独任法官进行辅助性申请，然后如果独任法官决定不批准，再向合议庭提出申请，但不能够阻止上诉人直接向合议庭提出申请。这样有时可以加速程序，就像记录员发现需要上诉批准的上诉人有较强的表面案件时会直接提请合议庭考虑申请，作出批准然后直接就案件的是非曲直考虑上诉。对直接向合议庭提出申请和在独任法官拒绝后重新向合议庭提出申请，合议庭都只需由两名法官组成。一个例外是，如果之前没有向独任法官申请的失败，两名法官组成的合议庭不能拒绝（虽然可以批准）向他们提起的对定罪上诉的批准申请。

24.6.5 向记录员的申请

CAA 1968 第 31A（2）条赋予了上诉法院记录员一定的权力：

第 24 章　来自皇室法院的上诉

(1) 延长给予上诉通知或申请批准上诉的时间;
(2) 命令证人出庭接受询问;和
(3) 变更上诉人的保释条件。

就第(3)点而言,只有在被告人没有异议的情况下,记录员才能变更条件。关于以上的任何权力,如果记录员拒绝了上诉人的申请,上诉人都有权提请独任法官决定此事。

24.6.6　关于损失时间的指令:《1968 年刑事上诉法》第 29 条

除非有相反指令,上诉人在上诉开始至上诉被决定期间被羁押的时间,都要算作他正在服的任何羁押刑罚的一部分,无论刑罚是作为上诉对象的在皇室法院程序中科处的还是之前作出的判决。相反的指令(及损失时间的指令)可以由拒绝批准上诉申请的独任法官作出,也可以由法院在继续向它提起上诉批准的申请不成功之后作出,或者当法院在纯法律基础上驳回上诉时作出。损失时间的指令是对上诉人提起毫无价值的上诉并浪费法院时间的一种惩罚手段。

应当强调,上诉法院在严格意义上无权增加上诉人的刑罚。

在《实践指示(犯罪:刑罚:损失时间)》[1980] 1 WLR 270 中,大法官指明了何时可能作出指令。当律师整理好并签署了上诉理由并以书面意见作为支持时,独任法官不会命令时间损失,因为在上诉人接受其法律代表的建议并寻求上诉时归咎于他是不公平的。但如果律师没有建议上诉,且独任法官拒绝了批准上诉的申请,则他会对作出指令给予"特殊的考虑",并且"可以预见通常他会作出这一指令"。类似地,当批准上诉的申请在法院继续不成功时,很可能会作出这样的指令。此时,即使是律师准备好上诉理由并建议继续向法院申请也保护不了上诉人,肯耐迪法官在 Gayle (1986) 案,《泰晤士报》,1986 年 5 月 28 日,给出法院判决时重申了这一点。

损失时间的指令可以只牵涉到上诉人开始上诉后处于羁押之下的部分时间。因此,在一个律师尚未准备好理由的案件中,独任法官可以命令上诉人损失,例如说一个月的时间,而如果上诉人不明智地继续申请时，合议庭可以命令他损失另外的两个月时间。

上诉法院是否应当有权作出损失时间的指令，是一个有争议的话题。当然，上诉人知道如果他被认为浪费法院的时间，他的羁押刑罚实际上会延长，这会阻止轻率的上诉。浪费时间的批准上诉申请应当被阻止，因为它耽误了对有价值的上诉的考虑。相反的观点是，担忧损失时间的指令不仅阻止无意义的上诉，而且也阻止了有价值的上诉。而且，那些没有受到羁押刑罚的人就可以上诉而不受惩罚，而那些正在服监禁刑的人和表面上有更紧急原因的人如果上诉就可能受到惩罚，这也是不公平的。

实践中，损失时间的指令迄今为止还是很罕见。在给皇家刑事司法委员会的书面证据中，上议院议长部指出，在1990年10月至1991年7月期间，只有5个损失时间的命令被作出，每一个命令二十八天。当作出命令时，实践中命令损失的最长期间是二十八天（Report of the Royal Commission on Criminal Justice（London：HMSO，1993），第165页）。

24.6.7 上诉未决期间的保释：《1968年刑事上诉法》第19条

准予上诉人在等待上诉决定期间被保释的权力，由一名独任法官行使。程序是在申请批准上诉的通知表格中指明上诉人同时申请保释。另外，包含申请细节的表格必须送达记录员。保释鲜有被批准的，因为如果上诉失败，上诉人要遭受重返监狱的创伤。问题是——"是否存在驱使法院认为只有批准保释正义才能得到伸张的特殊情况？"：Watton（1979）68 Cr App R 293。独任法官批准对定罪提起的上诉这一事实本身并不证明保释具有正当性，但当上诉看起来可能成功时或上诉人正在服较短的监禁刑，而如果不保释，在上诉听审之前刑期就可能结束时，上诉人可能被保释。在决定保释时，犯罪的严重性和命令或不命令重审的可能性无疑也在考虑范围之内。

曾经只有上诉法院有对向其上诉的人批准保释的管辖权。但《1982年刑事司法法》对《1981年最高法院法》第81条的修正，赋予了皇室法院法官同时享有管辖权,尽管受更多的限制。如果,且只有皇室法院法官证明案件适合上诉时,适当的皇室法院法官才可以保释正在等待上诉结果的上诉人。如果上诉是针对定罪或者在起诉书定罪之后针对刑罚提起的,适当的法官为起诉书审判时的法官;如果上诉是针对移交量刑之后的刑罚,适当的法官是通过刑罚的法官。批准保释的权力必须在定罪或量刑后,二十八天内行使,取决于上诉针对哪一项;如果上诉人选择向上诉法院申请保释,则权力丧失。上诉法院总是可以废除皇室法院法官批准的保释或者改变他准许的条件。如果在"上诉人"送达上诉通知或者批准上诉申请的通知之前被批准了保释,则送达通知会作为保释的一个条件。

上诉法院指出应当保守地行使这一权力。在 Grant(1990)12 Cr App R(S)441 案中,大人们称如果量刑者被说服认为自己作出了错误的决定,他应当运用自己的权力在二十八天之内变更判决(《1981 年最高法院法》第 47(2)条——见 20.6 节),或者允许案件通过上诉体系走正常的路径。证明适合上诉和准予保释的权力应当留给那些有"特别的和令人信服的上诉理由"的案件。

与损失时间和等待上诉决定期间被保释的指令都相关的因素是,提交批准上诉申请的通知和上诉被决定之间可能花费的时间。不幸的是,取决于案件的性质和复杂程度,这一期间长短的变化很大,以至于很难判断要花多长时间。递交通知和独任法官准许上诉之间的时间是用月而不是用周来计算的,但取决于(例如)需要多少笔录及上诉理由是否需要返还给律师进一步完善。从获取批准到上诉听审可能花费数月时间,但在需要额外准备的较难案件中,延误的时间会更长。在未成年上诉人和服短期羁押刑的那些人的案件中,会尽各种所能加快上诉的进程。

24.6.8 出席上诉:《1968 年刑事上诉法》第 22 条

上诉人不需要出席对他的上诉的听审,但视以下提到的情况,如果他愿意,他有权出席。这既适用于对上诉的实际决定也适用于辅助性事项的申请。但作为一般规则的例外，处于羁押下的上诉人如果要参加辅助性申请，或如果上诉仅基于法律的理由，参加合适的听审必须获得独任法官的批准。另外，无论是否处于羁押下，如果独任法官通过单独阅读案件卷宗决定附带申请时，上诉人显然不能参加，因为这时没有需要出席的听审。

24.6.9　在上诉法院传唤证据：《1968 年刑事上诉法》第 23 条

上诉法院具有根据《1968 年刑事上诉法》第 23 条接受证据的自由裁量权。此项权力不受任何拘束，但法院应当考虑的因素列举在第 23（2）条，该条规定大人们在考虑是否接受任何证据时，尤其应当考虑：

（1）看起来是否可信；

（2）看起来是否能提供允许上诉的任何理由；

（3）是否能在审判时被采纳；以及

（4）在审判时未能举出证据是否存在合理的解释。

很显然（1）至（4）点不是证据能够被听审前必须满足的条件。它们是上诉法院在行使自由裁量权时考虑的因素。

要决定提议的证据是否可信的（见上述第（1）点），上诉法院的法官要考虑在案件作为整体的情境下能够期望证人给出的证词：Parks [1961] 1 WLR 1484。相关因素有：证人对证据的证明本质上是否可信，及它是否至少与案件中的其他一些证据相符。至于第（4）点，任何在皇室法院未能举出证据的解释都会受到法院的严格检查。一般的原则是所有相关证据都必须呈现在陪审团面前，以使他们能够一次对事实问题作出最终的决定。如爱德默德·戴维斯法官在 Stafford and Luvaglio (1969) 53 Cr App R 1 案第 3 页所说：

> 如果在审查陪审团裁决期间的任何时候提出的证据一般都被采纳的话，公开的危害会如影随形，法律程序也会变得无限的延长。

第24章　来自皇室法院的上诉

在1992年成功的102起上诉范例中，只有4起是在新证据的基础上被允许的（Research Study No 17 for the Royal Commision on Criminal Justice by Kate Malleson (London：HMSO，1993)）。通常给出的原因如上所述——陪审团，而不是上诉法院是审判事实的法庭，因此所有相关的证据都必须在他们面前提交。但如果上诉人希望提出的证据看似非常可信时，法院可以为了对个人的正义之目的，进行听审。这样的案件有 Lattimore (1976) 62 Cr App R 53 案。L 和两名共同被指控者被判谋杀 C 罪名成立。控方案件很大程度上依赖于在对警方的供认中被告人承认勒死了 C，并将其尸体遗弃在他家中，纵火烧了房子以销毁谋杀证据。根据供认，纵火烧房屋紧接着谋杀之后发生。上诉法院收到了医学和科学证据，显示在这两桩犯罪之间至少有三个小时的间隔。这反过来表明供认不可信赖，因为真正的谋杀犯一定知道纵火不是立即发生在谋杀之后，而且如果已经决定承认，他没有理由在这一点上撒谎。对供认的怀疑使得定罪变得不安全，据此定罪被撤销。上诉法院听审的所有证据都应当由辩方在起诉书审判时提出。实际上，一些在上诉法院作证的证人也在审判时作了证，但他们能给出的证据的重要性当时没有被认识到。因为他们的证据对上诉人的案件如此至关重要，因此被大人们根据第23条而接受。

证据听审完毕后，法院成员要根据证据和案件的所有情况自问定罪是否不安全。在 Pendleton [2002] Crim LR 398 案中，上议院考虑了上诉法院在决定接受新证据的情况下决定定罪安全性应当采取的方式。宾汉勋爵说，很重要的是"上诉法院要清楚地记得它要考虑的问题是定罪是否安全以及被指控者是否有罪"。他称：

> ……在有任何困难的案件中，对上诉法院来说通常明智的做法是，通过思考如果证据在审判时给出，是否会合理地影响陪审团作出有罪的决定，来检验他们自己当时的观点。如果会，定罪必须被认为不安全。

如果允许上诉，大人们还必须考虑是否命令重审。以往的实践[①]表明，如果新的证据非常清楚地指向上诉人无罪时，他们肯定不会命令重审，而且无论如何他们会记得被宣称的罪行发生之日起至再审可能开始时已过去的时间。这一期间越长，他们命令重审的可能性就越小。

如果上诉人就希望考虑的新证据提出了审判时未提出的辩护，该怎么办？这是 Ahluwahlia [1992] 4 All ER 889 案中的情况。A"在忍受了多年的暴力和屈辱"之后将汽油倒在床上并点火杀死了她的丈夫。她被谋杀审判。她的案子是她没有想要杀死他或者对他真正造成严重伤害的故意。受到挑衅是她的第二项辩护理由。陪审团驳回了这两种辩护理由并判定她犯有谋杀罪。她基于三项理由提起上诉。前两项理由与审判法官对挑衅的指示有关，但被驳回。第三项理由是她基于减少责任的证据，这些证据在审判时并未作为辩护提出。许多份心理报告被提交给上诉法院，认为她杀死她丈夫时 A 的责任被减少了。大人们决定将报告采纳作为新证据。他们总结说，因为未被解释的原因，很可能存在审判时没有提出的可争论的辩护。他们基于陪审团的裁决"不安全和不令人满意"支持了上诉，并命令重审。

希望在庭上提出证据的上诉人应当在申请批准上诉通知的表格中指明他同时申请传唤证人。应当向记录员送达一份表格说明申请的细节。如果上诉人担心证人不会主动出庭作证，并且他原本在起诉书审判时是可强迫出席（不仅仅是适格）的证人的话，独任法官可以命令证人出席对上诉的听审。虽然独任法官可以命令证人出庭，但只有合议庭才能批准上诉人传唤他。因此，上诉人的律师在上诉听审时必须说服法院使他们认为自己有责任，或者根据自由裁量应当接受证人的证据。法院会明白所提出的证据的性质，因为上诉人的事务律师应当已经送交记录员一份由证人宣誓的证词，或者他作出的一份符合《1967 年刑事司法法》第 9 条（见 18.3.4 节）

[①] 新证据的案件是一种类型的上诉案件，即使在《1988 年刑事司法法》对 CAA 作出修正之前，法院也可以命令重审。

第 24 章　来自皇室法院的上诉

的陈述。如果证人不愿合作作出宣誓证词或陈述，或者因为其他原因这不可取，独任法官可以命令他在上诉听审之前出庭，以便由上诉法院指定的官员记录他的一份宣誓证词：CAR 第 9 则。

在法院确实作出接受证据的决定之后，并且证人在起诉书审判时是可以被强迫作证的证人时，法院，而不是一方当事人可以传唤他，由合议庭的一员对他进行主询问，然后让双方当事人对他进行交叉询问。如果法院没有传唤证人但允许一方当事人传唤他，就适用对证人询问的普通程序——传唤他的一方当事人对他进行主询问，另一方当事人交叉询问，然后法院提出任何他认为适当的问题。通常会是上诉人希望法院接受证据，但有时候控方也会寻求传唤证人以反驳法院基于上诉人的利益听取的证据。

在对刑罚提起的上诉作出决定时，上诉法院经常会利用审判前、医疗、心理学和其他方面的报告。对被指控者在监狱或者年轻罪犯教养院中取得的进步的最新报告也具有价值。如果对定罪的上诉涉及宣称审判过程中的违法行为时，例如法官经常打断辩护或者对被指控者施加不适当的压力以劝服他答辩有罪，法院对所发生事实可以接受律师陈述或法官短笺等形式的非正式"证据"。

24.6.10　由公众出资的代理和费用

希望向上诉法院（刑事庭）上诉的人可能被命令授予为此目的的法律代理。此命令只能由刑事庭亲自作出，而不能由皇室法院作出：《2001 年刑事服务规则（一般）（第 2 号）》（SI 2001，第 1437 号）第 10 则。刑事庭可以通过独任法官或者记录员行使此项权力。在上诉程序的起始阶段，拥有皇室法院诉讼的代理令的上诉人不需要获取任何对他有利的进一步命令，因为皇室法院命令包括对上诉价值的建议，以及如果建议上诉的话，通知的送达和上诉理由的起草都包括在内。假设独任法官批准了上诉，他几乎肯定会同时作出涵盖听审时代理的命令。除非还要做很多的书面工作，命令只要求"顾问"而非"顾问和事务律师一起"代理。在前一种情况下，顾问由记录员安排。记录员除了随后向顾问提供一份案情摘要和文件外,并不再作为顾问的律师行事。当批准上诉的申请被拒绝时,皇室法院命令会支付就是否值得继续向法院申请寻求建议的费用,但不会支付重新申请的听审中法律代理的费用(见Gibson[1983]1 WLR 1038及Kearney[1983]1 WLR 1046)。如果上诉人在皇室法院时不是公众资助的,他可以向记录员申请批准至少涵盖就上诉寻求初始建议和准备的费用的命令。

对定罪成功上诉的上诉人可以从中央(即政府)基金中获得对他的费用的补偿:《1985年犯罪起诉法》第16(4)条。这被称为"被告人费用令"(对费用的一般考虑,见第27章)。根据第16(4)条补偿的费用包括皇室法院诉讼中发生的费用。控方不能从中央基金中拿回他的费用,除非是私人控诉,在此情况下可以作出对他们有利的命令,而不管上诉结果如何:《1985年犯罪起诉法》第17(1)和(2)条。如果上诉失败,上诉人可能被命令向控方(或上诉法院指明的任何其他人,例如提供皇室法院诉讼笔录的人)支付上诉法院认为"公正和合理"的费用:《1985年犯罪起诉法》第18(2)条。

24.7 事项提交给上诉法院的其他方式

上诉法院(刑事庭)的主要职能是对皇室法院诉讼中的被告人上诉时取消定罪或减少刑罚。直到最近之前,这实际上是它的唯一职能,且如果控方认为被指控者被错误地宣告无罪或者量刑太轻时,控方无权要求矫正。以起诉书被宣告无罪的被指控者绝不可能推翻对他有利的裁决,仍然如此。但有一项程序,控方可以据此检测皇室法院法官在最终使被指控者被宣告无罪的审判过程中作出的法律裁决的正确性,尽管无论结果如何被指控者本人仍然无罪。这一程序在1972年被引入。更近地,《1988年刑事司法法》已赋予上诉法院实际增加罪犯刑罚的权力。在这两种类型的案件中,事项必须由检察总长提交给法院。

24.7.1节和24.7.2节分别讨论了首席检察官就法律和量刑问题作

出的提交。24.7.3 节讨论就"因精神病而无罪"的裁决提起的上诉。

24.7.1　检察总长的提交：《1972 年刑事司法法》第 36 条

1972 年之前，并没有既存的程序以检验法官在被指控者最终被宣告无罪的起诉书审判中作出的决定或关于法律的陈述的正确性。这是因为控方以前不能，现在仍然不能对以起诉书被宣告无罪提起上诉。上诉方式的缺乏造就了一种可能性，那就是皇室法院法官作出的对被指控者过度有利的裁定可能被报告并被接受为代表了法律，但实际上却是错误的。为避免此种情况发生，《1972 年刑事司法法》第 36 条规定，如果一个人以起诉书被审判并被宣告无罪时（无论是整个起诉书还是起诉书中的部分罪状），首席检察官可以将案件中出现的法律点提交给上诉法院寻求他们的观点。就提交的法律点提出他们的观点之前，上诉法院必须听取首席检察官或代表他提出的论据。被宣告无罪的人也有权让律师代表他出示论据。但尽管有出席听审的权利，被宣告无罪的人并没有因为此程序而有任何危险。无论上诉法院表达了什么样的观点——哪怕是他们决定审判法官是错误的，而且从案件的事实看被指控者很明显应当被定罪——无罪宣告还是不受影响：第 36（7）条。通过提交，首席检察官可以获得将来对其他犯罪嫌疑人提起的控诉有帮助的裁定，但他不能取消被提交的案件中的特定被指控者的无罪宣告。在这一方面，根据 CJA 1972 的检察官提交与根据 CJA 1988 第 35 条和第 36 条的提交不同，后者可能导致罪犯的刑罚实际地被增加（见下节）。

在《首席检察官提交》（1975 年第 1 号）[1975] QB 733 中，韦德格利勋爵称首席检察官的提交不应仅限于"出现严重的法律问题"的案件，而且在"潜在的错误法律决定在法院中流传之前短的但重要的问题需要［上诉法院］的快速裁定"时，也应当提交。首席检察官提交的有用性体现在《首席检察官提交》（1979 年第 1 号和第 2 号）[1979] 3 All ER 143 中。其中作案时被突袭逮捕的"入室盗窃犯"们被宣告无罪，根据的裁定是虽然有证据证明他们进入建筑物并有意偷窃在其中可能发现的任何有价值的东西，但《1968 年盗窃法》第 9（1）（a）条要求必须有偷窃进入的建筑内具体物品的意图,而控方无法证明存在这种意图。这一裁定可被理解为"入室盗窃者的宪章",但首席检察官将这一法律问题提交给上诉法院,后者很快地明确了立场——就有意偷窃的入室抢劫指控而言,即使是被指控者在建筑中发现了有价值的东西之后才有偷窃的意图,他也是有罪的。如果首席检察官没有移交,皇室法院法官们表达的错误法律观点就可能一直被坚持,而只有修改立法才能弥补这一情形。

24.7.2 量刑提交:《1988年刑事司法法》第35和36条

这些由《1988年刑事司法法》第35~36条规定。当罪犯因为(1)一项仅能以起诉书审判的罪行,或者(2)内政部以法定形式作出的命令中指定的可任选方式审判罪行中的一项罪行,在皇室法院被量刑,而首席检察官认为罪犯受到的处理过分宽大时,他可以将刑罚提交给上诉法院让他们审查:第36(1)条。在这种审查中,大人们可以取消原判并代之以他们认为合适的刑罚。代替的刑罚可能比一审的刑罚更严厉,尽管它当然必须是皇室法院可以合法通过的刑罚。提交必须要得到上诉法院的批准(与首席检察官对最后宣告被告人无罪的审判中出现的法律问题提交不同,该提交不需要批准)。

1994年,提交仅可控诉的罪行的权力被《1988年刑事司法法(量刑审查)令》(SI 1994 No 119)加以补充,它将这一权力扩展至以下可任选方式审判的罪行:对男女的猥亵攻击、威胁杀害、对16岁以下人的残酷行为、企图或教唆实施这些犯罪。在2000年它被进一步延伸至包括严重诈骗罪(即根据《1987年刑事司法法》中的转移条款通知被审判的案件)和某些走私和毒品犯罪。当一名罪犯在同一程序中因一项允许可提交的犯罪和另一项不允许提交的犯罪被判决时,首席检察官可以将对两个罪行的刑罚都提交给上诉法院,结果可能增加两者的刑罚。

在《首席检察官提交(1989年第4号)》[1990] 1 WLR 41第45~46页中,上诉法院用以下说法阐明了他们的态度:

> 首先要注意的是,本条暗含本法院只能在认为刑罚过分宽大时

第 24 章 来自皇室法院的上诉

才能增加刑罚。我们相信,议会的意图不是仅仅因为本庭的观点认为刑罚比本庭应当判处的刑罚轻,就将被告人置于增加刑罚的风险之下——这将自然地导致焦虑。我们认为,如果刑罚不属于法官用他的思想考虑所有的相关因素后合理地认为适当的刑罚的范畴,这项刑罚就是过分的宽大。就此而言,必须考虑已报道的案件,尤其是本庭经常在所谓指导方针性案件中所给出的指南。然而应当铭记在心的是量刑是一门艺术而非一门科学。审判法官尤其适合对各种相互竞争的因素作出评判,宽恕本身并不是罪过。仁慈应当适应,正义在法律上与在文学中一样,都应当牢固地被树立。

对此条应当注意到的第二点是,即使认为刑罚过分宽大时,本院也有权自由裁量是否运用其权力。无意于对本院可能拒绝增加刑罚的情形作出穷尽的定义,我们在此仅举一个明显的例子。根据审判以来的事件,似乎刑罚是合理的,或者增加刑罚对罪犯不公平或对本院应当关注的人的福祉有害。

最后,我们指出事实是当本庭批准提交时,它的权力不仅限于增加刑罚。

在被考虑的案件中,大人们取消了缓期刑罚并代之以一个三年的缓刑令。因此,以太宽恕而被提交的刑罚可能被一项更宽大的刑罚所取代(虽然很罕见)。

上诉法院从更宽泛的意义上指出,除非皇室法院判决存在原则上的错误,如果不作出更改公众信心会受到损害,否则它不会干涉(《首席检察官提交(1989 年第 5 号)》(1990) Cr App R 358)。

上诉法院还明白地表示,在适当的情形下,它必须通过的加重的刑罚可能被罪犯必须面对被判决两次以上而被减免。因此,在《首席检察官提交(1991 年第 1 号)》[1991] Crim LR 725 中,审判法官判处了一项五年的刑罚。在上诉法院看来,适当的判决应当至少是 8 年。由于罪犯在等待提交结果时有增加的焦虑,因此应当给予一些宽容,因此一项七年的刑罚取而代之。

在回答下议院的一个问题时(1997 年 3 月 17 日),首席检察官称,

1996年间，70项刑罚因过分宽大被提交给上诉法院，其中62项被听审，它们中间的46项结果被增加刑罚（74%）。

24.7.3 对"因精神病而无罪"的裁决提起的上诉：《1968年刑事上诉法》第12～14条

因精神病而被认定无罪的人可以就裁决向上诉法院提起上诉。关于批准上诉和决定上诉的条款与适用于对定罪提起的上诉的条款相同。如果上诉基于上诉人精神病的认定而被批准，上诉法院可以对被指控的罪行有罪（或者对一项较轻的犯罪有罪）的裁决，取代陪审团的裁决。然后上诉人以这个罪行被量刑。如果上诉因其他理由被允许（即，即使没有精神病的认定，定罪也不可能被确认），上诉法院直接以宣告无罪取代陪审团裁决。但它可能命令将上诉人送至内务部指定的精神病院。

被裁定不适合答辩的人可以对此裁定提起上诉：第15条。如果是否适合答辩的问题是在传讯之后决定的，而且上诉法院认为决定之前上诉人本来应该被宣告无罪，法院可以取消不适合答辩的裁定，并代之以宣告无罪的裁定。在其他上诉被允许的案件中，法院会作出必要的命令使上诉人在皇室法院出庭受审。

对定罪提起上诉的上诉人可能辩称，他应当被裁定不适合答辩或者因精神病而无罪，而不应当被宣告有罪。

上诉法院在决定是否认同他的要求时，要根据两名注册医疗执业者的意见，其中至少一个由国务秘书批准，并有诊断或治疗精神病的特殊经历。如果同意，那么它必须作出皇室法院在这种情形下应当作出的其中一项命令，即：

(1) 进入精神病医院并附限制令（在谋杀案中这是唯一可发布的命令），

(2) 根据《1983年精神健康法》的监护人令，

(3) 根据《1991年刑事程序（精神病和不适合答辩）法》附件2的监督和治疗令，

(4) 无条件释放。

24.8　刑事案件审查委员会

为回应皇家刑事司法委员会于 1993 年提出的需要一个新的机构调查和处理审判不公的指控的建议，《1995 年刑事上诉法》建立了刑事案件审查委员会。它于 1997 年 4 月开始接受案件，早期的迹象表明其工作量相当可观。到 1998 年 8 月，它已经接受了共 2 763 件案件。其中 1 124 件已经被审查，445 件正在审查中，1 194 件正在等待审查。对于那些被宣称可被审查但还没有审查的申请的数量与日俱增，还是有颇多担忧。除非委员会能够增加工作人员（对此它已经重复要求过），等候审查的时间可能会在三至四年之间。

委员会接管了内务部将案件提交上诉法院的职能。它的移转权实际上比内务部以前拥有的更广泛，因为它不仅包括起诉书审判后的定罪，也包括有关量刑的移转，而且它有权处理在皇室法院和治安法院决定的案件。

上诉法院可以将事件提交给委员会，并指令它用它认为适当的方式对特定事项进行调查。委员会一旦结束调查应当向上诉法院报告。另外，国务秘书在有关赦免的特权方面可能寻求帮助。

但该机构主要还是意欲以委员会向上诉法院提交案件的方式运行。在决定是否这么做时必须适用的检验标准规定于 CAA 1995 第 13 条中。除非它认为如果提交了案件后，存在定罪、裁决、裁定或判决不被支持的真正可能性，否则它不应当提交案件。对于定罪，"真正的可能性"除了特殊的情况，必须基于在审判时或上诉时或申请批准上诉时未能提出的论据或证据的力量来判断。对于刑罚，委员会必须能够识别在审判时或上诉过程中没有提出的法律论点或信息。任何将案件提交给上诉法院的决定只能由至少十四名委员中的三名委员组成的委员会作出。

一旦委员会决定将原来由皇室法院处理的案件提交，它就被视为根据 CAA 1968 提起的上诉。类似地，如果案件最初是在治安法院处理的，在委员会提交之后它会由皇室法院处理。一旦案件被提交，上诉就可以基于与定罪或刑罚相关的任何理由，无论此理由是否与委员会提交时给出的理由相关。

24.9 量刑建议小组

这个小组根据《1998年犯罪和骚乱法》第80条和第81条建立。它是一个由内政部和上议院议长部发起的，具有独立性、建议性和咨询性的公共实体。主席是玛丁·华斯克教授，《量刑精要》一书的作者和《布莱克斯通刑事实践》量刑部分的编辑。另外还有12名成员，包括有关刑事司法制度的学者和律师。法案授权小组根据自己的动议向上诉法院提出建议，并对来自上诉法院的参照或内政大臣的指令作出回应。它的建议和回应应该与"特定类型的犯罪"有关。当上诉法院制订或修改量刑指南（见22.6.3节）时，它被要求连同其他事项一起考虑小组的意见。任何制成的指南将会被反映在上诉法院对上诉案件的判决中。

24.10 向上议院上诉：《1968年刑事上诉法》第33条

447　控方或辩方都可以就上诉法院刑事庭的决定向上议院上诉，但上诉受制于：

（1）上诉法院证明寻求上诉的决定涉及具有一般公共重要性的法律问题，并且

（2）上诉法院或者上议院批准上诉，因为对他们来说此法律问题应当由上议院考虑。

向上诉法院提出准许向上议院上诉的申请应当在法院决定后立即口

头作出,或者在决定后十四日内将使用预定格式的申请通知送达记录员后作出。对于上诉法院拒绝证明涉及具有公共重要性的法律问题,不可以提起上诉(Gelberg v Miller [1961] 1 WLR 459);法院也没有对这种拒绝给出原因的实践做法:Cooper and McMahon(1975)61 Cr App R 215。如果上诉法院愿意证明涉及具有公共重要性的法律问题,但仍然拒绝允许上诉,则可以在上诉法院拒绝后的十四天之内向上议院提出申请。这种申请会被提交给由三名上诉法官组成的上诉委员会。如果准予上诉,至少要有三名上议院执掌司法的议员出席听审(第35条),但通常是由五人来决定案件。在处理上诉时,上议院可以行使上诉法院的任何权力或者将案件发还给它:第35(3)条。

上诉法院可以在上诉人等待对上议院提起的上诉作出决定期间批准其保释:第36条。如果控方对上诉法院批准上诉的决定向上议院提起上诉,而且如果不是因为上诉人的成功上诉,他本应根据羁押刑罚被监禁的话,上诉法院可以命令上诉人在上诉作出决定之前被羁押:第37条。如果控方上诉成功并且定罪被恢复,则对于将他送回监狱不会出现任何问题。作为一种替代,上诉法院可以命令将他保释释放,而不是像他的定罪被取消时那样被无条件释放。如果法院选择既不命令继续羁押也不命令保释,而是允许有条件释放,那么即使上议院恢复定罪,上诉人也无需服完其剩余的羁押刑罚。

24.11 自由赦免

在16.9节中已经从赦免答辩的角度考虑了赦免这一问题。如前所述,现代的实践是在定罪和量刑后当被宣告有罪的人已经相当明显的是事实上无辜时,准予赦免。赦免由皇家在内政大臣的建议下行使皇家特赦的特权而作出。但是赦免的效果不是取消定罪,甚至不是公开宣称被赦免人没有实施犯罪。用赦免本身的语言来说,它仅仅是使受赦人免受"所有的痛苦、刑罚和惩罚,定罪可能带来的那些后果"。由于他仍然被定罪，受到赦免的罪犯仍然可以向上诉法院上诉请求取消定罪：Foster [1985] QB 115。实际上，从法律的角度，直到那时候受赦人的名声才得以清白。

如果内政大臣没有准备建议赦免，但对于被监禁的人的定罪的怀疑如此严重，以至于对他的继续羁押不具有正当性时，可能会采取免除其剩余刑罚的折中方式。

24.12　上诉的范例

女王和托马斯·琼斯

申请准许上诉的通知的内容以及上诉理由的起草可以通过 Thomas Jones 案来举例说明。琼斯，18 岁，在答辩无罪后被陪审团裁决有罪，对他的指控是抢劫罗杰·特瓦克姆一个公文包、一个钱包和 25 英镑现金。针对他的案件基于被害人和布利菲尔警官的证据。特瓦克姆先生，一个中学校长，在证据中陈述说他在 1999 年 1 月 26 日晚 10 时 30 分在学校参加完一个家长协会会议后步行回家。他带着一个刚好空无一物的公文包——他早上用它带练习本到学校去。当走在一条住宅区的马路上时，他听到身后有急促的脚步声，然后就感觉有人猛拽公文包，因为他不愿撒手而被拖倒在人行道上，受了些擦伤和淤伤，但没有严重的伤害。攻击者弯下身来在他夹克内的口袋里拿走了钱包，然后逃跑了。虽然道路上照明昏暗，但事件刚好发生在一个路灯旁边，并且特瓦克姆先生说这名"背后袭击者"使他想起一名两年前离开学校的学生，他经常对该学生进行惩罚。这名学生就是托马斯·琼斯。特瓦克姆先生找到警察，他们逮捕了琼斯并将他放在辨认队列中进行辨认。特瓦克姆先生将他辨认为抢劫了他的人。

然后警官布利菲尔和另一名警官在警告后对琼斯进行了讯问。根据警官的说法，琼斯说："我想我最好告诉你们发生了什么。我日子不好过，因为我丢了工作，然后我看见这老头拿着个公文包在我前面走。

第24章 来自皇室法院的上诉

嗯,我想公文包里兴许能有点什么,这种诱惑对我来说太大了。我抢了公文包,当这家伙倒在地上时又从他口袋里拿走了钱包。对做过的事我感到抱歉。碰到一个认识我的人只能说是我倒霉。告诉你们,这对我受过的那些鞭子来说算是扳回一点了。"琼斯拒绝签署与讯问同步做的记录,声称它不能正确地代表他说过的话。

上诉法院刑事庭①
通知和上诉理由或申请允许上诉
(1968年刑事上诉法)

填完后请将此表寄给审判或量刑的皇室法院

上诉人　　　姓　琼斯
　　　　　　名　托马斯
　　　　　　地址　小费尔啶的 H. M. 年轻人羁押中心
　　　　　　邮编:_____　　出生日期:1979年3月10日

被审判或量刑的法院　　皇室法院　　费尔啶镇
　　　　　　　　　　　　法官姓名　　奥沃西法官
　　　　　　　　　　　　宣判的日期　1999年10月26日和1999年11月9日(量刑)
　　　　　　　　　　　　量刑前被羁押的期间　14天

定罪和刑罚

皇室法院案件号	罪状或指控	罪行	刑罚
99/3180	1	抢劫	在年轻罪犯教养院羁押12个月
	2	攻击造成身体实际伤害(最初被有条件释放。在释放期间实施罪行被惩罚)	
考虑在内的罪行数目　没有		总的刑罚	在年轻罪犯教养院羁押12个月

申请人申请

允许就定罪上诉　　　　　法律援助
允许对刑罚上诉　　　　　允许传唤证人

---

① 这是一份申请允许上诉的通知,由于英文版是影印件,一些小字体内容不能清楚地识别,因此只摘其中主要的、能够辨别出来的部分译出。——译者注

签名：_____   律师姓名：_____
日期　_____   地址：_____

审判时琼斯为自己作证辩护，并称当时他在一家离案发现场一英里远的迪斯科舞厅。他是跟一个朋友一起去的，但那人先走了，不过大约十点半时，他正在和一个舞厅碰到的叫索菲亚的女孩跳舞。他要了她的电话号码想再见她，但不幸的是把纸条给丢了，就他所能回忆的，她没说她姓什么。他曾经尝试找她，但没找到。所以，琼斯没有证人证明犯罪时他不在现场。至于布利菲尔警官的讯问，琼斯否认说过抢了公文包并拿走了钱包。在回答警官提出的问题时，他说过他日子不好过，而且如果他看见一个独自一人带着公文包走路的老人，他可能会受诱惑而实施犯罪，但他也说过实际上从来就没发生过什么。他说他对特瓦克姆先生显然被人打伤感到抱歉。他还开玩笑地说这总算补偿了一点特瓦克姆先生拿鞭子打他的那些时候。控方律师在交叉询问时问琼斯，他是否宣称布利菲尔警官故意撒谎。琼斯说："这我不知道，但他肯定是把我说过的话都歪曲了。"审判此案的奥沃西法官裁定，琼斯的证据构成宣称布利菲尔故意伪造证据。因此他命令琼斯对他以前的两次定罪接受交叉询问，这两项定罪都是1992年的攻击造成实际人身伤害和抢劫。琼斯被问及他先前实施抢劫罪的方式，陪审团由此得知他在深夜抢了一个独行的女士的手袋。

在总结中，奥沃西法官说：

陪审团成员们，你们在处理特瓦克姆先生的证据时必须小心。他从辨认队列中辨认出被告人是抢了他的公文包和钱包的人，但我必须警告你们在给出此类证据时很容易发生错误。很多人倾向于高估他们记忆的精确性和他们的观察力。因此你们必须自问——特瓦克姆先生是否可能犯了错误？好的，女士们先生们，这是你们的问题，但记住这不是证人在辨认队列中辨认出一个完全陌生的人的情况。在那种情况下出错的几率很大，但现在是特瓦克姆先生告诉你们在受到攻击时，他辨认出了攻击者是以前的一个学生，后来他在辨认队列中也辨认出来了。你们可能觉得——当然，这是你们的事

第 24 章 来自皇室法院的上诉

情——发生错误的几率大大地减少了。并且要记住整个事件发生在路灯旁边，对特瓦克姆先生进行攻击的人，无论他是谁，肯定是在特瓦克姆先生身上弯下腰时从他的口袋里拿走了他的钱包。好的，就是这样了。也许这些评论可以帮助你们决定此案的事实。

在陪审团裁决后，先行文件证据显示琼斯因其攻击罪被判两年的有条件释放，而他现在违反了条件；并且因抢劫被送往年轻罪犯教养院拘押三个月。奥沃西法官休庭等待一份量刑前报告。后来他通过了一项在年轻罪犯教养院拘押 12 个月的判决。他说：

你是一个因为攻击和抢劫已经被定过罪的年轻人。现在你已经伤害并抢劫了一名年老无助的老人。为那些体面守法的人必须保持街道安全。我已经得出结论，这项犯罪如此严重，以致羁押刑罚是唯一的答案。因此判决在年轻罪犯教养院拘押 12 个月。就你原来被有条件释放的攻击导致实际身体伤害的犯罪，我现在判决你在年轻罪犯教养院拘押一个月，与抢劫罪的刑罚前后执行。

琼斯被定罪一周之后，一个索菲亚·维斯顿小姐联系了她的律师，称她在当地报纸上看到了对此案件的报道，并且意识到她就是在迪斯科舞厅与琼斯在一起的女孩。她可以确认他说过的所有事情，并且记得日期，因为那天刚好是她生日前一天。当时琼斯没有如约给她打电话她还感到很沮丧，但现在所有事情都有了解释。

琼斯案经修改完善的《上诉理由》可能如下：

女王诉托马斯·琼斯案针对定罪的上诉理由

现提出允许上诉的申请，理由是定罪因为以下任何或所有的原因而不可靠，即博学的法官：

1. 错误地允许琼斯就他的先前定罪被交叉询问，尽管上诉人应受《1898 年刑事证据法》第 1（f）条保护，因为他只是宣称对指控无罪；

2. 错误地未能行使其拒绝允许控方交叉询问上诉人先前定罪的自由裁量权，因为上诉人仅仅是对布利菲尔警官证据的一部分提出质疑，而并未暗示该警官对全面的伪证有罪；

3. 错误地允许就被告人以先前被定罪的实施抢劫罪的方式予以交

叉询问（第 28 页 A-C）；

4. 在以下几点错误地指示陪审团：

（1）他提醒了他们几项倾向于确认罗杰·特瓦克姆将上诉人辨认为抢劫他的人的正确性的事项，却未能提醒他们其他使人对辨认产生怀疑的事项。尤其是他未能提醒他们罗杰·特瓦克姆是在夜里、在一条灯光昏暗的街道上看到抢劫他的人的，这些情形可能导致困惑和恐慌（第 40 页 A-C）。

（2）他告诉陪审团罗杰·特瓦克姆"认出对他攻击的人是以前的学生"，而他给出的证据是攻击者"使他想起"一个以前的学生（第 10 页 D 和 40 页 B）。

（3）他夸大了证人对以前认识的人的辨认比对陌生人的辨认更可信的程度，因此削弱了他之前对辨认证据的危险提出的警告（第 40 页 B）。

另外，上诉人希望传唤一名叫索菲亚·维斯顿的证人在尊敬的法院前作证，她在案发时在距离犯罪现场大约一英里的地方与上诉人在一起。证人直到上诉人被宣告有罪后才出现。她的姓名和地址在辩方审判时传唤她的时候尽了合理的努力但无法找到。

针对刑罚的上诉理由

根据《2000 年刑事法院（量刑）权力法》第 79 条，本来应当用非监禁方式处理上诉人。与博学的法官在通过判决时表达的观点相反，上诉人的犯罪并非严重到只有羁押刑罚才是合理的；情况也并非是保护公众不受来自上诉人的严重伤害而必须判处羁押刑罚。

上诉人律师 W·帕特里奇

上诉理由应当同时伴有对上诉的建议，建议的内容超出本书的范围（例见 Inns of Court School of Law, *Drafting Manual*，published by Blackstone Press annually）。

第 25 章 来自治安法院的上诉

治安法院的决定可以通过以下方式被反对：

（1）向皇室法院提起上诉；或

（2）通过治安法官陈述案件征求高等法院意见的方式向高等法院上诉；或者

（3）向高等法院申请对治安法官决定予以司法审查。

向上诉法院上诉只能由被定罪的人提起。另外两种程序任何不满治安法院决定的人都可提起，包括被定罪的被指控者和失败的检察官。对皇室法院作出的与起诉书审判管辖权无关的决定，也可以通过将案件陈述给高等法院征求意见或者申请司法审查的方式提出异议。高等法院对这些事项的管辖权由行政法院行使（见 *Practice Direction*：*the Administration Court*，2000 年 7 月 19 日）。因此，一个人既可以向高等法院上诉或申请，也可以向行政法院上诉或申请。

25.1　向皇室法院提起上诉

从治安法院向皇室法院上诉由《1980年治安法院法》第108～110条及《1982年皇室法院规则（SI 1982 1109号）》第6～12则规定。

25.1.1　上诉的权利

在无罪答辩之后被治安法院定罪的人可以就定罪和/或刑罚向皇室法院提起上诉。有罪答辩之后被治安法院量刑的人只能就刑罚提起上诉：《治安法院法》第108（1）条。

对刑罚向皇室法院提起上诉可以是关于"治安法院就定罪作出的任何命令"：《治安法院法》第108（3）条。这要受到对命令提起上诉向控方支付费用的明示禁止的限制。否则"对定罪作出的命令"看起来与"在处理罪犯时作出的命令"具有相同广泛的含义，而后者是《1968年刑事上诉法》第50条在从皇室法院向上诉法院上诉的情境中对"刑罚"的定义中使用的措辞（见24.3.1节）。因此，对于包括但不限于治安法院对一名罪犯有条件或无条件释放的决定、取消其驾驶资格的决定、建议将其驱逐出境的决定或者作出医院令或赔偿令的决定都存在向皇室法院上诉的权利。但是命令支付自己的法律代理费用看起来是不可上诉的，其原因与皇室法院作出同样的命令也不可上诉的原因相同。

虽然在治安法院的有罪答辩一般被限制向皇室法院就定罪提起上诉，但有时还是可以辩称这不是真正的承认有罪而应当被允许上诉。如果皇室法院同意，它会将案件发还给治安法院，随附一项不能确立无罪答辩的指示。在治安法官面前提出的不是真正的有罪答辩通常被称为"模棱两可的答辩"，但对于对此术语的正确使用存在争论的空间。皇室法院将案件发还，对于在治安法官面前作出的有罪答辩以不是有罪答辩听审，有三种主要情形：

（1）答辩作出时模棱两可。如果在控告书交给被指控者时他说"有罪",但他马上加了表明他可能有辩护理由的话语,此答辩是明显的模棱两可。一个例子是被指控攻击的被指控者答辩"有罪,但我这么做只是自卫"。治安法官应当向他解释相关法律(即如果他是在合理地自卫,那么他对指控无罪),然后要求助理再次提出控告书。如果被指控者接着毫不含糊地答辩有罪,治安法官将可以正当地进行判决,但如果答辩仍然模棱两可,他们就应当基于被指控者的利益确立无罪答辩。未能这么做(即在仍然模棱两可的答辩基础上量刑),在上诉时将导致案件被皇室法院发还以无罪答辩被听审。

(2) 随后显示答辩模棱两可。在作出时为一个清楚的有罪答辩,可能因为在治安法官通过判决之前提交给他们的信息而变得模棱两可。例如,在 Durham Quarter Session ex p Virgo [1952] 2 QB 1 案中,当提交给没有被代理的 V 一份偷窃一辆摩托车的控告书时,他只是回答"有罪",但在后来问及他是否有减免理由时,他告诉治安法官说他是因为错误地认为这是他朋友的车子,且他的朋友允许他使用的基础上而拿走这辆车子的。因此他的减免理由与有罪答辩不一致。类似地,在 Blandford Justices ex p G [1967] 1 QB 82 案中,控方在 G 对在雇主处偷窃珠宝答辩有罪后作为总结事实的一部分向少年法院提出一份 G 向警方作出的陈述,她声称自己只是借这些珠宝并准备归还。没有人鼓励韦尔哥或 G 变更其答辩。在这两个案件中,高等法院随后将置于治安法官面前的问题(韦尔哥的减免理由和 G 的书面陈述)作为构成对各自控告书答辩的一部分来处理。大人们因此裁定,皇室法院应当将案件发还给治安法院审判,因为这些答辩虽然在作出时毫不含糊,但后来的发展使它们变得模棱两可了。然而,很重要的是要注意到,如果一名未来的上诉人仅仅告诉皇室法院在他作出答辩时对法律理解错误,但在量刑程序中没有出现任何能够让治安法官改变他的错误的事情,那么他就要受他答辩的约束而不能使定罪被取消。

对 Ex p Virgo 和 Ex p G 案的情况的另一种分析是称"模棱两可的答辩"这一术语应当留给上述第(1)点范畴内的案件。如果判决之前的一些事使得对作出时毫不含糊的有罪答辩产生怀疑,则

455

问题严格来说不是这个答辩是否应当被视为模棱两可的，而是治安法官是否适当地行使了他们应当毫无疑问地允许改变答辩的自由裁量权。如果他们未能考虑行使其自由裁量权或者用任何理智的法院都不会采用的方式行使这一权力，则案件应当发还给他们，但否则的话被指控者要受到其有罪答辩的约束。在 P. Foster（Haulage）Ltd v Roberts［1978］2 All ER 751 案中就采用了这种分析方式。见 Bristol Justices ex p Sawyers［1988］Crim LR 754 案和本书 9.7.1 节。

（3）被胁迫作出答辩。即使有罪答辩作出时毫不含糊而且在刑罚通过前没有任何的发展可以对答辩产生怀疑，但是如果答辩是被胁迫作出的话，被指控者还是不能被禁止就定罪向皇室法院上诉：Huntingdon Crown Court ex p Jordan［1981］QB 857。Ex p Jordan 案涉及一个妻子，与其丈夫一起被指控从商店偷窃。如果她敢的话她的辩护理由本来应当是她丈夫使用暴力威胁强迫她实施犯罪。类似的威胁（她如此宣称）阻止了她答辩无罪。高等法院裁定皇室法院有将案件发还给治安法官在无罪答辩的基础上听审的管辖权。因此，如果在治安法院的有罪答辩是在任何形式的压力之下作出的，都将导致皇室法院将在起诉书基础上作出的有罪答辩视为无效（见 16.3.3 节）。

尽管有上述例外的情况，一般规则仍然是在治安法院面前的答辩有罪不能向皇室法院就定罪提起上诉。如果一项答辩作出时毫不含糊，没有因判决前的任何随后的发展而被质疑，且不是在胁迫或压力的情况下作出的，那么《治安法院法》第 108 条只允许就刑罚提起上诉。不存在仅仅因为被指控者现在后悔答辩有罪并认为他可能会有一项可争辩的辩护而取消定罪或者将案件发还治安法官的管辖权（Birmingham Crown Court ex p Sharma［1988］Crim LR 741）。相反，如果被指控者答辩有罪然后被移交量刑，则在只要看起来公平的时候皇室法院都有将案件发还给下级法院的一般裁量权（见 Camberwell Green Justices ex p Sloper（1978）69 Cr App R 1）。这种表面上异常不同的原因是移交量刑时治安法官不行使量刑权，而对被指控者宣告有罪和量刑则不同。因此，在

第 25 章 来自治安法院的上诉

前一种情况下,被指控者不能对定罪提起上诉,而只是请求皇室法院在低等法院的程序适当完成之前不要对他量刑。

皇室法院关于治安法官在无罪答辩的基础上重新听审案件的指令会导致不适当的法院间分歧,低等法院会义愤填膺地反对说被指控者的答辩完全是毫不含糊的,因此拒绝遵从皇室法院的愿望。在高等法院早前的几个自相矛盾的决定之后,各个法院的权力和义务最终由沃特金法官在 Plymouth Justices ex p Hart [1986] QB 950 案的判决中被确立。假设皇室法院在得出结论之前对被指控者的答辩是否含糊不清以及是否有充分的证据进行了适当的调查,则它关于确立无罪答辩和进行简易审判的指令对治安法官来说具有约束力,治安法院必须遵守。另外,治安法官必须通过提供关于上诉人在他们面前出庭时就所发生的事情的宣誓证词(例如来自法院助理或主审法官)来协助皇室法院对答辩的含糊性进行调查:Rochdale Justices ex p Wallwork [1981] 3 All ER 434,在 ex p Hart 中被确认。治安法官有权忽略无罪听审的指令的唯一情形是皇室法院看起来没有做适当调查就给出了指令。如果这时两个法院不能以理智和友善的方式解决它们之间的分歧,则必须向高等法院申请司法审查,要么取消皇室法院的指令,或者命令治安法官遵守指令。

25.1.2 上诉的程序

上诉通知必须在判决通过后二十一天之内以书面方式递交给相关治安法院的助理和检察官:《1982 年皇室法院规则》第 7 则。自刑罚或其他处理(例如移交量刑)之日起上诉人有二十一天时间,即使是在定罪日期之后而且他只是就定罪提起上诉。对通知没有规定特殊的格式,但它必须指出上诉是针对定罪还是量刑或是两者皆是。上诉理由无须给出,虽然上诉人可以选择用非常泛泛的语言描述为什么他认为治安法官的决定是错误的。如果通知在期限内给出,则不需要对上诉的批准。皇室法院有延长给出通知的自由裁量权,即批准超出期限上诉:第 7 (5) 则。

如果上诉通知是由治安法官刚刚通过立即羁押刑罚的上诉人提出的，治安法官可以批准保释让他在确定的上诉听审的时间在皇室法院出庭：《治安法院法》第 113（1）条。如果治安法官拒绝批准保释，可以根据《1981 年最高法院法》第 81（1）（b）条向皇室法院，或者向内庭的高等法院法官提出申请。上诉未决时的保释尤其重要，因为治安法院科处的任何羁押刑罚必定都很短，因此如果不批准保释，上诉人可能在上诉被听审时服完了大部分的刑罚。

被列出听审的上诉通常由一名巡回法院法官或记录员和另外两名非专业治安法官共同听审（Practice Direction（Crown Court Business：Classfication）［1987］1 WLR 1671 和《1981 年最高法院法》第 74 条）。听审之前，辩方可能会要求简易审判中助理的证据笔录的复印件。任何要求复印件的请求都应当"被富有同情心地看待"（根据大法官莱纳勋爵在 Clerk to the Highbury Corner Justices ex p Hussein［1986］1 WLR 1266 案中所述）。上诉本身采取重新听审的形式，采取的步骤与简易审判采取的步骤完全相同。因此，在对定罪的上诉中，应诉方（即控方）的律师做开场发言并传唤证据，之后上诉人（即辩方）的律师可能会作出无案可答的提议。如果失败，则传唤辩方证据，律师做总结陈词，然后法院宣布其决定。各方都不限于传唤简易审判时传唤过的证据，而是可以依赖从那时起才能获取的材料，或者在之前场合他们只是选择不使用的材料。但皇室法院本身既不能修改上诉人被定罪的控告书（Garfield v Maddocks［1974］QB 7，又见 Swansea Crown Court ex p Stacey［1990］RTR 183），也不能删除治安法官所做的更改：Fairgrieve v Newman［1986］Crim LR 47。在对刑罚的上诉中，控方仅仅概括地列举事实并传唤先行文件证据，对上诉人的报告（如果有）要被宣读，然后辩方律师提出减免事由。

25.1.3 皇室法院的权力

皇室法院的决定由法官宣布，并给出理由。这些应当足以显示法院已经识别出了案中主要的争议事项，以及它如何解决它们。未能做到这些可能构成否认自然正义（Harrow Crown Court ex p Dave [1994] 1 WLR 98）。

皇室法院在处理上诉时的权力规定于经修订的《1981 年最高法院法》第 48 条中。这些权力范围广泛。它可以确认、撤销或变更被上诉的决定的任何部分，它可以将案件连同它的意见一起发还给治安法官（例如当它认为答辩模棱两可时），或者它可以作出它认为适当的其他命令（例如在上诉成功的情况下，作出辩方在治安法院的费用由控方支付或者从中央基金中支付）。对被上诉的决定的变更包括增加治安法官科处的刑罚，即使是在上诉仅针对定罪的案件中，但皇室法院的判决不能超过治安法官本可以通过的刑罚：第 48（4）条。实际上，皇室法院增加刑罚的情况不常见，但与上诉法院对待来自皇室法院上诉时不同，它保留自己有权这么做的原因可能是对于向皇室法院提起的上诉，除非超时限，从不需要批准。增加刑罚的可能性因此可以抑制毫无价值的上诉。另外，只要上诉失败，上诉人就可能被命令支付控方的费用：《1985 年犯罪起诉法》第 18（1）（b）条，又见《皇室法院规则》第 12 条，该条款赋予皇室法院作出看起来公正的双方当事人之间费用支付命令的一般自由裁量权。成功的上诉人可能从中央基金（即从政府的钱中）中补偿他的费用：POA 第 16（3）条。这被称为"被告人费用令"，它可以包括上诉人在治安法院的费用。受公共资金资助的检察官不能从中央基金中得到费用的补偿，但私人检察官无论上诉成功与否都有可能得到对他们有利的此类命令，只要涉及的是一项可控诉罪行：POA 第 17（1）和（2）条。对于费用的一般探讨，见 27.2 节。

第 48 条现在使皇室法院能够变更（例如通过增加判决）治安法院决定的任何部分，即使上诉人选择不对这一部分上诉。直到《1988 年刑事司法法》对《1981 年最高法院法》作出修正之前，第 48 条只是说皇室法院可以变更被上诉的"那一决定"。这种措辞导致 Dutta v Westcott [1987] QB 291 案中对制定法阐释的难题，案中 D 对于无保险驾驶并因此被取消驾驶资格的定罪成功上诉，然后声称皇室法院无权命令以治安法院在同一场合定罪的其他较轻犯罪在他的驾驶执照上背书刑罚点数，因为治安法官虽然以无保险定罪，但据罪犯被取消驾驶资格则无须背书罚点的一般规则没有命令背书罚点。通过对原来的第 48 条的歪曲的解释，高等法院得以裁定皇室法院有权做它所做的行为——实际上，如果 D 只是通过另外的方式使对他的定罪和取消资格被撤销，而能够逃避一般情况下会招致罚点的罪行的罚点，那是很荒谬的。对第 48 条的修正使皇室法院有权力进行它在 Dutta v Westcott 案中的作为。它似乎还给了皇室法院在一人对因 A 罪行被简易定罪提起上诉时取消定罪，而代之以治安法官在同一场合宣告无罪的罪行 B 的定罪，因为无罪宣告是上诉人上诉决定的一部分。实际上，在理论上皇室法院甚至可以取消被上诉的对 A 罪行的定罪，并增加对 B 罪行的定罪。为避免对上诉人的不公，皇室法院被认为应当保守地使用其在第 48 条中增加的权力。

上诉人可以通过以书面形式向治安法院助理、皇室法院的适当官员和控方通知放弃上诉：《1982 年皇室法院规则》第 11 条。通知应当在上诉听审前至少三日前给出。如果放弃上诉的通知适时给出，皇室法院就因此被剥夺了命令上诉人支付费用的权力，但治安法官还是可以就检察官在接到通知之前合理发生的费用作出命令：《治安法院法》第 109 条。

25.2　通过案件陈述向高等法院提起上诉

458　　通过个案陈述提起的上诉是对一点或几点法律问题提起的上诉，治安法院助理在与其决定受到置疑的治安法官协同草拟一份文件（案情）中对这些问题予以确认。上诉向高等法院提起，由行政法院行使其管辖权。

通过个案陈述提起上诉由《1980 年治安法院法》第 111 条、《1981 年治安法院规则》（SI 1981 No 552）第 76 至 81 条以及《1965 年最高

第 25 章　来自治安法院的上诉

法院法》第 56 号令调整。

25.2.1　上诉的权利

《治安法院法》第 111（1）条规定"治安法院的任何程序中的当事人，或者受到法院定罪、命令决定或其他程序侵害的任何人都可以在法律错误或者超越管辖权的基础上通过向［治安法官］申请把案件陈述给高等法院以征求它关于涉及的法律或管辖权问题的意见的方式对程序提出质疑"。此分则的措辞不像原本可能的那样恰当，因为它三次使用了"程序"一词，而每一次都好像在一种稍微不同的意义上被使用。按照出现的先后顺序，它的意思似乎是（1）治安法官前的整个程序；（2）有关治安法官在这些程序的过程中或最终处理的一个具体决定；以及（3）前两种意思的混合。但无论对第 111（1）条的深入分析会具有怎样的困难，其广泛的效果很清楚。以下是需要注意的要点：

（1）通过个案陈述上诉是控方和辩方都可以使用的方式。实际上，它还是治安法院中民事诉讼的各方可以利用的方式，但这与本书目的无关，因为在这里将只在刑事案件中提起的上诉的上下文中讨论第 111（1）条。

（2）上诉的依据必须是第 111（1）条提及的两种根据之一，即被上诉的决定必须是在法律上错误或者超出管辖权。在让治安法官陈述案件的初始申请中，未来的上诉人必须指明寻求高等法院意见的法律或者管辖权问题，如果其申请只提及事实的问题，对案件的要求会被拒绝（见 25.2.2 节）。可以正当地提交高等法院考虑的事项包括控告书是否因为双重性而无效、治安法官是否有权审判、他们裁定有案或者（根据案件情形）无案可答是否正确、是否有不可采纳的证据被采纳或者可采纳的证据被排除，以及他们根据证据证明的事实作出的裁决是否正确。最后一点可能是对被陈述的案件提出的最普通的论据。控方说被指控者的宣告无罪应当被撤销，因为根据他们提出的事实观点，治安法官显然应当宣告有罪，或者辩方辩称经证明让法官相信的事实不构成被指控的罪行，因此定罪应当被取消。但是，有关低等法院通过证据确立的事实的决定不能通过案件陈述的方式被上诉，除非对事实的裁定完全没有证据支持或者任何理性的法院都不会适当地指示自己已经发现了事实，这揭示了法律上有错误而应当被提交到高等法院：Bracegirdle v Oxley [1947] KB 349。如果辩方认为治安法官对事实的决定只是违反了证据的分量，那么他们唯一的救济方式是到皇室法院对证据进行重新听审。

（3）大多数通过个案陈述提起上诉的目标都是为了推翻简易定罪或者简易地无罪宣告。他们并不着眼于减少或增加简易定罪后通过的刑罚，仅仅因为治安法官鲜有通过法律上错误或超越管辖权的刑罚。然而，如果他们碰巧犯了这样的错误，受侵害的一方可以要求他们陈述案件。所以，在许多情形下，控方获得了治安法官对饮酒/驾驶犯罪的量刑是取消罪犯驾驶资格的裁定，因为他提出的不取消资格的依据不能成为《1988年道路交通罪犯法》规定的特殊原因（例见 Haime v Walklett (1983) 5 Cr App R (S) 165)。在特别例外的案件中，通过个案陈述上诉的辩方可以通过辩称虽然惩罚是在治安法官的法定权限之内，但它超出了正常的自由裁量限度，而得以减轻惩罚。（此方法与通过司法审查对刑罚提起上诉本质上是相同的：见25.3.1节。）然后高等法院会假设治安法官在通过刑罚时一定在法律上犯有错误，否则他们不会作出这样一个与良好量刑实践的范围出入很大的决定（在申请取消命令的情境中对这一点的讨论，见 Universal Salvage Ltd v Boothby (1983) 5 Cr App R (S) 428 案和25.3.1节）。

（4）就对第111（1）条的正确理解，请求治安法官陈述案件的权利只有并且直到法院的程序对未来上诉人的案件形成了最终的决定之时才出现（见 Atkinson v USA Government [1971] AC 197 案的法官附带意见）。在刑事诉讼的语境中，最终决定可以是宣告无罪、宣告有罪或者通过刑罚。由此可知移送程序中的法律错误和证据证明不具有正当性的移送决定都不能通过个案陈述的方式提出反对，因为移送不是对案件的最终决定：Dewing v Cummings [1972] Crim LR 38。相同的推理也适用于移交量刑的决定，虽然决定移送之前的定罪可以被上诉。必须有最终决定的要求同时意味着在简易审判过程中，如果控方或辩方认为

第 25 章 来自治安法院的上诉

治安法官作出了一个法律上错误的决定,他们必须等到判决宣布之后才能请求对案件进行陈述——他们不能在被申诉的决定作出之后立即寻求休庭,以期在休庭期间从高等法院得到对事件的裁决:Streames v Copping [1985] QB 920。因此在 Loade v DPP [1990] 1 QB 1052 案中,高等法院被请求裁定一份从治安法院向皇室法院上诉通过案件陈述的方式提交给它的控告书的有效性。因为还没有最终的决定,因此大人们拒绝正式地回答此问题,而是给出了一个非正式的提示,指出即使他们能够这么做,也会拒绝上诉人的论点。

25.2.2 上诉的程序

向治安法官提出陈述案件的申请必须在无罪宣告或定罪后 21 天内作出,或者如果治安法官对被指控者定罪并在量刑前休庭,则在量刑后 21 天内:《治安法院法》第 111 (2) 条。申请必须以书面作出并指明要寻求高等法院意见的法律或管辖权问题:《1981 年治安法院规则》第 76 条。如果案件表明没有证据证明治安法官可以合理地得出事实的认定,则必须指出涉及的事实。申请要送交相关治安法院的助理。如果治安法官认为陈述案件的申请无关紧要,他们可以拒绝申请的要求,但必须给上诉人一份证明说明他的申请被拒绝了:第 111 (5) 条。然后申请人可以向高等法院申请命令强制治安法官陈述案件。即使申请不能被划为琐碎之列,治安法官仍然可以怀疑上诉人是否真正有意于完成上诉。为阻止那些开始后又放弃的上诉浪费时间和金钱,治安法官可以达成共识陈述案件,条件是申请人具结保证他会"不延误地提起上诉"并支付任何高等法院最终判决他支付的费用:《治安法院法》第 114 条。

对案件的陈述应当列出治安法官认定的事实,但不必列出使他们作出事实认定的证据(Turtington v United Co-operatives Ltd [1993] Crim LR 376)。这一规则的唯一例外出现在上诉人辩称不存在治安法官可以合理地得出事实认定的证据时,这种情况下必须包括对相关证据的简单陈述。案件还应当指出治安法官听审的一项或数项指控、各方就提出的法律或管辖权问题的争论、任何引用的权威判例、治安法官的决定和对高等法院提出的问题。治安法官的助理主要负责起草案件说明。他向治安法官咨询并考虑各方的任何陈述。在对助理最初起草的案件说明做了必要的修改之后,至少要由两名决定被上诉的治安法官签署,或者由助理代表他们签署。然后它被送交给上诉人或其顾问律师(《1981年治安法院规则》第78条),他在收到后的10天之内必须呈请(即提交)皇家司法法院行政法院办公室:《1965年最高法院规则》第56号令第6条。除非高等法院延长了呈请的时间,否则未能在十天内提交会导致上诉被删除。上诉人还必须向被上诉人送达进入上诉的通知和案件说明的复印件。这要在案件被呈交后四天内完成。通常情况下上诉要到通知送达后满八整天才会得到听审。

如果治安法官对上诉人通过了立即执行的羁押刑罚,他们可以准许在上诉未决时对他保释:《治安法院法》第113条。保释的条件是除非上诉成功,他必须在高等法院判决作出后10天之内在治安法院出庭,出庭的具体日期由治安法官在上诉后确定。如果治安法官拒绝保释,可以向内庭高等法院法官提出申请。

案件陈述的例子见455~456页。以下是起草案件说明时相当详尽的程序的细节问题。

> 在收到请治安法官陈述案件的申请之后,助理立即准备案件说明的草稿。如果必要,他会咨询治安法官,也可以与任何一方或两方当事人非正式地讨论申请,以说明争论的事项。偶尔上诉人会被允许自己制作案件说明草稿,或者如果是在地区法院法官面前举行的听审,地区法官可能制作草稿。收到申请后的二十一天之内,助理将案件说明草稿寄给上诉人、被上诉人或他们各自的律师。他们在接到草稿后有二十一天时间对此提出陈述,指出任何明显的错误或者提出改进建议。治安法官和助理根据接收到的任何陈述对案件说明达成最终一致,然后签署。这必须在对案件说明草稿作出陈述的最后一天之后的二十一天内完成。签署后的案件说明被立即送交上诉人或其顾问律师。上述程序规定在《1981年治安法院规则》第77条和第78条。

第 25 章 来自治安法院的上诉

第 77 条和第 78 条提到的时间限制在必要时可以延长,但向治安法官提出陈述案件的初步申请的二十一天期限是由制定法规定的,必须遵守,即使高等法院也无法改变:Michael v Gowland [1977] 1 WLR 296。如果申请在期限内作出但没有遵守第 76 条的规定,因为未能指出寻求高等法院意见的法律和管辖权问题,高等法院仍然会接受管辖,如果此缺陷随后被弥补,即使是在期限之外被弥补的(见 Parsons v F W Woolworth and Co. Ltd [1980] 1 WLR 1472 和 Croydon Justices ex p Lefore Holdings [1980] 1 WLR 1465,通过稍稍不同的推理,组成不同的法院最终形成了实质相同的结论)。

案件陈述(《1980 年治安法院法》第 111 条;《1981 年治安法院规则》第 78 条、第 81 条)

于高等法院法官

王座庭

穆罕默德·汗 上诉人和彼得警官 被上诉人

在洛姆镇小开庭区行使职务的洛姆榭郡法官,就位于洛姆镇高级大街一号的治安法院作出裁决的案件作出陈述。

案件

1. 2001 年 7 月 25 日被上诉人对上诉人提出了一项控告,称他在 2001 年 7 月 11 日在一个称为洛姆镇克莱路的公共场所,在无合法许可或者合理理由的情况下持有一项被称为铜指节套的攻击性武器,违反了《1953 年阻止犯罪法》第 1(1) 条。

2. 我们于 2001 年 9 月 5 日听审了控告。上诉人选择了简易审判,我们发现以下被证明的事实:

(1) 2001 年 7 月 11 日,被上诉人,他是一名警官,看到上诉人和一名白人青年在洛姆镇的克莱路上打斗。上诉人 19 岁,亚裔。白人青年逃跑但被上诉人逮捕了上诉人,怀疑他实施了违反《1986 年公共秩序法》第 4 条的罪行。被上诉人搜查了上诉人,并在他的裤子口袋里发现了一个铜指节套。此铜指节套是用来伤人的。

(2) 洛姆镇克莱路是一个公众任何时候都可以进入的高速公路。

(3) 在事发之前大约一个月时间里，有三个亚裔年轻在洛姆镇的克莱路区域晚上行走时，分别被称为"光头仔"的白人青年袭击。最后一次攻击发生在 2001 年 6 月 30 日。上诉人本人在 7 月 11 日以前从来没有被袭击过。他称在被上诉人看到时正在与之打斗的白人青年没有任何原因地攻击他。我们没有对这一点作出裁定，因为我们审判的控告书与所称的打斗之间没有关系。

(4) 星期一和星期三的晚上上诉人上课，大约晚上 10 点钟结束。他回家的路程必须经过克莱路区域。在对亚裔青年的第一次攻击以后，他在晚上上课时就开始携带被上诉人发现他拥有的铜指节套。他这么做的原因是万一受到攻击可以保护自己，但实际上在 7 月 11 日的打斗中他并没有使用它。

3. 上诉人辩称他有合理理由携带铜指节套，因为之前发生的对亚裔青年的攻击使他在穿过克莱路区域时处于即时的恐惧之中。

4. 被上诉人辩称，永久携带武器受到《1953 年阻止犯罪法》禁止，而且最近没有发生对上诉人本人的攻击，他没有合理的理由携带铜指节套。最近对上诉人所属的少数民族的人的攻击不能作为上诉人携带攻击性武器的合理理由。

5. 我们参照了以下的案件：

Evan v Hughes〔1972〕3 All ER 412 案

Peacock〔1973〕Crim LR 639 案

Bradley v Moss〔1974〕Crim LR 430 案

Pittard v Mahoney〔1977〕Crim LR 169 案

Southwell v Chadwick（1986）85 Cr App R 235 案

Malnik v DPP〔1989〕Crim LR 451 案

6. 我们的观点是上诉人有证明他有合理原因在公共场所携带铜指节套的责任。这一点他未能做到，因为他本人从来没有被攻击过或者被置于攻击的恐惧之中。另外，自从上一次亚裔青年在克莱路区域被攻击已经过去了十天时间。据此，我们宣告上诉人有罪并将其有条件释放十一个月。

问题

7. 需要高等法院意见的问题是，作为一个法律问题，我们裁定上诉人对携带铜指节套的解释不是《1953 年阻止犯罪法》第 1 (1) 条的合理理由是否正确。如果我们这么裁定不正确，那么我们恭请高等法院撤销或修正我们的决定，或者随附法院的意见将案件发还给我们。

> 2001 年 12 月 2 日
> J·史密斯
> R·布朗
> 洛姆郡治安法官，并代表所有作出判决的法官

25.2.3　对上诉的听审

上诉由作为高等法院一部分的行政法院听审。法院由至少两名高等法院法官组成（《1981 年最高法院法》第 66（3）条），但有时候由三名法官审判。上议院议长可以要求任何的上诉法官在这个法院开庭。如果两名法官组成的法院意见分歧，与低等法院意见一致的法官意见则占上风，上诉因此失败：根据斯科卢顿法官在 Flannagan v Shaw［1920］3 KB 96 案第 107 页的意见。法院上不传唤任何证据。上诉采取上诉人和被上诉人法律辩论的方式，纯粹建立在案件陈述的事实基础上。如果这些事实导致一个治安法官没有考虑的法律问题，而这一问题如果被考虑即能给上诉人提供对其指控的一个良好辩护理由的话，高等法院会考虑这一问题，只要不需要进一步的事实认定：Whitehead v Haines［1965］1 QB 200。在处理上诉时，高等法院可以"撤销、肯定或者修正"治安法官的决定，或者将事件随附他们的意见发还治安法官，或者作出他们认为有关此事的任何合适的命令，包括关于费用的命令：《1981 年最高法院法》第 28A 条。所以高等法院的权力包括将上诉人的定罪替换为宣告无罪，也包括控方在宣告无罪后上诉，将案件发还给治安法官并指令他们宣告有罪然后进行判决。替代地，如果应当判处的刑罚很明显，高等法院可以直接将无罪宣告替换成有罪宣告并科处他们认为合适的刑罚。如果上诉涉及的是刑罚被宣称超出治安法官的权限或者"严厉的和有压迫性的"，允许上诉的法院同时可以通过它认为合适的刑罚。可以从中央基金中补偿给被指控者的费用：《1985 年犯罪起诉法》第 16（5）条。也有权命令失败的一方当事人支付给对手费用，但不存在从中央基

金中补偿控方费用的权力,除非是私人控诉:《1985 年犯罪起诉法》第 17（2）条。

尽管《1857 年简易管辖权法》第 6 条（即现在的《1981 年最高法院法》第 28A 条）赋予了高等法院广泛的权力,但还是认为大人们不被允许命令重审。发还给治安法官包括将案件发回并附带宣告有罪的指令,如果从所陈述的事实中很明显这是一项正确裁决的话。它还包括取消无罪宣告并告知治安法官继续进行听审,如果宣告无罪是在控方证据结束时错误地支持无案可答的提议后作出的。但是,"在一般表达的意义上,不存在命令重审的权力"（根据大法官高达德勋爵在 Rigby v Woodward [1975] 1 WLR 250 案中的附带意见）。在此案中,治安法官拒绝允许 R 的律师对一名为自己辩护作证时牵涉 R 的共同被指控者进行交叉询问。这一决定在法律上是明显错误的,高等法院取消了定罪。控方请求他们发还重审,原因是即使 R 的律师能够交叉询问共同被指控者,裁决也很可能相同。法院拒绝了请求,高达德勋爵对上述已经引用的不命令重审作出了一般陈述。但此附带意见在针对 R 案件的特定情况时,是具有正当性的（重审会不公平,因为 R 不能够坚持让控方传唤共同被指控者,但如果他自己传唤他,又会受到一个人不能交叉询问自己的证人这一规则的限制）。因此,Rigby v Woodward 案看起来只是在说通过案件陈述的方式上诉成功的上诉人如果在重审中的处境比原审时的处境更差时,不应当指令重审。

但是在 Griffith v Jenkins [1992] 2 AC 76 案中,上议院裁定高等法院确实有命令重审的权力,无论是由组成相同还是不同的法庭重审。此案中,法官们在自己动议的基础上驳回了非法渔猎和偷窃的指控而没有让各方当事人作出陈述。控方上诉,高等法院裁定法官犯有错误。由于原法庭中的两名法官已经退休,他们不可能发还给相同的法庭审判。另外,大人们的观点是他们没有《1857 年简易管辖法》第 6 条将案件发还给不同的法庭重审的权力。上议院裁定高等法院在听审根据第 6 条通过个案陈述提起的上诉时一直有权力命令组成相同或不同的法庭重审。只是在公平审判尚有可能的情况下才可以命令重审。在当前案件中命令重审不合适。

在 Farrand v Galland [1989] Crim LR 573 案中，被指控者被指控提供里程表错误的小汽车，违反《1968年交易描述法》。控方试图根据《1984年警察和罪犯法》第68(2)条引入一张卡片和一份行车里程作为证据。法官裁决证据不可采纳，因为第68条的条件并没有完全满足。控方接着就结束了控诉。由于证据之间的差距，被指控者不可避免地被宣告无罪。在通过个案陈述上诉时，高等法院裁定第68(2)(iii)条已经得到满足，因为不可能合理地期望提供卡片上信息和里程记录的人重新收集所争议的事项。这足以使证据可被采纳。案件被退还给法官以便他们采纳文件证据。他们还被期望行使允许控方传唤额外证据的自由裁量权，这些证据本来在最初听审时文件证据被采纳的情况下可被传唤。

25.2.4 从皇室法院通过案件陈述上诉

通过案件陈述的方式上诉不仅可以质疑治安法官的决定，也可以质疑皇室法院有关与起诉书审判无关的事项的决定：《1981年最高法院法》第28条。对与起诉书审判有联系和没有联系的决定之间作出精确的划分并非易事。因为划分界限的问题通常要到皇室法院决定是否需要司法审查时才会发生，因此对这一问题的讨论将被延后至第25.3.3节（对皇室法院决定的司法审查）。但是很明显，允许或驳回来自治安法院的上诉的决定与起诉书审判毫无关联。因此，在皇室法院不成功的一方当事人（无论是看到简易定罪被推翻的控方还是在皇室法院得到与在治安法院相同结果的辩方）都可以继续通过案件陈述的方式向高等法院上诉。当然，与从治安法院直接向高等法院提起上诉一样，皇室法院的决定只有在法律上的错误或者超过管辖权的基础上才会被质疑，而不能基于违反证据分量而遭质疑。

向皇室法院提出陈述案件的申请必须在受质疑的决定作出之日起二十一天内向法院的适当官员提出：《1982年皇室法院规则》第26(1)

条。《1982年皇室法院规则》对于此处和其他通过案件陈述方式对皇室法院决定提起上诉的时间限制规定了可以延长,无论是在失效之前还是之后(第26(14)条)。在这一方面,情况与从治安法院提起的上诉不同,后者的时间限制是法定的,无法延长(见25.2.2节)。在 DPP v Coleman [1998] 2 Cr App R 7 案中,法官裁定:

(1) 是否延长的决定可以由皇室法院法官独自作出;

(2) 在控方申请延长时间的情况下,必须给辩方陈述的权利;

(3) 申请通常应当在书面陈述的基础上考虑,无须进行口头听审。

治安法官陈述案件和皇室法院法官陈述案件的程序的主要区别在于,皇室法院的上诉人有责任起草一份案情初稿,该初稿要被提交给对有争议事项作出决定的程序中的主审法官:第26(8)条。被上诉人也可以自由向法官提交一份案情草稿。在阅读了草稿后,法官陈述案件并签署:第26(12)条。然后案件陈述被送交上诉人,他将此提交给皇家办公室,连同治安法院和皇室法院作出的判决或命令:《最高法院规则第56号令》第1条。上诉通常在皇室法院决定作出之后六个月内听审。在等待上诉的决定过程中,皇室法院法官或者高等法院内庭法官可以批准对上诉人保释:《1981年最高法院法》第81(1)(d)条和《1948年刑事司法法》第37条。在处理上诉时,高等法院的权力与它在处理来自治安法官的上诉时拥有的权力相同。

在向治安法官申请陈述案件征求高等法院的意见时,申请人丧失了所拥有的任何向皇室法院上诉的权利:《治安法院法》第11(4)条。因此,如果被治安法官宣告有罪的一个人对法官明显采取的事实观点和他们对法律问题的裁定感到不满时,最好建议他向皇室法院针对定罪提起上诉,而不要请求治安法官陈述案件。在皇室法院重新听审时,证据要重新传唤,所有关于事实和法律的问题都会被完全地公开讨论。如果上诉失败,上诉人仍然有权要求皇室法院陈述案件向高等法院征求有关法律问题的意见。如果他直接从治安法院向高等法院就法律问题上诉,他将丧失在皇室法院重新听审证据的机会。

第 25 章 来自治安法院的上诉

25.3 申请司法审查

高等法院的任务之一是监督下级法院的工作。它行使此项功能的主要方式是通过发布以下三项特权命令中的一项或多项：

(1) 取消令（在 2000 年 7 月 19 日的《实践指示：行政法院》之前被称为调卷令），取消下级审判庭作出的命令；

(2) 强制令（以前为履行职责令），强制下级审判庭履行其职责；以及

(3) 禁止令（以前的禁止命令），阻止下级审判庭非法行事或者超越管辖权行事。

特权令只有在向高等法院申请对下级审判庭的决定进行司法审查时方可签发。在行政法领域中，司法审查具有非常的重要性，用以控制许多审判庭和有司法职责的个人行使权力的方式。它同时可以适用于治安法官作出的决定（无论这些决定是在行使民事管辖权还是刑事管辖权时作出的）以及有关皇室法院在与起诉书审判无关的事项中行使它的管辖权作出的决定：《1981 年最高法院法》第 29（3）条。这对陈述案件的上诉是一项有益的补充，因为不满治安法院决定或者从治安法院上诉受到皇室法院决定侵害的人，在无法请求治安法官或者皇室法院陈述案件时有时还可以寻求司法审查（对这两种救济方式的比较，见 25.3.4 节）。

司法审查的申请人必须有足够的利益来质疑他寻求审查的决定。无论"足够的利益"的准确定义是什么——这个概念在高等法院被请求对下级审判庭在民事方面的决定进行审查时已经导致了相当程度的困难——很明显的是控方和辩方都有足够的利益申请司法审查，无论是对治安法院在刑事案件中的决定还是皇室法院对来自治安法院的上诉作出的决定。申请向行政法院（作为高等法院的一部分）提出。程序由《1981 年最高法院法》第 29～31 条和《1965 年最高法院规则》第 53 号

466

令（已修正）》调整。

25.3.1 命令的范围

广义来说，司法审查的目的是阻止治安法院和其他下级审判庭超越其管辖权，强制它们行使正当属于它们的管辖权，并控制它们在纠正程序中基本的不规范行为的意义上行使其管辖权。治安法官以正当的方式行使其正当的管辖权时所犯的法律错误，应当通过案件陈述的方式上诉质疑，而不是通过申请司法审查。

取消令的效果是取消下级审判庭的决定。2000年之前它被称为调卷令。当允许这一救济方式时，高等法院同时也享有补充性的权力：(1) 将案件发还给下级审判庭并指令它重新考虑案件并根据（高等法院）的认定作出决定；(2) 以它认为适当的刑罚取代非法的刑罚：《1981年最高法院法》第31 (5) 条和第43条。批准此救济方式的常见依据如下描述。关于刑事诉讼，它最普通的用途是取消简易定罪。它还潜在地被适用于取消治安法官作出的与控诉过程相关的任何命令或者决定，例如移交审判或量刑，或者拒绝给予刑事辩护服务代理，或者拒绝撤回选择简易审判的申请的决定。但是，反对双重危险的规则（即被宣告无罪的被指控者不应当因为相同的罪行被再次控诉）意味着此命令很少被用于取消无罪宣告。如果治安法官在一场被指控者面临有效定罪危险的真实审判后宣告了他们的裁决，无罪宣告不会被审查，即使控方受到明显的违反适当审判程序行为的危害，而这些行为（如果在反方向上发展）本来可以使取消定罪成为必要。虽然鉴于简易无罪宣告可以通过案件陈述的方式上诉这一事实他们认为这有些不正常，但上议院还是在 Dorking Justices ex p Harrington [1984] 案中确认了这个一般原则。同时，他们对此原则的例外给出了一个宽大的解释。例外是，如果治安法官在没有管辖权时声称宣告无罪，审判则被视为无效，被指控者被视为没有真正处于危险的境地，因此可以签发取消令。因此，仅能以起诉书审判的罪行的简易无罪宣告是可取消的（West [1964] 1 QB 15），对可任意方式审判的罪行的无罪宣告，如果没有遵守决定审判模式的正

第 25 章　来自治安法院的上诉

确程序，同样也可取消：Cardiff Magistrates' Court ex p Cardiff City Council（1987），《泰晤士报》，1987 年 2 月 24 日。另外，如果治安法官没有听取任何控方证据且没有良好理由拒绝听审控方在审判时可以获得的证人，裁决也同样应当被取消（见 Hendon Justices ex p DPP [1994] QB 167）。如果定罪成了取消令的对象，那么似乎反对双重危险的规则就不能阻止被指控者随后因同一罪行被重新起诉（Kent Justices ex p Machin [1952] 2 QB 355），但实践中这不太可能发生。

除受到取消无罪宣告的限制外，取消令在三种主要情况下被签发。

第一，当下级审判庭超越管辖权行事时，则作出命令。Ex p Machin（前述）提供了一个例子。治安法官在没有首先向 M 解释有可能被移送至季审法院量刑的情况下，就以可任选方式审判的罪行审判了 M。由于相关制定法独自赋予他们审判可控诉罪行的管辖权的程序没有被遵守，所以治安法官在审判 M 中超越了管辖权，据此签发了一项取消对他定罪的命令。治安法官通过的刑罚也可能是超越管辖权的。例如在 Llandrindod Wells Justices ex p Gibson [1968] 1 WLR 598 案中，吊销 G 驾驶资格的处罚被取消，因为在通过邮件答辩有罪后，他在治安法官没有先休庭然后通知他休庭原因的情况下被缺席吊销了资格。在这种情况下，法院无权取消其驾驶资格（见《治安法院法》第 11（4）条和 9.5.3 节）。在 St Albans Crown Court ex p Cinnamond [1981] QB 480 案中，超越管辖权的刑罚的概念被延伸至包括太过严厉和压迫性的刑罚，以至于没有任何一个理智的法院在正确理解其权力时会作出这样的刑罚。看起来高等法院在通过司法审查就刑罚的上诉中适用的检验标准与通过案件陈述的方式对刑罚提起的上诉适用相同的标准（见 25.2.1（3）节）。在 Tucker v DPP [1992] 4 All ER 901 第 903 页提出的检验标准是："刑罚是否在任何可接受的标准下都是真的令人震惊？"但在 Truro Crown Court ex p Adair [1997] COD 296 案中，大法官宾汉勋爵指出这一检验标准太主观，并说询问刑罚是否明显超出下级法院量刑裁量权的这一大范围，将会更有帮助。但高等法院显然不愿意将取消令的申请作为向皇室法院提起刑罚上诉的一种常规替代方式。一名觉得他在治安法院的刑罚严厉和压迫性的罪犯应当通过正常方式向皇室法院上诉,只有在后者拒绝减轻刑罚时他才可以向高等法院申请取消令:Battle Justices ex p Shepherd and another (1983) 5 Cr App R (S) 124。Ex p Cinnamond 是一个皇室法院不仅没有减轻刑罚,而是毫无理由地将对一项疏忽驾驶的罪行的刑罚增加到取消驾驶资格十八个月的案件,因此 C 唯一可能的救济途径是去高等法院。

第二,如果下级审判庭违反自然正义的规则行事时,则签发取消令。宣称违反自然正义规则的现代方式是简单但含糊地指出鉴于正在进行的调查的性质,审判庭应当公平行事。传统地,自然正义的规则被稍微更精确地定义,被认为涉及两项主要原则——无人可以成为自己案件的法官和审判庭必须听取双方的案件。对这两项所谓的规则的违反将导致治安法院的定罪被取消。无数案件因参加案件的治安法官或者助理对案件的结果有金钱上的利益,或者可以导致合理怀疑的偏见的非金钱利益,而涉及对第一项规则的违反 (见 9.2 节)。第二项规则可能在程序性违法行为的发生会对申请人造成偏见的情况下被援用。未能给被指控者合理的时间准备辩护 (Thames Magistrates' Court ex p Polemis [1974] 1 WLR 1371)、拒绝签发证人令状 (Bradford Justices ex p Wilkinson [1990] 1 WLR 692)、未能在被告人的证人之一无法获得时允许休庭 (Bracknell Justices ex p Hughes [1990] Crim LR 266)、在听取代表被指控者的律师的总结陈词之前宣布有罪裁决 (Marylebone Justices ex p Farrag [1981] Crim LR 182),以及不通知辩方可以支持其证据的证人 (Leyland Justices ex p Hawthorn [1979] QB 283) 都被裁定违反了自然正义规则。最后一个案件尤其有趣,因为虽然没有为辩方提供必需的信息的责任在于警方而非法院,但还是签发了取消令。根据这一权威判例,自此只要是控方所犯的错误看起来损害了辩方案件的展示,高等法院就倾向于批准取消令。因此在 Knightsbridge Crown Court ex p Goonatilleke [1986] QB 1 案中,对 G 商店盗窃罪的定罪被取消,因为商店的保安 (被高等法院视为实际上的控方) 未能告诉辩方他曾经有一项浪费警察时间的定罪,起因是当他是服役警官时错误地通知警方他的许可证卡片被盗。这一信息原本尤其有用,因为 G 的辩护正是商店保安为通过他逮捕的人数给他的上司留下好印象而将据称是被盗的物品"栽"到 G 身上的。类似地,在 Liverpool Crown Court ex p Roberts [1986] Crim LR 622 案中,未能告诉辩方一名据称是 R 攻击受害者的警官在事件发生后不久,向一名上级警官所做的陈述中暗示这一事件可能只构成偶然地撞了一下头,是定罪的一个致命错误。但是,如果没有控方未能履行职责,只是因为在简易审判之后出现了对辩方有利的新证据,定罪不会被取消,除非辩方能够完成一项异常艰巨的任务,说服高等法院根据新增加的证据,相信治安法官定罪的所有关键证据肯定都是伪证。在 Ex p Roberts 中,警官未能履行职责被视为就"控方整个机构"而言的错误(根据格利德威尔法官的说法)。在 Bolton Justices ex p Scally [1991] 1 QB 537 案中采取了类似的观点。申请人对酒精过量罪行答辩有罪。他们的呼吸标本中酒精水平在他们有权进行血液样本检验的范围之内,而且所有人都行使了这一权利。但所有相关的人都不知道在采集血样时使用了包括带酒精的清洁皮肤的药签的急救包。因此血样分析可能产生人为的高血液/酒精读数。当污染被发现时,对类似情况下其他被告人的指控还没有进行。定罪被取消。高等法院裁定(1)警方对发放医疗工具箱和相关的缺乏正常谨慎负有责任,而这是控方程序的一部分,尽管有《1985 年犯罪起诉法》;(2)虽然并无欺骗,检察官(警察和皇家检控署的结合)仍然以一种不公平的方式使导致定罪的程序瑕疵,因为它没有给辩方决定是答辩有罪还是答辩无罪的适当机会;(3)取消的权力不仅限于因欺诈或与欺诈类似的理由而无效的程序,串通和伪证也是可依赖的理由,正如在当前的案件中——占主导地位的原则必须是正义应当被实现。

批准取消令的第三种情况是下级审判庭程序的记录表面上看明显存在法律上的错误——仅仅通过阅读记录,而不需要接受有关下级法院中所发生事件的宣誓或未宣誓的证据,高等法院就能断定发生了错误。历史上,取消令就是在更正这种明显的错误时被发展起来的,其命令(那时叫令状)的效力是将记录移交给王座庭以做更正。如今,通过案件陈述的上诉提供了比取消令提供的救济范围更广泛的对法律错误的救济。在希望取消治安法院决定时而依靠司法审查时出现的问题是治安法官们对他们的决定从来不给出书面理由,而且他们可能选择给出的口头理由通常是最简洁的。如果治安法官真的给出口头原因,据裁定它们应当被并入法院程序的记录中(Chertsey Justices ex p Franks [1961] 2 QB 152),但是如果没有这样的理由,记录将只包括针对被指控者的指控、他的答辩、裁决和通过的刑罚。这些基本信息可能揭露的唯一错误是诸如我们已经讨论过的管辖权错误(例如,根据记录,通过了超过被指控者被定罪的罪行法定最大期限的刑罚)。通过记录可以争辩的一种方式由 Southampton Justices ex p Green [1976] QB 11 案例证。G 向高等法院申请取消一项治安法官作出的没收她为其丈夫"从保释中逃跑"保证的 3 000 英镑的决定。治安法院程序的记录只显示了治安法官作出了被申诉的决定。由于这一命令无疑在他们的权力范围之内,不能显示任何的错误,取消令的申请失败。G 对高等法院的决定向上诉法院提起上诉。上诉法院传唤了由治安法官主席和助理宣誓的证词。它们显示法官席在法律错误的基础上达成了是否没收保证金的决定。宣誓证词被视为记录的一部分(见 22 页布劳纳法官的判决),这样在记录的表面出现了错误,从而使得上诉法院能够签发取消令。然而,治安法官没有义务作出宣誓证词解释他们的决定背后的原因,如果他们不作证,他们所犯的任何法律错误都不可能明显出现在记录的表面上,这一问题仍然存在。

强制性命令被用于强制下级审判庭履行其职责。2000 年之前,它被称为履行职责令。因此在 Brown (1857) 7 E & B 757 案中,拒绝在明显不充分的基础上审判控告书的治安法官,在他们看来,其他人也应当与被指控者一起因这一罪行被起诉,命令听审案件。类似地,如果根据《治安法院法》第 111 条提出了适当的请求而且没有理由认为申请过于琐碎,则治安法官们可能被命令向高等法院陈述案件以征求其意见。但强制性命令的范围相当有限。在管辖权被错误拒绝时,它是适当的,但在下级审判庭接受了管辖然后宣称在行使管辖权时犯有错误,那它就不适用。由此可知,在简易审判或移交程序中,如果治安法官作出了明

第 25 章 来自治安法院的上诉

显错误的决定（例如排除某些证据或不允许一系列的交叉询问），受侵害的一方不可以当时当地获得休庭并向高等法院申请强制性命令以推翻这个决定。他所能做的只有等到听审结束，然后——如果最终决定对他不利——通过陈述案件上诉或申请适当的取消令对决定提出反对（见 Rochford Justices ex p Buck（1978）68 Cr App R 114 和 Wells Street Stipendiary Magistrate ex p Seillon［1978］1 WLR 1002）。广泛意义上，当（除非在听审的实际过程中）治安法官未能或拒绝行使对刑事诉讼一方当事人有利的自由裁量权（例如他们拒绝批准由刑事辩护服务部提供的代理或者拒绝允许改变答辩），适用类似的原则。如果他们忽视了他们有权力这一事实或者在决定是否行使这一权力时适用了错误的原则，高等法院将批准一项强制性命令，强制他们考虑或者重新考虑这一问题，并适用大人们陈述的正确原则（见 Highgate Justices ex p Lewis［1977］Crim LR 611）。但不能命令治安法官用某种特定方式行使权力，除非这是一个"一目了然"的案件，理智的审判庭适当地理解法律后只能得出一种结论。简单来说，强制性命令可以被用来强制对是否行使自由裁量权予以适当的考虑，但一般来说不能用来强制此项权力的实际行使。

禁止性命令与强制性命令正好相反。它阻止下级审判庭超越管辖权行事或继续超越管辖权行事。2000 年之前，它被称为禁止命令。当然，治安法官不可能有意要超越管辖权并非法行事，但有时候的确存在对其权限的真正疑惑。在这种情况下，在可能超越权限的行为之前休庭会是方便的，以使认为治安法官提议非法的一方当事人能向高等法院申请禁止性命令。这种情况的一个例子是 Hatfield Justices ex p Castle［1981］1 WLR 217 案。案中治安法官宣布了他们准备就一项有关 23 英镑的刑事损害的指控举行移交程序的意向，他们认为小额刑事损害指控必须简易审判的特殊程序不能适用。高等法院裁定治安法院对法律的理解错误（即特殊程序确实适用），因此他们批准了一项禁止性命令以阻止移交程序发生。

最后，很重要的一点是要注意取消、强制和禁止性命令都是任意性的。在一些案件中法律规定高等法院可以批准救济，但大人们可以因为更广泛的公平利益和司法的正当执行而予以拒绝。因此，在 Battle Justices ex p Shepherd（1983）5 Cr App R（S）124 案中，取消刑罚的命令因为申请人忽视了就治安法院的刑罚向皇室法院上诉的更明显也更便捷的救济方式而被拒绝。类似地，在 Birmingham Justices ex p Lamb[1983] 1 WLR 339 案中（细节见第 9.4 节）申请强制性命令以强制治安法官审判一项他们没有听取任何证据就错误地驳回的控告书被拒绝，因为在正在讨论的事件发生后很久再听审案件并不可取，尽管这番延误主要是由于控方为更正治安法官最初的错误决定而不得不申请司法审查。另一方面，在 Bradford Justices ex p Wilkinson [1990] 1 WLR 692 案中，玛尼法官说："我认为被告人有权获得适当的审判和适当的上诉。如果他没有得到适当的审判……他可以诉至本庭。"Peterborough Justices ex p Dowler [1996] 2 Cr App R 561 案并没有遵循 Ex p Wilkinson 案。在这个案件中，高等法院采取的观点是治安法官前程序不公平的宣告有罪（未能向辩方披露一名可能对其有帮助的证人的陈述而有瑕疵）可以通过向皇室法院提起上诉后得到公平的审判而被补救。司法审查作为一种自由裁量的救济方式，被拒绝给予在皇室法院还有未决的上诉的申请人。在法院认为由于司法审查对案件作为一个整体具有决定意义而应当准许司法审查的例外情况下，高等法院仍然可以听审案件。

高等法院在 Hereford Magistrates' Court ex p Rowlands [1998] QB 110 案中考虑了 Ex p Dowler 案，认为存在程序违法或不公平的合理申诉时，拒绝批准司法审查申请这一命题不能作为权威判例。它强调，被告人有权在治安法官面前得到适当审判，同时也有权向皇室法院上诉。

25.3.2 申请的程序

申请司法审查的程序规定于《1981 年最高法院法》第 31 条和《1965 年最高法院规则》第 53 号令中。它分为两个主要阶段。第一，申请人必须获得申请审查的批准。申请的批准通常由一名独任法官基于申请人在程序开始时提交的书面陈述中阐述的审查依据作出个人决定。如果准许申请得到批准,申请本身——程序的第二阶段——由高等法院决定,它会听取申请人和其他对结果看起来有充分利益的任何人的论证。法院可以接收证据,但通常是以宣誓书的形式而不是口头形式。程序的细节在以下小字体部分阐述。

(1) 申请的通知通过在行政法院办公室提交一份声明而提出,声明中列出申请人的姓名和描述、寻求的救济和依据、申请人律师的姓名和地址以及他的送达地址。扩充申请依据和证明这些理由据以确立的事实的宣誓书也必须提交。申请人不限于只申请一项特权令,而是可以累计地或作为替代地选择申请两项或以上的命令(例如,他可以寻求一项命令以取消已经发生的超越管辖权的程序和一项禁止令以阻止它们继续进行,或者他可以申请一项命令对拒绝作出对他有利的命令予以取消和一项强制令以强制法院适用正确的原则重新考虑)。申请通知通常应当在申请依据出现后的三个月内作出。

(2) 批准的申请是单方面作出的(即无需向其他有利益关系的当事人给出通知,因此他们也不用出庭)。申请向一名高等法院法官作出,他会在不听审的情况下作出决定,除非申请人要求听审。如果要求听审,听审也不必在公开法院进行。如果没有听审,法官私密地考虑申请人的说明和支持的宣誓证词,并决定它们是否建立了应当由高等法院司法审查的表面案件。因此这一体系与从一名独任法官处获取向上诉法院上诉的批准的体系相仿。

(3) 法官命令的复印件会从行政法院办公室送交给申请人。如果申请批准被拒绝,申请人可以向高等法院继续申请。要这么做,他必须在法官拒绝送达之日起十日内向行政法院办公室递交继续申请的意向的通知。无论法官的拒绝是否在听审后作出,申请都可以继续。正如在民事程序中一样,法院在刑事事项中有将单方面批准的允许置之不理的内在管辖权(Secretary of State ex p Chinoy (1991),《泰晤士报》,1991年4月16日)。

(4) 如果申请被允许，申请本身是通过向高等法院提出动议作出的。动议的通知必须送达所有受法院决定直接影响的人。在对刑事事项提出申请的情境中，这只意味着如果控方申请审查，则他们必须将通知送达辩方，反之亦然。通知还必须送达下级法院的助理。通知应当附有为获取申请批准的初始申请而制作的陈述（见上述（1））的复印件。

(5) 高等法院听审中的证据，无论是为控方还是为辩方的，通常都采取宣誓证词的方式。可能会有要求证据证明如下级法院的成员有歧视或者下级法院通过不遵守适当程序的方式超越管辖权行事。提议使用宣誓证词的一方在要求时，必须向其他任何一方提供一份复印件。任何一方都可以通过传票的方式向法官申请签发宣誓证词的作出者出庭接受交叉询问的命令，或者披露或质询的命令。这种命令在申请审查产生于民事诉讼时比产生于刑事诉讼时可能更有价值。

(6) 高等法院听取申请人的辩论。除非准许修正，他通常被局限于寻求在其初始陈述中提出的救济方式。他依赖的根据也应当是陈述中预示了的。针对申请的反对，法院对任何看起来可以被听审的人予以听审。在与刑事事项有关的申请中，可能希望被听审的人只有检察官和被指控者，以及可能下级法院的治安法官或法官。

(7) 法院得出其结论。大人们可能会作出申请人寻求的一项或一项以上的命令，在批准取消令时，还有权将事项发还给下级法院重新考虑（无论申请人是否明示要求这么做）。正如前面提到的，救济的授予总是自由裁量的。

在申请司法审查的听审未决时，内庭的法官可以批准保释，或者如果申请是与皇室法院的决定有关时，由皇室法院准予保释。治安法官无权对一名通过司法审查的方式对他们的决定提出质疑的人批准保释，虽然他们对通过案件陈述的方式对他们的决定提起上诉的人确实有权批准保释（见25.2.2节）。

25.3.3 对皇室法院决定的司法审查

《1981年最高法院法》第29(3)条允许通过申请司法审查的方式对皇室法院的决定提出质疑，只要它不是"与起诉书审判有关"的决定。对于通过案件陈述从皇室法院提起上诉也适用完全相同的规则(见25.2.4节)。在Re Smalley [1985] AC 622案中，上议院(布里奇勋爵作出的主导性判决)考虑了"与起诉书审判有关"这一短语的含义。虽无意于给出完整的定义，勋爵大人说"与起诉书审判有关"超越起诉书审判的实际过程中作出的决定，涵盖"影响审判行为"的所有决定，即使是在审判前阶段作出的决定。适用这一指示，法院裁定(或法官的附带意见提示)认为：

(1) 没收为逃跑的被指控者提供担保的人的保证金；

(2) 命令没收由罪犯在他被定罪的犯罪中使用过的属于第三方的财物；

(3) 作为预防性司法的手段，命令被宣告无罪的被指控者具结守法；以及

(4) 对可能导致未成年人身份辨认的细节的出版宣告禁止，

所有这些决定对被指控者审判的实际进行没有影响，仍然可以进行司法审查(分别见Re Smalley上注，Maidstone Crown Court ex p Gill [1986] 1 WLR 1405，Inner London Crown Court ex p Benjamin (1986) 85 Cr App R 267，和Leicester Crown Court ex p S (1990) 94 Cr App R 153)。另一方面，下列命令被裁定为与起诉书审判有关，因此不能寻求司法审查：

(1) 在标注了的文件中的罪状没有批准不得诉讼的命令(Central Criminal Court ex p Raymond [1986] 1 WLR 710)；

(2) 警方应当向辩方披露陪审团成员先前定罪的命令(Sheffield Crown Court ex p Brownlow [1980] QB 530)；

(3) 审判法官作出的皇室法院是否有权审判起诉书的决定(Manchester Crown Court ex p DPP (1993)，《泰晤士报》，1993年11月

26日);

(4) 皇室法院法官作出的起诉书的全部或部分应当作为滥用程序而被延缓的决定 (Re Ashton [1994] 1 AC 9);

(5) 审判法官作出的应当向辩方披露陈述的决定,尽管控方声称陈述属于公众利益豁免 (Chelmsford Crown Court ex p Chief Constable of Essex [1994] 1 WLR 359);

(6) 皇室法院法官作出的是否举行被告人适合答辩的审判的决定 (Bradford Crown Court ex p Bottomley [1994] Crim LR 753)。

在 DPP ex p Kebilene (1999) 案中,《泰晤士报》,1999年11月2日,出现了检察长同意起诉的决定是否可以接受司法审查的问题。上议院在这一案件中的推理决定似乎是在没有欺诈或恶意或例外情形下,皇家检控署的同意决定不能被司法审查。

25.3.4　司法审查和通过案件陈述上诉的比较

一方面,强制性和禁止性命令的职能,和另一方面,通过案件陈述上诉的职能有明显的区别。通过案件陈述的上诉人辩称治安法官在行使管辖权时犯有错误。强制性和禁止性命令的申请人辩称治安法官未能行使其管辖权,或者应当阻止他们行使根据法律不享有的管辖权。另一方面,通过案件陈述的上诉和取消令则服务于类似的目的。两种救济的效果都是取消下级法院的决定,因而为受到治安法院或者从治安法院上诉至皇室法院的决定侵害的人提供建议的律师可能发现在这两种救济方式之间作出选择很困难。与这种选择有关的大多数要点都已有触及,但概括说来,采取的立场是:

(1) 当治安法官或者皇室法院超越管辖权行事时,取消令和通过案件陈述上诉都可适用。

(2) 当下级审判庭在管辖权范围内行事但出现法律错误时,通过案件陈述上诉是明显的救济方式。如果法律错误明显存在于下级审判庭程序的记录文字表面时,也可以使用取消令,但如25.3.1节中所释,大多数法律错误是隐藏的而非明显的。只有通过案件的陈述才能揭示隐藏的错误。

（3）如果自然正义的规则遭到破坏，适当的救济方式是取消令。这是因为构成被宣称的违反自然正义基础的典型的程序性违法行为（例如，治安法官与程序结果有利害关系或者辩方没有被给予适当展示案件的机会）不会在案件陈述中显示出来，案件陈述主要处理治安法官认定的已证实的事实和从这些事实中出现的法律问题。

（4）当辩方希望取消移送审判或者移交量刑时，取消令又是唯一的救济方式。案件陈述无法被允许，因为案件尚无最终的决定（见25.2.1节）。事实上，申请取消移送审判的命令几乎肯定失败（见12.5节），但至少理论上可适用。在超越管辖权的基础上申请取消移送量刑有更大的成功几率（见11.2节）。

（5）在取消令和通过案件陈述上诉都可适用时，后者更可取，因为它能使治安法院或皇室法院认定的事实清楚地展现在高等法院面前，而不是依赖诸如法官席主席的宣誓证词之类的材料对法院记录予以补充（见 Ipswich Crown Court ex p Baldwin ［1981］ 1 All ER 596，其中默克耐尔法官说道，一个"布满事实困难"的案件，将它提交至高等法院的唯一"方便和适当的方式"是通过案件陈述上诉——B被批评申请司法审查；又见 Morpeth Ward Justices ex p Ward（1992）95 Cr App R 215）。

25.4　从高等法院向上议院提起上诉

高等法院一项刑事程序或事项的决定可以向上议院提起上诉：《1960年司法管理法》第1（1）（a）条。上诉所依据的情形与从上诉法院刑事庭向上议院提起上诉所依据的情形类似——即，高等法院必须证明存在涉及一般公共重要性的法律问题，而且高等法院或者上议院必须给予上诉批准。

与规范对高等法院的民事决定提起上诉的规则不同，高等法院在刑事案件中的决定只能被上诉至上议院——不存在向上诉法院上诉的中间权利:《1981 年最高法院法》第 18（1）条。但是,一些与刑事程序偶然联系起来的决定仍然被划分为本质上属于民事决定,因此第 18（1）条并不适用。因此,在 Southampton Justices ex p Green [1976] QB 11 案中,上诉法院认为,它有权接受对高等法院拒绝取消治安法官作出的没收担保人保证金的决定提起的上诉。虽然如果没有对她提供担保的人进行的刑事程序,就不会作出对 G 不利的命令,但命令本身没有也不能导致她因为刑事犯罪而被指控。因此,高等法院作出的与那一决定有关的任何决定都不是因为刑事的原因。更多讨论如下。

如果低等法院的命令与刑事审判的过程有联系但不是在审判过程中实际作出的,有时候很难知道高等法院批准或者不批准对这一命令予以司法审查的决定应当被视为是刑事程序或事项的决定（只能向上议院上诉）还是被视为"非刑事"的决定（最初向上诉法院上诉）。在 Ex p Green（上引）中,丹宁勋爵对"刑事决定"给出了一个狭义的解释,将它局限在受到审查的命令可能导致对其对象的控诉和惩罚的决定。虽然 Green 案的实际决定被接受为正确的决定,丹宁勋爵的解释却几乎太狭隘了。因此在 Secretary of State for the Home Department ex p Dannenberg [1984] QB 766 案中,上诉法院裁定,对高等法院拒绝通过调卷令取消治安法官在因偷窃和诈骗罪处理 D 时作出的驱逐出境的建议,只有向上议院提起上诉,即使这个建议不可能因为任何罪行对 D 提起控诉,因此（根据丹宁勋爵的说法）他也应当能够将问题提交给上诉法院。对刑事决定给出的较早的,法院现在似乎正在回归的一项定义是由莱特勋爵在 Amand v Home Secretary [1943] AC 147 案中给出的。勋爵大人说,如果与决定相关联的命令是在刑事诉讼过程中作出的,则无论它是否可能导致对其对象的刑罚,高等法院的决定都是一项刑事程序或事项的决定。与此定义相符合,在 Carr v Atkins [1987] QB 963 案中,法院裁定,拒绝作出取消提供特别程序材料的命令（见 2.6.2 节）是在刑事诉讼中作出的决定,因为最初的皇室法院命令是"在刑事的情境中作出的",尽管在命令作出时不存在任何刑事程序,并且违反命令只可能导致藐视的民事程序而不是刑事制裁。

25.5　刑事案件审查委员会

刑事案件审查委员会(见 24.8 节)有权将在治安法院处理的案件提交给皇室法院。在处理提交的案件时,皇室法院不能科处比其决定被提交的法院所科处的更严厉的惩罚(《1995 年刑事上诉法》第 11 条和第 12 条)。

第 *26* 章　欧洲视角

迄今为止，我们几乎完全集中于英国法及其对刑事程序的影响。但在法院解释我们的法律时欧洲角度与日俱增。欧洲法理学影响刑事法院主要有两种方式。第一，联合王国，作为欧洲联盟的一员，受到《罗马规约》的约束。实际上，按照欧洲司法法院的解释，我们的国内法服从于欧洲联盟的法律。这一方面的欧洲视角在 26.1 节中讨论。第二，作为欧洲委员会成员和《欧洲人权公约》（ECHR）的签字国，联合王国已经承诺实施《公约》中规定的权利。自从 2000 年 10 月《1998 年人权法》（HRA）生效以来，这些权利获得了与日俱增的重要性。26.2 节将讨论 ECHR。

26.1　提交给欧洲司法法院

任何英国法院，无论刑事的或是民事的，都可以就在它那里出现的欧洲共同体法律方面的问题要求先行裁定。然后问题会被提交给欧洲司法法院根据《欧洲经济共同体公约》第 234 条（177 分则）作出先行裁定。第 234 条清楚地阐明在刑事事项中唯一有义务提交的法院是上议院。其他法院有提交的自由裁量权。

在 Plymouth Justices ex p Rogers [1982] QB 863（一个关于渔网是否违反欧洲经济共同体规则的案件）案中，治安法官具有这样的裁量权得到确认，而且地区法院不可以干涉，除非治安法官错误地指引了自己或者不合理作为。但地区法院说，正常地：

> ……即使听取了所有的证据，法官在提交[一个案件给欧洲法院]之前应当具有相当的谨慎。如果他们对共同体法律作出了错误的决定，上级法院会作出提交，并且上级法院经常是更适合这么做的法院。上级法院在评价提交是否可取时通常处于更有利的位置。在提交时提交的问题形式具有重要性，高等法院在评估问题的适当性和更清楚地表达问题方面处于更佳的位置。让高级法院处理此问题也经常能够避免延误。

Henn v DPP [1981] AC 850 案审视了由皇室法院行使的相同的裁量权。迪布洛克勋爵对急于向欧洲层面寻求先行裁定的趋势提出了警告：

> ……在基于起诉书的刑事审判中，在被宣称的罪行的事实确定之前，寻求先行裁定的主审法官的自由裁量权很少是适当行使的，因为这样程序会被拖延达九个月甚至更多的时间，只为了在审判结束时能够给陪审团作出相关法律的精确指示，如果案件中的证据所能证明的与提交时的预测一样——事实往往并非如此。正如法官自己所说，通常情况下最好由他自己在一审中决定这个问题，然后如果必要的话再由国内法院根据等级进行审查。

有关先行裁定的程序：

(1) 国内法院作出提交；
(2) 在欧洲司法法院作出裁定之前，国内程序暂停；
(3) 裁定作出后，国内法院将它适用于案件并继续审判。

26.2 《欧洲人权公约》

《欧洲人权公约》（ECHR）签署于 1950 年并于 1953 年生效。作为第二次世界大战和纽伦堡审判的结果，它是由欧洲委员会制定，联合王国是其十个创始成员国（现已有了很大扩充）之一。当然，欧洲委员会和欧洲共同体之间没有直接的联系。和欧洲联盟一样，欧洲委员会也有一个委员会和一个法院，位于斯特拉斯堡。欧洲司法法院（见 26.1 节）经常依赖《欧洲人权公约》作为对欧盟法律基本原则的一种影响，但《公约》在决定欧盟法时没有正式的地位。

26.2.1 《欧洲人权公约》的法律地位

《欧洲人权公约》是一个联合王国作为签字国的国际公约，在国际法中对其所有签字国都有约束力。在大多数欧洲委员会成员国中，ECHR 都已经被作为国内法律体系中一个可以直接执行的部分。在《1998 年人权法》（HRA）通过之前，英国是没有将《公约》以这种方式内化为国内法的少数几个签字国之一。但自从 2000 年 10 月 HRA 实施以来，ECHR 在英国法院的地位发生了根本的变化。

26.2.2 《1998 年人权法》将 ECHR 并为国内法之后的形势

1998 年 HRA 着眼于将 ECHR 融入我们的法律体系，因此所有法院都有义务考虑建立在其条款之上的论据，并依照以前只能在斯特拉斯堡执行的权利行事。HRA 在 2000 年 10 月完全生效。第 2 条规定自治安法院以上的所有法院有义务考虑欧洲人权法院的决定以及位于斯特拉斯堡其他机构对 ECHR 条款的解释。第 3 条规定，对根本的和二级的立法在可能的情况下必须以与《公约》一致的方式被解释。如果不可能，立法仍然有效并可实施，但上级法院（包括上议院、上诉法院和高等法院——但不包括皇室法院）可以宣告不符合（第 4 条）。第 6 条规

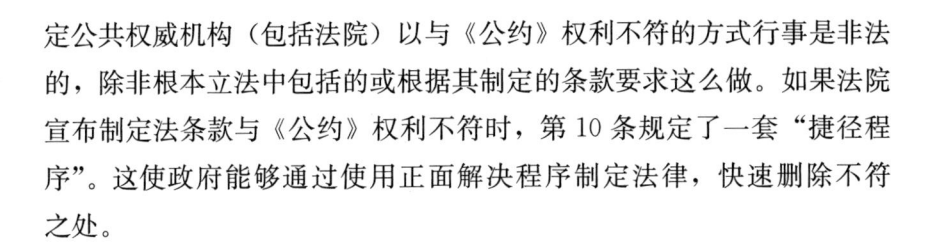

定公共权威机构（包括法院）以与《公约》权利不符的方式行事是非法的，除非根本立法中包括的或根据其制定的条款要求这么做。如果法院宣布制定法条款与《公约》权利不符时，第 10 条规定了一套"捷径程序"。这使政府能够通过使用正面解决程序制定法律，快速删除不符之处。

26.2.3　欧洲人权法院的程序

当一个人认为国内法院未能保护一项 ECHR 规定的权利时，在 ECHR 并入国内法之后仍然享有向斯特拉斯堡申诉的权利，与 1998 年 HRA 实施之前一样。

受侵害的一方当事人向位于斯特拉斯堡的欧洲委员会人权法院秘书送交一份申诉书。然后秘书将它转送给法院得出可接受的决定。从 1998 年 11 月起，这一初步事项已由法院自己考虑。在此之前，可接受性要由委员会裁决。案件是否能够跨越这第一道障碍的决定非常重要，90% 以上的申请都以第 35 条的理由被拒绝，该条款规定申请是不可接纳的，如果：

（1）匿名提出；

（2）它是有关法院已经处理过的事项；

（3）与 ECHR 不符，例如处理一项 ECHR 不包括的权利；

（4）国内救济方式尚未穷尽（但是不存在寻求不能提供任何成功机会的救济的义务，例如因为不存在有约束力的国内判例）；

（5）没有在据称违反 ECHR 的决定作出之日起六个月内提出（但如果对 ECHR 的违反是一种持续行为，则时间要在事件的持续状态停止时才开始起算：Temple v UK (1985) 8 EHRR 319)；

（6）申请人不是根据第 34 条规定的"被害人"，即不是已经或将要个人受影响的人（如果基于全国性法律或政策提出主张，申请人必须表明他比其他人受到更大范围的影响）；

（7）它滥用申诉权利；或者

（8）明显无正当理由。（这一最终条件实际上是基于对案件是非曲直的初步评价的批准要求。)

申请不可接受的决定可以由依据第 28 条履行职责的三名法官组成的委员会以一致表决的方式作出。如果没有根据第 28 条作出决定,一个通常由七名法官组成的委员会将对可接受性作出决定(第 29 条)。法院对可接受性的决定以书面形式作出。对案件不可接受的决定不能上诉,并且这一决定排除任何基于相同事实的进一步申请。如果法院决定申请是可以接受的,它会尝试在各方当事人之间达成"友好协议"(经过磋商的协议)。这可能涉及赔偿的支付和/或对申诉据以提起的法律或行政惯例作出改变。

如果没有达成协议,各方当事人(以及经过法院批准的个人、其他政府之间的组织)可以作出进一步的口头或书面的提议。口头听审本身很短,通常持续几个小时,而且事先要递交演讲稿以尽可能精确地同声传译。口头听审的委员会通常由七名法官组成,但在特殊情形下较重要的事项将由 17 名法官组成的大委员会决定,只要各方当事人同意。

如果法院认为存在违反,它还可以判决"公正的补偿"——损害和法律费用(第 41 条)。作为 ECHR 的签约国,每一个政府都保证实施法院的判决,包括修正违反据以成立的立法或者决定。

存在向 17 名法官组成的大委员会提起上诉的可能性(第 43 条)。各方当事人有三个月时间从五名法官的小组那里寻求这种上诉的批准,如果"案件提出了一个严重的影响 ECHR 或者其他议定书的解释或适用的问题,或者具有普遍重要性的严重问题",则他们必须批准。但不存在对申请不可接受的决定提起上诉的权利。

26.2.4 欧洲人权法院运行的原则

对于那些习惯于英格兰和威尔士法院实践的人来说,斯特拉斯堡的法院采用的方法中的某些特征需要强调:

(1) 它的方法是"有目的的"。法院寻求 ECHR 包含的广泛陈述的原则具有的目的。它的目的是保护个人人权(Soering v UK (1989) 11 EHRR 439),并建立在 ECHR 前言中包括的多元化和包容性的基础之上（Handyside v UK（1976）1 EHRR 737）。

（2）其方法是"进化的"，着眼于根据当前的社会大气候对 ECHR 进行调整。在 Tyrer v UK（1978）2 EHRR 1 案中，在裁定马恩岛使用肉刑作为刑事司法体系一部分违反第 3 条时，法院称"公约是一个……必须根据当今状况予以解释的有生命的工具"。

（3）它基于一套具体的事实作出决定，而不是规定一般适用性的主张。因此建议，比如"法院可能认为《1996 年刑事程序和侦查法》第 11 条与 ECHR 第 6 条不符（或违反第 6 条）"就不是真的适当。可以说的只能是一个具体的制定法条款会使被告人的权利在特定案件中更可能（或不可能）受到侵犯。

（4）它本身基于"评价边际"。每一个国家在法院的审查框架范围内，都被允许在决定自己的公共政策时具有一定的宽容度。目的是确保签字国的政治和文化传统受到尊重——他们被给予"评价的边际"。

ECHR 中的一些权利是绝对的，例如第 3 条禁止酷刑和不人道或有辱人格的对待。但绝大多数权利是受限制的。当法院考虑这种行为是否构成违反时，它会特别考虑：

（1）对权利的干涉是否由法律规定。如果不是，就构成对 ECHR 的违反。

（2）限制是否为合法的目的，例如国家安全、公共安全。

（3）在一个民主社会中是否必需。这一点有时候会用相当性原则来表达。如果干涉在民主社会里不是必需的，那它就是"不相当的"。这一检验标准暗含的是平衡的概念。"内在于整个《公约》的是寻求社会的普遍利益的需求和保护个人人权的要求之间公平的平衡"：Soering v UK（1989）11 EHRR 439。

26.2.5 ECHR 包含的权利

ECHR 的内容大部分是关于基本的个人自由。联合王国涉及的被宣称违反了 ECHR 与刑事实践相关的条款的案例，在关于 ECHR 的专门著作中有详细描述，应当进一步的参考它们（例如，见 Wadham and

Mountfield，Human Rights Act 1988（Blackstone Press/OUP，1999）；Emmerson and Ashworth，Human Rights and Criminal Justice（Sweet & Maxwell 2000）。以下列举了 ECHR 最重要的三个条款，并附有对每一条款的短评。

第 3 条

没有人应当受酷刑或者不人道或有辱人格的对待或惩罚。

第 3 条是 ECHR 为数不多的其中的权利在所有情况下都应被保障的几个条款之一（其他是第 2 条、第 4 条和第 7 条）。对于其余的条款，批准了 ECHR 的政府有减损的权利，即采取战争或其他公共突发事件所需要的措施（见第 15 条、第 16 条）。但是，有关禁止酷刑和不人道或有辱人格的对待，不存在这种权利。

涉及联合王国被宣称违反第 3 条的案件包括：

（1）使用肉刑作为刑事处罚（Tyrer v UK（1978）2 EHRR 1 案）；

（2）对待恐怖分子犯罪嫌疑人（Republic of Ireland v UK（1978）2 EHRR 25 案）；

（3）引渡，可能在美国面临死刑（Soering v UK（1989）11 EHRR 439 案）。

第 5 条

（1）每个人都享有自由和个人安全的权利。除了在以下情况下并按照法定程序，没有人应当被剥夺其自由：

（a）由适格的法院宣告有罪后对人的合法拘押；

（b）因不遵守法院的合法命令或为了保证履行法律规定的任何义务而对一个人的合法逮捕或拘留；

（c）在合理地怀疑某人已经实施一项犯罪或者为阻止他实施犯罪或实施后逃跑而合理地认为必需时，为将他带到适格的法律主管机构面前而实施的合法逮捕或拘留；

（d）为教育性监督之目的通过合法命令对未成年人的拘押或者为将他带到适格的法律机构面前对他的合法拘留；

（e）为阻止传染性疾病的传播，或者对精神不健全者、酗酒者、或吸毒成瘾者或流浪者的合法拘押；

（f）为防止某人未经批准进入国境或者对正在针对其采取驱逐出境或引渡的人的合法逮捕或拘留。

（2）对任何被逮捕的人都应当即时地用一种他可以理解的语言通知他逮捕的理由以及针对他的任何指控。

（3）任何根据本条第1（c）段被逮捕或者拘留的人都应当被及时地带至法官或者其他法律授权行使司法权力的官员面前并应当有权在合理的时间内接受审判或者在等候审判时释放。释放可以将保证出庭接受审判作为条件。

（4）任何被以逮捕或羁押方式剥夺了自由的人都有权采取使他的羁押的合法性由法院迅速决定以及如果羁押不合法时命令将他释放的程序。

（5）任何成为违反本条条款的逮捕或羁押的受害者都应当有可强制执行的赔偿权。

从第5条的内容可以看出，它与刑事实践有着相当的关联。它禁止剥夺自由，除非存在（1）（a）至（1）（f）描述的例外情形（虽然第5条绝大多数条款一样要受第15条和第16条规定的减损权利的制约）。在上述（a）至（f）中列举的例外分别因以下原因而被施加限制：

（1）宣告有罪后的刑罚；

（2）因藐视而移交；

（3）羁押还押；

（4）在特定情况下对未成年人的照顾；

（5）传染性疾病、精神疾病和毒瘾；

（6）非法移民。

已经有数起案件根据第5条针对联合王国提起申诉，涉及在北爱尔兰局势下对嫌疑恐怖分子的拘留（例见 Brannigan and McBride v UK (1993) 17 EHRR 539）。根据第5条出现的另一个问题是在上诉法院认为上诉毫无价值时作出的损失时间的指令（见24.6.6节）：Monnell and Morris v UK (1987) 7 EHRR 557。在合适的案件中，国内法院对

—681

保释的拒绝可能因违反第 5（3）条而受到反对。在 Wemhoff v FRG (1968) 1 EHRR 55 案中，据称政府必须表明存在"相关的和充分的"理由对申请人持续羁押。在一系列的决定中，欧洲法院支持了与《1976 年保释法》附件 1 中类似的拒绝保释的根据，即被指控者不能主动归还羁押的危险、实施进一步犯罪或干涉司法过程（关于保释的法律，见第 6 章）。但这并不必要地排除在适当的情况下这一问题在斯特拉斯堡受到审查，例如，对保释的拒绝源于制定法对理由的禁止，而非欧洲法院愿意裁定可接受的理由。

《1994 年刑事司法及公共秩序法》第 25 条对于任何等候谋杀、谋杀未遂、杀人、强奸或强奸未遂审判的人设置了保释的绝对禁止，如果他曾经因这些犯罪之一被宣告有罪（见 6.3 节）。它的措辞使联合王国政府很容易遭受根据第 5 条的申诉，而且在制定法被《1998 年犯罪和骚乱法》第 56 条修正时还有许多案件未决。反对保释的推定取代了绝对的限制，这种推定只有在法院认为存在批准保释具有正当性的例外情形才能被反驳。自此，欧洲人权法院指出，对被指控犯有重罪的人强烈推定不准保释是与第 5（3）条或无辜推定不符：Iljikov v Bulgaria, 2001 年 7 月 26 日，未报道；Caballero v UK [2001] Crim LR 587。

第 6 条

（1）在决定他的民事权利和义务或者任何针对他提起的刑事指控时，任何人都有权在合理的时间内由根据法律设立的独立和公正的审判庭进行公平和公开审判的权利。判决应当公开宣布，但是基于民主社会中道德、公共秩序或国家安全的利益，如果未成年人的利益或者保护当事人的私人生活如此要求，或在法院认为公开会使司法利益受损害的特殊情形下，在必要的严格范围内，媒体和公众可能在审判的一部分或全部过程中被排除在外。

（2）任何被指控刑事犯罪的人在没有被依法证明有罪之前应当被推定无罪。

（3）任何被指控刑事犯罪的人享有以下最低限度的权利：

（a）被用一种他能够理解的语言及时地详细通知对他的指控的性质

和原因；

（b）有足够的时间和设施准备辩护；

（c）亲自或者通过由自己选择的法律帮助为自己辩护，或者在他没有足够的收入支付法律帮助时免费提供帮助，如果司法利益要求如此。

（d）询问或已经询问了反对他的证人并且让代表他利益的证人在与反对他的证人相同的条件下出庭并接受询问；

（e）如果他不能理解或者说法庭上使用的语言时免费取得翻译的帮助。

第6条对刑事实践来说最主要。第6（1）条涉及民事和刑事案件中享有公平审判的普遍权利。它涵盖公开司法的原则以及在某些情形下保护当事人，尤其是未成年人隐私的原则。应当对它予以广泛的和有目的的解释：Moreiva de Azvedo v. Portugal（1990）13 EHRR 721。它包括"平等武装"的原则，该原则基于被指控者与控方享有程序平等的权利。换种说法，被指控者必须有"在不将他置于与对手相比显著不利的条件下向法院展示案件的合理机会"：Kaufman v. Belgium（1986）50 DR 98，第115页。但第6条的范围也是有限制的。欧洲人权法院会避免用它自己对事实的观点取代内国法院的观点，除非后者得出了不公平的结论。但在特殊案件中，他们会乐于评估展示给国内法院的证据：Barbera v Spain（1988）11 EHRR 360。

1996年12月18日，《泰晤士报》，Saunders v UK（1996）案被宣称违反了第6（1）条。申请人是吉尼斯公共股份有限公司的首席执行官，他在一次接管竞争中的行为受到了贸易和工业部（DTI）的调查。S受到了贸易和工业部调查员九次的会见，并且法律要求他必须回答向他提出的问题，否则会因藐视而受到监禁处罚。DTI会见后制作的笔录和文件被转给了皇家检控署。S被指控做假账和偷窃。审判时，控方依赖向陪审团宣读的笔录。S被宣告有罪，然后上诉至上诉法院。虽然他的刑罚从五年被减到了两年半，而且他针对定罪的上诉以一项罪状得到了支持，但他被拒绝批准就余下的定罪向上议院上诉。他及时地向欧洲人权法院上诉，法院裁定S不自证其罪的权利受到了侵犯，因此存在对公约第 6（1）条的违反。反对自证其罪的权利被认为与第 6（2）条规定的无罪推定具有紧密的联系。

另外一件根据第 6 条针对联合王国提起的案件是 Murray v UK (1996) 22 EHRR 29 案。政府被宣称在两个方面违反了第 6 条：

（1）在拘留的前 48 小时内拒绝 M 获得法律建议；

（2）允许从他的沉默中得出推断（根据《1994 年刑事司法及公共秩序法》第 34 条和第 35 条，北爱尔兰的判例）。

欧洲人权法院支持了有关第（1）点的申诉，但对第（2）点则没有支持。他们强调其他的有罪证据很强，并对有经验的法官在没有陪审团而独自开庭时得出不利推断的事实给予了一定的重视（这与 1994 年法案第 34 条、第 35 条运行的情况不同）。在这种情况下，他们拒绝裁定从 M 的行为中得出将举证责任从控方转移到辩方的推断并因此违反无罪推定的原则。但 M 在受到警察拘留的前 48 小时被拒绝与律师联系。鉴于他保持沉默的重要性，这一点尤其重要。因此与第 6（3）（c）条结合起来考虑，它与第 6（1）条规定的被指控者的权利不符。

控方未能披露与可信度有关的材料可能构成违反第 6（3）（d）条：Edwards v UK（1993）96 Cr App R 1（又见 Field and Yong,'Disclosure, Appeals and Procedural Traditions'：Edwards v United Kingdom [1994] Crim LR 264）。在 Edwards 案中，材料在上诉时被披露，这样上诉法院可以评价它对定罪安全性的影响，而这被欧洲人权法院裁定为已经补偿了最初审判中的缺陷。

在 Rowe and Davis v UK（2000）30 EHRR 1 案中，欧洲人权法院审查了控方披露责任这一问题，尤其是与基于敏感性而宣称豁免的材料相关的问题（对程序的描述，见 8.7 节）。在对申请人进行审判时，《1996 年刑事程序和侦查法》尚未生效，关于披露的普通法正在经历飞速发展。但此案确实对制定法披露程序（描述见第 8 章）可能与 ECHR 的方式不同有着较广泛的影响。

申请人洛维和戴维斯于 1990 年 2 月被判（与约翰逊一起）犯有谋杀、攻击导致严重身体伤害和其他三项抢劫罪。他们的上诉于 1992 年

10月被提交到上诉法院。在第一次听审时，控方律师向法院递交了一份没有向辩方律师展示过的文件并寻求披露的裁定。他告知法院说内容敏感，他要么接受单方面听审，或者如果各方参与，只有在辩方律师保证不将发生的事告知其事务律师或当事人的基础上才能进行。听审中，辩方律师指出他们无法本着良心作出这一承诺，而事实上控方要求不披露的单方听审。上诉法院在判决中：

（1）指出，与控方拥有材料并寻求避免披露的相关程序已经由 Ward［1993］1 WLR 619 案加以改变。现在应当由法院，而不是控方来决定是否应当披露；

（2）确立了一系列此类案件应当遵循的程序性指导方针（总结于 8.7 节中）；及

（3）拒绝命令披露。

在实质性上诉的听审中，洛维和戴维斯以及他们的共同被告人约翰逊的定罪都被支持。

案件被及时提交给了刑事案件审查委员会（见 24.8 节），他们于 1997~1999 年对案件进行了调查。调查显示控方的一名主要证人是警方的长期线人，他找到警方并告诉他们申请人洛维和戴维斯应当对讨论中的案件负责。他收到了 10 300 英镑的报酬以及控方对他承认参与的罪行免于起诉。他从未将约翰逊辨认为其中的一名罪犯。这些事实基于公共利益豁免以前没有向辩方披露。刑事案件审查委员会评论说，"如果陪审团对此知情，那么［控方证人］的可信度可能会以更严格的态度被评估"。申请人和约翰逊的案件被交还给上诉法院，它及时地支持了他们的上诉：Davis（2000），《泰晤士报》，2000 年 7 月 25 日。

同时，申请人寻求从欧洲人权法院处获得他们的审判违反了第 6（1）条和第 3（a）、（b）条的裁定。申请人辩称，控方未经咨询法院将证据截留而未展示给辩方违反了 ECHR 第 6 条。这一缺陷没有在上诉法院的单方面程序中得到补救，因为它没有给予辩方提出有关披露的辩论的机会。基于申请人的利益，将被指控者从这一程序中被排除出去被认为应当通过一个特别独立律师的介入，对未披露证据的相关性予以辩论，检测控方宣称公共利益豁免的强度，并保障免受司法错误或偏见的危险。目前在英国已经在北爱尔兰关于公平雇佣案件、某些移民上诉、与电子通信截取有关的申诉和审判法官在性犯罪中禁止被指控者亲自交叉询问告发人的案件中引入了特别律师程序。

整个欧洲人权法院的决定出现了以下要点：

（1）公平审判的权利意味着控诉机关应当向辩方披露他们拥有的对被指控者有利和不利的所有证据材料。

（2）这种披露的责任并非绝对，并且"在任何刑事诉讼中都可能存在冲突的利益，比如国家安全与保护证人不受暴力报复的需要，或者对警察侦查方法的保密与被指控者的权利相对"。

（3）限制辩方披露权利的措施只有严格必需时才为第6（1）条允许。

（4）任何对辩方权利的限制而导致的困难都要通过法院遵循的程序得到充分的弥补。

（5）在 Ward［1993］1 WLR 619 案之前的程序，其中控方不通知法官而自行决定不展示相关的证据，违反第6（1）条。

（6）上诉法院在申请人上诉中采取的与披露有关的程序不能弥补审判时采取的不公平程序。程序是单方面的，因此上诉法院要依赖控方律师和审判记录来理解未披露的证据可能的相关性。无论如何，如果审判法官已经收到了材料，他可以在未披露的证据可能影响到审判过程时对其重要性进行监视。另外，上诉法院在事后考虑证据时可能已经无意识地受到陪审团有罪判决的影响而低估未披露证据的重要性。

因此，申请人没有获得公平的审判。案件可以与 Edwards 案进行比较。在那一案件中，上诉程序能够弥补审判中的缺陷，因为在上诉时辩方已经收到了大部分缺失的信息，并能够就新材料对披露检验标准的冲击进行细致的辩论。但值得一提的是，位于斯特拉斯堡的法院在上述（1）和（3）点中的推理表明了 Keane［1994］1 WLR 747 案中有关实质性的更宽泛的检验标准，而非根据1996年法案的更有限的义务。另外，就1996年法案规定的二次披露而言，局限于之前未披露的控方材料,"如辩方陈述所披露的,能合理地期待对被指控者的辩护有帮助"(1996CPIA 第 7 (2) (a) 条),这一要求不能轻易地与第 (3) 点吻合。

欧洲人权法院对上诉法院弥补审判时有缺陷的披露的能力提出了质疑。但它没有就有关单方面程序的公平性,如果此程序是在一审中被采用的(现已吸收进《1997 年皇室法院〈1996 年刑事程序和侦查法〉(披露)规则》中)作出明确的说明。为支持申请人的争辩而提出的特别独立律师程序如果能在许多的其他领域中被适用,看起来有可能再次在这种情境中和上述第 (d) 点人权法院的推理下被审查。

在 V v UK [2000] Crim LR 187 案中,欧洲人权法院仔细审查了英国在皇室法院审判未成年人采取的程序。T 和 V(当时都为 10 岁)从一个购物区域绑架了两岁的杰米·博格,带着他走了两英里,将其击打致死并抛弃在铁轨上让火车碾过。审判在普兰斯顿的皇室法院于 1993 年 11 月公开进行了三个星期。在审判之前和审判期间都有大规模的宣传。在整个程序中,被告人的出现都受到仇视人群的欢呼。还有人不时试图袭击将被告人带到法院的车辆。在法庭上,媒体席和公众席都坐满了人。审判开始时,法官根据 1933 年 CYPA 第 39 条作出命令,要求不能公布申请人(审判时 11 岁)或者 V 的姓名、地址或者其他可辨认细节,或者公开他们的照片。尽管如此,审判还是在国内和国际媒体的聚光灯下进行。在审判结束时,被告人被判有罪,法官根据第 39 条修改了命令,允许刊登 T 和 V 的姓名,但其他细节仍不允许。T 及时向欧洲人权法院提起上诉,基于下列但不仅限于此的理由:

● 在皇室法院对他的审判构成 ECHR 第 3 条意义上的不人道和侮辱性对待;

● 他被拒绝第 6 (1) 条下的公平的审判。

法院裁定(经过 12 比 5 投票表决),对申请人的审判不构成违反第 3 条的非人道和侮辱性对待。但它确实侵犯了他第 6 (1) 条下公平审判的权利(通过 16 比 1 的投票得出的决定)。法院称关键的是吸引媒体高度兴趣的幼年儿童被指控重罪的案件,应当以尽可能减少受胁迫的感觉的方式被审判。它认为,皇室法院的程序和仪式对一个 11 岁的孩子来说有时似乎是不可理解和令人恐惧的。它指出,在英格兰和威尔士较轻的犯罪是在少年法院处理的,公众被排除在外而且有对报道的自动禁止。它强调了环绕在审判周围的媒体报道,以及法官关于这肯定给证人造成影响的评价。其隐含的意义是这对被告人肯定造成了更大的创伤。有证据表明对法庭的某些改变,尤其是设计用于使被告人看清楚所发生的一切的被抬高的被告人席,在审判中有增加申请人不安感觉的效果,因为他感觉到暴露于媒体和公众的监视之下。另外,有证据证明申请人遭受的后创伤压力心理紊乱与犯罪后缺乏治疗一起,共同限制了他指示律师或者为自己辩护作证的能力。他无法跟随审判进程或者为自己的最大利益作出决定。他不能有效地参与针对他的刑事诉讼,因此被否定了公平的审判,违反第6(1)条。

决定是在一项特别惨痛的犯罪以及空前的媒体关注的情境中作出的。另外,被告人处于承担刑事责任的最低界限上。然而,欧洲人权法院关于对儿童罪犯宣传的影响以及需要确保所有被告人能够完全地参与到针对他们的程序中的评论,无疑会对在皇室法院审判未成年人产生深远的影响(见10.1节)。

欧洲法院决定的直接结果之一是《实施指示(皇室法院:儿童和年轻人的审判)》(2000),《泰晤士报》,2000年2月17日。它强调审判程序本身不应当将年轻被告人曝光于可避免的威胁、屈辱或压力之下,并指出应当采取一切可能的措施帮助他理解并参与程序。应当考虑未成年人的福利,如1993CYPA所要求的那样。当未成年人与成年人一起共同被起诉时,法院通常应当命令未成年人被单独审判,除非共同审判符合正义的利益,并且共同审判不会对未成年人的福利造成不应有的偏见。

如果一个针对未成年人的案件可能引起大范围的公众兴趣,则可能要获得警方的帮助以确保未成年人在出庭审判时不遭受威吓或者谩骂。法官应当随时准备科处其权限范围内的报道限制。

如果可行,对未成年人的审判应当在所有参与人都处于同一水平或几乎同一水平的法庭上进行。未成年人应当能自由地与其家人坐在一起，能够轻松地与律师和其他他需要交流的人进行非正式的交流。应当采取措施确保审判的每一步骤都向他解释，并用他能够理解的语言进行审判。经常和有规律的休息通常是适当的。一般来说，不应当穿着法衣和戴假发。审判中出庭的人应当限制在一个较小的数目，可能限于那些与审判结果有直接利益的人。除非有良好的理由，否则不应当有可识别的警察出现在法庭上。记者的人数可受到限制，受制于公众享有获知皇室法院司法管理信息的权利。如果记者接触案件受限制，需要时应当作出安排使程序被传送到法院的另一房间。

487

第 27 章　辅助性财务事项

本章讨论两项与刑事诉讼相关的辅助性财务事项：公共基金和费用。

27.1　公共基金

刑事案件中有关公共基金的法律规定在《1999 年接近司法法》（AJA），它取代了《1988 年法律援助法》并设置了新的刑事辩护服务部。AJA 1999 由各种规章加以补充。最重要的有：

(1)《2001 年刑事辩护服务（一般）（第 2 号）规则》（SI 2001 No 1437）；

(2)《2001 年刑事辩护服务（代理令上诉）规则》（SI 2001 No 1168）；

(3)《2001 年刑事辩护服务（收回辩方费用令）规则》（SI 2001 No 856）。

刑事辩护服务部（CDS）是一个为刑事诉讼中的被告人提供资金的

第 27 章　辅助性财务事项

机构——这个制度以前被称为法律援助。它于 2001 年开始运行。它的职能受法律服务委员会保护，该委员会同时监督为民事案件提供资助。CDS 的目的是"保证涉入刑事侦查或者刑事诉讼的个人能够获得如司法利益要求的建议、帮助和代理"（AJA 1999 第 12 (1) 条）。

CDS 很大程度上依赖于一套建立在"一般刑事合同"之上的契约体系，私人执业的事务律师如果希望从事公共基金资助的刑事辩护工作，必须要获得这种合同。一旦被准予签订这种合同，事务所要受到监督以确保达到必要的标准。

另外，法律服务委员会还从事涉及它自身的辩护人服务的试点计划。试点于 2001 年开始，其成功与否要在 2005 年四年期间届满时得到评估。试点由六个辩护人办公室组成，CDS 的雇员是其工作人员。

27.1.1　准予代理

CDS 对代理的批准规定在《2001 年刑事辩护服务（一般）（第 2 号）规则》第 6～10 条中。概括地说，这些条款规定：

(1) 有关治安法院诉讼代理的申请，可以口头或书面地向法院提出，或书面向法官助理提出；

(2) 有关皇室法院诉讼代理的申请，可以口头或书面向法院或者法院管理人提出，或者向治安法院提出（如果案件即将送至皇室法院，例如已经被移交审判或量刑）；

(3) 有关上诉法院或者上议院诉讼代理的申请，可以口头向上诉法院或者上诉法院的法官提出，或者书面向上诉法院、上诉法院法官或者记录员提出。

关于批准代理令时要考虑的标准，规定于 AJA 1999 附件 3 第 5 段。总的决定要"根据司法的利益作出"。对于治安法院或者皇室法院中的程序不再有关于收入的检查。决定司法利益的标准是：

(1) 在被宣告有罪的情况下，法院是否可能判处剥夺被指控者自由或导致他丧失谋生手段或严重损害他声誉的刑罚；

(2) 案件是否涉及对法律实体问题的考虑；

（3）被指控者是否不能理解程序或陈述自己的案情；

（4）辩护的性质是否涉及对潜在的辩方证人的追踪和会见或者对控方证人的专家交叉询问；和

（5）被指控者应当被代理是否是为了被指控者以外的人的利益。

有些指控如此严重，以至于即使批准代理不是强制性的，在实践中也总是会被批准。因此没有哪个法院会拒绝（除非基于收入）对被指控比如杀人、蓄意造成严重身体伤害、强奸或抢劫的人批准代理。其他的指控，取决于特定案件的事实，可能会或不会使命令具有正当性。因此，虽然攻击导致实际身体伤害可能被处五年监禁，如果针对被指控者的宣称事实具有轻微的性质时，治安法官没有义务作出这样的命令。他们应当考虑指控真正有多严重，而如果他们已经考虑并认为命令并非必需，高等法院不会干涉他们的决定，除非明显地不合理：Highgate Justices ex p Lewis [1977] Crim LR 611。案中第 5 段的因素例证了有时候批准的命令是如何对法院和被指控者同样有帮助。当被指控者不能充分地展示其案件时，给他提供一个律师会节省很多时间。类似地，如果被指控者亲自交叉询问一名证人会造成压力时，由专业人士进行交叉询问就会使公共利益得以实现。但是，无论被指控者多么应当得到法律上的代理，他不能被强迫接受一名律师——法院能做的最多只有向他提供代理而不能强迫他接受。（在未被代理的被告人被禁止根据《1999 年年轻人司法和刑事证据法》的条款交叉询问特定证人的案件中，存在一些例外：见 18.5.6 节）。

27.1.2 对拒绝批准代理提起的上诉

被拒绝批准代理令的被指控者有权通过向拒绝申请的机构重新提出申请的方式提起上诉。其程序由《2001 年刑事辩护服务（代理令上诉）规则》规定。

27.1.3 辩护费用追索令

AJA 1999 第 17 条规定，如果辩护是由刑事辩护服务部支付费用的，对被准予代理的人不必进行收入审查和支付费用。这与旧的法律援助体系不同，它要审查收入而且要受捐献令的制约。但除治安法院之外的法院可以作出命令，让个人偿还此种代理的部分或全部费用。这种命令被称为辩护费用追索令（RDCO）。与辩护费用追索令相关的程序规定于《2001年刑事辩护服务部（辩护费用追索令）规则》中。法官不可以对仅在治安法院出庭并被移送到皇室法院量刑，或者针对刑罚向皇室法院上诉的被告人作出辩护费用追索令。法官也不能对被宣告无罪的被告人作出辩护费用追索令，除非在例外的情况下（第4（2）条）。

27.2 费用

取决于程序的确切性质和结果，案件或上诉的审结法院可以作出命令，让失败者向成功的一方当事人支付他的费用，或者从中央基金（即纳税人的钱）中支付这一费用。总的来说，被命令向其支付费用的一方更乐意从中央基金中支付，因为这样他可以保证拿到钱，而让对方支付费用的命令则可能很难执行，尤其命令是针对被指控者或者身无分文的私人检察官作出时。有关命令支付费用的法律现在包括在《1985年犯罪起诉法》（POA）第16~22条中。要点如下：

（1）治安法官可以作出对被指控者有利的"被告人费用令"，如果他们在简易审判后认定他无罪或者因控方无法确立有案可答而在移交程序后将他释放：POA 1985第16（1）条。只要被指控者在起诉书审判后被宣告无罪，皇室法院都可以作出被告人费用令，即使他只是对数项罪状的其中一项被宣告无罪：第16（2）条。如果被允许从治安法官处提起上诉（无论是对定罪还是对刑罚），它也可以作出这样的命令。命令的效果是被指控者在对程序辩护过程中合理发生的费用都由中央基金支付。倘若辩方对数额表示同意，法院可以在作出命令时指明被指控者将收到的数额：第16（9）（a）条。不然的话，费用将随后由法院官员根据上议院议长制定的规则确定：第16（9）（b）条。如果情况使被指控者不适合接受其全部费用时,法院可以根据自己的观点评估怎样是"公平而合理"的费用并在命令中指明,而无论被指控者是否同意:第 16（7）条。

(2) 法院可以命令控方从中央基金中接受他们在可控诉罪行的诉讼中发生的相关费用:第 17（1）条。即使被指控者被宣告无罪也适用,但要受到使用公共经费的控诉机关不能接受对它有利的命令这一大规模例外的制约:第 17（2）和（6）条。因此,警察、皇家检控署、政府部门和地方当局都不能根据第 17（1）条申请命令。因此,实践中鲜有从公共基金中支付控方费用的命令。不能作出对皇家检控署等有利的命令的原因是实际上政府无论如何都会将它"自己"的钱支付给一个它必须提供经费的机构。

(3) 如果被指控者被宣告有罪,他可能被命令向控方支付法院认为"公平而合理"的费用:第 18（1）条。这既适用于起诉书审判也适用于简易审判,而无论被指控的罪行是简易罪行还是可以任意方式审判的罪行。要支付的数额必须在命令中指明:第 18（3）条。对未成年人命令的费用不能超过可以对他科处的罚金的数额:第 18（5）条。

(4) 不管被指控犯罪的性质和程序的结果如何,法院都可以作出命令让一方支付给另一方因为他的"不必要或不适当的行为或不作为"而使另一方发生的费用:第 19（1）条和《1986 年刑事案件费用（一般）规则》第 3 条。因此,如果控方错误地没有在案件应当被审判的当日让他们的证人出庭,但法院还是批准了休庭,他们就可能被命令支付被指控者当天的费用,即使被指控者最终被定罪。换句话说,控方可能被命令支付他们导致辩方浪费的费用,反之亦然。

第 19 条规定的命令只有当错误导致浪费的费用是被指控者或者检察官私人时方为适当。

(5) 如果导致费用浪费的错误在于法律代表,那么法院可以命令他们个人支付。《1990 年法院和法律服务法》对 1985 年 POA 加入了一个新的第 19A 条。它赋予法院有权命令事务律师或辩护律师支付"律师或他的人员因为任何不适当、不合理或疏忽的行为或不作为"而浪费的

第 27 章 辅助性财务事项

费用的全部或一部分。

(6) 与支付费用的命令有关的"程序"被定义为包括作出命令的法院以下的任何法院中的程序（见第 21 条）。这与其他因素一起意味着当皇室法院在起诉书审判之后作出对被指控者有利的命令时，他将有权要求皇室法院审判的费用和移交程序的费用。类似地，如果一项定罪在上诉时被驳回，上诉法院可以将其费用命令延伸至覆盖上诉人被定罪的程序。至于上诉的费用，见 24.6.10 节（向上诉法院提起的上诉）、25.1.3 节（向皇室法院提起的上诉）和 25.2.3 节（通过案件陈述向高等法院提起的上诉）。

费用命令的作出总是任意的。但是法院应当采取的方式——尤其是关于对被宣告无罪的被指控者有利的命令——规定于《实践指示（犯罪：费用）》[1991] 1 WLR 498 中，它指出宣告无罪，无论是在治安法院还是以起诉书被宣告无罪的正常后果应当是作出被告人费用令。在移交程序后的释放，也应当有类似的结果。法院可以拒绝被告人部分或全部的费用，只有存在不容置疑的这样做的原因时，例如：

(1) 他错误地使自己遭受怀疑并误导控方认为对他不利的证据比实际的要强；或者

(2) 他因为技术性问题而被宣告无罪，但有大量的证据支持定罪。

这由《实践指示（犯罪：刑事诉讼中的费用）》（No 2）（1999），1999 年 10 月 6 日《泰晤士报》进行了修正，删除了第（2）点，依据是它与《欧洲人权公约》不符。因此"因技术问题被宣告无罪"不再是否认被告人费用的良好理由。这被认为一定是正确的。技术问题存在是有充足理由的，而如果没有，有程序能够确保它们被议会或者被普通法的程序移除。在技术问题被删除之后，一名被告人在被证明有罪之前都是无辜的并且有权追回其费用，如果他必须经历一场最终导致他被判无罪的审判（有一个有效的例外，诸如第（1）点中描述的误导行为的情况）。

关于命令罪犯向控方支付费用，则是完全任意的并且没有任何的指导方针。通常费用会比诉讼的实际费用少很多，因为法院必须考虑到罪犯的收入以及它正在作出的任何其他财政命令（例如罚金或赔偿令）的效果。皇室法院法官不能用高额费用命令作为"惩罚"罪犯的手段，因为他对本来可以适当的在治安法院处理的指控选择了起诉书审判；但另一方面，任何命令都不可避免地会反映出辩方的确选择了更昂贵的审判方式这一事实（见 Bushell（1980）2 Cr App R（S）77）。

不同的是，当一项轻微的案件经控方的选择进入皇室法院，则他们不能期望从被指控者那里追回他们的全部费用。在 Hall［1989］Crim LR 228 案中，H 愿意对疏忽驾驶答辩有罪。因为控方坚持鲁莽驾驶的指控案件来到皇室法院。在皇室法院，H 对疏忽驾驶答辩有罪，而皇家对鲁莽驾驶的指控没有提供任何证据。H 被有条件释放并被命令支付 372 英镑的控方费用。上诉后，命令被减至 25 英镑（对治安法院的有罪答辩来说适当的数额）。

被告人可以向上诉法院对皇室法院作出的控方费用令提起上诉。但对于治安法院对被告人作出的支付控方费用的命令则不能上诉，被告人在这种情况下的救济方式是通过案件陈述向地区法院上诉或适当时寻求司法审查。在 Northallerton Magistrates' Court ex p Dove［1999］Crim LR 760 案中，地区法院指出，法官命令被告人支付的费用不应当与判处的任何罚金过于不成比例。他们取消了被告人应当支付相当于罚金 4.5 倍数额的费用的命令，并将案件发还给治安法官让他们重新考虑如果需要的话应当向控方支付多少费用。

在 Associated Octel Ltd［1997］Crim LR 144 案中，上诉法院考虑了被告人是否可以被命令支付在犯罪侦查过程中产生的费用和律师费用，并裁定可以被命令。但在此案中控方与侦查机关为同一机构（健康与安全部门同时行使两项职能）。当这两种职能由两个不同的机构实施时形势被认为不同。在这样的情况下，法官或治安法官命令被告人向（例如）皇家检控署支付另一个机构（警察）发生的费用，似乎不是"公平和合理的"（POA 1985 第 18（1）条）。

即使法院不对支付一方的费用作出概括的命令，它也可以命令这一方传唤的证人应当从中央基金中获得补偿他因为出庭而"造成的合理支出、不便或者损失时间"所必需的金额：POA 第 19（3）条。另外,《1986 刑事案件费用（一般）规则》规定，辩方证人和由私人检察官传唤的证人应当被允许从中央基金中支付其开销，除非法院作出相反的决定（第 16 条）。接着规则详细说明了如何计算开销，将总额分割为生活补贴、收入损失补贴和差旅补贴。特殊规则规范对翻译人员、医学证人和其他专家证人的费用。被指控者可以申请生活补贴和差旅补贴，但不能追索收入损失——细节见第 17~23 条。

附录 7　因特网址

有许多网站能给执业者和学生就刑事程序和量刑的许多方面提供信息。以下挑选了其中的一些。这些网站于 2002 年 8 月 1 日作了最后的链接。

Butterworths Direct

www. butterworths. co. uk

这个订购服务包括在线刑事案件，由 *Blackstone's Criminal Procedure* 一书的作者对最近的案件作出评论。同时提供链接《全英格兰（直接）报告》，提供最新的刑事案件报告。

Criminal Cases Review Commission

www. ccrc. gov. uk

这个网址提供这个日益重要的机构开展的工作的信息。

Crown Prosecution Service

www. cps. gov. uk

免费链接研究材料，包括皇家检控署的报告（非常有价值的统计资料的来源）。

Delia Venables Legal Resources Pages

www. venables. co. uk

综合免费网站,可以链接这个国家和世界上的许多网站。

European Court of Human Rights

www. echr. coe. int

这个免费网站包含一般的信息、判决、等候审判的案件表、程序规则,并提供链接 HUDOC,斯特拉斯堡案例法的搜索数据库 www. echr. coe. int/hudoc. htm,允许通过姓名、申请号、条款、国家、关键词和处理的方式进行搜索。

HMSO

www. hmso. gov. uk

免费链接 1996 年以后的制定法文本,在书面形式出版后 24 小时内即可获得。要注意的是只能看到法案最初颁布的版本,而颁布后对其所做的修订则不能获得。同时它也提供 1997 年后制定法性质的文件。一些解释性的注释也可获得。

Home Office

www. homeoffice. gov. uk

这个免费网站包括出版物的文本、研究材料,以及对最近和即将的立法的有用的介绍指南。

Law Commission

www. lawcom. gov. uk

这包括具体的提议的改革、目前被审查的法律和最近出版物的文本。

Lawlinks

www. ukc. ac. uk/library/lawlinks/default. htm

综合性的网站提供免费链接这个国家和国际上的许多网站。

Lord Chancellor's Department

www. lcd. gov. uk

免费链接与法律援助、刑事法院和人权的运行有关的咨询文档和文件。

Official Documents

www. official-documents. co. uk

免费链接择选的白皮书、绿皮书和下议院文件文本。

The Times

www. timesonline. co. uk

如果你知道《泰晤士报》法律报道的日期,你就能通过这个网址获得。先点 Law,然后再点 Law Reports.

UK Parliament

www. parliament. uk

这个免费网站包括 1996 年 10 月以来的下议院会议记录,1996 年 6 月以来上议院会议记录和目前在议会的草案文本。

索 引[1]

Absconding 99~103 逃跑
　estreating surety's recognisance 102~3 没收保证人的保证金
　'failure to surrender to custody' meaning 99~100 未能归还羁押的意义
　offence of 100~2 罪行
　powers in respect of absconder 100 对逃跑者的权力
　reasonable cause 101 合理理由
Absolute discharge 401 无条件释放
Accomplice evidence 245,246 共谋证据
Accused 被指控者
　defence when more than one 299 不止一项的辩护
　disorderly conduct 115 干扰秩序的行为
　evidence against co-accused 245,246,304 对共同被指控者不利的证据
　number of 184,223~7,304 数目
　presence in court 300~2 在法院出庭
　committal proceedings 183 移交程序
　mode of trial determination 115 决定审判方式
　summary trial 148~52 简易审判
　　absence under s 11 149~50 根据第 11 条缺席
　unrepresented 299~300 未被代理的,没有法律代表的
Acquittals, tainted 255,258~9 有瑕疵的无罪宣告

---

[1] 索引所注页码为英文版原书页码,即本书页边码。——译者注

Action plan order　397　行动计划令

Adjournment for reports　159　休庭获取报告

Admissions，formal　292～3　正式承认

Advance information　先期信息
　　human rights and　109　人权和
　　mode of trial determination　108～9　审判模式的决定

Adversarial system　278　抗辩式制度

Age　年龄
　　minimum for imprisonment　363～4　监禁的下限
　　mitigating factor　361　减免因素
　　prosecution discretion and　70　起诉自由裁量权

Alibi　297～9，304　犯罪时不在现场证据
　　disclosure　126　披露
　　evidence to disprove　306　反对的证据

Alternative verdict　500～1　替代性的裁决

Antecedents see Character and antecedents　先行文件，见品格和先行文件

Appeals　上诉
　　against refusal of public funding　490　拒绝予以公共基金支持
　　bail pending　85，439～40　等候审判的保释

case stated　195　陈述案件
　　comparison with judicial review　474～5　与司法审查的比较
　　from Crown Court　465～6　来自皇室法院
　　from magistrate's courts　458～66　来自治安法院
challenging conduct of committal proceedings　194～5　反对移交程序的行为
from Crown Court see Appeals from Crown Court　来自皇室法院，见从皇室法院提起的上诉
from High Court to House of Lords　475　从高等法院到上议院
from magistrates' courts see Appeals from magistrates' courts　从治安法院，见从治安法院的上诉
judicial review see Judicial Review　司法审查，见司法审查
jury composition as ground for　271～3　陪审团组成作为依据
to Crown Court from magistrates' courts　454～8　从治安法院到皇室法院
to House of Lords，from High Court　475　从高等法院到上议院
see also Court of Appeal　又见上诉法院
Appeals from Crown Court　418～53　从皇室法院提起的上诉
　　against conviction　针对定罪

as of right 420~3 作为权利

determination of 425~31 决定

following guilty plea 421~3 在有罪答辩之后

with leave 421 经过批准

material irregularity 426 实质的不规范行为

trial judge's certificate 420 审判法官的证明

unsafe 425~8, 440~2 不安全

unsatisfactory 425~8, 442 不令人满意

wrong decision on question of law 426 对法律问题的错误决定

against not guilty by reason of insanity 419, 446 针对因精神失常而无罪

against sentence 419 针对刑罚

determination of 431~3 决定

disparity 432~3 不一致

errors in trial 427~8 审判中的错误

following conviction on indictment 423 以起诉书被定罪之后

summary 418, 423~4 简易

leave to appeal 423 批准上诉

manifestly excessive 432 明显过度

statutory test 425~6 制定法的检验标准

unduly lenient 419, 430, 444~6 过分宽恕

wrong approach to sentencing 432 量刑的错误方法

wrong in law 432 法律上错误

wrong in principle 432 原则上错误

wrong procedure prior to sentence 432 量刑前程序错误

against unfit to plead finding 419, 446 针对不适合答辩的裁定

application for leave 421 申请批准

notice of 421, 434~5 通知

applications to Registrar 438 向记录员申请

bail pending 439~40 等候审判的保释

case stated 465~6 陈述案件

certificate of fitness for 420 适合……的证明

costs 443 费用

Criminal Cases Review Commission 446~7 刑事案件审查委员会

defence counsel errors 427~8 辩护律师错误

evidence 440~2 证据

example 449~53 范例

fresh evidence 441~2 新证据

grounds 435~6 依据、理由

initial　433　初始的、初步的

perfected　434　完善的

samples　452～3　样本

with leave　421, 423　经过批准

loss of time directions　438～9　丧失时间指令

'lurking doubt' test　425～6　"潜在怀疑"检验标准

partially successful　430　部分成功

presence at　440　在……出席

procedure　433～43　程序

public funding　442～3　公共基金

reference by Attorney General　由总检察长提起

　lenient sentences　419, 431, 444～6　宽恕的刑罚

　point of law　443～4　法律问题

retrial orders　428, 441～2　重审命令

right of appeal　420～4　上诉权利

single right of appeal　430～1　单次的上诉权

successful, effect of　420～4　成功的效果

to European Court of Justice　476～7　向欧洲司法法院

to House of Lords　447～8　向上议院

to single judge　437～8　向独任法官

transcripts　笔录

evidence　433, 436～7　证据

judge's summing up　433, 436～7　法官总结

writ of venire de novo　429～30　重新召集陪审团令状

Appeals from magistrates' courts　从治安法院提起的上诉

Criminal Cases Review Commission　475　刑事案件审查委员会

from High Court to House of Lords　475　从高等法院到上议院

judicial review application see judicial review　司法审查申请，见司法审查

to Crown Court　向皇室法院

　against conviction　457　针对定罪

　against sentence　454～5　针对刑罚

　cost　458　费用

　equivocal pleas　455～6　模棱两可的答辩

　increase in sentence possibility　458　增加刑罚的可能性

　non-genuine pleas of guilty　456　非真正的有罪答辩

　notice of appeal　457　上诉通知

　powers of Crown Court　457～8　皇室法院的权力

　procedure　457　程序

　right of appeal　454～6　上诉的权利

to High Court by case stated　通过

索引

案件陈述的方式向高等法院提起
hearing the appeal 463～5 上诉听审
procedure 460～2 程序
reduction in sentence 460 减少刑罚
right of appeal 459～60 上诉的权利

Appropriate adult 适格的成年人
Juveniles 52～3 未成年人
mentally handicapped 53～4 智力残障者

Arraignment 242～3 传讯
custody time limits 243 羁押时限
overall time limits 243 总体时间限制

Arrest see Preliminaries to trial 逮捕，见审判的预备

Arrestable offences 8 可逮捕罪行
serious 9～10, 13 严重的

Assaults, charging standard 攻击，指控标准
alternative verdicts 500～1 替代性裁决
assault on constable in execution of his duty 496～7 攻击执行职务的警察
assault with intent to resist arrest 497 有意抗拒逮捕的攻击
assault occasioning actual bodily harm 497～8 攻击导致实际身体伤害

common assault 495～6 普通攻击
defences to assaults 501～2 对攻击的辩护
grievous bodily harm causing, with intent 499～500 导致严重身体伤害，蓄意
inflicting 498～9 造成
unlawful wounding 498～9 非法伤害

Attendance centre orders 395～6 出席中心令

Attorney General 58, 59, 61, 63, 113 检察总长
consent to prosecution 74～5 同意起诉
Guidelines on the Acceptance of Pleas 282 《接受答辩的指导方针》
jury vetting and 270 陪审团审查及
point of law appeals 443～4 对法律问题的上诉
unduly lenient sentences appeals 419, 431, 444～6 对刑罚过度宽恕的上诉

Audience right 出庭权
Crown Court 209 皇室法院
magistrates' courts 152～3 治安法院

Auld Report 78, 79, 93, 124, 262, 269 《奥德报告》
extracts 541～6 摘录

Automatism see Non-insane automatism

705

无意识行为，见非精神病的无意识行为

Autrefois acquit and convict　254～9　先前宣告无罪和先前定罪

　applicability of　254～7　适用性

　issue estoppel　257～8　禁止反言事项

　procedure　254　程序

Bail　保释

　absconding see Absconding　逃跑，见逃跑

　appeal against grant　99　针对批准的上诉

　applications in Crown Court　97, 98　在皇室法院的适用

　applications in High Court　97～8　在高等法院的适用

　applications in magistrates' court　92～7　在治安法院的适用

　　giving reasons for　93, 95～6　给出理由

　　recording decisions　95～6　记录决定

　　successive applications　93～5　连续适用

　　taking sureties　95　接受担保

　　variations in conditions　96　条件的变更

　arrest warrant endorsed for　27, 84　为……背书逮捕令状

　committal proceedings and　193～4　移交程序和

　committal for sentence　177　移送量刑

　Court of Appeal jurisdiction　85　上诉法院管辖权

　Crown Court jurisdiction　85　皇室法院管辖权

　custody time limits　89～90　羁押期限

　detention after refusal　103～4　拒绝后拘留

　during arrest and charge procedure　12, 16, 84　在逮捕和指控程序期间

　extended bail　16　延长的保释

　failure to surrender to custody see Absconding　未能主动返回羁押，见逃跑

　High Court jurisdiction　85　高等法院管辖权

　magistrates' courts　治安法院

　　jurisdiction　84　管辖权

　　procedure in　92～7　程序

　pending appeal　85, 439～40　等候上诉

　pending judicial review　473　等候司法审查

　preliminaries to trial　82～3, 84～92　审判的预备

　prosecution appeal against grant　99　控方针对批准提起上诉

　refusal　拒绝

　　appeal against　98　提起上诉

索引

detention after 103~4 之后拘留
for imprisonable offence 87~9,92 因可监禁的罪行
for non-imprisonable offence 89,92 因不可监禁的罪行
requirements imposed 90~2 科加的要求
variation in 96 变化
reviewing on new information 96~7 审查新的信息
right 86~7 权利
sureties 90~1, 95 担保
estreating recognisances 102~3 没收保证金

Betting Licensing Committee 77 赌博执照委员会
Binding over 402~3 具结悔过
of parents 417 父母的
to come up for judgment 402~3 等待判决
to keep peace 91, 402 守法
Branch Crown Prosecutor 58 皇家检察官分支机构
Breach of suspended sentence 379~80 违反缓期刑罚
powers to deal with 381~2 处理的权力
Breach of trust 111, 359 违反信任
sentencing guidelines case 370~1 量刑指南案件
Briefs, sample 521~34 摘要,样本
Burden of proof 303 举证责任

Camera sittings 308~10 录像开庭
Care orders 341 照顾令
Case listing arrangements 520 案件清单安排
Case stated appeal see Appeals 案件陈述上诉,见上诉
Cautions 警告
formal 65~6, 69, 70~1 正式
informal 66 非正式
oral warnings 66 口头警告
police questioning 30~1 警方讯问
prior to arrest 10 逮捕之前
reprimands 66~7 还押
Central Criminal Court 206, 262 中央刑事法院
Certiorari orders see Quashing (*certiorari*) orders 调取案卷令,见取消(案卷)令
Character and antecedents 111, 175 品行和先行文件
challenges to 337~8 反对
findings of guilt 336~7 认定有罪
formal cautions 337 正式警告
good, as mitigation 359~60 良好,作为减免理由
police preparation of Crown Court antecedents 335 警方准备在皇室法院的先行文件
previous convictions 336~7 先前定罪
sample taking and 51 提取样本及

707

witness 126, 279 证人

proof of conviction 336 定罪的证据

sample 533 样本

spent convictions 337, 338～9 失效的定罪

Character witnesses 342 品行证人

Charging 32～3, 64 指控

 delay in 33 延误

 see also Offences against the person, charging standard 又见对人的犯罪，指控标准

Chief Crown Prosecutors 58 皇家大检察官

Children see Juveniles 儿童，见未成年人

Circuit judges 205 巡回法官

'Clang of the gates' 370 "门的咣当声"

Clerks see Magistrates' courts, clerk 助理，见治安法院，助理

Co-assused 共同被指控者

 evidence of accused against 245, 246, 304 针对被指控者的证据

 guilty pleas by 245～9 作出有罪答辩

Code of Conduct for the Bar 278, 279, 292, 297 《律师行为准则》

Code for Crown Prosecutors 227, 249 《皇家检察官准则》

Combination of offences, determination of sentence 355～6 罪行结合，刑罚的决定

Committal for plea 202～3 移送答辩

Committal proceedings 移交程序

 alibi 297, 304 犯罪时不在现场证据

 avoidance by transfer 通过移送避免

  child witnesses 181, 197～8 儿童证人

  serious fraud cases 196～7 严重欺诈案件

 bail and public funding 193～4 保释和公共基金

 challenging conduct of 194～5 反对行为

 child witnesses 181, 197～8 儿童证人

 discretion to halt 184～6 停止的自由裁量权

 evidence 187～8 证据

 excessive delay 184～6 过度延误

 historical function 181 历史作用

 indictable-only offences 181, 198～201 仅可控诉的罪行

 magistrates' jurisdiction 183, 199 治安法官的管辖权

 notice of transfer system 181, 196～8, 199 移送通知体系

 number of accused 184 被指控者的数量

 objections to evidence 190 对证据的异议

 presence of accused and public

183~4 被指控者和公众在场

procedures prior to 181~2 之前的程序

reporting restriction 192~3 报道限制

transfer for trial 182 转移审判

voluntary bill of indictment 195~6 强制起诉状

without consideration of evidence 182, 183, 190~1 不考虑证据

witness orders 193 证人令

with consideration of evidence 182, 183, 186~90 考虑证据

evidence 187~8 证据

hearsay evidence 187~8 传闻证据

'no case to answer' submission 188~9 "无案可答"提议

procedure 186~7 程序

prosecution case 186~8 控方案件

prosecution opening 186~7 控方开场白

Communication, aids to 241 帮助沟通

Community punishment orders 390~1 社区惩罚令

Community punishment and rehabilitation orders 391~2 社区惩罚和改造令

Community rehabilitation orders 389~90 社区改造令

Community sentences 社区刑罚

action plan order 397 行动计划令

amendment 392~3 修订

attendance centre orders 395~6 出席中心令

breach 392~3 违反

combining 389, 391~2 合并

community punishment orders 390~1 社区惩罚令

community punishment and rehabilitation orders 391~2 社区惩罚和改造令

community rehabilitation orders 380~90 社区改造令

consent requirement 388 同意的要求

curfew orders 392 宵禁令

drug abstinence orders 396~7 禁毒令

drug treatment and testing order 396 毒品治疗和测试令

justification for 387 正当理由

list of 387 清单

objectives 388 目的

parenting orders 397 抚育令

pre-sentence reports 388 量刑前报告

reparation orders 397 补偿令

revocation 392~3 撤销

supervision orders 393~5 监督令

thresholds for 350~1 阈限

Compensation orders 410~13 赔

偿令

losses from road accidents 410 道路交通事故中的损失

for personal injury 411～12 人身伤害

priority over fine 412 对于罚款的优先

reasonable within ability to pay 412 在有能力支付的合理范围内

repayment period 412 偿还期限

Concurrent terms 367～8 同时的刑期

Conditional discharge 339,401～2 有条件释放

Confessions 5～6,7 供认

involuntary 155 非自愿的

Confiscation orders 413～14 罚没令

Consecutive terms 367～8 连续的刑期

Conspiracy 共谋

counts 231 罪状

to commit offence abroad 72 在国外实施犯罪

Consular official, immunity from prosecution 73 领事官员,起诉豁免权

Convictions, previous see Character and antecedents 先前定罪,见品行和先行文件

Cooperation with police 16, 329, 342, 358～9 与警察合作

Corroboration, accomplice evidence 304 佐证,同谋证据

Costs 490～3 费用

appeals from Crown Court 443 来自皇室法院的上诉

defendant's costs order 490 被告人的费用令

discretion 491 自由裁量权

just and reasonable 491 公平和合理的

proceedings in respect of which costs are ordered 491 有关命令费用的程序

prosecution's 491, 492 控方的

appeal against 492 提起上诉

recovery of defence cost orders 490 补偿辩护费用令

wasted 491 浪费

witnesses' 493 证人的

Counsel 律师、顾问

closing speeches 302 总结发言

defence 辩护

procedural irregularities and 280 程序违法行为和

role of 280～1 地位

private access to judge 281～2 私下会见法官

prosecuting 起诉

disclosure of convictions of witness 279 披露证人的定罪

as minister of justice 279 作为正义的执行者

role of 279～80 角色

see also Legal advisers 又见法律建

议者

Counsel magazine 251，279 《律师》杂志

Counts *see* Indictment 罪状，见起诉书

Court of Appeal 上诉法院

　　Criminal Division 418～20 刑事庭

　　　jurisdiction to grant bail 85 批准保释的管辖权

　　　Registrar of Criminal Appeals 420 刑事上诉的记录员

　　　see also Appeals 又见上诉

Criminal Appeal Reports（*Sentencing*）350 《刑事上诉（量刑）报告》

Criminal Cases Review Commission 446～7，475 刑事案件审查委员会

Criminal damages 118～20 刑事损害

Criminal Defence Service 488 刑事辩护服务部

Cross-examination 154 交叉询问

　　by unrepresented accused 299 由未被合法代表的被指控者

　　limits on defence 292 辩护的限制

Crown Court 1，204～10 皇室法院

　　appeals from magistrates' courts, *see* Appeals 来自治安法院的上诉，见上诉

　　　from magistrates' courts, to Crown Court 从治安法院，到皇室法院

　　appearance of consultation 208～9 磋商的现象

　　bail applications in 85，97，98 保释申请

　　committal for sentence 173～80 移交量刑

　　fines 398，399 罚金

　　judges 204～6 法官

　　　circuit judges 205，206 巡回法官

　　　magistrates as 208～9 作为治安法官

　　　modes of address 206 称呼的方式

　　judicial review of decisions 473～4 决定的司法审查

　　jurisdiction 204 管辖权

　　　to grant bail 85 批准保释

　　layout 209～10 布局

　　location of 206～7 定位

　　organisation of 206～7 组织

　　pre-trial proceedings *see* Pre～trial proceedings 审判前程序，见审判前程序

　　recorders 205～6 记录员

　　rights of audience in 209 出庭的权利

　　see also Sentencing 又见量刑

Crown Prosecution Service 56，57～61，153，186 皇家检控署

　　agents 60 代理人

　　Branch Crown Prosecutor 58 皇家检察官分支机构

　　Chief Crown Prosecutors 58 皇家

711

大检察官

consent to prosecution 74~5 同意控诉

Crown Prosecutors 58~9, 186 皇家检察官

Director of Public Prosecutions 57~8 检察长

discontinuing prosecutions 60~1, 62 中止控诉

 other powers 61~2 其他权力

 structure of 58~60 结构

 taking over prosecutions 60~62 接管起诉

Crown Prosecutors 58~9, 186 皇家检察官

Curfew orders 392 宵禁令

Custodial sentences 362~86 羁押刑罚

 imprisonment see Imprisonment 监禁, 见监禁

 length of sentence 369~75 刑罚长度

  'clang of the gates' 370 "门的咣当声"

  guideline cases 370~5 指导性案件

   breach of trust 370~1 违背信任

   drugs 372~5 毒品

   rape 371~2 强奸

  imprisonment, maximum term 365~7 监禁, 最长刑期

  reasons for 370 原因

 mandatory minimum sentence 377~8 强制性最低刑罚

 offenders under 21 years 382~4 不满21岁的罪犯

  custody for life 376, 383~4 终身羁押

  detention during Her Majesty's pleasure 376 女王指定的期间内被拘押

  detention and training order 382, 384 拘押和培训令

  detention under s91of PCC (S) A 382~3 根据PCC (S) A第91条的拘押

  detention in young offenders institution 382 拘押在青年罪犯机构

 release from custody 384~6 从羁押中释放

  parole 385 假释

  remission 385 赦免

  sexual offenders 385~6 性罪犯

  subsequent conviction or breach of license 385 随后定罪或违反执照

  time served on remand 386 还押的时间

 requirements for 要求

  practical effect 365 实际效果

  pre-sentence reports 364~5 量刑前报告

索引

reasons for custody given 365 给出羁押的理由

suspended sentences see Suspended sentences 缓期刑罚，见缓期刑罚

thresholds for 350～1 阈限

Custody 羁押

failure to surrender to 99～100 未能还押

time limits 89～90, 243 期限

see also Custodial sentences 又见羁押刑罚

Custody for life 终身羁押

juveniles 376, 383～4 未成年人

murder 375～6 谋杀

Custody officer 14 羁押官

bail and 12, 16 保释和

consideration of evidence 11～12 考虑证据

custody sergeant 11 羁押警佐

informing of rights 34 通知的权利

permission to question detainee 32 讯问被拘押人的允许

search of arrestee at police station 11 在警署搜查被逮捕人

Custody record 11 羁押记录

cooperation in 17 合作

Custody sergeant 11, 13 羁押警佐

see also Custody officer 又见羁押官

Customs and Excise, as prosecutor 62 海关和国产税务，作为控诉人

Damages, criminal 118～20 损害，刑事

Deaf persons, preliminaries to trial 54 聋人，审判前预备

Defences 辩护

diminished responsibility 301 减少的责任

duress 244 胁迫

non-insane automatism 244 非精神病无意识行为

reasonable self-defense 244, 301 合理的自卫

see also Mitigation 也见减免因素

Deferring sentence 346～7 延期判决

Demurrer 259 抗辩

Deportation, recommendation for 414 驱逐出境，建议

Depositions 宣誓证词

as evidence 288～9 作为证据

from juveniles 288～9 来自未成年人

Detention 拘留

after refusal of bail 103～4 在拒绝保释以后

conditions of 14, 32 条件

during Her Majesty's pleasure 376 在女王指定的期间内

under s91 of PCC（S）A 382～3 根据PCC（S）A第91条

without charge 12～14 不指控

charging the detainee 14 指控被拘押人

relevant time 13 相应时间

713

warrant for further detention 13~14 进一步拘留令状

within 6 hours 12~13 6小时之内

within 15 hours 13 15小时之内

within 24 hours 13 24小时之内

within 36 hours 13~14 36小时之内

within 72 hours 14 72小时之内

within 96 hours 14 96小时之内

in young offenders institution 339, 382, 384 在年轻罪犯教养院

see also Preliminaries to trial 又见审判前预备

Detention centre order 382 拘留中心令

Detention and training order 170, 382, 384 拘押和培训令

Diminished responsibility 304 减少的责任

Diplomats, immunity from prosecution 73 外交, 起诉豁免权

Director of Public Prosecution 113 检察长

consent to prosecution 74~5 同意起诉

duties of 57~8 职责

jury vetting and 270 陪审团审查和

Discharge 释放

absolute 401 绝对的

conditional 339, 401~2 有条件的

Disclosure 122~37 披露

alibi evidence 126 犯罪时不在现场证据

case statement order 240 案件陈述令

Code of Practice 507~15 《执行守则》

continuous review duty 130~1 连续审查责任

defence disclosure 126~9, 240, 297 辩方披露

admissibility of defence statement 128 辩方陈述的可采性

authority of defendant for issue of defence statement 128 被告人在辩方陈述中的可信度

detail 127 细节

sanctions 134~5 惩罚

time-limit 126~7 时限

definitions 507~8 定义

disclosure officer 124, 513~14 披露官员

certification by 514 证明

duty to provide advance information 122 提供先期信息的义务

general responsibilities 508~9 一般职责

investigator's duty 123~4 侦查人员的义务

material expected to assist defence 129 被期望帮助辩护的材料

material undermining prosecution case 124, 125 削弱控方案件的材料

preparation of material for prosecutor 511~13 为检察官准备材料

preparatory hearings 240 预备听审

prosecution disclosure 控方披露

 applications to court 129~30 向法院申请

 primary 125~6 初步

 secondary 129 二次

 witnesses' convictions 279 证人的定罪

public interest immunity 131~4 公共利益豁免

recording of information 509 信息记录

retention of material 123~4 材料的保留

 duty to retain 509~10 保留的义务

 length of time retained 510~11 保留的时间长度

sensitive material treatment 124, 512~13 敏感材料的对待

summary trial 136~7 简易审判

third parties 137 第三方

to accused 514~15 向被指控者

to prosecutor 513 向检察官

triable either way offences, advance information 108~9 可以任意方式审判的罪行，先期信息

unused material 122 未使用的材料

Disqualification from driving see Road traffic offences 取消驾驶资格，见道路交通罪行

District judges, magistrates as 2, 79~80, 140, 157, 167 治安法官作为地区法官

Driving offences see Road traffic offences 驾驶犯罪，见道路交通罪行

Drugs 毒品

 drug abstinence orders 396~7 戒毒令

 intimate body searches 46 私密全身搜查

 power to stop and search 41 阻止和搜查的权力

 powers to search premises 43 搜查住宅的权力

 sentence guidelines cases 372~5 量刑指导性案件

 treatment and testing orders 396 治疗和测试令

Duplicity 143, 216~17 双重性

 handling stolen goods counts 218 处理被盗物品罪状

 r17 of Indictment Rules 217~18 《起诉书规则》第17条

Duress 244 胁迫

 pleas entered under 246~7, 421, 456 胁迫下作出的答辩

Duty solicitor scheme 35~6 值班律师计划

Employees breach of trust see Breach of trust 雇员违反信任见违反信任

Endorsement see Road traffic offences 背书，见道路交通罪行

Equivocal pleas 154 模棱两可的答辩
 entered under duress 456 在胁迫下作出的
 equivocal when made 455 作出时模棱两可
 subsequently found to be 455～6 随后发现是

Ethnic minorities，in magistracy 78 少数种族，在治安法官职位上

European Convention on Human Rights 《欧洲人权公约》
 advance information and 109 先期信息和
 European Court of Human Rights 478～80 欧洲人权法院
 fair and public hearing 482～7 公平和公开的听审
 incorporation by Human Rights Act 47～8 通过《人权法》内化
 legal status 477 法律地位
 liberty and security of person 480～2 人的自由和安全
 rights contained in 480～7 其中包含的权利
 torture or inhuman treatment 480 酷刑或不人道的对待

European Convention on the Suppression of Terrorism（1977） 72 《1977年欧洲镇压恐怖主义公约》

European Court of Human Rights 欧洲人权法院
 evolutionary approach 479 演进的方式
 margin of appreciation 479 评价边际
 principles operated by 479～80 运作的原则
 procedure 478～9 程序
 purposive approach 479 目的性方式

European Court of Justice，appeals to 476～7 欧洲司法法院，上诉至

Evidence 证据
 accomplice 245，246，304 共谋
 accused against co-accused 245，246 针对共同被指控者的指控
 alibi see Alibi 犯罪时不在现场证据，见犯罪时不在现场证据
 at judicial review hearing 472 在司法审查听审时
 before Court of Appeal 440～2 在上诉法院
 character and antecedents 111，175 品行和先行文件
  previous convictions 111，175 先前定罪
 children, by-passing committal stage 182，197～8 儿童，绕过移交阶段
 committal proceedings 186～8 移交程序
  hearsay 187～8 传闻证据

statement order　187　陈述令

consideration by custody sergeant 11　由羁押警佐考虑

corroboration　304　佐证

depositions and written statements as 288～9　宣誓证词和书面陈述

expert opinion　299　专家意见

formal admissions　292～3　正式承认

hearsay　288　传闻

identification　see Identification　辨认，见辨认

judge's summing up and　304～5　法官总结和

non-expert opinion　292　非专家意见

objections　反对

　admissibility in summary trial 155～6　在简易审判中的可采性

　committal proceedings　190　移交程序

out of order　306～7　顺序颠倒

prosecution　控方

　defence objection to　289～92　辩方反对

　disputed confessions　290～1　有争议的供认

statements, written　155　陈述，书面的

sufficiency criteria for prosecution 68～9　控诉充分的标准

trial within trial　155～6　审判中的审判

see also Committal Proceedings; Cross-examination; Examination in chief; Re-examination; Witnesses 又见移交程序；交叉询问；主询问；再询问；证人

Examination in chief　154　主询问

Examining justices *see* Magistrates 检查法官，见治安法官

Excluded materials　42, 43, 44　被排除的材料

Expert opinion evidence　299　专家意见证据

Facts of offence　328～36　犯罪事实

　disputed　330～6　有争议的

　　benefit of doubt to defence　330 怀疑利于辩方

　Newton hearing　332～6, 347～8

'Failure to surrender to custody'　99～100　未能返回羁押

　see also Absconding　又见逃跑

Farquharson Committee　251, 279　法屈哈森委员会

Fines　397～401　罚金

　combining with another penalty　401 与另一种刑罚结合

　Crown Court　398, 399　皇室法院

　determination of size　398～9　决定规模

　enforcement　400　执行

　imprisonment in default　400　拖欠

时的监禁

magistrates' courts　399　治安法院

maximum　398　最大

recovery from income support　401
从收入支持中收回

time to pay　399～400　支付的时间

Fingerprints　51～2　指纹

Fixed penalty notices　67～8　定罚通知

Forfeiture orders　409～10　没收令

Fraud, serious cases　196～7　欺诈，严重案件

Free pardons　448　自由赦免

Grounds for appeal see Appeals　上诉依据，见上诉

Group identification　49～50　集体辨认

Guardianship order　416　监护人令

Guilty pleas see Pleas　有罪答辩，见答辩

Hearsay　288　传闻

Helping police with enquiries　16, 32
帮助警察讯问

High Court　高等法院

　appeal by case stated　通过案件陈述方式上诉

　　from Crown Court　465～6　自皇室法院

　　from magistrates' courts　458～65
自治安法院

　appeal to House of Lords from　475
向上议院上诉

bail applications　97～8　保释申请

　jurisdiction to grant　85　批准的管辖权

judges　204～5, 206～8　法官

jurisdiction to grant bail　85　批准保释的管辖权

Home Secretary, pardons　448　内务部，赦免

Hospital orders　159, 346, 376, 414～17　医院令

　discharge of　415～16　释放

　guardianship order as alternative
416　作为替代的监护人令

　preconditions　415　前提条件

　restriction order　414, 416　限制令

House of Lords, appeals to　447～8, 475　上议院，上诉

Human Rights Act, European Convention incorporation　477～8　《人权法》，《欧洲公约》内化

Identification　辨认

　dock identification　47～8　被告席辨认

　fingerprints　51～2　指纹

　from photographs　50　从照片中

　group identification　49～50　集体辨认

　identification officer　48, 49, 50
辨认官员

intimate samples 51 体内标本

mistaken identity defence 304 错误辨认辩护

  no case to answer 293～5 无案可答

  non-intimate samples 51～2 非体内标本

  parades etc. 47～50 列队等

  video film 50 电视片

Immunity 豁免权

  from prosecution 73 免予起诉

  public interest 131～4 公共利益

Imprisonment 监禁

  'clang of the gates' 370 "门的哐啷声"

  in default of fine payment 400 拖欠支付罚金

  length of sentence 刑罚的长度

    concurrent and consecutive terms 367～8 同时和连续的刑期

    maximum terms 365～7 最长刑期

  life imprisonment 375～6 终身监禁

  minimum age 363～4 最低年龄

  prisoner categories 363 囚犯类别

  prisons 362～3 监狱

  release from custody 384～6 从羁押中释放

  see also Custodial sentences 又见羁押刑罚

In camera sittings 308～10 在录像开庭中

Indictable only offences, bypassing committal 181, 198～201 仅可控诉的罪行，绕过移交程序

Indictment 211～36 起诉书

  appeals 上诉

    defect in drafting counts 229～31 在起草罪状时的缺陷

    fundamental procedural error 230～1 根本的程序性错误

  application to amend 217, 227～8 申请修改

  application to sever 227 申请分割

  Code for Crown Prosecutors 227 《皇家检察官准则》

  counts 1, 211, 212 罪状

    alternative 222～3, 316 可替代的

    for conspiracy 231 共谋

    contents of 214～16 内容

    date of offence 215 犯罪日期

    elements of offence 215 犯罪要件

    ownership of property 215 财物的所有权

    place of offence 215～16 犯罪地点

  'general deficiency' case 217 "一般缺陷"案件

  handling stolen goods 218 处理被盗物品

  included in indictment 214 包括在

719

起诉书中

joinder 218～23 合并

    discretion to separate 221～2, 224～5 分开的自由裁量权

    founded on same facts 219～20 建立在相同事实上

    same or similar character 220～1 相同或类似性质

joint 224～5 合并

left on file 244 留在卷宗上

major and less serious 319 主要和较轻的

particulars of offence 211 犯罪细节

separate 225～6 分开

specimen 232～6 样本

    specimen counts 217 样本罪状

    statement of offence 211 罪行陈述

joinder of defendants 184, 223～7, 304 被告人的合并

    joint counts 224～5 合并罪状

    overloading indictments 226～7 超负荷的起诉书

    separate counts 225～6 分立的罪状

motion to quash 228～9 取消的动议

preferring bill of 213～14 提出议案

presentment 211 展示

rules against duplicity 216～17 反对双重性的规则

samples 212, 523 标本

staying 229 暂停

summary offences tried on 199～200 审判的简易罪行

trial on see Trial on Indictment 审判，见起诉书审判

voluntary bill 195～6 强制状

Information *and* Trial on information *see* Summary Trial 控告书和以控告书审判，见简易审判

Inland Revenue, as prosecutor 62 税务局，作为控诉人

Insanity, appeal against finding 因认定精神病上诉

    not guilty by reason of 446 因……无罪

    unfit to plead finding 419, 446 不适合答辩的裁定

Intermediaries, evidence through 241 通过媒介给出证据

Internet sites 538～40 因特网址

Interrogation *see* Preliminaries to trial, police questioning 讯问，见审判前预备，警察讯问

Intimate samples 51 体内标本

Intimate searches 11, 45～6 私密搜查

Judges 1 法官

    circuit judges 205 巡回法官

    counsel private access to 281～2 律

师私下会见
in Crown Court 204～6 在皇室法院
discharging juries from giving verdict 324～6 解除陪审团作出裁决的职责
discretion of guilty to lesser offence 320～2 对较轻罪行有罪的自由裁量权
distribution of work 206 工作的分配
district judges 2, 79～80, 140, 157, 167 地区法官
in High Court 204～5, 206～8 在高等法院
interventions 278 干涉
modes of address 206 称呼方式
power to call witnesses 307 传唤证人的权力
presiding and resident 206 主持和常驻的
summing up 303～6 总结
 transcripts of 433, 436～7 记录
Judges' Rules 5～6, 29, 34 《法官规则》
Judicial review 194, 466～75 司法审查
application for leave 472 申请批准
bail pending hearing 473 等候听审的保释
case stated compared 474～5 比较陈述的案件
of Crown Court decisions 473～4 皇室法院的决定
evidence at hearing 472 听审时的证据
mandatory (*mandamus*) orders 466, 470～1 强制性（履行职责）命令
notice of application 472 申请通知
procedure for application 471～3 申请的程序
prohibiting (prohibition) orders 466, 471 禁止性（禁止）命令
quashing (*certiorari*) orders 465, 466, 467～70, 474 取消（调卷）令
scope of orders 465～471 命令的范围
Juries 1 260～77 陪审团
authorized checks 269～70 授权的检查
challenges to 265～71 反对
 for cause 266～8 有因
 peremptory, abolition 265～6 强制，废除
 vetting 269～70 审查
composition as ground for appeal 271～3 组成作为上诉的理由
conduct during trial 273～4 审判中的行为
custody of bailiff 311～12 监守的监视
deferral of service 263 延期服务

discharge 273~7 解散

    from giving verdict 324~6 不用给出裁决

    individual jurors 274~5 个体陪审员

    misconduct 273,276~7 行为不当

    whole jury 275~7 整个陪审团

domestic management questions 314 内部管理问题

eligibility for service 260~1 服务的适格性

empanelling 246,263~4 选任陪审团

excluded groups 260~1 被排除的群体

excused groups 263 被免除义务的群体

foreman 305 主席

issues triable by one jury 271 一个陪审团可以审判的事项

judges power to stand a juror by 268~9 让陪审员旁观的权力

jurors asked to stand by 266,268~9 被要求旁观的陪审员

jury in waiting 263 等待中的陪审团

oaths 264 誓词

privacy of jury room 314~15 陪审团室的隐私权

protection 270~1 保护

questions from 313~14 问题来自

retirement of 311~15 退庭

return of verdict 315~16 作出裁决

rules against separation 312~13 反对分开的规则

stopping the case 303 停止案件

summoning 261~3 召集

see also Verdict 又见裁决

Jurisdiction 71~3 管辖权

    conspiracy to commit offence abroad 72 共谋在国外实施犯罪

    of Crown Court 204 皇室法院的

    of magistrates 138~9,183 治安法官的

    pleas to 259 答辩

    sex tourism 72 性旅游主义

    to grant bail 84~5 批准保释

Justices of the Peace see Magistrates 和平法官,见治安法官

Juvenile court see Youth court 未成年人法院,见少年法庭

Juveniles 2,162~72 未成年人

    age limit and mode of trial 170~2 年龄限制和审判模式

    appropriate adult 52~3 合适的成年人

    binding over of parents 417 父母具结悔过

    by-passing committal stage 181,197~8 绕过移交阶段

    care orders 341 照顾令

    cautions, formal 65 正式的警告

charged jointly with adult 163~4,
166 与成年人合并指控
depositions from 288~9 宣誓证词
来自
detention 382~4 拘留
 after refusal of bail 103~4 在拒
 绝保释后
 custody for life 376,383~4 终
 身羁押
 detention and training order 384
 拘押和培训令
 detention under s91 of PCC（S）A
  382~3 根据PCC（S）A第91
 条拘押
 during Her Majesty's pleasure 376
  在女王指定的期间内
 in young offenders institution
  339,382,384 年轻罪犯教养院
findings of guilt 336 有罪裁定
pre-sentence reports 341 量刑前
报告
preliminaries to trial 52~3 审判前
准备
prosecution discretion 70 起诉裁
量权
reprimands and warnings 66~7 还
押与警告
sentencing 159,168~70 量刑
 adult magistrates' court 170 成
 人治安法院
 Crown Court 169 皇室法院
 youth court 169~70 少年法院

supervision orders 393~5 监督令
sureties for 91 保证人
trial 审判
 adult magistrates' court 166~7,
 170 成人治安法院
 Crown Court 164~5 皇室法院
 on indictment 162~6 以起诉书
  homicide 163 杀人
  jointly with adult 163~4, 166
  与成年人一起
  s53（2）sentence risk 164~5
  第53（2）条刑罚危险
 juvenile court see Youth court 未成
 年人法院，见少年法院
 witnesses 181,197~8,241 证人
 youth as mitigation 361 以年轻作
 为减免理由

Language difficulties 54 语言困难
Lay magistrates 2,77~9 非职业治
安法官
Legal advisers 法律建议者
 accredited representatives 36 认可
 的代表
 misconduct 37 行为不当
 non-accredited representatives 36~7
  非认可的代表
 refusal of access to 35~6 被拒绝
 会见
 right to consult 34~7 咨询的权利
 of terrorist 54 恐怖分子
 see also Counsel 又见律师

Legal aid *see* Public funding 法律援助，见公共基金

Legal representation, youth court 167 法律代表，少年法院

Legal Services Commission 488 法律服务委员会

Legitimate expectation principle 176 合理期待原则

Lenient sentences 419, 431, 444～6 宽恕刑罚

Life imprisonment 375～6 终身监禁

Local authorities 地方当局
 care order 341 照顾令
 committees, magistrates and 140～1 治安法官和委员会

Lord Chancellor 77～8 上议院议长

McKenzie friend 153 麦肯齐朋友

Magistrates 1～2, 76 治安法官
 appointment of 77～8 任命
 the Bench 139～42 法官席、合议庭
 court attendances 78 法院出庭
 disqualification 77 取消资格
 disqualifying interest 140～2 丧失资格的利益
 district judges 2, 79～80, 140, 157, 167 地区法官
 Examining justice's certificate 193～4 审查法官的证书
 as judges in Crown Court 208～9 作为皇室法院的法官

 jurisdiction of 183, 199 管辖权
 offences triable either way 114～15 可任选方式审判的罪行
 knowledge of witness or party 141 对证人或当事人的了解
 lay 2, 77～9 业余的
 local authority committees and 140～1 地方当局委员会和
 removal and retirement 79 免职和退休
 representations in chambers 140 在内庭陈述
 sentencing powers 158～60 量刑权力
 training 78 培训
 withholding names of 142 不公布其姓名
 in youth courts 166～7 在少年法院
 see also Committal Proceedings; Magistrates' courts 又见移交程序；治安法院

Magistrates' courts 76 治安法院
 adjourn for reports 159 休庭等待报告
 adult 77 成年人
 agents of DPP in 60 检察长的代理人
 appeals from *see* Appeals from magistrates' courts 上诉来自，见来自治安法院的上诉
 arrest warrant endorsed for bail 27,

84 保释背书的逮捕令状

bail applications in *see* Bail, application in magistrates' court 保释申请，见在治安法院申请保释

the Bench 139～42 法官席

    see also Magistrates 又见治安法官

clerk 2, 80～1, 141 助理

    fixed penalties and 67 定罚和

    notification of discontinuing prosecution to 60～1 终止起诉的通知

    role of 160～1 角色

committal proceedings *see* Committal proceedings 移交程序见移送程序

consecutive sentences 159 连续的刑罚

criminal damages 118～20 刑事损害

district judges 2, 79～80, 140, 157, 167 地区法官

fines 399 罚金

jurisdiction 138～9 管辖权

    to grant bail 84～5 批准保释

juveniles in 159, 166 青少年人

    sentencing power 170 量刑权力

organization of 80 组织

remands by 82～4 还押

    in absence 83 缺席

representations in chambers 140 在内庭的陈述

right of audience 152～3 出庭权

sentencing in 158～60, 347～8 量刑

    for juveniles 170 未成年人

summary trial *see* Summary trial 简易审判，见简易审判

Magistrates' Courts Committee 78 治安法院委员会

Majority verdicts 322～4 多数裁决

Mandatory (*mandamus*) orders 466, 470～1 强制性（履行职责）命令

Margin of appreciation 479 评价边际

Medical reports 341 医疗报告

Mental Health Review Tribunal 415 精神健康审查法庭

Mental illness, prosecution discretion 70 精神疾病，起诉裁量权

Mentally handicapped persons, preliminaries to trial 53～4 精神残障者，审判前预备

Mistaken identity *see* Identification 错误的识别，见辨认

Mitigation 342～3, 353 减免请求

    cooperation with police 329, 342, 358～9 与警察合作

    effort to 'go straight' 360 "改过自新"的努力

    guilty plea 357～8 有罪答辩

    previous good character 359～60 先前良好的品行

    reporting restrictions on false or irrelevant assertions 342 对错误或无关的宣称的报道限制

statutory framework 356 成文法框架

summary trial 151 简易审判

youth as 361 年轻人作为

see also Defences 又见辩护

Mode of trial determination see Offences triable either way 对审判方式的决定，见可任选方式审判的罪行

Murder 谋杀

life imprisonment 375～6 终身监禁

offenders under 21 years 376 不满21岁的罪犯

Muteness 252，271 沉默

Newton hearing 332～6，347～8 *Newton* 听审

'No case to answer' submission "无案可答"的提议

committal proceedings 188～9 移交程序

rejection of submission 189 拒绝提议

summary trial 156～7 简易审判

trial on indictment 293～5 以起诉书审判

Non-expert opinion 292 非专家意见

Non-insane automatism 244 非精神病无意识行为

Non-intimate samples 51～2 非体内标本

Not guilty pleas see Pleas 无罪答辩，见答辩

Notice of transfer system 181，196～8，199 移送通知体系

child witnesses 181，197～8 儿童证人

serious fraud cases 196～7 严重欺诈案件

Oaths 宣誓

juror's 264 陪审员的

voire dire 290 一切照实陈述

youth court 167 少年法院

Obscene articles, powers to search premises 43 淫秽物品，搜查住所的权力

Offences 罪行

arrestable 8 可逮捕的

serious arrestable 9～10，13 严重可逮捕的

classes of 207 类别

facts of 328～36 事实

indictable 2，106～8 可控诉的

advance information 108～9 先期信息

non-arrestable 8 不可逮捕的

road traffic see Road traffic offences 道路交通，见道路交通罪行

summary 2，3，105～6 简易的

trial on indictment 120～1 以起诉书审判

taking into consideration 343～5 考虑

triable either way *see* Offences triable either way 可任选方式，见可任选方式审判的罪行

see also Prosecution 又见起诉

Offences against the person, charging standard 对人犯罪，指控标准

　assault on constable in execution of his duty 496～7 攻击正在执行职务的警察

　assault with intent to resist arrest 497 有意抗拒逮捕的攻击

　assault occasioning actual bodily harm 497～8 攻击导致实际身体伤害

　attempted murder 500 谋杀未遂

　common assault 495～6 普通攻击

　general principles 495 一般原则

　grievous bodily harm 严重身体伤害

　　causing, with intent 499～500 造成，蓄意

　　inflicting 498～9 造成

　purpose 494 目的

　unlawful wounding 498～9 非法伤害

Offences triable either way 2～3, 106～8 可任选方式审判的罪行

　advance information 108～9 先期信息

　aggravating feature 111, 175 加重情节

　character and antecedents of accused 111, 175 被指控者的品行和先行文件

committal for plea 202～3 移送答辩

committal to Crown Court for sentence 173～80 移送皇室法院量刑

　bail 177 保释

　under PCC（S）A s3 174～8 根据PCC（S）A第3条

criminal damages 118～20 刑事损害

determining mode of trial 110～18 决定审判方式

　adjusting charges 117～18 调整指控

　changing original decisions 115～17 改变原决定

　failure to comply with procedure 114～15 未能遵守程序

　guidance to magistrates 112～13 治安法官指南

　individual offences 504～6 单个罪行

　National Guidelines 503～6 《全国指南》

　presence of accused 115 被指控者在场

　prosecution views 113～14 控方观点

　linked summary and indictable charges 120～1, 201～3 简易和可控诉相连的指控

　magistrates' jurisdiction 114～15 治安法官的管辖权

—727

magistrates' sentencing powers 174~8 治安法官的量刑权力
  plea before venue 176~7 审判前请求程序
  powers of the Crown Court 177~8 皇室法院的权力
  summary trial of 105, 106~8 简易审判
Opinion 观点
  expert 299 专家的
  non-expert 292 非专家的
Oral warnings 66 口头警告

Pardons 赦免
  free 448 自由
  plea of 259 答辩
Parenting order 397 抚育令
Parents 父母
  attendance at youth court 167, 168 在少年法院出庭
  binding over of 417 具结悔过
Parole 385 假释
Penalty points 403, 404~5 刑罚点数
  totting-up disqualification 407~8 累计取消资格
Philips Commission 4, 6, 41 菲利普斯委员会
Plea and directions hearing 238 答辩和指令听审
  case listing arrangements 520 案件清单安排

judge's questionnaire 516~20 法官问卷
Pleas 答辩
  autrefois acquit and convict 254~9 先前宣告无罪和定罪
  applicability of 254~7 适用性
    issue estoppel 257~8 禁止反言事项
    procedure 254 程序
  before venue, committal for sentence after 176~7 审判前,之后移交量刑
  committal for plea 202~3 移送答辩
  equivocal see Equivocal pleas 模棱两可的,见模棱两可的答辩
  guilty 有罪
    appeal against conviction following 421~3 宣告有罪之后就定罪提起上诉
    as mitigation 357~8 作为减免理由
    non-genuine 456 不真实的
    under pressure 247~9, 421, 456 在压力下
  summary trial 简易审判
    equivocal 154 模棱两可的
    guilty by post 150~2 通过邮件答辩有罪
    lesser offences 154 较轻罪行
    silence 154 沉默
  tainted acquittals 255, 258~9 有

瑕疵的无罪宣告

trial on indictment 以起诉书审判

  ambiguous 247 含糊不清的

  arraignment 242~3 传讯

  autrefois acquit and convict 254~9 先前宣告无罪和定罪

  bargaining 251~2 交易

  change of 250~1 改变

  demurrer 259 抗辩

  guilty 245~9 有罪

    by co-accused 246~7 由共同被指控者

    to lesser offence 249~50 较轻的罪行

  involuntary 非自愿的

    pressure from counsel 248 来自律师的压力

    pressure from judge 247~8 来自法官的压力

  muteness 252, 271 沉默

  not guilty 243~5 无罪

  pardon 259 赦免

  to jurisdiction 259 管辖权

  unfitness to plead 252~3 不适合答辩

    unfit to plead 不适合答辩

    appeal against 446 提起上诉

  trial on indictment 252~3 以起诉书审判

Police 警察

  cooperation with 16, 329, 342, 358~9 合作

  as prosecutors 56~7 作为控诉人

  questioning see Preliminaries to trial, police questioning 讯问, 见审判前预备, 警察讯问

Police and Criminal Evidence Act (1984) 《1984年警察和刑事证据法》

  Codes of Practice 4~7, 37~8 《执行守则》

  enforcement 6~7 实施

Pre-sentence reports 340~2 量刑前报告

  community sentences 388 社区刑罚

  custodial sentences 364~5 羁押刑罚

Pre-trial proceedings 237~41 审判前程序

  overruled by trial judge 239 被审判法官否决

  plea and directions hearings 238, 516~20 答辩和指令听审

  preparatory hearings 239~41 预备听审

  reporting restrictions 239 报道限制

  rulings 238~9 裁定

  special measure for certain witness 241 对特定证人的特殊措施

Precedent, sentencing and 350 量刑和先例

Preliminaries to trial 审判前预备

729

arrest warrant 逮捕令状
    issue 26～7, 29 签发
    sample 28 样本
arrest without warrant and charge
无令状逮捕和指控
    action on and after arrest 10 逮捕时和逮捕后的行动
    arrest 8～9 逮捕
    arrestable offences 8 可逮捕罪行
    detention without charge 12～14 不指控拘留
    detours on way to station 10 去警署的路上迂回
    evidence consideration 11 考虑证据
    general arrest conditions 9 一般逮捕条件
    initial action at station 11 在警署的初步行动
        search 11 搜查
        told of rights 11 告知权利
    reasonable suspicion 9 合理怀疑
    serious arrestable offence 9～10 严重可逮捕罪行
bail 12, 16, 84～92 保释
cautioning 10, 30～1 警告
charging 14, 32～3 指控
    by non-police officers 15 非警察人员
commencing a prosecution 7～8 提起控诉
deaf persons 54 聋人

helping with enquiries 16, 32 帮助讯问
identification evidence *see* Identification 辨认证据, 见辨认
issue of process 17～29 程序的签发
    decision to prosecute 18 起诉的决定
    failure to answer 26 未能应答
    information *see* Summary trial, information 控告书, 见简易审判, 控告书
    issue of arrest warrant 26～7, 29 签发逮捕令状
    speaking to suspect 17 与嫌疑人谈话
    summons 传票
        contents 24, 26 内容
        issue 19 签发
        decision to 21～2, 24 决定
        jurisdiction to 20～1 管辖权
        sample 25 样本
        serving 20, 26 送达
    warning of prosecution 17～18 起诉的警告
juveniles 未成年人
    appropriate adult 52～3 合适成年人
    powers of arrest 52 逮捕的权力
language difficulties 54 语言困难
laying an information *see* Summary trial, information 提出控告书, 见

简易审判控告书

mentally handicapped persons 53～4 智力残障者

PECA see Police and Criminal Evidence Act（1984） PECA，见《1984年警察与刑事证据法》

police questioning 警察讯问

  at station 32 在警署

  custody officer's permission needed 32 需要羁押官的允许

  away from police station 31～2 在警署外

  cautioning stage 30～1 警告阶段

  charging stage 32～3 指控阶段

  conduct of 30～4 行为

  framework of 29 框架

  gathering information 30 收集信息

  informing of rights 34 告知权利

  post-charge stage 33～4 指控后阶段

  record of 38～9 记录

    contemporaneous 38～9 同步

    sample 529～31 样本

    tape recorded 39，529～31 录音记录

  refusal of access to solicitor 35～6 阻止会见律师

  right to consult codes 37 查阅守则的权利

  right to consult solicitor 34～7 咨询律师的权利

  right to inform friend or relative 37～8 通知朋友或亲属的权利

  silence 30，31 沉默

  power of search see Searches 搜查的权力，见搜查

  release or detention after charge 15～16 释放或指控后拘留

  suspected terrorists 54～5 恐怖嫌疑分子

  uncooperative detainees 16～17 不合作的被拘押人

Preparatory hearings 239～41 预备性听审

  appeals 240 上诉

  reporting restrictions 241 报道限制

Prerogative orders 特权令

  mandatory（*mandamus*）orders 466，470～1 强制性（履行职责）命令

  prohibiting（prohibition）orders 466，471 禁止性（禁止）命令

  quashing（certiorari）orders 465，466，467～70，474 取消（调卷）令

Presentment 211 呈交

Previous convictions see Character and antecedents 先前定罪，见品行和先行文件

Prisons 362～3 监狱

  closed 362，363 封闭式的

731

conditions in 363 条件
local 362～3 地方性的
open 362 开放性的
Prison Rules 363 《监狱规则》
training 363 培训
Privacy 私密
 counsel's private access to judge 281～2 律师私下会见法官
 evidence of child witnesses in privacy 241 儿童证人私密地给出证据
 jury room 314～15 陪审团室
Privileged materials 42, 43, 44 特权保护的材料
Probation centers 390 缓刑中心
Probation orders 346 缓刑令
 breach of 178 违反
 community rehabilitation orders 389～90 社区改造令
Probation service 346 缓刑服务部
 pre-sentence reports 340～1 量刑前报告
 supervision of parole prisoners 385 对假释囚犯的监督
Prohibiting (prohibition) orders 466, 471 禁止性（禁止）令
Proof 证据
 burden of 303 举证责任
 standard of 304 标准
Proportionality of sentence 351, 369 刑罚的相当性
Prosecuting counsel see Counsel 控诉律师，见律师

Prosecution 起诉
 alternatives to 替代方式
 cautions 65～6, 69, 70～1, 337 警告
 fixed penalty notices 67～8 定罚通知
 appeal against sentence 419, 431, 444～6 针对刑罚提起上诉
 case in committal proceedings 186～8 在移交程序中的案件
 case in summary trial see Summary trial 简易审判中的案件，见简易审判
 criteria for 68～71 标准
 discretionary factors 可自由裁量的因素
  mental illness and stress 70 精神疾病和压力
  old age and infirmity 70 年老体弱
  staleness 70 失去效力
  triviality of offence 70 罪行的轻微
  youth 70 年轻
 public interest factors 69～71 公共利益因素
 sufficiency of evidence 68～9 证据的充分性
 decision 18 决定
  consent 74～5 同意
  immunity entitlement 73 享有豁免权

jurisdiction of English courts 71～3 英国法院的管辖权

time limits 73～4 时间限制

indictable-only offences 200～1 仅能控诉的罪行

judges discretion to halt 282～4 法官停止控诉的自由裁量权

methods of commencement 启动的方式

 charging 64 指控

 laying an information 64 提交控告书

non-appearance at summary trial 152 简易审判时不出庭

warning of 17～18 警告

see also Trial on indictment; Witnesses, prosecution 又见以起诉书审判；证人，起诉

Prosecutors 检察官

 law officers of the Crown 63 皇家法律官员

 non-police 62 非警察

 police 56～7 警察

 private individuals 62 私人个体

see also Crown Prosecution Service 又见皇家检控署

Protection of jury 270～1 对陪审团的保护

Protection of the public 352, 353～5 保护公众

 detention under s91 of PCC（S）A 382～3 根据PCC（S）A第91条

拘押

Psychiatric reports 341 精神病报告

Public funding 488～90 公共基金

 for appeals 442～3 上诉

 appeals against refusal 490 对拒绝提起的上诉

 committal proceedings and 193～4 移交程序和

 duty solicitor schemes 35～6 值班律师计划

 granting of 488～9 批准

 recovery of defence cost orders 490 辩护费用追索令

Public interest immunity, disclosure and 131～4 公共利益豁免，披露和

Publicity 公开

 committal proceeding and 192～3 移交程序和

 trial on indictment 307～10 以起诉书审判

 permanent ban 309～10 永久性禁止

 youth court 167 少年法院

see also Reporting restrictions 又见报道限制

Quashing（certiorari）orders 465, 466, 467～70, 474 取消（调卷）令

Queen, immunity from prosecution 73 女王, 起诉豁免权

Questioning see Preliminaries to trial, police questioning 讯问，见审判前预

733

备，警察讯问

Rape, sentence guidelines cases　371～2　强奸，量刑指导性案件

Re-examination　154　再询问

Reasonable self-defence　244，304　合理的自卫

Reasonable suspicion, arrest and　9　逮捕和合理怀疑

Recommendation for deportation　414　建议驱逐出境

Recorders　205　记录员

Recovery of defence cost orders　490　辩护费用追索令

Registrar of Court of Appeal, applications to　438　向上诉法院记录员申请

Rehabilitation period　339　改造期间

Release on licence　385　以执照释放

Relevant time, detention without charge　13　相关时间，不指控拘留

Remand　还押
　　in absence　83　缺席时
　　by magistrates' court　82～4　由治安法院
　　extended custodial remand　84　延长羁押还押
　　periods　83～4　期间
　　for reports　84　等待报告
　　time served on　386　还押的时间

Reparation order　397　补偿令

Reporting restrictions　192～3　报道限制

false or irrelevant assertions in mitigation　342　减免请求的错误或无关的宣称

lifting of　192～3　解除

pre-trial proceedings　239　审判前程序

preparatory hearings　241　预备性听审

see also Publicity　又见公开

Reports　报告
　　adjourning for　159　休庭
　　medical and psychiatric reports　341　医疗和精神病报告
　　pre-sentence reports　340～2，364～5　量刑前报告
　　community sentences　388　社区刑罚
　　remand for　84　还押

Reprimands　66～7　训诫

Restitution orders　413　归还令

Retrial orders　428，441～2　重审令

Review officer　12～13　审查官

Road traffic offences　道路交通罪行
　　compensation orders　410　赔偿令
　　disqualification　取消资格
　　discretionary　406　任意性
　　obligatory　405～6　强制性
　　other penalty and　408　其他刑罚
　　under penalty points system　407～8　在刑罚点数体系下
　　under s 147 of PCC（S）A　408～9　根据《刑事法院（量刑）权力》

第 147 条
endorsement of driver's licence　67，403～5　驾驶执照的背书

fixed penalty notices　67～8　定罚通知

penalty points　403，404～5　刑罚点数

totting up　407～8　累计

Runciman Commission Report　182　朗西曼委员会报告

standing jurors by　268～9　陪审员旁观

Screens in court　241　出现在法庭的屏幕上

Searches　39～47　搜查

arising out of arrest　45～7　因逮捕而引起的

of arrestee at police station　45　在警署的被逮捕人

of arrestee's home　46～7　被逮捕人的住处

full strip search　11，45　脱光衣服的搜查

initial action at station　11　在警署的初步行动

intimate　11，45～6　私密的

power to stop and search　40～2　阻止和搜查的权力

controlled drugs　41　受控制的毒品

dangerous instruments　41　危险工具

firearms　41　武器

name and station of officer given　41　提供警官的姓名和警署

offensive weapon　40，41　攻击性武器

only in public place　40　只在公共场所

outer coat, jacket and gloves only　40　仅外套、夹克和手套

prohibited articles　40　违禁物品

reasonable force　40　合理的武力

reasonable grounds　40　合理理由

record of search　41　搜查的记录

vehicles　41　交通工具

powers to search premises　42～5　搜查住所的权力

for articles to damage property　42　损害财产的物品

for controlled drugs　43　受控毒品

for deportee　42　被驱逐出境者

excluded materials　42，43，44　被排除的材料

for false instrument or counterfeit currency　42～3　伪造票据或假币

for firearms　43　武器

items subject to legal privilege　42，43，44　受法律特权保护的事项

obscene articles　43　淫秽物品

reasonable grounds　42　合理根据

special procedure material　42，

43～4 特别程序材料

for stolen goods 42 被盗物品

of premises 住所

unlawful 6 非法的

where arrested 46 被逮捕处

warrants 44～5 令状

Secure training orders 17 安全培训令

Sensitive material, disclosure 124, 512～13 敏感材料，披露

Sentencing 量刑

absolute discharge 401 无条件释放

committal to Crown Court for 173～80 移送至皇室法院

community sentence see Community sentences 社区刑罚，又见刑罚、量刑

conditional discharge 339, 401～2 有条件释放

consecutive and concurrent terms 367～8 连续的和同时的

courts dealing with juveniles see Juveniles 处理青少年人的法庭，见青少年

custody see Custodial sentences 羁押，见羁押刑罚

deferring 346～7 延期

determination of sentence 349～61 决定刑罚

aggravating factors 353 加重情节

combination of offences 355～6 罪行结合

each case turns on own facts 350 每个案件依靠其自身事实

hierarchy bands 351 等级级别

mitigating factors see Mitigation 减免情节，见减免

precedent 350 先例

proportionality 351, 369 相当性

protecting the public 352, 353～5, 382～3 保护公众

seriousness of offence 351～3 犯罪的严重性

thresholds for custody and community sentences 350～1 羁押和社区刑罚的阈限

juveniles 159, 168～70 未成年人

adult magistrates' court 170 成人治安法院

Crown Court 169 皇室法院

youth court 169～70 少年法院

magistrates' powers 158～60, 347～8 治安法官的权力

juveniles 170 未成年人

offences triable either way 174～6 可任选方式审判的罪行

mitigation see Mitigation 减免请求，见减免

procedure before 328～48 程序

antecedents 335～9 先行文件

appeals for incorrect procedure 432 对程序错误提起的上诉

facts of offence 328～36 犯罪

事实
    mitigation 151, 342～3 减免请求
    reports on offender 340～2 关于罪犯的报告
    suspended sentence ect. 339 缓期刑罚，等
    taking into consideration 343～5 考虑
    summary trial, in absence 152 简易审判，缺席
    unduly lenient 419, 431, 444～6 过度宽大
    variation or rescinding 345 变更或撤销
    see also Individual sentences e. g. Fines 又见对个体的判决，例如，罚金
Sentencing Advisory Panel 447 量刑建议小组
Serious arrestable offences 9～10, 13 严重可逮捕罪行
Serious fraud cases 严重欺诈案件
    by-passing committal stage 196～7 绕过移送阶段
    preparatory hearings 239～41 预备性听审
Serious Frauds Offices as prosecutor 62 严重欺诈办公室作为控诉人
Sex tourism 72 性旅游主义
Sexual offences, determination of sentence 353, 354 性犯罪，决定刑罚

Sexual offenders, release from custody 385～6 性罪犯，从羁押中释放
Silence 30, 31 沉默
Social inquiry reports *see* Pre-sentence reports 社会调查报告，见刑罚前报告
Social Security Department as prosecutor 62 社会保障部作为检察官
Solicitor General 63, 113 副检察总长
Sovereigns' immunity 73 主权豁免
Special procedure materials 42, 43～4 特别程序材料
Spent convictions 337, 338～9 已失效的定罪
Springfield test 317～18, 320 *Springfield* 检验标准
Staleness *see* Time limits 失去效力，见时间限制
Standard of proof 304 证明标准
Statements 陈述
    unsworn 297 未宣誓的
    written 155, 288～9 书面的
Station superintendent 13 警署警长
Staying the indictment 229 暂停起诉书
Stress, prosecution discretion 70 压力，起诉自由裁量权
Strip search 11, 45 脱衣搜查
Summary only offences 199～200 仅能简易审判的罪行
Summary trial 1～2, 138～61 简易

737

审判
  adjournment for reports 154 休庭等待报告
  advance information 154 先期信息
  appearance of accused 148～52 被指控者出庭
  choice between trial on indictment and 121 选择起诉书审判和
  course of 154～8 过程
  defence case 157 辩方案件
  disclosure 137 披露
  discretion not to try 147～8 不审判的自由裁量权
  formal admissions 292～3 正式承认
  guilty pleas post 150～2 有罪答辩的邮件
  information 64，142～7 控告书
    amendments to 145～7 修正
    drafting 144 起草
      time limits 144～5 时间限制
    duplicity 143 双重性
    laying of 19，21 提交
    origination of 142 来源
    preparation of 18～19 准备
    sample 23 样本
    similar to counts 142～3 相似的罪状
  juveniles 166 未成年人
  legal representation 152～3 法律代表
  mitigation 151 减免请求

no case submission 156～7 无案可答的提议
non-appearance of prosecution 152 控方不出庭
objections to evidence admissibility 155～6 对证据可采纳性的反对
outline procedure 535～6 程序概要
pleas 154 答辩
  equivocal 154 模棱两可的
  silence 154 沉默
prosecution case 154～6 控方案件
sentencing in absence 152 缺席判决
sentencing powers 158～60 量刑权力
verdict 157～8 裁决
see also Magistrates; Magistrates' court 又见治安法官；治安法院
Summing up 303～6 总结
  transcripts for appeal 433，436～7 上诉笔录
Summons 传票
  contents of 24，26 内容
  decision to issue 21～2，24 签发的决定
  failure to answer 26 未能应答
  issuing of 19 签发
  jurisdiction to issue 20～1 签发的管辖权
  sample 25 样本
  serving of 20，26 送达

Supervision orders 393～5 监督令
  suspended sentence supervision orders 381 缓期刑罚监督令
Sureties 90～1, 95 保证人
  estreating recognisances 102～3 没收保证金
Suspended sentences 339 缓期刑罚
  breach of 178, 379～80 违反
  powers to deal with 381～2 处理的权力
  combining with other orders 379 与其他命令结合
  passing of 378～9 通过
  supervision orders 381 监督令

Tainted acquittals 255, 258～9 有瑕疵的无罪宣告
Taking into consideration 343～5 考虑
Television links 241 电视连接
Terrorists 恐怖分子
  exercise of rights delayed 55 权利的行使被延误
  legal adviser consultation not private 54 非私下咨询法律建议者
  powers of arrest 54～5 逮捕的权力
  preliminaries to trial 54～5 审判前预备
Third parties, disclosure and 137 第三方, 披露
TIC (taking into consideration) 343～5 考虑
Time limits 时限
  committal proceedings and 184～6 移交程序和
  custody 89～90, 243 羁押
  laying an information 144～5 提交控告书
  pleas 242～3 答辩
  prosecution and 70, 73～4 控诉及
  variation of sentences 345 刑罚的变更
Tip-offs 9 告密
Training order *see* Detention and training order 培训令, 见拘押和培训令
Transfers 移送
  avoidance of committal proceedings by child witnesses 181, 197～8 通过儿童证人避免移交程序
  serious fraud cases 196～7 严重欺诈案件
  notice of transfer system 181, 196～8, 199 移送通知体系
  transfer for trial 182 移送审判
Trial *see* Preliminaries to trial; Summary trial; Trial on indictment 审判, 见审判前预备; 简易审判; 起诉书审判
Trial on indictment 1 起诉书审判
  choice between summary trial and 121 选择简易审判和
  counsel 律师、顾问
  closing speeches 302 总结发言
  see also Counsel 又见律师

739

defence case 296~302 辩方案件
　alibi evidence 297~9, 304 犯罪时不在现场证据
　defence evidence 296~7 辩方证据
　expert opinion 299 专家意见
　more than one accused 299 不止一个被指控者
　opening speech 296 开场发言
　unsworn statement 297 未宣誓的陈述
evidence out of order 306~7 非正常顺序的证据
judges 法官
　discretion to halt prosecution 282~4 停止控诉的自由裁量权
　power to call witnesses 307 传唤证人的权力
　private access to 281~2 私下会见
　summing up 303~6 总结
jury stopping the case 303 陪审团停止案件
of juveniles 162~6 未成年人
　Crown Court 164~5 皇室法院
　homicide 163 杀人
　jointly with adult 163~4, 166 与成年人一起
　s 53 (2) sentence risk 164~5 第53 (2) 条刑罚危险
mistaken identity 295 错误辨认
no case submission 293~5 无案可答的提议
open court and publicity 307~10 公开法庭和公开
outline procedure 536~7 程序概要
presence of accused 300~2 被指控者出庭
prosecution case 285~93 控方案件
　additional evidence 287~8 额外证据
　committal evidence 288 移送证据
　defence objection to prosecution evidence 289~92 辩方对控方证据的反对
　depositions and written statements 288~9 宣誓证词和书面陈述
　formal admissions 292~3 正式承认
　limits on defence cross-examination 292 辩方交叉询问的限制
　voire dire 290~2 一切照实陈述
　witnesses prosecution should call 285~6 控方应当传唤的证人
prosecution opening 284~5 控方开场白
of summary offences 120~1 简易罪行
unrepresented accused 299~300 未被代表的被指控者
see also Committal proceedings;

Crown Court; Indictment; Juries; Pleas; Verdict 又见移交程序；皇室法院；起诉书；陪审团；答辩；裁决

Trial on information *see* Summary trial 控告书审判，见简易审判

Trial within trial 155～6，290～2 审判中的审判

Uncooperative detainees 16～17 不合作的被拘禁人

Unrepresented accused 299～300 未被代表的被指控者

Usher 311 引导员

Venire de novo 429～30 重新召集陪审员

Verdict 裁决
    acceptance of 326～7 接受
    alternative 500～1 替代的
    on counts in alternative 316 对可替代的罪状
    discharging jury from giving 324～6 解散陪审团不让其给出
    guilty to alternative offence 316～22 对可替代的罪行有罪
    decision on offences charged 322 关于被指控的罪行的决定
    judge's discretion 320～2 法官的自由裁量权
    specific provisions 319～20 具体条款
    majority 322～4 多数
    privacy of jury room 314～15 陪审团室的隐私权
    questions from jury 313～14 来自陪审团的问题
    retirement of jury 311～15 陪审团退庭
    return of 315～16 作出
    summary trial 157～8 简易审判

Victims, impact of crime on 329～30 对被害人的影响

Video identification 50 录像辨认

Video recording of evidence 241 对证据录像

Voire dire 290～2 一切照实陈述

Voluntary bill of indictment 195～6 强制起诉状

Walhein direction 325 指示

Warnings 警告
    oral 66 口头的
    reprimands 66～8 训诫

Warrant for arrest 逮捕令状
    endorsed for bail 27, 84 保释背书
    issue of 26～7, 29 签发
    sample 28 样本

Warrant for further detention 13～14 继续羁押令状

Witnesses 证人
    additional evidence 287～8 额外证据

on back of indictment 285～6 起诉书背面

character of offender 342 罪犯的品行

committal proceedings, statement order 187 移交程序,陈述令

costs for 493 费用

cross-examination 154 交叉询问
 tendering for 286 提出

examination in chief 154 主询问

judge's power to call 307 法官传唤的权力

juveniles 181, 197～8, 241 未成年人

notice of intent to call 287 有意传唤的通知

orders 286～7 命令
 committal proceeding 193 移交程序

previous convictions 126, 279 先前定罪

prosecution 控诉
 disclosure of convictions of 279 披露定罪
 should call 285～6 应当传唤
 in summary trial 154～5 在简易审判中

questions from bench 155 来自法官席的问题

re-examination 154 再询问

sample statement of 524～8 陈述的样本

securing attendance of 286～7 保证出庭

summons 287 传票

tendering for cross-examination 286 提出交叉询问

unworthy of belief 286 不值得相信

Writ of venire de novo 429～30 重新召集陪审员的令状

Written statements, as evidence 155, 288～9 书面陈述,作为证据

Young offenders *see* Juveniles 年轻罪犯,见未成年人

Youth court 77 少年法院
 attendance of parents 167, 168 父母出庭
 general public excluded 167 一般大众被排除在外
 legal representation 167 法律代表
 magistrates in 167 治安法官
 oaths 167 宣誓
 panel 167 小组
 publicity 167 公开
 sentencing power 169～70 量刑权力
 trial in 167～8, 171 审判

当代世界学术名著·第一批书目

心灵与世界	[美]约翰·麦克道威尔
科学与文化	[美]约瑟夫·阿伽西
从逻辑的观点看	[美]W.V.O.蒯因
自然科学的哲学	[美]卡尔·G·亨普尔
单一的现代性	[美]F.R.詹姆逊
本然的观点	[美]托马斯·内格尔
宗教的意义与终结	[加]威尔弗雷德·坎特韦尔·史密斯
帝国与传播	[加]哈罗德·伊尼斯
传播的偏向	[加]哈罗德·伊尼斯
世界大战中的宣传技巧	[美]哈罗德·D·拉斯韦尔
一个自由而负责的新闻界	[美]新闻自由委员会
机器新娘——工业人的民俗	[加]马歇尔·麦克卢汉
报纸的良知——新闻事业的原则和问题案例讲义	[美]利昂·纳尔逊·弗林特
传播与社会影响	[法]加布里埃尔·塔尔德
模仿律	[法]加布里埃尔·塔尔德
传媒的四种理论	[美]威尔伯·施拉姆 等
传播学简史	[法]阿芒·马特拉 等
受众分析	丹尼斯·麦奎尔
写作的零度	[法]罗兰·巴尔特
符号学原理	[法]罗兰·巴尔特
符号学历险	[法]罗兰·巴尔特
人的自我寻求	[美]罗洛·梅
存在——精神病学和心理学的新方向	[美]罗洛·梅
存在心理学——一种整合的临床观	[美]罗洛·梅
个人形成论——我的心理治疗观	[美]卡尔·R·罗杰斯
当事人中心治疗——实践、运用和理论	[美]卡尔·R·罗杰斯

万物简史	[美]肯·威尔伯
动机与人格(第三版)	[美]亚伯拉罕·马斯洛
历史与意志：毛泽东思想的哲学透视	[美]魏斐德
中国的共产主义与毛泽东的崛起	[美]本杰明·I.史华慈
毛泽东的思想	[美]斯图尔特·R.施拉姆
仪式过程——结构与反结构	维克多·特纳
人类学、发展与后现代挑战	凯蒂·加德纳，大卫·刘易斯
结构人类学	[法]克洛德·列维-斯特劳斯
野性的思维	[法]克洛德·列维-斯特劳斯
面具之道	[法]克洛德·列维-斯特劳斯
嫉妒的制陶女	[法]克洛德·列维-斯特劳斯
社会科学方法论	[德]马克斯·韦伯
无快乐的经济——人类获得满足的心理学	[美]提勃尔·西托夫斯基
不确定状况下的判断：启发式和偏差	[美]丹尼尔·卡尼曼 等
话语和社会心理学——超越态度与行为	[英]乔纳森·波特 等
社会网络分析发展史——一项科学社会学的研究	[美]林顿·C.弗里曼
自由之声——19世纪法国公共知识界大观	[法]米歇尔·维诺克
官僚制内幕	[美]安东尼·唐斯
公共行政的语言——官僚制、现代性和后现代性	[美]戴维·约翰·法默尔
公共行政的精神	[美]乔治·弗雷德里克森
公共行政的合法性——一种话语分析	[美]O.C.麦克斯怀特
后现代公共行政——话语指向	[美]查尔斯·J.福克斯 等
政策悖论：政治决策中的艺术(修订版)	[美]德博拉·斯通
行政法的范围	[新西]迈克尔·塔格特
法国行政法(第五版)	[英]L.赖维乐·布朗，约翰·S.贝尔
宪法解释：文本含义，原初意图与司法审查	[美]基思·E.惠廷顿

英国与美国的公法与民主	[英]保罗·P·克雷格
行政法学的结构性变革	[日]大桥洋一
权利革命之后:重塑规制国	[美]凯斯·R·桑斯坦
规制:法律形式与经济学理论	[英]安东尼·奥格斯
阿蒂亚论事故、赔偿及法律(第六版)	[澳]波得·凯恩
意大利刑法学原理(注评版)	[意]杜里奥·帕多瓦尼
刑法概说(总论)(第三版)	[日]大塚仁
刑法概说(各论)(第三版)	[日]大塚仁
英国刑事诉讼程序(第九版)	[英]约翰·斯普莱克
刑法总论(新版第2版)	[日]大谷实
刑法各论(新版第2版)	[日]大谷实
日本刑法总论	[日]西田典之
日本刑法各论(第三版)	[日]西田典之
美国刑事法院诉讼程序	[美]爱伦·豪切斯泰勒·斯黛丽, 南希·弗兰克
现代条约法与实践	[英]安托尼·奥斯特
刑事责任论	[英]维克托·塔德洛斯
刑罚、责任和正义——相关批判	[英]阿伦·洛雷
政治经济学:对经济政策的解释	T.佩尔森,G.塔贝里尼
共同价值拍卖与赢者灾难	约翰·H·凯格尔,丹·莱文
以自由看待发展	阿马蒂亚·森
美国的知识生产与分配	弗里茨·马克卢普
经济学中的经验建模——设定与评价	[英]克莱夫·W·J·格兰杰
产业组织经济学(第五版)	[美]威廉·G·谢泼德, 乔安娜·M·谢泼德
经济政策的制定:交易成本政治学的视角	阿维纳什·K·迪克西特
博弈论经典	[美]哈罗德·W·库恩
行为博弈——对策略互动的实验研究	[美]科林·凯莫勒
博弈学习理论	[美]朱·弗登伯格,戴维·K·莱文
利益集团与贸易政策	G.M.格罗斯曼,E.赫尔普曼
市场波动	罗伯特·希勒
零售与分销经济学	罗格·R·贝当古

世界贸易体系经济学	[美]科依勒·贝格威尔，罗伯特·W·思泰格尔
税收经济学	伯纳德·萨拉尼
经济学是如何忘记历史的：社会科学中的历史特性问题	杰弗里·M·霍奇逊
通货膨胀、失业与货币政策	罗伯特·M·索洛 等
经济增长的决定因素：跨国经验研究	[美]罗伯特·J·巴罗
全球经济中的创新与增长	[美]G.M.格罗斯曼，E.赫尔普曼
美国产业结构（第十版）	[美]沃尔特·亚当斯，詹姆斯·W·布罗克
制度与行为经济学	[美]阿兰·斯密德
企业文化——企业生活中的礼仪与仪式	特伦斯·E·迪尔 等
组织学习（第二版）	[美]克里斯·阿吉里斯
企业文化与经营业绩	[美]约翰·P·科特 等
系统思考——适于管理者的创造性整体论	[英]迈克尔·C·杰克逊
组织学习、绩效与变革——战略人力资源开发导论	杰里·W·吉雷 等
组织文化诊断与变革	金·S·卡梅隆 等
社会网络与组织	马汀·奇达夫 等
美国会计史	加里·约翰·普雷维茨 等
新企业文化——重获工作场所的活力	特伦斯·E·迪尔 等
文化与组织（第二版）	霍尔特·霍夫斯泰德 等
实证会计理论	罗斯·瓦茨 等
组织理论：理性、自然和开放的系统	理查德·斯科特 等
管理思想史（第五版）	丹尼尔·A·雷恩
后《萨班斯—奥克斯利法》时代的公司治理	扎比霍拉哈·瑞扎伊
财务呈报：会计革命	威廉·比弗
当代会计研究：综述与评论	科塔里 等
管理会计研究	克里斯托弗·查普曼 等
会计和审计中的判断与决策	罗伯特·阿斯顿 等
会计经济学	约翰·B·坎宁

Emmins on Criminal Procedure, 9e/John Sprack
ISBN: 0199253501
© Christopher J. Emmins and John Sprack 2002.
All rights reserved.

Emmins On Criminal Procedure—Ninth Edition was originally published in English in 2002. This translation is published by arrangement with Oxford University Press and is for sale in the Mainland (part) of The People's Republic of China Only.

图书在版编目（CIP）数据

英国刑事诉讼程序（第九版）/［英］斯普莱克著；徐美君，杨立涛译．
北京：中国人民大学出版社，2006
（当代世界学术名著）
ISBN 978-7-300-07411-5

Ⅰ.英…
Ⅱ.①斯…②徐…③杨…
Ⅲ.刑事诉讼-诉讼程序-研究-英国
Ⅳ.D956.152

中国版本图书馆 CIP 数据核字（2006）第 149861 号

当代世界学术名著
英国刑事诉讼程序（第九版）
［英］约翰·斯普莱克（John Sprack） 著
徐美君 杨立涛 译

出版发行	中国人民大学出版社				
社　　址	北京中关村大街 31 号		邮政编码	100080	
电　　话	010-62511242（总编室）		010-62511398（质管部）		
	010-82501766（邮购部）		010-62514148（门市部）		
	010-62515195（发行公司）		010-62515275（盗版举报）		
网　　址	http://www.crup.com.cn				
	http://www.ttrnet.com（人大教研网）				
经　　销	新华书店				
印　　刷	北京东君印刷有限公司				
规　　格	155 mm×235 mm　16 开本		版　次	2006 年 12 月第 1 版	
印　　张	48 插页 2		印　次	2009 年 1 月第 2 次印刷	
字　　数	681 000		定　价	79.00 元	

版权所有　　侵权必究　　印装差错　　负责调换